Ullstein Werkausgaben

D1997111

ZUM BUCH:

»Die Ausgabe von Streitfeld und Žmegač enthält in ihren 265 Briefen alles Wesentliche. Sie verdunkelt nicht das alte Schillerbild, das idealistische. Aber sie setzt daneben das, was Schiller als Alltag beklagt und ertragen hat, den ›zerrissenen Strumpf‹, die technischen und die ökonomischen Mühen der Produktion, den Roman des Schriftstellers, den Einblick in die Werkstatt, das Drama eines der Krankheit abgerungenen Werks. In den frühen Briefen, bis in die Weimarer Zeit hinein, erlaubt sie den Blick auf ein Talent, das sonst in Schillers Gesamtwerk entschieden zu kurz kommt: Er kann erzählen, heiter-anekdotisch, frisch drauflos, wie ihm der schwäbische Schnabel gewachsen, freilich nur dem Vertrautesten gegenüber. Hinzuzufügen ist, daß eine kluge Einleitung und sehr geraffte Anmerkungen über alles Wissenswerte informieren und daß Zeittafel, Sach-, Personen- und Werkregister die Nützlichkeit dieser Ausgabe erhöhen.«

Werner Ross, Frankfurter Allgemeine Zeitung

DIE HERAUSGEBER:

Erwin Streitfeld, Dr. phil., ist Assistent am Institut für Germanistik an der Universität Graz.
Viktor Žmegač ist ordentlicher Professor für deutsche Literatur an der Universität Zagreb.

Schillers Briefe

Mit Einleitung und Kommentar
herausgegeben von Erwin Streitfeld
und Victor Žmegač

Ullstein Werkausgaben

Ullstein Werkausgaben
Lektorat: Hanna Siehr

Ullstein Buch Nr. 37046
im Verlag Ullstein GmbH,
Frankfurt/M – Berlin

Ungekürzte Ausgabe

Umschlagentwurf:
Theodor Bayer-Eynck
Umschlagabbildung:
Schiller an Goethe, 1. Januar 1802

Taschenbuchausgabe
mit freundlicher Genehmigung
des Athenäum Verlags

Printed in Germany 1986
Druck und Verarbeitung:
Clausen & Bosse, Leck
ISBN 3 548 37046 2

März 1986

CIP-Kurztitelaufnahme
der Deutschen Bibliothek

Schiller, Friedrich:
[Briefe]
Schillers Briefe / mit Einl. u. Kommentar
hrsg. von Erwin Streitfeld u. Viktor Žmegač. –
Ungekürzte Ausg., Taschenbuchausg. –
Frankfurt/M; Berlin: Ullstein, 1986.
(Ullstein-Buch; 37046: Ullstein Werkausgaben)
ISBN 3-548-37046-2

NE: Schiller, Friedrich: [Sammlung];
Streitfeld, Erwin [Hrsg.]; GT

Inhalt

Vorwort

Das zornige Pathos Karl Moors in den *Räubern* gilt bekanntlich dem „tintenklecksenden Säkulum“, dem Jahrhundert Schillers also, das in einem bis dahin ungeahnten Maße ein Zeitalter eifriger Literaten, entfesselter Leser und leidenschaftlicher Briefeschreiber war. Überblickt man die Korrespondenz des Weimarer Schwaben, die in vollem Umfang mehrere stattliche Bände füllt, so besteht kein Zweifel, daß der Autor nicht unbeträchtlich dazu beigetragen hat, das besagte Säkulum zu einem „tintenklecksenden“ zu machen. Schiller teilte die Schreiblust des Jahrhunderts, das nicht nur den Reiz des Briefromans entdeckte, sondern auch den authentischen Brief in einem heute kaum noch begreifbaren (weil nicht mehr erforderlichen) Umfang zu einem Medium der Mitteilung, des Bekenntnisses und des Selbstverständnisses machte. Die zahllosen Stunden, die von den namhaften, aber auch von den längst vergessenen Zeitgenossen am Schreibtisch verbracht wurden, galten vornehmlich gerade jenem Interesse, das bei dem rebellierenden Helden der *Räuber* so viel Abscheu erweckte: nämlich der Neigung, anstelle der unmittelbaren Handlung die Betrachtung zu setzen, durch Innenschau neue Erfahrungen zu gewinnen und diese der Sprache anzuvertrauen. Die Begeisterung für Plutarch und seine „großen Menschen“ entzündet sich an der Idee vom handelnden Helden, vom Heros der Tat, dem die prüfende Beobachtung und das Handeln durch Sprache fremd sind. Dem Schöpfer Karl Moors dagegen war das Vertrauen in die schriftliche Mitteilung alles andere als fremd; auch darin war er ein echter Repräsentant seines Jahrhunderts.

Schillers Briefe sind in mancherlei Hinsicht eine fesselnde Lektüre. Was sie so reichhaltig macht, ist die Bereitschaft des Autors, das postalische Schreiben der Gelegenheit und vor allem auch dem Briefempfänger anzupassen. Das Ergebnis ist eine Vielgestaltigkeit in Funktion, Charakter und Stil, die der Korrespondenz wechselnde Akzente verleiht: sie erweist sich als privates Lebenszeugnis, als geschäftliche Mitteilung des agilen Schriftstellers, nicht selten als philosophische Betrachtung, namentlich über ästhetische und poetologische Gegenstände. Im Rückblick erkennt man, was die verschiedenen Briefwechsel enthalten: Elemente einer ungeschriebenen Autobiographie, kulturhistorisch ertragreiche – doch ursprünglich gewiß nicht für die Öffentlichkeit bestimmte – Einblicke in die Geschäfte und die Geschäftigkeit des Autors und Herausgebers, in manchen Fällen Formulierungsversuche im Bereich historischer und philosophischer Essayistik, hin und wieder sogar Erstfassungen solcher Schriften. Diese Vielfalt ist bezeichnend für eine Epoche wie das ausgehende 18. Jahrhundert, als der Brief aufgehört hatte, bloße Mitteilung praktischer Art oder steife rhetorische Übung zu sein. Man merkt, daß Schiller einer Zeit angehört, die Gellerts Rat (aus dessen *Praktischer Abhandlung von dem guten Geschmacke in Briefen*, 1751) befolgte, der Briefstil müsse natürlich und ungezwungen sein, möglichst dem Tonfall des Gesprächs folgend. Daher bewegen sich die meisten seiner Briefe in einer Mittellage: weder lassen sie sich in Drastik und freundschaftlichem Übermut gehen (wie manche von Goethe), noch erschöpfen sie sich in der Korrespondenz mit einflußreichen Adeligen, in devoter Haltung, nach dem Muster epistolarischer Schnörkel und Kratzfüße. Insgesamt waren diese Briefe eine „Forderung des Tages", sowohl im intimen Bekenntnis wie auch in der literarischen Überlegung – keine mit Vorbedacht stilisierten Sammlungen für die Nachwelt, wie bei einigen Autoren früherer oder späterer Zeit. Wo Schiller meinte, die gedankliche Substanz sprenge den privaten Rahmen, trennte er die systematische Betrachung vom persönlichen Anlaß und gab ihr eine essayistische Fassung. Die Briefe an Körner sowie an den Herzog von Augustenburg sind ein Beispiel dafür. Lediglich der von Anfang an als poetologischer Gedankenaustausch angelegte und daher viel mehr sachlich als privat gehaltene Briefwechsel mit Goethe wurde nahezu ein Vierteljahrhundert nach Schillers Tod vom älteren Briefpartner herausgegeben.

Man hat versucht, in der Veröffentlichung dieser Korrespondenz Goethes Absicht zu sehen, den dichtungspolitischen Freundschaftsbund auch für die Nachwelt in dem von ihm erwünschten Licht erscheinen zu lassen. Die Vorsicht oder Behutsamkeit, mit der die Briefe formuliert waren, die von Jena nach Weimar (und später von der einen Weimarer Wohnung zu der anderen, am Frauenplan) gingen, wurde als ein Zeichen von Schillers Abhängigkeitsgefühl bzw. von Goethes Dominanz gedeutet. Doch gerade diese Briefe lassen – wenn auch eher ex negativo – erkennen, wie unverhohlen sonst ein Merkmal des Briefeschreibers Schiller zutage tritt: seine Egozentrik. Der ganz besondere Charakter des Gedankenaustauschs mit dem Autor des *Wilhelm Meister* und des *Faust*-Fragments mag es mit sich gebracht haben, daß Schiller viel mehr als in anderen Fällen bereit war, auf seinen Partner einzugehen. Daß dabei nicht nur taktische Erwägungen mitspielten, sondern auch das Bewußtsein vom geistigen Rang des anderen die Feder lenkte, darf wohl vorausgesetzt werden. Eigentümlich bleibt der Umstand, daß Schiller just in einer brieflichen Äußerung über Goethe so etwas wie ein unfreiwilliges charakterologisches Selbstbildnis, namentlich im Hinblick auf die Kennzeichen der Korrespondenz mit anderen Personen, entworfen hat – übrigens in einem Schreiben, das sogar der Aufmerksamkeit mancher Literarhistoriker, die das Verhältnis der beiden Dichter zueinander behandelten, entgangen zu sein scheint. Die Äußerung findet sich im Brief an Körner vom 2. Februar 1789:

„Öfters um Goethe zu sein würde mich unglücklich machen: er hat auch gegen seine nächsten Freunde kein Moment der Ergießung, er ist an nichts zu fassen; ich glaube in der Tat, er ist ein Egoist in ungewöhnlichem Grade. Er besitzt das Talent, die Menschen zu fesseln und durch kleine sowohl als große Attentionen sich verbindlich zu machen; aber sich selbst weiß er immer frei zu behalten. Er macht seine Existenz wohltätig kund, aber nur wie ein Gott, ohne sich selbst zu geben – dies scheint mir eine konsequente und planmäßige Handlungsart, die ganz auf den höchsten Genuß der Eigenliebe kalkuliert ist. Ein solches Wesen sollten die Menschen nicht um sich herum aufkommen lassen. Mir ist er dadurch verhaßt, ob ich gleich seinen Geist von ganzem Herzen liebe und groß von ihm denke. Ich betrachte ihn wie eine stolze Prüde, der man ein Kind machen muß, um sie vor der Welt zu demütigen ... Eine ganz sonderbare Mischung von Haß und Liebe ist es, die er in mir erweckt hat, eine Empfindung, die derjenigen nicht ganz unähnlich ist, die Brutus und Cassius gegen Cäsar gehabt haben müssen; ich könnte seinen Geist umbringen und ihn wieder von Herzen lieben.“

Es kann hier nicht darum gehen, dem Briefeschreiber mit individualpsychologischen Kategorien auf den Leib zu rücken. Wie es auch immer um Schillers „Genuß der Eigenliebe“ und um deren Ursachen bestellt sein mag, der Umstand ist nicht zu leugnen, daß die Korrespondenz des dichtenden Historikers und philosophierenden Dramatikers es weitgehend erlaubt, die hier gebotene ambivalente Charakteristik auf den Autor selbst zu beziehen. Den einzelnen Adressaten mag seinerzeit die Ichbezogenheit in diesen Briefen nicht so aufgefallen sein; überblickt man heute den gesamten Bestand, so wird deutlich, daß Schiller selten etwas anderes gekannt hat als die Sorge um sein Schaffen, sein literarisches Wirken in der Öffentlichkeit sowie die Klärung gedanklicher Fragen, die ihn gerade beschäftigten. Alles, was außerhalb dieses Bereiches lag, berührte er eher flüchtig, fast ungeduldig. Weder das private Leben seiner Bekannten schien ihn sonderlich zu interessieren (es sei denn, es lieferte anekdotischen Stoff für den Erzähler, der gelegentlich im Briefeschreiber erwacht), noch war es ihm darum zu tun, seine Korrespondenz als Vorwand für die Wiedergabe subjektiver Stimmungen zu gebrauchen.

Quellenwert haben Schillers Briefe in erster Linie im Hinblick auf das private Leben des Autors sowie auf seine öffentliche Laufbahn als Schriftsteller und Historiker. Seltsam unergiebig erscheinen sie, wenn man sich daraus Aufschluß erhofft über sein Interesse an gesellschaftlichen und politischen Vorgängen von allgemeiner Bedeutung, vor allem über die Anteilnahme des Historikers am Zeitgeschehen. Die Periode der Französischen Revolution und das Jahrzehnt danach boten ja Anlässe zu Kommentierung und Betrachtung in großer Zahl. Doch das aktuelle Ereignis, soweit es nicht unmittelbar in Schillers Existenz eingriff, blieb zumeist unbeachtet. Es ist überaus bezeichnend, daß die Begebenheiten in Frankreich für ihn zum Thema erst zu einem Zeitpunkt werden, als er ihnen nicht mehr in orientierungsloser Betroffenheit gegenübersteht, sondern sie bereits einigermaßen zu überschauen glaubt: als einen Gegenstand kulturkritischer Deutung. Interessant wird für ihn das geschichtliche Ereignis erst als Stoff zu persönlicher Begriffsbildung, in einer Phase, in welcher der Historiker gleichsam seine Überlegenheit gegenüber der Historie erweisen kann. Die Umwälzungen jenseits des Rheins hält der Briefwechsel nicht als Neuigkeit fest, sondern als Objekt philosophischer Beurteilung, die dem Autor Gelegenheit bietet, seine Sicht der Dinge zu entfalten, so etwa in der Anschauung, der „Versuch des französischen Volks, sich in seine heiligen Menschenrechte einzusetzen und eine politische Freiheit zu erringen", sei gescheitert, weil die rohe Gesetzlosigkeit der „niedern Klassen", das Fehlen *menschlicher* Freiheit, den Versuch zunichte gemacht habe, zur *bürgerlichen* Freiheit durchzudringen. (An den Herzog von Augustenburg am 13. Juli 1793.)

Neben den Improvisationen in begrifflicher Abstraktion stehen, in anderen Briefen, Mitteilungen über die Sorgen des Alltags, Erkrankungen, finanzielle Kalamitäten, elementare Bedürfnisse des Lebensunterhaltes. Es wäre ein Irrtum, anzunehmen, hier trete als Kehrseite des Höhenfluges philisterhafte Kleinlichkeit in Erscheinung. Zu begreifen sind solche Stellen viel eher als Äußerungen ein und desselben Bedürfnisses, der eigenen Individualität freien Lauf zu lassen und deren wechselhafte Existenzbedingungen zu dokumentieren. Zuweilen mag die Bereitwilligkeit, mit der Auskunft erteilt wird über Gepflogenheiten der Ernährung („Abends esse ich allenfalls Kartoffel in Salz oder ein Ei oder so etwas zu einer Bouteille Bier") oder die Ökonomie monatlicher Spesen („so kostet mich mein neues Logis 5 Gulden, das Holz 2 fl. 30 und darüber, Lichter 1 Gulden, Friseur einen Taler, Bedienung von einem Tambour einen Taler, Wäsche einen Taler, Bader 30 kr., Postgeld 1–2 Gulden"), wie in diesem Brief aus Mannheim im Herbst 1783 an die Gönnerin Henriette von Wolzogen, von taktischen Überlegungen geleitet worden sein: der Theatraliker scheint sich und sein „Milieu" in Szene zu setzen, möglicherweise um der Hilfsbereitschaft der Freunde und Gönner anschauliches Material zu liefern. So ist wohl auch die – nicht ohne geschickte Pointierung vorgetragene – Klage im Brief an F. Huber (vom 25. März 1785) zu verstehen, wirtschaftliche Bedrängnis oder die Notwendigkeit, sich mit Lappalien abzugeben, gefährde das poetische Schaffen. „Meine Seele wird geteilt, beunruhigt, ich stürze aus meinen idealischen Welten, sobald mich ein zerrißner Strumpf an die wirkliche mahnt. Fürs andere brauch ich zu meiner geheimern Glückseligkeit einen rechten wahren Herzensfreund, der mir stets an der Hand ist, wie mein Engel, dem ich meine aufkeimenden Ideen und Empfindungen in der Geburt mitteilen kann, nicht aber ... durch Briefe oder lange Besuche erst zutragen muß." Mit diesen Worten verlieh Schiller übrigens seiner Bitte Nachdruck, Huber möge ihm erlauben, zu ihm in eine Leipziger Mietwohnung zu ziehen und einen gemeinsamen Haushalt zu gründen. „Ich brauche nichts mehr als ein Schlafzimmer, das zugleich mein Schreibzimmer sein kann, und dann ein Besuchzimmer. Mein notwendiges Hausgeräte wäre eine gute Kommode, ein Schreibtisch, ein Bett und Sofa, dann ein Tisch und einige Sessel. Hab ich dieses, so brauche ich zu meiner Bequemlichkeit nichts mehr. Parterre und unter dem Dach kann ich nicht wohnen, und dann möcht ich auch durchaus nicht die Aussicht auf einen Kirchhof haben. Ich liebe die Menschen und also auch ihr Gedränge."

Stellen wie die eben angeführten sind für den Kulturhistoriker überaus ergiebig. Sieht man sie unter dem Aspekt der Persönlichkeit, so erkennt man überall den überlegt handelnden Intellektuellen am Werk, sozusagen den Systematiker. Schiller war alles andere als ein Lebenskünstler im Sinne der Adelskultur des 18. Jahrhunderts, geschweige denn in der Art der späteren Dandys; dazu war er – durch Herkunft, Erziehung und Gesinnung – viel zu sehr ein strebsamer Vertreter bürgerlich rationalistischer Lebensführung. Doch er war zweifellos ein organisatorisches Talent, ein „ökonomischer Geist", nicht nur in der begrifflichen und kompositorischen Planung, sondern auch wenn es darauf ankam, die Fährnisse des Alltags im Sinne der gewünschten Lebensform zu meistern. In einem Brief des Frühjahrs 1786 teilt er Freunden mit, er müsse auf einen Ausflug verzichten, denn das vorgesehene Arbeitspensum dulde keine Ablenkung. Dabei wird bezeichnenderweise der Vergleich mit der Arbeitsmoral des Kaufmanns herangezogen. „Das wäre ein schlechter Kaufmann . . ., der seine Rechnungen und sein Comptoir linker Hand liegen ließe, um seinem Herzen zu Gefallen zu leben. Eben das gilt von mir. Es war eine Zeit, wo ich Monate sündlich wegwarf, darum muß ich jetzt mit Tagen und Wochen geizen." Bedenkt man die Disziplin dieses Lebens, so begreift man auch, woher es kommt, daß Schiller einen nicht unbeträchtlichen Teil seiner Arbeitszeit der Korrespondenz einräumte: die meisten Briefe sind ja eben Beiträge zur organisatorischen Bewältigung der Lebensziele des Autors. Daß es dabei oft nicht ohne Hast abging, ist vielen Briefen anzumerken. In der Lässigkeit der Formulierung, in der zumeist wohl Eile und Spontaneität wirksam waren, ist die Haltung des Adressanten zu erkennen, dem es um die unmittelbare Wirkung seines Schreibens zu tun ist, den rhetorischen Gebrauchswert. Das rhetorische Ritual tritt dagegen zurück, es sei denn, es handelt sich um Briefe, in denen aus gesellschaftlichen Gründen formale Gesichtspunkte zu berücksichtigen waren.

Es gibt kaum einen Brief, der nicht zeigt, worum es Schiller eigentlich ging. Die umfangreiche Korrespondenz ist von Anfang an ein ununterbrochenes Zeugnis leidenschaftlichen Einsatzes für das eigene Werk im weitesten Sinne des Wortes: das dichterische Schaffen, die philosophische und wissenschaftliche Bemühung, nicht zuletzt den Versuch des Herausgebers und Redakteurs, die literarische Kultur der Zeitgenossen im Geist eigener Vorstellungen zu beeinflussen. Im Vergleich zu dieser Substanz des Briefkorpus wiegen alle anderen darin berührten Lebensbereiche eher leicht – als Begleiterscheinungen oder Beigaben im Dasein eines Menschen, der sich bewußt oder unbewußt völlig mit seinem Wirken identifiziert. Bei solcher Zielstrebigkeit überrascht es nicht, daß hin und wieder Zweifel an der Gültigkeit des einen oder anderen Textes bzw. einer bestimmten Textfassung angemeldet werden, die eigene Arbeit jedoch niemals Gegenstand des Zweifels ist, nicht einmal in Form ironischer Koketterie, wie bei manchen anderen Autoren. Ironie oder humoristische Relativierung sind in Schillers geistigem Haushalt überhaupt fremde Kategorien – das beweisen auch die Briefe. Das Bedeutende hatte als bedeutend zu gelten (diese Erkenntnis wurde von einem gesunden Selbstbewußtsein gestützt), und eine übermäßig relativierende Kritik konnte nur unökonomisch, arbeitshemmend wirken. Darin war Schiller mit dem anderen großen Weimarer einer Meinung.

In seltenen Stunden konnten Adressaten erfahren, daß die Identität des Dichters und Gelehrten doch nicht ganz ohne Krisen war: Zweifel im Hinblick auf die Schwerpunkte, die im eigenen Betätigungsfeld gesetzt werden sollten. Im Juli 1789 schreibt der neu ernannte Geschichtsprofessor der Universität Jena aus dieser Stadt an Charlotte von Lengefeld, seine spätere Frau, das Gelehrtenwesen und das Universitätsmilieu wirkten sich höchst unvorteilhaft aus, so daß er sich nach den Tagen zurücksehne, als er noch Dichter war und damit Mensch. Spätere Briefe bezeugen jedoch, daß solche Schwankungen kaum tiefere Spuren hinterließen. Neben dem ungebrochenen Bedürfnis nach poetischer Produktion behauptet sich bald wieder auch die Lust an theoretischer Reflexion, sogar im Rahmen des akademischen Unterrichts. Im Mai 1790 heißt es in einem Brief an Körner, er lese an der Universität neben Universalgeschichte auch über Ästhetik, wobei er diese Ästhetik ganz aus eigenen Überlegungen bestreite, ohne Fachliteratur. „Mich vergnügt es sehr, zu den mancherlei Erfahrungen, die ich über diese Materie zu machen Gelegenheit gehabt habe, allgemeine philosophische Regeln und vielleicht gar ein szientifisches Prinzip zu finden. Es legt sich mir alles bis jetzt bewunderenswürdig schön auseinander, und manche lichtvolle Idee stellt sich bei dieser Gelegenheit mir dar. Die alte Lust zum Philosophieren erwacht wieder . . ." Geschrieben ein Jahr vor der intensiven Beschäftigung mit Kants Schriften.

Ob Philosophie oder Dichtung, stets geben die Briefe Auskunft über die einzelnen Stadien der Arbeit am Schreibtisch. Schiller gehört, wie später etwa Thomas Mann, zu jenen Autoren, die gern Rechenschaft ablegen über Getanes oder in Angriff Genommenes, durchaus bereit, Werkstattpoetik auch in Form konkreter Erläuterungen zu einzelnen Texten zu betreiben. Abzulesen ist daran eine Auffassung von Literatur, für die das Werk als etwas Gemachtes gilt, eine Hervorbringung, die zumindest teilweise durch analytische Kategorien erhellt werden kann. Während sich darin noch die Überlieferung rationalistischer Poetik abzeichnet, ist die Bereitschaft, mit der in der Korrespondenz die private Biographie mit theoretischen Gedankengängen verknüpft wird, ein Zeichen jener individualistischen Wandlung, die sich im Rahmen neuer Produktionsbedingungen im Zeitalter des Sturm und Drang durchsetzte.

Seit den Anfängen mit den *Räubern* ist Schillers Briefwechsel somit auch lebendige Entstehungsgeschichte der Werke, vor allem der Dramen und Gedichte. Indem der Autor seinen Adressaten bisweilen sehr detailliert darlegte, wie er ans Werk zu gehen gedenke, wie manche kompositorischen Momente zu begründen seien oder wie er sich die Inszenierung bestimmter Aufzüge vorstelle, schrieb er aktuelle Literaturgeschichte. Im Hinblick auf Geschichte und eigene Deutung des dramatischen Erstlings, des *Don Carlos,* der Wallenstein-Trilogie, der *Maria Stuart* und des *Tell,* aber auch mancher Gedichte, besonders der Balladen, gehören die Briefe zu den wichtigsten Quellen. Allerdings scheint Schillers Bedürfnis, sich in Briefen mitzuteilen, in den letzten Lebensjahren abgenommen zu haben: nach 1800 sind auch die Informationen über eigene Arbeiten und Pläne spärlicher, ja die Briefe sind insgesamt, ohne Rücksicht auf den Inhalt, knapper, wenn auch nicht flüchtiger in der Formulierung. Der mit steigendem relativem Alter zunehmende Wunsch nach ökonomischem Umgang mit der Zeit hat sich offenbar hauptsächlich auf Kosten des Briefwechsels ausgewirkt.

Unentbehrlich für jede eingehende Beschäftigung mit Schiller sind die Briefe auch als Zeugnisse des Versuches, bestimmte Gedanken zunächst skizzenhaft zu entwickeln, gleichsam zu erproben, um sie dann später in anderer, als ausgereift geltender Gestalt vorzulegen. Man kann daher in manchen Fällen im einzelnen verfolgen, wie Ideen oder Motive aus der ersten, improvisatorischen Fassung in einem Brief ihren Weg zur endgültigen Gestalt innerhalb einer literarischen Gattung finden.

Als Beispiel mag ein Gedanke dienen, den Thomas Mann in seinem *Versuch über Schiller* von 1955 ausdrücklich zu den überraschenden, kaum ins konforme Schiller-Bild passenden Einfällen zählt. Es handelt sich um das erstmals 1796 veröffentlichte Epigramm *Würde des Menschen*: „Nichts mehr davon, ich bitt euch. Zu essen gebt ihm, zu wohnen, / Habt ihr die Blöße bedeckt, gibt sich die Würde von selbst." In dieser isolierten Formulierung erinnert dieser Gedanke, mehr als das beiden Dichtern lieb sein dürfte, an den bekannten Vers aus dem zweiten Finale von Brechts *Dreigroschenoper*: „Erst kommt das Fressen, dann kommt die Moral." Brecht hielt von seinem schwäbischen Landsmann nicht sehr viel, und dieser hätte eine Übereinstimmung mit der erwähnten Sentenz und deren Ausrichtung vermutlich als peinlich empfunden. Allein was Schiller eigentlich meinte, erfährt man, wenn man einen Brieftext danebenhält, nämlich den entsprechenden Abschnitt aus dem großen Schreiben an den Herzog von Augustenburg vom 11. November 1793. Die Briefe an den Herzog können als eine Art Fürstenspiegel angesichts der Französischen Revolution gelten, eines Ereignisses, das Schiller die Frage stellen ließ, woher es komme, daß im Zeitalter der Aufklärung trotz aller Einsichten und zivilisatorischen Maßnahmen dem „Sapere aude" noch so viel Trägheit und Barbarei entgegenstehe.

Diese Frage versucht er nun mit Argumenten zu beantworten, die ihre epigrammatische Zuspitzung in dem so herausfordernd materialistisch gesinnten Distichon gefunden haben. Der Kampf ums Dasein, belehrt Schiller den Herzog, stumpft die meisten Menschen ab; kaum dazu fähig, kritische Urteile zu bilden, lassen sie sich von Herrschsüchtigen bevormunden und verfallen immer wieder verschiedenen „Wahnbegriffen und Vorurteilen". Die am meisten unterdrückten Völker sind daher die am meisten bornierten: wo Unfreiheit und Mangel herrscht, ist geistiger Fortschritt nicht zu erwarten. Folglich „muß man das Aufklärungswerk bei einer Nation mit Verbesserung ihres physischen Zustandes beginnen. Erst muß der Geist vom Joch der Notwendigkeit losgespannt werden, ehe man ihn zur Vernunftfreiheit führen kann". Schiller gibt damit zwar seinen theoretischen Idealismus, den Glauben an den Primat des Geistes, nicht auf, er gleicht ihn aber der nüchternen (und im Hinblick auf den Herzog wohl auch politisch appellativen) Überzeugung an, geistige Regungen blieben praktisch wirkungslos, solange elementare physische Bedürfnisse nicht befriedigt würden. Als bloße Notwendigkeiten des Lebens seien diese Dinge für die Beurteilung des menschlichen Wesens nur von geringer Bedeutung: „Der Mensch ist noch sehr wenig, wenn er warm wohnt und sich satt gegessen hat, aber er muß warm wohnen und satt zu essen haben, wenn sich die bessere Natur in ihm regen soll." Unter politischen Gesichtspunkten mögen diese Voraussetzungen nicht hoch genug einzuschätzen sein. Da ohne leibliches Wohl keine Mündigkeit des Geistes erreichbar sei, müsse daraus die Forderung an die Regierenden abgeleitet werden, die Sorge für das physische Wohl der Bürger sei „als die erste Pflicht des Staats zu betrachten". Erst durch diesen Brief, dem durchaus der Rang einer kleinen Abhandlung gebührt, erhält das Epigramm von 1796 seinen erhellenden Kontext. Die Bedeutung einer zusätzlichen Brieflektüre dürfte evident sein.

Dies gilt erst recht, wenn man bedenkt, daß man in der Korrespondenz hin und wieder Gedanken begegnet, die Schiller – entgegen vielen anderen Fällen – nicht in das Thesengeflecht seiner theoretischen Schriften aufgenommen hat. Überraschende Vorwegnahmen mancher Ideen späterer Zeiten finden sich nicht nur im Bereich politischer Einsichten; auch auf dem Gebiet der Ästhetik verblüffen gerade die Briefe mit Maximen, die man ohne Kenntnis des Textes wahrscheinlich einer neueren Epoche zuordnen würde. Man meint, einen Modernisten aus der Zeit nach der letzten Jahrhundertwende oder etwa einen Theoretiker aus dem Umkreis der russischen Formalisten zu vernehmen, allenfalls einen Nachhall manieristischer Poetik aus dem 17. Jahrhundert, wenn ein Brief an Goethe (vom 17. August 1797) die Behauptung enthält, die Dichtung sei nicht nur dazu angetan, die Leser zu erheben, sondern ihnen auch „recht übel [zu] machen". „Man muß sie inkommodieren, ihnen ihre Behaglichkeit verderben, sie in Unruhe und in Erstaunen setzen. Eins von beiden, entweder als ein Genius oder als ein Gespenst muß die Poesie ihnen gegenüberstehen. Dadurch allein lernen sie an die Existenz einer Poesie glauben und bekommen Respekt vor den Poeten." Es bleibe anheimgestellt, welche Art von Dichtung besonders geeignet sei, den Autoren Achtung beim Publikum zu verschaffen. Sicher ist dagegen, daß sich die Verfremdungs- und Schockästhetik, die im Bild der Poesie als „Gespenst" steckt, in der klassizistischen und aufklärerischen geistigen Landschaft Weimars recht befremdlich ausnimmt. Einige Romantiker hätten in diesem Gedanken, wäre er von ihnen zur Kenntnis genommen worden, einen Kernsatz ihres künstlerischen Programms erkennen können.

Zu einer Korrektur bequem gewordener Vorstellungen über Schiller möchte auch die vorliegende Briefauswahl anregen. Zwei Bereiche vor allem sollen in der chronologischen Folge der Texte erkennbar werden: einmal die Linien eines Lebenslaufes, der in mancherlei Hinsicht bezeichnend ist für die Lage der Intellektuellen in der deutschen Gesellschaft und Kultur des 18. Jahrhunderts; zum anderen der Zusammenhang von Schillers Denken und poetischem Schaffen in den drei Jahrzehnten von der Stuttgarter Jugend bis zu den letzten Jahren in Weimar. Es ist zu hoffen, daß es der Auswahl gelingt, die kulturgeschichtliche Farbigkeit der Biographie hervortreten zu lassen, namentlich aber die Vielfalt und Folgerichtigkeit in der Begriffswelt des Kunsttheoretikers, des Geschichtsphilosophen, des kommentierenden Dichters. Schillers Briefe in der hier gebotenen Auslese können als Lesebuch zu einer imaginären Autobiographie aufgefaßt werden, ebenso aber als fesselnde, eingängig formulierte Einführung in die Literaturästhetik des Autors.

Innerhalb der letzten Jahrzehnte, während im Rahmen der Schiller-Nationalausgabe die historisch-kritische Edition des gesamten Schiller-Briefwechsels[1] voranschritt, sind nur zwei Auswahlen erschienen, die sich auf das ganze Briefkorpus beziehen: von Gerhard Fricke (1955) und Karl-Heinz Hahn (1968).[2] Fricke, dessen Ausgabe übrigens die Briefe in teilweise unbegreiflich starker Kürzung wiedergibt, war noch ausschließlich auf die erste Gesamtausgabe von Fritz Jonas (1892–96)[3] und auf einige ältere Einzelbriefwechsel angewiesen, wogegen Hahn schon auf die bis 1968 erschienenen Briefbände 23, 27 und 30 der Nationalausgabe als verbindliche Grundlage zurückgreifen konnte.

Ganz abgesehen davon, daß weder die eine noch die andere Briefauswahl heute noch greifbar ist und ein entsprechendes Werk daher ein Desiderat darstellt, wird diese neue Auswahl vor allem durch das Maß gerechtfertigt, in dem sie dem Interesse an pragmatischen Fragen der Literaturästhetik Rechnung trägt. Das zeigt sich allein darin, daß etwa ein Fünftel der abgedruckten Briefe an Schillers Verleger (Schwan, Göschen, Crusius und vornehmlich Cotta) gerichtet waren und etwa ein Zehntel an verschiedene Theaterleiter. Da diese Briefe im einzelnen keinen übermäßig großen Umfang haben, stören sie auch nicht das Gleichgewicht der Auswahl, sondern sie fermentieren vielmehr durch den Einblick in die Schriftsteller- und Theaterpraxis Schillers erst den Zusammenhang zwischen den biographisch und künstlerisch relevanten Freundesbriefen und den für das Bild des Kulturtheoretikers Schiller so unentbehrlichen Briefen an den Herzog von Augustenburg, die ihrer Bedeutung entsprechend ebenfalls zahlreich vertreten sind.

Darüber hinaus kommt der Auswahl zugute, daß seit Hahns Edition mittlerweile drei weitere Briefbände der Nationalausgabe (NA) erschienen sind, so daß sich der Quellennachweis für die vorliegende Ausgabe folgendermaßen darstellt:

1 *Schillers Werke.* Nationalausgabe. Begründet von Julius Petersen. Hrsg. von Liselotte Blumenthal und Benno von Wiese. Weimar: Böhlau.
Schillers Briefe. Bisher erschienen: Bd 23 (1956); Bd 25 (1979); Bd 27 (1958); Bd 28 (1969); Bd 29 (1977); Bd 30 (1961).
Briefe an Schiller. Bisher erschienen: Bd 35 (1964); Bd 36 I/II (1972/76); Bd 37 I (1981); Bd 38 I (1975).

2 *Friedrich Schiller:* Briefe. (Hrsg. von Gerhard Fricke.) München: Hanser (1955).
Schillers Briefe in zwei Bänden. (Ausgewählt und erläutert von Karl-Heinz Hahn.) Bd 1–2. Berlin und Weimar: Aufbau 1968. (= Bibliothek deutscher Klassiker.)

3 *Schillers Briefe.* Hrsg. und mit Anmerkungen versehen von Fritz Jonas. Kritische Gesamtausgabe. Bd 1–7. Stuttgart [u.a.]: Deutsche Verlagsanstalt [1892–1896].

Brief Nr.	1	bis	30	nach	NA	23
Brief Nr.	31	bis	41	nach	Jonas	1
Brief Nr.	42	bis	64	nach	NA	25
Brief Nr.	65	bis	97	nach	Jonas	3
Brief Nr.	98	bis	124	nach	NA	27
Brief Nr.	125	bis	137	nach	NA	28
Brief Nr.	138	bis	168	nach	NA	29
Brief Nr.	169	bis	197	nach	NA	30
Brief Nr.	198	bis	224	nach	Jonas	6
Brief Nr.	225	bis	265	nach	Jonas	7

Den Herausgebern erscheint es wichtig, einige Grundsätze zur Textgestaltung der Ausgabe offenzulegen.

Alle 265 Briefe werden vollständig abgedruckt. Nur die Angaben von Absendeort und -datum sind vereinheitlicht und gelegentlich mitüberlieferte Adressen weggelassen. Oberstes Prinzip ist gute Lesbarkeit. Außer der Modernisierung von Orthographie und Interpunktion bleibt der Brieftext als solcher ausnahmslos unangetastet, d. h., daß auch Eigenheiten des Lautstandes stets übernommen werden.[4]

Ebenfalls im Sinne der besseren Lesbarkeit sind die Herausgeber bestrebt, Abkürzungen aller Art (von Titeln, Namen, Geldwerten usf.) wegen der Inkonsequenz im Gebrauch weitestgehend aufzulösen, es sei denn, eine Auflösung würde eher störend wirken, wie z. B. bei „p.p." = „perge perge" („fahre fort", im Sinne von „usw."); desgleichen bei „etc.".

Um den Text nicht durch lange Sperrungen unübersichtlich zu machen, sind Hervorhebungen ersten Grades (was in der Vorlage gesperrt ist) kursiv gesetzt; Hervorhebungen zweiten Grades hingegen, nämlich dort, wo Schiller durch Großschreibung schon selbst eine Lesehilfe gab (die aber in einem orthographisch modernisierten Text wegfiele – und in anderen Editionen auch schon weggefallen ist), werden, da sie nur vereinzelt vorkommen, gesperrt gedruckt.

Falsch geschriebene Namen von Personen und Orten werden stillschweigend richtiggestellt. Ein entsprechendes Verfahren für die von Schiller vielfach frei zitierten Bücher- und Zeitschriftentitel wäre nicht möglich gewesen, ohne die Textgestalt zu zerstören, so daß diesbezügliche

4 In dieser Hinsicht verdanken wir der gewissenhaften Ausgabe von Karl-Heinz Hahn mehrere Anregungen für bestimmte Entscheidungen in Zweifelsfällen. Daneben ist uns einige Male für die Textgestaltung der Briefe an Humboldt hilfreich gewesen: Der Briefwechsel zwischen Friedrich Schiller und Wilhelm von Humboldt. (Hrsg. von Siegfried Seidel.) Bd 1–2. Berlin: Aufbau 1962.

Richtigstellungen in die Anmerkungen bzw. Register verlegt sind. (Bei den Schillerschen Werktiteln wurde nur auf Vereinheitlichung der Schreibung geachtet.)

Herausgeberzusätze und gelegentlich notwendig erscheinende Ergänzungen sind durch eckige Klammern gekennzeichnet.

Graz und Zagreb, im Februar 1983 — Die Herausgeber

Verzeichnis der Briefe

Briefe

1. An Georg Friedrich Boigeol.

[1776?]

Warum ich Ihnen itzt erst schreibe? – Mit Fleiß hab ich's 3 Tag anstehen lassen, ob Sie in dieser Zeit nicht anders werden und Ihren Brief verwerfen würden. Ich bitte Sie, lesen Sie itzt Ihren Brief wieder, was haben Sie geschrieben! Verzeihen Sie mir, mein Freund, wenn ich nicht das mindeste mit Ihren Klagen sympathisiere. Sie sind nicht unglücklich und, worüber Sie sich vielleicht am meisten wundern, Sie haben auch kein Gefühl des Schmerzens, wie könnten Sie so reden? wie könnten Sie auf die lächerlichste Weise in Bildern, Metaphern und Galimathias von Ihren Schmerzen historischerweise reden? wie könnten Sie so in zehen entgegengesetzte Empfindungen hineingeraten, die alle einander widersprechen, bald sind Sie demütig, bald äußerst stolz auf Ihre Würde, bald wollen Sie die Menschen fliehen, verfluchen, bald ihnen Guts tun, sie segnen; sitzen auf das Wort, auf das unschuldige Wort in meinem Brief an Scharffenstein *„dem Boigeol"* hinauf, dichten Dinge hinzu, an die kein anderer Mensch, am wenigsten ich, beim Schreiben kam, ist das alles nur ein Ausdruck des Schmerzens? Ist's nicht pure kranke Phantasei? lieber Freund, ich bitte Sie, lesen Sie nochmals Ihren fanatischen Brief und gestehen Sie mir aufrichtig, ist er nicht zu verwerfen? Ich kann unmöglich alles erschöpfen, kann nichts sagen als *lesen Sie ihn selber wieder!*

Warum heißen Sie die Menschen Bösewichter? Weil sie nicht alle nach Ihrem Herzen sind? O glauben Sie denn, daß das sein kann? Haben wir's nicht oft miteinander selbst gesagt, wie wenig wir unter ihnen zu suchen hatten? Könnten wir nicht weise ihre Torheiten ansehen? Müssen wir denn von ihnen geliebt werden, wenn wir sie lieben? O ich bitte Sie! – Sie kennen ja die Menschen? Haben Sie nicht Ressource in sich genug, um darüber hinüber zu sein? Tun sie uns ja nichts Leides ohne gegebene Ursache, und was sollen sie dann um uns kriechen, da wir niemals ihnen eigen werden wollen? Was verzweifeln Sie also? (Aber ich weiß gewiß, es ist nur Phantasei, meine Überzeugungen sind unnötig.)

Aber Sie klagen mich an der Gleichgültigkeit, des Stolzes, Hasses gegen Sie! – Ja! mein Freund, Sie haben wirklich aus einigen Umständen auf so etwas schließen können, und wenn Sie mich nicht geliebt hätten, würden Sie solche nicht geachtet haben.

Allein es ist nicht Stolz, nicht Gleichgültigkeit, viel weniger Haß! Wie können Sie das denken? Allein das muß ich, kann ich Ihnen nicht bergen, daß wirklich mein Herz von Ihnen abgewandt wurde. Ich habe traurige Entdeckungen gemacht, und in Ihrem Brief, da stehen Worte, die mich darin tiefer bestätigt haben. *Sie waren mein Freund nicht!* in dem hohen

Verstand, wie wir's so leicht glaubten zu sein, und es entehrt Ihr Herz, daß Sie es von mir zu sein vorgaben. Sagt nicht Ihr letzter Brief genug, ich hätte nur darum Freunde, damit sie mir schmeichelten? Sagte nicht Ihr voriger Umgang oft, oft mit mir das nämliche? Sagten Sie nicht immer, ich hätte das wahre Gefühl des Herzens nicht, alles sei Phantasei, Poesie, die ich mir durchs *Lesen Klopstocks* angeeignet hätte, ich fühlte Gott nur im Gedicht, und die Freundschaft liege nicht in meinem Innersten! Itzt denken Sie nach! Itzt schämen Sie sich (ich muß hart mit Ihnen reden, und tut mir weh). Sie hielten mich vor das, waren bei sich sozusagen überzeugt, daß ich bloß Dichter wäre, und ich will's übergehen, wie oft ich das mit schwerem Herzen von Ihnen weggetragen habe, da ich doch weiß, wie ich hier von Ihnen verkannt werde, wie wenig mir Dichtername gilt, wird gelten in der Stunde des Todes, wo es bloß auf mein Herz ankommt, Sie wähnten das von mir, o denken Sie hier errötend nach, *und wollten mich doch zum Freund?* – – Zum Freund, wo alles das, was ich meinen Stolz in Ihren Augen nannte, nichts, wo das Wahre nur im Herzen besteht, das Sie mir absprechen, *und wollten mich doch zum Freund?* – O ich will abbrechen von dieser Betrachtung, um Ihnen nicht wahre Ursache zur Schwermut zu geben, Boigeol! Wenn ich den letzten Atem ziehe, wenn ich vorgefordert bin vor den allgegenwärtigen Richter, werd ich so bestehen können, so wie Sie mich wähnen? – aber ich will ihn dann fragen, ihn, den Allgegenwärtigen, da soll nichts sein zwischen meinem Herzen und der beschuldigten Heuchelung, zwischen Ihnen und mir! Ich bin viel anders worden, als Sie mich kannten – und sehr verändert, Ihr Freund zu sein, wahrlich, wenn Sie nach Lesen dieses Briefs nicht anders von mir denken und von meinem Herzen – müßte Ihnen das zu schwerem Fluch gereichen, daß Sie sich jemals meinen Freund nannten! Verzeihen Sie mir diese scharfe Rede! Ich hoffe, sie sollte Sie nicht treffen! Was reden Sie so hart wider mich als den stolzesten, schändlichsten Verletzer der heiligen Freundschaft? War ich Ihnen dann schon so innig verbunden, daß ich nicht noch Freiheit (Freiheit der unsterblichen Seele, mit der ich zwischen Sein und Nichtsein unterscheiden kann), daß ich nicht noch Gewalt besaß, einen Wegsprung zu machen, und er ist nicht hart, dieser Sprung! er ist nicht ungerecht und viel weniger Stolz! – – Wenn ich das nicht an Ihnen gefunden, was mein Herz suchte, wenn ich so mißhandelt worden bin, nicht mit Kleinigkeiten, sondern mit Taten, die die unsterbliche Seele foltern, Gott vergebe uns beeden! – wenn ich eine bessere Wahl getroffen habe, einen höhern Freund, an dem mir's nun nimmer fehlen wird für und für, bin ich dann ein Bösewicht, daß ich diesen Schritt getan habe! – o denken Sie itzt nicht hart von mir, entheiligen Sie meinen Vorsatz und Ihre unsterbliche Seele nicht – es wird Ihnen sonst einst bitter vorgeworfen werden! – Mein Lieber, immer Geliebter (denn *dieser Freund* gebeut mir,

Sie zu lieben in Ewigkeit), es kommt bei der Freundschaft auf alle Kleinigkeiten – in den Augen der Welt Kleinigkeiten – an! Und wie sehr sind wir hierin verschieden? wie viel Ungleichheit der Seelen! wie näher mußten wir uns nähern, wenn wir Freunde sein sollten, alles Vorige weggerechnet, Ihre Art des Studierens gefiel mir nie; wenn wir Bücher zusammen lasen, waren wir selten einer Empfindung, sehr mannigfaltig Ihr Vortrag, wenn Sie mir meine Fehler, meine Eigenliebe, meinen Stolz, kurz meine Laster (die ich sehr wohl erkenne und bei Gott bereue) vorwarfen, Ihr Vortrag dabei hatte das Herzliche, edle Trauliche nicht, und sehr oft bemerkte ich, daß Sie nur in der Hitze mit Vorwürfen herausplatzten, die Sie mir – ist das Freundschaft? – sonst verschwiegen. Nie hatten Sie das edle freie Zutrauen zu mir, wie sich's dem Freunde gebührt, lauter Gründe, die mich in den Augen des Weisesten, Gerechtesten entschuldigen, daß ich so und nicht anders gehandelt habe!

Aber genug, mein Lieber! – Wir wollen einander unsere Herzen nicht quälen, vielleicht sind wir in einer besseren Welt uns gleicher als hier, und dann werden unsere Arme offen sein zu freundlicher Umarmung, wir gehen beide einem letzten Ziele entgegen, und an diesem Ziele, wann wir uns freudiger wiedersehen sollten! – –

Lieben Sie mich – oder! hassen Sie mich nicht! Ich bin ein Jüngling von feinerem Stoff als viele, und selten traf ich das rechte Ziel, oft, oft gleitete ich neben aus wie im vorigen Falle, aber hier – hier hab ich das rechte Ziel, Gott wird mit mir sein und mich führen! –

Leben Sie wohl! – – Ich will's in Ihrem Angesicht lesen und Sie nicht fragen, aber wir wollen uns unsere etliche Jahre, wo wir noch so zu leiden haben, nicht verbittern.

Leben Sie noch einmal wohl!

Ich weiß nicht, ob das Antwort genug ist auf Ihren Brief, aber der Brief ist doch wichtig, daß Sie ihn wohl lesen dürfen.

Leben Sie wohl, mein Lieber!

Schiller

2. An Johann Wilhelm Petersen.

[Solitüde, Ende November/Anfang Dezember 1780]

Liebster Freund,

daß Du siehst, wie viel mir an der Herausgabe meines Trauerspiels gelegen ist, und daß Du sie, falls Du, wie ich hoffe, Deine Einwilligung dazu gegeben hättest, um so eifriger betreibst, will ich Dich itzt schriftlich nochmals an das erinnern, was Du von Hoven schon nach allen Künsten des überredenden Franzens gehört haben wirst.

Der erste und wichtigste Grund, warum ich die Herausgabe wünsche, ist jener allgewaltige Mammon, dem die Herberge unter meinem Dache gar nicht ansteht – das Geld. Stäudlin hat für einen Bogen seiner *Verse* einen Dukaten von einem *Tübinger* Verleger bekommen, warum sollt ich nicht für mein Trauerspiel, das durch den neuen Zusatz 12–14 Bogen enggedruckt abgeben wird, von einem Mannheimer nicht ebensoviel – nicht mehr bekommen können. Was über 50 Gulden abfällt, ist Dein. Du mußt aber nicht glauben, als ob ich Dich dadurch auf einem interessierten Wesen ertappen wollte (ich kenne Dich ja), sondern das hast Du treu und redlich verdient und kannst [es] brauchen.

Der zweite Grund ist, wie leicht zu begreifen, das Urteil der Welt, dasjenige, was ich und wenige Freunde mit vielleicht übertrieben günstigen Augen ansehen, dem unbestochenen Richter, dem Publikum, preiszugeben. Dazu kommt noch die Erwartung, die Hoffnung und Begierde, welches alles mir meinen Aufenthalt im Loche der Prüfung verkürzen und versüßen und mir die Grillen zerstreuen soll. Ich möchte natürlicherweise auch wissen, was ich für ein Schicksal als Dramatiker, als Autor zu erwarten habe.

Und dann endlich ein dritter Grund, der ganz echt ist, ist dieser: Ich habe einmal in der Welt keine andre Aussicht, als in meinem Fache zu arbeiten. D. h., ich suche mein Glück und meine Beschäftigung in einem Amt, wo ich meine Physiologie und Philosophie durchstudieren und nützen kann, und wenn ich etwas draußen schreibe, so ist es in diesem Fache. Schriften aus dem Felde der Poesie, Tragödien usw. würden mir in meinem Plane, Professor in der Physiologie und Medizin zu werden, hinderlich sein. Darum such ich sie hier schon wegzuräumen.

Schreib mir also, liebster Freund, ob und wie Du gesonnen bist! Daß es herauskäme, ist nicht zu besorgen, meinerseits soll die genaueste Vorsicht beobachtet werden. Und geschieht es – so ist es immer Zeit, daß Du Deiner Brüder einen als Autor davon ausstreuen kannst – daß Du Dich selbst nennst, will ich Dir nicht zumuten, auch wär es zu schmeichelhaft von meinem Produkt gedacht. – Vergiß auch das Geld vor die Bücher nicht, denn ich und Kapf haben's wirklich verflucht nötig. Betreib es ja. 4–5 Gulden kannst Du doch immer davor kriegen.

PS. Höre, Kerl! wenn's reüssiert. Ich will mir ein paar Bouteillen Burgunder drauf schmecken lassen.

Leb recht wohl.

Schiller

3. An Wolfgang Heribert von Dalberg.

[Stuttgart, Juli 1781]

Reichsfrei Hochwohlgeborener,
insbesonders Hochzuvenerierender Herr Geheimerat,

Euer Exzellenz haben die Bescheidenheit eines Schriftstellers durch die stolzen Prädikate, die Hochdieselbe mir in der schmeichelhaftesten Zuschrift beizulegen beliebten, auf die schlüpfrigste Spitze gestellt, indem solche durch das Ansehen des Kenners, von dem sie stammen, beinahe das Gepräg der Unfehlbarkeit haben müßten, wenn ich solche für etwas anders als bloße Aufmunterung meiner Muse ansehen könnte. Mehr läßt mich die tiefste Überzeugung meiner Schwäche nicht denken, gewiß aber, wenn meine Kräfte jemals an ein Meisterstück hinaufklettern können, so dank ich es Euer Exzellenz wärmstem Beifall allein, so dankt es Hochdenenselben auch die Welt. Ich habe schon seit mehreren Jahren das Glück gehabt, Euer Exzellenz aus öffentlichen Blättern zu kennen, und schon damals zog der Glanz des Mannheimer Theaters meine ganze Aufmerksamkeit an. Auch, gesteh ich, war es, seitdem ich einen dramatischen Genius näher in mir fühle, mein Lieblingsgedanke, mich dereinst zu Mannheim, dem Paradies dieser Muse, zu etablieren, welches aber durch meine *nähere* Verbindung mit Württemberg erschwert werden dörfte.

Der gütigste Vorschlag Euer Exzellenz in Rücksicht auf meine Räuber und die noch in Zukunft zu verfertigenden Stücke ist mir unendlich wichtig und dörfte zu seiner Zeitigung wohl eine genauere Kenntnis der Partikularökonomie von Euer Exzellenz Theater, von den Herren Schauspielern und dem Nonplusultra der Theatermechanik, mit einem Wort, einen lebendigen Augenschein erfordern, den ich aus dem Stuttgarter Stadttheater niemalen werde abstrahieren können, das noch im Stand der Minderjährigkeit ist. Leider setzen mich *ökonomische* Verfassungen außerstand, viele Reise zu machen, die ich itzt um so freudiger und gewisser unternehmen würde, da ich noch einige fruchtbare Ideen für das mannheimische Theater Euer Exzellenz zu kommunizieren die Ehre haben möchte. Übrigens verharre ich zeitlebens
Euer Exzellenz ganz untertäniger Diener und *wahrer Verehrer*

D. Schiller, Regimentsmedikus.

4. An Wolfgang Heribert von Dalberg.

Stuttgart, 6. Oktober 1781

Hier erscheint endlich der *Verlorne Sohn* oder die umgeschmolzenen Räuber. Freilich habe ich nicht auf den Termin, den ich selbst festsetzte, Wort gehalten, aber es bedarf nur eines flüchtigen Blicks über die Menge und Wichtigkeit der getroffenen Veränderungen, mich gänzlich zu entschuldigen. Dazu kommt noch, daß eine Ruhrepidemie in meinem Regimentslazarett mich von meinen otiis poeticis sehr oft abrief.

Nach vollendeter Arbeit darf ich Sie versichern, daß ich mit weniger Anstrengung des Geists und gewiß mit noch weit mehr Vergnügen ein neues Stück, ja selbst ein Meisterstück schaffen wollte, als mich der nun getanen Arbeit nochmals unterziehen. – Hier mußte ich Fehlern abhelfen, die in der Grundanlage des Stücks schon notwendig wurzeln, hier mußte ich an sich gute Züge den Grenzen der Bühne, dem Eigensinn des *Parterre*, dem Unverstand der Galerie oder sonst leidigen Konventionen aufopfern, und einem so durchdringenden Kenner, wie ich in Ihnen zu verehren weiß, wird es nicht unbekannt sein können, daß es wie in der Natur, so auf der Bühne für eine Idee, eine Empfindung auch nur einen Ausdruck, ein Kolorit gibt. Eine Veränderung, die ich in *einem* Charakterzug vornehme, gibt oft dem ganzen Charakter und folglich auch seinen Handlungen und der auf diesen Handlungen ruhenden Mechanik des Stücks eine andere Wendung. Also Hermann.

Wiederum stehen die Räuber im Original unter sich in lebhaftem Kontrast, und gewiß wird ein jeder Mühe haben, vier oder fünf Räuber kontrastieren zu lassen, ohne in einem von ihnen gegen die Delikatesse des Schauplatzes anzurennen. Als ich es anfangs dachte und den Plan davon bei mir entwarf, dacht ich mir die theatralische Darstellung hinweg. – Daher kam's, daß Franz als ein *räsonierender* Bösewicht angelegt worden, eine Anlage, die, so gewiß sie den denkenden Leser befriedigen wird, so gewiß den Zuschauer, der vor sich nicht philosophiert, sondern gehandelt haben will, ermüden und verdrießen muß. In der veränderten Auflage konnt ich diesen Grundriß nicht übern Haufen werfen, ohne dadurch der ganzen Ökonomie des Stücks einen Stoß zu geben; ich sehe also mit ziemlicher Wahrscheinlichkeit voraus, daß Franz, wenn er nun auf der *Bühne* erscheinen wird, die Rolle nicht spielen werde, die er beim Lesen gespielt hat. Dazu kommt noch, daß der hinreißende Strom der Handlung den Zuschauer an den feinen Nuancen vorüberreißt und ihn also um wenigstens den dritten Teil des ganzen Charakters bringt. Der Räuber Moor, wenn er, wie ich zum voraus versichert bin, seinen Mann unter den Herren Schauspielern findet, dörfte auf dem Schauplatz Epoche machen, einige wenige Spekulationen, die aber auch als unentbehrlich Farben in dies ganze Gemälde spielen, weggerechnet, ist er ganz Handlung, ganz anschauliches Leben. Spiegelberg, Schweizer, Hermann usw. sind im eigentlichen Verstand Menschen für den Schauplatz, weniger *Amalia* und der Vater.

Ich habe schriftliche, mündliche und gedruckte Rezensionen zu benutzen gesucht. Man hat mehr von mir gefordert, als ich leisten konnte, denn nur dem Verfasser eines Stücks, zumal wenn er selbst noch Verbesserer wird, zeigt sich das Nonplusultra vollkommen. Die Verbesserungen sind wichtig, zerschiedene Szenen ganz neu und meiner Meinung nach das ganze Stück wert. Darunter gehören: Hermanns Gegenintrigen, die Franzens Plan untergraben, seine Szene mit diesen, die in der 1. Ausarbeitung (nach dem vollkommenen Sinn meines Erfurter Rezensenten) gänzlich und sehr unglücklich vergessen worden. Doch hat mein Rezensent den Ausgang dieser Unterhaltung anders erwartet, aber ich bin überzeugt, mit weniger Gründen, als ich ihn, so wie er itzt ist, für recht hielt. Seine Szene mit Amalien im Garten ist um einen Akt zurückgesetzt worden, und meine guten Freunde sagen, daß ich im ganzen Stück keinen bessern Ort dazu hätte wählen können als diesen, keine bessere Zeit als einige Augenblicke vor Moors Szene mit Amalien. Franz ist der Menschheit etwas nähergebracht, aber der Weg dazu ist seltsam. Eine Szene wie seine Verurteilung im V. Akt ist meines Wissens auf keinem Schauplatz erlebt, ebensowenig als Amaliens Aufopferung durch ihren Geliebten. Die Katastrophe des Stücks deucht mich nun die Krone desselben zu sein. Moor spielt seine Rolle ganz aus, und ich wette, daß man ihn nicht in dem Augenblick vergessen wird, als der Vorhang der Bühne gefallen ist. Wenn das Stück zu groß sein sollte, so steht es in der Willkür des Theaters, Räsonnements abzukürzen oder hie und da etwas unbeschadet des ganzen Eindrucks hinwegzutun. Aber dawider protestiere ich höchlich, daß beim Drucken etwas hinweggelassen wird; denn ich hatte meine guten Gründe zu allem, was ich stehen ließ, und so weit geht meine Nachgiebigkeit gegen die Bühne nicht, daß ich Lücken lasse und Charaktere der Menschheit für die Bequemlichkeit der Spieler verstümmele. – In Absicht auf die Wahl der Kleidung erlauben Sie mir nur die unmaßgebliche Bemerkung: Sie ist in der *Natur* eine Kleinigkeit, niemals auf der *Bühne*. Meines Räuber Moors Geschmack darin wird nicht schwer zu treffen sein, doch bin ich auch auf diese Kleinigkeit äußerst begierig, wenn ich so glücklich bin, Zeuge der Vorstellung zu sein. Einen Busch trägt er auf dem Hut, denn dieses kommt namentlich im Stück vor zu der Zeit, da er sein Amt niederlegt. Ich gäbe ihm auch einen Stock zu. Seine Kleidung müßte immer edel ohne Zierung, nachlässig ohne Leichtsinn sein. Ein vortrefflicher junger Komponist arbeitet wirklich an einer Symphonie für meinen Verlornen Sohn; ich weiß, daß sie meisterlich wird. Sobald sie fertig ist, bin ich so frei, sie Ihnen zu offerieren.

Nun entschuldigen Sie auch die ungleiche Handschrift, das Unkorrekte der Schreibart. Ich eilte, Ihnen das Stück zu schicken, und darum zweierlei Hand, und darum nahm ich mir auch nicht Zeit, dasselbe zu korrigieren. Mein Kopist hat nach Gewohnheit aller besserwissenwollender Schreiber die Orthographie oft erbärmlich mißhandelt.

Schließlich empfehle ich mich und meine Arbeit der Nachsicht eines verehrungswürdigen *Kenners*.

D. Schiller, Regimentsmedikus

5. An Wolfgang Heribert von Dalberg.

Stuttgart, 3. November 1781

Die mit höchster Begierde erwartete Antwort und Kritik meines Verlorenen Sohns habe ich richtig erhalten und bedaure nur, daß die Verzögerung derselben ihren Grund in einer Krankheit gehabt hat, wovon ich Euer Exzellenz von Herzen befreit wünsche. Das, was Ihnen darin tadelswert geschienen, konnte ich freilich selbsten nicht so leicht finden, weil mir sowohl gewisse Theaterbeziehungen unbekannt sind als auch das Stück selbst in einer allzugroßen Nähe steht, daß der kritische Verstand, der sein Objekt notwendig in perspektivischer Entfernung gestellt haben muß, über viele Nuancen hinweggleitet. Dies einzige kam mir befremdlich für, daß Euer Exzellenz die poetische Seite des Stücks in der Umarbeitung ungern vermissen, welche meinem Bedünken nach jederzeit mit Vorteil von einem Theaterstück wegbleiben kann. Das günstige Urteil über die *Verdammung Franzens* ist mir um so angenehmer, da ich es weniger bei diesem Fall als etwa bei der *Ermordung Amaliens* und ihrer Situation mit dem Räuber im IV. Akt erwartet hätte. Theatralisch mag es immerhin von der auffallendsten Wirkung sein.

Daß Euer Exzellenz die Amalia lieber erschießen als erstechen lassen wollen, gefällt mir ungemein, und ich willige mit Vergnügen in diese Veränderung. Der Effekt muß erstaunlich sein und kömmt mir auch räubermäßiger vor. Was sonstige Abänderungen betrifft, so stell ich es dem Gutbefinden Euer Exzellenz anheim, damit zu schalten und zu walten, wie Sie wollen. Freilich wünscht ich zuweilen auch ein Wort zur Beleuchtung gewisser Stellen sprechen zu dörfen.

Wenn ich Ihnen auf die Frage: ob das Stück nicht mit Vorteil in spätere Zeiten zurückgeschoben werden könnte, meine unmaßgebliche Meinung sagen darf, so gesteh ich, ich wünschte diese Veränderung nicht. Alle Charaktere sind zu aufgeklärt, zu modern angelegt, daß das ganze Stück untergehen würde, wenn die Zeit, worin es geführt wird, verändert würde. Doch meine Meinung ist vielleicht zu einseitig und soll auch nicht binden. Sonst wüßte ich nichts zur Legitimation meiner Umarbeitung hinzuzusetzen, wenigstens nichts, was sich leicht in den Grenzen eines Briefs einschränken ließ. Lebendiger und anschauender wäre vielleicht öfters meine Rechtfertigung bei einzelnen Passagen selbst; denn ich erinnere mich noch wohl, daß es mich hie und da eine kleine Anstrengung gekostet hat, so und nicht anders zu handeln.

Übrigens unterwerf ich meine Arbeit gänzlich dem Urteil der Kenner und habe also zu der Kritik des Vornehmsten unter diesen kein Wort hinzuzusetzen.

Euer Exzellenz ganz untertäniger
D. Schiller

6. An Wolfgang Heribert von Dalberg.

Stuttgart, 12. Dezember 1781

Mit der von Euer Exzellenz in Rücksicht auf den Verlag meines Schauspiels getroffenen Veränderung bin ich vollkommen zufrieden, besonders da ich sehe, daß durch dieselbe zwei von sich sehr verschieden gewesene Interessen vereinigt worden sind, ohne jedoch, wie ich hoffe, die Folgen und den Sukzeß meines Schauspiels zu unterdrücken. Euer Exzellenz berühren einige *sehr* wichtige Veränderungen, die meine Arbeit von Ihren Händen erlitten hat, und ich finde diese Sache in Ansehung meiner wichtig genug, etwas weitläuftig dabei zu sein. Gleich anfangs gesteh ich Ihnen aufrichtig, daß ich die Zurücksetzung der Geschichte meines Stücks in die Epoche des gestifteten Landfriedens und unterdrückten Faustrechts – die ganze dardurch entsprungene neue Anlage des Schauspiels – für unendlich besser als die *meinige* halte und halten muß, wenn ich vielleicht dardurch mein ganzes Schauspiel verlieren sollte. Allerdings ist der Einwurf, daß schwerlich in unserm hellen Jahrhundert, bei unserer abgeschliffenen Polizei und Bestimmtheit der Gesetze, eine solche meisterlose Rotte gleichsam im Schoß der Gesetze entstehen, noch viel weniger einwurzeln und einige Jahre aufrecht stehen könnte, allerdings ist dieser Vorwurf gegründet, und ich wüßte nichts dagegenzusetzen als die Freiheit der Dichtkunst, die Wahrscheinlichkeiten der wirklichen Welt in den Rang der Wahrheit und die Möglichkeit derselben in den Rang der Wahrscheinlichkeit erheben zu dörfen. Diese Entschuldigung befriedigt allerdings die Größe des Gegenteils nicht. Wenn ich Euer Exzellenz aber dieses zugebe (und ich gebe es mit Wahrheit und ungeheuchelter Überzeugung zu), was wird folgen? – Gewiß nichts anders, als daß mein Schauspiel einen großen Fehler bei der Geburt bekommen, einen eigentlichen angeborenen Fehler, den die Hand der feinsten Chirurgie ewig nicht ausmerzen wird – einen Fehler, den es, wenn ich so sagen darf, ins Grab mitnehmen muß, weil er in sein Grundwesen verflochten ist und nicht ohne Destruktion des Ganzen aufgehoben werden kann. Ich will mich Euer Exzellenz näher zu erklären wagen.

I. sprechen alle meine Personen zu modern, zu aufgeklärt für die damalige Zeit. Der Dialoge ist gar nicht derselbe. Die Simplizität, die uns der Verfasser des Götz von Berlichingen so lebhaft gezeichnet hat, fehlt ganz. Viele Tiraden, kleine und große Züge, Charaktere sogar sind aus dem Schoß unserer gegenwärtigen Welt herausgehoben und taugten nichts in dem maximilianischen Alter. Mit einem Wort, es ginge dem Stück wie einem Holzstich, den ich in einer Ausgabe des Virgils gefunden. Die Trojaner hatten schöne Husarenstiefel, und der König Agamemnon führte ein paar Pistolen in seinem Hulfter. Ich beginge ein *Verbrechen* gegen die Zeiten Maximilians, um einem *Fehler* gegen die Zeiten Friedrichs II. auszuweichen.

II. Meine ganze Episode mit *Amaliens Liebe* spielte gegen die einfache Ritterliebe der damaligen Zeit einen abscheulichen Kontrast. Amalia müßte schlechterdings in ein Ritterfräulein umgeschmolzen werden, und Sie sehen von selbsten, dieser Charakter, diese Gattung Liebe, die in meiner Arbeit herrscht, ist in das ganze Gemälde der Räuber Moors, ja in das ganze Stück so tief und allgemein hineinkoloriert, daß man das ganze Gemäld übermalen muß, um es auszulöschen. So verhält es sich auch mit dem ganzen Charakter Franzens, diesem spekulativischen Bösewicht, diesem metaphysisch-spitzfündigen Schurken. Ich glaube mit *einem* Wort sagen zu können, diese Versetzung meines Stücks, welche ihm vor der Ausarbeitung den größesten Glanz und die höchste Vollkommenheit würde gegeben haben, macht es nunmehr, da es schon angelegt und vollendet ist, zu einem fehlervollen und anstößigen Quodlibet, zu einer Krähe mit Pfauenfedern.

Verzeihen Euer Exzellenz dem Vater diese eifrige Fürsprache für sein Kind. Es sind nur Worte, und allerdings kann jedwedes Theater mit den Schauspielen anfangen, was es will, der Autor muß sich's gefallen lassen, und ein Glück ist es für den Verfasser der Räuber, daß er in die besten Hände gefallen ist. Dieses einige werd ich mir von Herrn Schwan ausbedingen, daß er es wenigstens nach der 1. Anlage *druckt*. Auf dem Theater prätendiere ich keine Stimme.

Die zwote Hauptveränderung mit der Ermordung Amaliens interessierte mich fast noch mehr. Glauben mir Euer Exzellenz, es war dieses derjenige Teil meines Schauspiels, der mich am meisten Anstrengung und Überlegung gekostet hat, davon das Resultat kein anderes war als dieses, daß Moor seine Amalie ermorden *muß* und daß dieses eine *positive Schönheit* seines Charakters ist, die einerseits den feurigsten Liebhaber, andernseits den *Banditenführer* mit dem lebhaftesten Kolorit auszeichnet. Doch ich würde die Rechtfertigung dieser Stelle in keinem Briefe erschöpfen. Übrigens sind die wenigen Worte, davon Euer Exzellenz in Ihrem Briefe Meldung getan, *fürtrefflich* und der ganzen Situation wert. Ich würde stolz darauf sein, sie gemacht zu haben.

Da mir Herr Schwan auch schreibt, das Stück würde mit der Musik und den unentbehrlichsten Pausen gegen 5 Stunden spielen, eine zu lange Zeit für ein Stück! so wird eine zweite Beschneidung an demselben vorgenommen werden müssen. Ich wünschte nicht, daß jemand anders als ich sich dieser Arbeit unterzöge, und ich selbst kann es nicht ohne die Anschauung einer Probe oder der *ersten* Vorstellung selbst. Wenn es möglich wäre, daß Euer Exzellenz die Generalprobe des Stücks wenigstens zwischen dem 20.–30. dieses Monats zustanden brächten und mir die wichtigsten Unkosten einer Reise zu Ihnen vergüteten, so hoffte ich in etlichen Tagen das Interesse des Theaters und das meinige vereinigen und dem Stück die theatralische Rundung geben zu können, die sich nicht ohne wirkliche Gegenwart bei der Aufführung geben läßt. Über dieses bät ich mir dieser Tage einen gütigsten Aufschluß aus, so würde ich mich auf den Fall vorzusehen wissen.

Herr Schwan schreibt mir, daß ein Baron von Gemmingen sich die Müh genommen und meinem Stück die Ehre gegeben hätte, es vorzulesen. Ich höre auch, daß dieser Herr von Gemmingen Verfasser des Teutschen Hausvaters sei. Ich wünschte die Ehre [zu] haben, diesen Mann zu versichern, daß ich eben diesen Hausvater ungemein gut gefunden und einen vortrefflichen Mann und sehr schönen Geist darin bewundert habe. Doch was liegt dem Verfasser des Teutschen Hausvaters an dem Geschwätz eines jungen Kandidaten? – Übrigens, wenn ich je das Glück habe, einem von Dalberg zu Mannheim meine Wärme und Verehrung zu bezeugen, so will ich mich auch in die Arme jenes drängen und ihm sagen, wie lieb mir solche Seelen sind wie Dalberg und Gemmingen.

Den Gedanken mit dem kleinen Avertissement vor Aufführung des Stücks find ich fürtrefflich und sende daher Euer Exzellenz in Beilage einen Versuch.

Übrigens hab ich die Ehre, mit vollkommener Achtung zu ersterben

Euer Exzellenz ganz untertäniger

Schiller.

7. An Wolfgang Heribert von Dalberg.

Stuttgart, 25. Dezember 1781

Euer Exzellenz haben mich in Ihrem letzten Brief scharfsinnig genug nach Haus geschickt, daß ich schweigen und abwarten muß. Scheinbar wenigstens sind Ihre ausgedachten Gründe im höchsten Grade, besonders die aristotelische Philosophie und der sophistische Geist des damaligen Jahrhunderts, in Absicht auf meinen *Franz*, daß ich selbst bald Ihrer Meinung bin. Doch müßte man dem Leser und Zuschauer in Absicht auf dieses einen kurzen Aufschluß im Dialogen selbsten geben. Was die Amalia betrifft, so glaube ich, kommt sehr viel darauf an, wie solche *gespielt* wird, das Unschuldige, Einfache des Betragens amalgamiert sich dann mit dem Text und bildet daraus einen Haupteindruck, der nicht anders als vorteilhaft sein muß.

Auf meinen Räuber *Moor* bin ich im höchsten Grade begierig, und von Herrn Böck, der ihn ja vorstellen soll, hör ich nichts als Gutes. Ich freue mich wirklich darauf wie ein Kind. Ich glaube, meine ganze dramatische Welt wird dabei aufwachen und mir im ganzen einen größeren Schwung geben, denn es ist das erstemal in meinem Leben, daß ich etwas mehr als Mittelmäßiges hören werde.

Für das gütigste Anerbieten einer Reiseunkostenvergütung dank ich gehorsamst, und es soll mir dazu dienen und mich antreiben, irgendein Verdienst um die Mannheimer Schaubühne zu erwerben.

Daß Euer Exzellenz mit meinem Avertissement zufrieden sind, freut mich ungemein, und ich hoffe, daß auch dieses etwas zur besseren Aufnahme beitragen wird.

In Hoffnung einer baldigen Gelegenheit, Euer Exzellenz dasjenige mündlich sagen zu können, was ich Ihnen schuldig zu sein fühle, habe ich die Ehre, mit vollkommenster Hochachtung zu verharren

Euer Exzellenz untertäniger Diener

D. Schiller.

8. An Christian Friedrich Schwan.

Stuttgart, 2. Februar 1782

Bester Freund,

hier haben Sie endlich mein Schauspiel ganz, und ich bitte Sie, es, ohne eine Linie zu verändern (selbst die Ordnung der Szenen und ihre Anzahl nicht ausgenommen), in den Druck zu geben. Es ist die letzte Hand, die ich daran lege, und damit sei es gut.

In der Szene, wo Hermann die falsche Nachricht von Karls Tod bringt, schalten Sie die Namen der Örter und Personen ein, wie Sie solche bei der Aufführung angenommen haben, ich weiß mich nicht mehr zu erinnern. – Eine exakte Korrektur werde ich nicht einzuschärfen brauchen.

Gegenwärtig muß ich den Helikon verlassen und mit der Schlange von Epidaurus spielen. Ich werde heuer das Diplom eines Doktors annehmen, wozu ich also meine Medizin wiederum durchfliegen muß. Wegen dem Götz von Berlichingen will ich an Goethe selbsten schreiben. Machen Sie mich doch, ich bitte Sie inständigst, mit Herrn Wieland bekannt. Ich liebe den Mann unaussprechlich und muß noch von ihm gekannt sein.

Noch etwas. Das Manuskript, das Sie mir neulich schickten, welches die Dalbergische Veränderung enthält, muß von einem Frauenzimmer herrühren. Wenigstens ist es ganz Frauenzimmerhandschrift. Ich bitte Sie, schreiben Sie mir doch; es ist eine sonderbare Neugierde; doch möcht ich befriedigt sein.

Meinen untertänigen Respekt an Herrn von Dalberg und Herrn von Gemmingen sowie auch an sämtliche Herren Schauspieler mein verbindlichstes Kompliment und Ihnen, mein Freund, diese Hand zum Zeichen unwandelbarer Liebe.

Schiller

9. An Wolfgang Heribert von Dalberg.

Stuttgart, 1. April 1782

Die Aufmunterung, womit Euer Exzellenz meine dramatische Muse zu erwecken suchen, ist im höchsten Grade schmeichelhaft für mich und ist mir einigermaßen ein sicherer Bürge, daß die erste Probe, die ich Ihnen gegeben, Ihren unschätzbaren Beifall hat. Ich würde die Unwahrheit reden, wenn ich meine immer wachsende Neigung zum Drama verleugnete, die einen großen Teil meiner Glückseligkeit auf dieser Welt ausmachen soll, und doch hab ich vor Verfluß eines halben Jahrs wenig Hoffnung, sie befriedigen zu können. Meine gegenwärtige Lage nötiget mich, den Gradum eines Doktors der Medizin in der hiesigen Karlsuniversität anzunehmen, und zu diesem Ende muß ich eine medizinische Dissertation schreiben und das Gebiet meiner Handwerkswissenschaft noch einmal zurückstreifen. Freilich werde ich von dem milden Himmelsstrich des Pindus einen verdrüßlichen Sprung in den Norden einer trocknen terminologischen Kunst machen müssen, allein was sein *muß*, zieht nicht erst die Laune und die Lieblingsneigung zu Rat. Vielleicht umarme ich dann meine Muse um so feuriger, je länger ich von ihr geschieden war, vielleicht finde ich dann im Schoß der schönen Kunst eine süße Indemnisation für den fakultistischen Schweiß. Ich zweifle nicht, daß ich zu Ende dieses Jahrs die *Verschwörung zu Genua* vollendet sehe, woran ich schon einen großen Teil vorausgearbeitet habe. Darf ich bei dieser Gelegenheit so kühn sein, Euer Exzellenz an das ehmalige Versprechen zu erinnern, mir ein interessantes *deutsches* Thema zu einem Nationalschauspiel zu verschaffen?

An den Götz von Berlichingen habe ich mich noch nicht gewagt, weil ich besorgte, der Verfasser möchte sich dadurch beleidigt finden. Wenn Euer Exzellenz durch Ihr Ansehen und persönliche Bekanntschaft mit Goethen mir vollkommene Freiheit hierin verschaffen könnten, so würde ich während meiner medizinischen Beschäftigungen in der Umarbeitung dieses Stücks die angenehmste Erholung finden.

Die versprochene Kritik über die Vorstellung meiner Räuber erspare ich auf diejenige Zeit, wenn ich mehrere Pieçen aufführen gesehen habe, welches, wie ich hoffe, dieses Jahr noch geschehen soll. Unterdessen habe ich irgendwo in einem vaterländischen Journal einige Worte davon gesagt.

Ich empfehle mich in Euer Exzellenz fernere Gnade und Gewogenheit und habe die Ehre, mit vollkommenster Hochachtung zu verharren

Euer Exzellenz ganz untertäniger Diener

Schiller.

10. An Wolfgang Heribert von Dalberg.

Stuttgart, 24. Mai 1782

Ich bin so dreust, Euer Exzellenz um die Erfüllung eines Wunsches zu ersuchen, welche zu den großen und vielen Verbindlichkeiten, die ich Ihnen jetzt schon schuldig bin, eine neue hinzufügen wird. Das ungeduldige Verlangen, mein Schauspiel zum zweitenmal aufführen zu sehen, und die dazukommende Abwesenheit meines Herrn veranlaßten mich und einige Freunde und Dames, die ebenso voll Begierde wie ich sind, die *Räuber* auf Dalbergs Bühne zu sehen, eine Reise nach Mannheim zu unternehmen, welche morgen schon vor sich gehen wird. Da das nun der Hauptzweck unserer Reise ist, und mir überhaupt an einem vollkommeneren Genusse meines Schauspiels unendlich viel liegt, ich auch mit desto größerem Vorteil bei meinem wirklich unter Handen habenden Stück zu Werk gehen würde, so wäre meine sehnlichste Bitte an Euer Exzellenz, mir bis Dienstag, den 28. dieses Monats zu dieser Freude zu verhelfen. Da ein Wink von Ihnen das ganze Rad treibt und ich übrigens von der Gefälligkeit der Herren Schauspieler diese Freundschaft für mich erwarten kann und versichert bin, daß sie mir gern dieses Vergnügen machen, so schmeichle ich mir, nicht umsonst zu *reisen*, denn ich reise doch nur deswegen. Itzt erst würde ich mit ganzer Seele mich in die Vorstellung verlieren und mit vollen Zügen an diesem Anblick mich weiden können! – Wenn es nur irgend möglich ist, daß die Vorstellung bewerkstelligt werden kann, so fodere ich die gnädige Gesinnungen Euer Exzellenz gegen mich zur Ausführung dieses Vorhabens auf. Ich kann mich nicht länger als bis Dienstag nachts zu Mannheim verweilen, werde also im ganzen zweien Schauspielen beiwohnen können. Wie glücklich wäre ich, wenn meine Räuber eins davon sein könnten! – Ich muß gestehen, daß ich mich auf die erste Vorstellung nicht mehr gefreut habe, als froh ich itzt die zweite erwarte.

Wegen dieser zudringlichen *Bitte* bäte ich Euer Exzellenz um Verzeihung, und das Vergnügen der Aussicht, wodurch ich begeistert war, möge für diesmal meine Entschuldigung sein, der ich die Gnade habe, mit aller Hochachtung zu nennen

Euer Exzellenz untertänigen Diener

F. Schiller, MD.

11. An Friedrich Wilhelm von Hoven.

Stuttgart, 25. Mai 1782

Liebster Freund,

ich gehe diesen Nachmittag um 1 Uhr von hier ab, nach – (wohin meinst Du wohl?) nach Mannheim. Frau von Wolzogen, Frau Hauptmann Vischerin und ich machen zusammen eine Reisegesellschaft aus. Willst Du nun Partie mitmachen, so bist Du von uns allen freundschaftlichst eingeladen und kannst Dich präzise um ½ zwei Uhr im Chausseehaus zwischen Suffenhausen und Ludwigsburg einfinden und dort auf uns warten. Wir kommen in einer 4sitzigen Chaise vorbei und haben Raum genug zu einer 5. Person darin übrig. Die ganze Reise wird Dich nicht über 10 Gulden kommen. So ist es schon unter uns ausgemacht und durchgehends akkordiert. Ich habe nach Mannheim wissen lassen, daß ich komme, und um eine Vorstellung meiner Räuber ersucht.

Bist Du daher entschlossen, teil an der Sache zu nehmen, so *vergiß ja nicht*, präzise um ½2 Uhr Dich im Chausseehaus einzufinden und uns dort zu erwarten. Wir werden nach Dir fragen und, da wir uns nicht aufhalten können, unsern Weg fortsetzen, wenn Du nicht zugegen bist. Du nimmst allenfalls 2 Hemder und ein gutes Kleid mit, welches Du unter einem Überrock auf dem Leibe tragen kannst. Stiefel versteht sich ohnehin und allenfalls 2 Dukaten Geld. Willst Du und kannst Du also, so komme! wo nicht, so werden wir, wenn Du nicht am besagten Ort bist, es für einen Beweis halten, daß Du nicht kommen werdest, und also weiterfahren.

Übrigens stillschweigen!

Dein aufrichtiger Schiller

An Deine Familie meinen gehorsamsten Respekt.

12. An Wolfgang Heribert von Dalberg.

Stuttgart, 4. Juni 1782

Ich habe das Vergnügen, das ich zu Mannheim in vollen Zügen genoß, seit meiner Hieherkunft durch die epidemische Krankheit gebüßt, welche mich zu meinem unaussprechlichen Verdruß bis heute gänzlich unfähig gemacht hat, Euer Exzellenz für so viele Achtung und Höflichkeit meine wärmste Danksagung zu bezeugen. Und doch bereue ich beinahe die glücklichste Reise meines Lebens, die mich durch einen höchst widrigen Kontrast meines Vaterlands mit Mannheim schon so weit verleitet hat, daß mir Stuttgart und alle schwäbische Szenen unerträglich und ekelhaft werden. Unglücklicher kann bald niemand sein als ich. Ich habe Gefühl genug für meine traurige Situation, vielleicht auch Selbstgefühl genug für das Verdienst eines bessern Schicksals, und für beides nur – *eine* Aussicht. Darf ich mich Ihnen in die Arme werfen, vortrefflicher Mann? Ich weiß, wie schnell sich Ihr edelmütiges Herz entzündet, wenn Mitleid und Menschenliebe es auffordern; ich weiß, wie stark Ihr Mut ist, eine schöne Tat zu unternehmen, und wie warm Ihr Eifer, sie zu vollenden. Meine neuen Freunde in Mannheim, von denen Sie angebetet werden, haben es mir mit Enthusiasmus vorhergesagt, aber es war dieser Versicherung nicht nötig; ich habe selbst, da ich das Glück hatte, eine Ihrer Stunden für mich zu nutzen, in Ihrem offenen Anblick weit mehr gelesen. Dieses macht mich nun auch so dreust, mich Ihnen *ganz* zu *geben*, mein ganzes Schicksal in Ihre Hände zu liefern und von Ihnen das Glück meines Lebens zu erwarten. Noch bin ich wenig oder nichts. In diesem Norden des Geschmacks werd ich ewig niemals gedeihen, wenn mich sonst glücklichere Sterne und ein *griechisches Klima* zum wahren Dichter erwärmen würden. Brauch ich mehr zu sagen als dieses, um von Dalberg alle Unterstützung zu erwarten? –

Euer Exzellenz haben mir alle Hoffnung dazu gemacht, und ich werde den Händedruck, der Ihren Verspruch versiegelte, *ewig fühlen*; Sie schienen weniger Schwierigkeit in der Art, mich zu employieren, als in dem Mittel, mich von hier wegzubekommen, zu finden. *Jenes* steht ohnehin ganz bei *Ihnen* allein – zu *diesem* könnten Ihnen vielleicht folgende Ideen dienen.

1. Da im ganzen genommen das Fach der Mediziner bei uns so sehr übersetzt ist, daß man froh ist, wenn durch Erledigung einer Stelle Platz für einen andern gemacht wird, so kommt es mehr darauf an, wie man dem Herzog, der sich nicht trotzen lassen will, mit *guter Art* den Schein gibt, als geschähe es ganz durch seine willkürliche Gewalt, als wär es sein eigenes Werk und gereiche ihm zur Ehre. Daher würden Euer Exzellenz ihn von *der* Seite ungemein kitzeln, wenn Sie in den Brief, den Sie ihm wegen mir schrieben, einfließen ließen, daß – Sie mich für eine Geburt von ihm, für einen durch ihn Gebildeten und in seiner Akademie Erzogenen halten und daß also durch diese Vokation seiner Erziehungsanstalt quasi das Hauptkompliment gemacht würde, als würden ihre Produkte von entschiedenen Kennern geschätzt und gesucht. Dieses ist der *Passepartout* beim Herzog.

2. wünschte ich (und auch meinetwegen) sehr, daß Sie meinen Aufenthalt beim Nationaltheater zu Mannheim auf einen gewissen beliebigen Termin festsetzten (der dann nach Ihrem Befehl verlängert werden kann), nach dessen Verfluß ich wieder meinem Herzog gehörte. So sieht es mehr einer Reise als einer völligen Ent*schwäbung* (wenn ich das Wort gebrauchen darf) gleich und fällt auch so hart nicht auf. Wenn ich nur einmal hinweg bin, man wird froh sein, wenn ich selbst nicht mehr anmahne.

3. würde es höchst notwendig sein, zu berühren, daß mir Mittel gemacht werden sollten, zu Mannheim zu praktizieren und meine medizinische Übungen da fortzusetzen. Dieser Artikel ist vorzüglich nötig, damit man mich nicht unter dem Vorwand, für mein Wohl zu sorgen, kujoniere und weniger fortlasse.

Wenn Euer Exzellenz diese 3 Ideen goutieren und in einem Schreiben an den Herzog Gebrauch davon machen, so stehe ich ziemlich für den Erfolg.

Und nun wiederhole ich mit brennendem Herzen die Bitte, die Seele dieses ganzen Briefs. Könnten Euer Exzellenz in das Innre meines Gemüts sehen, welche Empfindungen es durchwühlen, könnte ich Ihnen mit Farben schildern, wie sehr mein Geist unter dem Verdrüßlichen meiner Lage sich sträubt – Sie würden – ja, ich weiß gewiß – Sie würden eine Hilfe nicht verzögern, die durch einen oder zwei Briefe an den Herzog geschehen kann.

Nochmals werf ich mich in Ihre Arme und wünsche nichts anders, als bald, sehr bald, Ihnen mit einem anhaltenden Eifer und mit einer persönlichen Dienstleistung die Verehrung bekräftigen zu können, mit welcher ich mich und alles, was ich bin, für Sie aufzuopfern wünsche.

Euer Exzellenz untertäniger

Schiller

13. An Wolfgang Heribert von Dalberg.

Stuttgart, 15. Juli 1782

Mein langes Stillschweigen wird mir bei Euer Exzellenz beinah den Vorwurf der Indiskretion zugezogen haben, weil ich es nicht nur anstehen ließ, Hochdero letzten gnädigen Brief zu beantworten, sondern auch die 2 bewußte Bücher so lang zurückbehielt. Beides wurde durch eine verdrüßliche Geschichte, die ich hier hatte, verzögert. Euer Exzellenz werden ohne Zweifel nicht wenig Verwunderung bezeugen, wenn ich Ihnen sage, daß ich wegen meiner letzten Hinreise zu Ihnen 14 Tage in Arrest gesperrt wurde. Alles wurde meinem Landesherrn haarklein berichtet. Ich hatte deswegen eine persönliche Unterredung mit Ihm gehabt.

Wenn Euer Exzellenz glauben, daß sich meine Aussichten, zu Ihnen zu kommen, möglich machen lassen, so wäre meine einzige Bitte, solche zu beschleunigen. Warum ich dieses jetzt doppelt wünsche, hat eine Ursache, die ich keinem Brief anvertrauen darf. Dieses einzige kann ich Ihnen für ganz gewiß sagen, daß in etlichen Monaten, wenn ich in dieser Zeit nicht das Glück habe, zu Ihnen zu kommen, keine Aussicht mehr da ist, daß ich jemals bei Ihnen leben kann. Ich werde alsdann gezwungen sein, einen Schritt zu tun, der mir unmöglich machen würde, *zu Mannheim zu bleiben*.

Mein Trauerspiel, Die Verschwörung des Fiesko zu Genua, wird bis in die Mitte des Augusts fertig und fähig sein, Euer Exzellenz zur Prüfung vorgelegt zu werden.

Die Geschichte des Spaniers Dom Carlos verdient allerdings den Pinsel eines Dramatikers und ist vielleicht eines von den nächsten Sujets, das ich bearbeiten werde.

Wagners Kindsmörderin hat rührende Situationen und interessante Züge. Doch erhebt sie sich über den Grad der Mittelmäßigkeit nicht. Sie würkt nicht sehr auf meine Empfindung und hat zu viel Wasser. Um den Macbeth hat er gar nicht das geringste Verdienst.

Beide Bücher sende ich Euer Exzellenz hier mit dem untertänigsten

Dank zurück. Ich würde den Namen *Dalbergs* niemalen an die Spitze einer solchen Arbeit zu setzen wagen.

Ich schließe mit der Erklärung meiner vollkommensten Dankbarkeit für den Anteil, den Euer Exzellenz bisher an meinem Schicksal genommen, und werde nie aufhören, mit der größten Veneration mich zu nennen

Euer Exzellenz ganz untertänigen Diener und Verehrer

Schiller, MD.

14. An Herzog Karl Eugen von Württemberg.

Mannheim, 24. September 1782

Durchlauchtigster Herzog,
Gnädigster Herzog und Herr,

das Unglück eines Untertanen und eines Sohns kann dem gnädigsten Fürsten und Vater niemals gleichgültig sein. Ich habe einen schröcklichen Weg gefunden, das Herz meines gnädigsten Herrn zu rühren, da mir die natürlichen bei schwerer Ahndung untersagt worden sind. Höchstdieselbe haben mir auf das strengste verboten, literarische Schriften herauszugeben, noch weniger mich mit Ausländern einzulassen. Ich habe gehofft, Eurer Herzoglichen Durchlaucht Gründe von Gewicht untertänigst dagegen vorstellen zu können, und mir daher die gnädigste Erlaubnis ausgebeten, Höchstdenenselben meine untertänigste Bitte in einem Schreiben vortragen zu dörfen; da mir diese Bitte mit Androhung des Arrests verweigert ward, meine Lage aber eine gnädigste Milderung dieses Verbots höchst notwendig machte, so habe ich, von Verzweiflung gedrungen, den itzigen Weg ergriffen, Eure Herzogliche Durchlaucht mit der Stimme eines Unglücklichen um gnädigstes Gehör für meine Vorstellungen anzuflehen, die meinem Fürsten und Vater gewiß nicht gleichgültig sind.

Meine bisherigen Schriften haben mich in den Stand gesetzt, den Jahrgehalt, den ich von Höchstdero hoher Gnade empfing, jährlich mit 500 Gulden zu verstärken, welcher ansehnliche Zuschuß für meine Gelehrtenbedürfnisse notwendig war. Das Verbot, das mir das Herausgeben meiner Arbeiten legte, würde mich in meinen ökonomischen Umständen äußerst zurücksetzen und gänzlich außerstand setzen, mir ferner die Bedürfnisse eines Studierenden zu verschaffen.

Zu gleicher Zeit glaubte ich es meinen Talenten, dem Fürsten, der sie weckte und bildete, und der Welt, die sie schätzte, schuldig zu sein, eine Laufbahn fortzusetzen, auf welcher ich mir Ehre erwerben und die Mühe meines gnädigsten Erziehers in etwas belohnen könnte. Da ich mich bisher als den ersten und einzigen Zögling Eurer Herzoglichen Durchlaucht kannte, der die Achtung der großen Welt sich erworben hat, so habe ich mich niemals gefürchtet, meine Gaben für diesen Endzweck zu üben, und habe allen Stolz und alle Kraft darauf gerichtet, mich hervorzutun und dasjenige Werk zu werden, das seinen fürstlichen Meister lobte. Ich bitte Euer Herzogliche Durchlaucht in tiefster Untertänigkeit, mir zu befehlen, daß ich das beweisen soll.

Ich mußte befürchten, gestraft zu werden, wenn ich Höchstdenenselben gegen das Verbot meine Anliegenheit in einem Schreiben entdeckte. Dieser Gefahr auszuweichen, bin ich hieher geflüchtet, fest überzeugt, daß nur die untertänigste Vorstellung meiner Gründe dazu gehört, das Herz meines Fürsten gegen mich zu mildern. Ich weiß, daß ich in der großen Welt nichts gewinnen kann, daß ich in mein größestes Unglück stürze; ich habe keine Aussichten mehr, wenn Eure Herzogliche Durchlaucht mir die Gnade verweigern sollten, mit der Erlaubnis, Schriftsteller sein zu dörfen, einigemal mit dem Zuschuß, den mir das Schreiben verschafft, Reisen zu tun, die mich große Gelehrte und Welt kennen lernen, und mich zivil zu tragen, welches mir die Ausübung meiner Medizin mehr erleichtert, zurückzukommen. Diese einzige Hoffnung hält mich noch in meiner schröcklichen Lage. Sollte sie mir fehlschlagen, so wäre ich der ärmste Mensch, der, verwiesen vom Herzen seines Fürsten, verbannt von den Seinigen, wie ein Flüchtling umherirren muß. Aber die erhabene Großmut meines Fürsten läßt mich das Gegenteil hoffen. Würde sich Karls Gnade herablassen, mir jene Punkte zu bewilligen, welcher Untertan wäre glücklicher als ich, wie brennend sollte mein Eifer sein, Karls Erziehung vor der ganzen Welt Ehre zu machen. Ich erwarte die gnädigste Antwort mit zitternder Hoffnung, ungeduldig, aus einem fremden Lande zu meinem Fürsten, zu meinem Vaterland zu eilen, der ich in tiefster Submission und aller Empfindung eines Sohns gegen den zürnenden Vater ersterbe

Eurer Herzoglichen Durchlaucht untertänigst treugehorsamster

Schiller.

15. An Wolfgang Heribert von Dalberg.

[6. oder 7. Oktober 1782]

Euer Exzellenz werden von meinen Freunden zu Mannheim meine Lage bis zu Ihrer Ankunft, die ich leider nicht mehr abwarten konnte, erfahren haben. Sobald ich Ihnen sage, *ich bin auf der Flucht*, sobald hab ich mein ganzes Schicksal geschildert. Aber noch kommt das Schlimmste hinzu. Ich habe die nötigen Hilfsmittel nicht, die mich in den Stand setzten, meinem Mißgeschick Trotz zu bieten. Ich habe mich von Stuttgart meiner Sicherheit wegen schnell und zur Zeit des Großfürsten losreißen müssen. Dadurch habe ich meine bisherige ökonomische Verhältnisse plötzlich durchrissen und nicht alle Schulden berichtigen können. Meine Hoffnung war auf meinen Aufenthalt zu Mannheim gesetzt; dort hoffte ich, von Euer Exzellenz unterstützt, durch mein Schauspiel mich nicht nur schuldenfrei, als auch überhaupt in bessere Umstände zu setzen. Dies ward durch meinen notwendigen plötzlichen Aufbruch hintertrieben. Ich ging leer hinweg, leer in Börse und Hoffnung. Es könnte mich schamrot machen, daß ich Ihnen solche Geständnisse tun muß, aber ich weiß, es erniedrigt mich nicht. Traurig genug, daß ich auch an mir die gehässige Wahrheit bestätigt sehen muß, die jedem freien Schwaben Wachstum und Vollendung abspricht.

Wenn meine bisherige Handlungsart, wenn alles das, woraus Euer Exzellenz meinen Charakter erkennen, Ihnen ein Zutrauen gegen meine Ehrliebe einflößen kann, so erlauben Sie mir, Sie freimütig um Unterstützung zu bitten. So höchst notwendig ich itzt des Ertrags bedarf, den ich von meinem Fiesko erwartete, so wenig kann ich ihn vor 3 Wochen theaterfertig liefern, weil mein Herz so lange beklemmt war, weil das Gefühl *meines* Zustands mich gänzlich von dichterischen Träumen zurückriß. Wenn ich ihn aber bis auf besagte Zeit nicht nur *fertig*, sondern, wie ich auch hoffen kann, *würdig* verspreche, so nehme ich mir *daraus* den Mut, Euer Exzellenz um gütigsten Vorschuß des mir dadurch zufallenden Preises gehorsamst zu bitten, weil ich itzt vielleicht mehr als sonst durch mein ganzes Leben dessen benötiget bin.

Ich hätte ohnegefähr noch 200 Gulden nach Stuttgart zu bezahlen. Ich darf es Ihnen gestehen, daß mir das mehr Sorgen macht, als wie ich mich selbst durch die Welt schleppen soll. Ich habe so lang keine Ruhe, bis ich mich von *der* Seite gereinigt habe. – Dann wird mein Reisemagazin in 8 Tagen erschöpft sein. Noch ist es mir gänzlich unmöglich, mit dem Geiste zu arbeiten. Ich habe also gegenwärtig auch in meinem Kopf keine Ressourcen. Wenn Euer Exzellenz (da ich doch einmal alles gesagt habe) mir auch hiezu 100 Gulden vorstrecken würden, so wäre mir gänzlich geholfen. Entweder würden Sie dann die Gnade haben, mir den Gewinnst der ersten Vorstellung meines Fieskos mit aufgehobenem Abonnement zuzusprechen, oder mit mir über einen Preis übereinkommen, den der Wert meines Schauspiels bestimmen würde. In beiden Fällen würde es mir ein leichtes sein (wenn meine itzige Bitte die alsdann erwachsende Summe überstiege), beim nächsten Stück, das ich schreibe, die ganze Rechnung zu applanieren. Ich lege diese Meinung, die nichts als inständige Bitte sein darf, dem Gutbefinden Euer Exzellenz also vor, wie ich es meinen Kräften zutrauen kann, sie zu erfüllen.

Da mein gegenwärtiger Zustand aus dem Bisherigen hell genug wird, so finde ich es für überflüssig, Euer Exzellenz mit einer *drängenden Vormalung* meiner Not zu quälen. Schnelle Hilfe ist alles, was ich itzt noch denken und wünschen kann. Herr Meyer ist von mir gebeten, mir den Entschluß Eurer Exzellenz unter allen Umständen mitzuteilen und Sie selbst des Geschäfts, mir zu schreiben, zu überheben.

Mit *entschiedener Achtung* nenne ich mich Eurer Exzellenz

wahrsten Verehrer Frid. Schiller.

16. An Wilhelm Friedrich Hermann Reinwald.

Bauerbach, 9. Dezember 1782

Wertester Herr,

ich kam vorgestern glücklich hieher und traf meine Winterquartiere im besten Stand. Zu meiner itzigen Einsamkeit in einem fremden Lande bedurfte ich eines edelmütigen Freunds. Darf ich mich mit der schmeichelhaften Hoffnung wiegen, daß Sie es mir sein werden? Sie waren so gütig, meiner Bitte zuvorzukommen und mir in meinen literarischen Bedürfnissen Vorschub zu versprechen. Ich bin also so frei, Ihnen ohngefähr diejenige Schriften zu merken, die mir zuerst einfallen und meinem gegenwärtigen Wunsch am nächsten liegen. Sie sind:

Lessings kritische Schriften, also ohngefähr
- Dramaturgie,
- Theaterbibliothek,
- Beiträge zur Literatur,
- Laokoon;

Homes Grundsätze der Kritik;
Ramlers Bibliothek der schönen Künste und Wissenschaften;
Robertsons Geschichte von Schottland;
Shakespeares Othello und Romeo und Juliette;
Smiths Theorie der Empfindungen;
D. Humes Geschichte Karls I. von Engelland;
Zimmermann, Von der Erfahrung in der Arzneikunst;
Alexander *Gerard*, Über das Genie und [Über] den Geschmack;
Mendelssohns }
Sulzers } philosophische Schriften;
Garves }

Oeuvres de Monsieur L'Abbé St.-Réal (denjenigen Teil, wo die Geschichte des Don Carlos von Spanien vorkommt);
Wielands Agathon
und, wenn Sie welche haben,
Reisebeschreibungen. –

Aus diesen Büchern haben Sie die Gütigkeit, einige für mich auszusuchen.

Noch eine Bitte erlaube ich mir an Sie. Weil ich gern unerkannt bleiben möchte, so würde ich Sie ersuchen, mir zu erlauben, daß ich die Briefe, die an mich einlaufen, an Sie adressieren lassen kann unter den festgesetzten Bedingungen, daß Sie sich in die Unkosten, die dabei notwendig sind, nicht mischen.

Unterdes empfehle ich mich Ihnen und nenne mich mit vollkommenster Hochachtung

Ihren ergebensten Freund und Diener
Frid. Schiller.

17. An Henriette von Wolzogen.

Hannover, 8. Januar 1783

Werden Sie mich entschuldigen, beste Frau, daß ich Sie so viele Wochen ohne Nachrichten von meinem Schicksale ließ? Ich komme sehr ungern auf mich zu sprechen; wenn mir wohl ist, begnüge ich mich, daß es so ist, und bin ich übel daran, so ist es doppelt nicht nötig. Ich habe eine Hauptveränderung in meinem Plane gemacht, und da ich anfangs nach Berlin wollte, wend ich mich jetzt vielleicht gar nach England. Doch gewiß ist es noch nicht, so große Lust ich habe, die Neue Welt zu sehen. Wenn Nordamerika frei wird, so ist es ausgemacht, daß ich hingehe. In meinen Adern siedet etwas – ich möchte gern in dieser holperichten Welt einige Sprünge machen, von denen man erzählen soll.

Schreiben Sie mir doch, und lassen Sie mich hören, daß Sie meine Freundin noch sind. Ich habe vor einigen Wochen – aber Sie müssen es mir verzeihen – ein Gerücht ausgestreut, daß ich nach Bauerbach sei. Ihnen kann es nichts schaden, aber mir nützen. Sehen Sie, fürs erste hätte ich alle meine Freunde für den Kopf gestoßen, wenn ich ihnen gestanden hätte, daß ich nicht nach Berlin gehen wolle, wozu sie mir, die mannheimischen besonders, so edle Offerten gemacht. Fürs zweite wäre ich gern ohne Streichern gereist, der mich ohne Zweifel hätte begleiten wollen, wenn er meinen wahren Plan gewußt hätte. Zum dritten wäre ich gern inkognito gereist. Sobald man es aber zu Mannheim oder Frankfurt erfahren hätte, würde es itzt überall bekannt sein, daß ich nach Hannover sei. Glaubt man aber, ich sei zu Bauerbach, so bin ich vor allen Entdeckungen sicher. Endlich und letztens bin ich vor überlästigen Briefen gesichert, wenn man meinen Aufenthalt zu Hannover nicht weißt. Nach Bauerbach kann man schreiben. Sie haben ja einen Verwalter dort? Nicht? – der kann die Korrespondenz unterhalten?

Lassen Sie mich doch wissen, ob Ihr ältester Sohn aus der Akademie gekommen und wo er angestellt worden. Nicht wahr, zu Hohenheim? – Auch empfehlen Sie mich ihm vielmals.

Sie haben mich in Ihrem letzten Briefe (vom 13. November) gebeten, den Herzog in Schriften zu schonen, weil ich doch (meinen Sie) der Akademie viel zu verdanken hätte. Ich will nicht untersuchen, wie weit dem so ist, aber mein Wort haben Sie, daß ich den Herzog von Württemberg niemals verkleinern will. Im Gegenteil habe ich seine Partie gegen Ausländer (Franken und Hannoveraner besonders) schon hitzig genommen.

Von der Hauptmann Vischerin habe ich etwas gehört, das mir unangenehm ist. Ich schrieb ihr vor etlichen Monaten einen (etwas übereilten) Brief, der so beschaffen war, daß ihn niemand zu Gesicht bekommen durfte. Die Vischerin kommunizierte ihn einem gewissen Offizier. Sie hätte mir lieber weiß nicht was tun können. Eine solche Indiskretion (das ist der gelindeste Name) tut weh, und ich dachte besser von ihr. Wie muß ich mich doch so oft in meinen liebsten Personen betrügen! –

Nun leben Sie wohl, beste Wolzogen, und legen Sie den Brief (wenn Sie mich nicht auch schon vergessen haben und einer *Antwort* noch wert halten) bei meinen Eltern nieder. Ich sehe Sie vielleicht mein Lebtag nicht wieder, aber mein Herz ist bei Ihnen, und wenn Sie *allein* sind, so denken Sie bei sich selbst: Itzt denkt man einige 100 Stund weit an mich. Ewig Ihr

treuester Frid. Schiller

pp.

Die Vischerin lassen Sie nichts merken. Es sollte mir doch weh tun, wenn sie wüßte, daß ich von Stuttgart aus – und von ihren ersten Freunden fast alles erfahre.

18. An Wilhelm Friedrich Hermann Reinwald.

Bauerbach, 14. Februar 1783

Heute, mein Lieber, werden Sie mit allerlei Aufträgen heimgesucht.

Zum *ersten* haben Sie die Güte, den beifolgenden Brief zu besorgen.

Zum *zweiten* sehen Sie doch nach, wie Sie mir ein Paket Gothaer Zeitungen mitschicken können. Ich lese erstlich außerordentlich gern Anzeigen von Büchern, sodann finde ich vielleicht Anzeigen von mir – und wenn ich meinen Namen in der Zeitung lese, so erfahre ich doch, daß ich noch lebe. Also noch einmal – wenn Sie mir ein Paket schicken können – je früher es anfängt, je besser – meinetwegen vom Anfang des 1782. Jahrs. (Ich bin gegen den vorigen Herbst mit meinem Repertorium darin rezensiert worden. Suchen Sie dieses Stück auf.) Wenn Sie mir etwas schicken können, so erfreuen Sie mich sehr.

Zum *dritten* schicken Sie mir doch das Original meiner Romanze zu.

Zum *vierten* (lachen Sie mich nicht aus) schenken Sie mir doch etwas Tinte, oder weisen Sie die Judith an, wo man gute bekommt. Doch will ich sie lieber von einem Gelehrten als von einem Schulmeister.

Zum *fünften* schicken Sie mir wiederum ein ½ Pfund von dem guten Schnupftobak, den *Sie* mir schon etlichemal ausgemacht haben. Marokko.

Zum *sechsten* ein Buch recht gutes Schreibpapier, meine *Luise Millerin* darauf abzuschreiben. Das holländische stumpft mir die Federn so ab.

Zum *siebenten* empfehlen Sie mich dem Herrn Hofprediger, dem lieben, braven Mann,

und zum

achten bleiben Sie mein Freund, wie ich ohne Veränderung der Ihrige

Ritter.

Die Wolzogen ist bald schon 5 Tage in Stuttgart.

Der Brief, wovon ich im 1. Artikel sagte, folgt nicht mit.

19. An Wilhelm Friedrich Hermann Reinwald.

Bauerbach, 27. März 1783

Ich setze mich nieder, mein langes Stillschweigen, das einen Mangel an Gelegenheit zur Ursache hatte, jetzt auf einmal hereinzubringen. Zwei Briefe waren schon auf dem Weg zu Ihnen, und beidesmal kamen ihre Überbringer wegen verschlimmertem Wetter zurück.

Mit Weygand bin ich fertig, wie Sie aus dem Einschluß abnehmen werden. Ob ich mit Dalberg zu Rande kommen kann, zweifle ich. Ich kenne ihn ziemlich, und meine Luise Millerin hat zerschiedene Eigenschaften an sich, welche auf dem Theater nicht wohl passieren. Zum Exempel die gotische Vermischung von Komischem und Tragischem, die allzu freie Darstellung einiger mächtigen Narrenarten und die zerstreuende Mannigfaltigkeit des Details. Eröffnen Sie mir Ihre Meinung darüber. Eh ich mich in einen weygandartigen Handel mit Dalbergen einlasse, will ich die Sache lieber gar nicht in Bewegung bringen.

Über ein neues Stück bin ich mit mir einig. Um meines langen Hinundherschwankens zwischen *Imhof* und *Maria Stuart* los zu sein, hab ich beide bis auf weitere Ordre zurückgelegt und arbeite nunmehr entschlossen und fest auf einen *Dom Karlos* zu. Ich finde, daß diese Geschichte mehr Einheit und Interesse zum Grunde hat, als ich bisher geglaubt, und mir Gelegenheit zu starken Zeichnungen und erschütternden oder rührenden Situationen gibt. Der Charakter eines feurigen, großen und empfindenden Jünglings, der zugleich der Erbe einiger Kronen ist, – einer *Königin*, die durch den Zwang ihrer Empfindung bei allen Vorteilen ihres Schicksals verunglückt, – eines eifersüchtigen Vaters und Gemahls – eines grausamen, heuchlerischen Inquisitors und [eines] barbarischen Herzogs von Alba und so fort sollten mir, dächte ich, nicht wohl mißlingen. Dazu kommt, daß man einen Mangel an solchen deutschen Stücken hat, die große Staatspersonen behandeln – und das mannheimische Theater dieses Sujet von mir bearbeitet wünscht.

Auch hier, lieber, werter Mann, erwarte ich Ihren mir immer wichtigen Rat – und weil Sie mich schon so weit verbunden haben, daß ich Ihnen die Vorteile und den Ruhm meiner jetzigen Beschäftigungen hälftig verdanken muß, so entziehen Sie mir auch *hiebei* Ihre freundschaftliche Unterstützung nicht. Wenn ich eine spanische Geschichte mit Vorteil behandeln soll, so werde ich notwendig mit dem Nationalcharakter, den Sitten und der Statistik des Volks bekannt sein müssen. Sie, mein Freund, wissen am besten, aus welchen Quellen ich diese Kenntnisse schöpfen kann, und werden ohne Zweifel auf der Bibliothek dergleichen Werke haben. Wenn Sie sich nun auf einen Augenblick in meine Lage versetzen und den Zustand der Unentschlossenheit und Untätigkeit kennen, der mir besonders *hier* unerträglich ist, so weiß ich gewiß, daß Sie keine Zeit verlieren werden, die Ihren Freund in Geschäfte bringen und in Verfolgung seiner Arbeit erleichtern kann. Bälder als ich mit Spaniens Sitten und Regierung bekannt bin, kann ich meinen Plan nicht vollenden und noch viel weniger eine Ausführung auf geratewohl wagen. Daher hoffe ich, Sie werden meine Ungeduld wenigstens mit einigen dahineinschlagenden Werken befriedigen. Die Judith wird abends, eh sie abgehet, bei Ihnen anfragen und das, was Sie mir schicken wollen, abholen. Wenn Sie allenfalls Brantômes Geschichte Philipps II. besitzen, so teilen Sie mir solche auch mit. –

Es sollte mich doch befremden, wenn Sie auch noch jetzt meinen Fiesko nicht haben, und möchte ich wissen, ob er in der Gothaer Zeitung angekündiget worden.

Die Geschichte der Bastille hat mich sehr unterhalten, und ich glaube, daß sie sich in französischer Sprache mit vielem Vergnügen lesen läßt. Ich sende sie Ihnen mit dem nächsten Botengange zurück. Haben Sie unter der Hand ein gutes Buch zu meiner Belehrung und Unterhaltung entdeckt, so werden Sie ein dürres Erdreich begießen, wenn Sie mir solches kommunizieren.

Itzt, bester Freund, fangen die herrlichen Zeiten bald an, worin die Schwalben auf unsern Himmel und Empfindungen in unsre Brust zurückkommen. Wie sehnlich erwarte ich sie! – Einsamkeit, Mißvergnügen über mein Schicksal, fehlgeschlagene Hoffnungen und vielleicht auch die veränderte Lebensart haben den Klang meines Gemüts, wenn ich so reden darf, verfälscht und das sonst reine Instrument meiner Empfindung verstimmt.

Die Freundschaft und der Mai sollen es, hoff ich, aufs neue in Gang bringen. Ein Freund soll mich mit dem Menschengeschlecht, das sich mir auf einigen häßlichen Blößen gezeigt hat, wiederum aussöhnen und meine Muse halbwegs nach dem Kozytus wieder einholen. – Aber ich verfalle in eine Melancholie und fürchte, Sie anzustecken.

Die Frau von Wolzogen und ihre Tochter empfehlen sich Ihnen. Präzise am 17. Mai verlassen sie Stuttgart.

Nun leben Sie wohl, lieber, guter Mann, und lieben Sie mich, nicht mehr und nicht weniger als ich Sie.

Ewig der Ihrige

S.

Auf unsre nächste Zusammenkunft soll eine Szene von Dom Karlos fertig sein, die Sie richten werden. NB. Das Gedicht!

20. An Wolfgang Heribert von Dalberg.

Sachsen-Meiningen, 3. April 1783

Eure Exzellenz verzeihen, daß Sie meine Antwort auf Ihre gnädige Zuschrift erst so spät erhalten. Ich war schon mit Weygand zu Leipzig in einem Händel begriffen, den ich notwendig abwarten mußte, eh ich Ihnen etwas Entscheidendes schreiben konnte. Nun scheint es aber, daß wir über den Preis des Stücks nicht akkord werden können, und ich gebe ihm dieses Schauspiel nicht.

Daß Eure Exzellenz mich auch in der Entfernung noch in gnädigem Andenken tragen, kann mir nicht anders als schmeichelhaft sein. Sie wünschten zu hören, wie ich lebe? – Wenn Verbannung der Sorgen, Befriedigung der Lieblingsneigung und einige Freunde von Geschmack einen Menschen glücklich machen können, so kann ich mich rühmen, es zu sein.

Euer Exzellenz scheinen, ungeachtet meines kürzlich mißlungenen Versuchs, noch einiges Zutrauen zu meiner dramatischen Feder zu haben. Ich wünschte nichts, als solches zu verdienen; weil ich mich aber der Gefahr, Ihre Erwartung zu hintergehen, nicht neuerdings aussetzen möchte, so nehme ich mir die Freiheit, Ihnen einiges von dem Stücke vorauszusagen.

Außer der Vielfältigkeit der Charaktere und der Verwicklung der Handlung, der vielleicht allzu freien Satire und Verspottung einer vornehmen *Narren-* und *Schurkenart* hat dieses Trauerspiel auch diesen Mangel, daß Komisches mit Tragischem, Laune mit Schrecken wechselt und, obschon die Entwicklung tragisch genug ist, doch einige lustige Charaktere und Situationen hervorragen. Wenn diese Fehler, die ich Euer Exzellenz mit Absicht vorhersage, für die Bühne nichts Anstößiges haben, so glaube ich, daß Sie mit dem übrigen zufrieden sein werden. Fallen sie aber bei der Vorstellung zu sehr auf, so wird alles übrige, wenn es auch noch so vortrefflich wäre, für Ihren Endzweck unbrauchbar sein, und ich werde es besser zurückbehalten. Dieses überlasse ich nun dem Urteil Euer Exzellenz. Meine Kritik würde zuviel von meiner Laune und Eigenliebe partizipieren.

Gegenwärtig arbeite ich an einem *Dom Karlos*. Ein Sujet, das mir sehr fruchtbar scheint und das ich Euer Exzellenz zu verdanken habe. Dazwischen will ich an einem Trauerspiel von Prinz Konradin arbeiten.

Ich erwarte den Entschluß Euer Exzellenz mit Begierde und habe die Gnade, mit vollkommenstem Respekt zu verharren

Euer Exzellenz untertänigst ergebenster

D. Schiller.

21. An Wilhelm Friedrich Hermann Reinwald.

Bauerbach. Früh in der Gartenhütte, 14. April 1783

In diesem herrlichen Hauche des Morgens denk ich *Sie*, Freund – und meinen *Karlos*. Meine Seele fängt die Natur in einem entwölkten, blankeren Spiegel auf, und ich glaube, meine Gedanken sind wahr. Prüfen Sie solche. –

Ich stelle mir vor – jede Dichtung ist nichts anderes als eine enthusiastische Freundschaft oder platonische Liebe zu einem Geschöpf unsers Kopfes. Ich will mich erklären.

Wir schaffen uns einen Charakter, wenn wir *unsre* Empfindungen und unsre historische Kenntnis von *fremden* in andere Mischungen bringen – bei den Guten das Plus oder Licht – bei Schlimmern das Minus oder den Schatten vorwalten lassen. Gleichwie aus einem einfachen weißen Strahl, je nachdem er auf Flächen fällt, tausend und wieder tausend Farben entstehen, so bin ich zu glauben geneigt, daß in unsrer Seele alle Charaktere nach ihren Urstoffen schlafen und durch Wirklichkeit und Natur oder künstliche Täuschung ein daurendes oder nur illusorisch – und augenblickliches Dasein gewinnen. Alle Geburten unsrer Phantasie wären also zuletzt nur *wir selbst*. Aber was ist Freundschaft oder platonische Liebe denn anders als eine wollüstige Verwechslung der Wesen? oder die Anschauung unserer selbst in einem andern Glase? – *Liebe*, mein Freund, das große unfehlbare Band der empfindenden Schöpfung, ist zuletzt nur ein *glücklicher Betrug*. – Erschrecken, entglühen, zerschmelzen wir für das *fremde*, uns ewig nie eigen werdende Geschöpf? Gewiß nicht. Wir leiden jenes alles nur für uns, für das *Ich*, dessen Spiegel jenes Geschöpf ist. Ich nehme selbst *Gott* nicht aus. Gott, wie ich mir denke, liebt den Seraph sowenig als den Wurm, der ihn unwissend lobet. Er erblickt *sich*, sein großes, unendliches *Selbst*, in der unendlichen Natur umhergestreut. – In der allgemeinen Summe der Kräfte berechnet er augenblicklich sich selbst – *sein* Bild sieht er aus der ganzen Ökonomie des Erschaffenen vollständig, wie aus einem Spiegel, zurückgeworfen und liebt *sich* in dem *Abriß*, das *Bezeichnete* in dem *Zeichen*. Wiederum findet er in jedem einzelnen Geschöpf (mehr oder weniger) *Trümmer* seines Wesens zerstreut. Dieses bildlich auszudrücken – so wie eine Leibnizische Seele vielleicht eine *Linie* von der Gottheit hat, so hat die Seele der Mimosa nur einen einfachen *Punkt*, das Vermögen, zu empfinden, von ihr, und der höchste denkende Geist nach Gott – doch Sie verstehen mich ja schon.

Nach dieser Darstellung komme ich auf einen reinern Begriff der Liebe. Gleichwie keine Vollkommenheit einzeln existieren kann, sondern nur diesen Namen in einer gewissen Relation auf einen allgemeinen Zweck verdient, so kann keine denkende Seele sich in sich selbst zurückziehen und mit sich begnügen. Ein ewiges notwendiges Bestreben, zu diesem Winkel den Bogen zu finden, den Bogen in einen Zirkel auszuführen, hieße nichts anders, als die zerstreute Züge der Schönheit, die Glieder der Vollkommenheit in *einen* ganzen Leib aufzusammeln – das heißt mit andern Worten: Der ewige innere Hang, in das Nebengeschöpf überzugehen oder dasselbe in *sich hineinzuschlingen, es anzureißen,* ist Liebe. Und sind nicht alle Erscheinungen der Freundschaft und Liebe – vom sanften Händedruck und Kuß bis zur innigsten Umarmung – so viele Äußerungen eines zur *Vermischung* strebenden Wesens?

Itzt wär ich auf dem Punkt, zu dem ich durch eine Krümmung gehen mußte. Wenn Freundschaft und platonische Liebe nur eine Verwechslung eines fremden Wesens mit dem unsrigen, nur eine heftige Begehrung seiner Eigenschaften sind, so sind beide gewissermaßen nur eine andre Wirkung der Dichtungskraft – oder besser: Das, was wir für einen *Freund* und was wir für einen Helden unsrer Dichtung empfinden, ist ebendas. In beiden Fällen führen wir *uns* durch neue Lagen und Bahnen, wir brechen *uns* auf anderen Flächen, wir sehen *uns* unter andern Farben, wir leiden für *uns* unter andern Leibern. Können wir den Zustand eines Freunds feurig fühlen, so werden wir uns auch für unsere poetische Helden erwärmen. Aber die Folgerung, daß die Fähigkeit zur Freundschaft und platonischen Liebe sonach auch die Fähigkeit zur großen Dichtung nach sich ziehen müsse, würde sehr übereilt sein. – Denn ich kann einen *großen Charakter* durchaus *fühlen*, ohne ihn *schaffen* zu können. Das aber wäre bewiesen wahr, daß ein *großer* Dichter wenigstens die Kraft zur höchsten Freundschaft besitzen muß, wenn er sie auch nicht immer geäußert hat. – Das ist unstrittig wahr, daß wir die Freunde unserer Helden sein müssen, wenn wir in ihnen *zittern, aufwallen, weinen* und verzweifeln sollen – daß wir sie als Menschen außer uns denken müssen, die uns ihre geheimsten Gefühle vertrauen und ihre Leiden und Freuden in unsern Busen ausschütten. Unsere *Empfindung* ist also Refraktion, keine ursprüngliche, sondern sympathetische Empfindung. *Dann* rühren und erschüttern und entflammen wir Dichter am meisten, wenn wir selbst *Furcht* und *Mitleid für* unsern Helden gefühlt haben. Ein großer Philosoph, der mir nicht gleich beifallen will, hat gesagt, daß die Sympathie am gewissesten und stärksten *durch* Sympathie erweckt werde. Itzt denke ich diesen Satz in seiner ganzen Deutlichkeit. Der Dichter muß *weniger* der *Maler* seines Helden – er muß *mehr* dessen *Mädchen*, dessen *Busenfreund* sein. Der Anteil des Liebenden fängt tausend feine Nuancen *mehr* als der scharfsichtigste Beobachter auf. Welchen wir lieben, dessen Gutes und Schlimmes, Glück und Unglück genießen wir in größeren Dosen, als welchen wir nicht so lieben und noch so *gut kennen*. Darum rührte mich Julius von Tarent mehr als Lessings Emilia, wenngleich Lessing unendlich besser als Leisewitz beobachtet. Er war der Aufseher seiner Helden, aber Leisewitz war ihr Freund. Der Dichter muß, wenn ich so sagen darf, sein eigener Leser und, wenn er ein theatralischer ist, sein eigenes Parterre und Publikum sein. – – Ich habe Ihnen hier *vieles* und, wie ich beim Durchlesen finde, mit *zu wenig* Worten gesagt. Vielleicht führe ich solches ein andermal aus.

Nun eine kleine Anwendung auf meinen *Karlos*. Ich muß Ihnen gestehen, daß ich ihn gewissermaßen statt meines Mädchens habe. Ich trage ihn auf meinem Busen – ich schwärme mit ihm durch die Gegend um – um Bauerbach herum. Wenn er einst! fertig ist, so werden Sie mich und Leisewitz an Don Karlos und Julius abmessen – nicht nach der Größe des Pinsels – sondern nach dem Feuer der Farben – nicht nach der *Stärke* auf dem Instrument – sondern nach dem *Ton*, in welchem wir spielen. Karlos hat, wenn ich mich des Maßes bedienen darf, von Shakespeares Hamlet die Seele – Blut und Nerven von Leisewitz' Julius und den *Puls* von mir. – Außerdem will ich es mir in diesem Schauspiel zur Pflicht machen, in Darstellung der Inquisition die prostituierte Menschheit zu rächen und ihre Schandflecken fürchterlich an den Pranger zu stellen. Ich will – und sollte mein Karlos dadurch auch für das Theater verlorengehen – einer Menschenart, welche der Dolch der Tragödie bis jetzt nur gestreift hat, auf die Seele stoßen. Ich will – Gott bewahre, daß Sie mich nicht auslachen. – –

Ihr letzter Brief, mein Bester, hat Ihnen in meinem Herzen ein unvergeßliches Denkmal gesetzt. Sie sind der edle Mann, der mir so lange gefehlt hat, der es wert ist, daß er mich mitsamt allen meinen Schwächen und zertrümmerten Tugenden besitzt, denn er wird *jene* dulden und *diese* mit einer Träne ehren. Teurer Freund! Ich bin *nicht*, was ich gewiß hätte werden können. Ich hätte *vielleicht* groß werden können, aber das Schicksal stritte zu früh wider mich. Lieben und schätzen Sie mich wegen dem, was ich untern bessern Sternen geworden wäre, und ehren Sie die Absicht in mir, die die Vorsicht in mir verfehlt hat. Aber bleiben Sie *mein*.

S.

22. An Henriette von Wolzogen.

Mannheim, 28. Juli 1783

Endlich bin ich in Mannheim. Matt und erschöpft kam ich gestern abend hier an, nachdem ich vormittags früh noch in Frankfurt gewesen. Die übergroße Geschäftigkeit und Höflichkeit meines Frankfurter Gastwirts, welche bei Leuten dieser Hantierung einem kranken Geldbeutel immer gefährlich ist, schröckte mich ab, eine wohlfeile und bequeme Gelegenheit in Frankfurt abzuwarten, wo ich ohne Zweifel in 2 Tagen mehr verzehrt haben würde, als mich die Extrafuhr nach Mannheim teurer denn eine andre zu stehen gekommen ist. Von meinem Geld habe ich noch 15 Laubtaler hiehergebracht, wovon ich 5 auf die Rückreise beiseite lege und mit den übrigen 10 hier auskommen muß. Meyer hat eine Wohnung und Kost für mich ausgemacht, welche sehr wohlfeil und gut ist. Ich bezahle wöchentlich für 2 Zimmer, Betten und Meubles 1 Gulden und wohne neben dem Schloßplatz, welches eine vortreffliche Aussicht hat. Für Mittag- und Abendessen, trocknen Tisch, gebe ich 24 Kreuzer. Der Krug Bier kostet mich 6 Kreuzer. Das Frühstück gebe ich auf, also kommt mich Kost und Logis wöchentlich auf 2 Konventionstaler. Perückenmacher, Postgeld, Wäsche und Tabak machen einen eignen Artikel. Über 3 Wochen kann ich also schwerlich bleiben. – So stehen meine Finanzen.

Nun, meine Beste, werden Sie wissen wollen, wie ich die Sachen bei meiner Ankunft gefunden. – Nicht gar zum besten. Dalberg ist von einer Reise nach Holland noch nicht zurück, wird aber erwartet. Iffland ist nach Hannover, soll aber in etlichen Tagen auch wieder ankommen. Also bin ich, einige Zeit wenigstens, ganz ohne Nutzen hier. Meinen Freunden habe ich durch meine Ankunft viele Freude gemacht, ihnen aber sehr klar merken lassen, daß ich nichts als mein Vergnügen bei meinem hiesigen Aufenthalt zur Absicht habe. Bis also Dalberg zurück ist, kann ich Ihnen nicht das geringste von Aussichten sagen.

Und ich würde sie schwerlich benutzen, meine Teuerste, wenn sie mir auch in die Hände liefen, sobald mein Aufenthalt bei Ihnen im geringsten dadurch litte. Gestehen muß ich Ihnen, daß alles, was mir hier vorkommt und noch vorkommen kann, bei der Vergleichung mit unserm stillen, glücklichen Leben entsetzlich verliert. Sie haben mich einmal verwöhnt – verdorben, sollte ich sagen, daß ich den lebhaftesten Eindrücken der größeren Welt beinahe verschlossen bin. Wenn ich es möglich machen kann, daß ich, ohne einen Schritt in die *Welt* zu tun, 400 Gulden jährlich ziehe, so begrabt man mich noch in Bauerbach. So leer und verdächtig ist mir alles, seit ich von Ihnen bin, und so wenig Geschmack kann ich einer Lebensart abgewinnen, die *Sie* nicht mit mir genießen. Wie froh will ich sein, wenn ich mit einigen guten Aussichten und Geld in der Tasche die Rückreise wieder antreten kann, und wie sehr wird meine Glückseligkeit bei Ihnen durch diesen Ausflug gewonnen haben!

Aber wie bringen *Sie* jetzt Ihre Tage zu, teure Freundin? Traurig, fürcht ich, und wünsche es gewissermaßen doch, denn es ist etwas Tröstendes und Süßes in der Vorstellung, daß 2 getrennte Freunde ohne einander nicht lustig sind. O es soll mich spornen, bald, bald wieder bei Ihnen zu sein, und unterdessen will ich bei meinen größten Zersteuungen an *Sie*, meine Werteste, denken, ich will mich oft aus dem Zirkel der Gesellschaften losreißen und auf meinem Zimmer schwermütig nach Ihnen mich hinträumen und weinen. Bleiben Sie, meine Liebe, bleiben Sie, was Sie mir bisher gewesen sind, meine erste und teuerste Freundin, und lassen Sie uns ohne Zeugen ein Beispiel unverfälschter Freundschaft sein. Wir wollen uns beide besser und edler machen, wir wollen durch wechselseitigen Anteil und den zärtesten Bund schöner Empfindungen die Glückseligkeit dieses Lebens erschöpfen und am Ende stolz auf dieses untadelhafte Bündnis sein. Nehmen Sie keinen *Freund* mehr in Ihrem Herzen auf. Das meinige bleibt Ihnen bis in den Tod und wo möglich noch über diesen hinaus.

Heute werde ich auch meinen Eltern, Ihrem Wilhelm und der Frickin nach Stuttgart schreiben. – Grüßen Sie mir unsre liebe Lotte, welcher ich das nächstemal schreiben will, und wenn Sie der Tante schreiben, so sagen Sie ihr, daß ich oft an sie denke und sie *recht sehr* liebhabe. Alle die Ihrigen, meine Beste, sind so *gut* und bleiben mir ewig wert. Vielleicht, daß ich auch Ihrem guten Bruder von hier aus einige Linien schreibe.

Schreiben Sie mir doch mit dem bäldisten, wie Sie leben und ob Sie mich noch lieben. Zwar das hoff ich gewiß. Schreiben Sie mir Ihre ganze Lebensart von Morgen bis in die Nacht und was Ihnen Neues begegnet – auf diese Art überzeug ich mich doch, daß Sie auch mich in dem Herzen tragen, wie ich Sie in dem meinigen.

Mein Papier neigt zum Ende. Ich muß also kurz sein. Es ist ein Paket von Berlin an mich auf dem Weg, das gegenwärtig in Meiningen angelangt sein muß. Lassen Sie nachfragen. Reinwald sagen Sie, daß Schwan weder Brief noch Dukaten bekommen, daß er also auf der Post Nachfrage tun soll. Ihre Briefe adressieren Sie an *Madame Hammelmann* im Hubertshaus zu Mannheim. Das ist das Haus, wo ich logiere.

Noch einmal. Schreiben Sie mir bald, und die liebe gute Lotte *küssen* Sie in meinem Namen (wenn's erlaubt ist).

Kepp wird schon seit Dienstag abends zurück sein und Ihnen das übrige mündlich gesagt haben –

Frid.

23. An Henriette von Wolzogen.

Mannheim, 11./12. September 1783

Endlich kann ich mich wieder zu Ihnen wenden, meine Teuerste. Wie viele tausend Besorgnisse wegen meinem monatlangen Stillschweigen in

Ihrem zärtlichen Herzen aufgestiegen sein mögen, kann ich mir leicht einbilden, und ich fürchte, Sie haben den wahren Grund davon erraten. Schon 3 Wochen liege ich krank, meine Beste. Ohne Lebensgefahr, gottlob, aber ein kaltes Fieber, davon ich täglich einen Anfall auszustehen hatte, hat mich entsetzlich mitgenommen, und ob ich gegenwärtig schon, bis auf Mattigkeit und Schwäche des Kopfs, wieder genesen bin, so werde ich dennoch vor 14 Tagen nicht aus dem Hause kommen. Schon die 8 Wochen, die ich in Mannheim zubringe, wütet eine gallichte Seuche in der Stadt, die so allgemein ist, daß unter 20000 Menschen 6000 krank niederliegen. *Meyer* ist während meines Hierseins daran gestorben. Ein Freund, dem ich viel schuldig war. Jetzt – Gott sei Dank – ist die Epidemie im Sinken. Für mich befürchten Sie nichts mehr. Ich war in den besten Händen und wurde wie ein Kind des Hauses gepflegt und wurde sogar, weil mein Kopf sehr angegriffen war, einem andern Doktor übergeben. –

Ich hatte mir vorgesetzt, Ihnen, meine Liebe, Schritt vor Schritt alles, was sich für mich Schlimmes und Gutes hier ereignen würde, zu wissen zu tun – meine Krankheit hat dieses nichtig gemacht, und ich muß Ihnen nunmehr kurz und summarisch Bericht von allem Vergangenen und Künftigen abstatten und meine Sachen in die möglichste Kürze zusammenziehen. –

Ihr letzter Brief, der mich notwendig traurig machen mußte, weil er aus einem so traurigen Herzen floß, hat gewissermaßen den Ausschlag in meinen Zweifeln gegeben. Eben als ich ihn erhielt, hatte Dalberg Angriffe auf meinen Entschluß getan. Sie erinnern sich, meine Beste, daß ich Ihnen mein Ehrenwort gegeben, mich nicht selbst anzubieten und in keinem Fall den ersten Schritt zu einem Engagement zu tun. Ich gebe Ihnen jetzt mit aller Freudigkeit eines reinen Gewissens dieses mein Ehrenwort wieder, daß ich mein Versprechen gehalten. Dalberg selbst kam mir mit dem Antrag entgegen, daß ich hierbleiben sollte. Er stellte mir frei, auf wie lang ich mit dem Theater akkordieren und was ich für meine Verwendungen fordern wollte. Ob ich Ihnen nun gleich bei meiner Abreise die Erklärung getan, daß ich vielleicht den Winter hier zubringen wollte, so zweifelte ich doch heftig bei mir selber, und ein allmächtiger Hang zu unserm stillen, herrlichen Leben behielt schon die Oberhand, als Ihr Brief anlangte und ich erfuhr, daß Winkelmann 2 Monate bei Ihnen zubringen würde. Sie wissen, meine Beste, daß mich die Ankunft dieses Herrn selbst aus Bauerbach vertrieben haben würde, wenn ich noch dort gewesen wäre, wieviel mehr mußte sie mich jetzt von meiner Reise zurückhalten. Ich entschied also für die Anerbietungen Dalbergs, und vor ohngefähr 3 Wochen, wo ich bei ihm an Tafel war, wurden wir richtig. Ich bleibe bis auf den Mai 1784 hier, und folgende Punkte sind unter uns festgesetzt:

1. bekommt das Theater von mir 3 neue Stücke – den Fiesko – meine

Luise Millerin – und noch ein drittes, das ich innerhalb meiner Vertragzeit noch machen muß.

2. Der Kontrakt dauert eigentlich ein Jahr, nämlich vom 1. September dieses Jahrs bis zum letzten August des nächsten; ich habe aber die Erlaubnis herausbedungen, die heißeste Sommerzeit wegen meiner Gesundheit anderswo zuzubringen.

3. Ich erhalte für dieses eine fixe Pension von 300 Gulden, wovon mir schon 200 ausbezahlt sind. – Außerdem bekomme ich von *jedem Stück*, das ich auf die Bühne bringe, die ganze Einnahme einer Vorstellung, die ich selbst bestimmen kann und welche nach Verhältnis 100–300 Gulden betragen kann. – Dann gehört das Stück dennoch mein, und ich kann es nach Gefallen, wohin ich will, verkaufen und drucken lassen. Nach diesem Anschlag habe ich bis zu Ende Augusts 1784 die unfehlbare Aussicht auf 12–1400 Gulden, wovon ich doch 4–500 auf Tilgung meiner Schulden verwenden kann.

Danken Sie mit mir Gott, meine Beste, daß er mir hier einen Ausweg eröffnet hat, durch Verbesserung meiner Umstände mich aus dem Wirrwarr meiner Schulden zu reißen und der ehrliche Mann zu bleiben. Dieser Gesichtspunkt allein, ich gestehe es, kann mich über die lange Trennung von Ihnen und über den Aufschub meiner angenehmen Entwürfe trösten und gibt mir jetzt auch den Mut und die ruhige Festigkeit, Ihnen zu sagen, daß wir uns vor 8 oder 9 Monaten nicht sehen werden. Bis dahin, meine geliebteste Freundin, übergebe ich Sie dem Arm des unendlichen Gottes, der uns einander in der bestimmten Stunde glücklicher wiedergeben wird. Gedenken Sie meiner in Ihren einsamen Augenblicken, nennen Sie mich in Ihrem Gebete mit Ihren Kindern Gott und flehen Sie ihn um Schutz für mein Herz und meine Jugend. Meine Freundschaft – wenn der Gedanke Ihnen Freude gewähren kann – bleibt Ihnen unwandelbar und gewiß und soll mein allmächtiges Gegengift gegen alle Verführung sein. *Sie* waren die *erste* Person, an welcher mein Herz mit *reiner*, unverfälschter Zuneigung hing, und eine solche Freundschaft ist über allen Wechsel der Umstände erhaben. Fahren Sie fort, meine Teuerste, mich Ihren *Sohn* zu nennen, und seien Sie versichert, daß ich das Herz einer solchen Mutter zu schätzen weiß. Unsere Trennung, deren Notwendigkeit ich Ihnen nicht erst beweisen darf, wird meine Gemütsruhe wiederherstellen, eine Ruhe, die ich schon so lange nicht mehr genossen habe, weil die Unbestimmtheit meiner Aussichten und der nagende Gedanke meiner Schulden mich unaufhörlich verfolgten. Mein hiesiger Aufenthalt wird mich auch in meiner Wissenschaft vollkommener machen und mir desto gerechtere Ansprüche auf ein künftiges Glück verschaffen. Ich war also diesen Schritt mir selbst und meinem ehrlichen Namen schuldig, und Gott wird mich weiter führen.

Übrigens, meine Beste, kann ich Ihnen von meiner hiesigen Lebensart nichts anders als Gutes melden, und vieles vereinigt sich, mir Nutzen und Vergnügen zu machen. Fremde und Einheimische suchen mich auf und bemühen sich um meine Freundschaft. Während meiner Krankheit habe ich die besten Zerstreuungen gehabt, und mein Zimmer war selten von Besuchern leer. Den Tag vorher, eh ich mich legte, wurden mir zu Gefallen die *Räuber* gegeben, und das Haus wimmelte von Zuschauern. Bei Dalberg speise ich öfters und bei Schwan – zwei Häusern, wo ausgesuchte Gesellschaft ist, und in dem ersten geht es fürstlich zu. Im Theater geh ich frei aus und ein, wie in meinem eigenen Hause. Sobald ich wieder ausgehen darf, werde ich einige neue Bekanntschaften von Stande machen, die mich kennenlernen wollen. Ich bin recht artig logiert – ach Beste! Wenn Sie mich einmal überraschen sollten. In einigen Wochen erwarte ich meine Schwestern und werde sie vielleicht 4 Wochen hierbehalten. Dafür müssen sie mir aber Hemder machen und Strümpfe stricken. – Kost mit Wein und Kaffee und Logis kommen mich das Vierteljahr auf 5 Karolin. Meine Equipage nimmt mir aber viel Geld weg, weil ich noch gar nicht auf den Winter eingerichtet bin. Diese Ausgabe macht, daß Sie mit diesem Brief noch kein Geld bekommen, hingegen ist die halbe Einnahme von meinem Fiesko, der auf den Karneval gespielt werden wird, Ihnen bestimmt, wie auch die halbe Einnahme von meiner Luise Millerin. Der verdrüßliche Vorfall mit des Grünenbaumwirts Schimmel kommt mir recht ungeschickt, und eigentlich bin ich nichts zu zahlen verbunden, weil der Gaul hätte geöffnet werden sollen. Doch können Sie, um sich aus dem Handel zu ziehen, dem Kerl etwas versichern, das ich bezahlen will, aber sowenig als möglich. Ihre glückliche Kur mit des Flurschützen Kind war wirklich auch recht angemessen gut, und in der Not waren die Mittel schon ganz recht. Diese gut gelungene Tat muß Ihnen eine wahre, herzliche Seelenwonne gewesen sein. Könnte ich Ihnen doch zur Versorgung unsers lieben Wilhelms einmal Glück wünschen, meine Beste, aber der schleichende Gang des Herzogs und Obrist Seegers hat mir niemals gefallen wollen. Am Ende *müssen* sie aber doch, und die wenige Monate, die noch bis Dezember sind, wird Wilhelm doch aushalten können, da er schon 3mal soviel Jahre überstanden hat. Der guten Lotte empfehlen Sie mich milliontausendmal. Wär ich doch nur jetzt einen Tag bei Ihnen beiden – wie gern wollt ich mich aus allen meinen Verbindungen reißen! – Aber ein Zeitraum von 8 Monaten ist im ganzen ja nur eine Spanne, und wie bald mißt man diese nicht aus. Dann haben Sie mich wieder, meine Teuerste, und wenn es der Himmel will, besser und glücklicher. Freuen Sie sich mit mir nicht auch auf den herrlichen Augenblick, wenn wir uns wieder entgegenfliegen? Sehen Sie, diese Hoffnung macht mich auch schon in der Ferne froh, und ich genieße diese freudige Zukunft schon jetzt. Machen Sie sich diesen Winter doch ja recht viele Zerstreuungen.

Ihre Ökonomie, Ihre Untertanen, Ihre Kinder und meine Briefe sollen, denk ich, Stoff genug dazu sein. –

12. September

Ich brach gestern hier ab, weil ein Brief von meiner Familie kam. Meine guten Eltern freuen sich außerordentlich, daß sie mich einigermaßen versorgt wissen und so nahe bei sich haben. Bald wird mich Mama und eine Schwester besuchen. – Gottlob, meine Beste, heute ist mein Fieberanfall das 3. Mal ausgeblieben, und ich fühle mich jede Stunde leichter. Das soll, hoffe ich, meine letzte Krankheit in Mannheim sein; da ich nun einmal *Bürger* darin worden bin, so werde ich künftig unversehrt bleiben. Ja, meine Freundin, ich habe eine Flut von Geschäften vor mir, die ich mein ganzes Leben noch nicht gehabt habe. Das Jahr, das jetzt vor mir liegt, muß über mein ganzes Schicksal entscheiden. – Wir haben einmal von der Freimäurerei miteinander gesprochen. Vor einigen Tagen hat mich ein reisender Maurer besucht, ein Mann von der ausgebreitetsten Kenntnis und einem großen verborgenen Einfluß, der mir gesagt, daß ich schon *auf verschiedenen Freimäurerlisten stünde,* und mich inständig gebeten hat, ihm jeden Schritt, den ich hierin tun würde, vorher mitzuteilen, er versichert mich auch, daß es für mich eine außerordentliche Aussicht sei. Dem sei, wie ihm wolle, ich werde jetzt anfangen, mit aller Anstrengung fleißig zu sein und mich in mehreren Fächern versuchen. Verlassen Sie sich darauf, daß Sie mich etwas gescheiter wiederfinden.

Dem guten Reinwald sagen Sie tausend schöne Sachen. Ich hab ihm während meines Hierseins einmal aus Schwans Hause geschrieben. Der Brief ist über Bayreuth gegangen. Nah und ferne bin ich sein redlicher, treuer Freund, und auch *ihn* seh ich wieder. Ihrer lieben guten Mine empfehlen Sie mich vielmals. Ich denke oft an das gute Geschöpf, sie hat sich mir unvergeßlich gemacht. Wenn Sie an Wurmb schreiben, so erzählen Sie ihm die Ursache meiner Abwesenheit und versichern Sie ihn meiner ewigen Achtung.

Der Verwalter Vogt wird hoffentlich schwer mit Geld beladen zurückgekommen sein. Könnte ich doch, wenn ich Bauerbach wiedersehe, schon den Grundstein zur neuen Kirche gelegt finden. Es bleibt dabei, daß ich etwas darein stifte. Dem guten biberischen Pfarrer machen Sie auch ein Kompliment von mir, und bleiben Sie ihm um meinetwillen gut. Alles, was mich in und um Bauerbach interessierte, soll herzlich gegrüßt sein. Die Judith und Gaiers Leute lasse ich recht schön grüßen.

Meinen Rock und manchesterne Hosen könnte ich zwar sehr wohl hier brauchen. Ich will aber alles bei Ihnen lassen, weil ich doch gewiß wiederkomme. Die entlehnten Bücher schicken Sie aber Reinwald zu, daß er sie an ihre Besitzer zurückschaffe. Jetzt muß ich abbrechen, meine Liebe, sonst bekommen Sie diesen Brief um einen Posttag später. Sobald ich ganz gesund bin, erfahren Sie es. Nunmehr 1 000 000 000 Lebewohl von Ihrem Sie ewig

liebenden

S.

Unserer Lotte schreibe ich im nächsten Brief ganz gewiß. Sagen Sie ihr das, und versichern Sie sie meiner ewigen Freundschaft. Jetzt wird Winkelmann vermutlich bei Ihnen sein und kaum gedacht werden an den armen entfernten S.

S.

24. An Henriette von Wolzogen.

Mannheim, 13./14. November 1783

Meine vorigen Nachlässigkeiten zu verbessern und mich vorzüglich durch die wiederholte warme Versicherung meiner noch unverletzten Zärtlichkeit zu *versündigen*, will ich Sie heute auf die Tortur eines 3 Blatt langen Briefs schrauben – eine Exekution, die Ihnen gewiß heilsam sein wird. Alle Ihre Korrespondenten werden mir's danken, daß ich Sie durch meine *zu* große Dosis von Brief so überfüllte, daß Sie gewiß nicht mehr wegen zu kurzem und zu nachlässigem Briefschreiben mit Ihnen zanken. – Doch im Ernst, meine Beste, ich habe eben ein verdrüßliches Geschäft geendigt und will mir jetzt in Ihrer Gesellschaft einen desto süßeren Augenblick machen.

Mein böses kaltes Fieber scheint nunmehr nachlassen zu wollen, denn ich habe bereits 3 Tage keinen Anfall gehabt. Ich lebe aber auch erbärmlich genug, um es vom Hals zu schütteln. Schon 14 Tage habe ich weder Fleisch noch Fleischbrüh gesehen. Wassersuppen heute, Wassersuppen morgen, und dieses geht so mittags und abends. Allenfalls gelbe Rüben oder saure Kartoffeln oder so etwas dazu. Fieberrinde eß ich wie Brot, und ich habe mir sie expreß von Frankfurt verschrieben. Ein guter Freund hat mir zu meinem Geburtstag 4 Bouteillen Burgunder geschickt – davon wird zuweilen ein Gläschen mit herrlichem Erfolg getrunken, doch muß ich Ihnen gestehen, daß ich mir äußerst wenig aus dem Wein mache, so wohlfeil und gut er hier zu haben ist. Mit mehr Vergnügen trinke ich Bier. Freuen Sie sich also, ich werde mich auf diese Art bald wieder ins Bauerbacher Leben gewöhnen.

Sobald ich gesund bin, wird überhaupt meine Kost sehr einfach eingerichtet. In einem Weck wird mein Frühstück bestehen, um 12 Kreuzer habe ich aus einem hiesigen Wirtshaus ein Mittagessen zu 4 Schüsseln, wovon ich noch auf den Abend aufheben kann. Notabene, ich habe mir einen zinnernen Einsatz gekauft. Abends esse ich allenfalls Kartoffel in Salz oder ein Ei oder so etwas zu einer Bouteille Bier. Dem ohnerachtet sind meine Ausgaben sehr groß. Wenn ich auch monats nicht über 11 Gulden fürs Maul aufgehen lasse, so kostet mich mein neues Logis 5 Gulden, das Holz 2 Gulden 30 und darüber, Lichter 1 Gulden, Friseur einen Taler, Bedienung von einem Tambour einen Taler, Wäsche einen Taler, Bader 30 Kreuzer, Postgeld 1–2 Gulden, Tabak, Papier und tausend Kleinigkeiten ungerechnet. Dann haben Kaufmann, Schneider und Schuster einen großen Riß in mein Beutelchen gemacht. Die 4 Monate, die ich jetzt von Ihnen entfernt bin, haben mich mit der Reise hieher bei 250 Gulden gekostet, und doch bezahl ich den Kaufmann nur nach Terminen und habe ihm nicht mehr als ein Dritteil bezahlt, den Schneider aber ganz, und ein Karolin ist mir aus dem Zimmer gestohlen worden, warum ich unter andern auch ausziehe. Dalberg hat mir in allem ohngefähr 42 Dukaten vorgeschossen, und gegenwärtig, da ich das schreibe, habe ich noch ½ Karolin im Vermögen. Jetzt aber kommt bessere Zeit. Von heut bis Januars Ende nehme ich wenigstens 400 Gulden ein, wovon Sie, meine Liebe, wenigstens 150, wo nicht 200 erhalten. Sie hätten dieses Geld ganz zuverlässig auf den Termin bekommen, den ich Ihnen einmal geschrieben habe, aber bedenken Sie, daß ich von 4 Monaten meines hiesigen Aufenthalts 8 bis 9 Wochen krank war, welches mich entsetzlich zurückgesetzt hat. Es schadet mir wenigstens über 30 Dukaten. Wenn mir aber Gott nur jetzt meine Gesundheit wieder schenkt, so will ich sie gewiß auf das edelste anwenden und mit Weisheit erhalten. Ich habe Dalberg schon bei Errichtung unsers Kontrakts präveniert, daß ich den Sommer nicht in Mannheim zubringen würde, meiner Gesundheit wegen. Er war auch damit zufrieden; – und da ich zu Ende Aprils, höchstens Mais, meinen Vertrag mit ihm beinah doppelt erfüllt haben werde, so kann ich ohngehindert gehen. Verlängert sich mein Kontrakt auf noch ein Jahr, so komm ich zu Ende Septembers nach Mannheim zurück. In der Zwischenzeit werden Sie so gnädig sein, mich – nicht Flüchtling mehr, sondern Freund – in Bauerbach aufzunehmen. Beste Wolzogen, nehmen Sie das nicht als eine kahle Vertröstung oder Grille auf. Gott ist mein Zeuge, daß ich mich schon jetzt darauf freue, daß ich nur darum gern hier bin, um in bessern Umständen zu Ihnen zurückzukehren. Das wissen meine hiesigen Freunde auch sehr wohl und werden oft böse auf mich, daß ich so sehr das Heimweh nach Sachsen habe. Sollten *Sie*, meine Liebe, mich so wenig kennen, daß Sie mich *einen* Augenblick im Verdacht haben, als ob ich so sehr an der *großen Welt* hange, wie Sie es nennen. Sie kennen meinen Charakter – wissen ganz meinen Hang zum einfachen, stillen Vergnügen und geräuschlosen Freuden. Sie werden mir auch hoffentlich einräumen, daß ich in den Vergnügungen und Verführungen dieser *großen Welt* kein Neuling mehr bin, daß ich ein wohlvorbereitetes Herz hineingebracht habe. – Ich will Ihnen aufrichtig zugestehn, daß zuweilen auch *mich* eine Trunkenheit umnebeln kann, aber sie wird gewiß bald verfliegen. Überdies halten Sie meine hiesigen Verbindungen für zu weitläuftig, zu wichtig. Meine Bekanntschaften sind bis jetzt noch ziemlich eingeschränkt. Das Dalbergische Haus und das Schwanische Haus sind die vorzüglichsten. Außer diesen vermenge ich mich mit niemand genau, und mit den Schauspielern lebe ich höflich und aufgemuntert, sonst äußerst zurückgezogen. Beck, der beste an Kopf und Herz und ein wirklich solider Mann, ist derjenige, mit dem ich am vertrautesten umgehe. Sonsten besuchen mich viele Gelehrte und Künstler von hier, aber sie kommen und gehen, ich attachiere mich sehr delikat. Von Frauenzimmern kann ich das nämliche sagen – sie bedeuten hier sehr wenig, und die *Schwanin* ist beinahe die einzige, *eine* Schauspielerin ausgenommen, die eine vortreffliche Person ist. Diese und einige andre machen mir zuweilen eine angenehme Stunde, denn ich bekenne gern, daß mir das schöne Geschlecht von seiten des Umgangs gar nicht zuwider ist. Die Witwe meines Freunds *Meyer*, dessen Tod ich hier erleben mußte, und ihre Schwester, ein hübsches Mädchen, beide Stuttgarterinnen, sind mir besonders in meiner Krankheit sehr lieb geworden. Die erstere kocht mir mein Krankenessen, den ganzen Tag um 3 Batzen. Sie hat von einer Besoldung von 1500 Gulden, da ihr Mann noch lebte, auf 300 Gulden herabgehen müssen. Ein schwerer und harter Fall! – Die vielen Verbindlichkeiten, die ich dem Verstorbenen schuldig bin, haben mir es zur Pflicht gemacht, seiner Witwe wenigstens mit meiner Teilnehmung und Freundschaft zu dienen. *Trunk*, ein katholischer Geistlicher, dessen Verfolgung und Schicksal Sie im Deutschen Museum lesen, ist ein guter Freund von mir und hat mich während meiner Krankheit öfters besucht. Er ist ein lebendig herumgehender Beweis, wieviel Böses die Pfaffen zu stiften imstand sind.

Die Staatsrätin von La Roche kenne ich sehr gut, und diese Bekanntschaft war eine der angenehmsten meines ganzen hiesigen Lebens. Sie setzte *Schwan* so lang zu, mich nach Speyer zu bringen, daß ich wirklich für meine Gesundheit zu früh, vor ohngefähr 6 Wochen ausging und mit ihm, seiner Tochter und Hofrat Lameys Tochter die Reise machte. Wir haben in großer Gesellschaft mit ihr zu Mittag gespeist, wo ich wenig Gelegenheit fand, sie recht zu genießen, doch fand ich gleich, was der Ruf von ihr ausbreitet, die sanfte, gute, geistvolle Frau, die zwischen funfzig und sechzig alt ist und das Herz eines neunzehnjährigen Mädchens hat. Acht Tage darauf zieht mich ein Landsmann, Magister Christmann von

Ludwigsburg, wieder nach Speyer, wo ich sie eine Abendstunde lang ganz genoß und mit Bezauberung von ihr ging. Ich weiß und bin stolz darauf, daß sie mit mir zufrieden war. Bei ihr habe ich eine mir ebenso schätzbare Bekanntschaft gemacht. Herr Baron von Hohenfeld, Domherr zu Speyer, der mit Herrn von La Roche in Diensten des Kurfürsten von Trier war und welcher, da der erstere wegen gewisser Umstände, die ihm Ehre machen, mit Ungnade seine Dimission bekam, seinem Freunde das Opfer brachte, seine Entlassung zugleich begehrte und die ihm angebotene lebenslängliche Pension unter der Bedingung ausschlug, daß sie Herrn von La Roche gegeben würde – dieser Herr von Hohenfeld, der jetzt die ganze La Rochische Familie in seinem Haus bei sich hat, worin er nur ein Zimmer und eine Kammer für sich behielt, ist der edelste Mann, den ich kennenlernte, und mein Freund. Ein solcher Mann kann mich mit dem ganzen menschlichen Geschlecht wieder aussöhnen, wenn ich auch um ihn herum 1000 Schurken wieder begegnen muß. – Es freut mich, daß Sie der La Roche geschrieben haben. In Zukunft lassen Sie mich die Mittelsperson sein, denn ich möchte gar gern zwei solche liebe gute Menschen, wie Sie beide sind, miteinander –

14. November

Stellen Sie sich vor, meine Beste, wie angenehm ich gestern in dem Fortschreiben unterbrochen werde! – Man klopft an mein Zimmer. Herein! – und herein treten – stellen Sie sich meinen fröhlichen Schrecken vor – *Professor Abel* und Batz, ein anderer Freund von mir. Beide haben, um der Stuttgarter Seuche zu entgehen, eine Reise nach Frankfurt getan, kommen hiedurch und bleiben von gestern bis heute vor einer Viertelstunde bei mir. Wie herrlich mir in den Armen meiner Landsleute und innigen Freunde die Zeit floß! Wir konnten vor lauter Erzählen und Fragen kaum zu Atem kommen. Sie haben bei mir zu Mittag und zu Abend gegessen (sehen Sie! ich bin schon ein Kerl, der Tafel hält), und bei dieser Gelegenheit waren meine Burgunderbouteillen wie vom Himmel gefallen. Um sie ein wenig herumzuführen, bin ich heute und gestern wieder ausgegangen. Schadet nichts, wenn ich jetzt auch später gesund werde, hab ich ja doch ein unbeschreiblich Vergnügen gehabt. Abel, der meinen Aufenthalt bei Ihnen weiß, sagt mir, daß einige Personen von Stuttgart darum wissen, daß aber das Gerücht nicht weiter gekommen und sich ganz verloren habe. Der württembergischen Neuigkeiten sind gar keine oder sehr wenige. Die Akademie ist eben noch das alte ewige Einerlei. Leutnant Miller von den Husaren hat die Charlotte des General Steins in der Geschwindigkeit heuraten *müssen*. – Der ehrgeizige, große Projekte schmiedende Miller, der im Geist schon in Wien durch sein Maul und seine Figur paradierte und sich schon als Minister oder Feldmarschall sah – bleibt zuletzt an einem

H–kind oder, was noch schlimmer ist, an einer H–e selbst hangen. Gottlob! So gibt es doch noch außer mir Narren, und größere. Ich wollte nur *Pfarrer* werden – und bleibe hangen am Theater! – Meine lieben Landsleute haben nur auf 3 Tage Urlaub gehabt, sind schon 10 Tage aus und reisen in aller Eil beim erbärmlichsten Wetter fort. Denken Sie einmal, beide sind zu Pferd – Professor Abel mit Sporn in den Mannheimer Gassen; beide mit Hirschfänger und runden Hüten, wie Studenten von Jena! – Endlich wird doch Stuttgart gewiß, *wo* ich bin und *wie* mir's geht. Herzlich lieb ist mir's, daß das *letzte* zu meinem Vorteil beantwortet werden kann.

Einen andern Spaß hab ich auch erlebt. Den 19. des Monats ist der Namenstag der Kurfürstin, und hier werden die Namenstäge und nicht die Geburtstäge gefeiert. Man bittet mich, zur Feier desselben eine öffentliche poetische Rede zu machen, welche in Gegenwart der Kurfürstin und des Mannheimer Publikums auf dem Theater sollte abgelegt werden. Ich mache sie, und nach meiner verfluchten Gewohnheit satirisch und scharf. Heute schick ich sie Dalberg – er ist ganz davon bezaubert und entzückt, aber kein Mensch kann sie brauchen, denn sie ist mehr ein Pasquill als Lobrede auf die beide kurfürstliche Personen. Weil es jetzt zu spät ist und man das Herz nicht hat, mir eine andere zuzumuten, wird das ganze Lumpenfete eingestellt. Dalberg aber tut es nicht anders. Er will meine Rede drucken lassen.

Warum ich noch niemand von meiner Familie hier gehabt, fragen Sie? Der wahre Grund sind die Unkosten auf beiden Seiten, die *mir* und *meinen Eltern jetzt* zu dieser Zeit schwer fallen würden. Erstlich brauchten meine Mutter und Schwestern zu einer nur ein wenig anständigen Equipierung, weil hier in Mannheim entsetzlich viel Staat gemacht wird, und zu der Reise eine *zu große* Summe Geld. *Ich*, auf den die Unkosten ihres hiesigen Aufenthalts (wenigstens 40–50 Gulden) fielen, habe gerade bisher die meisten Ausgaben gehabt und könnte das Geld ohne Schaden nicht auftreiben. Die Reise muß deswegen auf das Frühjahr verschoben werden. So seh ich alsdann 2 herrlichen Besuchen entgegen. Einer, der mir gemacht wird, und ein anderer, ebenso angenehmer, den ich mache.

Jetzt muß ich mich kurz fassen, das 4. Blatt wird voll. Die liebe gute Lotte hat immer noch keinen Brief von mir – aber plötzlich werd ich mich einmal einstellen. Empfehlen Sie mich ihr auf das wärmste. Das nämliche gilt von der schriftstellerischen Tante. Reinwald erinnern Sie an die Manuskripte, und wenn Sie mir meine noch brauchbare Kleider schicken, so lassen Sie mich's doch wissen. Sie selbst leben glücklich wie Engel im Himmel, wenn meine Wünsche was gelten. – Behalten mich lieb – und glauben mit Zuversicht, ohne meine Versicherung,

daß ich ewig bin Ihr Schiller.

25. An Wilhelm Friedrich Hermann Reinwald.

Mannheim, 5. Mai 1784

Bester Freund,

mit peinigender Beschämung ergreif ich die Feder, nicht um mein langes Stillschweigen zu entschuldigen – kann wohl ein Vorwand in der Welt Ihre gerechten Ansprüche auf mein Andenken überwiegen? – Nein, mein Teuerster, um Ihnen diese Undankbarkeit von Herzen abzubitten und Ihnen wenigstens mit der Aufrichtigkeit, die Sie einst an mir schätzten, zu gestehen, daß ich mich durch nichts als meine Nachlässigkeit rechtfertigen kann. Was hilft es Sie, wenn ich auch zu meiner Verantwortung anführe, daß ich Aussichten hatte, Sie diesen Frühling selbst wiederzusehen, daß ich die tausend Dinge, die ich für Sie auf dem Herzen habe, mündlich zu überbringen hoffte – dieser Traum ist verflogen, wir sehen uns nunmehr so bald nicht, und nichts als Ihre Freundschaft und Liebe wird mein großes Versehen entschuldigen. Glauben Sie wenigstens, daß Ihr Freund noch der vorige ist, daß noch kein andrer Ihren Platz in meinem Herzen besetzt hat und daß Sie mir oft, sehr oft, gegenwärtig waren, wenn ich von den Zerstreuungen meines hiesigen Lebens in stilles Nachdenken überging. – Und jetzt will ich auch auf immer einen Artikel abbrechen, wobei ich von Herzen erröten muß.

Wie haben Sie gelebt, mein Teurer? – Wie steht es mit Ihrem Gemüt, Ihrer Gesundheit, Ihren Zirkeln, Ihren Aussichten in bessere Zukunft? – Ist noch kein Schritt zu einer solidern Versorgung geschehen? Müssen Sie sich noch immer mit den Verdrüßlichkeiten eines armseligen Dienstes herumstreiten? – Hat auch Ihr Herz noch keinen *Gegenstand aufgefunden, der Ihnen Glückseligkeit gewährte?* – Wie sehr verdienen Sie alle Seligkeiten des Lebens, und wie viele kennen Sie noch nicht! – Auch um einen Freund mußte ich Sie betrügen! Doch nein! Sie haben ihn niemals *verloren* und werden ihn auch niemals verlieren.

Vielleicht wünschen Sie, mit *meiner* Lage bekannt zu sein. Was sich in einem Brief sagen läßt, sollen Sie erfahren. – Noch bin ich hier, und nur auf mich kommt es an, ob ich nach Verfluß meines Jahrs, nämlich am 1. September, meinen Kontrakt verlängern will oder nicht. Man rechnet aber indes schon ganz darauf, daß ich hierbleiben werde, und meine gegenwärtigen Umstände zwingen mich beinahe, auf längere Zeit zu kontrahieren, als ich vielleicht sonst würde getan haben. Das Theater hat mir für dieses Jahr in allem 500 Gulden Fixum gegeben, wobei ich aber auf die jedesmalige Einnahme einer Vorstellung meiner Stücke Verzicht tun mußte. Meine Stücke bleiben mir frei zu verkaufen. Aber Sie glauben nicht, mein Bester, wie wenig Geld 600–800 Gulden in Mannheim, und vorzüglich in theatralischem Zirkel, ist – wie wenig Segen, möchte ich sagen, in diesem Geld ist –, welche Summen nur auf Kleidung, Wohnung und gewisse Ehrenausgaben gehen, welche ich in *meiner* Lage nicht ganz vermeiden kann. Gott weiß, ich habe mein Leben hier nicht genossen und noch einmal soviel als an jedem andern Orte verschwendet. Allein und getrennt – ohngeachtet meiner vielen Bekanntschaften dennoch einsam und ohne Führung muß ich mich durch meine Ökonomie hindurchkämpfen, zum Unglück mit allem versehen, was zu unnötigen Verschwendungen reizen kann. Tausend kleine Bekümmernisse – Sorgen – Entwürfe, die mir ohne Aufhören vorschweben, zerstreuen meinen Geist, zerstreuen alle dichterische Träume und legen Blei an jeden Flug der Begeisterung. Hätte ich jemand, der mir diesen Teil der Unruhe abnähme und mit warmer, herzlicher Teilnehmung sich um mich beschäftigte, ganz könnt ich wiederum Mensch und Dichter sein, ganz der Freundschaft und den Musen leben. Jetzt bin ich auch auf dem Wege dazu.

Den ganzen Winter über verließ mich das kalte Fieber nicht ganz. Durch Diät und China zwang ich zwar jeden neuen Anfall, aber die schlimme hiesige Luft, worin ich noch Neuling war, und meine von Gram gedrückte Seele machten ihn bald wiederkommen. Bester Freund, ich bin hier noch nicht glücklich gewesen, und fast verzweifle ich, ob ich je in der Welt wieder darauf Anspruch machen kann. Halten Sie es für kein leeres Geschwätz, wenn ich gestehe, daß mein Aufenthalt in Bauerbach bis jetzt mein seligster gewesen, der vielleicht nie wiederkommen wird.

Vorige Woche war ich zu Frankfurt, Großmann zu besuchen und einige Stücke da spielen zu sehen, worin 2 Mannheimer Schauspieler, Beil und Iffland, Gastrollen spielten. Großmann bewirtete mich unter andern auch mit *Kabale und Liebe*. (Nicht wahr, jetzt zürnen Sie wieder, daß ich noch den Mut habe, dieses Stück vor Ihnen zu nennen, da ich Ihnen auch nicht einmal ein Exemplar davon geschickt. Werden Sie mir vergeben, wenn ich Ihnen sage, daß nicht nur dieses Stück, sondern auch beide andre für Sie schon zurückgelegt waren, daß ich fest entschlossen war, sie Ihnen selbst nach der hiesigen Vorstellung zu bringen, wovon mich eine traurige Notwendigkeit abhielt, und daß ich das aufgegeben habe, als ich bei Schwan erfuhr, Sie hätten das Stück schon kommen lassen?) Hier zu Mannheim wurde es mit aller Vollkommenheit, deren die Schauspieler fähig waren, unter lautem Beifall und den heftigsten Bewegungen der Zuschauer gegeben. *Sie* hätte ich dabei gewünscht. – Den Fiesko verstand das Publikum nicht. Republikanische Freiheit ist hierzulande ein Schall ohne Bedeutung, ein leerer Name – in den Adern der Pfälzer fließt kein römisches Blut. Aber zu Berlin wurde er 14mal innerhalb 3 Wochen gefodert und gespielt. Auch zu Frankfurt fand man Geschmack daran. Die Mannheimer sagen, das Stück wäre viel zu gelehrt für sie.

Eine fürtreffliche Frau habe ich zu Frankfurt kennen lernen – sie ist Ihre Freundin –, die Madame Albrecht. Gleich in den ersten Stunden ketteten wir uns fest und innig aneinander; unsre Seelen verstanden sich. Ich freue mich und bin stolz, daß sie mich liebt, und daß meine Bekanntschaft sie vielleicht glücklich machen kann. Ein Herz, ganz zur Teilnahme geschaffen, über den Kleinigkeitsgeist der gewöhnlichen Zirkel erhaben, voll edeln, *reinen* Gefühls für Wahrheit und Tugend und selbst da noch verehrungswert, wo man ihr Geschlecht sonst nicht findet. Ich verspreche mir göttliche Tage in ihrer nähern Gesellschaft. Auch ist sie eine gefühlvolle Dichterin. Nur, mein Bester, schreiben Sie ihr, über ihre Lieblingsidee zu siegen und vom Theater zu gehen. Sie hat sehr gute Anlagen zur Schauspielerin, das ist wahr, aber sie wird solche bei keiner solchen Truppe ausbilden; sie wird mit Gefahr ihres Herzens, ihres schönen und einzigen Herzens, auf dieser Bahn nicht einmal große Schritt tun – und täte sie diese auch, schreiben Sie ihr, daß der größte theatralische Ruhm, der Name einer Clairon und Yates, mit ihrem Herzen zu teuer bezahlt sein würde. Mir zu Gefallen, mein Teuerster, schreiben Sie ihr das mit allem Nachdruck, mit allem männlichen Ernst. Ich hab es schon getan, und unsere vereinigte Bitten retten der Menschheit vielleicht eine schöne Seele, wenn wir sie auch um eine große Aktrice bestehlen. –

Von Ihnen, mein Liebster, wurde langes und breites gesprochen. Madame Albrecht und ich waren unerschöpflich in der Bewunderung Ihres Geists und Ihres mir noch schätzbarern Herzens. Könnten wir uns in einem Zirkel von mehrern Menschen dieser Art vereinigen und in diesem engern Kreis der Philosophie und dem Genusse der schönen Natur leben, welche göttliche Idee! – Auch der Doktor ist ein lieber, schätzbarer Freund von mir. Sein ganzes Wesen erinnerte mich an Sie, und wie teuer ist mir alles, wie bald hat es meine Liebe weg, was mich an Sie erinnert.

Noch immer trage ich mich mit dem Lieblingsgedanken, zurückgezogen von der größeren Welt, in philosophischer Stille mir selbst, meinen Freunden und einer glücklichen Weisheit zu leben, und wer weiß, ob das Schicksal, das mich bisher unbarmherzig genug herumwarf, mir nicht auf einmal eine solche Seligkeit gewähren wird. In dem lärmendsten Gewühl, mitten unter den Berauschungen des Lebens, die man sonsten Glückseligkeit zu nennen pflegt, waren mir doch immer jene Augenblicke die süßesten, wo ich in mein stilles Selbst zurückkehrte und in dem heitern Gefild meiner schwärmerischen Träume herumwandlete und hier und da eine Blume pflückte. – Meine Bedürfnisse in der großen Welt sind vielfach und unerschöpflich wie mein Ehrgeiz, aber wie sehr schrumpft dieser neben meiner Leidenschaft zur stilleren Freude zusammen!

Es kann geschehen, daß ich zur Aufnahme des hiesigen Theaters ein periodisches dramaturgisches Werk unternehme, worin alle Aufsätze, welche mittelbar oder unmittelbar an das Geschlecht des Dramas oder an die Kritik desselben grenzen, Platz haben sollen. Wollen Sie, mein Bester, einiges in diesem Fach ausarbeiten, so werden Sie sich nicht nur ein Verdienst um mich erwerben, sondern auch alle Vorteile für Ihre Börse davon ziehen, die man Ihnen verschaffen kann, denn vielleicht verlegt und bezahlt die kurfürstliche Theaterkasse das Buch. Schreiben Sie mir Ihre Entschließung darüber.

Daß ich Mitglied der Kurfürstlichen Deutschen Gesellschaft und also jetzt *pfälzischer* Untertan bin, wissen Sie ohne Zweifel.

Den Einschluß überschicken (oder überbringen) Sie meiner lieben Wolzogen, und fahren Sie fort, Ihren Freund zu lieben, der unter allen Verhältnissen des Lebens ewig der Ihrige bleiben wird.

Frid. Schiller

26. An Henriette von Wolzogen.

Mannheim, 26. Mai und 7./15. Juni 1784

Nunmehr, meine Beste, kann ich Ihnen mit freiem, unbefangenem Herzen wieder schreiben, da Sie mich aufs neu Ihrer Freundschaft versichern und die meinige nicht zurückstoßen. Gewiß, meine Teuerste! nicht einen Augenblick haben Sie aufgehört, mir das zu sein, was Sie mir immer waren – nur der Eigensinn meines Schicksals konnte mich in Lagen versetzen, worin ich gezwungen war, mein eigenes Herz zu verleugnen. Es ist vorbei – es soll wenigstens vorbei sein, und eine glücklichere Zukunft mache die Fehler der Vergangenheit wiederum gut.

Zur endlichen Erlösung und Versorgung Ihres Wilhelms wünsche ich Ihnen tausendmal Glück. Er hat lang darum bluten müssen und wird jetzt die Freuden der Freiheit desto lebhafter fühlen. Das angenehmste an der Sache war mir, daß meine Furcht, er würde nach Hohenheim versetzt werden, ungegründet gewesen. Nun hoffe ich, wird es doch eins von seinen ersten Geschäften sein, seine liebe Mutter und Schwester zu besuchen. – Natürlicherweise führt ihn dann zwar nicht der nächste Weg, aber doch der Weg der Freundschaft über Mannheim, ich habe die Freude, meine Zärtlichkeit gegen die Mutter dem Sohn zu beweisen und Ihre unbegrenzte Liebe zu mir, Ihre viele Aufopferungen für mich durch eine innige Freundschaft mit Ihrem Liebling in etwas wenigstens zu belohnen. Bringen Sie es ja dahin, meine Beste, daß Wilhelm hier durchreist – wer weiß, ob er mich dann nicht in einer Lage antrifft, die mir verstattet, ihn zu begleiten?

Ihren Aufenthalt in Ihrem einsamen Hüttchen beneide ich, und dieses um so mehr, da mich die sengende Hitze des hiesigen Klimas alles für meine Gesundheit befürchten läßt. Schon jetzt ist die Luft hier so glühend, wie sie nur unter der Linie sein kann, und die Winde, statt abzukühlen, brennen, als wenn sie aus einem Backofen kämen.

7. Juni

Dieser angefangene Brief ist entsetzlich lang liegen geblieben. Neulich, wie ich mit Schreiben begriffen war, lassen mich Fremde in den Pfälzerhof bitten und bereden mich zu einer Reise nach Heidelberg. Ich komme mit meinem lieben Fieber zurück und heute finde ich den angefangenen Brief an Sie unter meinen Papieren wieder. Ich will ihn also den Augenblick auch fortsetzen.

Vor einem Monat waren Herr und Frau von Kalb hier und machten mir in ihrer Gesellschaft einige sehr angenehme Tage. Die Frau besonders zeigt sehr viel Geist und gehört nicht zu den gewöhnlichen Frauenzimmerseelen. Sie ließen mich wenig von ihrer Seite, und ich hatte das Vergnügen, ihnen einiges Merkwürdige in Mannheim zu zeigen. Jetzt sind sie weiter nach Landau – haben aber versprochen, öftere Besuche hier abzulegen.

Gestern bekomme ich wieder Visitenkarten von Herrn von Beulwitz und Frau von Lengefeld, die aus der Schweiz zurückkommen. – Das Unglück aber traf es, daß ich eben nicht zu Hause bin, und kaum kam ich noch zeitig genug, Abschied von ihnen zu nehmen. Sie hoffen durch Meiningen zu kommen und werden Ihnen also ohne Zweifel in Bauerbach eine Überraschung machen. Unterdessen soll ich Ihnen tausend Empfehlungen schreiben. – Sie glauben nicht, meine Beste, wie teuer mir alles ist, was von *Ihnen* spricht und nach *Ihnen* verlangt.

Daß ich in Frankfurt gewesen, wissen Sie vermutlich durch Reinwald, von dem Sie auch noch andere Kleinigkeiten von mir hören können, oder bitten Sie ihn, Ihnen meinen letzten Brief zum Lesen zu geben. Ich kann nicht leugnen, daß mir die Zeit meines Hierseins schon manches Angenehme und Schmeichelhafte widerfahren ist, aber es ging doch nie bis auf den Grund meines Herzens, und dieses blieb noch immer kalt und leer. Krankheit und Überhäufung von Geschäften gossen zu viel Bittres in mein bisheriges Leben, und nie, nie werde ich jene frohen, heitern Augenblicke zurückrufen können, die ich die Zeit meines Aufenthalts in Bauerbach so reichlich genoß. Wenn ich jetzt ernsthaft über meine Schicksale nachdenke, so finde ich mich seltsam und sonderbar geführt. Nie kann ich ohne Bewegung der Seele an den Spaziergang in Ihrem Wald zurückdenken, wo es beschlossen wurde, daß ich eine Zeitlang verreisen sollte. Wer hätte damals gedacht, daß ein ohngefährer Gedanke so viel, so viel in meinem

Schicksal verändern würde? – Und doch hat dieser Gedanke vielleicht für mein ganzes Leben entschieden. War mein Aufenthalt in Bauerbach etwa nur eine schöne Laune meines Schicksals, die nie wiederkommen wird? War es ein Gebüsch, wo ich auf meiner Wanderung hangen blieb, um desto stärker wieder mitten in den Strom gerissen zu werden? – Noch liegt eine undurchdringliche Decke vor meiner Zukunft. Ich kann nicht einen Augenblick sagen, wie lang mein hiesiger Aufenthalt dauren wird. Gegenwärtig wenigstens könnte ich ihn unmöglich abreißen, da mich tausenderlei Fäden binden und meine Verfassung mich gegenwärtig drängt, auf eine gewisse Zeit zu kontrahieren. Daß ich aber, früher oder später, eine Reise zu Ihnen machen kann, bin ich vollkommen gewiß und überzeugt, und selbst der bedenkliche Artikel der *Unkosten* wird mir dann erleichtert werden, wenn meine Hoffnungen wahrsagen.

Vor einigen Tagen widerfährt mir die herrlichste Überraschung von der Welt. Ich bekomme Pakete aus Leipzig und finde von 4 ganz fremden Personen Briefe voll Wärme und Leidenschaft für mich und meine Schriften. Zwei Frauenzimmer, sehr schöne Gesichter, waren darunter. Die eine hatte mir eine kostbare Brieftasche gestickt, die gewiß an Geschmack und Kunst eine der schönsten ist, die man sehen kann. Die andere hatte sich und die 3 andern Personen gezeichnet, und alle Zeichner in Mannheim wundern sich über die Kunst. Ein dritter hatte ein Lied aus meinen Räubern in Musik gesetzt, um etwas zu tun, das mir angenehm wäre. Sehen Sie, meine Beste – so kommen zuweilen ganz unverhoffte Freuden für Ihren Freund, die desto schätzbarer sind, weil freier Wille und eine reine, von jeder Nebenabsicht reine Empfindung und Sympathie der Seelen die Erfinderin ist. So ein Geschenk von ganz unbekannten Händen – durch nichts als die bloße, reineste Achtung hervorgebracht – aus keinem andern Grund, als mir für einige vergnügte Stunden, die man bei Lesung meiner Produkte genoß, erkenntlich zu sein – ein solches Geschenk ist mir größre Belohnung als der laute Zusammenruf der Welt, die einzige süße Entschädigung für tausend trübe Minuten. – Und wenn ich das nun weiter verfolge und mir denke, daß in der Welt vielleicht mehr solche Zirkel sind, die mich unbekannt lieben und sich freuten, mich zu kennen, daß vielleicht in 100 und mehr Jahren – wenn auch mein Staub schon lange verweht ist, man mein Andenken segnet und mir noch im Grabe Tränen und Bewunderung zollt – dann, meine Teuerste, freue ich mich meines Dichterberufes und versöhne mich mit Gott und meinem oft harten Verhängnis.

Sie werden lachen, liebste Freundin, wenn ich Ihnen gestehe, daß ich mich schon eine Zeitlang mit dem Gedanken trage, zu heuraten. Nicht als wenn ich hier schon gewählt hätte, im geringsten nicht, ich bin in diesem Punkte noch so frei wie vorhin – aber eine öftere Überlegung, daß nichts in der Welt meinem Herzen die glückliche Ruhe und meinem Geist die zu

Kopfarbeiten so nötige Freiheit und stille, leidenschaftlose Muße verschaffen könne, hat diesen Gedanken in mir hervorgebracht. Mein Herz sehnt sich nach Mitteilung und inniger Teilnahme. Die stillen Freuden des häuslichen Lebens würden, müßten mir Heiterkeit in meinen Geschäften geben und meine Seele von tausend wilden Affekten reinigen, die mich ewig herumzerren. Auch mein überzeugendes Bewußtsein, daß ich gewiß eine Frau glücklich machen würde, wenn anders innige Liebe und Anteil glücklich machen kann, dieses Bewußtsein hat mich schon oft zu dem Entschlusse hingerissen. Fände ich ein Mädchen, das meinem Herzen teuer genug wäre! oder könnte ich *Sie* beim Wort nehmen und Ihr Sohn werden. Reich würde freilich Ihre Lotte nie – aber gewiß glücklich.

15. Juni

Der Brief ist wieder ein paar Tage unterbrochen worden. Ich überlese ihn jetzt und erschrecke über meine törichte Hoffnung – doch, meine Beste, so viele närrische Einfälle, als Sie schon von mir hören mußten, werden auch *diesen* entschuldigen. Leben Sie wohl und empfehlen mich tausendmal Ihrer lieben Lotte; grüßen Sie auch die Tante – an Wilhelm will ich die nächste Woche schreiben. Wenn er mich nur hier überraschte! – Ich habe gehört, daß Winkelmann über Mannheim nach Meiningen gehen werde. Es sollte mich herzlich freuen, wenn er einige Tage bei mir zubringen wollte. Für Ihren Freund und auch für den meinigen kann ich doch nie zuviel tun. Tausendmal leben Sie wohl, meine Beste, und erinnern sich Ihres Ihnen ewig treuen Freundes

Friderich Schiller.

27. An Wolfgang Heribert von Dalberg.

Mannheim, 24. August 1784

Ich schreibe Euer Exzellenz diesmal auf gut Glück, denn ich habe vergessen, mir den Ort Ihres gegenwärtigen Aufenthalts bestimmen zu lassen, und bin also ungewiß, ob dieser Brief bis zu Ihnen gelangen wird. Aber ich fühle ein Bedürfnis, endlich einmal wieder über Kunst und Literatur zu reden, und mit wem kann ich das besser als mit Ihnen? – Ihre Abwesenheit von Mannheim hat meinem Genius längst einen leidigen Zwang auferlegt, und ich verwünsche den Sommer, der Sie aus meiner Sphäre gezogen hat. Auch der feurigsten Phantasie und der tätigsten Schöpfungskraft ist eine elastische Feder nötig, die sie in Schwung bringen und erhalten muß, und die Maschine wird noch erwartet, die sich ewigfort selbst treibt, ohne aufgezogen zu werden. Mit Vergnügen sehe ich die Blätter fallen und die Vorboten des Herbsts allmählich erscheinen – denn das gibt mir Hoffnung, daß *Sie* bald wieder hierbleiben werden.

Ich habe gegenwärtig meine Zeit zwischen eigenen Arbeiten und französischer Lektüre geteilt. Warum ich das letztere tue, werden Euer Exzellenz gewiß billigen. Fürs erste erweitert es überhaupt meine dramatische Kenntnis und bereichert meine Phantasie – fürs andere hoffe ich dadurch zwischen zwei Extremen, englischem und französischem Geschmack, in ein heilsames Gleichgewicht zu kommen. Auch nähre ich insgeheim eine kleine Hoffnung, der deutschen Bühne mit der Zeit durch Versetzung der klassischen Stücke Corneilles, Racines, Crébillons und Voltaires auf unsern Boden eine wichtige Eroberung zu verschaffen.

Karlos ist ein herrliches Sujet, vorzüglich für mich. Vier große Charaktere, beinahe von gleichem Umfang, *Karlos, Philipp, die Königin* und *Alba*, öffnen mir ein unendliches Feld. Ich kann mir es jetzt nicht vergeben, daß ich so eigensinnig, vielleicht auch so eitel war, um in einer entgegengesetzten Sphäre zu glänzen, meine Phantasie in die Schranken des bürgerlichen Kothurns einzäunen zu wollen, da die hohe Tragödie ein so fruchtbares Feld und für mich, möcht ich sagen, *da* ist; da ich in diesem Fache größer und glänzender erscheinen und mehr Dank und Erstaunen wirken kann als in keinem andern, da ich hier vielleicht nicht *erreicht*, im andern *übertroffen* werden könnte; froh bin ich, daß ich nunmehr so ziemlich Meister über den Jamben bin. Es kann nicht fehlen, daß der Vers meinem Karlos sehr viel Würde und Glanz geben wird.

Auf *diesen* Winter freue ich mich. Ich bin ganz wieder in Tätigkeit und glaube gewiß, daß ich in dieser Zeit hereinbringen werde, was mich meine beinah jahrelange Unpäßlichkeit, die meinen ganzen Kopf verwüstete, hat versäumen machen. Durch mich allein wird und muß unser Theater einen Zuwachs an vielen vortrefflichen neuen Stücken bekommen, worunter *Macbeth* und *Timon* und einige französische sind. Nach dem *Karlos* gehe ich an den 2. Teil der Räuber, welche eine völlige Apologie des Verfassers über den ersten Teil sein sollen und worin alle Immoralität in die erhabenste Moral sich auflösen muß. Auch dieses ist unermeßliches Feld für mich. – Eure Exzellenz haben ganz recht gehabt, wenn Sie in meine Planschmiederei ein Mißtrauen zu setzen anfingen, aber wenn Sie abrechnen, wie oft und viel Kränklichkeit und üble Laune gegen meinen besten Willen gestritten haben, so werden Sie mir wenigstens zugeben, daß dergleichen leere Entwürfe nicht aus dem Wesentlichen meines Charakters fließen.

Über meinen Entschluß, Mediziner zu werden, und meinen dahineinschlagenden Plan muß ich mündlich mit Euer Exzellenz reden, denn in einem Brief kann ich das nicht erschöpfen. Soviel kann ich Euer Exzellenz indessen versichern, daß der Entschluß *fest* ist und daß ich schon zu dem Ende *gehandelt* habe.

Frau von Kalb, die nunmehr hier wohnt, wünscht nichts mehr, als Ihre und der Frau von Dalberg Bekanntschaft zu machen. Ich bin überzeugt, daß Sie eine vortreffliche Person in ihr finden werden, die, ohne aus Ihrem Geschlecht zu treten, sich glänzend davon auszeichnet. Ifflands Lear bewundert sie feurig, und ebendas sprechen auch die Besten der Stadt.

Horazens Briefe von Wieland habe ich ganz und mit wahrem Vergnügen gelesen. Welche helle und reine Philosophie, in die feinste Sprache und die witzigste, delikateste Satire gekleidet. Die Übersetzung ist ganz vortrefflich und, was nicht wenig ist, deutsch, wie eine nationelle Schrift. Ich freue mich auf die übrigen Bände.

Von den Vorstellungen dieser Woche wüßte ich wenig zu sagen. Zwischen zwei Vorstellungen des Lears kann man mit Hausmannskost vorliebnehmen.

Mit größter Ungeduld erwarte ich Euer Exzellenz auf den versprochenen Sonntag und nenne mich mit vollkommenster Hochachtung Ihren

untertänigen

F. Schiller.

28. An Henriette von Wolzogen.

Mannheim, 8. Oktober 1784

Ihr Brief, meine Teuerste, und die Situation, in welcher ich mich mit Ihnen befinden muß, hat eine schreckliche Wirkung auf mich gemacht. Unglückliches Schicksal, das unsere Freundschaft so stören mußte, das mich zwingen mußte, in Ihren Augen etwas zu scheinen, was ich niemals gewesen bin und niemals werden kann, niederträchtig und undankbar. Urteilen Sie selbst, meine Beste, wie weh es mir tun muß, auch nur einen Augenblick in der Liste derjenigen zu stehen, die an Ihnen zu Betrügern geworden sind. Gott ist mein Zeuge, daß ich es nicht verdiene. Aber jetzt ist es zu nichts nütze, so allgemein über unser Verhältnis zu reden. Nur das einzige überlegen Sie bei sich selbst, ob eben diese entsetzliche Beschämung, mit der ich an meine Wohltäterin denken muß, mein bisheriges Stillschweigen nicht einigermaßen – ich will nicht sagen, entschuldigt –, doch wenigstens begreiflich macht. Wie oft und gern wäre ich in den Bedrängnissen meines Herzens, in der Bedürfnis nach Freundschaft zu Ihnen, meine Teuerste, geflogen, wenn nicht eben die schreckliche Empfindung meiner Ohnmacht, Ihren Wunsch zu erfüllen und meine Schulden zu entrichten, mich wieder zurückgeworfen hätten. Der Gedanke an Sie, der mir jederzeit soviel Freude machte, wurde mir durch die Erinnerung an mein Unvermögen eine Quelle von Marter. Sobald *Ihr* Bild vor meine Seele kam, stand auch das ganze Bild meines Unglücks vor mir. Ich fürchtete mich, Ihnen zu schreiben, weil ich Ihnen nichts, immer nichts als das ewige: Haben Sie Geduld mit mir, schreiben konnte.

Aber Ihr jetziger Brief fiel mir sehr auf die Seele. Ich sehe *Sie* leiden, das ist entsetzlich. Ich muß, ich will wahr und aufrichtig gegen Sie sein. Vielleicht beruhigt Sie das, und ich hoffe, das soll es.

Jetzt gleich kann ich Ihnen unmöglich etwas von meiner Schuld bezahlen. Es ist schrecklich, daß ich das sagen muß, aber schämen darf ich mich nicht, denn es ist Schicksal. Man ist nicht deswegen strafbar, weil man unglücklich ist. Ich bin fast das ganze verflossene Jahr krank gewesen. Ewig nagender Gram, Ungewißheit meiner Aussichten kämpfte gegen meine Wiedergenesung. Dieses allein ist Ursache, daß mein Plan so vereitelt ist. Wäre das nicht gewesen, Sie würden gewiß größtenteils bezahlt worden sein. Kann ich dafür, daß es so gehen mußte. Aber jetzt sind meine Entwürfe gemacht, und das mit reifer vollkommener Überlegung. Wenn ich jetzt auf meinem Weg nicht beunruhigt werde, so ist meine Zukunft gegründet. Ich komme in Ordnung und werde in den Stand gesetzt sein, auf den letzten Heller zu bezahlen. Nur jetzt muß ich Luft haben, bis meine Sachen im Gange sind, wenn ich jetzt gelähmt werde, so bin ich auf immer gelähmt.

In dieser Woche kündige ich ein Journal an, das ich auf Subskription herausgebe. Dazu sind mir von vielen Orten her die Hände geboten worden, und meine Hoffnungen sind die besten. Wenn ich 500 Subskribenten bekomme, welches kaum fehlen kann, da ich sehr gute Maßregeln dazu ergriffen habe, so bleiben mir nach Abzug aller Unkosten 1000 Gulden fixe Revenue. Außer diesem gehen meine Einnahmen von Stücken fort, und alles beruht auf meinem Fleiß und meiner Gesundheit. Der Gedanke, Ihnen, meine Beste, aus der Bedrängnis zu helfen und Ihnen etwas von meiner unendlichen Verbindlichkeit abzutragen, wird meinen Eifer beleben – der Wunsch, endlich einmal in Ordnung und Ruhe mich zu fühlen, wird mich spornen, alle Kräfte meines Geists aufzubieten. Meine Lebensart ist rangiert, und ich darf sagen, daß ich kein leichtsinniger Verschwender mehr bin! Eher will ich mir alles entziehen als diejenige leiden lassen, der ich alles, alles schuldig bin. Ich gebe Ihnen also feierlich und fest die gewisse Erklärung, daß Sie von heute an bis Ende 1785 terminweis *ganz* bezahlt werden sollen. Zu dem Ende habe ich meine Schuld auf 3 Wechsel eingerichtet, die ich, nach den Zeiträumen, wie sie benannt sind, abtragen werde. Zählen Sie auf diese Versicherung. Ich weiß gewiß, daß Gott meine Gesundheit zu diesem edlen Zwecke fristen wird.

Sie, als Edeldame, werden doch auf so lange Kredit gewinnen können. Das sind die Gläubiger in der ganzen Welt ihren Schuldnern schuldig, wenigstens *ein* Jahr, 2 Jahre über die Zeit zu warten, wenn sie nur *dann* gewiß befriedigt werden, und das sollen Sie, darauf bauen Sie.

Ich darf Ihnen die Versicherung geben, meine Beste, daß ich in *keinem* Stücke anders worden, als ich war – daß nur mein trauriges Verhältnis zu Ihnen, meine Empfündlichkeit, so viel schuldig zu sein und nichts abtragen zu können, mich bisher abhielt, mich mit Ihnen zu unterhalten. Sie waren meinem Herzen immer gleich wert und teuer und werden es ewig sein. Ich kann das nie werden, was Sie besorgen, aber Umstände und Schicksal können zuweilen die Außenseite unkenntlich machen. Entziehen Sie mir also Ihre Liebe nie. Sie sollen und werden mich noch ganz kennenlernen, und vielleicht lieben Sie mich dann mehr. Aber beten Sie zuweilen für Ihren Freund, der jetzt mehr als jemals Mut und Kräfte braucht, seinen rechtschaffenen Entschluß auszuführen.

Schreiben Sie mir *bald, sehr bald*, ob ich hoffen kann, Sie beruhigt zu haben. Wenn ich weiß, daß Sie mir vergeben – daß Sie auf meine Versicherung bauen und dadurch ruhiger sind, so sollen Sie an der Verdopplung meiner Briefe finden, daß Sie mir unveränderlich teuer sind. Lassen Sie dieses Verhältnis, das nur noch Monate dauren kann, eine Freundschaft nicht stören, die so rein, so innig und unter Gottes Augen geschlossen war. Also nächstens erwarte ich einen Brief, und dann rechnen Sie darauf, daß ich die Antwort keinen Tag mehr verschiebe.

Ewig ohne Veränderung
Ihr Freund
Frid. Schiller

29. An Christian Gottfried Körner.

Mannheim, 10./22. Februar 1785

Unterdessen, daß die halbe Stadt Mannheim sich im Schauspielhaus zusammendrängt, einem Autodafé über Natur und Dichtkunst – einer großen Opera – beizuwohnen und sich an den Verzuckungen dieser armen Delinquentinnen zu weiden, fliege ich zu Ihnen, meine Teuersten, und weiß, daß ich in diesem Augenblick der Glücklichere bin. Jetzt erst fange ich an, meine Phantasie, die unruhige Vagabundin, wieder liebzugewinnen, die mich aus dem traurigen Einerlei meines hiesigen Aufenthalts so freundschaftlich weg und zu Ihnen führt. Es ist kein Opfer, das ich Ihnen bringe, wenn die Erinnerung an Sie meinen ganzen Horizont um mich her zernichtet – es ist wirklicher Eigennutz, meine süßeste Erholung von meiner jetzigen freudenlosen Existenz, daß meine Seele um *Sie* schweben darf. Augenblicke wie der gegenwärtige, wo alle meine Empfindungen in wollüstiges Trauren dahinschmelzen, wo ich in mich selbst zurücktrete und von meiner eigenen Armut schwelge, solche Augenblicke, wo meine Seele aus ihrer Hülle schwebt und mit freierem Fluge durch ihre Heimat Elysium wandert, sollen den Freunden meines Herzens geheiligt sein. Wenn Sie zuweilen mitten unter den berauschenden Zerstreuungen Ihres Lebens von einer plötzlichen Wehmut überrascht werden, die Sie nicht gleich erklären können, so wissen Sie von jetzt an, daß in *der* Minute Schiller an Sie gedacht hat – dann hat sich mein Geist bei Ihnen gemeldet.

Dieser Eingang, fürchte ich, wird einer *Schwärmerei* gleicher sehen als meiner wahren Empfindung, und doch ist er ganz, ganz Stimmung meines Gefühls. Für Sie, meine Besten, kann ich schlechterdings keine Schminke auftragen, diese armselige Zuflucht eines kalten Herzens kenne ich nicht. Seit Ihren letzten Briefen hat mich der Gedanke nicht mehr verlassen wollen: „Diese Menschen gehören dir, diesen Menschen gehörest Du." – Urteilen Sie deswegen von meiner Freundschaft nicht zweideutiger, weil sie vielleicht die Miene der Übereilung trägt. – Gewissen Menschen hat die Natur die langweilige Umzäunung der Mode niedergerissen. Edlere Seelen hängen an zarten Seilen zusammen, die nicht selten unzertrennlich und ewig halten. Große Tonkünstler *kennen* sich oft an den ersten Akkorden, große Maler an dem nachlässigsten Pinselstrich – edle Menschen sehr oft an einer einzigen Aufwallung. Doch vernünfteln möchte ich über meine Empfindung nicht gern. Ihre Briefe – und wir waren Freunde. Für *Sie* spricht Ihr erster freiwilliger Schritt und dann Ihre edle Toleranz gegen mein Schweigen – für mich spreche, wenn Sie wollen, Karl Moor an der Donau. Wäre dann aber auch das noch zu wenig, so könnten wir unsere 5 Köpfe zu Lavater tragen.

Wenn Sie mit einem Menschen vorliebnehmen wollen, der *große* Dinge im Herzen herumgetragen und *kleine* getan hat; der bis jetzt nur aus seinen *Torheiten* schließen kann, daß die Natur ein eignes Projekt mit ihm vorhatte; der in seiner Liebe schrecklich viel *fordert* und bis hieher noch nicht einmal weiß, wieviel *er* leisten kann; der aber etwas anders mehr lieben *kann* als sich selbst und keinen nagenderen Kummer hat, als daß er das so wenig ist, was er so gern sein möchte – wenn Ihnen ein Mensch wie dieser lieb und teuer werden kann, so ist unsre Freundschaft ewig, dann ich *bin* dieser Mensch. Vielleicht, daß Sie *Schillern* noch ebenso gut sind wie heute, wenn Ihre Achtung für den *Dichter* schon längst widerlegt sein wird.

Werden Sie nach diesem Geständnis vorbereitet sein, ein zweites zu hören? O meine Besten, Ihre freiwillig mir entgegenkommende Liebe hat einen merkwürdigen Einfluß auf die wirkliche Lage meines Herzens gehabt. Ich habe einen so unglücklichen Hang zum Vergrößern, daß oft geringe Veranlassungen meine Hoffnung schwindelnd fortreißen, daß oft der kleinste Umstand mir ein Samenkorn von etwas Unendlichem wird. Dieses nämliche fängt mir an mit Ihrer Freundschaft zu begegnen. Ihre liebevollen Geständnisse trafen mich in einer Epoche, wo ich das Bedürfnis eines Freundes lebhafter

22. Februar

als jemals fühlte. (Hier bin ich neulich durch einen unvermuteten Besuch unterbrochen worden, und diese 12 Tage ist eine Revolution mit mir und in mir vorgegangen, die dem gegenwärtigen Briefe mehr Wichtigkeit gibt, als ich mir habe träumen lassen – die Epoche in meinem Leben macht.) Ich kann nicht mehr in Mannheim bleiben. In einer unnennbaren Bedrängnis meines Herzens schreibe ich Ihnen, meine Besten. Ich kann nicht mehr hierbleiben. Zwölf Tage habe ich's in meinem Herzen herumgetragen wie den Entschluß, aus der Welt zu gehn. Menschen, Verhältnisse, Erdreich und Himmel sind mir zuwider. Ich habe keine Seele hier, keine einzige, die die Leere meines Herzens füllte, keine Freundin, keinen Freund; und was mir *vielleicht* noch teuer sein könnte, davon scheiden mich Konvenienz und Situationen. – Mit dem Theater hab ich meinen Kontrakt aufgehoben, also die ökonomische Rücksicht meines hiesigen Aufenthalts bindet mich nicht mehr. Außerdem verlangt es meine gegenwärtige Konnexion mit dem guten Herzog von Weimar, daß ich selbst dahin gehe und persönlich für mich negoziiere, so armselig ich mich auch sonst bei solcherlei Geschäften benehme. Aber vor allem andern lassen Sie mich's frei heraussagen, meine Teuersten, und lächeln Sie auch meinetwegen über meine Schwächen – ich *muß* Leipzig und Sie besuchen. Oh, meine Seele dürstet nach *neuer* Nahrung – nach *bessern* Menschen – nach *Freundschaft, Anhänglichkeit* und *Liebe*. Ich muß zu Ihnen, muß in Ihrem nähern Umgang, in der innigsten Verkettung mit Ihnen mein eigenes Herz wieder genießen lernen und mein ganzes Dasein in einen lebendigern Schwung bringen. Meine poetische Ader stockt, wie mein Herz für meine bisherige Zirkel vertrocknete. *Sie* müssen sie wieder erwärmen. Bei Ihnen will ich, werd ich alles doppelt, dreifach wieder sein, was ich ehmals gewesen bin, und mehr als das alles, o meine Besten, ich werde *glücklich* sein. Ich war's noch nie. Weinen Sie um mich, daß ich ein solches Geständnis tun muß. Ich war noch nicht glücklich, denn Ruhm und Bewunderung und die ganze übrige Begleitung der Schriftstellerei wägen auch nicht *einen* Moment auf, den Freundschaft und Liebe bereiten – das Herz darbt dabei.

Werden Sie mich wohl aufnehmen?

Sehen Sie – ich muß es Ihnen geradeheraus sagen, ich habe zu Mannheim schon feierlich aufgekündigt und mich unwiderruflich erklärt, daß ich in 3–4 Wochen abreise, nach Leipzig zu gehen. Etwas Großes, etwas unaussprechlich Angenehmes muß mir da aufgehoben sein, denn der Gedanke an meine Abreise macht mir Mannheim zu einem Kerker, und der hiesige Horizont liegt schwer und drückend auf mir wie das Bewußtsein eines Mordes. – Leipzig erscheint meinen Träumen und Ahndungen wie der rosichte Morgen jenseits den waldichten Hügeln. In meinem Leben erinnere ich mich keiner so innigen prophetischen Gewißheit, wie diese ist, daß ich in Leipzig glücklich sein werde. Ich traue auf diese sonderbare Ahnung, sowenig ich sonst auf Visionen halte. Etwas Freudiges wartet auf mich – doch warum *Ahndung*? Ich *weiß* ja, *was* auf mich wartet und *wen* ich da finde?

Ich sollte Ihnen so unendlich viel sagen, das Ihnen einen Aufschluß über den Paroxysmus von Freude geben könnte, der mich bei dieser Aussicht befällt. Bis hieher haben Schicksale meine Entwürfe gehemmt. Mein Herz und meine Musen mußten zu gleicher Zeit der Notwendigkeit unterliegen. Es braucht nichts als eine solche Revolution meines Schicksals, daß ich ein ganz andrer Mensch – daß ich *anfange*, Dichter zu werden.

Den Dom Karlos, von dem Sie den 1. Aufzug in der Thalia finden werden, bringe ich – in meinem Kopfe nämlich – zu Ihnen mit, in Ihrem Zirkel will ich froher und inniger in meine Laute greifen. Seien Sie meine begeisternde Musen, lassen Sie mich in Ihrem Schoße von diesem Lieblingskinde meines Geists entbunden werden.

Der magische Nebel, in den das Gerücht gewöhnlich Schriftsteller einhüllt – Ihre glänzenden Ideale von mir werden freilich ganz erstaunlich durch meine wirkliche Erscheinung verlieren. Sie werden einen ganz erbärmlichen Wundermann finden, aber *gut* bleiben Sie mir gewiß. Innige Freundschaft, Zusammenschmelzung aller Gefühle, gegenseitige Verehrung und Liebe, Verwechslung und gänzlicher Umtausch des persönlichen Interesses sollen unser Beieinandersein zu einem Eingriff in Elysium machen. Ich würde unglücklich sein, wenn meine reizende Hoffnung nicht eine ähnliche in Ihnen entflammte, wenn hier unsre Empfindungen nicht ebenso harmonisch zusammenflössen, als sie es sonst zu tun schienen.

Ich bin fest entschlossen, wenn die Umstände mich nur entfernt begünstigen, Leipzig zum Ziel meiner Existenz, zum beständigen Ort meines Aufenthalts zu machen. Ich hoffe, daß ich das zustand bringen kann, doch das Weitere ist für diesen Brief zu weitläufig, es sei auf mündliche Erklärungen aufgespart. Hinter die rätselhafte Decke der Zukunft kann der Mensch ohnehin nicht sehen. *Ein* Moment kann meinen jetzigen Entwürfen ja eine ganz besondere – glückliche – Richtung geben. Gesegnet sei der Zufall (sagt Ferdinand von Walter), er hat größere Taten getan als die klügelnde Vernunft und wird besser bestehen an jenem Tag als der Witz aller Weisen. – Alle schriftliche Verbindungen, alle Träume der Phantasie – so ausschweifend sie auch oft sein mögen – sind doch immer nur bestandloses Schattenspiel gegen das *Angesicht-zu-Angesicht*. Ich fühle, wie teuer Sie mir jetzt schon sind, aber ich weiß gewiß, daß dieses warme Gefühl für Sie durch unsre persönliche Erkennungen und Berührungen unendlich entflammt werden wird. –

Ich habe unter den hiesigen Mädchen eine *Minna* und *Dora* gesucht, aber unser hiesiger Himmelstrich versteht sich nicht auf solche Gesichter. Ich weiß nicht, was Sie dazu sagen werden – aber ich gestehe Ihnen, Ihre Bildnisse waren mir *nicht* neu, und doch schwöre ich Ihnen, daß ich mich auf kein ähnliches besinne – – ich würde der Eitelkeit nicht haben widerstehen können, Ihnen meine Zeichnung zu schicken, aber die *größere* Eitelkeit, daß vielleicht *Dora* mich zeichnen werde, hat mich zurückgehalten. Ums Himmels willen aber, beurteilen sie mich nicht nach einem Kupferstich, den man kürzlich von mir in die Welt gesetzt hat, sonst können Sie zwar die *Räuber*, aber den *Schiller* nicht mehr begreifen; denn jener Kupferstich ist finster wie die Ewigkeit, und der Kupferstecher hat mir fünfzehn Jahre mehr auf die Rechnung gesetzt, als ich mich erinnre, gelebt zu haben. – Die Brieftasche von Minna habe ich neulich in Darmstadt eingeweiht, den 1. Akt des Karlos, den ich bei Hofe vorlas, darin aufzubewahren, und eine unvergleichliche Fürstin, die Frau Erbprinzessin, hat sie bewundert. Der Umstand ist Kleinigkeit, aber Dingen, worauf mein Herz einen Wert setzt, kann nichts so Geringes begegnen, das nicht merkwürdig für mich wäre.

Soviel ich Ihrer Geduld auch durch diesen kolossalischen Brief zumute, so muß ich doch noch einmal auf das Vorige zurückkommen. Also es ist ausgemacht, daß ich in 3–4 Wochen Mannheim verlasse. Ich gehe geradenwegs nach Leipzig und (aus einigen hauptsächlichen Gründen) erst von da aus nach Weimar. Urteilen Sie nun, wie unerträglich mir die Stunden sein werden, die mich bis dahin noch zu Mannheim gefangenhalten. Zum großen Glücke läßt mich die Rheinische Thalia nicht zu Atem kommen. Unzählige Briefe liegen mir zur Beantwortung da, aber ich habe alle Laune verloren, bis ich in Leipzig bin. – Zuverlässig ist das Epoche meines Lebens.

Wie unaussprechlich viele Seligkeiten versprech ich mir bei Ihnen, und wie sehr soll es mich beschäftigen, Ihrer Liebe, Ihrer Freundschaft und womöglich Ihres Enthusiasmus für mich wert zu bleiben. Schreiben Sie mir doch bald, nehmen Sie *mich* nicht zum Muster in unsern Korrespondenzen. Sobald als Sie entschlossen sind, mich aufzunehmen (oder abzuweisen?) – schreiben Sie mir. Ich bin immer der gewinnende Teil, weil *ein*

Brief mir *vierfach* bezahlt wird, aber bei *Ihnen* will ich nicht gewinnen, darum mußte *dieser* Brief *viermal* so groß sein.

Auf einige andere Artikel schreibe ich *morgen* ganz gewiß an Hubern. Leben Sie recht wohl, ewig geliebt von

Ihrem

Schiller.

30. An Ludwig Ferdinand Huber.

Mannheim, 25. März 1785

Das ist also vermutlich der letzte Brief, den ich Ihnen von Mannheim aus schreibe. Die Zwischenzeit vom 15. März bis heute hat sich für mich wie eine Kriminalakte ausgedehnt und gottlob – nun bin ich Ihnen um ganzer zehen Tage näher. Aller Wahrscheinlichkeit nach werde ich erst auf den 9. April von hier reisen, um welche Zeit der Buchhändler Götz seine Wanderung antritt. Kann ich aber ganzer 8 Tage früher hier abkommen, so erwarte ich diese Gelegenheit nicht, die ohnehin nicht ganz ohne Zwang für mich abläuft.

Und nun, mein Bester – einmal haben Sie sich nun doch meine ganze Vertraulichkeit auf den Nacken geladen. Gönnen Sie mir also die Freude, Sie ins Innre meiner häuslichen Wünsche zu führen.

Ich bin willens, in meinem neuen Etablissement in Leipzig einem Fehler zuvorzukommen, der mir in Mannheim bisher sehr viel Unannehmlichkeit machte. Es ist dieser, meine eigne Ökonomie nicht mehr zu führen und auch nicht mehr allein zu wohnen. Das erste ist schlechterdings meine Sache nicht – es kostet mich weniger Mühe, eine ganze Verschwörung und Staatsaktion durchzuführen als meine Wirtschaft, und Poesie, wissen Sie selbst, ist nirgends gefährlicher als bei ökonomischen Rechnungen. Meine Seele wird geteilt, beunruhigt, ich stürze aus meinen idealischen Welten, sobald mich ein zerrißner Strumpf an die wirkliche mahnt. Fürs andere brauch ich zu meiner geheimern Glückseligkeit einen rechten wahren Herzensfreund, der mir stets an der Hand ist, wie mein Engel, dem ich meine aufkeimenden Ideen und Empfindungen in der Geburt mitteilen kann, nicht aber erst durch Briefe oder lange Besuche erst zutragen muß. Schon der nichtsbedeutende Umstand, daß ich, wenn dieser Freund außer meinen 4 Pfählen wohnt, die Straße passieren muß, ihn zu erreichen, daß ich mich umkleiden muß und dergleichen, tötet den Genuß des Augenblicks, und die Gedankenreihe kann zerrissen sein, bis ich ihn habe. Sehen Sie, mein Bester, das sind nur Kleinigkeiten, aber Kleinigkeiten tragen oft die schwerste Gewichte im Verlauf unsers Lebens. Ich kenne mich besser als vielleicht tausend andrer Mütter Söhne sich kennen, ich weiß, wie viel und oft wie wenig ich brauche, um ganz glücklich zu sein.

Es fragt sich also, kann ich in Leipzig diesen Herzenswunsch in Erfüllung bringen?

Wenn es möglich zu machen ist, daß ich *eine* Wohnung mit Ihnen beziehen kann, so sind alle meine Besorgnisse darüber gehoben. Ich bin kein schlimmer Nachbar, wie Sie sich vielleicht vorstellen möchten; um mich in einen andern zu schicken, in meinen *Freund* vorzüglich, habe ich Biegsamkeit genug; und auch hie und da etwas Geschick, dies Fragment des Lebens, wie Yorick sagt, ihm verbessern und aufheitern zu helfen. Können Sie mir dann noch außerdem die Bekanntschaft von Leuten zuwege bringen, die sich meiner kleinen Wirtschaft annehmen mögen, so ist alles in Richtigkeit. – Ich brauche nichts mehr als ein Schlafzimmer, das zugleich mein Schreibzimmer sein kann, und dann ein Besuchzimmer. Mein *notwendiges* Hausgeräte wäre eine gute Kommode, ein Schreibtisch, ein Bett und *Sofa*, dann ein Tisch und einige Sessel. Hab ich dieses, so brauche ich zu meiner Bequemlichkeit nichts mehr. Parterre und unter dem Dach kann ich nicht wohnen, und dann möcht ich auch durchaus nicht die Aussicht auf einen Kirchhof haben. Ich liebe die Menschen und also auch ihr Gedränge. Wenn ich's nicht so veranstalten kann, daß wir (ich verstehe darunter das fünffache Kleeblatt) zusammen essen, so würde ich mich an die Table d'hôte im Gasthofe engagieren, denn ich fastete lieber, als daß ich nicht in Gesellschaft (*großer* oder auserlesen *guter*) speiste.

Ich schreibe Ihnen dies alles, liebster Freund, um Sie auf meinen närrischen Geschmack vorzubereiten und Ihnen allenfalls Gelegenheit zu geben, hier und dort einen Schritt zu meiner Einrichtung vorauszutun. Meine Zumutungen sind freilich *verzweifelt naiv*, aber Ihre Güte hat mich verwöhnt.

Den 1. Teil der Thalia werden Sie nunmehr haben, und das Urteil über den Karlos wird bereits ausgesprochen sein. Doch will ich es mündlich empfangen. Hätten wir 5 uns noch nicht gekannt – wer weiß, ob Sie meine Bekanntschaft nicht bei Gelegenheit des Karlos gemacht hätten?? – –

Wenn Sie mir noch einmal schreiben wollen, Lieber, so trifft mich Ihr Brief, im Falle Sie ihn nach Empfang des meinigen gleich abgehen lassen, noch in Mannheim. Bis auf den 8. oder 9. bleib ich zuverlässig noch da.

Heute (am 26.) habe ich noch keinen Wechsel empfangen, doch das ist auch wohl noch nicht möglich; wenn er nur nicht länger als bis zum 31. des Monats ausbleibt, denn auf diesen Tag habe ich allgemeine Zahlung anberaumt.

Empfehlen Sie mich *dort*. Sie wissen *wo*? Mit Sehnsucht und Ungeduld sehe ich dem Tag entgegen, wo Sie meines Herzens Gedanken auf meinem Gesicht lesen werden.

Ewig der Ihrige
Friderich Schiller

31. An Christian Gottfried Körner.

Leipzig, 7. Mai 1785

Könnte meine herzliche Achtung für Sie, mein Bester, noch viele höhere Grade zählen, so hätte sie zuverlässig durch Ihren letzten Brief den höchsten erreicht. Ihr edles Herz lernte ich frühzeitig lieben, ihren ausdauernden Mut, Ihre Entschlossenheit habe ich längst bewundert, jetzt aber verehre ich Ihren Geist. Ja, liebster Freund, *verehren* muß ich den Mann, der in einer Epoche, wo gewöhnlich die *Glücklichen* sich dem Genuß ihrer Wonne mit süßer, verführerischer *Erschlappung* dahingeben und den besten Teil ihres Daseins in einem berauschenden Traume verschwelgen, der in einer solchen Periode nach *Taten* dürstet und – erlauben Sie mir Ihre eignen Worte – darauf denkt, dem Glücke einen Teil seiner Schuld abzutragen. Es freut Sie, Teuerster, daß Sie an *mir* den Menschen fanden, dem sich *so* etwas anvertrauen und mitteilen läßt, und mich könnt es stolz machen, daß Sie mich wert halten, die schönste und größte Seite Ihres Geistes *mir* zuzusprechen. Gewöhnlich hört die Anstrengung auf, wenn der Mensch am längst erflehten Ziele seiner Glückseligkeit landet, der Ehrgeiz und die Tatenbegierde ziehen sonst ihre Segel ein, wenn sie dem Hafen sich nähern. – Sie, mein Wertester, spannen jetzt neue und kühnere aus und fangen an, wo die Leidenschaften und Wünsche der andern alltäglichen Menschen ein mutloses Anker werfen.

Glück zu also, Glück zu dem lieben Wanderer, der mich auf meiner romantischen Reise zur Wahrheit, zum Ruhme, zur Glückseligkeit so brüderlich und treulich begleiten will. Ich fühl es jetzt an uns wirklich gemacht, was ich als Dichter nur ahndete. – Verbrüderung der Geister ist der unfehlbarste Schlüssel zur Weisheit. *Einzeln* können wir nichts. Wenn auch der verwegene Flug unsers Denkens uns bis in die unbefahrenste fernste Himmelstriche der Wahrheit geführt hat, so erschrecken wir mitten in dem entdeckten Klima über uns selbst und unsere tote Einsamkeit: „Fremdlinge in der ätherischen Zone irren wir einsam umher und sehen mit tränenden Augen nach unsrer nordischen Heimat zurück." Dies lag aufgedeckt vor dem großen Meister der Natur, darum knüpfte er die denkenden Wesen durch die allmächtige Magnetkraft der Geselligkeit aneinander. Und was existiert im unermeßlichen Reiche der Wahrheit; worüber Menschen wie wir, verbrüdert wie wir, nicht endlich Meister werden sollten? Freuen Sie sich, teurer Freund, daß unsere Freundschaft das Glück hatte, da anzufangen, wo die gewöhnlichen Bande unter den Menschen zerreißen. Fürchten Sie von nun an nichts mehr für ihre unsterbliche Dauer. Ihre Materialien sind die Grundtriebe der menschlichen Seele. Ihr Terrain ist die Ewigkeit ihr Nonplusultra die Gottheit.

Es würde mich traurig machen, Bester, wenn Sie in einer einzigen Anwandlung von Nüchternheit – in einer einz'gen klügelnden Minute ihres Lebens das, was ich *jetzt* gesagt habe, für Schwärmerei nehmen wollten. Es ist *keine* Schwärmerei – oder Schwärmerei ist wenigstens ein vorausgenossener Paroxysmus unsrer künftigen Größe, und ich vertausche einen solchen Augenblick für den höchsten Triumph der kalten Vernunft nicht. Aber dieser Brief ist auch nur für uns und die Verwandte unsrer Empfindung.

Danken Sie dem Himmel für das beste Geschenk, das er Ihnen verleihen konnte, für dies glückliche Talent zur Begeisterung. Das Leben von tausend Menschen ist meistens nur Zirkulation der Säfte, Einsaugung durch die Wurzel, Destillation durch die Röhren und Ausdünstung durch die Blätter; das ist heute wie gestern, beginnt in *einem* wärmeren Apriltage und ist mit dem nämlichen Oktober zu Ende. Ich weine über diese organische Regelmäßigkeit des größesten Teils in der denkenden Schöpfung, und *den* preise ich selig, dem es gegeben ward, der Mechanik seiner Natur nach Gefallen mitzuspielen und das *Uhrwerk* empfinden zu lassen, daß ein *freier Geist* seine Räder treibt. Man sagt von Newton, daß bei Gelegenheit eines fallenden Apfels das ungeheure System der Attraktion in seinem Gehirne aufdämmerte. – Durch wieviel tausend Labyrinthe von Schlüssen würde sich ein gewöhnlicher Geist bis zu *dieser* Entdeckung haben durchkriechen müssen, wo das verwegene Genie durch *einen* Riesensprung sich am Ziele sah. Sehen Sie, bester Freund – unsre Seele ist für etwas Höheres da, als bloß den uniformen Takt der Maschine zu halten. Tausend Menschen gehen wie Taschenuhren, die die Materie aufzieht, oder, wenn Sie wollen, ihre Empfindungen und Ideen tröpfeln hydrostatisch, wie das Blut durch feine Venen und Arterien, der Körper usurpiert sich eine traurige Diktatur über die Seele, aber sie kann ihre Rechte reklamieren, und das sind dann die Momente des Genius und der Begeisterung. Nemo unquam vir magnus fuit sine aliquo afflatu divino.

Das Bisherige, Freund, sollte keine Ausschweifung, keine Digression sein. Wir wollen durch eine dreifache Verbrüderung unsre Bahnen gehen, aber Enthusiasmus ist ja der erste Gewinn von unserm Bunde. Ich wollte Ihnen beweisen, wie viel Enthusiasmus bewirken kann – also wissen Sie nun auch, was unser Bündnis bewirken kann.

Über den *Bau* unsrer Freundschaft habe ich tausend Ideen, deren ich entweder jetzt schon in Briefen oder bei unserm persönlichen Umgang in Dresden loszuwerden gedenke. Kalte Philosophie muß die Gesetzgeberin unsrer Freundschaft sein, aber ein warmes Herz und ein warmes Blut muß sie *formen*. Doch es ist unmöglich, daß ich Ihnen jetzt schon die unzähligen mir zuströmenden Gedanken darüber preisgeben kann, die nun erst in meinem Kopfe sich *läutern* und *reinigen* müssen. Soviel ist gewiß, daß ich von Euch aufgefordert sein möchte, den Riß zu dem schönen, stolzen Gebäude einer Freundschaft zu machen, die vielleicht ohne Beispiel ist.

Ihre Wanderung durch die Wissenschaften, liebster Freund, die Sie mir so lebhaft beschrieben haben, darf Sie niemal gereuen. Es ist immerhin von entschiedenem Nutzen, wenn man in *einem* Felde zu Hause und in den übrigen kein *ganzer* Fremdling ist. Sie haben Ihren Geist in zerschiednen Sphären des Denkens geübt und laufen nicht mehr Gefahr, sich pedantisch in Ihr Hauptfach hineinzugraben.

Meine jetzige Beschäftigung zu Gohlis wird die Thalia und der Karlos sein. Freilich, liebster Freund, wird das Vergnügen meiner jetzigen Existenz durch den perspektivischen Anblick des höheren Vergnügens, das mich in unserm engern Zirkel zu Dresden erwartet, um ein großes gestört. Sie wissen ja, Lieber – es ist ja die allgemeine Quelle der menschlichen Klagen, daß ihnen die Hirngespinste der Zukunft den Genuß des Augenblicks rauben. Sobald wir beisammen sind, schneide ich meine Zeit in drei Teile. Einer gehört dem Dichter, der zweite dem Arzt, der dritte dem Menschen. Das ist freilich auch nur so eine Papierdistinktion, doch Sie verstehen mich ja.

Unsre lieben Mädchen sind nunmehr in Gohlis, und was mit Hubern indessen geschehen ist, werden Sie ja wohl von ihm selbst schon erfahren haben. Von Mannheim habe ich angenehme Nachrichten erhalten. Schreiben Sie mir bald wieder, liebster Freund, und lassen Sie uns wenigstens durch Briefe unsere jetzige Trennung hintergehen.

Fridrich Schiller

32. An Ludwig Ferdinand Huber.

Dresden, 5. Oktober 1785

Deinen Brief, Lieber, erhalte ich eben nach einem kleinen Spaziergang im Japan'schen Garten, wo ich *sehr* lebhaft mit Dir beschäftigt war. Möchte Deine Seele mir jederzeit so nahe sein, als mir meine Phantasie dazu Hoffnung macht! Anfangs habe ich geglaubt, es würde mir in den *ersten* Dresdner Wochen so schwer nicht fallen, von Dir getrennt zu sein, aber ich fand es anders. Warum, kann ich Dir nicht wohl *sagen*. Wahrscheinlich liegt die Schuld an uns beiden. Wahrscheinlich und hoffentlich. Ich habe Dir viel zu *sagen*, doch bin ich ungewiß, ob ich Dir's sagen werde. – Meine Seele ist beklemmt, gib Dir keine Mühe, Sinn aus meinen Worten zu ziehen, und wenn Du nach Deiner Ankunft mich fragen solltest und ich Dir *ausweichen* will, so forsche nicht weiter.

Es warten viele Freuden auf Dich, wenn Du einmal hier existieren wirst, unter andern auch diese, einem Freunde wiedergegeben zu sein, dem Du unentbehrlich bist.

[Drei und eine halbe Zeile des Originals sind hier unleserlich gemacht, vermutlich von Therese Huber.]

Das Knabenjahr unseres Geistes wird jetzo aus sein, wie ich mir einbilde, so auch die Flitterwoche unsrer Freundschaft. Laß unsre Herzen sich jetzo männlich anschließen aneinander, wenig schwärmen und viel empfinden, wenig projektieren und desto fruchtbarer *handeln*.

Enthusiasmus und Ideale, mein Teurester, sind unglaublich tief in meinen Augen gesunken. Gewöhnlich machen wir den Fehler, die Zukunft nach einem *augenblicklichen höhern Kraftgefühl* zu berechnen und den Dingen um uns her die Farbe unsrer Schäferstunde zu geben. Ich lobe die Begeisterung und liebe die schöne ätherische Kraft, sich in eine große Entschließung entzünden zu können. Sie gehört zu dem bessern Mann, aber sie vollendet ihn nicht. Enthusiasmus ist der kühne, kräftige Stoß, der die Kugel in die Luft wirft, aber derjenige hieße ja ein Tor, der von dieser Kugel erwarten wollte, daß sie ewig in dieser Richtung und ewig mit dieser Geschwindigkeit auslaufen sollte. Die Kugel macht einen *Bogen*, denn ihre Gewalt bricht sich in der Luft. Aber im süßen Moment der idealischen Entbindung pflegen wir nur die treibende Macht, nicht die Fallkraft und nicht die widerstehende Materie in Rechnung zu bringen. Überblättre die Allegorie nicht, mein Bester, sie ist gewiß mehr als eine poetische Beleuchtung, und wenn Du aufmerksam darüber nachgedacht hast, so wirst Du das Schicksal aller *menschlichen* Plane gleichsam in einem Symbol darin angedeutet finden. Alle steigen und zielen nach dem Zenit empor wie die Rakete, aber alle beschreiben diesen Bogen und fallen rückwärts zu der mütterlichen Erde. Doch auch dieser Bogen ist ja so schön!!!

Siehst Du, geliebter, teurer Freund, so tröste ich mich über das *menschliche* Schicksal meiner *übermenschlichen* Erwartungen. Hier fällt mir ein Periode aus dem Werther bei, den meine Phantasie (durch welche leise Ahndung, weiß ich nicht) aus meinen Kinderjahren aufbehalten hat. Es ist ein Orakel, das über mein ganzes Leben scheint ausgesprochen zu sein: „Es ist mit der Ferne wie mit der Zukunft. Ein großes, dämmerndes Ganze liegt vor unsrer Seele, unsre Empfindung verschwimmt sich darin, und wenn das *Dort* nun *Hier* wird, ist alles nach wie vor, und unser Herz lechzt nach entschlüpftem Labsal." – Wenn Du also in Dresden-Neustadt hereinfährst, so wirf alle Ideale über Bord, vergiß den Perpendikularflug Deiner Plane, und mache Dich auf den *Bogen* gefaßt.

O ich drücke Dich im Geiste an mein Herz – (mein Rodrigo! möcht ich Dir zurufen). Wenigstens wollen wir Arm in Arm bis vor die Falltüre der Sterblichkeit dringen, wo die Linien zwischen Menschen und Geistern gezogen sind. Enthusiasmus bleibe stets unsre erste treibende Gewalt, unsre Kugel soll wenigstens so kräftig von der Hand emporfliegen, daß der Bogen in den Wolken verschwinden und ihr Rückfall kaum mehr geglaubt werden soll. Möchtest Du Dich so innig auf unsre Wiedervereinigung freuen als ich!

Der Vorgang mit Schlossers Fragmenten ist Körnern und mir ganz lieb. Deine Übersetzung gewinnt dadurch an Neuheit und innerm Wert. Da es Dein erster Ausflug über die jenseitigen Ufer des Rheins ist, den Du noch oft wirst zu wiederholen finden, so freut mich Dein Mut und Dein Wohlgefallen an dieser Beschäftigung. Ob Du mit dem versprochnen Beitrag zur Thalia Wort halten wirst, das ist die Frage. Versuch es einmal lieber und *überrasche* mich. Ich will Dir versprechen, daß ich Dir's nicht zutrauen will.

Die Vernunft der Weisen
Spricht seiner Allmacht dieses Wunder ab;
Beschäme sie und mache wahr und wirklich,
Was – – – nie gewesen war!

Eine schwere – vielleicht die schwerste – Szene im Karlos, die mit der Fürstin, ist bis auf das letzte Viertel zu Ende, und ich habe Hoffnung, daß ich damit zufrieden sein werde. Ich lese jetzt stark im Watson, und meinem Philipp und Alba drohen wichtige Reformen. Noch sehe ich die chaotische Masse des übrigen Karlos mit Kleinmut und Schrecken an. Liebster Freund, warum wird mir immer noch so schwindelnd, wenn ich am Enceladus Shakespeare hinaufsehe!

[Zehn Zeilen des Originals, Dora Stock betreffend, sind unleserlich gemacht.]

In der Bibliothek bin ich nunmehro bekannt. Unser Logis wird innerhalb 8 Tagen leer werden, denn die bisherigen Bewohner dörfen, den Dresdner Einrichtungen nach, vor 14 Tagen nach dem Termin (der war Michael) nicht aus ihren Quartieren vertrieben werden.

Ich habe diesen Brief traurig angefangen, aber der Spaziergang mit Dir hat mein Herz erleichtert. Körners grüßen Dich herzlich. Ich sitze Körnern ein bißchen auf dem Nacken, daß er etwas arbeiten soll. Heute habe ich einige Manuskripte von ihm über die Kultur gelesen, worin Gedankengehalt ist.

Lebe tausendmal wohl. Schreibe mir, wenn *Du kannst*, diese Tage wieder. Bei Kunzens und Konsorten wirst Du mich natürlicherweise freundschaftlichst empfehlen. Lebe wohl und sei vergnügt.

Fridrich Schiller

33. An Christian Gottfried Körner.

Dresden, 15./16. April 1786

Ich möchte Dir heute so gerne viel schreiben, meine Gedanken sind Dir so nahe, und doch wird es, fürchte ich, bei mir eintreffen, was Du neulich gelesen hast:

. . . Schlimm, daß der Gedanke
Erst in die Elemente trockner Silben
Zersplittern muß, die Seele zum Gerippe
Verdorren muß, der Seele zu erscheinen.

Das Wetter war so schön, ich bin spazieren gewesen und habe mir *Abbts* Schrift Vom Verdienste bei Dir geholt, um meinen Kopf in Bewegung zu setzen. Du schienst neulich *unbefriedigt* von diesem Buch zu sein, aber ich glaube, Du warst zu schnell und hast Dich an einem gewissen Chaos des Ausdrucks, an einer Unbestimmtheit einiger Sätze gestoßen. Mir liegt wahres, echtes Gold des Genies darin, noch mehr, ich glaube, wer in die Ideen des Verfassers hineinginge und gewisse hingeworfene Gedanken verarbeiten wollte, würde eine große Provinz in der spekulativen praktischen Psychologie aufklären. Vorzüglich Deine und meine Lieblingsmaterien von den Quellen der Handlungen, von der Menschenschätzung und Prüfung der moralischen Erscheinungen, vorzüglich diese haben mich nachdenken gemacht. Ich wünschte, daß wir beide das Buch miteinander läsen. Es hat auch noch das Verdienst für *unsre* gemeinschaftliche Lektüre, daß der Stoff die Form überwiegt, daß es *roher* Demant ist, an dem wir uns die angenehme Mühe des Schleifens geben können. Wenn ich mich selbst kenne und über mich urteilen kann, so wäre unter allen Köpfen, die mir in der weitläuftigen schriftstellerischen Welt sind bekannt geworden, Abbt just derjenige, zu dem ich einige Verwandtschaft fühle. Eine solche Mischung ohngefähr von *Spekulation* und *Feuer*, Phantasie und Ingenium, Kälte und Wärme meine ich zuweilen an mir zu beobachten. Übrigens auch diese Dunkelheit, diese Anarchie der Ideen, welche, wie ich fast glaube, durch eine Zusammengerinnung der Ideen und des Gefühls, durch eine Überstürzung der Gedanken erzeugt wird und die Du selbst schon bei mir gefunden hast, auch diese finde ich bei Abbt, nur daß *er* sich mehr dem *scharfsinnigen Philosophen, ich* hingegen mich dem Dichter, dem sinnlichen Schwärmer mehr nähere.

Unendlich viel Anziehendes hat diese Gattung von Philosophie. Ich glaube, wenn Du und ich Muße hätten, zu brüten und unsere Ideen gleichsam zu drogieren, so wäre eine solche Materie die schönste gemeinschaftliche Beschäftigung. Untersuchungen über die Klassifikation der Menschen, Abwägung der Größen und Tugenden – welcher schöne Stoff für uns beide!

Ich muß ganz andre Anstalten treffen mit Lesen. Ich fühle es schmerzlich, daß ich noch so erstaunlich viel lernen muß, säen muß, um zu ernten. Im besten Erdreich wird der Dornstrauch keine Pfirsiche tragen, aber ebensowenig kann der Pfirsichbaum in einer leeren Erde gedeihen. Unsre Seelen sind nur Destillationsgefäße, aber Elemente müssen ihnen Stoff zutragen, um in vollen, saftigen Blättern ihn auszuschwellen.

Täglich wird mir die *Geschichte* teurer. Ich habe diese Woche eine Geschichte des Dreißigjährigen Kriegs gelesen, und mein Kopf ist mir noch ganz warm davon. Daß doch die Epoche des höchsten Nationenelends auch zugleich die glänzendste Epoche menschlicher Kraft ist! Wie viele große Männer gingen aus dieser Nacht hervor! Ich wollte, daß ich zehen Jahre hintereinander nichts als Geschichte studiert hätte. Ich glaube, ich würde ein ganz anderer Kerl sein. Meinst Du, daß ich es noch werde nachholen können?

In der Kontinuation unserer philosophischen Briefe wollen wir das Thema aufs Tapet bringen, welche Tätigkeit – bei gleichen Kräften – die vorzüglichere ist, *politische* oder *idealische*, bürgerliche oder gelehrte? Ich weiß keinen schönern Stoff als diesen und in welchem sich Geschichte, Philosophie und Beredsamkeit mehr vereinigen ließen.

Ostersonntag früh

Nun sind schon 8 Tage seit unsrer Trennung verflossen, und ich habe kaum eine Seite am Karlos gearbeitet. War mir schlechterdings unmöglich, Wärme und Laune für ihn bei mir hervorzubringen. Der Vorfall mit der Zensur hat mich gleich zu Anfang verstimmt, und unterdessen habe ich viel gelesen. Vielleicht geht's die nächste Woche besser, woran ich zwar zweifle.

Ich bin die ganze Zeit über nirgends als spazieren gewesen. Gestern mittag aß ich bei Becker. Er hatte einen Fremden von Gotha bei sich und bat mich mit Oeser, welches ich nicht wohl abschlagen konnte. Sonst bin ich nach dem Essen entweder bei Gosels oder im Großen Garten gewesen. Der Mömpelgarder, den ich an Döbbelin empfohlen, hat mich aus lauter Erkenntlichkeit so sehr in der Welt herumempfohlen, daß mich alle Kinder des Elends zu ihrer Instanz machen wollen, welches ich mir am Ende doch verbitten würde. Vor drei Tagen bekam ich wieder eine solche Gelegenheit, und weil ich entsetzlich verstimmt war, so habe ich Punsch machen lassen und meine Klienten mir dadurch vom Hals geschafft.

Beck hat mir geschrieben; durch ihn erfahre ich die Bestätigung von Charlottens beschlossener Abreise, er meint, daß sie uns überraschen würde. Jetzt hat auch er Lust, aus Mannheim zu gehen. Schade, daß er Schauspieler ist und es sein *muß*. Wie schön würde er sich zu unserm Bunde schicken!

(An die Weiberchen)

O lieben Kinder, wie sehne ich mich nach Euch. Wie sehr verstimmt mich diese freundelose Einsamkeit. In einer Wüste wollt ich mir's noch eher gefallen lassen, dort hätte ich wenigstens mehr Raum, Euch in Gedanken um mich her zu versammeln. Möchtet Ihr so vergnügt sein, als ich es nicht bin. Übermorgen ist es ein Jahr, daß wir uns zum erstenmal von Angesicht zu Angesicht sahen. Warum müßt Ihr gerade jetzt ferne von mir sein. Ich würde einen so schönen Tag feiern können. Aber Ihr – Ihr werdet über lauter Zerstreuungen kaum daran denken, wie viele Ursache ich habe, fröhlich zurückzusehen.

Ich umarme Euch in Gedanken tausendmal und wünsche herzlich, daß Ihr wieder hier sein möchtet.

Schiller

PS. Sonst ist nichts an Dich eingelaufen als dieser Brief. Das Haus steht noch, ich habe also meine Schlüssel nicht gebraucht.

Verzeiht mir diesen seelenlosen Brief. Er ist nicht hübsch, wird unsre Doris sagen, aber ich kann nicht helfen.

34. An Friedrich Ludwig Schröder.

Dresden, 12. Oktober 1786

Aus einem Briefe, den ich heute von meinem Freund Beck erhalten, erfahre ich, daß er mir in Ausführung eines Wunsches zuvorgekommen ist, mit dem ich mich schon so lange getragen habe. Lange schon, ich gestehe es Ihnen, habe ich mir die angenehmste Hoffnungen in der Verbindung mit einem Manne gebildet, der im ganzen Deutschland der einzige ist, alle meine Ideale über die Kunst zu erfüllen.

Ihnen zwar kann an der Achtung und Bewunderung eines einzelnen Mannes wenig gelegen sein, der nur wiederholt, was die vereinigte Stimme des deutschen Publikums schon entschieden hat, aber *mir* ist es wichtig, es Ihnen zu bekennen und von Ihrem Geiste, Ihrem Enthusiasmus und Ihrer Größe etwas für meine kleine Arbeiten zu entlehnen. Ob ich gleich nie so glücklich war, Ihre Kunst vor dem Schauplatze bewundern zu können, so habe ich doch Gelegenheit gehabt, den Meister aus seinen Schülern, das Original aus den Kopien zu schätzen, und wenn ich auch ganz darauf resignieren müßte, so leben Sie mir in Ihren Werken. Als ein Mitläufer auf der dramatischen Bahn habe ich mir wenigstens eine kleine Stimme erworben, die Schwierigkeiten zu übersehen und das Verdienst zu erkennen.

Aber mein Verlangen nach Ihrer Bekanntschaft ist sehr eigennützig. Ich habe bis jetzt Foderungen an die Schaubühne gemacht, die noch keines von allen Theatern, die ich kenne, befriedigte. In Mannheim habe ich vollends aus Ursachen, die hier zu weitläuftig wären, beinahe allen Enthusiasmus für das Drama verloren. Jetzt fängt er wieder an, in mir aufzuleben, aber mir graut vor der schrecklichen Mißhandlung auf unsern Bühnen. Mit ungeduldiger Sehnsucht habe ich bisher nach derjenigen Bühne geschmachtet, wo ich meiner Phantasie einige Kühnheiten erlauben darf und den freien Flug meiner Empfindung nicht so erstaunlich gehemmt sehen muß. Ich kenne nunmehr die Grenzen recht gut, welche bretterne Wände und alle notwendigen Umstände des Theatergesetzes dem Dichter vorschreiben, aber es gibt engere Grenzen, die sich der kleine Geist und der dürftige Künstler setzt, das Genie des großen Schauspielers und Denkers aber überspringt. Von diesen Grenzen wünschte ich freigesprochen zu werden, und darum ist der Gedanke mir so willkommen, durch eine genauere Verbindung mit Ihnen ein Ideal zu realisieren, das ich ohne Sie ganz verloren geben muß. Wenn ich mir schmeicheln kann, daß Sie mir hiezu die Hände bieten wollen, so sollen alle meine Stücke für Ihre Bühne bestimmt sein, und ich werde sie unter dieser Aussicht mit um so größerer Begeisterung schreiben. Mein Dom Karlos, der zu Ende dieses Jahres fertig wird, ist einer theatralischen Ausführung fähig, und ich bin gegenwärtig schon beschäftigt, ihm diese Gestalt zu geben. Beck schreibt mir, daß die Fragmente Sie einigermaßen interessierten – daraus erlaube ich mir zu schließen, daß die Fortsetzung dieses Stücks Ihnen vielleicht (von seiten der Darstellung und des theatralischen Interesse) noch willkommener sein werde. Wenn Sie glauben, daß der Karlos Ihrer Bühne anstehen könnte, so bitte ich mir einige Nachricht deswegen aus. Unendlich erwünscht würde es mir sein, wenn ich auf diese Art meinen kühnen Entwurf damit ausführen könnte.

Ein anderes Stück, das ich schon jahrelang im Kopfe getragen, wird zu Anfang des nächsten Jahres fertig sein. Es heißt: Der *Menschenfeind*, hat aber mit dem Shakespeareschen Timon keinen Berührungspunkt als den Namen. Ein neuer Charakter tritt hier auf, den nur derjenige Künstler darstellen wird, der den Lear und den Hamlet in Deutschland erschaffen hat. Sie hören aus dieser selbstgefälligen Sprache den Vater, der auf sein Kind eitel ist, aber verziehen soll er es wenigstens nicht. Wenn Sie wünschen sollten, eine Idee von diesem Stücke zu haben, so werde ich Ihnen den ersten Akt davon schicken können, welcher in Ordnung gebracht ist.

Ich finde, daß ich hier einige Seiten vollgeschrieben habe, ohne zu wissen, ob Sie auch Lust haben werden, sich darauf einzulassen. Ich umfasse diese Idee mit so vieler Wärme, daß ich sie schon als berichtigt voraussetze.

Wenn Sie die Güte haben, mir von Ihrem Entschlusse Nachricht zu geben, so ersuche ich Sie zugleich, nur mit wenigen Worten mich mit den unentbehrlichsten Mitgliedern Ihrer Bühne bekannt zu machen, weil ich mich in einigen wichtigen Dingen nach diesem Lokale zu richten habe.

Ich empfehle mich Ihrem Andenken und nenne mich mit der vollkommensten Hochachtung

Ihren ergebensten

F. Schiller.

Meine Adresse ist – – Dresden-Neustadt auf dem Kohlenmarkt im Fleischmännischen Hause.

Weil ich von Beck keine Adresse empfangen habe, so bin ich so frei, diesen Brief an Sie einzuschließen.

35. An Georg Joachim Göschen.

Dresden, 5. Dezember 1786

Endlich müssen wir uns doch über den Karlos bestimmen. Ich eile mit starken Schritten zum Ende und hoffe, ihn längstens in der Mitte des Januars zu beschließen. Ohngeachtet der großen Verwüstungen, welche meine Feile bereits in den ersten Akten schon angerichtet hat und noch anrichtet, wodurch gegen 2 bis 3 Bogen im ganzen weniger werden, wird er dennoch zu 22 bis 23 Bogen anwachsen, weil es ein ganzes Tableau sein soll. Auch kommen vornen noch neue Züge und einige Szenen, welche die Vollkommenheit des Stücks notwendig macht, dazu.

Ich hatte gewünscht, im ganzen mit Ihnen darüber zu kontrahieren, und werde Ihnen auch jetzt die Wahl lassen. Unter 22 Bogen wird er nicht, vorausgesetzt, daß die Form und Schrift des Nathan dazu genommen wird. Für den einzelnen Bogen verlange ich 12 Taler, und wenn Sie das Ganze anschlagen wollen, so gebe ich es Ihnen um den Preis von 50 Louisdors.

Hie wäre meine unmaßgebliche Meinung, das Resultat dessen, was durch Berechnung meiner angewandten Zeit und Mühe und durch Konferenz mit meinen Freunden entstanden ist.

Dazu bedinge ich mir ein Dutzend Exemplarien, unter denen 4 auf Schreibpapier und 2 auf holländischem abgedruckt werden.

Wenn Sie einen schönen Kopf dazu wollen stechen lassen, so kann ich Ihnen vielleicht eine gute Zeichnung liefern, die uns nichts kostet und vielleicht so gut und besser ausfällt als die teuerste von Seydelmann. Dann wünschte ich aber, daß Sie soviel daran wendeten, um den Kopf durch Sintzenich in Mannheim stechen zu lassen, der im Weichen und Niedlichen gegenwärtig der beste ist, vorzüglich bei einzelnen Köpfen.

Die Ausbreitung des Karlos und die Nachfrage deswegen soll, hoffe ich, dadurch erstaunlich gewinnen und vermehrt werden, daß ich mit Schrödern desfalls Anrede genommen, der ihn in Hamburg nach einer von mir veranstalteten Theaterveränderung, die in Prosa ist und natürlicherweise ewig Manuskript bleibt, vorstellen wird. Nach diesem können ihn alle deutschen Schaubühnen geben, geradeso wie seit einigen Jahren auch mein Fiesko als Theatermanuskript zirkuliert.

Über die Verbreitung der Auflage sprechen wir, hoffe ich, noch mündlich. Für Subskription bin ich nicht eingenommen, weil dieser Weg bei einem einzelnen Theaterstück noch nie eingeschlagen worden und überhaupt viel zu prätensioniert ist. Aber schneller Umlauf, sobald er erschienen ist – das ist die Hauptsache, und dazu kann ich Ihnen alsdann einige fruchtbare Ideen mitteilen.

Nun leben Sie wohl. Dies ist einmal ein Kaufmannsbrief, und er soll es auch bleiben. Freundschaft und Schachern sind so heterogene Dinge, daß ich Ihnen für einen andern Brief aufspare, was Ihnen Freund Schiller sonst noch zu schreiben hat.

Adieu. Sobald die Thalia fertig ist, liebster Freund, so sind Sie so gütig und senden auf *meine* Rechnung die 4 Hefte miteinander mit der ersten Post an meinen Schwager, den Rat Reinwald, nach Sachsen-Meiningen. Meine Schwester und er quälen mich schon monatelang, und immer habe ich sie auf die Erscheinung des vierten Heftes vertröstet. Apropos. Eben dieser Reinwald, der Bibliothekar des Herzogs von Meiningen ist, wird, sobald Sie ihm deshalb Aufträge geben, sich zu einem guten Kommissionär in dortigem Winkel der Erde qualifizieren. Er ist außerdem ein geschickter Mann, der unter anderm, wenn Sie Gelegenheit dazu wissen, aus dem Italienischen sehr gut übersetzen kann.

Also leben Sie wohl.

Ihr aufrichtigster

Schiller

36. An Friedrich Ludwig Schröder.

Dresden, 18. Dezember 1786

Ich habe die Antwort auf Ihren ersten Brief bis jetzt aufschieben müssen, weil ich mich über eine Reise nach Hamburg nicht entscheiden konnte, ohne mit gewissen Personen darüber zu konferieren, welche den nächsten Anteil an meinen Entschlüssen haben. Ich lebe hier im Schoße einer Familie, der ich notwendig geworden bin – einige andre Verhältnisse, denen ich jedes Opfer bringen muß, wollen mich lieber in Dresden als sonst irgendwo haben, außerdem mußte ich doch der Form wegen mit dem Herzog von Weimar darüber übereingekommen sein, weil mein Aufenthalt in Hamburg ein Engagement ist. Sonst, muß ich Ihnen offenherzig gestehen, wäre es mehr meine Ungeduld, Sie zu sehn, als jede andere Ursache, warum ich gerne nach Hamburg reiste. Bei *guten* Büchern, dünkt es mich, hat man auf das Lokale nicht so viel Rücksicht zu nehmen. Eine gewisse Fertigkeit oder Fühlbarkeit für das, was in Schauspielen wirkt, die ich in Mannheim und auch hier zu erlangen Gelegenheit hatte, wird bei mir diesen Mangel an Lokalkenntnis ziemlich ersetzen. Außerdem glaube ich überzeugt zu sein, daß ein Dichter, dem die Bühne, für die er schreibt, immer gegenwärtig ist, sehr leicht versucht werden kann, der augenblicklichen Wirkung den daurenden Gehalt aufzuopfern, Klassizität dem Glanze – vollends wenn er in meinem Fall ist und noch über gewisse Manieren und Regeln sich nicht bestimmt hat. Und dann, glauben Sie mir, auch gewinnt mein Enthusiasmus für die Schauspielkunst dadurch sehr, wenn ich mir die glückliche Illusion bewahren kann, welche wegfällt, sobald Kulissen und papierne Wände mich unter der Arbeit an meine Grenzen erinnern. Besser ist es immer, wenn der erste Wurf ganz frei und kühn geschehen kann und erst beim Ordnen und Revidieren die theatralische Beschränkung und Konvenienz in Anschlag gebracht wird. Auf diese Art, glaube ich, lassen sich Kühnheit und Wahrheit mit Schicklichkeit und Brauchbarkeit vereinigen.

Das sind ohngefähr die Gründe, welche ich dem herzlichen Verlangen entgegensetze, in Ihrem nähern Umgang zu leben. Eine Reise nach Hamburg überhaupt will ich gar nicht verschwören – vielleicht sehen Sie mich künftiges Jahr –, unterdessen aber muß ich mich mit Ihrem andern Vorschlag begnügen, Ihnen meine Stücke zu *senden*.

Der Karlos wird auf den Jänner fertig, so daß Sie ihn spätestens in 6 Wochen erhalten können. Der Menschenfeind kann nicht viel früher als in der Mitte Aprils geendigt sein. Nun muß ich mir vor allen Dingen Nachricht von Ihnen ausbitten, 1., ob ich den Karlos in Prosa für Ihre Bühne verwandeln muß, weil doch immer zu besorgen ist, daß die untergeordneten Schauspieler Jamben schief deklamieren, und unter 12–15 Personen können nicht alle Meister sein. Mir macht es eine Mühe mehr, aber eine angenehme Mühe, weil sie mir den Erfolg versichert.

2. wünschte ich zu wissen, welche Größe ich dem Stück geben, ob es 3 gute Stunden spielen darf; 3., ob ich mir im Punkte des Katholizismus, der Geistlichkeit und der Inquisition einige Freiheiten erlauben darf oder ob es notwendig ist, daß ich den Dominikaner weltlich mache und die verfänglichen Stellen streiche; 4., ob die Schauspielerin, der Sie die Prinzessin Eboli zuteilen, eine leidliche Arie singen kann? Es ist im Stücke darauf gerechnet, und wenn es also nicht wäre, so müßte ich damit eine Änderung treffen. 5., ob es bei Ihnen widrig auffallen möchte, wenn das Stück mehr als 5 Akte hätte – die gedruckte Ausgabe wird 24 Bogen und 9 Akte betragen, die Theateredition könnte 12 Bogen und 7 Akte haben. Sollten Sie meinen, daß man sich an dieser Regelverletzung stoßen werde, so könnte ich jetzt noch eine Auskunft treffen. Über diese Fragen bitte ich mir bald eine Antwort aus.

Der Himmel bewahre mich übrigens, daß ich mich in kaufmännische Bedingungen über meine Stücke mit Ihnen einlasse. Sie gründen sie auf Ihre Berechnung, die ich nicht weiß, und also überlasse ich alles Ihnen. Nur bitte ich, daß ich die Freiheit behalte, die Stücke, wenn sie erst Ihre Bühne betreten haben, auch auf ein anderes Theater bringen kann – und daß mein Manuskript, das ich Ihnen schicke, nicht gedruckt wird.

Ich habe meinem ersten Briefe an Sie einen Einschluß an Beck beigelegt, worauf ich noch keine Antwort habe. Er hat ihn doch erhalten?

Ich empfehle mich Ihrem Andenken, bester Schröder, und unterschreibe mich mit der vorzüglichsten Achtung

Ihr ergebenster

Schiller.

37. An Friedrich Ludwig Schröder.

Dresden, 13. Juni 1787

Endlich erhalten Sie im Junius, was Ihnen auf den Januar zugedacht war. Diese erste Probe meines Worthaltens, liebster Schröder, wird Sie für alle folgenden Fälle witzigen – aber tun Sie mir nicht zuviel. Die Umstände, welche diesmal den Karlos verzögerten, kommen zum Glück nicht so gar oft wieder, und wenn sie kommen, so kommen sie doch nicht zugleich. *Eine* Abhaltung, und die stärkste, könnt ich Ihnen nennen, weil sie sehr – menschlich ist, aber ich brauche mein Papier jetzt zu notwendigern Dingen.

Achtundzwanzig gedruckte Bogen auf soviel, als Sie hier erhalten, zu reduzieren, war so leicht nicht. Vollends, wenn ich gewissen Rollen wenig abschneiden wollte, wie z. B. beim Philipp geschehen ist. Ich habe mich bei den andern Theatereditionen, die zum Teil schon verschickt sind, so ungeschickt als möglich aus der Schlinge gezogen, aber was ich für *Sie* machte, sollte reif und gedacht sein, darum verschob ich Ihren Karlos bis zuletzt. Halten Sie das nicht für einen Krämerkniff, Ihnen meine Ware anzupreisen. Es ist mein Ernst, und ich will Sie dadurch von nichts als meiner herzlich guten Meinung versichern.

Über das Stück selbst will ich Ihr Urteil nicht prävenieren. Sie werden selbst sehen und mich entbehren. Aber über eine Hauptsache muß ich mich mit Ihnen berichtigen. Ich weiß nicht zu bestimmen, wie weit in Hamburg die Toleranz geht. Ob z. B. ein Auftritt des Königs mit dem Großinquisitor stattfinden kann. Wenn Sie ihn gelesen haben, werden Sie finden, wieviel mit ihm für das Stück verloren sein würde. Weil ich es aber nicht aufs ungewisse wagen wollte, so habe ich diesen Auftritt so angebracht, daß er, ohne dem Zusammenhang Schaden zu tun, wegbleiben kann. Was also zwischen * eingeschlossen ist, kann auf den schlimmsten Fall weggelassen werden. Wenn nur *Kleidung* und *Name* Schwierigkeiten machten, so verändern Sie beides nach Gutbefinden. Gerne geb ich der *Schwachheit* diese Nebensachen preis, wenn mir meine Contrebande dadurch erleichtert wird. Über den Auftritt Philipps mit dem *Marquis* habe ich in der republikanischen Stadt hoffentlich nicht unruhig zu werden. Sollte das Stück in seiner jetzigen Gestalt noch zu lang spielen, so habe ich gleichfalls mit roter Kreide diejenigen Stellen bezeichnet, die ich lieber als andere aufopfere und dem Stücke selbst für entbehrlicher halte. Sie treffen meist deklamatorische, die ohnehin oft die Kunst des Schauspielers und die Geduld des Publikums in Verlegenheit setzen. Was ich sonst noch zu bitten und zu erinnern habe, wäre kürzlich folgendes.

Bei denjenigen Rollen, worin Erzählung – dem Verständnis des Stückes notwendige Erzählung – ist, von deren Einsicht die Wirkung vieler folgender Szenen abhängen kann, bei solchen Rollen bitte ich Sie mehr auf ein deutliches Organ als auf Genie und Geschicklichkeit zu sehen. Die Vernachlässigung dieser Maxime hat nach meinen eignen Erfahrungen wichtige Stücke scheitern gemacht. Wenn die Rollen des Marquis und Karlos nicht von selbst und natürlich sich bei Ihrer Gesellschaft austeilen, so wünschte ich, Sie wählten Ihren besten Liebhaber zum Marquis, vorausgesetzt, daß er der älter Scheinende ist, und zum Karlos denjenigen, der mehr Genie als Kultur, mehr Leidenschaft als Welt hat. Sie verstehen mich. Wenn alle Stricke reißen, so werden Sie den Philipp preisgeben müssen und den Marquis selbst spielen. Bei denjenigen Szenen, wo ein volles Theater sein muß, wo der König im Gefolg seiner Granden ist, bitte ich Sie, sich aus den Wolken Ihrer Begeisterung zur Pedanterei des Regisseurs herabzulassen und diesen dastehenden Figuren Leben einzublasen und *Teilnahme* an dem, was um sie vorgeht, zu empfehlen. Deswegen wünschte ich, daß es der Rollenschreiber bei jedem pünktlich anmerkte. Sie werden nach Lesung des Stücks finden, wie wichtig diese Erinnerung für das Interesse Ihrer besten Szenen ist. Übrigens stellen Sie mir bei solchen Gelegenheiten so viel spanische Granden auf die Bühne, als Sie Röcke haben. Die Menschen, denk ich, werden sich hier schon dazu finden, wie in der wirklichen Welt. Und Sie als König Philipp sind gebeten – auf das spanische Etikette Ihrer Vasallen zu sehen. Doch ich vergesse, daß ich Ihnen hier Dinge schreibe, die ich besser von Ihnen hören könnte. Verzeihen Sie der väterlichen Zärtlichkeit diese Indiskretion. Schließlich und ernstlich bitte ich Sie, bester Schröder, hauchen Sie Ihren eignen Genius unter Ihre Gesellschaft – seien Sie durch ihre Fürsorge und Ihre Winke allgegenwärtig und flößen Sie, Ihnen und mir zuliebe, einen Esprit de corps unter Ihre Menschen, den Karlos *ganz* darzustellen. Brüten Sie darüber (wie Fiesko meint) mit Monarchenkraft!

Habe ich Ihnen noch etwas darüber zu sagen? Ich denke nein. Ich bin fertig.

Möchte ich nun auch gleich die Früchte meiner Mühe genießen und im Anblick meines Karlos auf Ihrer Bühne schwelgen können! Diese schöne Aussicht hellt mir jetzt schon zum voraus viele Augenblicke auf. Ich werde Sie sehen, und mein beinahe erstorbenes Kunstgefühl für Theater wird neu in mir aufwachen. Von Ihnen hoffe ich diese Aussöhnung meiner Muse mit der Bühne, welche die meisten Theater, die ich jetzo noch gesehen, mehr entfernt als erleichtert haben. Wahrscheinlich haben Sie mich gegen Ende des Sommers in Hamburg. Ich werde in 2 oder 3 Wochen eine Reise antreten, welche mit Hamburg beschließen soll. Ein neues Stück bringe ich Ihnen mit.

Nun zu einem sehr prosaischen Artikel. Könnten Sie mir, eh ich abreise, noch Geld schicken, so würde mir das sehr willkommen sein. Ich brauch es zur Reise und denke, daß es mir lächerlich stehen würde, über diesen Punkt gegen Sie zurückzuhalten. Mit Ende dieses Monats gedenke ich Dresden zu verlassen.

Die Offene Fehde haben Sie erhalten, wie ich aus einem Briefe Dalbergs aus Mannheim ersehe. Der Verfasser dieser Übersetzung erwartet Ihre Antwort und, wenn das Stück schon auf der Bühne erschienen wäre, ein paar Worte über sein Schicksal.

Über das Frauenzimmer bei Ihrer Bühne und meine Forderungen über die beiden Damenrollen im Karlos habe ich ganz geschwiegen, denn ich kenne Ihre Schauspielerinnen noch zu wenig. Das wird also ganz *Ihrer* Entscheidung überlassen bleiben, so wie alles übrige.

Lassen Sie mich nun aufs bäldiste von Ihnen hören, liebster Schröder, und vor allem andern schreiben Sie mir mit der Wahrheit, die ich stets gegen Sie beobachten werde, die Wirkung, die der Karlos auf Sie gemacht hat. Ihr Urteil soll eine von den Belohnungen sein, die ich mir durch diese Arbeit errungen haben möchte. Leben Sie wohl.

Schiller

38. An Christian Gottfried Körner.

Weimar, 23./24. Juli 1787

Vorgestern abend kam ich hier an. Was uns auf der Reise nach Leipzig begegnete, wird Euch die Schneidern geschrieben haben. In Naumburg hatte ich das Unglück, den Herzog von Weimar um eine Stunde im Posthause zu verfehlen, wo er mir beinah die Pferde weggenommen hat. Was hätte ich nicht um diesen glücklichen Zufall gegeben! Jetzt ist er in Potsdam, und man weiß noch nicht, wie bald er zurückkommen wird.

Am nämlichen Abend sah ich Charlotten. Unser erstes Wiedersehen hatte so viel Gepreßtes, Betäubendes, daß mir's unmöglich fällt, es Euch zu beschreiben. Charlotte ist sich ganz gleich geblieben, bis auf wenige Spuren von Kränklichkeit, die der Paroxysmus der Erwartung und des Wiedersehens für diesen Abend aber verlöschte und die ich erst heute bemerken kann. Sonderbar war es, daß ich mich schon in der ersten Stunde unsers Beisammenseins nicht anders fühlte, als hätt ich sie erst gestern verlassen. So einheimisch war mir alles an ihr, so schnell knüpfte sich jeder zerrissene Faden unsers Umgangs wieder an.

Ehe ich Euch über sie und auch über mich etwas mehr sage, laßt mich zu mir selbst kommen. Die Erwartung der mancherlei Dinge, die sich mir hier in den Weg werfen werden, hat meine ganze Besinnungskraft eingenommen. Überhaupt wißt Ihr, daß ich bald von den Dingen, die mich umgeben und nahe angehen, betäubt werde. Das ist jetzt mein Fall, mehr und mit größerem Rechte als jemals. Ich habe mit keinen Kleinigkeiten zu tun, und die vielerlei Verhältnisse, in die ich mich hier zerteilen muß, in deren jedem ich doch ganz gegenwärtig sein muß, erschröckt meinen Mut und läßt mich die Einschränkung meines Wesens fühlen.

Gestern, als am Sonntag, habe ich keinen Besuch gemacht, weil ich den ganzen Tag bei Charlotten zubringen sollte. Diesen Morgen habe ich Wieland in einem Billett begrüßt und erhalte eben die Antwort, daß er mich diesen Nachmittag bei sich erwarten wird. Auch er scheint nicht von aller Unruhe frei zu sein, denn er schreibt mir, meine Erwartungen so tief als möglich herabzustimmen. Er scheint sehr ungeduldig, mit mir bekannt zu werden, ich brenne vor Ungeduld, in seine Seele zu sehen.

Einige Bekanntschaften habe ich indes schon bei Charlotten gemacht, eines Grafen von Solms und einer Frau von Imhoff, der Schwester der Frau von Stein, die Körnern aus meiner Beschreibung bekannt ist. Meine Bekanntschaft mit dem ersten ist sehr lebhaft geworden, und bei der letztern habe ich, wie ich glaube, einen ziemlich erträglichen Eindruck gemacht, was mir lieb ist, weil sie noch denselben Abend in einer großen Assemblee den ersten Laut von mir wird haben erschallen lassen. Die übrigen weimarischen Götter und Götzendiener werde ich in dieser Woche schon expedieren. Wieland soll mir hierin einige politische Maßregeln vorzeichnen. Goethe ist noch in Italien, Bode in Paris, Bertuch ist auch abwesend, Reinhold ist schon in Jena. Mademoiselle Schröter sehe ich wahrscheinlich bei Charlotten. Mademoiselle Schmidt soll ein redseliges, affektiertes und kaltes Geschöpf sein; also aus der Partie wird nichts. Schlagt mir eine bessere vor.

Ich wohne bis jetzt noch im Gasthof zum Erbprinzen. Frau von Imhoff will sich um ein Logis für mich bemühen. Solang ich nicht in *meinen* vier Wänden bin, erwartet nichts Ordentliches von mir. Ort und Gegenden habe ich noch nicht Zeit gehabt in Augenschein zu nehmen. Doch gewann ein niedliches Wäldchen, das zum Spaziergang angelegt ist, schon im Hereinfahren mein Herz. Hier, meine Lieben, werde ich oft unter Euren Schatten herumwandeln.

Charlotte ist eine große, sonderbare weibliche Seele, ein wirkliches Studium für mich, die einem größeren Geist, als der meinige ist, zu schaffen geben kann. Mit jedem Fortschritt unsers Umgangs entdecke ich neue Erscheinungen in ihr, die mich wie schöne Partien in einer weiten Landschaft überraschen und entzücken. Mehr als jemals bin ich jetzo begierig, wie dieser Geist auf den Eurigen wirken wird. Herr von Kalb und sein Bruder werden im September eintreffen, und Charlotte hat alle

Hoffnung, daß unsre Vereinigung im Oktober zustand kommen wird. Aus einer kleinen Bosheit vermeidet sie deswegen auch, in Weimar die geringste Einrichtung für häusliche Bequemlichkeit zu machen, daß ihn die Armseligkeit weg nach Dresden treiben soll. Sind wir einmal da, so läßt man Euch für das Weitere sorgen. Die Situation des Herrn von Kalb am zweibrückischen Hofe, wo er eine Karriere machen dürfte, wenn der Kurfürst von der Pfalz sterben sollte, läßt sie vielleicht 10 bis 15 Jahre über ihren Aufenthalt frei gebieten.

Von dem kleinen Fritz habe ich Euch noch nichts gesagt. Es ist ein liebes Kind aus ihm geworden, das mir viele Freude macht. Er wird recht gut behandelt und hat schon sehr viele Züge von Güte und Gehorsam gezeigt. Charlotte geht wenig in Gesellschaft, wird aber nunmehr in diesem Punkt eine Veränderung treffen. Zu Ende dieser Woche oder Anfang der folgenden wahrscheinlich lasse ich mich der Herzogin vorstellen.

Jetzt adieu, meine Lieben. Ich muß diesen Brief abbrechen, weil er gleich auf die Post muß. Meine ganze Seele ist bei Euch – denn sollte Freundschaft ein so armseliges Feuer sein, daß es durch Teilung verlöre? Kein Geschöpf in der Welt kann Euch die Liebe, kann Euch nur den kleinsten Teil der Liebe entziehen, womit ich auf ewig an Euch gebunden bin. Adieu. Kunzens meine herzlichen Empfehlungen.

Frid. Schiller

24. Juli

Der Brief wäre hier auf der Post unnütz liegengeblieben, weil ich zu spät gekommen bin und erst donnerstags eine Post abgeht. Ich erbreche ihn und erzähle Euch, wie es mir gestern gegangen ist.

Ich besuchte also *Wieland*, zu dem ich durch ein Gedränge kleiner und immer kleinerer Kreaturen von lieben Kinderchen gelangte. Unser erstes Zusammentreffen war wie eine vorausgesetzte Bekanntschaft. Ein Augenblick machte alles. Wir wollen langsam anfangen, sagte Wieland, wir wollen uns Zeit nehmen, einander etwas zu werden. Er zeichnete mir gleich bei dieser ersten Zusammenkunft den Gang unsers künftigen Verhältnisses vor, und was mich freute, war, daß er es als keine vorübergehende Bekanntschaft behandelte, sondern als ein Verhältnis, das für die Zukunft fortdauern und reifen sollte. Er fand es glücklich, daß wir uns jetzt erst gefunden hätten. Wir wollen dahin kommen, sagte er mir, daß einer zu dem anderen wahr und vertraulich rede, wie man mit seinem Genius redet.

Unsere Unterhaltung verbreitete sich über sehr mancherlei Dinge, wobei er viel Geist zeigte und auch mir dazu Gelegenheit gab. Einige Materien, Religionsgespräche zum Beispiel, legte er besonders auf künftige Tage zurück, hierbei schien er sich sehr wohl zu haben, und über diesen Stoff, ahnde ich, werden wir warm werden. Auch über politische Philosophie wurde viel gesprochen, etwas über Literatur, Goethe, die Berliner und Wien. Von Klingern sprach er sehr witzig; Stolberg ist seine Renonce wie die unsrige; er ist jetzt ganz in den Lukian versunken, den er wie den Horaz übersetzen und kommentieren wird.

Sein Äußeres hat mich überrascht. Was er ist, hätte ich nicht in diesem Gesichte gesucht – doch gewinnt es sehr durch den augenblicklichen Ausdruck seiner Seele, wenn er mit Wärme spricht. Er war sehr bald aufgeweckt, lebhaft, warm. Ich fühlte, daß er sich bei mir gefiel, und wußte, daß ich ihm nicht mißfallen hatte, ehe ich's nachher erfuhr. Sehr gerne hört er sich sprechen, seine Unterhaltung ist weitläuftig und manchmal fast bis zur Pedanterei vollständig wie seine Schriften, sein Vortrag nicht fließend, aber seine Ausdrücke bestimmt. Er sagte übrigens viel Alltägliches. Hätte mir nicht seine Person, die ich beobachtete, zu tun gegeben, ich hätte oft Langeweile fühlen können. Im ganzen aber bin ich sehr angenehm bei ihm beschäftigt worden, und was unser Verhältnis betrifft, kann ich sehr mit ihm zufrieden sein. Man sagte mir nachher, daß er es nicht gewohnt wäre, so bald in *den* Ton mit einem andern zu entrieren, und unverkennbare Teilnahme, Wohlwollen und Achtung sprach aus ihm. Er wird sich näher an mich anschließen, er verweilte mit Wärme bei meinem Alter und bei der Idee, wieviel Spielraum mir noch übrig wäre. Wir wollen aufeinander wirken, sagte er, und ob er gleich für Umänderung zu alt wäre, so wäre er doch nicht unverbesserlich.

Über meine Erwartungen und meine Absichten habe ich aus guten Gründen in der ersten Unterredung kein Wort mit ihm verloren. Überhaupt kann ich, da der Herzog doch noch nicht so bald kommt, abwarten, bis er selbst davon anfangen wird. Es sollte mich wundern, wenn er nicht hierüber etwas im Schilde führte. Ich blieb 2 Stunden bei ihm, nach deren Verfluß er in den Klub mußte. Er wollte mich dort gleich einführen, aber ich hatte Charlotten zugesagt, mit ihr spazierenzugehen. Unterwegs wollte er wegen der Schwan bei mir auf den Busch klopfen, ich war aber kalt wie Eis und höchst einsilbig. Es machte mir Spaß, wie er sich dabei nahm.

Wieland ist hier ziemlich isoliert, wie er mir auch gesagt hat. Er lebt fast nur seinen Schriften und seiner Familie. Diese hab ich noch nicht gesehen, er will mich das nächstemal darin einführen. Mit ihm werde ich vermutlich auch nach Jena gehen.

Ich weiß nicht, was ich Euch über ihn gesagt und was ich vergessen habe. Ist es etwas Wichtiges, so wird es mir ein andermal einfallen. Morgen besuche ich Herdern. Was ich dort sehe und höre, sollt Ihr noch in diesem Briefe erfahren.

Hier ist, wie es scheint, schon ziemlich über mich und mich und Charlotten gesprochen worden. Wir haben uns vorgesetzt, kein Geheimnis aus unserem Verhältnis zu machen. Einigemal hatte man schon die Diskretion – uns nicht zu stören, wenn man vermutete, daß wir fremde Gesellschaft los sein wollten. Charlotte steht bei Wieland und Herdern in großer Achtung. Mit dem ersten habe ich selbst über sie gesprochen.

Sie ist jetzt bis zum Mutwillen munter, ihre Lebhaftigkeit hat auch mich schon angesteckt, und sie ist nicht unbemerkt geblieben. Heute schickt der Kammerherr Einsiedel, den ich weder besucht noch gesehen habe, zu mir und läßt sich entschuldigen, daß ich ihn nicht zu Hause getroffen habe. Er wollte mir aufwarten – ich verstand anfangs nicht, was das bedeutete, Charlotte aber glaubt, daß es ein Pfiff wäre, mich zu ihm zu bringen, weil er mich der Herzogin vorstellen sollte. Diese lebt auf dem Lande, eine halbe Stunde von hier. Nun kann ich nicht umhin, mich nächster Tage präsentieren zu lassen.

Ein Logis habe ich im Hause der Frau von Imhoff erhalten. Ich weiß aber noch nicht, wie mir's gefallen und was es mir kosten wird. Heute soll ich's erst sehen. Es ist auf der Esplanade, eine Allee vor dem Hause, welche mich oft an das Fleischmannische und an den Japonischen Garten erinnern wird.

Ich komme von *Herdern*. Wenn Ihr sein Bild bei Graff gesehen habt, so könnt Ihr ihn Euch recht gut vorstellen, nur daß in dem Gemälde zuviel leichte Freundlichkeit, in seinem Gesicht mehr Ernst ist. Er hat mir sehr behagt. Seine Unterhaltung ist voll Geist, voll Stärke und Feuer, aber seine Empfindungen bestehen in Haß oder Liebe. Goethen liebt er mit Leidenschaft, mit einer Art von Vergötterung. Wir haben erstaunlich viel über diesen gesprochen, was ich Euch ein andermal erzählen will. Auch über politische und philosophische Materien einiges, über Weimar und seine Menschen, über Schubart und den Herzog von Württemberg, über meine Geschichte mit diesem. Er haßt ihn mit Tyrannenhaß. Ich muß ihm erstaunlich fremd sein, denn er fragte mich, ob ich verheuratet wäre. Überhaupt ging er mit mir um wie mit einem Menschen, von dem er nichts weiter weiß, als daß er für etwas gehalten wird. Ich glaube, er hat selbst nichts von mir gelesen.

Herder ist erstaunlich höflich, man hat sich wohl in seiner Gegenwart. Ich glaube, ich hab ihm gefallen, denn er äußerte mehrmal, daß ich ihn öfters wiedersehen möchte.

Über sein Bild von Graff ist er nicht sehr zufrieden. Er holte mir's her und ließ mich's mit ihm vergleichen. Er sagt, daß es einem italienischen Abbé gleichsehe.

Goethe, gesteht er, habe viel auf seine Bildung gewirkt.

Er lebt äußerst eingezogen, auch seine Frau, die ich aber noch nicht gesehen habe. In den Klub geht er nicht, weil dort nur gespielt oder gegessen oder Tobak geraucht würde. Das wäre seine Sache nicht. Wielands Freund scheint er nicht sehr zu sein. Musäus hat er mir gerühmt. Er klagt sehr über viele Geschäfte und daß er zur Schriftstellerei wenig Zeit übrigbehielte. Unter allen weimarischen Gelehrten sei Wieland der einzige, der seinem Geschmack und seiner Feder leben könnte.

Von Herdern ist mir hier eine Schrift in die Hand gekommen: *Gott* ist der Titel. Der Anfang, der von Spinoza handelt, hat mir gefallen. Das übrige hat keine Klarheit für mich. Herder haßt Kanten [Kant!], wie Du wissen wirst.

Eben hatte ich eine gar liebliche Unterbrechung, welche so kurz war, daß ich sie Euch ganz hersetzen kann.

Es wird an meiner Tür geklopft.

„Herein."

Und hereintritt eine kleine dürre Figur in weißem Frack und grüngelber Weste, krumm und sehr gebückt.

„Habe ich nicht das Glück", sagte die Figur, „den Herrn Rat Schiller vor mir zu sehen?"

„Der bin ich. Ja."

„Ich habe gehört, daß Sie hier wären und konnte nicht umhin, den Mann zu sehen, von dessen Dom Karlos ich eben komme."

„Gehorsamer Diener. Mit wem hab ich die Ehre?"

„Ich werde nicht das Glück haben, Ihnen bekannt zu sein. Mein Name ist Vulpius."

„Ich bin Ihnen für diese Höflichkeit sehr verbunden – bedauere nur, daß ich mich in diesem Augenblick versagt habe und eben (zum Glück war ich angezogen) im Begriff war auszugehen."

„Ich bitte sehr um Verzeihung. Ich bin zufrieden, daß ich Sie gesehen habe."

Damit empfahl sich die Figur – und ich schreibe fort.

Ich muß hier einen Bedienten annehmen, weil ich zum Verschicken die Leute nicht habe und alle Tage etwas dergleichen vorfällt. Charlotte hat mir einen ausgemacht, und ich erwart ihn in einer Stunde. Gefällt er mir und ist er nur mit 5 Taler des Monats zufrieden, so bring ich ihn mit nach Dresden.

Das schwarze Kleid hätt ich ganz entbehren können. Ich kann im Frack zum Herzog und zur Herzogin. Annonciert werde ich heute. Ich habe den Kammerherrn Einsiedel besucht, der ein herzlich gutes Geschöpf ist, mit dem ich eine Stunde vom deutschen Fürstenbund gesprochen habe. In diesem Hause kann ich Musik hören, ein gewisser Schlick geht dort aus und ein.

Nun will ich doch schließen. Gott weiß, wann Ihr diesen Brief erhalten werdet. Charlotte hat Euch schon geschrieben. Lebt tausendmal wohl und behaltet mich lieb. Ewig der Eurige

Schiller

39. An Christian Gottfried Körner.

Weimar, 28./29./31. Juli 1787

Unsern Briefwechsel, mein Lieber, lege ich mir fürjetzt noch als einen künftigen Genuß zurück. Mein Geist ist nicht gesammelt und meine Zeit nicht in meiner Gewalt. Er sollte Dich mit meinen Empfindungen bekannt machen, und ich habe bis jetzt noch nicht an mich gedacht. Erst in einigen Tagen beziehe ich meine Wohnung, bis dahin nimm vorlieb mit einem Zeitungston.

Gestern habe ich einen vergnügten Tag gehabt. Ich bekam eine Einladung von der Herzogin, und Wieland sollte mit mir nach Tiefurt fahren. Dieses geschah. Unterwegs hatt ich Gelegenheit, Verschiedenes von ihm herauszubringen, das mir am Herzen lag. Es wird Dich freuen, wenn ich Dir sage, daß sich ein Verständnis unter uns bildet, wie ich es mir lange gewünscht habe. Der Ton, auf den er sich schnell mit mir gestimmt hat, verrät mir Zutrauen, Liebe und Achtung. Soviel seh ich offenbar, daß er mich vor den meisten schriftstellerischen Menschen unsers Deutschlands auszeichnet und hohe Erwartungen von mir hegt. Mit meinen bisherigen Produkten (den Karlos soll er erst lesen) ist er übel zufrieden, wie er mir aufrichtig gesteht; aber er versichert mir, daß er nie daran gezweifelt habe, ich könnte und würde ein großer Schriftsteller werden. Sein Urteil über mich ist so ziemlich das unsrige. Ich habe, sagte er, eine starke Zeichnung, große und weitläuftige Kompositionen, ein lebhaftes Kolorit, aber nicht Korrektion, Reinheit, Geschmack. Delikatesse und Feinheit vermißt er auch in meinen Produkten. Es kommt nun darauf an, ob der Karlos ihm beweisen wird, daß ich diesen mangelnden Attributen nähergekommen bin. Ich mußte ihm gleich den Abend, als wir nach Hause kamen, ein Exemplar davon schicken, weil Reinhold das seinige nach Jena genommen hatte. Er will den Karlos mit mir lesen und mir im Detail davon seine Meinung sagen. Alle diese Freiheiten, hat er mir oft wiederholt, würde er sich nicht gegen mich erlauben, wenn ich ihn nicht sehr interessierte.

Unterwegs bereitete er mich auf die Herzogin vor. Er suchte mich zur Toleranz für sie zu stimmen, weil er wisse, daß sie verlegen sein würde. Es ging alles nach Wunsch. Ich traf sie mit dem Kammerherrn von Einsiedel und einer Hofdame im Gartensaal.

In einer kleinen halben Viertelstunde war die ganze Bekanntschaft in Ordnung. Wir waren zwei Stunden dort, es wurde Tee gegeben und von allem möglichen viel schales Zeug geschwatzt. Ich ging dann mit der Herzogin im Garten spazieren, wo ich sie schönstens, aber beinahe mit so vieler Arbeit wie Mademoiselle Charpentier unterhielt. Sie zeigte mir alles Merkwürdige, Wielands Büste, die dort aufgestellt ist, ihres Bruders, des Herzog Leopolds von Braunschweig, Monument und andres. Nachher gingen wir in ihr Wohnhaus, das überaus einfach und in gutem ländlichen Geschmack möbliert ist. Hier wurden mir einige schöne Landschaften von Kobell gezeigt. Gegen Abend empfahlen wir uns und wurden mit Herrschaftspferden nach Hause gefahren. Wieland, der keine Gelegenheit vorbeiläßt, mir etwas Angenehmes anzukündigen, sagte mir, daß ich sie erobert hätte. Und wirklich fand ich dieses in der Art, wie sie mich behandelt hatte. Ihre Hofdame, ein verwachsenes und mokantes Geschöpf, der ich einige Aufmerksamkeit bewies, war so galant, mich mit einer Rose zu regalieren, die sie im Garten für mich suchte. – Diesen Morgen empfange ich wieder eine Einladung zum Tee, Konzert und Souper bei der Herzogin.

Sie selbst hat *mich* nicht erobert. Ihre Physiognomie will mir nicht gefallen. Ihr Geist ist äußerst borniert, nichts interessiert sie, als was mit Sinnlichkeit zusammenhängt; diese gibt ihr den Geschmack, den sie für Musik und Malerei und dergleichen hat oder haben will. Sie ist selbst Komponistin, Goethens Erwin und Elmire ist von ihr gesetzt. Sie spricht wenig, doch hat sie das Gute, keine Steifigkeit des Zeremoniells zu verlangen, welches ich mir auch trefflich zunutze machte. Ich weiß nicht, wie ich zu der Sicherheit meines Wesens, zu dem Anstand kam, den ich hier behauptete. Charlotte versichert mir auch, daß ich es hier überall mit meinen Manieren wagen dürfe. Bis jetzt habe ich, wo ich mich zeigte, nirgends verloren. Charlottens Idee von mir hat mir Zuversicht gegeben, und die nähere Bekanntschaft mit diesen weimarischen Riesen – ich gestehe Dir's – hat meine Meinung von mir selbst – verbessert.

Nunmehr freue ich mich auf die junge Herzogin, von der mir allerwärts viel Vortreffliches gesagt wird. Bei der alten hatte ich zu überwinden, weil sie meine Schriften nicht liebt und ich ihr fremd war. Die junge ist meine eifrige Patronin und meinen Arbeiten ganz vorzüglich gut. Charlotte hat mehrmals mit ihr von mir gesprochen und sagt mir, daß ich bei ihr sein dürfte, was ich bin, daß ich sie für alles Schöne und Edle empfänglich finden würde. In 14 Tagen wird sie hier sein. Der Herzog aber kommt erst im September. Eine unangenehme Neuigkeit für mich.

Mein Verhältnis mit Charlotten fängt an hier ziemlich laut zu werden und wird mit sehr viel Achtung für uns beide behandelt. Selbst die Herzogin hat die Galanterie, uns heute zusammen zu bitten, und daß es darum geschah, habe ich von Wieland erfahren. Man ist in diesen Kleinigkeiten hier sehr fein, und die Herzoginnen selbst lassen es an solchen kleinen Attentionen nicht fehlen.

Nunmehr habe ich das Logis in Beschlag genommen, das Charlotte vorher gehabt hat. Es kostet mir das Vierteljahr mit den Meubles 17 und ½ Taler: viel Geld für 2 Zimmer und eine Kammer. Einen Bedienten, der zur Not schreiben kann, habe ich für 6 Taler angenommen.

29. Juli

Gestern abend also war ich mit Charlotten in Tiefurt. Unsre dortige Gesellschaft war Wieland, Graf Solms, der hier durch seine ausgezeichnete Verstandesgaben und Kenntnisse sehr viel Aufsehen macht, und ein preußischer Offizier Schlick und seine Frau, die Du vermutlich dem Rufe nach kennst, spielten meisterhaft, er das Violoncello und sie die Violine. Charlotte fuhr nach dem Konzert nach Hause, weil sie sich nicht wohl fühlte; ich mußte aber auf ihr Verlangen zurückbleiben. Das Souper war im Geschmack des ganzen einfach und ländlich, aber auch ganz ohne Zwang. Charlotte will behaupten, daß ich mich diesen Abend zu frei betragen habe; sie zog mich auch auf die Seite und gab mir einen Wink. Ich habe, sagte sie, auf einige Fragen, die die Herzogin an mich getan, nicht dieser, sondern ihr geantwortet und die Herzogin stehen lassen. Es kann mir begegnet sein, denn ich besann mich niemals, daß ich Rücksichten zu beobachten hätte. Vielleicht habe ich der Herzogin dadurch mißfallen.

Als wir nach Weimar zurückkamen, fanden wir Gotter mit Ettingern und seiner Frau eben aus Gotha angelangt. Es formierte sich noch eine Punschpartie zwischen Solms, Einsiedel, Gottern und mir.

Gotter ist ein zerrissener Charakter, dem ich mich nie hingeben könnte. Er hat viele, aber französische Bildung, viel Geist und Witz, aber dabei eine Nüchternheit, die mich abschröckt. Hier ist er sehr anerkannt. Seine Gedichte mußt Du kaufen. Sie verdienen's. Das letzte, das er gemacht hat, ist ganz vortrefflich, es heißt Die Flucht der Jugend.

Gotter und die Ettingern sind auch von Charlottens Bekanntschaft.

Als ich Gottern über den Karlos hörte, erfuhr ich zu meinem Erstaunen etwas ganz Neues – daß die Szene des Königs mit Karlos nach dem Tode des Marquis die beste wäre und nach dieser Karlos' Gefangennehmung bei der Eboli. Die Szene Philipps mit dem Marquis würde er vielleicht gar nicht berührt haben, wenn er sie nicht getadelt hätte, sie wäre in Philipps Charakter unmöglich. Die Szene des Marquis mit der Königin erwähnt er auch nur insofern, als er sagte, es verdrieße ihn, daß die Königin den Marquis um seines Opfers willen tadle. Als ich ihn auf die wahre Ursache aufmerksam machen wollte, zeigte sich's, daß er nichts davon geahndet hatte. Er verwarf es aber ganz, was ich damit wollte.

Die Wirkung, die der Karlos auf Charlotte gemacht hatte, war mir angenehm, doch fehlte es ihr (weil sie krank und schwach war) oft an Sammlung des Geists, selbst an Sinn. Des Königs sogenannter Monolog hat auf sie erstaunlich viel Wirkung getan. Die Stellen im Stück, die ich auf sie gleichsam berechnet habe, wovon ich Dir gesagt, erreichten ihre Wirkung ganz. Des Marquis Szene mit dem König tat viel auf sie, aber alles faßte sie nicht beim ersten Lesen. Auf sie wirkte die Schönburgische Szene recht sehr, aber auch sie verstand nicht gleich, was ich mit dem Ausgang derselben wollte.

31. Juli

Gestern abend war ich von 4 bis ½ zehn Uhr in Wielands Gesellschaft. Es war verabredet, daß er mich um 6 Uhr in den Klub führen sollte. Der Tag war schwül, und ich fand ihn von der Hitze fast gelähmt. Wieland ist hypochondrisch besorgt für seine Gesundheit, daß er mitten im heißen Sommer nach zehn Uhr abends nicht ohne Mantel geht. Heute aber litt er durch die Hitze, und eine körperliche Apathie sprach aus allem, was er sagte.

Wir sprachen von Tätigkeit, und das Gefühl seiner Ermattung, glaube ich, war es, was ihm seine heutige Philosophie eingab; denn er deklamierte gegen alle Wirksamkeit als etwas äußerst Undankbares. Von der politischen erklärte er, daß kein ganz rechtschaffener Mann einen großen Posten darin bekleiden oder erhalten könne, das bewies er mit Turgots Beispiel, den er äußerst verehrt. Ich nahm mich mit Wärme der schriftstellerischen an und zwang ihm doch endlich ab, daß er diese als etwas Positives betrachtete. Doch auch hier verriet sich der Unmut seines Herzens. Er führte mir an, daß er jetzt mehrmalen Briefe von jungen Leuten erhielte, die ihm deutlich zeigten, daß man ihn nur für einen Professor halte, der ein Journal herausgebe. Bei lebendigem Leibe fange er an vergessen zu werden, und nach seinem Tode werde es ganz vorbei sein. Ich sagte ihm, daß diese jungen Leute, wenn sie zehen Jahre älter geworden, anders an ihn schreiben würden. Er konnte sich aber nicht zufriedengeben. Man sieht, daß er ungern ins Dunkle tritt. Er brach das Gespräch ab und erinnerte mich, daß ich ihm meine Geschichte versprochen hätte. Diese erzählte ich ihm also bis dahin, wo sich die Idee zu den Räubern bei mir entwickelte. Hier wurden wir abgebrochen, er ließ sich zum Klub frisieren und schloß mir solange seine Bibliothek auf. Meine Geschichte hatte ihn sehr aufmerksam erhalten, er fand Ähnlichkeiten darin mit seiner eigenen.

In seiner Bibliothek (die ich aber kaum anfangen konnte zu durchlaufen) wimmelte es von französischen Feenmärchen, Romanen und dergleichen Schriften, von englischen Romanen und italienischen Dichtern, an welchen seine Bildung und Schriftstellerei hängen mag. Ich fand Gotters Gedichte, die mir neu waren, und untersuchte die übrige Fächer für heute nicht weiter. Wir gingen in den Klub, wo wir nur einige wenige fanden. Da das Wetter ganz vortrefflich war, schlug er einen Spaziergang im Stern vor. Hier bezahlte er mir meine Geschichte mit der seinigen, die ich Dir aber ein andermal erzählen will. Sie war auch nicht zum dritten Teil geendigt, als wir zum Abendessen im Klub anlangten. Er hat mir einen großen Beweis seines Vertrauens an diesem Tage gegeben, weil ich auch sehr aufrichtig gegen ihn gewesen war. Er entdeckte mir die Entstehung einiger Gedichte, der Komischen Erzählungen und der Musarion. Er würde mir vielleicht einmal ein Buch schicken, sagte er, woraus er die erste Idee zu dem letzten genommen habe. Ich bat ihn angelegentlich darum. Eigentlich wär es nicht in der Ordnung, sagte er mir bei dieser Gelegenheit, daß er mir meine Offenherzigkeit mit der seinigen bezahlte, denn ich wäre ein junger Mann und er ein alter – doch wolle er mich an Geist zehen Jahre älter und sich nun ebensoviel jünger annehmen und es auf diese Art gleichmachen. Das Buch sollte ich einmal haben. Da ich ihn soweit kenne und durch andre Menschen über ihn unterrichtet war, so erstaunte ich wirklich über diese Redlichkeit gegen mich, mir eine Blöße zu verraten. Bei Tische mußte ich sein Gast sein. Das Abendmahl war der Konversation nach heute sehr prosaisch, in allem waren heut neun Menschen, einige seichte hiesige Cavaliers und Rat Kraus, dessen Bekanntschaft ich schon gestern gemacht, der ein übrigens guter Mensch ist und sehr zuvorkommend und höflich gegen mich gewesen war. Er hat auf einen Besuch, den ich ihm machen wollte, wo ich ihn nicht traf, drei ebenso fruchtlose Gegenbesuche gemacht, bis ich ihn endlich in seinem Hause traf. Er hat sich zu allen Diensten bei mir erboten.

Durch mein Engagement zum Klub hatte ich mir eine Partie verschlagen, wozu ich mit Gottern gebeten war. Sie war im Belvedere; die Schrötern war dabei, Einsiedel und Schlicks. Auf dem Spaziergang mit Wieland im Stern hatte ich durch Wieland einige weimarische Menschen kennen lernen, die an uns vorbei passierten. Ein Spaß begegnete mir. Wir stießen auf drei Frauenzimmer, worunter die mittlere und größte sehr hübsch war. Eine andere junge und eine alte waren dabei, die sich sehr vertraut mit Wieland unterhielten. Ich blieb in einiger Entfernung gleichgültig zurück, unterließ aber nicht, meine Augen an der Schönen zu weiden. Als sie weg waren, frug ich Wieland ziemlich hastig, wer diese Schöne gewesen. „Ein Fräulein von –" (ich weiß den Namen nicht mehr), war die Antwort. – „Und die anderen?" – „Meine Frau und Tochter." Ich wurde rot bis über die Ohren, weil ich erstaunlich gleichgültig nach den letztern gefragt hatte, denn Wieland hatte mich seiner Familie noch nicht vorgestellt gehabt, und also kannte ich sie nicht. Er half mir aber aus dieser

Verlegenheit, indem er sich selbst über die Schönheit der andern verbreitete. Frau Hofrat Wieland und ihre Tochter aber möchten mich für einen Grobian halten. Stellt Euch mein Herzeleid vor – Charlotte kündigt mir an, daß ich als Weimarischer Rat, sobald ich in der Stadt selbst mich dem Hof präsentieren wolle, beim hiesigen Adel und den ersten Bürgerlichen Zeremonien-Besuche machen müsse. Ob das gleich nun durch bloße Karten ausgerichtet zu werden pflegt und ich meinen Bedienten habe, so stehe ich doch in Gefahr, bei einigen angenommen zu werden, und wenn auch nicht, so ist eine halbe Woche schändlich verloren. Ich kann mich, ohne einen großen Fehler gegen die Lebensart zu begehen, nicht davon ausschließen.

Nun lebet wohl, tausend, tausend Grüße. Deinen Brief, lieber Körner, habe ich erhalten und danke Dir, daß Du den meinigen nicht erst hast abwarten wollen. Ich freue mich Deiner Hoffnungen. Möchtest Du Dich auch bald der meinigen freuen können! – In meinem ersten Brief vergaß ich, Dir zu schreiben, daß mir Göschen 30 Taler gleich bezahlt hat. Mit dem gebundenen Karlos habt Ihr recht getan, aber den im englischen Band, der durch die Mine bei demselben Buchbinder bestellt ist und nun fertig sein wird, laß abholen und bezahl ihn indessen. Diesen schicke mir auch sobald möglich zu. Ich schließe diesen Brief in meinem neuen Logis, wo ich nun eingerichtet bin.

Noch einmal adieu. Euch allen einzeln zu schreiben ist mir bis heute nicht wohl möglich gewesen, aber es geschieht bald. Behaltet mich lieb. Ich bin ewig

der Eurige

Schiller.

Grüßt Kunzens.

40. An Christian Gottfried Körner.

Weimar, 29. August 1787

Ich habe Dir also von Jena zu erzählen. Mit der Reinhold und Charlotte reiste ich dahin. Es ist 3 Meilen von Weimar, und der Weg dahin ist Chaussee, aber eine leere, traurige Landschaft. Nahe bei Jena belebt sich die Gegend und verspricht eine schöne Natur, die man dort im reichen Maße auch findet. Jena ist oder scheint ansehnlicher als Weimar; längere Gassen und höhere Häuser erinnern einen, daß man doch wenigstens in einer Stadt ist. Nicht weit vom Tore wohnen Reinholds in einem geräumigen, artig möblierten Haus. Er empfing uns beim Aussteigen; alle Fassons blieben unter uns weg, wir waren Bekannte, ehe wir die Treppe ganz hinaufgestiegen waren. Reinhold hat ein verständiges Gesicht, aber sein Ansehen ist blaß und kränklich, seine Augen, möchte ich sagen, suchen Sympathie. Er ist noch wenig in der Welt orientiert, daher bemerkt man an ihm Verlegenheit, Ängstlichkeit und gegen Höhere Submission. Er scheint mir sehr von Rücksichten abzuhängen, welche bekanntermaßen auf diejenigen Menschen am meisten Gewalt haben, denen gewisse Verhältnisse fremd und ungewohnt sind und deren Selbstgefühl noch nicht befestigt genug ist. Daher mißfiel er mir in verschiedenen Gesellschaften. Das Hauswesen der beiden Leute hatte für mich etwas Komisches, weil es ihnen noch nicht recht angewohnt ist und sie das Kulissenspiel noch nicht zu verdecken wissen. Beide leben mäßig und führen eine sehr eingeschränkte Wirtschaft. Reinhold steht sich jetzt ohngefähr auf 600 bis 700 Taler, seine Revenuen vom Merkur, den er mit Wieland teilt, und von der Literaturzeitung, woran er arbeiten hilft, dazugerechnet. Erst mit dem Oktober fangen seine Vorlesungen an, welche Kants Philosophie und schöne Wissenschaften zum Inhalt haben. Gegen Reinhold bist Du ein Verächter Kants, denn er behauptet, daß dieser nach 100 Jahren die Reputation von Jesus Christus haben müsse. Aber ich muß gestehen, daß er mit Verstand davon sprach und mich schon dahin gebracht hat, mit Kants kleinen Aufsätzen in der Berliner Monatsschrift anzufangen, unter denen mich die Idee über eine allgemeine Geschichte außerordentlich befriedigt hat. Daß ich Kanten noch lesen und vielleicht studieren werde, scheint mir ziemlich ausgemacht. In kurzem, sagt mir Reinhold, wird Kant eine Kritik der praktischen Vernunft oder über den Willen – und dann auch eine Kritik des Geschmacks herausgeben. Freue Dich darauf.

Reinhold, wenn Du es noch nicht weißt, ist katholisch und Noviz des Jesuiterordens gewesen, dessen Aufhebung sein ganzes jetziges Schicksal gemacht hat. Ein Mädchen, das er heiraten wollte, raubte ihn dem geistlichen Stande (welchen Teil seiner Geschichte er mir aber noch schuldig ist), und nachher schwur er seinen Glauben ab. Jetzt haßt er den Katholizismus so herzlich als nur ein Philosoph. Blumauer brachte ihn in Wielands Bekanntschaft, dem er halb gefiel, dem er in kurzem zum Bedürfnis wurde, vornehmlich auch durch den Beitrag seiner Feder. Sophie (Wielands älteste Tochter, Reinholds jetzige Frau), damals ein äußerst rasches, reizbares Wesen, verliebte sich in ihn, und diese Leidenschaft machte aus diesem sprudelnden Geschöpf ein recht liebes und sanftmütiges Weib. Sophie hat die ganze Gesichtsbildung und die größte Portion von dem Charakter und Temperament ihres Vaters zum Erbteil bekommen. Aber zur Ehre gereicht es diesem – oder vielleicht der mütterlichen Aufsicht der Natur –, daß sich in diesem Geschöpfe die ganze lebendige Kraft der Natur, die volle Blüte des Gefühls bei der reinsten Grazie der Unschuld erhalten hat. In der Tat ist es das unverdorbenste Geschöpf, und wenn man einige Kleinigkeiten abrechnet, die ihr die Zelebrität ihres Vaters gleichsam aufgedrungen hat, so ist sie auch ganz schmucklose Natur. Kurz – ich gestehe Dir, daß ich ihr herzlich gut geworden bin und daß ich es anfangs gar nicht willens war. Sonst ist sie äußerst populär und nichts weniger als mit Idealen aufgefüttert. Unsern Weibern müßte sie behagen, und hab ich's schon mit ihr verabredet, Eure Bekanntschaft zu machen. Aus meiner Schilderung schließest Du wahrscheinlich schon, daß sie mir auch nicht abhold ist – aber ich versichere Dir, daß dieses dem Zeugnis, das ich von ihr ablege, keinen Abbruch tut. Sie wird mir bald schreiben, und dann sollst Du sie aus ihrem Briefe näher kennenlernen.

Charlotte fuhr denselben Abend wieder nach Weimar. Ich blieb aber 6 Tage in Jena, dann holte mich Charlotte wieder ab. Diese 6 Tage brachte ich im Reinholdischen Hause sehr angenehm zu, und ich muß hinzusetzen, noch nie ist mir's in einem fremden Ort so behaglich gewesen. Ganz glücklich kann ich nirgends und nie sein, das weißt Du, weil ich nirgends die Zukunft über der Gegenwart vergessen kann. Ich war sechs Tage müßig in Jena. Schon allein das mußte mir die reine Freude vergiften.

Übrigens folgre aus dieser Schilderung nicht, daß Reinhold und ich Freunde sein müssen oder schon sind. Reinhold kann nie mein Freund werden, ich nie der seinige, ob er es gleich zu ahnden glaubt. Wir sind sehr entgegengesetzte Wesen. Er hat einen kalten, klar sehenden, tiefen Verstand, den ich nicht habe und nicht würdigen kann; aber seine Phantasie ist arm und enge und sein Geist begrenzter als der meinige. Die lebhafte Empfindung, die er im Umgange über alle Gegenstände des Schönen und Sittlichen ergiebig und verschwenderisch verbreitet, ist aus einem fast vertrockneten, ausgesognen Kopfe und Herzen unnatürlich hervorgepreßt. Er ermüdet mit Gefühlen, die er suchen und zusammenscharren muß. Das Reich der Phantasie ist ihm eine fremde Zone, worin er sich nicht wohl zu orientieren weiß. Seine Moral ist ängstlicher als die meinige, und seine Weichheit sieht nicht selten der Schlappheit, der Feigheit ähnlich. Er wird sich nie zu kühnen Tugenden oder Verbrechen, weder im Ideal noch in der Wirklichkeit, erheben, und das ist schlimm. Ich kann keines Menschen Freund sein, der nicht Fähigkeit zu einem dieser beiden oder zu beiden hat. Reinhold hat mir über Wieland die Augen geöffnet. So wenig ich mich zwar auf seine Urteile über Menschen verlassen kann (denn seine Menschenkenntnis ist womöglich noch schlechter bestellt als die meinige), so hab ich mir doch aus den Faktis, die er mir nach und nach vorlegte, einige Beleuchtungen über jenen verschafft. So ein unmäßiger Vergötterer er auch von ihm ist, so gestand er mir doch, daß ihn Wielands ungleicher Charakter auf das schrecklichste schon mißhandelt habe. Wieland, ob ihm gleich Reinhold unter allen Menschen der liebste ist, hat diesen durch üble Launen und abwechselndes Anziehen und Zurückstoßen eigentlich aus Weimar getrieben. Heute hab er ihn für einen großen Geist und morgen für einen Esel erklärt. Niemand als Wielands Frau, die alle Ungewitter abwartet, kann in seiner Atmosphäre dauren. Du wirst also begreifen, daß es ganz ohne Hexerei und ohne Verhetzungen zugegangen sein konnte, daß er und ich auseinanderkamen. Wieland, sagt er mir, sei der schlechteste Menschenkenner, und dieses wird mir von allen, die ihn kennen, bestätigt. Blumauer ist seine Leidenschaft. Nachdem dieser hier gewesen war, hat er erklärt, daß ihm nur darum das Leben lieb wäre, weil Blumauer das nächste Jahr wiederkommen würde. Göschen hat ihn auch gleich weggehabt. Ich selbst habe die Erfahrung gemacht, durch welchen wenigen Aufwand er zu erobern ist. Diese Inkonsequenz und diese Wandelbarkeit der Laune erkennt er selbst und kann, wie mir Reinhold sagt, in der folgenden Stunde abbitten und schmelzen wie ein Kind. – Aber ich mag mit solch einem Menschen nicht leben. Wieland hat eine gar sonderbare Neigung, um Fürsten zu wohnen. Reinhold und seine Tochter versichern mir, daß sie vorzüglich der Pracht der Möblierung zuzuschreiben sei, die er in ihren Zimmern finde. Für dieses hat er eine ganz besondere Schwäche. Etwas natürlich tut doch die Eigenliebe. – Was ihn zum Beispiel an die alte Herzogin attachiert, ist die Freiheit, die er sich bei ihr erlauben darf – neben ihr auf dem Sofa zu schlafen. Man sagt, er soll ihr schon auf das heftigste widersprochen und einmal das Buch an den Kopf geworfen haben. Ich kann nicht bezeugen, ob das letztere wahr ist, wenigstens sieht man die Beule nicht mehr.

Von den hiesigen großen Geistern überhaupt kommen einem immer närrische Dinge zu Ohren. Herder und seine Frau leben in einer egoischen Einsamkeit und bilden zusammen eine Art von heiliger Zweieinigkeit, von der sie jeden Erdensohn ausschließen. Aber weil beide stolz, beide heftig sind, so stößt diese Gottheit zuweilen unter sich selbst aneinander. Wenn sie also in Unfrieden geraten sind, so wohnen beide abgesondert in ihren Etagen, und Briefe laufen Treppe auf, Treppe nieder, bis sich endlich die Frau entschließt, in eigner Person in ihres Ehgemahls Zimmer zu treten, wo sie eine Stelle aus seinen Schriften rezitiert mit den Worten: „Wer das gemacht hat, muß ein Gott sein, und auf den kann niemand zürnen." – Dann fällt ihr der besiegte Herder um den Hals, und die Fehde hat ein Ende. Schlechter sind diese Gottheiten bestellt, wo sie wieder an die Sterblichkeit grenzen. So weiß man zum Beispiel, daß Fleischer und Schneider Hunderte an sie zu fodern haben, und zwar seit acht und zehen Jahren. Einer Magd, die aus dem Dienst geschickt wurde und welche ihren sehr hoch angelaufenen Lohn foderte, setzte die Frau Generalsuperintendenten höchst eigenhändig eine Rechnung von allem zerbrochenen Küchengeschirre auf, daß nur noch 2 oder 3 Taler zu bezahlen übrigblieben. Preiset Gott, daß Ihr nicht unsterblich seid!

Bertuch und Herder hassen einander wie die Schlange und des Menschen Sohn. Bei Herdern geht es so weit, daß sich alle seine Züge verändern sollen, wenn Bertuchs Name genannt wird. Aber auch der geschmeidige Bertuch ist an dieser einzigen Stelle sterblich und fühlt etwas höchst Seltenes – Leidenschaft. Übrigens aber freue ich mich, Herdern wieder zu besuchen. Er ist ein eigener Mensch und insofern ein Genuß für den Beobachter.

Aber ich muß nach Jena zurückkehren, wo ich Dich lange genug habe stehenlassen. Daß die Studenten hier was gelten, zeigt einem der erste Anblick, und wenn man sogar die Augen zumachte, könnte man unterscheiden, daß man unter Studenten geht, denn sie wandeln mit Schritten eines Niebesiegten. Anfangs, als Reinhold erst hieher gekommen war, verdroß ihn die Grobheit dieser Herrn, die ihm gegenüber wohnten und mit Hüten zum Fenster heraus ihm ins Gesicht schauten. Er nahm also seinen eigenen Hut und setzte ihn gleichfalls auf. Das müssen die Herren sich doch zu Herzen genommen haben, denn sie verließen das Fenster und nahmen diesen ritterlichen Zierat vom Kopfe. Abends, wenn es dunkel wird, hört man, fast alle 4 Minuten, die ganze lange Gasse hinunter schallen: „Kopf weg! Kopf! Kopf weg!" – welches menschenfreundliche Wort den fliehenden Wanderer vor einem balsamischen Regen warnet, der über seinem Scheitel loszubrechen droht. Im ganzen aber sind die Sitten der hiesigen Studenten um sehr viel gebessert. Man hört auch wenig mehr von Duellen, doch vergeht keine Woche ohne irgendeine Geschichte. Die Anzahl der Studenten ist zwischen 7 bis 800 und soll jetzt, wie der Ruhm der Universität, im Zunehmen sein.

Meine erste hiesige Bekanntschaft war Schütz und seine Frau. Er war eben aus einer schlimmen Krankheit aufgestanden, doch fand ich ihn schon sehr erholt und auch lebhaft. Seine Außenseite ist nicht liebenswürdig, aber geistreich. Seine Augen haben Feuer. Er spricht mit vielem Sinn über alles; hier wird erstaunlich viel aus ihm gemacht, auch in Weimar. Wir sind recht gute Freunde geworden, was ich mir in Dresden nicht vermutete. Schütz hat am Karlos viel Geschmack gefunden, welches nicht ohne Wert für mich ist, denn er ist ein Mensch von Sinn. Den größten Teil der Literaturzeitung besorgt Doktor Hufeland mit ihm, ein vortrefflicher Kopf, in welchem vielleicht ein großer Mann schlummert. Ein still denkender Geist voll Salz und tiefer Forschung – und er ist noch jünger als wir beide. Auch mit diesem bin ich recht gut bekannt worden. An der Zeitung arbeiten gegen 120 Schriftsteller, und von den wichtigsten in Deutschland, wie sie ausgeben. Schütz und Bertuch stehen sich durch sie jeder auf 2500

Taler, den Mitarbeitern werden 15 Taler pro Bogen bezahlt. Das Haus heißt in Jena schlechtweg die Literatur und ist sehr schön und bequem gebaut. Ich habe mich in dem Büro herumführen lassen, wo eine ungeheure Quantität Verlagsbücher, nach dem Namen der Buchhändler geordnet, auf seinen Richterspruch wartet. Eigentlich ist doch eine rezensierende Sozietät eine brutale und lächerliche Anstalt, und ich muß Dir gestehen, daß ich zu einem Komplott gegen diese geneigt bin. Vorher aber müssen sie mich in ihr Heiligtum führen. Die Professor Schützin ist ein triviales, sonst sehr lebhaftes Weib, das unaussprechlich gern gefallen will und sich durch die auffallendsten, übel angebrachte Kleidertrachten lächerlich macht. Sonst aber kommt ihre Eitelkeit dem Fremden, vorzüglich denen von einigem Rufe, zugute, die sie mit Aufmerksamkeit belagert. Bei Schützen lernt ich Döderlein kennen; eine feine schelmische Physiognomie im Kopf eines Geistlichen, mit dem sich aber recht gut sprechen läßt. Diesen Abend war ich zwischen 4 Männern von Geist, was mir selten begegnete.

Der nächste nach *Döderlein*, und der gleichen Ruf mit ihm teilt, ist Griesbach, geheimer Kirchenrat. In dessen Hause habe ich mit Charlotten meinen letzten Abend in Jena überaus angenehm zugebracht. Er wohnt des Sommers in einem großen, neu erbauten Gartenhause an der Stadt, das eine ganz herrliche Landschaft beherrscht. Hier waren wir mit Reinholds zu zehn Personen beisammen, und der Ton, den ich da fand, gefiel mir ungemein. Seine Frau ist eine sehr gescheite, wahre und natürliche Person, die viel Lebhaftigkeit hat. Er selbst scheint beim ersten Anblick verschlossen und kostbar, bald aber erwarmt er, und man findet einen sehr geselligen, verständigen Mann. Ich habe mich lange mit ihm, vorzüglich über die Universität und die Stadt Jena, unterhalten. Die unter 4 sächsische Herzöge verteilte Gewalt über die Akademie macht diese zu einer ziemlich freien und sicheren Republik, in welcher nicht leicht Unterdrückung stattfindet. Diesen Vorzug rühmten mir alle Professoren, die ich sprach, und besonders Griesbach mit vielem Nachdruck. Die Professoren sind in Jena fast unabhängige Leute und dürfen sich um keine Fürstlichkeit bekümmern. Diesen Vorzug hat Jena unter den Akademien voraus.

Von den übrigen Professoren hab ich keinen gesehen. Ich habe diesen die Gegenden vorgezogen, die ich mit Reinholds durchwanderte. Eine Partie machten wir nach einem Dorfe Lobeda, eine Stunde von Jena, wo eine sehr geehrte Dichterin, die Frau Bürgermeister Bohlin, als Merkwürdigkeit des Landes besucht wird. Ich fand eine Frau von fünfzig Jahren ohngefähr, die aber noch ziemlich hell aus den Augen sieht. Ohngeachtet der Bewunderung, die sie in Weimar auszustehen hatte, ist sie doch von Affektation entfernt. Eine weitläuftige Wirtschaft beschäftigt sie, und ihr Dichtertalent nimmt noch bloß mit den leeren Augenblicken vorlieb. Ein vortreffliches Gedicht, „Wind und Männer" (als Gegensatz zu dem englischen „Wolken und Weiber"), das im Teutschen Merkur steht, ist von ihr. Sie sagte mir die *Freude* auswendig und auch vieles aus dem Karlos. Hier zeigte man mir die Laube, worin zwischen Schütz, Wieland und Bertuch die erste Idee der Literaturzeitung ausgeheckt wurde.

Der Weg nach Lobeda und die ganze dortige Gegenden sind ungemein schön und gefällig. Eine Retraite an diesem Orte könnte vielen Reiz für mich haben. Bei der Frau Bürgermeistern fand ich die Büste der Frau von Recke, die mich anzog. Es ist keine gemeine Physiognomie, und ich kann begreifen, wie sie Cagliostro Hoffnungen erweckt hat.

Ich verließ Jena sehr vergnügt und tat ein Gelübde, es nicht zum letztenmal gesehen zu haben. Hätte ich einen Plan nach Jena, so versichert mir Reinhold, daß ich keine Schwierigkeit finden würde. Ich soll, sagte er, ohne ein Wort darüber zu verlieren, noch vor dem Frühjahr einen Ruf dahin bekommen. Ich weiß aber nicht, mein Lieber. Mit dieser Idee bin ich zerfallen. Meine Unabhängigkeit und die Vermengung meiner Existenz mit Euch soll das Schicksal meines Lebens bleiben, vorausgesetzt, daß mir Schriftstellerei ein angenehmes Dasein verschaffen kann. Dieses muß sich nach Verfluß eines Jahres entschieden haben, wo ich alsdann wissen werde, wie leicht oder schwer, wie fruchtbar oder arm meine Feder und wie günstig oder abhold das Glück mir sein wird. Für meine späteren Jahre muß mir freilich immer irgendeine Zuflucht in einer akademischen Wissenschaft bleiben.

Ich habe am 28. August Goethens Geburtstag mit begehen helfen, den Herr von Knebel in seinem Garten feierte, wo er in Goethens Abwesenheit wohnt. Die Gesellschaft bestand aus einigen hiesigen Damen, Voigts, Charlotten und mir. Herders beide Jungen waren auch dabei. Wir fraßen herzhaft, und Goethens Gesundheit wurde von mir in Rheinwein getrunken. Schwerlich vermutete er in Italien, daß er mich unter seinen Hausgästen habe, aber das Schicksal fügt die Dinge gar wunderbar. Nach dem Souper fanden wir den Garten illuminiert, und ein ziemlich erträgliches Feuerwerk machte den Beschluß. An diesem Tage sah ich die jüngere Herzogin. Sie begegnete mir im Stern, als ich Charlotte zu Knebeln führte, aber es blieb nur beim bloßen Vorbeigehen. Es ist eine schöne und edle Figur, aber viel Stolz und Fürstlichkeit im Gange.

Eure Mademoiselle Schmidt habe ich vor 10 oder 12 Tagen bei einem Konzerte kennen lernen. Es ist eine kostbare Demoiselle, gegen die ich nie etwas fühlen könnte. Ihre Schönheit besteht in einem ungemein weißen und feinen Teint und überaus schönen lichtblonden Haaren. In diesen beiden Stücken erinnerte sie mich an das Pastellgemälde, das Dorchen für Huber gemacht hat, aber ihre Züge taugen wenig und würden ohne diese Gesichtsfarbe und Haare schwerlich bemerkt werden. Gegen mich war sie sehr artig und aufmerksam. Überhaupt mag sie es wohl leiden können, bewundert zu werden. Man hält sie hier für eine gute Partie, aber ihre Gefühle der Liebe stehen unter dem eisernen Szepter der Vernunft. Man will behaupten, daß sie den Dreißigen nahe wäre.

Die hiesigen Damen sind ganz erstaunlich empfindsam, da ist beinahe keine, die nicht eine Geschichte hätte oder gehabt hätte. Erobern möchten sie gern alle. Da ist zum Beispiel eine Frau von Schardt, die Du in jeder anderen Gesellschaft für eine ausgelernte Fille de joie erklären würdest, ein feines, nicht häßliches Gesicht, lebhafte, aber sehr begehrliche Augen. Sie wollte sich uns nach Jena mit aufhängen, aber wir schüttelten sie ab. Weil ich die hiesigen Teeassembleen nie besuchte, so legte man es Charlotten als einen Despotismus über mich aus. Man kann hie sehr leicht zu einer Angelegenheit des Herzens kommen, welche aber freilich bald genug ihren ersten Wohnplatz verändert.

Beim vorigen Klub mußte ich Bertuchs Gast sein. Ich machte mir die Lust, ihn auf sein Steckenpferd zu setzen, und verbreitete mich ganz erstaunlicherweise und mit einer Art Begeisterung über Kommerzspekulationen. Er wurde warm und machte mir große Konfidenzen, unter anderen auch die Idee eines deutschen Bücherhandels nach Paris, Amsterdam und England, den er gar sehr in Affektion genommen hat. Ich sprach mit so viel Achtung von dem Handel, daß ich ihn bald ganz weg hatte und er mir am Ende einfiel, ob ich, stelle Dir vor! ich! nicht Lust hätte, mich in eine solche Karriere einzulassen. Als wir auseinandergingen, drückte er mir die Hand und sagte: Es freue ihn, daß wir einander nun hätten kennen lernen! Der Mann bildet sich ein, daß wir Berührungspunkte hätten, und denkt, mich auf einer neuen Seite betreten zu haben. Übrigens aber, gestehe ich Dir, werde ich Bertuchs Bekanntschaft nie ganz aufgeben. Wer weiß, ob nicht *Du* vielleicht einmal von seiner Tätigkeit, seinem Handelsgeist und seinem Glücke profitieren kannst, wenn sich Fälle ereignen sollten. Vielleicht auch ich selbst.

Bode ist vorgestern hier angelangt, aber besucht habe ich ihn noch nicht; man sagt, daß er nicht wohl sei. Doch wird es, denke ich, diese Woche noch geschehen. Meine Reise nach Meiningen ist aufgeschoben, also kannst Du Deine Briefe künftig wieder nach Weimar adressieren. Wäre schon einer nach Meiningen abgegangen, so erhalte ich ihn von dort.

Ich denke doch, ich will endlich den Brief schließen. Deine Geduld wird erschöpft sein. Aber ich fürchte dennoch, daß ich manches vergessen habe, worauf Du noch neugierig sein könntest. Kommt kein anderer Brief mit, so muß mich die Länge dieses für heute entschuldigen. Lebt wohl alle miteinander und bleibt mein, wie ich Euer auf immerdar.

Schiller

41. An Ludwig Ferdinand Huber.

Weimar, 26. Oktober 1787

Ich muß Dir Glück wünschen, so schwer es mich ankommt. Gegen Deine Aussichten ist nichts einzuwenden, aber es will mir nicht in den Kopf, Dich zu verlieren; und ich verliere Dich nicht allein, auch, und das ist ebenso schlimm – auch das Vereinigungsband unsrer Wesen, unsre gemeinschaftliche Geistesgenüsse und Studien werden Dich verlieren, Dein voriges Dasein wird Dir fremd werden, Du wirst andre Freuden und andre Tätigkeiten haben. *Diese* Trennung ist ernsthafter und wichtiger – ich sehe sie voraus und freue mich nur halb, daß Du auf dem Wege bist, versorgt zu werden. Die Meinungen, die ich von Deinem Kopfe habe, berechtigen mich, aufrichtig zu sein. Du bist Dir mehr schuldig als eine bloße sorgenfreie Existenz. Die Stelle, die Du besetzen wirst, kann ein gewöhnlicher Mensch auch ausfüllen, und Du bleibst also immer noch übrig. Alle Deine Talente warten noch auf ihre Sphäre. Für die ist noch nichts geschehen, Du mußt dafür sorgen. Ich bin überzeugt, daß ich Dir hier nur eine Bemerkung avanciere, die Du früher oder später selbst machen wirst. Aber unglücklich würde es mich machen, wenn mein Freund in der Welt nur einen Menschen vorstellte, der zu leben hat. Ich habe Deine Empfindungsart geliebt und Deinen Kopf verehrt. – Deine Seele ist mein Freund. Wenn diese abwelkt, so habe ich meinen Freund verloren.

Ja, mein Lieber, ich gestehe Dir, daß ich über diese Sache ganz anders denke als Du selbst und Körner, der Dich gewiß nicht weniger liebt als ich, aber der nicht so oft in den Fall gekommen ist wie ich, über seine Seele zu denken. Für Menschen unserer Art sind andre Befriedigungen nötig. Ich fürchte nicht, daß Du Dir selbst so ungleich werden und mit geringeren vorliebnehmen werdest. Solange man den Druck der Bedürfnisse fühlt, hält man es für das höchste Gut, darüber beruhigt zu werden. Und doch – was hat man, wenn das auch geschehen ist: einen äußerlichen schmerzlosen Zustand, wobei sehr oft die innere Unruhe desto lauter wird. Es ist hier wie mit der sinnlichen Leidenschaft. Solange sie noch Begierde ist, kennt man kein höheres Gut als ihre Befriedigung. Ich hätte für eine Schäferstunde meine besten Freuden hingegeben, und nachher – ich glaube, ich habe Dir schon über diesen Artikel gesprochen –, nachher war mir die leiseste Regung meines schlafenden Genius Labsal. Aber Du wirst fragen, wo ich mit diesem allen hinauswill. Dahin, mein Lieber, daß Du jetzt mehr als jemals glauben sollst, es sei nichts für Dich getan und alles beruhe noch auf Dir. Die Nachricht von einer Geistesarbeit, die Dir *gelungen* ist, soll mir noch einmal so willkommen sein als Deine Versorgung von meinetwegen tausend Talern auf lebenslang. Denkst Du aber über diesen Punkt wie ich und handelst Du, wie Du denkst, so ist diese Aussicht unstreitig das größte Glück, das Dir begegnen konnte.

Recht sehnlich wünsche ich, Dich jetzt um mich zu haben, und nunmehr ebensowohl wegen Deiner als wegen meiner. Einige Umstände, die sich nach und nach so gegeben haben, lassen mich jetzt noch gar nicht auf die Zurückreise denken, und ich muß Dich entbehren. Wäre der Umstand mit der Gesandtschaft nicht vorgefallen, so hätte ich in Dich gedrungen, mich hier zu besuchen, und für das Nötige gesorgt. Es wäre nicht ohne Folgen für Dich gewesen, hier eine Zeitlang zu sein; die Kosten hätten wenig betragen, und für Deinen Fleiß wäre ich Bürge gewesen, auch für die Belohnung desselben. Jetzt fange ich an, auf diese Hoffnung Verzicht zu tun.

In der Tat habe ich hier jetzt eine recht schöne Existenz; voll Genuß, Arbeit und Hoffnung. Ich bin gesund, und meine Laune ist klar und sich gleich. Meiner Verbindungen sind viele, viele sind mir gut, einige sind mir recht gut. Dies gibt dem Leben einen angenehmen Fluß. Meine Vereinigung mit Wieland ist jetzt vollendet. Auf *den* Punkt, wo ich jetzt mit ihm stehe, habe ich nie zu kommen vermutet, und der Weg dahin war doch, wie Du gestehen wirst, sonderbar genug. (Aus meinem vorigen Brief an Körner hast Du schon den Anfang unserer Aussöhnung erfahren. Unterdessen kamen Reinholds aus Jena, und dies zog mich öfters ins Wielandische Haus.) Charlotte und ich brachten einen außerordentlich angenehmen Abend in der Familie zu, und ich kann sagen, daß mir die Familie ganz ungemein behagte. Drei erwachsene Töchter voll fröhlicher Laune und einer ganz possierlichen Unschuld, eine seelengute Frau und Wielands lukianisch-sokratischer Geist. Wie gesagt, Du solltest kommen und sehen. Wir beschlossen das Abendessen mit Champagner und waren vergnügt wie Götter. Den folgenden Tag waren Wielands und ich beim Geheimen Assistenzrat Schmidt, wo wir den ganzen Abend von Romanen und besonders von der Clarisse sprachen. Bei der Gelegenheit hört ich überaus viel Gedachtes über diesen Roman. Auch Manon Lescaut kam aufs Tapet und wurde von Wieland sehr gerühmt. Vorgestern bat ich Wieland zur Frau von Kalb, um ihm etwas aus meiner Niederländischen Rebellion vorzulesen. Ich muß Dir voraussagen, daß er nicht mehr *unbefangen* sein konnte, weil er mir bis zur Leidenschaft attachiert worden ist. Er war von dem Ding hingerissen und behauptet, daß ich dazu geboren sei, Geschichte zu schreiben. Er umarmte mich schwärmerisch und erklärte, daß ich keinen vor mir haben würde in der Geschichte. Die Niederländische Rebellion müßte ich gleich ins Französische übersetzen lassen, sie würde mir einen erstaunlichen Namen machen. Alles dies, wie ich Dir versichern kann, kommt daher, weil dieser Aufsatz das Eigentümliche hat, daß er schönen, edeln Stil, Eselsfleiß, klare Auseinandersetzung und philosophische Darstellung verbindet, ohne daß etwas Hervorragendes daraus zu erkennen wäre. Seine Freude über mich entdeckte sein ganzes Herz. Er habe mich sehr bald geliebt, aber er sei überhaupt schüchtern worden und habe sich vorgesetzt, keinen Menschen mehr zu *heuraten*. Mit mir habe er sicher gehen wollen und sich eine Probe erlaubt. Hätte ich mir merken lassen, daß ich ihm nichts nachfrage, und dieser Anomalie in seinem Betragen nur Stolz entgegengesetzt, so würde er geschlossen haben, daß ich wie jeder andere sei und wir nicht zusammentaugen. Jetzt möchte geschehen, was wollte, es sei bei ihm eine unumstößliche Wahrheit, daß wir Freunde seien und auf ewig bleiben. Seine Bahn gehe zu Ende und die meinige fange an. Seine höchste Freude sei es nun, mich auslaufen zu sehen, mich zu begleiten, in meiner Existenz zu leben. Ich bin jetzt wie ein Kind vom Hause. Hat er zu schreiben, wenn ich komme, so gibt er mir ein Buch, und ich lese. Seine Bibliothek ist mein. Ich sehe ihn alle Tage, ich lebe mit ihm und erfahre von ihm alles. Charlotten verehrt er innig, er wird auch oft zu ihr kommen; wir werden schöne Stunden haben. Wieland ist jung, wenn er liebt.

Von Dalberg erhielt ich neulich auch einen Brief. Mercier ist jetzt in Mannheim und hat sich die Räuber spielen lassen. Er will meine Stücke ins Französische übersetzen lassen und eine Vorrede dazu schreiben. Es wäre in der Tat prächtig, so etwas zu lesen. Das Buch soll heißen Les œuvres dramatiques de Monsieur Schiller. Dalberg ist ganz entzückt von der Idee. Er will den Handlanger machen und die Stücke vorher *wörtlich* übersetzen und dann erst den französischen Übersetzer darüberlassen.

Eine Sache, die Dir unglaublicher vorkommen wird, ist, ich schreibe jetzt an der Allgemeinen Literaturzeitung und bin förmliches Mitglied. Vor 6 Wochen habe ich bei Bertuch ein Wort davon fallenlassen, und vor 14 Tagen schickt man mir den Kontrakt zum Untersiegeln und die Statuten. Gestern erhalte ich den ersten Transport von Recensendis. Es ist, wenn ich mehr mit Dir darüber spräche, eine nicht verwerfliche Spekulation. Der Bogen wird mit 15 Talern bezahlt, die Hauptsache ist, daß ich dadurch angehalten bin, vieles zu lesen, weil, um ein mittelmäßiges Buch zu rezensieren, oft zwei gute gelesen werden müssen. Die Bücher werden mir geschickt, und ich habe das Lesen umsonst. Eine nähere Konnexion mit der Allgemeinen Literaturzeitung ist auch darum nicht zu verwerfen, weil sie in der gelehrten Welt ein ansehnlicher Körper ist und noch weit mehr werden wird. Zugleich ist es eine Arbeit für meine verlorene Stunden. Die Spekulation mit dem Teutschen Merkur wird ganz vortrefflich werden, sie soll meine ganze Existenz sicherstellen. Nächste Ostermesse erscheint das Avertissement. Wieland hat schon 1400 Subskribenten, wir können alsdann gewiß auf 2000 rechnen, denn der Preis bleibt, und der Wert mit dem Volumen nimmt sehr zu. Wieland überläßt mir alle neuen Vorteile, er will nicht mehr, als er hat, und nimmt vielleicht noch weniger. Wenn wir 600 *mehr* bekommen, so habe ich 1000 Taler reinen Profit.

Ich hätte Dir, Körnern und unsern lieben Weibern noch unendlich viel zu sagen, aber schreiben läßt sich's nicht recht. Wollte Gott, ich könnte zu Euch fliegen oder Euch hieherzaubern. Eins von beiden wird noch geschehen. Auch die Geselligkeit ist hier vermehrt. Ich habe noch einen Freitags-Klub gestiftet zwischen lauter Ledigen. Zum Unglück muß sich Ridel, der auch dabei ist, wegen des Prinzen etwas in acht nehmen, sonst wollten wir der weimarischen Welt über uns ganz erstaunlich zu reden geben. Gestern habe ich im Mittwochs-Klub einen vergnügten Abend gehabt, bei dem gewöhnlichen Whist. Bode spielte mit und gewann mir alle Partien ab. Ich hatte meinen Zimmerschlüssel eingeschlossen und mußte, weil ich spät in der Nacht nach Hause kam, im Erbprinzen schlafen.

Nächster Tage werde ich Herdern wiedersehen. Es ist schlimm, daß sich eine genaue Freundschaft mit Herdern und Wieland zugleich nicht wohl vereinigen läßt. Herder hat ungemein viel Anziehendes. Er ist eine wahre Sirene, ebenso bezaubernd und ebenso gefährlich. Jetzt ist auch der Verfasser des Moritz, Herr Schulz, in Weimar und wird den Winter hier zubringen. Wieland hat mir ihn empfohlen und mich zugleich vor ihm gewarnt. Es ist ein Mensch von Kopf, satirischem Beobachtungsgeist und vieler Laune. Im Umgang recht gut, auch für mich, vorzüglich zum sch–eln. Dieser Schulz schreibt sich jährlich 1000 Taler zusammen, den Bogen zu 3 und 4 Taler gerechnet. Er arbeitet mit der Schere. Eine schwere Versündigung an seinem wirklich entschiedenen Talent.

Noch eins. Wenn Du ein Buch von Heinse, das sich Ardinghello nennt, noch nicht gelesen hast, so lies es und laß es lesen. Hier ist es ganz erstaunlich in Circle geraten. Du wirst ihm bald anriechen, warum. Die Damen, von den Herzoginnen herunter, vergöttern es.

Ich muß abbrechen. Charlotte läßt mich holen, sie hat Besuch bekommen. Lebe wohl! Grüße mir alle und schreibe bald und viel. Dein

Schiller

42. An Christian Gottfried Körner.

Weimar, 18. Januar 1788

Antworten kann ich Dir auf Deinen Brief zwar nicht, denn eben erhalte ich ihn, und in einer halben Stunde muß dieser fort sein – aber ich schreibe Dir meine ersten Empfindungen, nachdem ich ihn durchlesen.

Etwas Wahres mag daran sein, wenn Du mir vorwirfst, daß ich prosaischer worden bin – aber vielleicht doch nicht in *dem* Verstande, wie Du glaubst. Ich habe Dir neulich meine Ideen vielleicht durch Umständlichkeit verwirrt – hier sind sie kürzer und vielleicht einleuchtender.

1. Ich muß von *Schriftstellerei leben*, also auf das sehen, was *einträgt*.

2. Poetische Arbeiten sind nur meiner *Laune* möglich; forciere ich diese, so mißraten sie. Beides weißt Du. *Laune* aber geht nicht gleichförmig mit der *Zeit* – aber meine Bedürfnisse. Also darf ich, um sicher zu sein, meine *Laune* nicht zur *Entscheiderin* meiner Bedürfnisse machen.

3. Du wirst es für keine stolze Demut halten, wenn ich Dir sage, daß ich zu *erschöpfen* bin. Meiner Kenntnisse sind wenig. Was ich bin, bin ich durch eine oft unnatürliche Spannung meiner Kraft. Täglich arbeite ich schwerer – weil ich viel schreibe. Was ich von mir gebe, steht nicht in Proportion mit dem, was ich empfange. Ich bin in Gefahr, mich auf diesem Weg auszuschreiben.

4. Es fehlt mir an *Zeit*, Lernen und Schreiben gehörig zu verbinden. Ich muß also darauf sehen, daß auch *Lernen* als Lernen mir rentiere!

5. Es gibt *Arbeiten*, bei denen das Lernen die Hälfte, das *Denken* die andere Hälfte tut. Zu einem Schauspiel brauche ich kein Buch, aber meine ganze Seele und alle meine Zeit. Zu einer z. B. historischen Arbeit tragen mir Bücher die Hälfte bei. Die Zeit, welche ich für beide verwende, ist ohngefähr gleich groß. Aber am Ende eines historischen Buchs habe ich Ideen erweitert, neue empfangen – am Ende eines verfertigten Schauspiels vielmehr verloren.

6. Bei einem großen Kopf ist jeder Gegenstand der Größe fähig. Bin ich einer, so werde ich Größe in mein historisches Fach legen.

7. Weil aber die Welt das *Nützliche* zur höchsten Instanz macht, so wähle ich einen Gegenstand, den die Welt auch für nützlich hält. Meiner Kraft ist es eins, oder soll es eins sein – also entscheidet der Gewinn.

8. Ist es wahr oder falsch, daß ich darauf denken muß, wovon ich *leben* soll, wenn mein dichterischer Frühling verblüht? Hältst *Du* es nicht für besser, wenn ich mich entfernt auf eine Zuflucht für spätere Jahre bereite? – Und wodurch kann ich das, als durch diesen Weg? Und ist nicht die Historie das Fruchtbarste und Dankbarste für *mich*?

9. Über den zweiten Artikel meines *vorigen Briefs* und *Deiner Antwort*,

über das Heuraten, habe ich nur eine, aber eine sehr wichtige Antwort; wichtig für Dich, weil Du mich liebst. Ich bin in meiner jetzigen Lage nicht glücklich; ich habe seit vielen Jahren kein ganzes Glück gefühlt – und nicht sowohl, weil mir die Gegenstände dazu fehlten, sondern darum, weil ich die Freuden mehr naschte als genoß, weil es mir an innrer gleicher und sanfter Empfänglichkeit mangelte, die nur die Ruhe des Familienlebens, die Übung des Gefühls in vielen und ununterbrochenen, wenn auch nur kleinen und schwachen geselligen Empfindungen gibt. Doch ich kann Dir wirklich keinen Schatten von dem beschreiben, was ich empfinde. Ich bin nicht so sonderbar, als Du vielleicht aus diesen Äußerungen für mich schließest: just dieses würdest Du aus allgemeinen Menschengefühlen am leichtesten erklären. Hier bin ich beinahe, was man sagen kann, glücklich von außen. Ich bin von vielen Menschen geliebt, recht teilnehmend wird mir von ihnen begegnet. Ich habe eine sehr sanfte und genußvolle Existenz. Aber um so mehr sehe ich, daß die Quelle meines Unmuts in seinem Wesen liegt, das ich ewig mit mir herumtrage.

Adieu. Ich will sehen, ob ich diesen Brief noch fortbringe. Nächstens mehr. Tausend Grüße Hubern und den Weibern. Laß diese meine Briefe nicht ganz lesen. Schreibe mir bald wieder. Dein

Schiller

43. An Christian Gottfried Körner.

Weimar, 31. März 1788

Ich schicke mit der heutigen Post den Rest meines Geistersehers an Göschen ab und kann kaum so viel Zeit gewinnen, Dir, mein Bester, einen herzlichen Gruß zu schicken. Aber ich fühle, daß ich Dir schon 3 Posttage nicht geschrieben habe, und dieser heutige soll wenigstens nicht leer abgehen.

Dieser Brief, fürchte ich, trifft Euch nicht in der besten Stimmung. Huber wird Euch kürzlich verlassen haben, und ich denke mir Eure Lage. Eine kleine Reise zur Zerstreuung würde Euch recht gute Dienste tun, und wie wär's, wenn Ihr hieher kämet? Einige recht schöne Tage kann ich Euch hier versprechen, die Ihr nicht überall so finden sollt.

Charlotten erwarte ich in nächster Woche wieder zurück. Sie wird also ohnfehlbar dasein, wenn Huber kommt. Ihr Mann kommt auch mit ihr zurück.

Hier wird *Goethe* jeden Tag aus Italien zurückerwartet; der Herzog hat ihn verlangt und ihm, wie man mir gesagt hat, eine Prolongation seines

Urlaubs verweigert. Du hast mich neulich gefragt, ob ich beim Herzog gewesen sei? In der Tat noch nicht, und es ist auch keine Angelegenheit, die es von mir verlangte. Schon zu Ausgang des vorigen Jahrs habe ich mich ihm schuldigermaßen melden lassen, dabei aber zugleich einfließen lassen, daß ich nichts bei ihm zu suchen habe (er wird hier so gemißbraucht, daß es schändlich ist). Darauf ließ er mir sagen, daß er mir den Tag bestimmen wolle, welches sich vergessen hat. Jetzt hab ich es nicht mehr für nötig erachtet. Ich kann ihn jeden Tag im Stern sprechen, wenn's der Zufall fügt, und auf den will ich es ankommen lassen – ich gefalle ihm durch nichts mehr, als wenn ich ihn zu gar nichts brauche.

Sonst ist hier alles beim alten. Deine Sorge wegen einer Heurat von meiner Seite wirst Du nun wohl los sein. Gestern habe ich bei Wielands zu Mittag gegessen; seine beiden Schwiegersöhne waren da. Ganz ohne Plan mag Wieland wegen meiner nicht gewesen sein; ich bin über gewisse Dinge railliert worden, die mich fast glauben machen, daß er so etwas Ähnliches doch von mir erwartet haben könnte. Weil ich mich nicht gemeldet habe, so schließt er, daß ich dem Heuraten zuwider sei; so ohngefähr erkläre ich mir die Beredsamkeit, mit der er mein vermeintes Ideal von Freiheit bekämpft hat. Aber sonst hat es weder ihn noch die Familie kälter gegen mich gemacht, und es ist wirklich viel, daß wir seit 5 Monaten auf gleichem guten Fuße miteinander zurückgelegt haben. Jetzt bin ich wegen des Merkurs in Erwartung. Bisher wollte ich von keinem eigentlichen Plane mit ihm reden, weil er meine Genossenschaft beim Merkur erst aus den Folgen beurteilen soll. Auch muß er sich vorher überzeugt haben, daß ich ihn nicht im Stiche lasse. Ich brauche deswegen noch 5–6 Monate, ehe ich die Sache mit ihm berichtige; in dieser Zeit lasse ich die Thalia fortlaufen. Was ich ihm bereits gegeben, ist mir noch nicht bezahlt, so daß ich glaube, er will mich auch schon jetzt nicht pro Bogen bezahlen; aber ich tue es in der Folge nicht anders, als er muß mit mir Moitié machen.

An der *Niederländischen Rebellion* wird scharf in Leipzig gedruckt; wenn eine Anzahl Aushängebogen beisammen ist, sollst Du sie erhalten; im Merkur erscheint nichts mehr davon.

Adieu, Lieber. Tausend Grüße von mir an die Weiberchens. Ein bißchen Trennung muß uns nicht daniederschlagen – desto fröhlicher wird das Wiedersehen sein. Lebe recht wohl und laß mich bald von Euch hören.

Dein Schiller

44. An Georg Joachim Göschen.

Weimar, 19. April 1788

Mein liebster Freund,

es wird sich ein Buchhändler aus Stuttgart bei Ihnen melden, der Ihnen meine Anthologie nebst dem Wirtembergischen Repertorium an mich ausliefern wird. Haben Sie die Güte, ihm 2 Karlos und 2 Thalias, vom 2. Heft bis zum 6. jede, in meinem Namen und auf unsre Abrechnung auszuliefern. Ich will nicht haben, mein liebster Freund, daß Sie mir alles, was Sie mir von meinen Schriften über die akkordierte Anzahl geben, unentgeltlich überlassen. Sehen Sie z. B. Herrn Götz an; der läßt mich jedes Exemplar von meinen Stücken bezahlen, die er ohne mein Wissen *neu* verlegt.

Weil ich doch von diesem Herrn rede, so muß ich Ihnen eine Idee anvertrauen, womit Bertuch Sie mehr bekannt machen wird. Ich lese in diesem Meßkatalogus von einer neuen Auflage meines Fiesko und von Kabale und Liebe. Meines Wissens ist dieses die 3. Edition, die im Schwanischen Verlag davon gemacht wird, und bei dieser, wie bei der vorigen, ist mir nicht ein Wort gegönnt, noch viel weniger ein Honorar angeboten worden. Urteilen Sie selbst, mein Bester, ob ich noch Ursache habe, mit solchen Leuten diskret zu verfahren. Schwan und Götz wissen, daß ich durch Schriftstellerei allein existieren und auf jeden Profit sehen muß; dennoch behandeln sie mich so wucherhaftig, daß ich von einem Stücke, das sie das drittemal auflegen, 10 Karolin in allem gewonnen habe. Ich will mich also diesmals meines Vorteils bedienen und, wenn *Sie* mit mir einverstanden sein wollen, eine neue, durchaus verbesserte, mit neuen Szenen vermehrte und mit einem ganz neuen Stück versehene Auflage meiner Schauspiele für die Michaelis-Messe ankündigen, welche in Ihrem Verlage herauskommen soll. Dabei tun Sie mir nur den Gefallen und bekennen sich gegen Götzen zum Verleger, lassen ihn dabei merken, wie schändlich er mit mir umgegangen sei. Bertuch wird Sie dabei eifrig unterstützen, den ich gebeten habe, die Sache zu übernehmen. Eigentlich ist mein Plan nicht, daß es diese Michaelis-Messe geschehen soll; aber ich will Götzen damit in Furcht setzen, der mir für beide Stücke zusammen, die er jetzt ohne mein Wissen auf die Messe gebracht, 100 Reichstaler bezahlen soll. Tut er's nicht, so halte ich mein Wort, lasse seine Auflage in allen Zeitungen angreifen und kündige gleich im April des Merkur die meinige an. Dabei haben Sie nur die Güte und tun, als wären wir vor *einigen Monaten schon darüber eins geworden.*

Tut Götz es nicht, und will er's darauf ankommen lassen, so zerstreuen

Sie wo möglich noch auf der Messe, eh er seine Auflage losschlägt, das Avertissement der meinigen, welches Bertuch Ihnen so gütig sein wird aufzusetzen.

Anbei bitte ich Sie auch, mein Lieber, mir den ersten Teil Ihrer Rezensionensammlung und die Aushängebogen des Geistersehers zu übermachen.

Leben Sie recht wohl und haben Sie eine glückliche Messe.

Ganz Ihr

Schiller

45. An Christian Friedrich Schwan.

Weimar, 2. Mai 1788

Sie entschuldigen sich wegen Ihres langen Stillschweigens, liebster Freund, um *mir* diese Entschuldigung zu ersparen. Ich fühle diese Güte und danke Ihnen dafür. Sie rechnen dieses Stillschweigen der Freundschaft nicht an, das beweist, daß Sie besser, als mein schlimmes Gewissen mich hoffen ließ, in meinem Herzen gelesen haben. Glauben Sie aber auch, liebster Freund, daß Ihr Gedächtnis auch in meinem Gemüt unauslöschlich lebt und nicht nötig hat, durch den Schlendrian des Umgangs, durch Versicherungsbriefe aufgefrischt zu werden. Und also nichts mehr davon.

Die Ruhe und Leichtigkeit Ihrer Existenz, die aus Ihrem Briefe atmet, hat mir sehr viel Freude gegeben, und ich, der noch im ungewissen Meere zwischen Wind und Wellen herumgetrieben wird, beneide Ihnen diese Gleichförmigkeit, diese Gesundheit des Leibes und der Seele. Mir wird sie erst später als eine Belohnung für noch zu überstehende Arbeit zuteil werden.

Ich bin nun fast ¾ Jahre hier; nach Vollendung meines Karlos habe ich endlich diese längst projektierte Reise ausführen können. Wenn ich aufrichtig sein soll, so kann ich nicht anders sagen, als daß es mir hier ungemein wohlgefällt, und der Grund davon ist leicht einzusehen. Die möglichste bürgerliche Unangefochtenheit und Freiheit, eine leidliche Menschenart, wenig Zwang im Umgang, ein ausgesuchter Zirkel interessanter Menschen und denkender Köpfe, die Achtung, die auf literarische Tätigkeit gelegt wird; rechnen Sie dazu noch den wenigen Aufwand, den ich an einem Ort wie Weimar zu machen habe – warum sollte ich nicht zufrieden sein? Mit Wieland bin ich ziemlich genau verbunden, und ihm gebührt ein großer Anteil an meiner jetzigen Behaglichkeit, weil ich ihn liebe und Ursache habe zu glauben, daß er mich wiederum liebhat. Wenigeren Umgang habe ich mit *Herdern*, ob ich ihn gleich als Menschen wie als Schriftsteller hoch verehre. Der Eigensinn des Zufalls hat eigentlich die Schuld, denn wir haben unsre Bekanntschaft ziemlich glücklich eröffnet. Auch fehlt es mir an Zeit, immer nach meiner Neigung zu handeln. Mit *Boden* kann man nicht genau Freund sein. Ich weiß nicht, ob *Sie* hierin denken wie ich. *Goethe* wird erst aus Italien erwartet. Die verwitwete Herzogin ist eine Dame von Sinn und Geist, in deren Gesellschaft man nicht gedrückt ist. Den Herzog sieht man jetzt selten in Weimar.

Ich danke Ihnen für die Nachrichten, die Sie mir von dem Schicksal des Karlos auf Ihrer Bühne gegeben haben. Aufrichtig zu sprechen, *große* Erwartungen habe ich mir überhaupt von keiner Vorstellung des Karlos gemacht, und ich weiß auch, warum. Also hätte sich auch Herr von Dalberg die Mühe ersparen können, mir – sein Exerzitium von Kritik aufzusagen, *warum* das Stück die erwartete Wirkung nicht tat. Warum es diese Wirkung nicht tun konnte, wußte ich, ehe er den Karlos zu Gesicht bekam. Es ist nicht mehr als billig, daß sich die theatralische Göttin für die wenige Galanterie, die mich beim Schreiben für sie beseelte, an mir gerächt hat. Indessen, wenn mein Karlos auch ein noch so verfehltes *Theaterstück* ist, so halte ich doch dafür, daß unser Publikum ihn noch zehenmal wird aufführen sehen können, ehe es das *Gute* begriffen und ausgeschöpft hat, was seine Fehler aufwägen soll. Ich glaube, erst alsdann, wenn man das *Gute* eines Dinges eingesehen hat, ist man berechtigt, das Urteil über das Schlimme zu sprechen. Oder glauben Sie nicht auch? Indessen höre ich, daß die zweite Vorstellung besser ausgefallen sei als die erste. Entweder kommt das von den Veränderungen her, die Dalberg in dem Stücke gemacht hat – oder es kommt daher, daß das Publikum beim zweitenmal Dinge verstehen lernte, die es bei der ersten Vorstellung – nicht verstand.

Übrigens kann niemand mehr überzeugt sein als ich, daß der Karlos, aus Ursachen sowohl, die ihm die Ehre als die ihm Unehre bringen, keine Spekulation für die Schaubühne ist. Schon allein seine Länge könnte ihn davon verbannen. Ich habe ihn wahrlich auch nicht aus Zuversichtlichkeit oder Eigenliebe auf die Bühne genötigt; aus Eigennutz vielleicht eher, denn wer hätte die 3 oder 400 Taler von der Hand weisen wollen, die er mir ohngefähr von dieser Seite her eingebracht haben mag, ich frage, wer hätte dieses wohl getan, um – dem guten Geschmack ein Opfer zu bringen? Wenn bei dieser ganzen Sache meine Eitelkeit eine Rolle spielte, so war es *darin*, daß ich dem Stücke innern Gehalt genug zutraute, um sein schlechtes Glück auf den Bühnen niederzuwägen.

Für Bingners Aufsatz danke ich Ihnen. Er hat Gehalt, der Inhalt interessiert mich, und wenn es Ihnen recht und lieb ist, so will ich ihn in das 6. Heft der Thalia setzen. Mit dem Geschenk Ihres Bildes haben Sie mir eine große Freude gemacht. Ich finde es treffend ähnlich, Schubarten etwas weniger, wiewohl dieses sowohl an meinem schlechten Gedächtnis als an der Lohbauerischen Zeichnung liegen kann. Der Kupferstecher verdient Aufmerksamkeit und alle Aufmunterung, und was ich zur Ausbreitung seines Verdienstes beitragen kann, soll redlich geschehen.

Ihre lieben Kinder grüßen Sie von meinetwegen recht sehr. Im Wielandischen Hause wird mir noch oft und viel von Ihrer ältesten Tochter erzählt; sie hat sich da in wenigen Tagen sehr lieb und wert gemacht. Also stehe ich doch noch bei Ihnen in einigem Andenken? In der Tat ich muß erröten, daß ich es durch mein langes Stillschweigen so wenig verdiene.

Daß Sie in mein liebes Vaterland reisen und dort meinen Vater nicht vorbeigehen wollen, war mir eine sehr willkommene Nachricht. Die Schwaben sind ein liebes Volk, das erfahr ich je mehr und je mehr, seitdem ich andre Provinzen Deutschlands kennenlernte. Meiner Familie werden Sie sehr wert und willkommen sein. Wollen Sie sich mit einem Pack Komplimente von mir dahin beladen? Küssen Sie meinen Vater von mir, und Ihre Tochter soll meiner Mutter und Schwestern meinen Kuß bringen.

Leben Sie wohl, liebster Freund, und fahren Sie fort, wie bisher mich in einem feinen und redlichen Herzen zu bewahren.

Ihr Schiller

Noch eins. Herr Götz wird mich bei Ihnen verklagen, wo er es nicht schon getan. Aber ich kann ihm nicht helfen, und ich glaube, daß auf *meiner* Seite die Billigkeit ist.

46. An Christian Gottfried Körner.

Volkstedt bei Rudolstadt, 26. Mai 1788

Seit acht Tagen bin ich nun hier in einer sehr angenehmen Gegend, eine kleine halbe Stunde von der Stadt und in einer sehr bequemen, heitern und reinlichen Wohnung. Das Glück hat es gefügt, daß ich ein neues Haus, das besser, als auf dem Lande sonst geschieht, gebaut ist, finden mußte. Es gehört einem wohlhabenden Manne, dem Kantor des Orts. Das Dorf liegt in einem schmalen, aber lieblichen Tale, das die Saale durchfließt, zwischen sanft ansteigenden Bergen. Von diesen habe ich eine sehr reizende Aussicht auf die Stadt, die sich am Fuße eines Berges herumschlingt, von weitem schon durch das fürstliche Schloß, das auf die Spitze des Felsen gepflanzt ist, sehr vorteilhaft angekündigt wird und zu der mich ein sehr angenehmer Fußpfad längs des Flusses an Gärten und Kornfeldern vorüberführt. In dem Dorfe selbst ist die Porzellanfabrik, die Du vielleicht kennst. Ich habe zwei kleine Stunden nach Saalfeld, ebensoweit nach dem Schlosse Schwarzburg und zu verschiedenen zerstörten Schlössern, die ich alle miteinander nach und nach besuchen will. – In der Stadt selbst habe ich an der Lengefeldschen und Beulwitzschen Familie eine sehr angenehme Bekanntschaft und bis jetzt noch die einzige, wie sie es vielleicht auch bleiben wird. Doch werde ich eine *sehr nahe* Anhänglichkeit an dieses Haus und eine *ausschließende* an irgendeine einzelne Person aus demselben sehr ernstlich zu vermeiden suchen. Es hätte mir etwas *der* Art begegnen können, wenn ich mich mir selbst ganz hätte überlassen wollen. Aber jetzt wäre es gerade der schlimmste Zeitpunkt, wenn ich das bißchen Ordnung, das ich mit Mühe in meinen Kopf, mein Herz und in meine Geschäfte gebracht habe, durch eine solche Distraktion wieder über den Haufen werfen wollte.

Ich habe vieles zum Lesen mit hierhergebracht. Es kommt nun darauf an, was zu Ausgang meines Termins wird geschehen sein. Täglich stoße ich noch auf meinen Mangel an Lektüre, und beinahe fürchte ich, daß ich die letzten zehn Jahre nie ganz werde ersetzen können. Daran hindert mich wie immer das leidige Bedürfnis, daß ich *viel* schreiben muß, und der unglückliche Umstand, daß ich *langsam* arbeite. Nach der gewissenhaftesten Zeitberechnung, wie sie sich nämlich bei solchen willkürlichen Fällen anstellen läßt, bleiben mir des Tages höchstens drei Stunden zur Lektüre – und wie wenig ist das bei einer solchen Anzahl nur der unentbehrlichsten Schriften, die ich nachholen muß.

Die Arbeiten, mit denen ich diesen Sommer gern zustande kommen möchte, sind der *Geisterseher*, der leicht auf fünfundzwanzig bis dreißig Bogen anlaufen dürfte, *der zweite Teil meiner Niederländischen Rebellion* und der Rest des ersten, ein Theaterstück (noch steht es dahin, ob dieses der Menschenfeind oder ein anderes sein werde, das ich, wie der Schwabe sagt, an der Kunkel habe) und hier und da ein Aufsatz in den Merkur. Aus dem bisherigen Lauf meiner Schreibereien zu schließen, dürfte dieses Unternehmen wohl fast übertrieben sein. Indessen wollen wir sehen. Geschieht auch nicht alles, so ist doch immer das gewonnen, was geschieht. Ganz bin ich hier doch noch nicht zu Hause; auch meine Arbeiten strömen noch nicht. Bin ich aber einmal darin, so weiß ich aus der Erfahrung, daß es rasch geht; und weil alsdann die Unregelmäßigkeiten und Zerstreuungen wegfallen, die den Lauf meines Fleißes in der Stadt gehemmt haben, so gelingt es mir vielleicht, alsdann desto länger in dieser Tätigkeit zu verharren.

Ich freue mich, daß Du wieder gesund bist. Dein Zustand scheint mir von gallichter Art. Du hattest Dich doch nicht geärgert? Deinen letzten Brief, worin Du mir davon schreibst, habe ich sehr spät bekommen, weil er mich nicht mehr in Weimar fand. Laß Deine Briefe künftig unter der gewöhnlichen Adresse unmittelbar nach Rudolstadt laufen. Grüße mir die beiden herzlich. Lebe wohl.

Schiller

47. An Charlotte von Lengefeld.

[Weimar, 27. November 1788]

Eben komme ich nach Haus und finde das liebe rudolstädt'sche Päckchen; auch, damit alles Angenehme zusammenkommt, einen Brief von meinem Körner.

Wie freut es mich, daß Sie sich an Ihrem Geburtstag mit unserer Freundschaft beschäftigt haben. Lassen Sie mich hoffen, daß auch die kommenden Ihnen den nämlichen Gegenstand mit Vergnügen zurückbringen.

Ich wünsche Ihnen Glück zu Ihrer Kartenbekehrung. Wie Sie dieses einmal notwendige Übel ansehen und nehmen, haben Sie ganz vollkommen recht; doch gehen Sie, glaube ich, darin zu weit, wenn Sie dieses Mittel bloß zu solchen Gesellschaften verweisen, die keiner edlern, feinern und ernsthaftern Unterhaltung empfänglich sind. Auch in die besten Gesellschaften nisten sich zuweilen Augenblicke der Erschlaffung oder einer schmerzhaften Überspannung ein, wovon das Spiel zuweilen befreit. So leicht ich es entbehren kann, so ist mir doch zuweilen in drückenden Stimmungen Erleichterung dadurch gegeben worden, und da wäre es denn doch schlimm, wenn nur leere Menschen sich dieses Verdienst um einen erwerben könnten. Auch beim Spiel fühlt man es sehr angenehm, *mit wem* man spielt.

Der *Ernst* Ihres Wesens läßt Sie diese frivole Unterhaltung verachten, und das ist vortrefflich. Eben dieser *Ernst* unterscheidet Sie aus Hunderttausenden, und bewahre der Himmel, daß ich Sie anders wünschte. Wie nahe hat Sie diese Eigenschaft meinem Wesen gebracht (das ist freilich für Sie wenig, aber mir ist es eine Quelle von Vergnügen), aber hüten Sie sich, daß Ihnen dieser Zug zu ernsthaften Dingen die armen guten Menschlein nicht verleide, mit denen man einmal leben muß, und *Sie* in *Ihren* Lagen mehr als meinesgleichen. *Intoleranz* gegen andre Menschen ist eine Klippe, an der besonders gerne die Menschen von Charakter und zartem Gefühle scheitern. Von dieser Seite also wünschte ich Ihnen lieber einige Tropfen leichtes Blut mehr, wiewohl ich Ihnen nicht zur Last legen kann, daß Sie gegen Ihren Nebenmenschen finster sind.

Überhaupt kommt mir vor – und das mag freilich ein eigennütziger Wunsch unsers Geschlechts sein –, mir kommt vor, daß die Frauenzimmer geschaffen sind, die liebe, heitre Sonne auf dieser Menschenwelt nachzuahmen und ihr eigenes und unser Leben durch milde Sonnenblicke zu erheitern. *Wir* stürmen und regnen und schneien und machen Wind, Ihr Geschlecht soll die Wolken zerstreuen, die wir auf Gottes Erde zusammengetrieben haben, den Schnee schmelzen und die Welt durch ihren Glanz wieder verjüngen. Sie wissen, was für große Dinge ich von der *Sonne* halte; das Gleichnis ist also das Schönste, was ich von Ihrem Geschlechte nur habe sagen können, und ich hab es auf Unkosten des meinigen getan!

Es ist gut, daß Sie sich Ihr *kleines* Zimmer (denn trotz dem weggenommenen Ofen kann ich es nicht mit der Peterskirche vergleichen) durch Reisebeschreibungen recht groß und weit machen. Mir ist es immer ein unaussprechliches Vergnügen, mich im möglichst kleinen körperlichen Raum im Geiste auf der großen Erde herumzutummeln. Indessen auf das wirkliche Reisen lassen Sie sich doch lieber nicht ein – bleiben *Sie* uns so nah als möglich.

Sie haben mich ordentlich und sehr angenehm mit der Ausrechnung überrascht, daß der 12. Teil von unsrer Trennung vorüber ist. Wie lang ist mir aber dieser 12. Teil schon geworden, und wie langsam werden die übrigen eilfe sein! Aber gottlob! Indem ich schreibe, zerfließt die Zeit unter meinen Händen. Zählen Sie darauf, daß ich mit den Erdbeeren oder noch früher erscheine!

Dank Ihnen für Ihre Sorgfalt um das Pack. Es ist doch immer gut, wenn man unter dem Einfluß der Weisheit steht. Ich will das ersparte Geld zu Federkielen und Briefpapier verwenden und Sie mit recht vielen Briefen dafür heimsuchen.

Der chère mère wünsch ich Glück zum ausgezogenen Zahn. Das geschwollene Gesicht, hoffe ich, soll sich legen, es ist wahrscheinlich noch ein Rest vom vorigen, und durch den Reiz, den die Operation gemacht hat, vermehrt worden. Ich wünsche ihr vom ganzen Herzen, auf immerdar davon befreit zu sein; nun aber hoffe ich das beste, da sie den bösen Zahn verloren hat. Machen Sie Ihr recht viele Empfehlungen; wie oft habe ich mich indes schon der Abende erinnert, wo wir uns beim Tee um den erfindungsreichen Odysseus versammelten! Ich habe jetzt auch eine Kaffeemaschine, die aber (ich muß es zu meinem Lobe sagen) sehr mäßig gebraucht wird.

Leben Sie nun wohl, beste Freundin, und fahren Sie fort, recht glücklich zu leben und meiner dabei eingedenk zu bleiben.

Schiller

48. An Karoline von Beulwitz.

[Weimar], 27. November 1788

Dank Ihnen, liebste Freundin, daß Sie mir meinen unglücklichen Zweifelmut verziehen haben. Je größer meine Sünde ist, desto froher will ich sein; und Sie können mein Gewissen durch nichts besser erschüttern, als wenn Sie mir durch recht viele und recht große Briefe die Abscheulichkeit meines Vergehens erweisen. Aufrichtig aber, ich habe in meinem Herzen doch keinen *ganzen* Zweifel zusammengebracht, so bedenklich auch die Umstände waren.

Endlich also einen Laut von Wolzogen, und einstweilen genug, um wegen seiner ruhiger zu sein. Er ist doch endlich glücklich an Ort und Stelle, und wir sehen, daß es nur bei ihm stehen wird, seinen Lebensplan auszuführen. Wenn er aber jetzt bei so wenig Gesellschaft seine Nachrichten so klein zuschneidet, wie arm werden sie alsdann erst ausfallen, wenn seine Bekanntschaften sich häufen. Ich fürchte, der große Brief wird eine Riesengröße erreichen. Hoffentlich antworten Sie vor dem nächsten Freitag noch nicht, daß ich auch noch einen kleinen Einschluß einlegen kann, den ich Ihnen mit nächstem Botentage schicken will.

Wolzogens Urteil über Paris konnte unter diesen Umständen wohl nicht anders ausfallen. Das Objekt ist ihm wirklich noch zu groß; sein innrer Sinn muß erst dazu hinaufgestimmt werden. Er hat eine Elle mitgebracht, um einen Koloß zu messen. Ich glaube wohl, daß er am Ziel einer langen Bekanntschaft mit Paris so ziemlich zu demselben Urteil zurückkommen mag, aber er wird es aus andern Motiven und aus einem andern Standpunkte tun. Wer Sinn und Lust für die große Menschenwelt hat, muß sich in diesem weiten, großen Element gefallen; wie klein und armselig sind *unsre* bürgerliche und politische Verhältnisse dagegen! Aber freilich muß man Augen haben, die an *großen Übeln*, die unvermeidlich mit einfließen, nicht geärgert werden. Der Mensch, wenn er *vereinigt wirkt*, ist immer ein großes Wesen, so klein auch die Individuen und Detaile ins Auge fallen. Aber eben darauf, dünkt mir, kömmt es an, jedes Detail und jedes einzelne Phänomen mit diesem Rückblick auf das große Ganze, dessen Teil es ist, zu denken oder, was ebensoviel ist, mit philosophischem Geiste zu sehen. Wie holpericht und höckericht mag unsre Erde von dem Gipfel des Gotthards aussehen, aber die Einwohner des Mondes sehen s i e gewiß als eine glatte und schöne Kugel. Wer dieses Auge nun entweder nicht hat oder es nicht geübt hat, wird sich an kleinen Gebrechen stoßen, und das schöne große Ganze wird für ihn verloren sein.

Paris freilich dürfte auch dem philosophischen Beobachter vielleicht einen widrigen Eindruck geben; aber einen kleinen gewiß nie, denn auch die Verirrungen eines so feingebildeten Staats sind groß. Was für eine prächtige Erscheinung ist das Römische Reich in der Geschichte auch bei seinem Untergang!

Mir für meine kleine stille Person erscheint die große politische Gesellschaft aus der Haselnußschale, woraus ich sie betrachte, ohngefähr so, wie einer Raupe der Mensch vorkommen mag, an dem sie hinaufkriecht. Ich habe einen unendlichen Respekt für diesen großen, drängenden Menschenozean, aber es ist mir auch wohl in meiner Haselnußschale. Mein Sinn, wenn ich einen dafür hätte, ist nicht geübt, nicht entwickelt, und solange mir das Bächlein Freude in meinem engen Zirkel nicht versiegt, so werde ich von diesem Ozean ein neidloser und ruhiger Bewunderer bleiben.

Und dann (um doch recht ins Gelag hinein zu philosophieren!), dann glaube ich, daß jede einzelne ihre Kraft entwickelnde Menschenseele mehr ist als die größte Menschengesellschaft, wenn ich diese als ein Ganzes betrachte. Der Staat ist ein *Menschenwerk*, der Mensch ist ein Werk der unerreichbaren großen Natur. Der Staat ist ein Geschöpf des Zufalls, aber der Mensch ist ein notwendiges Wesen, und durch was sonst ist ein Staat groß und ehrwürdig, als durch die Kräfte seiner Individuen? Der *Staat* ist nur eine *Wirkung* der Menschenkraft, nur ein *Gedankenwerk*, aber der Mensch ist die Quelle der Kraft selbst und der Schöpfer des Gedankens.

Aber wo gerat ich hin? Ich lasse meine Feder machen und vergesse, daß ich einen Brief und keinen discours philosophique schreibe. Lassen Sie mir's diesmal hingehen.

Meine Gesundheit lassen Sie sich nicht anfechten. Ich komme mir durch frische Luft und durch Bewegungen zu Hilfe, wozu die schlechten Berge um Weimar herum schon noch gut genug sind. Frisch und gestärkt komm ich dann wieder nach Hause und setze meine Arbeit mit mehr Leichtigkeit fort. Bertuch will sich das Ansehen einer teilnehmenden Sorgfalt um mich geben, oder der Himmel weiß, was es ist. Ich glaube gar, er will mich verheuraten. Vergeb's ihm der Himmel, daß ihn seine Freundschaft so weit führte. Er platzte neulich etwas plump damit heraus; im Ernst, er hat etwas mit mir vorgehabt, und weil ich mich in einem gewissen Klub noch nicht habe sehen lassen, so mag ich ihm einen Strich durch die Rechnung gemacht haben. Es ging mir mit ihm wie Hamlet mit Güldenstern, als dieser ihn sondieren wollte; zum Unglück fehlte mir der witzige Einfall und eine Flöte, um ihm eine ähnliche Abfertigung zu geben. Meint er es wirklich gut mit mir, so mag mir der Himmel verzeihen, daß ich es ihm nicht zutraue.

Ich bin wirklich seit meinem Hiersein recht gesund und, welches viel sagen will, sogar von Schnupfen frei gewesen.

Gelesen habe ich seit unsrer Trennung noch nichts, mit dessen Mitteilung ich Ihnen Vergnügen machen könnte. Ich hatte auch wirklich keine Zeit dazu. Den Shaftesbury freue ich mich einmal zu genießen, vielleicht ist das ein Geschäft für den Sommer.

Jetzt übersetze ich die Phönizierinnen des Euripides; die schöne Szene, worin Jokaste sich die Übel der Verbannung von Polynices erzählen läßt, ist es, was mich vorzüglich dazu bestochen hat. Ich bedaure nur, daß ich bei diesen Arbeiten zu sehr pressiert bin und mich nicht genug mit dem Geist meines Originals familiarisieren konnte, ehe ich die Feder ansetzte. Aber die Arbeit gibt mir Vergnügen und kann am Ende doch keine andre als vorteilhafte Wirkungen auf meinen eigenen Geist haben.

Auch bin ich jetzt stark über den Geisterseher her; bis jetzt habe ich ihm aber noch kein großes Interesse abgewonnen. Auch meine Arbeiten locken meine Wünsche nach dem Sommer, weil ich dann hoffentlich nur mit angenehmen beschäftigt sein werde.

Goethen sprach ich noch nicht. Es geschieht aber dieser Tage. Frau von Kalb habe ich heute besucht und eine recht geistvolle Unterhaltung bei ihr gefunden. Wie sehr wünschte ich ihrem Geist die Welt, für die er eigentlich geschaffen ist. Es liegt unendlich viel Eigenes in ihrer Vorstellungskraft, und ihre Blicke sind ebenso scharf als tief.

Leben Sie nun recht wohl, frei von Schnupfen und von allen Leiden des Leibes und der Seele. Daß ich es nicht vergesse! Den neusten Brief von Körner schicken Sie mir doch zurück. Ich hab ihm noch etwas daraus zu beantworten. Adieu, beste Freundin. Behalten Sie mich lieb. – Viele Empfehlungen an Ihren Mann und an den Prinzen.

Ewig der Ihrige Schiller

49. An Karoline von Beulwitz und Charlotte von Lengefeld.

Weimar, 23. Dezember 1788

Sehr lange ist mir die Zeit geworden, die mir kein Lebenszeichen von Ihnen gebracht hat. Ich habe das Unglück zwar schon von weitem geahndet, weil die Kälte gar zu streng war – aber es ist doch, als sollte es nicht sein, daß wir so lange nichts voneinander hören, und es ist recht gut, daß es so ist!

Für die mannigfaltige interessante Nachrichten, die Sie mir beide von Ihren Beschäftigungen geben, kann ich Ihnen nichts Ähnliches erwidern, denn meine Existenz war bisher noch die alte: Arbeit ohne Geistesgenuß.

Das Dringendste ist seit gestern vorbei, und nun werde ich auch mehr Menschen sehen.

Aber eine Nachricht von mir kann und muß ich Ihnen doch geben, weil sie leider eine meiner schönsten Hoffnungen für eine Zeitlang zugrund richten wird. Es ist beinahe schon richtig, daß ich als Professor der Geschichte künftiges Frühjahr nach Jena gehe. Sosehr es im ganzen mit meinen Wünschen übereinstimmt, sowenig bin ich von der Geschwindigkeit erbaut, womit es betrieben wird; aber der Abgang Eichhorns machte es in mehrerm Betracht notwendig. Ich selbst habe keinen Schritt in der Sache getan, habe mich aber *übertölpeln* lassen, und jetzt, da es zu spät ist, möchte ich gerne zurücktreten. Man hatte mich vorher sondiert, und gleich den Tag darauf wurde es an unsern Herzog nach Gotha geschrieben, der es an dem dortigen Hof gleich einleitete. Jetzt liegt es schon in Coburg, Meiningen und Hildburghausen und ist vielleicht in 3 Wochen entschieden. Mir hat Goethe vor einigen Tagen schon eine schriftliche Erklärung kommuniziert, die an ihn von seiten der Regierung gekommen ist, wo mir schon gesagt wird, daß ich meine Einrichtung machen möchte, weil es so gut als entschieden sei.

Also die schönen paar Jahre von Unabhängigkeit, die ich mir träumte, sind dahin, mein schöner künftiger Sommer in Rudolstadt ist auch fort, und dies alles soll mir ein heilloser Katheder ersetzen! Das Beste an dieser Sache ist doch immer die Nachbarschaft mit Ihnen. Ich rechne darauf, daß *Sie* mir diesen Sommer eine himmlische Erscheinung in Jena sein werden, weil ich das erste Jahr zuviel zu tun und zu lesen habe, um noch etwas Zeit für die Wünsche meines Herzens übrig zu behalten. Dafür verspreche ich Ihnen, die folgende Jahre Ihnen diesen Liebesdienst wettzumachen. Ist für mich nur erst ein Jahr überstanden, so liest sich's alsdann im Schlafe, und ich habe meine Seele wieder frei. Versprechen Sie mir in Ihrem nächsten Briefe, mir diesen Wunsch zu erfüllen.

Goethen habe ich unterdessen einmal besucht. Er ist bei dieser Sache überaus tätig gewesen und zeigt viele Teilnehmung an dem, was er glaubt, daß es zu meinem Glück beitragen werde. Knebel, dem er es entdeckt hat, war vermutlich just in seiner teilnehmenden Laune, denn ich höre, daß es ihn sehr freuen soll. Ob es mich glücklich macht, wird sich erst in ein paar Jahren ausweisen. Doch habe ich keine üblen Hoffnungen. Werden *Sie* mir nun auch noch gut bleiben, wenn ich ein so pedantischer Mensch werde und am Joch des gemeinen Bestens ziehe? Ich lobe mir doch die goldene Freiheit. In dieser neuen Lage werde ich mir selbst lächerlich vorkommen. Mancher Student weiß vielleicht schon mehr Geschichte als der Herr Professor. Indessen denke ich hier wie Sancho Pansa über seine Statthalterschaft: Wem Gott ein Amt gibt, dem gibt er auch Verstand, und habe ich nur erst die Insel, so will ich sie regieren wie ein Daus! Wie ich mit meinen Herren Kollegen, den Professoren, zurechtkomme, ist eine andre Frage. Ich bin doch eigentlich nicht für das Volk gemacht!

Genug von dieser Materie. Ich schriebe Ihnen gerne recht viel, aber es ist 2 Uhr nach Mitternacht. Ich mußte diesen Abend bei einem Souper sein, und weil ich fürchtete, morgen zu spät geweckt zu werden, so schreibe ich lieber noch diese Nacht. Frau von Stein sehe ich morgen, neulich war ich auf dem Wege; da ich aber erfuhr, daß sie großen Tee gebe, wo der Herzog auch hinkommen würde, so ging ich wieder nach Hause. Moritz habe ich auch wieder gesprochen und finde ihn immer interessanter.

Er hat überaus viel *Güte* und *Wahrheit* in seinem Charakter und manches Drollige in seinem Betragen, das seinen Umgang angenehm macht. Hier gefällt er auch sehr. Frau von Stein soll ihm sehr gewogen sein, bei der Frau von Kalb ist er auch gut angeschrieben, und er gefällt sich auch bei den hiesigen Damen. Knebeln sah ich einigemal bei der Kalb, wo er recht artig war. Manchmal mag ich ihn doch recht gut leiden, und wollte der Himmel, es gäbe keine schlechtern Menschen im Umgang!

Das nächstemal mehr. Grüßen Sie die liebe Mutter und Beulwitz recht schön von mir. Adieu, adieu. Schlafen Sie recht wohl.

Schiller

50. An Christian Gottfried Körner.

Weimar, 25. Dezember 1788

Du wirst vorigen Posttag auf einen Brief von mir gerechnet haben, aber ein Paket, das ich an Göschen fortzuschicken hatte, nahm mir auch die letzte Minute weg, ob ich gleich gar nicht zu Bett gekommen war. Ich hätte Dir so gern gleich meinen vollen Beifall über Deinen Aufsatz geschrieben, der mich in der Tat außer seiner sehr lichtvollen und durchdachten Auseinandersetzung durch das Verdienst eines sehr edeln und angenehmen Stils überrascht hat. Alles, was mir zu wünschen übrigblieb, war, daß Du mit etwas mehr Ausführlichkeit ins Detail gegangen sein möchtest, weil es nach Deiner Entscheidung immer noch strittig bleibt, wo die edle Kunstfreiheit aufhört und die Übertreibung anfängt, denn natürlich wird jeder, dem es um Einschränkung dieser poetischen Freiheit zu tun ist, Deinem Räsonnement eine willkürliche Auslegung geben. Mir schien's, daß Dir wirklich die Stolbergische Sottise und mein Gedicht einige Details an die Hand gegeben haben würden, Deine allgemeine Richtschnur auf einen besondern Fall anzuwenden. Überhaupt, glaube ich, ist hier die allgemeine Regel festzusetzen. Der Künstler und dann vorzüglich der

Dichter behandelt niemals das *Wirkliche*, sondern immer nur das *Idealische* oder das kunstmäßig Ausgewählte aus einem wirklichen Gegenstand. Z. B., er behandelt nie die Moral, nie die Religion, sondern nur diejenige Eigenschaften von einer jeden, die er sich zusammen denken will – er vergeht sich also auch gegen keine von beiden, er kann sich nur gegen die *ästhetische Anordnung* oder gegen den Geschmack vergehen. Wenn ich aus den *Gebrechen* der Religion oder der Moral ein schönes übereinstimmendes Ganze zusammenstelle, so ist mein Kunstwerk gut, und es ist auch nicht unmoralisch oder gottlos, eben weil ich beide Gegenstände nicht nahm, wie sie *sind*, sondern erst wie sie nach einer gewaltsamen Operation, d. i. nach Absonderung und neuer Zusammenfügung, wurden. Der Gott, den ich in den Göttern Griechenlands in Schatten stelle, ist nicht der Gott der Philosophen oder auch nur das wohltätige Traumbild des großen Haufens, sondern es ist eine aus vielen gebrechlichen, schiefen Vorstellungsarten zusammengeflossene Mißgeburt. – Die Götter der Griechen, die ich ins Licht stelle, sind nur die lieblichen Eigenschaften der griechischen Mythologie in *eine* Vorstellungsart zusammengefaßt. Kurz, ich bin überzeugt, daß jedes Kunstwerk nur sich selbst, d. h., seiner eigenen Schönheitsregel Rechenschaft geben darf und keiner andern Foderung unterworfen ist. Hingegen glaube ich auch festiglich, daß es gerade auf diesem Wege auch alle übrigen Foderungen *mittelbar* befriedigen muß, weil sich jede Schönheit doch endlich in allgemeine Wahrheit auflösen läßt. Der Dichter, der sich *nur* Schönheit zum Zweck setzt, aber dieser heilig folgt, wird am Ende alle andern Rücksichten, die er zu vernachlässigen schien, ohne daß er's will oder weiß, gleichsam zur Zugabe mit erreicht haben, da im Gegenteil der, der zwischen Schönheit und Moralität, oder was es sonst sei, unstet flattert oder um beide buhlt, leicht es mit jeder verdirbt. Hier entsinn ich mich einer Stelle aus einem ungedruckten Gedicht, die hieher paßt:

Der Freiheit freie Söhne (die Künstler)
Erhebet euch zur höchsten Schöne,
Um andre Kronen buhlet nicht!
Die Schwester, die euch hier verschwunden,
Holt ihr im Schoß der Mutter ein:
Was schöne Seelen *schön* empfunden,
Muß trefflich und vollkommen sein.

Außerdem würde Dein Aufsatz, der wirklich für den Troß der Leser zu gründlich ist, durch einzelne Anwendungen auch auf andre Kunstwerke, wie der Nathan und dgl. ist, eine Anlockung mehr gehabt, und Du würdest die Freude gehabt haben, einen armen Sünder wie Stolberg, der eine gewisse Schätzung beim Publikum usurpiert, in sein wahres Licht gestellt zu haben. Indessen versichere ich Dir (und ich glaube, daß hier keine Parteilichkeit aus mir spricht), daß Dein Aufsatz eine feste Hand und eine schöne Diktion verbindet und daß Du allen Schwierigkeiten kecklich Trotz bieten kannst.

Wegen meiner Sache danke ich Dir für Deinen Rat. Ich werde ihn befolgen und fürchte mich überhaupt auch weniger, mich gut aus dieser Sache zu ziehen. Es müßte doch lächerlich sein, wenn ich in jeder Woche nicht so viel zusammenlesen und zusammendenken könnte, um es einige Stunden lang auf eine gefällige Art auskramen zu können. Als Privatum rät mir Voigt, über die Niederländische Rebellion zu lesen, wobei ich gewinne, daß ich sie für Crusius vollends bei der Gelegenheit ausarbeiten kann.

Aber Du setzest voraus, daß mir ein Fixum ausgeworfen werden würde, darin irrest Du Dich sehr. Woher nehmen? Dies war bei Reinhold ein außerordentlicher Fall, weil man Himmel und Erde bewegte und sie herausbettelte. Und ebendieser Fall macht einen zweiten desto schwerer. Außerdem würde eine solche Bettelei mich mehr erniedrigen, als 200 Reichstaler (soviel hat Reinhold) mir im Grunde helfen können. Mein ganzes Absehen bei dieser Sache ist, in eine gewisse *Rechtlichkeit* und *bürgerliche* Verbindung einzutreten, wo mich eine bessere Versorgung *finden* kann. Jena ist unter allen, die mir bekannt sind, dazu der einzig schickliche Platz. Mit 400 Talern kann ich gemächlich leben; es hetzt mich während eines Jahrs in akademische Berufsgeschäfte ein und gibt mir gewissermaßen einen gelehrten Namen, der mir nötig ist, um gesucht zu werden. Zugleich bringt mich die Notwendigkeit, in die es mich versetzt, mich mit Ernst auf das Geschichtfach zu legen, schneller zu einem gewissen Vorrat von Begriffen und erleichtert mir nachher das schriftstellerische Arbeiten im historischen Fach. Bei dem bißchen Namen, den ich bereits habe, wird mir das Prädikat als jenaischer Professor, nebst einer oder der andern historischen Schrift, die ich über Jahr und Tag herausgebe, doch wahrscheinlich irgendwo eine Vokation zuziehen, die mit einem honorablen Fixum verbunden ist oder die die jenaische Akademie veranlaßt, mir eins auszuwerfen. Es ist kaum möglich, daß mir dieser Plan fehlschlagen kann – und wie hätt ich auf meinem bisherigen Wege dazu gelangen können? Denke diesen Gründen nach, so wirst Du finden, daß die Sache eine unabstreitbare gute Seite hat und *daß* es sogar zu meinem Zwecke dient, mir für ein mittelmäßiges Gnadengeld keine Pflicht oder Verbindlichkeit aufgelegt zu haben.

Wir erwarten nun jede Woche die endliche Resolution von den sächsischen Höfen. Was ich noch gewünscht hätte, wäre gewesen, einen Vorschuß von 3 bis 400 Reichstaler zu erhalten, die ich erst in zwei Jahren zu bezahlen hätte, aber ich würde auch dadurch mir drückende Verbindlichkeiten auflegen, wenn ich Jena einmal mit Vorteil verlassen wollte. Sonst hätte ich dieses durch Goethen zu betreiben gesucht. Schreibe mir aber doch Deine Meinung darüber.

In Jena sind meine Bedürfnisse gar gering, weil das *Notwendige* wohlfeil ist und auf keinen Luxus gesehen wird. Ohne daß es ein Mensch gewahr wird, kann ich leben wie ein Student; alle gelehrte Bedürfnisse sind in reichem Maß vorhanden, und auch an leidlichem Umgang und guten Freunden wird mir's nicht fehlen. Von dieser Seite hat es viele Vorzüge für mich.

Ist erst ein Jahr überstanden, so gewinnt alles eine beßre Seite, und auch in diesem Jahr soll mir niemand anmerken, daß ich noch nachzuholen habe. Überhaupt muß jedermann nicht alles wissen!

Lebe wohl. Wenn Dir etwas beifällt, das ich nutzen kann, so schreibe mir's ja recht bald. Grüße mir die Weiber. Übrigens ist die Sache noch geheimzuhalten.

Schiller

51. An Ludwig Ferdinand Huber.

Weimar, 2. Januar [1789]

Daß Du von dem Glauben nun zurückgekommen bist, mein langes Stillschweigen sei *absichtlich* gewesen, ist mir sehr lieb, obschon meine Sache dadurch nicht sehr gebessert wird. Anfangs, ich gesteh es, war es *absichtlich*, oder, um es recht philosophisch zu sagen, es war eine moralische Handlung. Die Reflexionen, auf die mich einer Deiner Briefe damals brachte, mit Deinem langen Stillschweigen verbunden, machten mir's unmöglich, Dir, mit dem Herzen in der Hand, zu schreiben. Ein Brief ist allenfalls der einzige Platz, wo man ganz *wahr* sein kann und es also auch sein soll; ein Brief, der das nicht ist, ist ein armseliges Ding und eine Last, die man sich auflegt. Kurz, ich fühlte, daß ich nicht *wahr* gegen Dich sein konnte, und mich zu zwingen, schien mir ganz unwürdig. Liebe und Freundschaft sind das *Beste* und das *einzige Eigentum*, was unsereiner hat und worauf wir einen Wert legen können. Es auf die schönste Art anzulegen, ist ein billiger Wunsch; ich glaubte, daß es den Wert nicht mehr für Dich hätte und haben könnte, den ich darauf legte. Dein Ausflug in die Welt war eine Art von erster Probe unsrer ziemlich schwärmerisch geknüpften Freundschaft; sie schien mir zum Nachteil unsrer Freundschaft ausgefallen zu sein. Der zweite Brief, den Du dem ersten folgen ließest, konnte diese Meinung nicht umstürzen, weil bloß die Zartheit Deines Gefühls, ohne Deine Freundschaft, ihn Dir diktiert haben konnte.

Ich fürchtete damals stark, wir hätten uns einige Jahre lang mit Deklamationen hintergangen, und ich wollte nicht neuerdings wieder darein mit Dir verfallen. Darum überließ ich es damals der Zeit, was sie über unser Verhältnis für ein Urteil sprechen würde. Die Freundschaft ist sehr kennbar an ihren wohltätigen Wirkungen auf Herz und Geist.

So dachte ich damals und im ganzen auch noch jetzt. Solange die Verlegenheit, so lang geschwiegen zu haben, lebhaft auf mich wirkte, glaubte ich, daß die rechte Zeit noch nicht da sei, Dir zu schreiben. Rechne dazu hypochondrische Dispositionen von mir, die mir die schönsten Stunden meines Lebens vergällen und eine Schüchternheit meines Gefühls, die mich für die kleinste unsanfte Berührung reizbar macht – so wirst Du mich begreifen und vielleicht entschuldigen.

Ich bin diesen Sommer sehr mit mir selbst umgegangen, und nicht ohne Nutzen; aber Licht und Finsternis haben sich noch nicht ganz geschieden, und Ruhe ist noch nicht in meinem Gemüt. Ich lebe nur zuweilen glücklich in der Zukunft, und auch die wird mit jedem Jahr, das ich älter werde, enger. Doch hat mir freundschaftlicher Umgang diesen Sommer auch heitre Stunden gegeben, und mein Geist schreitet im ganzen doch fort und sucht sich Freiheit zu schaffen. Nur durch immerwährende Tätigkeit kann ich mir eine leidliche Existenz verschaffen, und dies Mittel habe ich seit einigen Monaten auch ergriffen. Zugleich machten es meine Finanzumstände notwendig. Daß ich nach Jena gehe, wird Dir Körner geschrieben haben. Nie hätt ich diesen Schritt getan, wenn ich ihn nicht für die einzige Auskunft hielte, meine Schulden zu tilgen und innerhalb einiger Jahre zu einer gewissen Freiheit und Ruhe des Geists zu gelangen, ohne die ich mein Leben auch nicht einen Tag mehr fortsetzen möchte. Ich gehe auch eigentlich nur nach Jena, um es in einigen Jahren mit einem andern Orte vertauschen zu können, welches sich dann hoffentlich geben wird. Zwei, drei mühselige Jahre wird es mir freilich kosten, aber unter der Arbeit, hoffe ich, sollen sie mir verschwinden, und die Hoffnung schönerer Zukunft soll sie mir tragen helfen.

Die Geschichte verspricht mir einiges Vergnügen, und das Fach selbst ist nicht zu weit von denen Fähigkeiten entlegen, die in mir ausgebildet sind. Vor einigen Jahren kann ich freilich nicht Geistesgenüsse für mich davon erwarten, aber kleine Befriedigungen gibt mir auch schon das Studium. Ich werde diesen Sommer nicht mit der alten Geschichte eröffnen, sondern gleich in das mittlere Zeitalter hineingehen. Meine Neulingsqualität selbst kann denen, die die Geschichte bei mir hören, nützlich werden, weil die Materien selbst auch durch ihre Neuheit stärker auf mich wirken und der Darstellung dadurch desto mehr Leben geben. Jena ist mit 3 Bibliotheken versehen, die mir alle nötigen Quellen reichen, aus denen allein ich sie schöpfen will, mit Beihilfe weniger neuerer Schriften. Zu meiner einstweiligen Subsistenz habe ich die Auskunft getroffen, daß ich eine Sammlung von Memoires (im Auszug) herausgebe, wofür mir Bertuch ein Karolin verspricht. Mit 3 Stunden des Tags kann ich für diese Arbeit ausreichen und mehr, als ich brauche, erwerben, weil ich in Jena mit 400 Talern ganz auskommen kann. Den ganzen übrigen Tag habe ich für mein Studium. Mehr als ein *Privatkollegium* gedenke ich nicht zu lesen, und dies wird für diesen Sommer meine Niederländische Geschichte sein, die ich bei dieser Gelegenheit gemächlich skizzieren kann. Das ist mein Plan einstweilen fürs Künftige.

Aber um auf Dich zu kommen, mein Lieber, so habe ich Dir auch eine kleine Ermahnung ans Herz zu legen. Das Schicksal hat Dich nun an Ort und Stelle gebracht und das Seinige getan – wie wär's, wenn Du nun auch etwas Deinerseits tätest. Daß Du tust, weiß ich, aber nur über den *Gegenstand* Deines Tuns hätte ich einiges zu sagen. Wäre Dir's wirklich nicht möglich, Dich für ein solches Fach der Schriftstellerei zu erwärmen, das mit Deinen jetzigen oder künftigen Verhältnissen in Verbindung steht? Du müßtest Deine Kräfte nicht kennen, wenn Du bei einem wohl regierten, planmäßigen Fleiß nicht, in welches Fach Du Dich auch werfen willst, nicht etwas Gründliches zu leisten hofftest. Aber da Dich Deine jetzigen Verhältnisse so sehr begünstigen, um im politischen und publizistischen Fache als Philosoph und Denker von Geschmack zu arbeiten, da Dir die Umstände dieses Fach gleichsam aufdringen, so solltest Du diesen Ruf nicht umsonst an Dich ergehen lassen. Außer dem, daß noch so wenige Köpfe von philosophischem Geiste und Geschmack dieses Fach in unserm Deutschland bearbeitet haben, ist es fast das einzige, wo schriftstellerischer Genuß und Ruhm mit bürgerlicher Schätzung und Belohnung in einem hohen Grade zu vereinigen ist. Bei Deinen jetzigen amtsmäßigen Zerstreuungen wirst Du für poetische Kunstwerke nie Muße und Geistessammlung finden, nie über den Dilettanten Dich erheben, und warum ein Dilettante, wenn Du hoffen kannst, Virtuose zu werden. In Deinen Verhältnissen also würde *ich* planmäßig für eine solche Arbeit zusammentragen, ausbrüten und ordnen und mit langsamem Fleiße meine Kräfte zu einem solchen Hauptwerke anstrengen. Sapienti sat!

Deine überschickte Szene wird kommenden Monat in der Thalia erscheinen. Sie wird Sensation machen, das Mystische bei Initiationen ist meines Bedünkens vortrefflich erreicht. Körner schickte mir neulich auch einen Aufsatz, der Dir gewiß recht behagen wird und der ihm billig Mut machen sollte, mehr zu schreiben.

Ich könnte und sollte Dir noch allerlei schreiben und melden. Doch es ist spät in der Nacht, und Eile hat es ja ohnehin nicht. Es wird schon mit Gelegenheit eins nach dem andern sich ergeben. Moritz ist gegenwärtig hier in Weimar. Seine Reise nach Italien und 2 Jahre mehr haben viel aus ihm gemacht. Laß Dir seine kleine Schrift: Über *bildende Nachahmung des Schönen* holen; sie wird Dich mit ihm bekannt machen und Dir eine geistvolle Unterhaltung verschaffen. Lebe wohl.

Schiller

52. An Christian Gottfried Körner.

Weimar, 2. Februar 1789

Daß Du jetzt erschrecklich fleißig arbeiten mußt, sehe ich aus Deiner Korrespondenz. Das ist schon der vierte Posttag, daß ich auf den versprochenen ausführlichen Brief warte, und wenn auch der, so wie die vorigen, leer vorübergeht, so werde ich Deine Schriftstellerei mit meinem Fluche belegen. Heut aber, hoffe ich, wirst Du mich nicht getäuscht haben; doch erwarten kann ich Deinen Brief nicht, weil ich ihn oft später erhalte, als die Post wieder abgeht.

Die Künstler habe ich seit gestern und vorgestern wieder vor; und was sie heute nicht werden, werden sie nie. Es ist keine undankbarere Arbeit, als Gedichte in Ordnung bringen; ein unerhörter Zeitaufwand, und noch dazu ein verlorener: denn meistens kommt man dahin zurück, wovon man anfangs ausging. Die erste Stimmung, worin es wurde, ist einmal vorbei. Ich habe den Anfang ganz weggestrichen; für die Verse ist's allerdings schade; vielleicht passen sie einmal für ein anderes Ganze; das Gedicht hat jetzt eine größere Simplizität, und an Kürze hat es auch gewonnen. Wie ich die Verse von der Wiederherstellung der schönen Wissenschaften anders ordnen soll, weiß ich nicht; denn ich darf doch den *zweiten* Lenz nicht vor dem *ersten* bringen, und von dem ersten handelt doch alles Vorhergehende. Ganz verlieren möchte ich diese Verse auch nicht, und um so weniger, da sie offenbar zu dem Ganzen gehören.

Ich gebe die Künstler Wieland, dem ich sonst auf der Welt nichts zu geben habe; ich habe auch noch den eigennützigen Grund, daß sie im Merkur weniger verlorengehen als in der Thalia, die kaum die Hälfte Leser hat und ohnehin aufhört. Zugleich muß ich auch darauf denken, dem Merkur notwendig zu bleiben.

Ich war gestern nach dreiviertel Jahren zum erstenmal wieder in der Komödie. Es war eine Oper. Bei dieser Gelegenheit war mir's interessant zu bemerken, daß die Unnatur ganz besonders auf mich wirkte, ungefähr wie auf einen, der aus der Provinz zum erstenmal in die Stadt kommt. Durch die Gewohnheit verliert man diesen Sinn; die Bemerkungen, die ich gestern anstellte, erinnere ich mich nie gemacht zu haben. Jetzt quält es mich schon fast den ganzen Winter, daß ich mich nicht an das Schauspiel machen kann, das ich in Rudolstadt ausheckte. Es würde mich glücklich machen – und das, was mich jetzt beschäftigen soll, vielleicht jahrelang beschäftigen muß, ist von dem Lichtpunkte meiner Fähigkeiten und Neigungen so himmelweit entlegen. Daß ich über *dieses* Hindernis siegen werde, glaube ich wohl, aber ob mir auch wohl dabei sein wird, ist eine andere Frage. Das ist indessen richtig, daß diese Diversion, besonders wenn sie einige Jahre dauert, einen sehr merklichen Einfluß auf meine erste dramatische Arbeit haben wird, und, wie ich doch immer hoffe, einen glücklichen. Als ich während meines akademischen Lebens plötzlich eine Pause in meiner Poeterei machte und zwei Jahre lang mich ausschließend der Medizin widmete, so war mein erstes Produkt nach diesem Intervall doch gleich Die Räuber. Was ich auch auf meine einmal vorhandene Anlage und Fertigkeit Fremdes und Neues pfropfen mag, so wird sie immer ihre Rechte behaupten; in anderen Sachen werde ich nur insoweit glücklich sein, als sie mit jener Anlage in Verbindung stehen; und alles wird mich am Ende wieder darauf zurückführen. In acht Jahren wollen wir einander wieder daran erinnern.

Dieser Tag ist Moritz wieder von hier abgegangen. Du hast mir nicht geschrieben, ob Du seine Broschüre gelesen hast und was Du davon hältst. Sie schlägt in Dein Lieblingsfach so nahe ein und würde Dich gewiß nicht gleichgültig lassen. Moritz ist ein tiefer Denker, der seine Materie scharf anfaßt und tief heraufholt. Seine Ästhetik und Moral sind ganz aus einem Faden gesponnen; seine ganze Existenz ruht auf seinen Schönheitsgefühlen. Die Abgötterei, die er mit Goethe treibt und die sich so weit erstreckt, daß er seine mittelmäßigen Produkte zu Kanons macht und auf Unkosten aller anderen Geisteswerke herausstreicht, hat mich von seinem näheren Umgange zurückgehalten. Sonst ist er ein sehr edler Mensch und sehr drollig-interessant im Umgange.

Öfters um Goethe zu sein würde mich unglücklich machen: er hat auch gegen seine nächsten Freunde kein Moment der Ergießung, er ist an nichts zu fassen; ich glaube in der Tat, er ist ein Egoist in ungewöhnlichem Grade. Er besitzt das Talent, die Menschen zu fesseln und durch kleine sowohl als große Attentionen sich verbindlich zu machen; aber sich selbst weiß er immer frei zu behalten. Er macht seine Existenz wohltätig kund, aber nur wie ein Gott, ohne sich selbst zu geben – dies scheint mir eine konsequente und planmäßige Handlungsart, die ganz auf den höchsten Genuß der Eigenliebe kalkuliert ist. Ein solches Wesen sollten die Menschen nicht um sich herum aufkommen lassen. Mir ist er dadurch verhaßt, ob ich gleich seinen Geist von ganzem Herzen liebe und groß von ihm denke. Ich betrachte ihn wie eine stolze Prüde, der man ein Kind machen muß, um sie vor der Welt zu demütigen, und an meinem guten Willen liegt es nicht, wenn ich nicht einmal mit der ganzen Kraft, die ich in mir aufbieten kann, einen Streich auf ihn führe, und in einer Stelle, die ich bei ihm für die tödlichste halte. Eine ganz sonderbare Mischung von Haß und Liebe ist es, die er in mir erweckt hat, eine Empfindung, die derjenigen nicht ganz unähnlich ist, die Brutus und Cassius gegen Cäsar gehabt haben müssen; ich könnte seinen Geist umbringen und ihn wieder von Herzen lieben. Goethe hat auch viel Einfluß darauf, daß ich mein Gedicht gern recht vollendet wünsche. An seinem Urteile liegt mir überaus viel. Die Götter Griechenlands hat er sehr günstig beurteilt; nur zu lang hat er sie gefunden, worin er auch nicht unrecht haben mag. Sein Kopf ist reif und sein Urteil über mich wenigstens eher *gegen* mich als *für* mich parteiisch. Weil mir nun überhaupt nur daran liegt, Wahres von mir zu hören, so ist dies gerade der Mensch unter allen, die ich kenne, der mir diesen Dienst tun kann. Ich will ihn auch mit Lauschern umgeben, denn ich selbst werde ihn nie über mich befragen.

Lebe wohl. Unser Herzog ist gestern nach Berlin, wo er vier Wochen bleiben wird; vor seiner Zurückkunft wird meine Sache wohl nicht zum völligen Schluß kommen.

Besucht Ihr die Redouten auch fleißig? Ich war vorgestern zum ersten Male dieses Jahr darauf, um doch unter Menschen zu gehen. Hier sind die Redouten zuweilen recht brillant, und weit mehr als die Dresdner. Man lebt auch vergnügter darauf und anständiger. Grüße mir Minna und Doris.

Schiller

53. An Christian Gottfried Körner.

Weimar, 9. Februar 1789

Ich bin doch gar sehr begierig, was Du *nun* zu den Künstlern sagen wirst, wenn Du sie wieder zu Gesichte bekommst. Der ganz veränderte Anfang gibt dem Gedichte gegen seine vorige Gestalt ein ganz unkenntliches Ansehen, doch sehr zu seinem Vorteil. Ich habe nun die Hauptidee des Ganzen, *die Verhüllung der Wahrheit und Sittlichkeit in die Schönheit*, zur herrschenden und im eigentlichen Verstande zur Einheit gemacht. Es ist eine Allegorie, die ganz hindurchgeht, mit nur veränderter Ansicht, die ich dem Leser von allen Seiten ins Gesicht spielen lasse. Ich eröffne das Gedicht mit einer 12 Verse langen Vorstellung des Menschen in seiner jetzigen Vollkommenheit; dies gab mir Gelegenheit zu einer guten Schilderung dieses Jahrhunderts von seiner bessern Seite. – Von da mache ich den Übergang zu der Kunst, die seine Wiege war, und der Hauptgedanke des Gedichts wird flüchtig antizipiert und hingeworfen.

In den Künstlern behauptet die Einführung der zweiten historischen Epoche, der Wiederauflebung der Künste nämlich, ihren vorigen Platz, und gewiß mit Rechte. Ich habe diese ganze Stelle aber weit besser angefangen, mehr erweitert und durchaus verbessert. Nun folgt aber ein ganz neues Glied, wozu mir eine Unterredung mit Wieland Anlaß gegeben hatte und welches dem Ganzen eine schöne Rundung gibt. Wieland nämlich empfand es sehr unhold, daß die Kunst nach dieser bisherigen Vorstellung doch nur die Dienerin einer höhern Kultur sei, daß der Herbst immer weiter gerückt sei als der Lenz, und er ist sehr weit von dieser Demut entfernt. Alles, was wissenschaftliche Kultur in sich begreift, stellt er tief unter die Kunst und behauptet vielmehr, daß jene dieser diene. Wenn ein wissenschaftliches Ganze über ein Ganzes der Kunst sich erhebe, so sei es nur in dem Falle, wenn es selbst ein Kunstwerk werde. Es ist sehr vieles an dieser Vorstellung wahr und für mein Gedicht vollends wahr genug. Zugleich schien diese Idee schon in meinem Gedichte unentwickelt zu liegen und nur der Heraushebung noch zu bedürfen. Dieses ist nun geschehen. Nachdem also der Gedanke philosophisch und historisch ausgeführt ist, daß die *Kunst* die wissenschaftliche und sittliche Kultur vorbereitet habe, so wird nun gesagt, daß diese letztere noch nicht das Ziel selbst sei, sondern nur eine zweite Stufe zu demselben, obgleich der Forscher und Denker sich vorschnell schon in den Besitz der Krone gesetzt und dem Künstler den Platz unter sich angewiesen. Dann erst sei die Vollendung des Menschen da, wenn sich wissenschaftliche und sittliche Kultur wieder in die Schönheit auflöse.

Der Schätze, die des Denkers Fleiß gehäufet,
Wird er im Arm der Schönheit erst sich freun,
Wenn seine Wissenschaft der Dichtung zugereifet,
Zum *Kunstwerk* wird geadelt sein.

Diese Vorstellung führe ich nun auch wieder auf meine Allegorie zurück und lasse die Kunst an diesem Ziele sich dem Menschen in verklärter Gestalt zu erkennen geben. Das Ende, von Der Menschheit Würde usf. an, ist ganz geblieben, wie es war.

Aber ich will Dich diese Entdeckungen in dem Gedichte selbst machen lassen. Auch einige Deiner Anmerkungen habe ich benutzt, wie Du zu Deiner Befriedigung finden wirst. Das Gedicht ist weit größer geworden, aber ich glaube mit Dir, daß es dadurch doch an Kürze gewonnen hat. Es sind auch sonst noch – und an Orten, wo Du es gar nicht vermuten magst – ganze oder halbe Strophen hineingekommen, die meine Hauptidee sehr glücklich ausbilden und unter die vorzüglichsten in der Ausführung gehören.

Ich gratuliere Dir zu Deiner neuen Eroberung in dem preußischen

Gesandten. Sie ist Dir in Deiner Geisteswüste sehr zu gönnen; ich wünschte diese Bekanntschaft mit Dir zu teilen. Mache ihn nur bald wieder gesund.

Deine Übersetzung von Gibbon erwarte ich mit Schmerzen; gerne sähe ich sie in dem nächsten Merkur-Stück, daß wir doch in diesem Hefte *Nachbarn* würden. Auch die frühere Erscheinung dieses Stücks wird davon abhängen, daß Du diesen Beitrag einsendest. Meine Niederländische Geschichte soll in einem Göttinger Journal oder Zeitung sehr vorteilhaft rezensiert sein. In meinem nächsten Briefe erzähle ich Dir eine Unterredung, die ich mit Wieland über die Künstler gehabt habe und die uns einen interessanten Stoff geben wird, uns unsre Gedanken zu kommunizieren. Er läßt mir eben sagen, daß er heute zu mir kommen wolle; da wird denn doch noch weiter davon gesprochen. Lebe wohl. Grüße Minna und Dorchen.

Dein Schiller

54. An Christian Gottfried Körner.

Weimar, 25. Februar 1789

Diesmal hast Du Dich ja außerordentlich angegriffen: drei Briefe in zweien und Manuskript. Ich weiß gar nicht, was ich Dir Schönes genug sagen soll. Das letzte werd ich erst noch lesen, also zu den Briefen.

Über die Materie der *Kunst*, die wir zufällig aufgejagt haben, könnten wir eine herrliche Korrespondenz unterhalten, noch besser aber *sprechen*, denn, ich weiß nicht, diese Ideen entwickeln sich ganz anders im Gespräche. Es ärgert mich, daß ich nicht gleich auf frischer Tat hingeworfen habe, was zwischen Wieland und mir darüber verhandelt worden ist; jetzt erinnre ich mich des Zusammenhangs nicht mehr. Wie er weg war, hatte ich etwas anders zu tun, als Briefe zu schreiben; er ließ mir die *Künstler* da, um einige Veränderungen, worüber wir übereingekommen waren, darin anzubringen; dieses und das vorhergegangene Gespräch hieß mich das Gedicht noch einmal ansehen – und hier wurde ich glücklicherweise einiger Schiefheiten und Halbwahrheiten gewahr, die dem bessern Gesichtspunkt, woraus das Ganze betrachtet sein will, erstaunlichen Abbruch taten. Ich warf es fast ganz durcheinander, und Du wirst Dich über das jüngste Gericht wundern, das darüber gehalten worden ist. Eine ganze Kette neuer Strophen, die zum Inhalt haben, das zu beweisen, was in der vorigen Edition ganz beweislos hingeworfen war, ist nunmehr eingeschaltet. Ich habe über den Ursprung und Fortgang der Kunst selbst einige

Ideen hasardiert und habe alsdann die *Art, wie* sich aus der Kunst die übrige wissenschaftliche und sittliche Bildung entwickelt hat, mit einigen Pinselstrichen angegeben. Das Ganze hält nun auch mehr zusammen, und dadurch, daß das, womit angefangen wird, im Laufe des Gedichts erwiesen und am Schlusse darauf als auf das Resultat zurückgewiesen wird, ist das Gedicht nun ein geschlossener Kreis. Es ist freilich voluminöser geworden, denn es beträgt 3mal soviel, als Du gelesen hast, und verschiednes, was Du gelesen hast, ist weg, so daß Du über 200 neue Verse finden wirst. Ich bin äußerst begierig, wie Du es nunmehr findest. Der Anfang ist ganz vortrefflich ausgefallen. Ich muß mich selbst loben.

Gleich über der Schwelle strauchelte Wieland. Er wollte es nicht für ein Gedicht erkennen, sondern für philosophische Poesie, von der Art wie Youngs Nächte und dergleichen. Eine Allegorie, die nicht *gehalten* sei, sich alle Augenblicke entweder in eine neue Allegorie verliere oder gar in *philosophische Wahrheit* übergehe, das Durcheinanderwerfen *poetisch wahrer* und *wörtlich wahrer* Stellen inkommodierte ihn. Er vermißte die Einheit der Form, die das Ganze macht. Die malerische Sprache und das luxuriöse Übergehen von Bilde zu Bilde blende ihn, so daß er vor Licht nicht sehe und dergleichen mehr. Er nennt dieses Poesie im englischen Geschmack und gesteht, daß er sie nicht liebe, ohne sie geradezu kritisch verwerfen zu können. Ich glaube, daß diese Manier sich selbst schaden muß, wenn sie fehlerhaft ist; wenn man nicht weiß und faßt, was der Dichter will, wenn man von der Idee des Ganzen durch das Surchargierte in den Details zurückgezogen wird, so ist die Poesie natürlicherweise falsch; ist es aber immer derselbe Gedanke, den man in diesen neuen Formen wiederfindet, und schließen sie durch eine natürliche Fortschreitung aneinander, so muß, denke ich, diese Üppigkeit in der Ausführung ein Vorzug mehr sein. Die Hauptsache kommt nun bei meinen Künstlern darauf hinaus, ob der Hauptgedanke, um den ich mich bewege, den höchsten Grad der Anschaulichkeit erhalten hat.

Wieland wirft mir vor, daß ich nicht Leichtigkeit habe; er spricht mir auch ab, sie mir in dem Grade, wie er hat, zu erwerben. Goethen habe sie auch gefehlt, aber er habe sie sich erworben. Ich fühle während meiner Arbeiten nur zu sehr, daß er recht hat, aber ich fühle auch, woran der Fehler liegt, und dies läßt mich hoffen, daß ich mich sehr darin verbessern kann. Die Ideen strömen mir nicht reich genug zu, so üppig meine Arbeiten auch ausfallen, und meine Ideen sind nicht klar, eh ich schreibe. Fülle des Geistes und Herzens von seinem Gegenstand, eine lichte Dämmerung der Ideen, eh man sich hinsetzt, sie aufs Papier zu werfen, und leichter Humor sind notwendige Requisiten zu dieser Eigenschaft; und wenn ich es einmal mit mir selbst dahin bringe, daß ich jene 3 Erfodernisse zusammenbringe, so soll es mit der Leichtigkeit auch werden.

Das lyrische Fach, das Du mir anweisest, sehe ich eher für ein *Exilium* als für eine *eroberte Provinz* an. Es ist das kleinlichste und auch undankbarste unter allen. Zuweilen ein Gedicht lasse ich mir gefallen, wiewohl mich die Zeit und Mühe, die mir die Künstler gekostet haben, auf viele Jahre davon abschrecken. Mit dem Dramatischen will ich es noch auf mehrere Versuche ankommen lassen. Aber mit Goethen messe ich mich nicht, wenn er seine ganze Kraft anwenden will. Goethe hat weit mehr Genie als ich und bei diesem weit mehr Reichtum an Kenntnissen, eine sicherere Sinnlichkeit und zu allem diesem einen durch Kunstkenntnis aller Art geläuterten und verfeinten Kunstsinn, was mir in einem Grade, der ganz und gar bis zur Unwissenheit geht, mangelt. Hätte ich nicht einige andre Talente, und hätte ich nicht soviel Feinheit gehabt, diese Talente und Fertigkeiten in das Gebiet des Dramas herüberzuziehen, so würde ich in diesem Fache gar nicht neben ihm sichtbar geworden sein. Aber ich habe mir eigentlich ein eigenes Drama nach meinen Talenten gebildet, welches mir eine gewisse Excellence darin gibt, eben weil es mein eigen ist. Will ich in das natürliche Drama einlenken, so fühl ich die Superiorität, die er und viele andre Dichter aus der vorigen Zeit über mich haben, sehr lebhaft. Deswegen lasse ich mich aber nicht abschrecken; denn eben, je mehr ich empfinde, *wie viele* und *welche* Talente oder Erfodernisse mir fehlten, so überzeuge ich mich desto lebhafter von der Realität und Stärke *desjenigen* Talents, welches, jenes Mangels ungeachtet, mich so weit gebracht hat, als ich schon bin. Denn ohne ein großes Talent von der e i n e n Seite hätte ich einen so großen Mangel von der andern nicht so weit bedecken können, als geschehen ist, und es überhaupt nicht so weit bringen können, um auf *Köpfe* zu wirken. Wieland selbst hat mir mehr als einmal eingestanden, daß ich ihm in verschiednen Stücken überlegen sei. Mit dieser Kraft muß ich doch etwas machen können, das mich so weit führt, ein Kunstwerk von mir neben eins von den seinigen zu stellen.

Was Du mir von künftigen Revisionen meiner jetzigen Stücke sagst, mag wohl wahr sein. Sie *jetzt* vorzunehmen, würde mir ebensowenig angenehm sein, als wenig es mir gelingen würde. Mein nächstes Stück, das schwerlich in den nächsten 2 Jahren erscheinen dürfte, muß meinen dramatischen Beruf entscheiden. Ich traue mir im Drama dennoch am allermeisten zu, und ich weiß, worauf sich diese Zuversicht gründet. Bis jetzt haben mich die Plane, die mich ein blinder Zufall wählen ließ, aufs äußerste embarrassiert, weil die Komposition zu weitlauftig und zu kühn war. Laß mich einmal einen simpeln Plan behandeln und darüber brüten. Einen solchen habe ich in petto, und damit werde ich auch debütieren. Der Menschenfeind ist viel zu verwickelt und zu schwer, als daß ich die neue Manier daran zuerst versuchen könnte, aber vielleicht gründet der Menschenfeind einmal meinen ganzen Kredit.

Die Vorstellung des Karlos mag Euch doch interessiert haben. Nur bin ich von uns 5 der einzige, der ihn nicht spielen gesehen hat und auch so bald nicht spielen sehen wird. Desto besser! Wenn ich ihn in 3 oder 4 Jahren zum ersten Male sehe, so wird diese Vorstellung gewiß von wichtigen Folgen für ihn sein.

Deine Übersetzung kommt für den März des Teutschen Merkur zu spät. Ich kann sie also, wenn Du bei Wieland mit einem Originalaufsatz debütieren willst, solange bei mir liegen lassen, weil sie bei ihm auch 2 bis 3 Wochen müßig liegen würde.

Mein Kontrakt mit Maucke in Jena wegen der Memoires ist schriftlich aufgesetzt und durch Bertuchs Verhandlung sehr vorteilhaft für mich. Macht er eine 2. Auflage von dem Werke, so bekomme ich von dem Bogen 2 Reichstaler, und wenn ich das Werk aufs neue durchsehe, daß er *verbesserte* Auflage auf den Titel setzen kann, so erhalte ich das ganze Honorarium von 1 Karolin dafür. Bei Ablieferung des ganzen Manuskripts zu einem Bande ist stipuliert, daß er mir sogleich 16 Karolin bar und den Rest nach Vollendung des Drucks bezahlt.

Meine Niederländische Geschichte ist in der Allgemeinen Literaturzeitung sehr vorteilhaft rezensiert. Zwar, ich will Dir's beilegen, weil ich just eine Dublette habe. Diese Rezension ist wirklich unter den jetzigen Umständen nicht *unbedeutend* für mich.

Lebe wohl und schreibe mir bald wieder so freigebig. Du hast mir eine große Freude gemacht. Grüße mir Minna und Dorchen; das Bonmot der Minna über den *Himmel*strich ist gar gut. Charlotte empfiehlt sich Euch. Ich sehe sie zwar selten, aber doch am öftesten von allen hiesigen Menschen. Sie wird Dir nächstens einmal wieder schreiben.

Die andere Minna grüße freundlich von mir. Ich danke ihr für ihr gutes Andenken. Adieu.

S.

55. An Christian Gottfried Körner.

Weimar, 16. April 1789

Unsre Zusammenkunft in Leipzig im August wird gar keine Schwierigkeit von meiner Seite finden; ich will mich jetzt schon darauf freuen, wir haben uns so lange nicht gesehen. Richte es nur so ein, daß ich Euch wenigstens 4 bis 5 Tage genießen kann. Ich würde Dir proponiert haben, den kleinen Abstecher nach Jena selbst und nach Weimar vollends zu machen, aber aus zwei Gründen möcht ich es nicht einmal. Die Menschen, die Du nicht unterlassen könntest an diesen beiden Orten zu sehen, würden uns die besten Stunden nehmen, und wenn ich Dich in Leipzig aufsuche, so können wir unsere Zeit immer so einteilen, daß Du zugleich Deine dortigen Bekanntschaften dabei abfindest und also gar nichts versäumt wird.

In drei Wochen spätestens bin ich in Jena, in 4 Wochen habe ich schon gelesen. Worüber ich aber lesen werde, weiß ich noch nicht einmal. Ich habe eine Einleitung in die Universalhistorie angekündigt, aus der sich gar vielerlei machen läßt. Ohne Zweifel wird es eine Geschichte der bürgerlichen Gesellschaft oder doch etwas Ähnliches. Vielleicht auch nur eine vorläufige Festsetzung des *Wichtigen* in der Geschichte und eine Bestimmung gewisser Begriffe, auf die man sich in der Geschichte selbst beziehen und über die man also einig sein muß. Ich bekümmere mich diesen Sommer um keinen Plan; das Hauptsächlichste ist, jede Vorlesung interessant und nützlich zu machen.

Bei unsrer Entrevue hoffe ich Dir schon mit Zuverlässigkeit sagen zu können, ob mir diese Karriere zusteht und ob ich meinen Zweck dadurch erreiche.

Die Akademie hat gegen 900 Studenten; wenn ich von diesen nur den 5. Teil bekomme und von diesem nur die Hälfte mich bezahlt, so erhalte ich von einem Kollegium jährlich eine Einnahme von 100 Louisdors. Einen Rival habe ich nicht zu fürchten, und das Fach, worüber ich lese, ist für alle. Das sind meine Hoffnungen.

Hast Du Dich nach englischen Memoires umgesehen, und wie weit gehen die ältesten zurück? Es ist doch nunmehr Zeit, daß wir bestimmt wissen, mit welchen wir die ersten Teile anfangen wollen. Ich wünschte ein Diktionär zu besitzen, worin die obsoleten französischen Wörter angegeben sind. Joinville ist fast gar nicht zu verstehen ohne eine solche Beihilfe. Weißt Du mir eines zu nennen, so tust Du mir einen großen Gefallen damit. Ich bin wirklich verlegen, wie ich mich aus dieser Schwierigkeit ziehen werde, ohne zuviel Zeit dabei zu verlieren.

Deine Gesundheit und Deine Reitkur freut mich, aber ich glaube, daß Du darum doch etwas fleißiger sein könntest. Die Schneiderische Rekonziliationshandlung ist ein gutes Werk, das mich um ihrentwillen freut. Aber sie sollte sich doch, da sie ihren Mann kennt, seiner lächerlichen Eifersucht nicht so exponieren.

Lebe wohl und grüße Minna und Dorchen. In einem Vierteljahre sehen wir einander also gewiß.

Schiller

56. An Christian Gottfried Körner.

Jena, 28. Mai 1789

Vorgestern, als den 26., habe ich endlich das Abenteuer auf dem Katheder rühmlich und tapfer bestanden und gleich gestern wiederholt. Ich lese nur 2mal in der Woche, und zwei Tage hintereinander, so daß ich 5 Tage ganz frei behalte.

Das Reinholdische Auditorium bestimmte ich zu meinem Debut. Es hat eine mäßige Größe und kann ohngefähr 80 sitzende Menschen, etwas über 100 in allem fassen; ob es nun freilich wahrscheinlich genug war, daß meine erste Vorlesung der Neugierde wegen eine größre Menge Studenten herbeilocken würde, so kennst Du ja meine Bescheidenheit. Ich wollte die größre Menge nicht gerade *voraussetzen*, indem ich gleich mit dem größten Auditorium debütierte. Diese Bescheidenheit ist auf eine für mich sehr brillante Art belohnt worden. Meine Stunden sind abends von 6 bis 7. Halb 6 war das Auditorium voll. Ich sah aus Reinholds Fenster Trupp über Trupp die Straße heraufkommen, welches gar kein Ende nehmen wollte. Ob ich gleich nicht ganz frei von Furcht war, so hatte ich doch an der wachsenden Anzahl Vergnügen, und mein Mut nahm ehr zu. Überhaupt hatte ich mich mit einer gewissen Festigkeit gestählt, wozu die Idee, daß meine Vorlesung mit keiner andern, die auf irgendeinem Katheder in Jena gehalten worden, die Vergleichung zu scheuen brauchen würde, und überhaupt die Idee, von allen, die mich hören, als der Überlegene anerkannt zu werden, nicht wenig beitrug. Aber die Menge wuchs nach und nach so, daß Vorsaal, Flur und Treppe vollgedrängt waren und ganze Haufen wieder gingen. Jetzt fiel es einem, der bei mir war, ein, ob ich nicht noch für diese Vorlesung ein anderes Auditorium wählen sollte. Griesbachs Schwager war gerade unter den Studenten, ich ließ ihnen also den Vorschlag tun, bei Griesbach zu lesen, und mit Freuden ward er aufgenommen. Nun gab's das lustigste Schauspiel. Alles stürzte hinaus und in einem hellen Zug die Johannisstraße hinunter, die, eine der längsten in Jena, von Studenten ganz besät war. Weil sie liefen, was sie konnten, um in Griesbachs Auditorium einen guten Platz zu bekommen, so kam die Straße in Alarm und alles an den Fenstern in Bewegung. Man glaubte anfangs, es wäre Feuerlärm, und am Schloß kam die Wache in Bewegung. Was ist's denn? Was gibt's denn? hieß es überall. Da rief man denn: Der neue Professor wird lesen. Du siehst, daß der Zufall selbst dazu beitrug, meinen Anfang recht brillant zu machen. Ich folgte in einer kleinen Weile, von Reinhold begleitet, nach, es war mir, als wenn ich durch die Stadt, die ich fast ganz durchzuwandern hatte, Spießruten liefe.

Griesbachs Auditorium ist das größte und kann, wenn es voll gedrängt ist, zwischen 3 und 400 Menschen fassen. Voll war es diesmal, und so sehr, daß ein Vorsaal und noch die Flur bis an die Haustüre besetzt war und im Auditorium selbst viele sich auf die Subsellien stellten. Ich zog also durch eine Allee von Zuschauern und Zuhörern ein und konnte den Katheder kaum finden; unter lautem Pochen, welches hier für Beifall gilt, bestieg ich ihn und sah mich von einem Amphitheater von Menschen umgeben. So schwül der Saal war, so erträglich war's am Katheder, wo alle Fenster offen waren, und ich hatte doch frischen Odem. Mit den zehn ersten Worten, die ich selbst noch fest aussprechen konnte, war ich im ganzen Besitz meiner Contenance, und ich las mit einer Stärke und Sicherheit der Stimme, die mich selbst überraschte. Vor der Türe konnte man mich noch recht gut hören. Meine Vorlesung machte Eindruck, den ganzen Abend hörte man in der Stadt davon reden, und mir widerfuhr eine Aufmerksamkeit von den Studenten, die bei einem neuen Professor das erste Beispiel war. Ich bekam eine Nachtmusik, und Vivat wurde 3mal gerufen. Den andern Tag war das Auditorium ebenso stark besetzt, und ich hatte mich schon so gut in mein neues Fach gefunden, daß ich mich setzte. Doch habe ich beidemal meine Vorlesung abgelesen und nur wenig bei der zweiten extemporiert.

Indes kann ich, wenn ich aufrichtig sein soll, dem Vorlesungenhalten selbst noch keinen rechten Geschmack abgewinnen; wäre man der *Empfänglichkeit* und einer gewissen vorbereitenden Fähigkeit bei den Studierenden versichert, so könnte ich überaus viel Interesse und Zweckmäßigkeit in dieser Art zu wirken finden. So aber bemächtigte sich meiner sehr lebhaft die Idee, daß zwischen dem Katheder und den Zuhörern eine Art von Schranke ist, die sich kaum übersteigen läßt. Man wirft Worte und Gedanken hin, ohne zu wissen und fast ohne zu hoffen, daß sie irgendwo fangen, fast mit der Überzeugung, daß sie von 400 Ohren 400mal, und oft abenteuerlich, mißverstanden werden. Keine Möglichkeit, sich, wie im Gespräch, an die Fassungskraft des andern anzuschmiegen. Bei mir ist dies der Fall noch mehr, da es mir schwer und ungewohnt ist, zur platten Deutlichkeit herabzusteigen. Die Zeit verbessert dies vielleicht – aber groß sind meine Hoffnungen doch nicht. Ich tröste mich damit, daß in jedem öffentlichen Amt immer nur der 100. Teil der Absicht erfüllt wird.

Meine erste Vorlesung handelte vorzüglich von dem Unterschied des Brotgelehrten und des philosophischen Kopfs. Außer den lokalen Ursachen, die ich hatte, die Begriffe meiner Leute über diese 2 Dinge zu fixieren, hatte ich allgemeine, die ich Dir nicht zu sagen brauche. In meiner zweiten Vorlesung gab ich die Idee von Universalgeschichte.

Es ist hier ein solcher Geist des Neides, daß dieses kleine Geräusch, das mein erster Auftritt machte, die Zahl meiner Freunde wohl schwerlich vermehrt hat. Indessen kann ich von meiner hiesigen Existenz nichts anders als Gutes schreiben; es war mir kaum irgendwo so wohl als hier, weil ich hier zu *Hause bin*. Meine Freunde tragen mich auf den Händen, mein Humor ist gut, auch bin ich geselliger, und mein ganzes Sein hat einen bessern Anstrich. Der Bekanntschaften habe ich noch nicht sehr viele gemacht, aber durch abgegebene Karten mich doch wenigstens in eine Höflichkeitsverbindung mit einigen dreißig Häusern gesetzt. Von dem hiesigen Frauenzimmer kann ich schlechterdings noch nichts schreiben. Eine ziemliche Auswahl hab ich zwar gesehen, worunter aber nichts Auszeichnendes war. Ich wohnte einem Ball bei, wo ich sie größtenteils beisammen sah, ich hielt mich aber an das Spiel und ennuyierte mich mit Griesbach und Succow beim Tarock-Hombre. Es ist hier ein gewisser Geheimer Hofrat Eckardt, ein Jurist, der Vermögen und einen vorzüglichen Einfluß bei der Akademie hat. Er hat noch eine unverheiratete Tochter, mit der mich einige gedacht haben mögen zusammenzukuppeln, aber ich mag weder sie noch die Familie.

Was Du mir einmal von der *Schmidt* schriebst, mag Dir der Himmel vergeben. Das Mädchen selbst würde mir auch ohne ihr Geld grade nicht mißfallen, in Weimar hat sie mir immer am besten unter allen gefallen, und es ging nicht mir allein so. Aber an sie zu denken ist keine Möglichkeit, weil Vater und Mutter und Tochter aufs Geld vorzüglich sehen. Die Tochter zwar, die Eitelkeit hat, würde nicht ungeneigt sein, wenn sich noch etwas anders mit dem Geld verbinden ließe; ich glaube auch, daß sie mir Vermögen und Rang herzlich wünschen würde, um Ansprüche an sie machen zu können, aber die Elastizität hat ihr Charakter nicht, nach ihrem Geschmack sich zu bestimmen. Und dann frägt sich's sehr, ob sie als *Frau* das für mich bliebe, was sie mir jetzt noch zu sein scheint. Überdem scheint sie bereits so gut als verkuppelt, und zwar an einen reichen Frankfurter. Ich hätte auch, wenn ich sonst gewollt hätte, in Weimar noch eine Partie finden können, und zwar auch eine Geheimeratstochter, die aber kein Vermögen hat – ich habe erst hier erfahren, daß einige das Plänchen gehabt haben. Aber da lag die Hindernis an mir selbst und an meinem Geschmacke. Es ist also noch dürres Land hier für mich, so gern ich es gesehen hätte, wenn ein Geschöpf auf mich hätte wirken können. Weißt Du mir übrigens eine reiche Partie, so schreibe mir immer; entweder sehr viel Geld oder lieber gar keines und desto mehr Vergnügen im Umgang. Ein einziges Mädchen ist hier, das mir nicht übel gefällt, ich kannte sie auch schon vorher. Es ist die jüngste Schwester der Reichard und Ettingern in Gotha, eine Seidler. Ohne viel Geist hat sie viel Gefälliges und viel Güte des Charakters, und ohne grade hübsch zu sein, gefällt mir ihr Äußerliches auch nicht übel. Sie lebt hier mit ihrer Mutter und ihrem Bruder, der Stallmeister bei der Universität ist. Sie hat eine gute Erziehung und auch einige Feinheit des Umgangs, die man hier selten findet.

Der Himmel gebe nun, daß meine Kollegien im nächsten halben Jahr einschlagen. Es ist mir alsdann nicht bange, meine Umstände bald verbessert zu sehen und höhere Entwürfe zu machen. Behielte ich von meinen bisherigen Auditoren nur den 4. Teil, so verlangte ich nicht weiter. Eben hör ich, daß bei meiner zweiten Vorlesung 480 Zuhörer waren und gegen 50 keinen Platz mehr gefunden haben. Ich lese jetzt erst in 10 Tagen wieder, weil die Pfingstferien dazwischenfallen.

Bei der Literaturzeitung habe ich Dich engagiert. Du brauchst also nur mit wenig Worten Dich an Schütz oder Hufeland zu wenden und Dein Fach anzugeben. Doch auch das kann ich Dir ersparen und Dir gleich den Kontrakt schicken lassen, wenn Du es willst. Schreibe aber nun auch bald an Wieland.

Ich habe mich auf wenige Aussichten so gefreut, als auf unser Wiedersehen. Schreibe mir doch vorläufig, wie lang Du glaubst, daß wir in Leipzig beisammen sein können.

Grüße Minna und Dorchen.

Lebe wohl.

Schiller

PS. Dieser Gustav Schilling ist ein sächsischer Leutnant in Freiberg. Er hat mir's durch seinen Brief so nahegelegt, daß ich die Verse aufnehmen mußte.

Gestern erhalte ich aus Winterthur eine Broschüre, worin die Götter Griechenlands von einem Pfarrer, und noch dazu einem *schwärmerischen Christen,* gegen Stolberg lebhaft verteidigt sind. Er hat ganze Stellen aus der Schrift herbeigezogen und bewiesen, daß alles, was der Dichter an der griechischen Götterlehre schön und nachahmungswürdig fand, in der Person und Lehre Christus reichlich erfüllt sei. Er erklärt, daß er das ganze Gedicht bis auf den *heiligen Barbaren* rechtfertigen und unterschreiben wolle. Er findet, daß alles, was ich an den griechischen Göttern herausgehoben, das Bedürfnis einer edeln, empfindsamen Seele sei – daß ich dieses aber in der reinsten Christenlehre noch schöner erfüllt gefunden haben würde. Ich werde mit einer Veneration behandelt, die ganz erschrecklich ist, und der Karlos wird der Stolz Germanias genannt. Es ist mir in dem Buche nahe gelegt, etwas endlich über die Sache zu sagen, und vielleicht tue ich es bei Gelegenheit dieses Buches.

Den Rollin brauche ich nicht.

57. An Karoline von Beulwitz und Charlotte von Lengefeld.

[Jena], 12. [10./11.] September [1789]

Wieder ein Tag überstanden, um den ich Euch näher bin. – Wie langsam schleicht *jetzt* die Zeit, und wie unerbittlich schnell wird sie mir bei Euch vorübereilen! Wäre indessen die Periode nur da, wo wir uns bloß über die *Flüchtigkeit* des Lebens zu beklagen hätten!

O meine teure Karoline, meine teure Lotte! Wie so anders ist jetzt alles um mich her, seitdem mir auf jedem Schritt meines Lebens nur Euer Bild begegnet. Wie eine Glorie schwebt Eure Liebe um mich, wie ein schöner Duft hat sie mir die ganze Natur überkleidet. Ich komme von einem Spaziergang zurück. In dem großen, freien Raume der Natur wie in meinem einsamen Zimmer – es ist immer derselbe Äther, in dem ich mich bewege, und die schönste Landschaft ist nur ein schönerer Spiegel der immer bleibenden Gestalt. Nie hab ich es noch so sehr empfunden, wie frei unsre Seele mit der ganzen Schöpfung schaltet – wie wenig sie doch für sich selbst zu geben imstande ist und alles, alles von der Seele empfängt. Nur durch das, was wir ihr leihen, reizt und entzückt uns die Natur. Die Anmut, in die sie sich kleidet, ist nur der Widerschein der innern Anmut in der Seele ihres Beschauers, und großmütig küssen wir den Spiegel, der uns mit unserm eigenen Bilde überrascht. Wer würde auch sonst das ewige Einerlei ihrer Erscheinungen ertragen, die ewige Nachahmung ihrer selbst. Nur durch den Menschen wird sie mannigfaltig, nur darum, weil *wir* uns verneuen, wird sie neu. Wie oft ging mir die Sonne unter, und wie oft hat meine Phantasie ihr Sprache und Seele geliehn, aber nie, nie als jetzt hab ich in ihr meine Liebe gelesen. Bewundernswert ist mir doch immer die erhabene Einfachheit und dann wieder die reiche Fülle der Natur. Ein einziger und immer derselbe Feuerball hängt über uns – und er wird millionenfach verschieden gesehen von Millionen Geschöpfen, und von demselben Geschöpf wieder tausendfach anders. *Er* darf ruhen, weil der menschliche Geist sich statt seiner bewegt – und so liegt alles in toter Ruhe um uns herum, und nichts lebt, als unsre Seele.

Und wie wohltätig ist uns doch wieder diese Identität, dieses gleichförmige Beharren der Natur. Wenn uns Leidenschaft, innrer und äußrer Tumult lang genug hin- und hergeworfen, wenn wir uns selbst verloren haben, so finden wir *sie* immer als die nämliche wieder und *uns* in *ihr*. Auf unserer Flucht durch das Leben legen wir jede genossene Lust, jede Gestalt unsers wandelbaren Wesens in ihre treue Hand nieder, und wohlbehalten gibt sie uns die anvertrauten Güter zurück, wenn wir kommen und sie wieder fodern. Wie unglücklich wären wir, wir, die es so nötig haben, auch die Freuden der Vergangenheit haushälterisch zu unserm Eigentum zu schlagen, wenn wir diese fliehenden Schätze nicht bei dieser unveränderlichen Freundin in Sicherheit bringen könnten. Unsre ganze Persönlichkeit haben wir ihr zu danken, denn würde *sie* morgen umgeschaffen vor uns stehn, so würden wir umsonst unser gestriges Selbst wieder suchen.

Aber ich lasse mich von meinen Träumereien fortreißen, da ich Euch doch weit beßre Dinge sagen könnte. Die Erinnerung an Euch führt mich auf alles, weil alles wieder mich an Euch erinnert. Auch hab ich nie so frei und kühn die Gedankenwelt durchschwärmen können als jetzt, da meine Seele ein Eigentum hat und nicht mehr Gefahr laufen kann, sich aus sich selbst zu verlieren. Ich weiß, wo ich mich immer wieder finde.

Meine Seele ist jetzt gar oft mit den Szenen der Zukunft beschäftigt; unser Leben hat angefangen, ich schreibe vielleicht auch wie jetzt, aber ich weiß *Euch* in meinem Zimmer, Du, Karoline, bist am Klavier, und Lottchen arbeitet neben Dir, und aus dem Spiegel, der mir gegenüber hängt, seh ich Euch beide. Ich lege die Feder weg, um mich an Eurem schlagenden Herzen lebendig zu überzeugen, daß ich Euch habe, daß nichts, nichts Euch mir entreißen kann. Ich erwache mit dem Bewußtsein, daß ich Euch finde, und mit dem Bewußtsein, daß ich Euch morgen wieder finde, schlummre ich ein. Der Genuß wird nur durch die Hoffnung unterbrochen und die süße Hoffnung nur durch die Erfüllung, und getragen von diesem himmlischen Paar, verfliegt unser goldenes Leben!

(Nachts)

Es war Euch von der Frau von Kalb dieser Tage ein Besuch zugedacht; sie wollte nach Kochberg zu der Stein, und wahrscheinlich wäre sie auch nach Rudolstadt gekommen. Jetzt hat es sich zerschlagen, und sie wird zu Anfang der kommenden Woche nach Kalbsrieth gehen. Mir ist es lieb, daß sie nun nicht mehr kommen kann, wenn ich schon bei Euch bin. Es hätte uns einen ganzen Tag Zwang angetan, und ich bin jetzt in einem recht guten Verhältnis mit ihr, so wie ich wünschte, daß es bleiben möchte. Sie hat auf meine Freundschaft – die gerechtesten Ansprüche, und ich muß sie bewundern, wie rein und treu sie die ersten Empfindungen unserer Freundschaft in so sonderbaren Labyrinthen, die wir miteinander durchirrten, bewahrt hat. Sie ahndet nichts von unserm Verhältnis; auch hat sie, mich zu beurteilen, nichts als die Vergangenheit, und darin liegt kein Schlüssel zu der jetzigen Stellung meines Gemüts – aber sie ist mißtrauisch, und auch die Freundschaft kann *empfindlich* sein. Ihr begreift also wohl, wie wenig ich wünschen kann, sie in unsrem Kreise zu sehen, und insofern müssen wir uns auch vor der *Stein* verwahren, die dem Beobachtungsgeist der Kalb nachhelfen könnte – denn so richtig die Kalb sonst immer sieht, so irrt sie gerade ihr Verstand in Ansehung meiner. Die Kalb macht mich indessen doch jetzt etwas verlegen. Das Verhältnis, worin sie mit ihrem Mann sich versetzen will (ich hab Euch, denk ich, schon davon gesagt), hat mich ihr in gewissem Betracht jetzt unentbehrlich gemacht, weil ich es allein ganz weiß und sie nicht ohne Rat, ohne fremde Augen dabei zu Werk gehen kann. Sie hat ihm darüber schon geschrieben und auch Antwort erhalten, die nun ihre fernern Schritte bestimmen muß. Sie verlangte, und konnte es auch mit allem Recht von mir verlangen, daß ich nach Weimar zu ihr kommen und über diese neue Lage der Dinge mit ihr beratschlagen solle – aber sie wollte es entweder heut oder morgen, und weder heute noch morgen, noch übermorgen wäre mir's möglich gewesen. Hört sie aber nun, daß ich 4 Wochen in Volkstedt gewesen und ihr einen einzigen Tag in Weimar abschlug, so muß es ihr, da sie von einem genauern Verhältnis zwischen uns nichts weiß, sehr empfindlich auffallen. Und, bei Gott! ich konnte diese Woche nicht weg. Nun hab ich ihr durch einen Expressen geschrieben und die Proposition gemacht, auch mit allen Gründen unterstützt, daß sie *hieher* kommen soll und, um es schicklicher zu können, in Gesellschaft der Schrötern, mit der sie gut steht, die diskret ist und der sie außerdem ein Vergnügen dadurch macht. Sie soll gerade bei mir anfahren und sonst keinen Besuch geben; dies kann sie auch wirklich ohne alle Gefahr, sich zu kompromittieren, da es ganz verschwiegen bleiben kann. Ich bin nun in Erwartung, was der weibliche Senat beschließen wird – ist sie rücksichtsvoll, so wasche *ich* meine Hände, denn *ich* werde durch die Notwendigkeit und *sie* bloß durch ein Vorurteil verhindert.

Freitag abend

Die Kalb ist nicht gekommen und kommt auch nicht. Zum Teil haben mich die Gründe, die sie mir anführt, überzeugt. Ihre Lage ist jetzt doppelt delikat, und sie glaubt nicht, daß die Sache unbeobachtet bleiben würde. Ich habe nun das Meinige getan.

Diesen Nachmittag habe ich sehr langweilig im Schützischen Hause zugebracht, wo ich 14 Tage nicht gewesen bin. Gottlob. Die Leute sind mit wenigem zufriedengestellt. Morgen habe ich einen ebenso langweiligen Abend im Griesbachischen Hause zu hoffen, aber morgen bekomme ich Briefe von Euch, und das macht mich sanft wie ein Lamm gegen alle Menschen.

Körner hat mir heute wieder geschrieben und unsrer *Verstimmung* erwähnt; mir scheint aber, er ist auf einer unrechten Spur, sie zu erklären, und ich werde mich hüten, ihm einen Aufschluß zu geben, der ihm so wenig nützlich als angenehm sein würde. Mein Brief an ihn enthielt meine

Seele nicht, ich gab mir eine Miene von Zufriedenheit, die ich nicht hatte und wozu er sich nach dem Vorgefallenen selbst nicht bei mir versah. Es ist mir jetzt auf eine Zeitlang viel Freude entzogen, daß ich mein Herz nicht gegen ihn reden lassen kann – aber wie Vieles macht *Ihr* mich vergessen!

Gute Nacht, Ihr Lieben, gute Nacht. Ich blieb gestern bis nachts gegen 2 Uhr wach und muß heute das Versäumte hereinbringen. Möchte ich Euch im Traum wieder antreffen! Adieu, meine Teuersten.

S.

58. An Karoline von Beulwitz und Charlotte von Lengefeld.

[Jena, 30. Oktober 1789]

Nun habe ich meine erste Vorlesungswoche geendigt, den 16. Teil von dem ganzen Winterkollegium. Das Alle-Tage-Lesen scheint mich nicht zu belästigen, im Gegenteil, ich werde in einem gewissen Feuer der Arbeit dadurch erhalten, und jetzt schon glaube ich einen schnellern Gang der Zeit zu bemerken. Wie ist mir eigentlich so wohl, daß ich mich mit keinem hiesigen Menschen vermische. Der Gedanke an Euch ist meine Gesellschaft, immer gleich neu und gleich wohltätig für mich. An diesem kurzen Bande geht mein Leben, und ich kann ihm nicht weit entfliehen, so zieht es mich an den einzigen schönen Punkt meines Lebens, ach meines ganzen Daseins! zurück.

Zwischen *Reinhold* und mir ist doch eine kleine Annäherung vorbereitet. Ihr wißt, daß ich ihn nicht gern von mir entfernte und daß ich deswegen bange war. Der Zufall fügte es, daß Wieland vor einigen Tagen hier war und sich durch Reinhold zu mir bringen ließ; dieser mußte es ehrenhalber tun, und so sahen wir uns, ziemlich ohne Zwang, das erstemal wieder, weil wir unser Verhältnis einen Dritten nicht merken lassen wollten. Die Rede gab sich von meiner im Merkur gedruckten Vorlesung, die Reinhold zu lesen wünschte. Ich schickte sie ihm und erhielt dafür sein neues philosophisches Werk zum Präsent. So stehen wir nun, und ich bin froh, daß die Menschen so versöhnlich sind. Wieland ist ein jämmerlicher Tropf, wenn er auf sich zu reden kommt, welches kein so gar seltner Fall ist. Was ihn jetzt gewaltig unruhig macht, ist der historische Kalender, den Ihr aus Leipzig geschickt bekommen habt. Göschen hat ihm einen Streich gespielt, und ohne ihm ein Wort zu sagen, daß er *ihn* als den Verleger in Archenholtz' Gesellschaft öffentlich nennen würde, hat er es auf den Titel gesetzt. Diese Gesellschaft mit Archenholtz vor dem Publikum schmerzt ihn ganz erstaunlich, und das ist jetzt sein großes Leiden.

Schulz war heute bei mir. Er ist seit 8 Tagen von seiner Pariser Reise zurück. Wolzogen hat er nicht gesprochen, aber doch hat er mir gesagt, daß ein junger Maler aus Stuttgart, Heideloff, den ich auch kenne, ihn habe zu Wolzogen bringen wollen. Es war aber zu kurz vor Schulzens Abreise. Nun wissen wir doch, daß Wolzogen damals noch lebte und daß er einen Landsmann gefunden hat.

Schulz weiß sehr unterhaltende Partikularitäten von dem Aufruhr in Paris zu erzählen, gebe der Himmel, daß alles wahr ist, was er sagt! Ich fürchte, er übt sich jetzt im Vorlügen so lange, bis er die Sachen selbst glaubt, und dann läßt er sie drucken. Einiges, was mir eben einfällt, will ich Euch zum besten geben, Ihr könnt bei Hof damit Glück machen. Schulz beobachtete den König bei der Gelegenheit, wo ihm die Kokarde zugesteckt wurde. Er hatte sie in der einen Hand, und die andre stak in der Weste und hielt den Hut unter dem Arme. Als nun auf einmal geklatscht wurde und er glaubte, daß er mitklatschen müßte, so wußte er sich keinen Rat, denn beide Hände hatten schon ihre Verrichtung. Er entschließt sich also kurz, nimmt die Kokarde in den Mund und klatscht herzhaft mit. Ist das nicht eine edle Gegenwart des Geists für einen König von Frankreich? – Ein andermal, als er in den Wagen stieg, hielt ihn eine Hökersfrau am Arm und sagte ihm mit Vertraulichkeit: Eh bien Sire, a présent nous pouvons compter sur vous? – Schulz selbst hätte gelegenheitlich mit aufgehenkt werden können. Wie er bei dem ersten Aufruhr aus dem Palais Royal kam, kam ihm ein Troß besoffenen Gesindels entgegen, und weil sie ihn für einen Engländer hielten, so würdigten sie ihn, ihn an ihrer Spitze zu sehen. Sie drangen ihm eine Flinte auf und erklärten ihn zu ihrem Anführer. Er mußte mit, gern oder ungern, und zitternd trug er seine Flinte. Unterwegs erwischen sie einige andre, die sich aber entschuldigen, weil sie Fremde seien und mit der Sache nichts zu tun haben wollten. Comment, sagte einer von den Trunkenbolden, der ein Savoyard war, vous ne férés rien pour l'humanité? Unter diesem Wortwechsel retirierte sich Freund Schulz in der Stille und warf seine Flinte von sich. – Als in Versailles ein so erschreckliches Gedränge von Menschen war, hatte das Volk alles, was von Essen da zu finden war, aufgebracht und aufgegessen. Über dem Tumult hatte der König nicht gefrühstückt, und die andern hatten ihn vergessen. Wie es gegen Mittag zuging und die Gefahr sich gelegt hatte, fing er an zu hungern, und einige seiner Hofleute fragten es ihm ab. Da äußerte er denn, daß er ein Stückchen Huhn und ein Glas guten Wein kosten möchte. Man schickte durch ganz Versailles, aber nichts war mehr zu finden. Endlich brachte man ein Stück schwarzes Brot und einige Gläser sauren Wein. Er tunkte das Brot darein und verzehrte es mit Begierde. Diese kleine Anekdote hat mich interessiert.

Wegen des Buchs über Weimar habe ich nichts erfahren, entweder ist es noch gar nicht in Weimar zu finden, oder es ist kein eigenes Buch und macht nur einen Aufsatz in einem andern aus. Die hiesigen Buchhändler wollen nichts davon wissen. Sagt also der chère mère, daß es diesmal nicht an meiner Nachlässigkeit liegt, wenn sie es noch nicht bekommen hat. Rat Kraus, der mit Schulz hier war, fragte, wenn Ihr in Weimar ankommen würdet? Man scheint dort sehr auf Euch zu warten, um zu der Konversation beizutragen. Ihr wohnt in demselben Logis, wo Schulz sonst gewohnt hat. Einen Schriftsteller müßt ihr also zum Vorgänger haben, aber von den Ideen, die etwa noch darin schweben, könnt Ihr keine brauchen. Das Logis ist leidlich, und die Lage ist frei. Wir haben auch schon Klub dort zusammen gehalten, aber was wir sprachen, war Eurer wahrlich nicht wert. Es ist nicht weit von Knebel; doch soll er, hoffe ich, sein Logis indessen verändert haben.

59. An Christian Gottfried Körner.

Jena, 23. November 1789

Was Du mir von meiner Situation in Jena schreibst, daß ich hier gar nicht an meiner Stelle bin – o das fühl ich leider lebhaft genug. Daß ich auch nicht hierbleibe, weiß ich; nur fürchte ich, werde ich noch das ganze folgende Jahr hier ausharren müssen, teils um bei dieser Gelegenheit, docendo nämlich, mich in der Geschichte mehr umzusehen, teils auch wegen meiner Heurat.

Aus dem Briefe vom Koadjutor, den ich beischließe, siehst Du, daß ich bei ihm einen Schritt getan habe. Sage mir nun Deine Meinung, ob ich es dabei bewenden lassen oder das, was er von Mainz sagt, für einen Wink nehmen soll. Von ihm kann ich alles erwarten, wenn er anfangen wird zu können. Dann – möge der Himmel seinen Segen dazu geben! – dann, denke ich, ist für mich gesorgt. Was Du von Berlin schreibst, ist aus meinem Herzen genommen, aber die Schwürigkeiten dürften mir jetzt noch unübersteiglich sein. Vor dem Verdiensterwerben würde ich mir bei beßrer äußrer Lage und Muße so sehr nicht fürchten, wenn ich nur nicht unglücklicherweise, um sie zu erwerben, schon in *der* Lage sein müßte, wozu die Verdienste mir erst verhelfen sollen. Auf das Frühjahr verlange ich von Weimar eine Erleichterung; Besoldung werde ich es wohl nicht nennen können, und ich kann von Glück sagen, wenn es 200 Reichstaler sind. Mehr als 100 Reichstaler habe ich gar nicht zu erwarten.

Länger als 2 Jahre kann dieses prekäre Leben unmöglich mehr dauern. Ich weiß, daß ich einige Freunde in der Welt habe, die für mich handeln, wenn es möglich ist. Nur muß ich sie noch durch irgendein *gründliches* Produkt – Gott verzeih mir diese Lästerung an der Kunst! – in ihren Verwendungen für mich unterstützen. Unterdessen, hoffe ich, sollen sich meine Memoires gut halten, die mir nicht so sehr viele Mühe kosten. Ich höre überall, auch von Göschen, der neulich hier war, daß sehr starke Nachfrage darnach sei. Maucke will mir 8 Bände des Jahrs drucken, wenn ich sie ihm schaffe, und wenn ich mehr Gehilfen finde, die mit dem halben Honorar zufrieden sind, so komme ich recht leicht zu 600 Reichstalern. Eine Diversion von meinem Hauptstudium macht mir diese Arbeit ohnehin nicht.

Mit meiner geringen Anzahl von Auditoren ist es im ganzen doch sehr natürlich zugegangen, weil ich zuletzt angeschlagen habe, wo die Studenten alle Dukaten, über die sie in diesem Winterhalbjahr disponieren können, schon bestimmt gehabt haben. Sehr großen Schaden tut mir Loder, der ein Kollegium liest, welches nicht allein Mediziner hören. Jede Wissenschaft muß Brotwissenschaften weichen. Mein Publikum ist ziemlich voll. Indessen gesteh ich, daß aller Eifer mich verlassen hat – und daß es mich reut, soviel ich Haare auf dem Kopfe habe, nicht dieses und das folgende Jahr meine Unabhängigkeit behalten zu haben, um einen Hauptplan mit Muße und Freiheit zu verfolgen. Äußern Sporn hatte ich zu anhaltendem Fleiß nicht mehr nötig.

Der Himmel wird noch alles zum besten wenden. Lebe wohl. Minna und Dorchen grüße ich herzlich. Den Brief des Koadjutors schicke mir mit Deiner nächsten Antwort zurück.

Dein

S.

Bist Du dafür, daß ich mich an den Kurfürsten von Mainz wende, so schreibe mir doch seinen Titel auf. Hier darf ich niemand fragen.

60. An Karoline von Beulwitz und Charlotte von Lengefeld.

[Jena, 27. November 1789]

Wie froh bin ich immer, meine Lieben, wenn es Freitag abend ist. Meine Vorlesungen für die Woche sind dann geendigt, ich kann Euerm Andenken ungestörter leben, und der nächste Morgen bringt mir Eure Briefe. Wie oft hat mich in diesen Tagen die Resignation schon gereut, Euch nicht hier zu sehen. Überzeugt haben mich Eure Gründe und die meinigen, aber wieviel fehlt, daß sie mein wünschendes Herz befriedigt hätten. Daß ich

Euch nur Momente sehen und die schnelle Trennung mir desto schmerzlicher sein würde – dies war der wichtigste Grund, warum ich mich darein ergab. Der Tag, an dem ich Euch nach Weimar unterwegs weiß, wird ein unruhiger Tag für mich werden. Meine Gedanken werden Euch begleiten. Als ich jenen Weg machte, den Ihr machen werdet, waret Ihr doch für mich schon in der Welt. Wir hatten einander gesehen, um uns nicht wieder zu vergessen. Eure Gestalten folgten mir nach Weimar, aber sie sagten meiner Hoffnung noch nichts, und ohne Euch lag der Weg des Lebens vor mir! Wieviel kann in zwei Jahren mit einem werden! Fünf Wochen sind jetzt seit unsrer Trennung vorüber – ich fühle wohl, wie die Zeit flieht, aber immer scheint es mir, als wollte sich an der großen Zeitstrecke nichts verringern, die wir noch zurücklegen müssen, ehe wir am Ziel unsrer Wünsche sind. Es geht mir damit wie mit Hallers Ewigkeit – ich ziehe einen Tag, eine Woche nach der andern von dieser traurigen Zeitsumme ab, und sie bleibt immer *ganz* vor mir liegen. Aber diese Tage und Wochen gehen desto gewisser von dem Frühling unsers Lebens ab. Jeder Augenblick bricht, indem er flieht, einen grünenden Zweig von dem Baume, bis der entblätterte Stamm dahinstirbt. O ich legte nie so viel Gewicht auf mein Leben, als seitdem *Ihr* der Inhalt davon seid, seitdem ich weiß, warum ich es habe und womit ich es ausfüllen soll.

Lange, meine Teuersten, habe ich mich zwischen streitenden Entschlüssen herumgeworfen, wie ich es mit meinem Schicksal halten soll – ob ich den Plan nach Mainz verfolge oder jetzt noch ruhig dem Gang der Umstände zusehe. Nun bin ich bestimmt – vorausgesetzt, daß die einzige Bedingung erfüllt wird, unter welcher ich meinem Entschluß getreu bleiben kann. Ich will noch einige Jahre *hier* aushalten, aber dies kann nur dann geschehen, wenn Lotte mit mir lebt; und nur die Gewißheit, daß dies geschieht, kann mir mein jetziges Dasein erleichtern. Ich wüßte bei Gott nicht, wie ich es sonst ertrüge! Keinen hellen Blick in die Zukunft, und dieses rastlose Verlangen in meinem Herzen! – Wenn ich bloß die *Klugheit* fragen wollte, so sollte ich freilich vorher abwarten, bis die Umstände sich zu meinem Vorteil verändert hätten und bis ich, wie man sagt, in Ordnung wäre. Aber ich könnte über dieser Klugheit zugrunde gehen. Mein Herz und mein Kopf halten einen so anhaltenden heftigen Zustand nicht aus, und zu meiner Tätigkeit selbst ist es nötig, daß ich mich von Anstrengungen des Kopfs in Genüssen des Herzens erhole. Meine Aussichten selbst, soweit *ich* sie befördern kann, werden durch die Unruhe meines Gemüts verzögert, weil mich diese für alle Wirksamkeit verschließt und weil mir der erfreuende Genius nicht zur Seite schwebt, ohne den alles unser Streben umsonst ist.

Auf Ostern verlange ich vom Herzog zu Weimar eine Erleichterung. Besoldung werde ich es wohl nicht nennen können. Ich zweifle sehr, ob es nur 200 Reichstaler sein werden, denn der Herzog muß sie aus seiner Schatulle geben. 150 Reichstaler sind alles, worauf ich rechne. Ebensoviel kann ich für Vorlesungen im ersten Jahr rechnen, weil ich nur ein Kollegium lese. Dazu schlage ich für schriftstellerische Arbeiten, meine Memoires, die Thalia und den Merkur, 400 Reichstaler, worauf ich nach dem geringsten Anschlag ganz gewiß zählen kann. Dies wären 700 Reichstaler in allem. Kann dann die chère mère noch etwas dazugeben, so ist es gut, aber mit 700 Reichstaler können wir in den ersten Jahren, wo wir uns noch gar nicht einrichten, leidlich leben. Einrichten können wir uns darum nicht, weil ich ganz positiv nicht in Jena bleibe. In 2 Jahren, vom nächsten Sommer an gerechnet, ist entweder in Mainz oder Berlin etwas für mich entschieden. Auf einen Platz bei der Akademie in Berlin rechne ich noch sehr, nur müssen erst einige zweckmäßige Schritte dazu geschehen. Aber alles wird mir schwerer, solang sich das Leben nicht außer mir erheitert, solange sich meine Seele in unbefriedigter Sehnsucht verzehrt.

So ist mein Gemüt gestellt. Überlegt nunmehr, wie wir es einzurichten haben, um dieses Ganges *gewiß* zu sein. Aus diesem Grunde habe ich gewünscht, daß es mit Eurer Mutter berichtigt wäre, weil wir sie sonst auf den Frühling zu sehr pressieren. Und durch Briefe allein kann es nicht geschehen, weil Deine Gegenwart in Rudolstadt dazu nötig ist, Karoline. Ich möchte auch nicht gern, daß *meine* und *Deine* Angelegenheit zu gleicher Zeit auf sie einstürmten. Ihr müßt indessen am besten wissen, wie es mit ihr einzurichten ist.

Für Dich, meine teure Lotte, ist es immer ein heroischer Entschluß, hier *allein* mit mir zu leben; *allein* wirst Du Dich fühlen. Ich weiß, daß wir uns zu unsrer Glückseligkeit in allen äußern Lagen genug sein werden, aber so wenig ich ohne allen Umgang mit Männern, die nur einigermaßen zu mir stimmen, mir gefallen könnte, so fürchte ich auch, daß der weibliche Umgang, den Du hier findest, eine traurige Leerheit bei Dir zurücklassen wird. Auch unabhängig von mir, das fühle ich recht gut, sollte eine gewisse leidliche äußere Existenz Dich umgeben, und ich fürchte sehr, ob Du diese finden wirst. *Unglücklich* wird diese Entbehrung Dich nicht machen, aber fühlen wirst Du sie doch, und mir wird es nicht entgehen. Du wirst mit einem Opfer für mich anfangen müssen – aber ich baue auf die Liebe.

Adieu, meine Geliebtesten! Ich erwarte mit Sehnsucht, was Ihr mir auf diesen Brief antworten werdet. In Weimar werdet Ihr die Frau von Kalb sehr krank finden, wie die Wiedeburg (die eben hier ist) mir sagt. Sie spricht von einem Frieselfieber, doch, hoffe ich, wird es größer und schlimmer gemacht werden, als es ist. Ich habe lange nichts von der Kalb gehört, und durch andre kann ich nicht gut Nachricht von ihr erhalten. Wenn Ihr in Weimar angekommen seid, so erkundigt Euch doch nach ihrem Befinden, und hätte es Gefahr, so laßt es mich bald wissen.

Wie freut es mich, teure Lotte, daß Du wieder besser bist – und daß ich Dich gesund weiß, meine Karoline. Ich bin es auch und werde es immer mehr werden, wenn das Wetter mir mehr Bewegung zu machen erlauben wird. Schicke mir doch Dein Tagbuch von der Schweizer Reise, liebe Lotte. Ich möchte Dich gern in jenem Zeitpunkt kennenlernen.

Es machte mir Vergnügen zu lesen, daß meine Niederländische Geschichte in Gentlemans Magazin rezensiert ist und daß sehr viel Schönes davon gesagt wurde. In England wünschte ich längst bekannt zu sein, und vielleicht folgt jetzt eine Übersetzung meiner Geschichte auf diese Ankündigung.

Meine Teuersten, lebt wohl. Ich fühle Euch an meinem Herzen.

S.

61. An Luise von Lengefeld.

Jena, 18. Dezember 1789

Wie lange und wie oft, seit mehr als einem Jahre, gnädige Frau, habe ich mit mir selbst gestritten, ob ich es wagen soll, Ihnen zu gestehen, was ich jetzt nicht mehr zurückhalten kann. Ich muß Sie bitten, verehrungswürdigste Freundin, sich jetzt alles gegenwärtig zu machen, was je in Ihrem gütigen Herzen für mich sprach; ich selbst muß mir jedes Ihrer Worte zurückrufen, worin ich Wohlwollen für mich zu erkennen glaubte, um in diesem Augenblicke Mut und Hoffnung zu fassen. Es gab Augenblicke, unvergeßlich sind sie meinem Herzen, wo Sie mich vergessen ließen, daß ich ein Fremdling in Ihrem Hause sei, ja wo Sie unter Ihren Kindern auch mich mitzuzählen schienen. Was Sie damals ohne Bedeutung sagten, was nur eine vorübergehende Bewegung Ihres Herzens Ihnen eingab – wie tief ergriff es mein Herz, wo lange schon kein andrer Wunsch mehr lebte, als Ihr Sohn genannt zu werden. Sie haben es in Ihrer Gewalt, jene Äußerungen in volle, selige Wahrheit für mich zu verwandeln.

Ich gebe das ganze Glück meines Lebens in Ihre Hände. Ich liebe Lottchen – ach! wie oft war dieses Geständnis auf meinen Lippen, es kann Ihnen nicht entgangen sein. Seit dem ersten Tage, wo ich in Ihr Haus trat, hat mich Lottchens liebe Gestalt nicht mehr verlassen. Ihr schönes, edles Herz hab ich durchschaut. In so vielen froh durchlebten Stunden hat sich ihre zarte, sanfte Seele in allen Gestalten mir gezeigt. Im stillen, innigen Umgang, wovon *Sie* selbst so oft Zeugin waren, knüpfte sich das unzerreißbarste Band meines Lebens. Mit jedem Tage wuchs die Gewißheit in mir, daß ich durch Lottchen allein glücklich werden kann. Hätte ich diesen

Eindruck vielleicht bekämpfen sollen, da ich noch nicht vorhersehen konnte, ob Lottchen auch die Meine werden kann? Ich hab es versucht, ich habe mir einen Zwang vorgeschrieben, der mir viele Leiden gekostet hat, aber es ist nicht möglich, seine höchste Glückseligkeit zu fliehen, gegen die laute Stimme des Herzens zu streiten. Alles, was meine Hoffnungen niederschlagen könnte, habe ich in diesem langen Jahre, wo diese Leidenschaft in mir kämpfte, geprüft und gewogen, aber mein Herz hat es widerlegt. Kann Lottchen glücklich werden durch meine innige, ewige Liebe, und kann ich *Sie*, Verehrungswürdigste, lebendig davon überzeugen, so ist nichts mehr, was gegen das höchste Glück meines Lebens in Anschlag kommen kann. Ich habe nichts zu fürchten als die zärtliche Bekümmernis der Mutter um das Glück ihrer Tochter, und glücklich wird sie durch mich sein, wenn Liebe sie glücklich machen kann. Und daß dieses ist, habe ich in Lottchens Herzen gelesen.

Wollen Sie, teureste Mutter, o lassen Sie mich bei diesem Namen Sie nennen, der die Gefühle meines Herzens und meine Hoffnungen gegen Sie ausspricht –, wollen Sie das Teuerste, was Sie haben, meiner Liebe anvertrauen? meine Wünsche durch Ihre Billigung in Wirklichkeit verwandeln, wenn es auch die Wünsche Ihrer Tochter sind, wenn wir uns beide in dieser Bitte vereinigen? Ich werde Ihnen mehr zu danken haben, als ich einem Menschen danken kann. Sie werden glücklich sein in der Glückseligkeit Ihrer Kinder. Unsre Dankbarkeit wird geschäftig sein, Ihr Leben zu verschönern und Ihnen das Geschenk der Liebe durch Liebe zu erstatten.

Ich erlaube mir keine weitre Erklärung, bis Sie über die Wünsche meines Herzens entschieden haben werden. Steht nur in Ihrer Seele meinem Glücke nichts entgegen, so werden keine Hindernisse von außen ihm im Wege stehen. Mit welcher Unruhe und Sehnsucht erwarte ich von Ihnen den Ausspruch über mein ganzes Glück! Aber Liebe allein wird Sie leiten, und darauf gründe ich frohe Hoffnungen. Ewig der Ihrige mit der

innigsten Ehrfurcht und Liebe

62. An Karoline von Beulwitz und Charlotte von Lengefeld.

[Jena, 20. Dezember 1789]

Diese Nacht um 3 Uhr kamen wir an, und wohlbehalten. Wieviel glücklicher ist es doch mit dieser gestrigen Zusammenkunft gegangen, als ich gehofft hatte! Wir *sahen* uns doch den ganzen Abend, meine Lieben, und die Trennung wurde mir leichter, weil wir uns so bald wiedersehen!

Mein Kopf ist von dieser Nachtreise noch etwas gedrückt, ich werde Euch nicht viel schreiben können, aber in meiner Seele ist kein andrer Gedanke als an Euch und an die Aussichten zu unsrer Vereinigung. Es wird sich unendlich leichter geben, alles, als ich anfänglich hoffte. Wir werden nicht nötig haben, jemand zu täuschen, und ich werde gar nichts aufzuopfern haben. Nur auf die Antwort Eurer Mutter warte ich – hab ich erst diese, und ist es zwischen ihr und uns entschieden, daß wir zusammen leben, so kann in 8 Tagen alles andre berichtigt sein.

Meine Gründe, ein Jahr lang von der Akademie dispensiert zu werden, sind so einleuchtend und billig, daß ich in einer kurzen, ruhigen Unterredung einen jeden davon überzeugen will. Es kostet auch den Herzog kein Opfer, mir darin zu Willen zu sein. – Sobald ich es ohne Indelikatesse gegen Eure Mutter kann, so gehe ich zum Herzog und erzähle ihm ohne Zurückhaltung den ganzen Plan, den ich ausgedacht habe, bald mit Dir zu leben, meine Lotte, ohne *ihm* zur Last zu fallen. Ich überzeuge ihn ganz gewiß von der Billigkeit meines Wunsches, die Niederländische Geschichte zu endigen, und sage ihm zugleich, wie es auch die Wahrheit ist, daß ich meinen akademischen Verrichtungen nicht mit der gehörigen Muße und Ernst obliegen könne, solange dieses Werk noch unvollendet liege; daß die Beschleunigung desselben mit beträchtlichen Geldvorteilen für mich verknüpft sei, die mir durch akademische Geschäfte nicht ersetzt würden. Ich werde ihm die Beweise vorlegen, daß ich durch die Auskunft, meine Niederländische Geschichte in Rudolstadt und in Verbindung mit Eurem Hause auszuarbeiten, allein in den Stand gesetzt würde, seiner Unterstützung zu entbehren und der Notwendigkeit überhoben zu sein, ihn mit irgendeiner Geldfoderung zu belästigen. Wenn ich ihm gestehe, daß er bei mir vor allen Geldfoderungen sicher sei und daß mir nie einfallen würde, einen Anspruch auf eine Besoldung zu machen, bis ich durch geleistete wesentliche Dienste ein Recht darauf erhalten und in ihm selbst der Gedanke entstehen würde, mir eine zu geben – so weiß ich gewiß, daß ich ihn dadurch sehr gut für mich einnehme. Ich bekenne ihm dann offenherzig, daß von meiner baldigen Verbindung mit Lottchen meine Glückseligkeit abhänge und daß ich *dieses* und das *erste* durch das nämliche Mittel erreichen könne; wenn ich ein Jahr in Rudolstadt mit Lottchen lebe, so würde mir ebensoviel dadurch erspart, als ich an Einnahme für Kollegien *verlöre*, und ich hätte also die Zeit, welche ich sonst auf Kollegien wenden müßte, für die Niederländische Geschichte gewonnen. Er braucht nichts für mich zu tun, was ihm kostet; er hat nichts nötig, als mir zu erlauben, daß ich ein Jahr lang von akademischen Verrichtungen frei sei, um meine Geschichte zu beendigen. Je weniger er vermutete, daß ich so bescheiden mit seiner Schatulle umgehen würde, besonders da ihm die Stein schon von Pension vorgesagt hat, desto bereitwilliger wird er meine bescheidne Bitte erfüllen; und da noch dazukommt, daß er sich für Lottchen interessiert, da er überhaupt Freude daran hat, zum Glück andrer beizutragen, so bin ich ganz sicher, daß er mir meine Bitte auf der Stelle gewährt und mir auch den Hofratscharakter nicht abschlägt.

So fällt also alles weg, was meinen Vater oder Eure Mutter oder die Welt schockieren könnte. Meine Verbindung mit Jena dauret fort. 2 Jahre lang kann ich sie recht gut ausdehnen. Was kann in 2 Jahren nicht alles geschehen? Bis dahin lassen wir das Schicksal sorgen. Ich bleibe auf diesem Wege immer Herr davon, weil ich nach Jena zurückkann, wann ich will. So kann auch niemand nichts gegen meinen Aufenthalt in Rudolstadt haben, weder Beulwitz noch Eure Mutter. Es ist ein Besuch auf ein Jahr. Der chère mère muß es lieb sein, Lottchen nicht auf einmal ganz zu verlieren – und wenn 1, 2 Jahre um sind, so soll sie auch mich, wie ich hoffe, nicht gerne verlieren.

Du mußt also ja in Deinem Brief an Beulwitz nichts von einem Plane einfließen lassen, als ob ich in Rudolstadt bleiben und Jena verlassen wolle. Du schreibst ihm bloß, wenn Du ihm mein Verhältnis zu Lottchen erzählt hast, daß ich suchen würde, ein halbes Jahr, vielleicht ein ganzes, Urlaub von der Akademie zu bekommen, um meine Niederländische Geschichte auszuarbeiten, und daß ich diese Zeit in Rudolstadt zu leben wünschte, in seinem und Deinem Umgang; auch um Lottchen nicht auf einmal von Dir und Deiner Mutter zu trennen. Dies kann ihm in keinem Falle unangenehm sein, und er kann nicht daran denken, Hindernisse in den Weg zu legen.

Was Eure Mutter, des Einkommens wegen, gegen unsre Verbindung überhaupt und besonders gegen meinen Aufenthalt in Rudolstadt einwenden könnte, wird ganz dadurch gehoben. Ich behalte alle meine Aussichten, ich verliere bloß auf die Zeit, die ich in Rudolstadt zubringe, den Vorteil eines fixen Gehalts; aber dieser Verlust würde mir schon dadurch ersetzt werden, daß ich in 2 oder 3 Jahren, wenn ich dann erst eine Besoldung fodre, offenbar eine größre bekomme als jetzt. Wenn ich aber jetzt einen kleinen Gehalt bekäme, so könnte ich in 2, 3 Jahren nicht schon wieder Zulage fodern. Dies ist ein sehr wichtiger Umstand, den Ihr Eurer Mutter klarmachen müßt.

Überhaupt bitte ich Euch, denkt über das nach, was ich jetzt geschrieben, ob es Euch so einleuchtend ist als mir und ob Ihr etwas daran zu verbessern findet. Jetzt warte ich bloß darauf, daß wir mit Eurer Mutter auf einem gewissen Punkt sind, wo ich die Sache dem Herzog als etwas, das zwischen mir und Eurer Mutter ausgemacht ist, vorbringen kann. Dann verliere ich aber keinen Tag, um auch die meinige mit ihm abzumachen. Nach Coburg hast Du jetzt gar nicht nötig, zu schreiben, Karoline. Der Herzog ist billig; er wird einsehen, daß mir bei meiner Verbindung mit Lottchen durch den Hofratscharakter eine Gefälligkeit geschieht und daß es eigentlich nötig ist. Kann er es wegen andern ältern Räten nicht gut tun, so schafft er mir selbst einen von Meiningen, das bin ich gewiß. Lottchen und mir zugleich ein Vergnügen zu machen, tut er schon etwas übriges – und wie froh wird er schon deswegen sein, daß der Würgengel an seiner Schatulle vorübergeht!

Ich habe mehr geschrieben, als ich anfangs dachte, aber das ist ein Geschäftsbrief, wozu sich ein verwüsteter Kopf immer noch schickt. Alles, warum ich Euch jetzt bitte, meine Liebsten, ist, daß Ihr der Mutter keine Ruhe laßt und gar keine Bedenkzeit gebt, sonst zieht sich auch meine Angelegenheit in die Länge, und die gute Stimmung des Herzogs wird nicht benutzt. Adieu, Ihr Liebsten. Ich küsse Euch tausendmal, ich drücke Euch an meine Seele. Adieu, adieu.

S.

63. An Luise von Lengefeld.

Jena, 22. Dezember 1789

Meinen innigsten, unaussprechlichsten Dank, verehrungswürdigste, teuerste Mutter, für die ganze Glückseligkeit meines Lebens, die Sie in Lottchen mir geben. Wie kann ich mit Worten dafür danken? Meine Seele ist tief bewegt und zu sehr, um Ihnen mit aller Fassung jetzt zu schreiben. Aber ich kann in diesem Augenblick der Freude nicht schweigen, und ich mußte die Fülle meines Herzens gegen Sie ausströmen! O wie erhöhen Sie noch das Geschenk, das Sie mir geben, durch die Art, womit Sie es tun! Dieses großmütige Vertrauen, womit Sie mir Lottchens Glück übergeben – wie vermehrt es meine grenzenlose Verpflichtung gegen Sie! Glauben Sie, daß ich es fühle, *was* Sie mir anvertrauen und was es Sie kosten mußte, alle Ihre Aussichten für Lottchens Glückseligkeit auf meine Liebe allein einzuschränken. Aber ich fühle es nicht weniger lebhaft, daß Sie nie, nie Ursache finden werden, dieses Vertrauen zu bereuen.

Ein glänzendes äußres Glück kann ich ihr weder für jetzt noch fürs künftige anbieten, ob ich gleich einige Gründe habe zu hoffen, daß ich in 4, 5 Jahren in den Stand gesetzt sein werde, ihr ein angenehmes Leben zu verschaffen. Sie wissen, worauf alle meine Aussichten beruhen, bloß auf meinem eigenen Fleiß. Ich habe keine Hilfsmittel, die Sie nicht längst schon kennen, aber mein Fleiß ist auch *hinreichend*, uns ein sorgenfreies Dasein von außen zu verschaffen.

Mit achthundert Reichstaler können wir in Jena leidlich gut ausreichen; wir könnten es mit etwas weniger, wenn man sich in den ersten Jahren gleich zu helfen wüßte. Dreihundert Reichstaler sind mir eine sichre Einnahme von Vorlesungen, die mit jedem Jahre steigen wird, sowie ich mehr Stunden darauf verwenden kann. 150 bis 200 Reichstaler kann mir der Herzog, da ich ein Jahr umsonst gedient habe, nicht versagen. Da er dieses Geld aus *seiner* Schatulle geben muß, so wird er freilich etwas hart darankommen, aber meinem und Lottchens Glück wird er dieses kleine Opfer gewiß bringen. Neben diesen 400 bis 500 Reichstalern bleibt mir die ganze Einnahme von Schriften, welche bisher meine einzige Ressource gewesen ist und welche sich mit jedem Jahre verbessert, da die Arbeiten mir leichter werden und man sie mir auch immer besser bezahlt. Ehe ich nach Jena kam, hatte ich bei sehr wenigem Fleiß doch alle 2 Jahre zwischen 8 und 900 Reichstaler mir erworben. Ebendieses kann ich auch noch jetzt, und ohne mich anzustrengen; dabei habe ich keinen einzigen Glücksfall gerechnet, durch den ich es noch einmal so hoch bringen könnte. Ein solcher Glücksfall wäre es, wenn meine Unternehmung mit den Memoires einschlüge, welche mir einen fortlaufenden jährlichen Gehalt von 400 Reichstaler sicherte, fast ohne alle eigene Arbeit. Aber ich bringe jetzt nichts in Anschlag, worüber das Glück erst entscheiden muß. Sie sehen aus dem Bisherigen, daß mir mein Verhältnis mit der hiesigen Akademie (im Fall der Herzog nur etwas weniges für mich tut) 400 Reichstaler – und meine Schriften ebensoviel eintragen; und mit 800 Reichstaler können wir leben.

Ich leugne nicht, daß mir das Jahr 1790 merklich schwerer werden wird als alle folgenden, weil ich in diesem Jahre alles das erst neu ausarbeiten muß, was nachher für immer getan ist. Folgte ich bloß der Klugheit, so würde ich in diesem Jahre noch an keine Vereinigung mit Lottchen denken. Aber wie kann ich dieses ganze Jahr von meiner Glückseligkeit verlieren? Ich darf und will es Ihnen nicht beschreiben, meine teuerste Mutter, wie schmerzlich mir schon das vergangene durch meine Trennung von allem, was ich liebe, geworden ist. Selbst zu meinem Fleiße ist es eine wesentliche Bedingung, daß mein Herz genießt, und in meiner Vereinigung mit Lottchen werden mir alle meine Beschäftigungen leichter werden. Dieses fühlen Sie. Ich brauche nichts hinzuzusetzen.

Was ich Ihnen hier vorgelegt habe, gilt nur von den ersten Jahren. Ich bin nicht ohne Aussichten, und ein Ruf auf eine andere Akademie wird mein Gehalt in Jena verbessern. Wenn ich mich selbst erst in dem neuen Fache, das ich mir gewählt, mehr vollendet habe, so kann es mir ohnehin nicht leicht fehlen. Ich mag Ihnen nur Lottchen nicht zu weit wegführen, ich bin selbst zu sehr an Ihr ganzes Haus gebunden, sonst würde ich in Jena mein Glück nicht aufsuchen. Ich lege Ihnen diesen Brief von dem Koadjutor bei, der alles für mich tun wird, sobald er kann, und dies letzte kann jeden Tag geschehen.

Morgen schreibe ich an den Herzog von Weimar und werde Ihnen höchstens in 8 Tagen dezisiv schreiben können, *ob* und *was* er für mich tun wird. Vertröstet er mich auf das Jahr 1791, so lege ich Ihnen einen neuen Vorschlag, bloß für das Jahr 1790, vor, der Ihnen vielleicht nicht mißfallen wird und den der Herzog auch gewiß gern genehmigt.

Wie viel, Teuerste, Verehrungswürdigste, hätte Ihnen mein dankbares Herz noch zu sagen, aber es werden schöne Stunden kommen, wo es sich gegen Sie ganz entfalten wird. Mit innigster Dankbarkeit, Verehrung und Liebe ewig der Ihrige

Schiller

64. An Herzog Georg von Sachsen-Meiningen.

Jena, 22. Dezember 1789

Durchlauchtigster Herzog,
Gnädigster Fürst und Herr!

Euer Herzogliche Durchlaucht haben mich durch Übertragung einer Professur bei der Akademie in Jena zu der höchsten Dankbarkeit verpflichtet. Mein einziges Bestreben wird dahin gerichtet sein, das gnädigste Vertrauen, das Euer Durchlaucht in mich setzen, durch meinen Fleiß und meinen Eifer zu rechtfertigen. Aber ehe ich mich dieser Gnade noch habe würdig zeigen können, muß ich Ihre Güte, gnädigster Herr, durch eine neue Bitte mißbrauchen. Ich bin auf dem Wege, eine Heurat zu tun, die das ganze Glück meines Lebens ausmacht; mit einem Fräulein *von Lengefeld*, einer Tochter der Oberhofmeisterin in rudolstädtischen Diensten. Da mir die Güte der Mutter und die Liebe der Tochter das Opfer des Adels bringt und ich ihr sonst gar keine äußerlichen Vorteile dafür anzubieten habe, so wünschte ich, ihr dieses Opfer durch einen anständigen Rang in etwas zu ersetzen oder weniger fühlbar zu machen. Durch zwei Silben, gnädigster Herr, können Sie meinen Wunsch erfüllen, und dieses Geschenk würde aus den Händen Euer Herzoglichen Durchlaucht einen vorzüglich hohen Wert für mich haben. Ich fühle, wie kühn meine Bitte ist, da ich kein Verdienst aufzuweisen habe, welches mir Ansprüche darauf geben könnte; aber Ihre Gnade, gnädigster Herr, kann mir Verdienste leihen, die ich mir erst in der Zukunft erwerben soll.

Nur ein grenzenloses Vertrauen zu Ihrem wohlwollenden Herzen, das sich gegen meine Familie schon tätig gezeigt hat, gab mir den Mut, diese Bitte an Euer Durchlaucht zu wagen. Ich ersterbe mit der tiefsten Verehrung Euer Hochfürstlichen Durchlaucht untertänigst treu gehorsamster

Friedrich Schiller.

65. An Johann Kaspar Schiller.

Jena, 10. März 1790

Ihr Stillschweigen, liebster Vater, beunruhigt mich aufs äußerste. Auf 2 Briefe, die ich Ihnen schon seit dem Januar schrieb und worin ich Sie bat, mich auch nur in einigen Zeilen von dem Gesundheitszustand meiner lieben Mutter zu benachrichtigen, habe ich keine Antwort erhalten. Weil ich jeden Posttag darauf wartete, um Ihnen wieder zu schreiben, so unterblieb dieses immer. Ich kann aber nicht länger in dieser peinlichen Ungewißheit sein. Lassen Sie mich doch mit der ersten Post etwas Entscheidendes von dem Zustand meiner lieben Mutter wissen, und wenn Sie selbst nicht Zeit haben zu schreiben, so kann es ja Luise tun. Seit dem 22. Februar bin ich mit meiner lieben Lotte verheuratet, und nichts fehlt nun zu meinem Glücke, als daß ich wegen der lieben Meinigen außer Sorgen gesetzt bin. Ich lebe die glücklichsten Tage, und noch nie war mir so wohl als wie jetzt in meinem häuslichen Kreise. Unsre ökonomische Einrichtung ist über alle meine Wünsche gut ausgefallen, und die Ordnung, der Anstand, den ich um mich herum erblicke, dient sehr dazu, meinen Geist aufzuheitern. Könnten Sie sich, beste Eltern, nur auf einen Augenblick zu mir versetzen, Sie würden sich des Glücks Ihres Sohns erfreuen.

Meine Schwägerin, die Hofrätin von Beulwitz, ist gegenwärtig auch bei mir und wird den Frühling und den Anfang des Sommers, solange ihr Mann noch auf Reisen ist, bei mir zubringen. Meine Schwiegermutter war auf 8 Tage hier bei der Hochzeit, und sie versichert Sie und meine liebe Mutter ihrer herzlichen Achtung; an der Gesundheit der Mama nimmt sie großen Teil und wünscht ihr von Herzen baldige Besserung. In 3 Wochen gehen meine Osterferien an, und dann werde ich einen Monat in Rudolstadt leben. Meine Frau und ich sind gottlob bei bester Gesundheit; meine Frau wird einige Zeilen an Sie beilegen.

Unsre Trauung geschah ganz in der Stille auf einem Dorfe bei Jena; eine förmliche Hochzeit haben wir gar nicht gemacht, so daß die Unkosten sehr gering waren. Meine Frau ist ganz eingerichtet zu mir gekommen, und alles, was zur Haushaltung gehört, hat meine Schwiegermutter gegeben. Die ganze Familie gab mir Versicherungen ihres herzlichsten Anteils, und auch von dieser Seite habe ich alle Ursache, zufrieden zu sein.

Ich erwarte bloß Nachrichten von Ihnen, beste Eltern, um Ihnen mehr zu schreiben. Der Himmel nehme Sie in seinen gnädigen Schutz und schenke Ihnen und meinen lieben Schwestern Freude und Gesundheit. Herzlich umarme ich Sie alle und bin mit der zärtlichsten Liebe Ihr

ewig dankbarer Sohn Fritz.

66. An Christophine Reinwald.

Jena, 16. Mai 1790

Deinen Brief und Gruß hat mir der Herr Graf von Dürkheim überbracht, liebe Schwester, und ich muß freilich gestehen, daß mein langes Stillschweigen gegen Dich unartig genug war. Aber einem Bräutigam und angehenden Ehemann mußt Du diese Nachlässigkeit zugute halten, und ich verspreche Dir, sie künftig zu verbessern.

Anstatt alles Erzählens und Versicherns schreibe ich Dir also kurz, daß ich glücklich bin mit meiner Lotte, daß alle meine Wünsche von häuslicher Freude in ihre schönste Erfüllung gegangen sind. Wir führen miteinander das seligste Leben, und ich kenne mich in meiner vorigen Lage nicht mehr. Jetzt erst kann ich sagen, daß ich lebe, weil ich mich erst jetzt meines Lebens freue.

In fremder Gesellschaft lebe ich jetzt gar selten, denn ich habe in meinem eigenen Hause alles, was mich glücklich machen kann – Genuß für mein Herz und Geschäfte.

Die ersten 6 Wochen nach unsrer Trauung hat meine Schwägerin und eine kurze Zeit auch meine Schwiegermutter bei uns gelebt. Dann gingen wir auf 4 Wochen nach Rudolstadt in die Ferien und sind jetzt seit 14 Tagen wieder zurück.

Auch in Rudolstadt unter den Verwandten meiner Frau war mein Aufenthalt angenehm und am Hofe leidlicher, als es an solchen Orten gewöhnlich zu sein pflegt. Meine Schwiegermutter ist eine vortreffliche Frau und hat während der kurzen Zeit, daß sie sich der Erziehung der Prinzessinnen gewidmet hat, schon ungemein viel Gutes da gestiftet.

In Jena schränken wir uns fast auf ein einziges Haus meines Landsmanns, des Professor Paulus ein, der auch seine Frau aus Schwaben mitgebracht hat. Wir leben in einem engen Zirkel zusammen und halten soviel möglich die Schwelle von den übrigen Menschen rein, die nicht viel Tröstliches in ihrem Umgang haben, weder für das Herz noch im Grunde auch für den Geist, denn das Professorleben macht die meisten zu Pedanten, und der Handwerksneid ist gar groß bei den mehresten. Ein Glück für mich und meine Frau, daß wir nicht nötig haben, unsere Glückseligkeit irgend anderswo zu suchen als in unserem eigenen Hause.

Sonst gefällt mir der hiesige Aufenthalt der ruhigen Existenz, der schönen Gegend, der Nachbarschaft wegen. Zum akademischen Leben ist Jena der beste Ort. Auch ist es hier sehr wohlfeil, und dies besonders kommt mir beim Anfang eigener Haushaltung sehr zugut. Durch die Fürsorge und Güte meiner Schwiegermutter sind wir gar anständig eingerichtet, und ich fühle mich oft wie neugeboren, wenn ich dieses Äußre meiner Lage, welches doch so sehr das Leben mit verschönern hilft, mit meinem vorhergehenden Dasein vergleiche. Doch ich hoffe, es soll nicht so sehr lange anstehen, daß Du und Dein Mann mich in meinem neuen Stande heimsuchen werden.

Von der Solitüde habe ich, Gott sei Dank, kürzlich die tröstlichsten Nachrichten erhalten, nachdem ich, aus den vorletzten Briefen zu urteilen, alle Hoffnung aufgegeben hatte. Mama ist auf dem völligen Wege der Besserung, und nun glaube ich wieder an die schöne Zukunft, sie mit meiner Frau von Angesicht zu Angesicht wiederzusehen. Lebe wohl, liebe Schwester, und sage Deinem Mann die freundlichsten Grüße von Deinem Dich ewig liebenden Bruder

S.

67. An Johann Kaspar Schiller.

Jena, 26./28. Oktober 1790

Eben, liebster Vater, komme ich mit meiner lieben Lotte von Rudolstadt zurück, wo ich einen Teil der Ferien zubrachte, und finde Ihren Brief. Herzlichen Dank für die fröhliche Nachrichten, die Sie mir darin von der zunehmenden Gesundheit unsrer lieben Mutter geben und von ihrem allerseitigen Wohlbefinden. Die Überzeugung, daß es Ihnen wohl geht und daß von den liebsten Meinigen keines leidet, erhöhet mir die Glückseligkeit, die ich an der Seite meiner teuren Lotte genieße.

Sie sorgen auch in noch so großer Entfernung für Ihre Kinder und beschenken unsre kleine Haushaltung. Den herzlichsten Dank von uns beiden für den überschickten Wein. Heute ist er wohlbehalten angekommen, und mit der nächsten fahrenden Post sollen Reinwalds ihr Deputat erhalten. Wir wollen übermorgen Ihren Geburtstag feiern, als wenn Sie gegenwärtig wären, und von ganzem Herzen Ihre Gesundheit trinken.

Hier schicke ich Ihnen ein kleines Produkt meiner Feder, welches meiner lieben Mutter und Schwestern vielleicht Freude macht; denn für Damen soll es wenigstens geschrieben sein. Im Jahr 1790 hat Wieland den Historischen Kalender herausgegeben, in diesem, 1791, und im nächsten, 1792, hab ich ihn übernommen. So unbedeutend ein Kalender zu sein scheint, so ist es doch dasjenige Buch, das die Buchhändler am weitesten verbreiten können und das ihnen deswegen auch am besten bezahlt wird. Daher können sie auch den Autoren verhältnismäßig weit mehr dafür anbieten. Mir ist dieser Aufsatz vom 30jährigen Krieg mit 80 Louisdors bezahlt worden, und ich hab ihn neben meinen Vorlesungen innerhalb von

4 Monaten ausgearbeitet. Druck, Kupferstiche, Band und Honorar kommen den Verleger auf 4500 Reichstaler zu stehen, er rechnet aber auf einen Absatz von 7000 Exemplar und darüber. Die Nachrichten von Mylius freuten mich, und es ist mir angenehm, einen alten guten Freund von Ihnen und mir in meine nähere Nachbarschaft zu bekommen, denn wir werden schwerlich über 13 Meilen voneinander sein. Er hätte ebensogut auch am weimarischen Hof Dienste bekommen können, weil unser Herzog gern Fremde anzieht, die Vermögen in seinem Land verzehren. Ich selbst hätte mir getraut, es bei dem Herzog anhängig zu machen, denn ich stehe ziemlich gut [bei] ihm und seinen vertrauten Räten.

Den 28.

Heute ist Ihr Geburtstag, liebster Vater, den wir beide mit innigster Freude feiern, daß uns der Himmel Sie gesund und glücklich bis hieher erhalten hat. Möge er ferner über Ihr teures Leben und Ihre Gesundheit wachen und Ihre Tage bis in das späteste Alter verlängern, daß Ihr dankbarer Sohn es ausführen könne, Freude und Zufriedenheit über den Abend Ihres Lebens zu verbreiten und die Schulden der kindlichen Pflicht an Sie abzutragen.

Leben Sie wohl, teuerster Vater. Herzliche Küsse unsrer liebsten Mutter und meinen geliebten Schwestern, bald werden wir wieder schreiben.

Der Wein ist glücklich angekommen, und noch einmal empfangen Sie unsern herzlichen Dank.

Ihr
dankbarer, gehorsamer Sohn
Fridrich

68. An Ludwig Ferdinand Huber.

Jena, 10. Dezember 1790

Ich beantworte Deinen Brief auf der Stelle, um, wenn wir uns nicht gehörig verstanden haben sollten, keine vergebliche Erwartungen und Recherchen von Deiner Seite zu erregen. Eine Hauptnachricht, die ich von Dir gewünscht hätte und nur zu bestimmen vergaß, war, wie hoch ich mich auf jeden Fall bei einer philosophischen Professur in Mainz stehen müßte? Ich befinde mich hier, was die Einnahme betrifft, nicht so ganz schlecht. Außer 200 Reichstaler, die mir der Herzog bezahlt, kann ich bei einem sehr mäßigen Zulauf durch 2 Stunden Kollegienlesen (fünfmal in der Woche) noch 200 verdienen, und sobald ich meine akademische Tätigkeit aufhöre als Nebensache zu behandeln, wären mir 500 Reichstaler für Vorlesungen gewiß; dies, nebst 200 Reichstaler von meiner Schwiegermutter, machte im ersten Fall 600, im 2. 900 Reichstaler. Mit 900 Reichstaler kann ich hier ohngefähr ebensogut leben als in Mainz mit 1300 oder 1400, weil wir dort in Kleidern, Logis und Holz allein über 300 Taler zulegen müßten. Du begreifst, daß, wenn ich für Kollegien nur 200 Reichstaler einnehme, mir für Schriftstellerei der größte Teil meiner Zeit frei bleibt, und ich bin auf dem Wege, mich in eine schriftstellerische Arbeit einzulassen, die mir des Jahrs 800 Reichstaler abwerfen soll, wenn ich sie zur Hauptsache mache. Also auf jeden Fall würde ich hier in Jena zum wenigsten auf 1100 Taler mich stehen, welches mir in Mainz gewiß 1600 wert sein würde. Um mich also in Ansehung des Geldes wesentlich zu verbessern, würde ich in Mainz einen fixen Gehalt von 1000 bis 1200 Reichstaler und noch eine Zugabe an Kollegiengeld zu hoffen haben müssen, daß, ohne eine schriftstellerische Feder anzusetzen, ich mit dem, was meine Frau hat, 1500 Reichstaler einzunehmen hätte. Ist dieses nicht, so kann von einer Versetzung nach Mainz nicht mehr die Rede sein. So wie Du mir die Verhältnisse beschreibst, würde ich mich von seiten meiner Unabhängigkeit gegen Jena äußerst verschlimmern, und nur eine sehr erhebliche Finanzverbesserung könnte mich dahin bringen, mich unter *Protektion* zu begeben. Was ich in ledigen Jahren wohl über *mich* gewonnen hätte, verbietet mir die Delikatesse, die ich meiner Frau schuldig bin. Ferner müßte mir in Mainz für meine Privattätigkeit mehr Zeit übrigbleiben, als mein Amt erfoderte, und ich müßte in der Wahl und Menge meiner Vorlesungen ganz ungebunden sein, etwa nur *eine* Stunde des Tags lesen dürfen und Ferien genießen. Mein Hauptzweck bei dieser ganzen Idee ist und kann, wie Du leicht begreifst, kein anderer sein, als eine angenehme äußre Lage, bei welcher ich die ganze Freiheit über die Beschäftigungen meines Geists behalte.

Durch meine Entfernung von hier mute ich meiner Frau eine Trennung von ihrer Familie zu, und besonders würden meine Schwägerin, meine Frau und ich gleich viel bei dieser Trennung leiden. Ich verliere den Umgang mit dem Koadjutor in Erfurt, der uns wenigstens einigemal im Jahre von Jena aus gewiß bleibt. Auch muß ich in gewissem Sinn mit meinem Herzog brechen, der mich wirklich liebt und über meinen Austritt (sofern die Verbesserung nicht augenscheinlich ist) mit Recht empfindlich sein würde. – Ich schreibe Dir alles dies, damit Du siehst, wie die Sache liegt. Habe ich in Mainz nebst Vorlesungen ein Einkommen von 12 bis 1300 Reichstaler zu hoffen und bin ich dabei nicht Sklave meines Amts und zu einem mir unerträglichen *Courmachen* verbunden, so ist ein Etablissement in Mainz eine Verbesserung für mich, der ich etwas aufopfern kann.

Müller ist wirklich Verfasser der bewußten Rezension. Ich hab es von Hufeland, der es mir dieser Tage von freien Stücken entdeckte. Müller würde mir nicht im Wege stehen. Ich würde mich an den Kurfürst selbst und ohne Mittelsperson wenden, aber einiger Zugänge zu ihm mich vorher versichern. Forster würde dann sein Wort dazu geben. Auch an Madame wendete ich mich weit lieber unmittelbar, wenn sich eine ungezwungene Gelegenheit dazu darbieten sollte.

Du kannst denken, wie sehr mir bei dieser ganzen Sache an einer vorläufigen Sicherheit liegt, keinen Fehlschlag zu erfahren. Ich werde also gewiß nichts *übereilen;* aber von hier abkommen, um in Mainz persönlich meine Sache zu betreiben, kann ich weder auf Weihnachten noch auf Ostern. Alles kann und muß schriftlich gehen. Durch eine Reise nach Mainz, die nicht verschwiegen bleiben könnte, würde ich mir hier schaden, wenn meine Absicht nicht erreicht würde.

Was Du von Vogt und seiner historischen Professur schreibst, ist mir neu gewesen. Ich dachte, der Vogt, der Professor in der Geschichte war, sei gestorben. Dieser Vogt soll, wie mir der Koadjutor in Erfurt sagt, sich sehr schlecht stehen.

Ich bin begierig, Deine Rezension über Klinger zu lesen. Von mir findest Du in 8 oder 10 Tagen auch eine Rezension in der Allgemeinen Literaturzeitung, die Du ziemlich leicht erkennen wirst. Seit dem Egmont habe ich auch keine Zeile mehr für die Literaturzeitung gearbeitet.

Jetzt lebe wohl und mache Forsters recht herzliche Empfehlungen von mir.

Ewig Dein

Schiller

69. An Christian Gottfried Körner.

Jena, 19. Dezember 1790

Huber und Forster haben mir vor einiger Zeit Lust machen wollen, in Mainz ein Etablissement zu suchen; aber ohne eine ganz beträchtliche Verbesserung wäre dieses dermalen keine Partie für mich. Nach der Beschreibung sind es gar schlechte Kanäle, die man dabei gebrauchen muß, und ich würde mir fatale Verhältnisse dabei auf den Hals laden. Einer sehr ansehnlichen Besoldung zu Gefallen könnte ich mich schon einigem Zwang unterwerfen; aber, wie gesagt, sie müßte sehr ansehnlich sein. Hier stehe ich mich doch, wenn ich das Kollegienlesen ganz als Nebensache traktiere, auf fünfhundert Taler fixe Einnahme, und wenn ich neunhundert brauche, so habe ich bloß noch vierhundert zu erwerben. Will ich aber mehr Zeit und Mühe auf Vorlesungen wenden, so tragen mir die Kollegien soviel mehr, als ich an schriftstellerischen Einnahmen dabei einbüße. Dabei lebe ich hier ganz mein eigener Herr und ohne allen Zwang der Verhältnisse. Für eine jährliche Einnahme von zwölfhundert Taler in Mainz würde ich übrigens gern mein hiesiges Etablissement hingeben. Indessen hoffe ich, daß gewisse Leute nicht ewig leben werden, und dann ist alles im Trockenen. In zwölf Tagen reise ich mit meiner Frau und Schwägerin nach Erfurt, um acht Tage dortzubleiben. Mein Verhältnis mit Dalberg wird immer fester und enger; ich verspreche mir einmal überaus viel von einem näheren Umgange mit ihm. Er ist ein so reines, so edles und so geistreiches Wesen, wie ich wenig kenne; so ganz über jede Armseligkeit hinweg, voll Empfänglichkeit und Wärme für das Schöne, Wahre und Gute, und doch frei von Schwärmerei – frei *geworden*, denn er war nicht immer so.

Mich freut, daß Dir mein deutscher Plutarch gefällt. Gewiß ist dies die Arbeit, die auf mich wartet, wo alle Kräfte meiner Seele Befriedigung finden werden. Ich bin nun begierig, was Dalberg dazu sagen wird. Er will mich nicht von der Poesie, und besonders nicht von der dramatischen, verschlagen wissen. Aber beides wird sich recht gut vereinigen lassen. Göschen erwarte ich noch immer. Ich hoffe auch, daß er meine Vorschläge annehmen kann, und er hat ein ganzes Jahr Zeit, sich, wenn er will, durch Subskription zu decken.

Lebe recht wohl, und viel Glück zum heiligen Christ und Neujahr. Von Erfurt aus denke ich Dir zu schreiben. Meine Frau legt noch einige Zeilen bei. Herzliche Grüße an Minna und Dorchen.

Dein

Schiller

70. An Georg Joachim Göschen.

Jena, 11. Februar 1791

Herzlichen Dank, teurer Freund, für Ihren liebevollen Anteil an meinem Schicksal, und dreifachen Dank der gütigen Vorsicht, daß sie mich die Liebe meiner Freunde noch selbst genießen, mich noch selbst dafür danken läßt. Ich fange an, mich aus dem kranken Zustand herauszuwinden, aber mit ziemlich langsamen Schritten, weil der Anfall zu heftig war und Krankheit und Kur mich äußerst erschöpften. Dieser Brustzufall entdeckte mir übrigens, wie sehr ich meine Lunge zu schonen habe, und ich fürchte sehr, daß er auf meine hiesige Lage Einfluß haben wird. Das Kollegienlesen ist eine zu gefährliche Bestimmung für mich, meiner Gesundheit wegen, und da Gesundheit doch überall vorgeht, so könnte es leicht kommen, daß ich mir diesen akademischen Beruf untersagen müßte.

Sie waren so gütig, liebster Freund, meine Zudringlichkeit mit dem Wechsel freundlich aufzunehmen, wofür ich Ihnen verbindlich danke. Wenige Wochen noch, und ich kann ernstlich an die Fortsetzung des 30jährigen Kriegs. Ich werde diesmal in der Ausarbeitung um so weniger gestört sein, da ich meiner Brust wegen sowohl diesen Rest vom Winter als den ganzen Sommer gar kein Kollegium lese, also ganz Herr meiner Zeit bin.

Da Sie, liebster Freund, mit dem Wechsel so gefällig gegen mich waren, so ermuntert mich das zu einer zweiten Bitte, deren Erfüllung mir meiner Gesundheit wegen wichtig ist. Mein Arzt will durchaus, daß ich diesen Winter nie ohne Pelz ausgehe, und noch besitze ich keinen. In Leipzig, vermute ich, kann ich am besten dazu gelangen, und Sie sind wohl so gut, dies zu besorgen. Am liebsten ist mir Fuchs, weil ich ihn weder zu gut noch zu schlecht haben möchte, doch gebe ich Ihnen Freiheit, wenn Sie einen schönen finden, sich nach Ihrem Geschmack zu richten, wenn mir der Pelz nur nicht viel über 5 Louisdors zu stehen kommt. Aber, lieber Freund, *sehr bald* müßte ich ihn haben, weil er hier doch erst gemacht werden muß. Wollen Sie daher mit Ihrer gewohnten Güte diese Bitte mir erfüllen, so wünschte ich von heut über 8 Tagen ihn zu haben.

Ihrer vortrefflichen Jette tausend Dank von uns beiden für ihre Teilnahme an mir. Machen Sie aber nun ja, daß das Geschäft abgetan wird, das Sie abhält, nach Jena zu kommen. Mit offnen Armen soll Sie empfangen Ihr neu erstandner, Ihnen ewig treuer Freund.

Fr. Schiller

71. An Christian Gottfried Körner.

Jena, 3. März 1791

Meinen Brief wirst Du nun haben, der Dich mit meiner ganzen Krankheit bekannt macht. Ich befinde mich bis auf die Empfindung auf der Brust immer noch wohl. Dem Herzog habe ich gestern wegen der Vakanz auf dem Sommer geschrieben, um die Formalitäten zu beobachten, denn nötig hätte ich es just nicht, wenn ich nicht mit ihm auf einem guten Fuß zu bleiben wünschte. In Weimar habe ich durch die Bürgerische Rezension viel Redens von mir gemacht; in allen Zirkeln las man sie vor, und es war guter Ton, sie vortrefflich zu finden, nachdem Goethe öffentlich erklärt hatte, er wünschte Verfasser davon zu sein. Das Komische dabei ist, daß von so viel Weisen keiner erriet, von wem sie war.

Ich danke Dir, daß Du mich auf die Reisen des Herrn *Benjowsky* aufmerksam gemacht hast. So interessant, als der erste Teil derselben ist, habe ich lange nichts gelesen. Unendlich mehr Vergnügen gewährte mir dieser *Benjowsky* als die so ausposaunten Reisen *Thümmels* ins südliche Frankreich. Leichten Ton haben sie, aber sind übrigens flach, oft seicht, und verraten nicht eben viel Geist. Ich habe etwas Besseres erwartet.

Eine Rezension der *Klingerischen* Stücke von *Huber* in der Allgemeinen Literaturzeitung kennst Du vielleicht schon. Sie hat viel Gutes und erregte in mir den Wunsch, daß er oft solche Schriften beurteilte.

Du errätst wohl nicht, was ich jetzt lese und studiere? Nichts Schlechteres als *Kant.* Seine Kritik der Urteilskraft, die ich mir selbst angeschafft habe, reißt mich hin durch ihren lichtvollen, geistreichen Inhalt und hat mir das größte Verlangen beigebracht, mich nach und nach in seine Philosophie hineinzuarbeiten. Bei meiner wenigen Bekanntschaft mit philosophischen Systemen würde mir die Kritik der Vernunft und selbst einige Reinhold-Schriften für jetzt noch zu schwer sein und zuviel Zeit wegnehmen. Weil ich aber über Ästhetik schon selbst viel gedacht habe und empirisch noch mehr darin bewandert bin, so komme ich in der Kritik der Urteilskraft weit leichter fort und lerne gelegentlich viel Kantische Vorstellungen kennen, weil er sich in diesem Werke darauf bezieht und viele Ideen aus der Kritik der Vernunft in der Kritik der Urteilskraft anwendet. Kurz, ich ahnde, daß *Kant* für mich kein so unübersteiglicher Berg ist, und ich werde mich gewiß noch genauer mit ihm einlassen. Da ich künftigen Winter Ästhetik vortragen werde, so gibt mir dieses Gelegenheit, einige Zeit auf Philosophie überhaupt zu verwenden.

Mit meinem Porträt mögt Ihr es halten, wie Ihr wollt, wenn ich nur mit Herrn *Dyk* nichts zu tun bekomme. Ich wünschte freilich, daß es keine Fratze würde, und dies, denke ich, könntest Du verhindern, wenn Du es vorher, ehe man es abdruckt, zu Gesichte bekommst. Aus einem größeren Blatt, das Herr *Schulze* nach *Graffs* Gemälde will stechen lassen, dürfte wohl nichts werden. *Lips,* der gegenwärtig ein großes Blatt von Goethens Bild in Arbeit hat und sich darauf an Wieland und Herdern ebenso machen will, möchte auch mein Bild stechen, wovon natürlicherweise etwas mehr zu erwarten ist, als von einem Bilde, das Schulze stechen *lassen* will.

Lebe wohl und grüße mir Minna und Dorchen. Meine Lotte und meine Schwägerin empfehlen sich Euch bestens. Schreibe mir bald auch wieder.

Dein S.

72. An Christian Gottfried Körner.

Rudolstadt, 24. Mai 1791

Endlich bin ich so ziemlich wiederhergestellt. Meine Frau wird Dir von der Beschaffenheit meines letzten Anfalls nicht viel haben schreiben können, da die Post pressierte. Es war ein heftiges Asthma, wahrscheinlich von Krämpfen im Zwerchfell erzeugt, auf das sich eine Schärfe geworfen hatte. Unter den wiederholten und periodisch zurückkehrenden Anfällen waren zwei, einer am Sonntag vor 18 Tagen, der andere am Dienstag, fürchterlich. Der Atem wurde so schwer, daß ich, über der Anstrengung, Luft zu bekommen, bei jedem Atemzuge ein Gefäß in der Lunge zu zersprengen glaubte. Bei dem ersteren stellte sich ein starker Fieberfrost ein, so daß die Extremitäten ganz kalt wurden und der Puls verschwand. Nur durch immer kontinuiertes Anstreichen konnte ich mich vor der Ohnmacht schützen. Im heißen Wasser wurden mir die Hände kalt, und nur die stärksten Friktionen brachten wieder Leben in die Glieder. Man hat alles angewendet, was nur die Medizin in solchen Fällen Wirksames hat; besonders aber zeigte sich das Opium, das ich in starken Dosen nahm, Kampfer mit Moschus, Klistiere und Blasenpflaster wirksam. Eine Aderlässe am Fuße machte die dringende Gefahr der Erstickung notwendig. Am Dienstag wurde Stark in der Nacht von Jena abgeholt; er traf mich aber schon besser in einem wohltätigen Schlafe. Starks Urteil von dieser Krankheit ist, daß Krämpfe im Unterleibe und Zwerchfell zum Grunde liegen, die Lunge selbst aber nicht leide; und es ist wahr, daß dieser fürchterliche Zufall selbst der stärkste Beweis davon ist, weil ein örtlicher Fehler in der Lunge sich bei der konvulsivischen Anstrengung der Respirationswerkzeuge notwendig hätte offenbaren müssen, welches nicht geschah. Ich warf während dieser ganzen Zeit niemals Blut aus, und nach überstandenem Paroxysmus, der zuweilen fünf Stunden währte, konnte ich ganz frei respirieren. Dies bewies mir hinlänglich, daß kein Geschwür in der Lunge vorhanden oder gar geborsten sei, wie ich anfänglich gewiß glaubte. Aber es ist sonderbar, daß der spannende Schmerz auf der rechten Seite der Brust sich unverändert erhalten hat und daß ich ihn noch ebenso fühle wie vor diesen Anfällen. Was daraus werden soll, weiß ich nicht; doch habe ich jetzt weniger Furcht als vor vier Wochen. Überhaupt hat dieser schreckhafte Anfall mir innerlich sehr gut getan. Ich habe dabei mehr als einmal dem Tod ins Gesicht gesehen, und mein Mut ist dadurch gestärkt worden. Den Dienstag besonders glaubte ich nicht zu überleben; jeden Augenblick fürchtete ich, der schrecklichen Mühe des Atemholens zu unterliegen; die Stimme hatte mich schon verlassen, und zitternd konnte ich bloß schreiben, was ich gern noch sagen wollte. Darunter waren auch einige Worte an Dich, die ich jetzt als ein Denkmal dieses traurigen Augenblickes aufbewahre. Mein Geist war heiter, und alles Leiden, was ich in diesem Momente fühlte, verursachte der Anblick, der Gedanke an meine gute Lotte, die den Schlag nicht würde überstanden haben.

Daß ich mich unendlich gefreut hätte, Dich in diesen Tagen zu sehen, brauch ich Dir nicht zu sagen. Ich fürchte, wir sehen uns dieses Jahr noch nicht. Könnte ich irgend die Unkosten der Reise bestreiten, so bin ich dem Verlangen meiner Eltern, die vielleicht eine spätere Zusammenkunft nicht erleben, schuldig, die Reise nach Schwaben zu machen; aber die Ausgaben, sowohl der Reise zu Dir als zu ihnen, sind mir für diesen Sommer und Herbst zuviel, da mich mein Kranksein, ohne die Versäumnis von fast fünf Monaten, gegen dreißig Louisdors kostet. Indessen soll geschehen, was möglich ist.

Lebe wohl und grüße Minna recht herzlich. Meine Frau und Schwägerin grüßen auch aufs beste.

Dein

S.

73. An Georg Joachim Göschen

Rudolstadt, 3. Juli 1791

Ich habe nunmehr reiflich bei mir überlegt, wie es mit dem Kalender für dieses Jahr anzufangen sein möchte; meine Gesundheit ist noch immer so ungewiß, daß ich für zwei ganze Monate mir nichts Bestimmtes von Arbeit vorschreiben und versprechen kann. Gegenwärtig bin ich nicht einmal so weit, ein Buch oder nur einen Brief zu lesen, viel weniger zu schreiben. Vielleicht stellt mich das Karlsbad, wohin ich in 6 Tagen reise, früher wieder her, als ich jetzt hoffen kann; aber auch dann machen es mir meine Ärzte zur Pflicht, mich noch eine Zeitlang der Arbeit völlig zu enthalten. Aber von September an bis in die Mitte des November werde ich Ihnen unfehlbar 10 oder 12 Bogen von der Fortsetzung des Dreißigjährigen Kriegs liefern können. Von dieser Zeit an bis zum Neujahr, sollte ich denken, müßten, sobald Sie mehrere Setzer, Drucker und Buchbinder nehmen, viele Exemplare expediert werden, die übrigen nachgeschickt werden können, wobei Sie nicht so viel zu riskieren haben, da das Buch Fortsetzung ist. Die Pünktlichkeit, auf Neujahr fertig zu sein, die Ihnen im vorigen Jahre durch die Umstände vorgeschrieben war, ist nunmehr weniger nötig, und da meine Krankheit den wenigsten Lesern unbekannt sein kann, so darf man auf einige Nachsicht des Publikums sicher zählen. Was Ihnen durch diese Verspätung des Manuskripts und die daraus entstehende Vermehrung der Arbeiter an Unkosten zuwächst, bin ich erbötig, zu gleichen Teilen mit Ihnen zu tragen. Ich rate Ihnen als Freund, sich ja in nichts anderes einzulassen, was nicht Fortsetzung des Dreißigjährigen Krieges und weder durch Wieland noch mich gearbeitet ist; es läßt sich schlechterdings von solchen Spekulationen nichts erwarten; sollten einige Autoren Ihre Vorschläge angenommen haben, so sehen Sie, wie Sie sich zurückziehen können, weit weniger wagen Sie, wenn der Kalender dieses ganze Jahr suspendiert werden müßte, gesetzt, daß ich mich vor Michaelis nicht erholt hätte. Sie verlören dann einige Hunderte Interessen, im ersteren Fall würden Sie offenbar Tausende verlieren. Dies, lieber Freund, ist vorjetzt meine einzige und bestimmte Erklärung, und ich glaube, daß Sie am besten dabei fahren werden, wenn Sie ihr folgen. Für die Erklärungen der Porträts sorge ich und werde sie einigen Schriftstellern von meiner Bekanntschaft übergeben, mit deren Arbeit Sie zufrieden sein sollen. Diese sowohl als die Erklärung der Vignetten dürften 4 bis 5 Bogen betragen und also den Mangel der Geschichte des Dreißigjährigen Kriegs in etwas ersetzen helfen. Diese sollen Sie einen Monat früher haben, als ich Ihnen Manuskript schicken kann. Ihren Vorschlag wegen der Thalia nehme ich mit Freuden an und verspreche mir das Beste von ihrem künftigen Abgang. Darüber sowie über das andere mündlich mehr, wenn wir uns in Karlsbad sprechen. Wir alle empfehlen uns Ihnen und Ihrer lieben Frau aufs beste, wünschen Ihnen beiden herzlich den besten Erfolg vom Bade, und meine Schwägerin sagt Ihnen den verbindlichsten Dank für das schöne Geschenk der Wielandischen Schriften. Ihr ewig treuer Freund

Schiller

74. An Georg Joachim Göschen.

Erfurt, 27. August 1791

Herzlichen Dank, liebster Freund, für die Nachricht, die Sie uns von Ihrer glücklichen Ankunft geben. Möchten nun die vielen Opfer, die Sie Ihrer Gesundheit gebracht haben, von erwünschter Wirkung sein. Ich trage Ihr Wohlbefinden auf dem Herzen wie meines Bruders, und ich weiß, daß auch das meinige Ihnen nahegeht. Mit meiner Gesundheit bin ich im ganzen wohl zufrieden. Die Beklemmungen, ob sie gleich keinen Tag ganz ausbleiben, sind minder heftig und halten weniger lang an. Der Unterleib hält sich auch gut, und der Geist ist heiter. Aber mit der Arbeit will es jetzt noch nicht recht fort, denn kein Gedanke will mir festhalten. Allgemach suche ich mich indessen wieder mit der Materie zum Dreißigjährigen Krieg vertraut zu machen und hoffe, daß Sie nicht über 10 Tage auf die ersten Blätter warten sollen. Mit der Thalia lassen Sie mir nur so lang Frist, bis die Bogen zum Kalender expediert sind. An Aufsätzen hätte ich zwar für 12 Bogen Vorrat, aber ich möchte gern für das erste Stück eine vorzügliche Auswahl treffen; dazu gehört aber, daß ich einige derselben retuschiere.

An Wieland hat meine Frau bereits geschrieben, und ich selbst werde es auch in 5 oder 6 Tagen tun, wenn ich ihn nicht mündlich spreche. Treiben Sie einstweilen nur Hubern und Körnern, daß diese sich fördern.

Zum Geisterseher will ich noch einen oder zwei Briefe Fortsetzung geben, wenn Sie ihn neu auflegen. Schicken Sie mir doch ein Exemplar, das ich durchschießen lassen kann, sowie auch von Karlos, aber schlechte Ausgaben, sonst wär's schade.

Schreiben Sie mir, lieber Freund, ob es Ihnen möglich ist, mir nach Michaelis 500 Taler zu schicken oder zu assignieren. Soviel habe ich nach gehaltener Berechnung nötig, mich leidlich zu arrangieren. Ich weiß wohl, daß mir von dem diesjährigen Kalenderhonorar kaum die Hälfte gebührt und daß ich durch diese vielen Vorschüsse sehr tief bei Ihnen in die Kreide komme, aber Sie erlaubten mir, mich ohne Umstände an Sie zu wenden, und Sie werden mir's ebenso aufrichtig sagen, wenn diese Summe Ihnen zu groß ist. Vielleicht helfen mir der neue Karlos, der Geisterseher und die neuen Thalias, doch vor Ostern mit Ihnen quitt zu werden.

Die herzlichsten Grüße von meiner Frau, die sich mit Freuden an die Zeit unseres Beisammenseins erinnert. Ob wir so bald Leipzig und Dresden sehen werden, weiß ich jetzt noch nicht, sowie überhaupt die nächste Zukunft mir noch ganz ein Geheimnis ist. Noch ist's unentschieden, wo ich diesen Winter zubringen werde, aber es kann sein, daß mich die Umstände begünstigen, mein Schicksal nächstens auf einen bestimmten und dauerhaftern Fuß zu setzen. Viele Grüße von uns beiden an Ihre liebe Jette.

Ewig der Ihrige

Schiller

75. An Christoph Martin Wieland.

Jena, 3. Oktober 1791

Mit Ungeduld habe ich erwartet, mein verehrter und teurer Freund, soweit hergestellt zu sein, um Ihnen ein Zeichen des Lebens zu geben und für Ihre liebevolle Teilnahme den herzlichsten Dank zu sagen. In mancher traurigen Periode, die ich dieses Jahr durchlaufen habe, war mir die Erinnerung an Ihre Liebe Erquickung, und gleich einem tröstenden Genius waren Sie mir zur Seite. Möge Ihnen für diese schöne und edle Menschlichkeit alle Glückseligkeit werden, die der Himmel nur immer über einen Sterblichen ausgießen kann, und alle guten Geister Ihr unschätzbares Leben, Ihre der Welt und Ihren Freunden so wohltätige Gesundheit bewahren!

Seit dem Gebrauch des Karlsbades und des Egerbrunnens habe ich mich um vieles gebessert, mein Herz öffnet sich wieder den Empfindungen des Lebens und der Freude, und die Kräfte des Geistes fangen an sich zu erholen. Demungeachtet wollen mich die Krämpfe des Unterleibes nicht verlassen, das Atemholen bleibt mir immer schwer, und manches hat sich eingefunden, was auf ein langwieriges Übel zu deuten scheint. Ich waffne mich mit Geduld und Ergebung und werde mich in jedes Schicksal finden.

Sie wissen ohne Zweifel, daß die weimarische Schauspielergesellschaft in Erfurt Don Karlos aufgeführt hat und daß dieses Stück auch in Weimar soll gegeben werden. Ich habe aber bei Gelegenheit der Vorstellung dieses Stückes verschiedene Bemerkungen gemacht, welche mich wünschen lassen, es noch einmal der Feile zu unterwerfen, ehe ich es wieder aufs Theater bringe. Stück und Publikum werden bei diesem Aufschub gewinnen. Darf ich Sie ersuchen, mein teuerster Freund, Herrn Geheimen Rat Goethe in meinem Namen dies zu sagen und ihn zu bitten, daß er mir 4 bis 6 Wochen Zeit lassen möchte.

Meine Frau empfiehlt sich Ihnen und den Ihrigen aufs beste, und wir beide hoffen, Sie entweder in Weimar oder hier recht bald zu sehen.

Ewig der Ihrige.

Fr. Schiller

76. An Siegfried Lebrecht Crusius.

Jena, 8. Oktober 1791

Endlich nach langer Zeit kann ich wieder die Feder zur Hand nehmen und auf Erfüllung meiner Zusagen denken. Wie schwer ich seit neun Monaten krank gewesen, wissen Sie ohne Zweifel schon längst, und auch, daß ich mehr als einmal dem Tode nahe war. Dies machte einen Stillstand in allen meinen Geschäften, auch für den 30jährigen Krieg, der in dem Historischen Kalender 1792 enthalten sein wird, konnte ich nur die wenigen Bogen geben, welche schon vor meiner Krankheit größtenteils ausgearbeitet waren. Sie taten mir unrecht, mein wertester Freund, wenn

Sie glaubten, daß ich Sie einem andern nachgesetzt und durch Übernehmung des Historischen Kalenders die Niederländische Geschichte zurückgesetzt habe. Ein anderes ist eine Arbeit für Damen und die Modewelt, ein anderes ein Werk für die Nachwelt. Das letztere wird langsam reif, wenn das erstere leicht von der Feder fließt. In keinem Falle würde ich mit Fortsetzung der Niederländischen Geschichte so geschwind haben hervortreten können, als Sie und vielleicht auch das Publikum wünschten. Sie werden mir gerne glauben, daß die günstige Aufnahme dieses ersten Teils meinen Eifer nicht vermindert haben werde, aber dieses ist gewiß, daß eben für dasselbe diese gute Aufnahme, die zwanzig andre nachlässiger und vorschneller gemacht haben möchte, mich gerade umgekehrt sorgfältiger und strenger gegen mich selbst gemacht hat. Rechnen Sie mir dieses nicht zum Vorwurf an, denn mancher Verleger, glaube ich, befände sich besser, wenn alle Autoren hierin meine Maxime befolgten.

Weil ich jetzt noch nicht in den Umständen bin, um den Ertrag meiner Schriften gar nicht in Rechnung bringen zu dürfen, so werden Sie es nach Ihrer Billigkeit gewiß auch nicht zum Vorwurf machen, daß ich diese Zeit über Arbeiten übernahm, die mir gerade viermal teurer bezahlt wurden und auch bezahlt werden konnten, als mir die Niederländische Geschichte bezahlt wird, ohne mich mehr, ja auch nur so viel Zeit und Mühe zu kosten als diese. Dieser Umstand allein würde mich doch nicht vermocht haben, die Niederländische Geschichte zu verzögern, wenn zur Ausarbeitung derselben nicht mehr Muße gehörte, als ich bisher gehabt habe.

Um jedoch einen Teil meiner Verbindlichkeiten gegen Sie abzutragen, wollen wir, wenn es Ihnen recht ist, zwei Bändchen meiner Vermischten prosaischen Schriften auf die nächste Ostermesse herausgeben. Der Vorrat hat sich unterdessen sehr vermehrt, so daß es, in kleinem Format und nicht zu enge gedruckt, beinahe zwei Alphabete geben wird. Auch das Bändchen Gedichte würde ich Ihnen auf die nämliche Messe versprechen, wenn ich mich auf meine Gesundheit, die noch immer sehr weit zurück ist, einigermaßen verlassen könnte.

Sie erhalten zugleich binnen 6–8 Wochen die Geschichte des Malteserordens, welche ich, da der junge Berling vieles zu flüchtig bearbeitet hatte, reiferen Händen übergab und Ihnen in einer weit bessern Gestalt zuschicken werde. Ich ersuche Sie bei dieser Gelegenheit, sich mit gedachtem Berling ja nicht unmittelbar einzulassen, indem er die Erwartungen sehr schlecht erfüllt, die ich sowohl von seinem Fleiß als von seiner Genauigkeit im Worthalten gefaßt habe. Lassen Sie sich besonders nicht darauf ein, ihm Honorar vorzuschießen, da ich ihm bereits über 100 Taler davon selbst avanciert habe und er also für mehr als die Hälfte des Werks mein Schuldner ist. Von mir erhalten Sie jetzt dieses Werk, und ich kann mich für die Güte desselben verbürgen.

Ich habe die Ehre, mit aller Achtung mich zu nennen Euer Hochedelgeboren ergebenster Diener

Schiller.

77. An Christian Gottfried Körner.

Jena, 13. Dezember 1791

Ich muß Dir unverzüglich schreiben, ich muß Dir meine Freude mitteilen, lieber Körner. Das, wonach ich mich schon, solange ich lebe, aufs feurigste gesehnt habe, wird jetzt erfüllt. Ich bin auf lange, vielleicht auf immer, aller Sorgen los; ich habe die längst gewünschte Unabhängigkeit des Geistes. Heute erhalte ich Briefe aus Kopenhagen vom Prinzen von Augustenburg und vom Grafen von Schimmelmann, die mir auf drei Jahre jährlich tausend Taler zum Geschenk anbieten, mit völliger Freiheit, zu bleiben, wo ich bin, bloß um mich von meiner Krankheit völlig zu erholen. Aber die Delikatesse und Feinheit, mit der der Prinz mir dieses Anerbieten macht, könnte mich noch mehr rühren als das Anerbieten selbst. Ich werde Dir die Briefe in acht oder zehn Tagen schicken. Sie wünschen zwar, daß ich in Kopenhagen leben möchte, und der Prinz schreibt, daß, wenn ich dann angestellt sein wollte, man dazu Rat schaffen würde – aber dies geht so bald nicht, da meine Verbindlichkeit gegen den Herzog von Weimar noch zu neu ist und noch vieler anderen Ursachen wegen. Aber hinreisen werde ich doch, wenn es auch erst in einem oder zwei Jahren geschieht.

Wie mir jetzt zumute ist, kannst Du denken. Ich habe die nahe Aussicht, mich ganz zu arrangieren, meine Schulden zu tilgen und unabhängig von Nahrungssorgen ganz den Entwürfen meines Geistes zu leben. Ich habe endlich einmal Muße, zu lernen und zu sammeln und für die Ewigkeit zu arbeiten. Binnen drei Jahren kann ich dann entweder in Dänemark eine Versorgung finden, oder es fällt mit Mainz etwas vor – und dann bin ich auf zeitlebens gedeckt.

Aber was detailliere ich Dir dieses alles? Sage Dir selbst, wie glücklich mein Schicksal ist. Ich kann Dir für heute nichts mehr sagen. – Deinen Brief, den ich heute erhielt, beantworte ich das nächstemal. Tausend Grüße an Minna und Dorchen von mir und meiner Lotte.

Ewig Dein

S.

78. An Georg Joachim Göschen.

Jena, 16. Dezember 1791

Die 200 Taler habe richtig erhalten, lieber Freund, wofür ich Ihnen bestens danke. Auch die Bücher sind angekommen. Nun muß ich Sie noch bitten, mir den Chemnitz vom 30jährigen Krieg, die Memoires von Archenholtz und den Soldat suédois deutsch, französisch oder latein in Leipzig aussuchen zu lassen. Kann ich diese Bücher geliehen erhalten, desto besser, sonst will ich sie auf Rechnung behalten. Gleich in 8 Tagen gehe ich mit Leib und Seele an die Fortsetzung und höre nimmer auf, bis ich schreiben kann: Ende. Mit dem Titelkupfer eilen Sie nicht. Goethe erfindet vielleicht eins, wie er es zu dem ersten Band meiner Memoires getan hat. In 10 oder 14 Tagen schreibe ich Ihnen mehr darüber. Überhaupt finden sich wohl noch einige interessante Sujets zu Kupfern, und da die Künstler doch nicht alle 12 auf einmal erfinden können, so haben wir ja doch noch einige Wochen Frist.

Die Thalia habe ich jetzt gesehen, Papier sowohl als Schriftform sind sehr schön, nur mit dem Setzer bin ich nicht zufrieden. Die Zeilen fallen abscheulich krumm ins Auge, und ob ich gleich jede Strophe, die nur etwas krumm ist, unterstreiche und bei jeder Korrektur Vorstellungen mache, so wird in diesem Stück nichts geändert. Mischen Sie sich also selbst darein, wenn Sie der Sache abgeholfen wünschen. Auch geht es erschrecklich langsam. Zwischen zwei Korrekturen verlaufen immer vier, auch fünf Tage, und doch ist so wenig Text auf einer Seite. Sie werden sagen, daß ich ungeduldig bin und daß man mir's nicht recht machen könne. Aber es ist mir diesmal um das Buch selbst und um das Geld, das es Ihnen kostet.

Adieu für heute, lieber Freund. Von Herzen wünsche ich Ihnen vergnügte Feiertage und ein wenig Luft von Ihren vielen Geschäften.

Ganz der Ihrige

Schiller

79. An Prinz Friedrich Christian von Augustenburg und Graf Ernst Heinrich von Schimmelmann.

Jena, 19. Dezember 1791

Erlauben Sie, Verehrungswürdigste, daß ich zwei edle Namen in einen, und zwar in denjenigen zusammenfasse, unter welchem Sie sich selbst in Rücksicht meiner vereinigt haben. Der Anlaß, bei welchem ich mir diese

Freiheit nehme, ist an sich selbst schon eine so überraschende Ausnahme von allem Gewöhnlichen, daß ich das reine, idealische Verhältnis, worein Sie zu mir getreten sind, durch jede Rücksicht auf zufällige Unterschiede herabzuwürdigen fürchten müßte.

Zu einer Zeit, wo die Überreste einer angreifenden Krankheit meine Seele umwölkten und mich mit einer finstern, traurigen Zukunft schreckten, reichen Sie mir wie zwei schützende Genien die Hand aus den Wolken. Das großmütige Anerbieten, das Sie mir tun, erfüllt, ja übertrifft meine kühnsten Wünsche. Die Art, mit der Sie es tun, befreit mich von der Furcht, mich Ihrer Güte unwert zu zeigen, indem ich diesen Beweis davon annehme. Erröten müßte ich, wenn ich bei einem solchen Anerbieten an etwas anders denken könnte als an die schöne Humanität, aus der es entspringt, und an die moralische Absicht, zu der es dienen soll. Rein und edel, wie Sie *geben*, glaube ich *empfangen* zu können. Ihr Zweck dabei ist, das Gute zu befördern; könnte ich über etwas Beschämung fühlen, so wäre es darüber, daß Sie sich in dem Werkzeug dazu geirrt hätten. Aber der Beweggrund, aus dem ich mir erlaube, es anzunehmen, rechtfertigt mich vor mir selbst und läßt mich, selbst in den Fesseln der höchsten Verpflichtung, mit völliger Freiheit des Gefühls vor Ihnen erscheinen. Nicht an Sie, sondern an die Menschheit habe ich meine Schuld abzutragen. *Diese* ist der gemeinschaftliche Altar, wo Sie Ihr Geschenk und ich meinen Dank niederlege. Ich weiß, meine Verehrtesten, daß nur die Überzeugung, von mir verstanden zu sein, Ihre Zufriedenheit vollendet; darum und darum allein erlaubte ich mir, dies zu sagen.

Aber der nahe Anteil, den ein allzu parteiisches Wohlwollen für mich an Ihrer großmütigen Entschließung hat, der Vorzug, den Sie vor so vielen andern *mir* erteilen, mich als das Werkzeug Ihrer schönen Absicht zu denken, die Güte, mit der Sie zu den kleinen Bedürfnissen eines Ihnen so fremden Weltbürgers herabsteigen, legen mir gegen Sie die persönlichsten Pflichten auf und mischen in meine Ehrfurcht und Bewunderung die Gefühle der innigsten Liebe. Wie stolz machen Sie mich, daß Sie *meiner* in einem Bunde gedenken, den der edelste aller Zwecke heiligt, den der Enthusiasm fürs Gute, fürs Große und Schöne geknüpft hat. Aber wie weit ist *die* Begeisterung, welche in Taten sich äußert, über diejenige erhaben, die sich darauf einschränken muß, zu Taten *geweckt* zu haben. Wahrheit und Tugend mit der siegenden Kraft auszurüsten, wodurch sie Herzen sich unterwürfig machen, ist alles, was der Philosoph und der darstellende Künstler vermögen – wie viel anders ist's, die Ideale von beiden in einem schönen Leben zu realisieren. Ich muß Ihnen hier mit den Worten des *Fiesko* antworten, womit er den Stolz eines Künstlers abfertigt: „Sie haben *getan*, was ich nur *malen* konnte!" –

Aber, wenn ich es auch vergessen könnte, daß ich selbst der Gegenstand

Ihrer Güte bin, daß ich Ihnen die schöne Aussicht zur Vollendung meiner Entwürfe verdanke, so würde dennoch in mir eine Verbindlichkeit von sehr hoher Art gegen Sie übrigbleiben. Eine Erscheinung, wie *Sie* mir waren, richtet den Glauben an reine und edle Menschheit wieder auf, den so zahlreiche Beispiele vom Gegenteil in der wirklichen Welt niederschlagen. Unaussprechliche Wollust ist es für den Maler der Menschheit, im wirklichen Leben auf Züge desjenigen Bildes zu treffen, das sich in seinem Innern verklären und seinen Schilderungen zugrunde liegen muß. Aber ich fühle, wie viel ich durch Übernehmung der großen Verbindlichkeit verliere, die Sie mir auferlegen. Ich verliere durch sie die süße Freiheit, meiner Bewunderung Sprache zu geben und eine so uneigennützig schöne Handlungsart mit gleich uneigennützigem Gefühl zu verherrlichen.

Die Möglichkeit, Ihnen denjenigen in Person darzustellen, den Sie sich so tief verpflichtet haben, wird das Werk Ihrer großmütigen Unterstützung sein. Durch diese werde ich mich in den Stand gesetzt sehen, meine Gesundheit allmählich wiederzugewinnen und die Beschwerden einer Reise, den Wechsel der Lebensart und des Klimas zu ertragen. Gegenwärtig bin ich noch immer den Rückfällen in eine Krankheit ausgesetzt, die mir den Genuß der reinsten Lebensfreuden schmälert und nur sehr langsam, wie sie kam, wird zu heben sein. Unter den vielen Entbehrungen, wozu sie mich verurteilt, ist diese keine der geringsten, daß sie die glückliche Zeit verzögert, wo mich der lebendige Anblick und Umgang mit tausend unzerreißbaren Banden an zwei Herzen fesseln wird, die mich jetzt noch aus unsichtbarer Ferne wie die Gottheit beglücken und, wie diese, meinem Dank unerreichbar sind. In dieser schönen Zukunft zu leben und mit seinen Wünschen und Träumen diesem Zeitpunkt voranzueilen, wird bis dahin die liebste Beschäftigung sein

Ihres tief verpflichteten und
ewig dankbaren
Fridr. Schiller.

80. An Christian Gottfried Körner.

Jena, 1. Januar 1792

Mein herzlicher Wunsch in diesem neuen Jahr für Dich und für mich ist der, daß dasjenige sterben möge, was nicht leben soll. So würde uns beiden am besten geholfen sein. Deine Geständnisse über die Juristerei machten diesen Wunsch aufs neu in mir lebendig; wie schön, wenn wir beide, gleich unabhängig, unsre Neigung in Gemeinschaft befriedigen und in einer frohen bürgerlichen und häuslichen Existenz vereinigt unsern Idealen leben könnten. Einen großen Schritt hat das Schicksal in Rücksicht meiner dazu getan, und vielleicht bringt dieses oder das nächste Jahr die noch übrigen nach. Ich beginne das neue Jahr mit den besten Hoffnungen. Bin ich auch noch nicht gesund, so hat mein Kopf doch seine ganze Freiheit, und an meiner Tätigkeit werde ich durch meine Krankheit wenig gehindert. Indes werde ich jetzt noch einen entscheidenden Schritt zu meiner Wiederherstellung tun, da meine ökonomischen Umstände es zulassen und die Rücksicht auf meine Gesundheit vorjetzt die dringendste ist. Wir haben ausgemacht, wenigstens für dieses Jahr eigne Pferde zu halten, daß ich alle Tage in der Regel zwei Stunden ausfahren kann. Da ich ohnehin in diesem Jahr drei Reisen, zu Dir, ins Karlsbad, wie es wahrscheinlich ist, und auf den Herbst ins Reich zu meiner Familie vor mir habe, welche mich gegen 30 Louisdors bloß an Fuhrwerk kosten dürften, so habe ich den Vorteil, jeden Tag auszufahren und sowohl nach Rudolstadt als Weimar nach Gefallen Exkursionen zu machen, fast umsonst.

Futter für 2 Pferde, Lohn des Kutschers und Reparatur kommen mir hier auf 200 Reichstaler zu stehen, welches etwa 50 Taler über die Summe ausmacht, die mich das Fahren in diesem Jahr ohnehin kosten würde, und an diesen 50 Talern wird mir meine Schwiegermutter für sich und meine Schwägerin den größten Teil erstatten, da sie sich meiner Pferde dann auch bedienen kann. Also ist nichts übrig als die Unkosten des Einkaufs, welche mir freilich, Pferd, Geschirr und Wagen zusammengerechnet, auf 50 Louisdors können zu stehen kommen. Indes muß ich denken, daß ich für meine und auch meiner Lotte Gesundheit nichts Zweckmäßigeres tun kann und daß die erste Absicht des Prinzen bei seinem Anerbieten darauf gerichtet war, mir zu meiner Gesundheit zu verhelfen.

An den Herzog von Weimar habe ich vor 8 Tagen schon die Nachricht von dieser Schenkung geschrieben, aber vermutlich kam ich damit zu spät, da, wie ich selbst las, schon ein allzeit fertiger Freund sich gefunden hat, die ganze Nachricht in die Frankfurter Zeitung zu setzen. Ich wollte gern 100 Taler verlieren, wenn das nicht geschehen wäre, da Schimmelmann in einem besondern Billett an Baggesen, das dieser mir schickte, gegen Nennung seines Namens auf das ernstlichste protestiert hat. Ich will Dir Baggesens und Schimmelmanns Briefe schicken, den Brief vom Prinzen hat dermalen noch der Herzog von Weimar. Hast Du vielleicht Hubern davon Nachricht gegeben, und die Zeitung hat es von diesem erfahren? Schreib mir mit nächster Post, ob es an dem ist, denn sonst wende ich alles an, dieser Zeitungsnachricht auf die Spur zu kommen.

Ich treibe jetzt mit großem Eifer Kantische Philosophie und gäbe viel darum, wenn ich jeden Abend mit Dir darüber verplaudern könnte. Mein Entschluß ist unwiderruflich gefaßt, sie nicht eher zu verlassen, bis ich sie ergründet habe, wenn mich dieses auch drei Jahre kosten könnte. Übrigens habe ich mir schon sehr vieles daraus genommen und in mein Eigentum verwandelt. Nur möchte ich zu gleicher Zeit gerne Locke, Hume und Leibniz studieren. Weißt Du mir von Locke keine brauchbare Übersetzung? Die von einem gewissen Tittel taugt gar nichts. Herrlich wäre es, wenn Du Dich an solch eine Arbeit machen wolltest. Ich halte sie für ebenso interessant als verdienstlich und würde, wenn ich Englisch genug verstände, sie selbst unternehmen.

An den 30jährigen Krieg gehe ich nächstens wieder. Je früher ich anfange, desto ruhiger kann ich diese Arbeit fortsetzen. Meine häusliche Existenz hat jetzt sehr viel Abwechslung, und diese macht mich frisch zur Arbeit. Ich habe die Einrichtung getroffen, daß ich mittags und abends mit 5 guten Freunden, meist jungen Magistern, zusammen speise, die bei meinen Hausjungfern mit mir in die Kost gehen. So habe ich, ohne mit der Besorgung beschwert zu sein, täglich einen gesellschaftlichen Tisch, und da es zum Teil Kantianer sind, so versiegt die Materie zur Unterhaltung nie. Nach Tische wird zuweilen gespielt, ein Behelf, der mir seit meiner Krankheit fast notwendig worden ist. Habe ich nun vollends Wagen und Pferde, so fehlt mir nichts zu einer angenehmen Existenz, und ich denke, daß eine tägliche, 2 Stunden lange Erschütterung meinen Unterleib in 2 Monaten weiter bringen soll, als die Apotheke in 2 Jahren. Sobald ich Pferde und Wagen habe, wird Dorchen abgeholt; ich habe einmal Dein und hoffentlich auch ihr Wort. Grüße beide herzlich von mir und meiner Lotte, die sich Dir bestens empfiehlt.

Dein
Sch.

81. An Siegfried Lebrecht Crusius.

Jena, 3. September 1792

Ihr letztes Schreiben nebst eingeschlossenen 16 Karolin ist mir richtig überliefert worden, und ich sage Ihnen den verbindlichsten Dank dafür, daß Sie mich meine Schuld nach und nach wollen abtragen lassen. Doch auch so hoffe ich, daß es nicht zu lange dauern soll, bis meine Rechnung gänzlich getilgt ist. Künftigen Ostern sollen Sie zuverlässig einen Band meiner Gedichte auf die Messe bringen, und der zweite Band der prosaischen Schriften wird bloß darum verzögert, weil 1. einige darin vorkommende Aufsätze noch zu kurz in der Thalia erschienen sind und weil ich ihm 2. gern einen größern Wert durch ganz neue, noch ungedruckte Abhandlungen zu geben wünschte.

Dieses Jahr bin ich auch des Historischen Kalenders entledigt, und dann können wir auch von der Niederländischen Geschichte reden. Alles hängt nur von meiner Gesundheit ab, die freilich jetzt noch zu wankend ist, um darauf rechnen zu können.

Da ich bei der Sammlung meiner Gedichte alle mögliche äußere Eleganz beobachtet wünschte, so wäre es mir sehr lieb, wenn Sie sich mit einer guten Partie Schweizer Papier dazu versehen wollten und Herrn Göpferdt dazu vermöchten, neue und feine Schrift dazu gießen zu lassen. Mit dem Druck könnte etwa nach der Messe der Anfang gemacht werden.

Auch zu Vignette und Kupfer werde ich Ihnen noch vor der Messe einige Ideen mitteilen.

Indessen empfehle ich mich Ihrem geneigten Andenken und bin mit wahrer Wertschätzung Ihr ganz ergebener

Schiller.

82. An Georg Joachim Göschen.

Jena, 14. Oktober 1792

Sie haben ganz recht, lieber Freund, daß Sie sich, was den Kalender betrifft, nach einem sicherern Mann umsehen, als ich dermalen bin. Fürs nächste und zweitnächste Jahr könnte ich Ihnen auf keinen Fall etwas versprechen, da, selbst wenn ich mich ganz erholte, die angefangenen Opera beendigt werden müssen.

Aber ob Sie mit Pestalozzi nichts wagen – und ob es überhaupt ratsam ist, die Reformation zum Gegenstand zu nehmen (die nur bei einer äußerst glücklichen genialischen Behandlung Interesse erwecken kann), ist eine Frage, die ich Ihnen aufwerfe und in scharfe Überlegung zu nehmen rate. *Erstlich* möchte ich schon einen Zweifel darüber aufwerfen, ob es gut ist, in der Kalenderform fortzufahren, da diese Schriften ihre Neuheit verloren, da Sie darin viele Nebenbuhler haben und die Kaprice der Mode gar zu wandelbar ist.

Zweitens, glaube ich, wäre es besser, wenn Sie jetzt (im Fall Sie auf einem Kalender bestehen) eine leichtere, allgemeiner anziehende Materie erwählten – denn noch einmal, an der Reformation wird und muß unser Pestalozzi scheitern. Diese Geschichte muß mit philosophischem, völlig freien Geiste geschrieben sein; von der Schreibart nicht einmal zu reden, die hier leichter als bei einer jeden andern Materie ins Trockene fallen muß.

Ich habe mich auf einen andern Mann dafür besonnen, aber ich gestehe, daß ich keinen finde; doch so gut und besser als Pestalozzi diesen Stoff behandeln kann, würden zehen andre ihn behandeln. Sehr gerne will ich mich als Herausgeber und Vorredner dabei melden, wenn Ihnen dadurch ein Gefallen geschieht, aber Sie begreifen selbst, daß ich dies nur alsdann tun *kann*, wenn der Verfasser des Kalenders die Reformation nicht aus einem ganz entgegengesetzten Gesichtspunkt als ich betrachtet, und dies, fürchte ich, wird bei Pestalozzi sehr der Fall sein. Ich muß gestehen, daß es mir sehr leid tun würde, wenn diese herrliche Gelegenheit, auf die Vorstellungsart der ganzen deutschen Nation von ihrem Religionsbegriff zu wirken und durch dies einzige Buch vielleicht eine wichtige Revolution in Glaubenssachen vorzubereiten, nicht benutzt werden sollte. Jetzt über die Reformation zu schreiben, und zwar in einem so allgemein gelesenen Buch, halte ich für einen großen, politisch wichtigen Auftrag, und ein fähiger Schriftsteller könnte hier ordentlich eine welthistorische Rolle spielen.

Ich meine immer, daß Sie bei meiner alten Idee, ein großes vierzehntägiges Journal, an dem dreißig oder vierzig der besten Schriftsteller Deutschlands arbeiteten, herauszugeben, am besten fahren und ein Werk für Ihr Leben lang daran haben würden. Sie würden und müßten dadurch der erste und respektierteste Buchhändler in Deutschland werden und schon in den ersten Jahren nicht unter 1000 Reichstaler reine Revenuen davon haben, die bei fortdauernder Akkuratesse drei- und vierfach werden müßten. –

Sind Sie dieser Idee nicht abhold, so will ich Ihnen einen Plan dazu überschicken und (von seiten des Inhalts und der Schriftsteller) die Möglichkeit der Ausführung zeigen.

Den Überbringer dieses Briefs bitte ich freundlich aufzunehmen. Er freut sich sehr auf Ihre nähere Bekanntschaft. Wollen Sie so gütig sein und ihm die hier aufgezeichneten Schriften, nebst denjenigen, um die ich neulich schrieb (wenn Sie sie Göpferdten noch nicht schon mitgegeben), einhändigen sowie auch die Zeichnung des Erbprinzen von Rudolstadt aus dem Geisterseher und ein Exemplar von dem 30jährigen Krieg. Gebunden oder ungebunden ist mir einerlei, nur so, daß ich es hier binden lassen kann.

Zur Messe viel Glück, Gesundheit und Geduld!

Ewig der Ihrige

Schiller

83. An Christian Gottfried Körner.

Jena, 6. November 1792

Ich habe jetzt mein Privatissimum in der Ästhetik angefangen und bin nun in einer gewaltigen Tätigkeit. Da ich mich nicht an den Schlendrian halten kann, so muß ich mich ziemlich zusammennehmen, um zu 4 bis 5 Stunden in der Woche hinlänglich Stoff zu haben. Auch sehe ich an den ersten Vorlesungen, wieviel Einfluß dieses Kollegium auf Berichtigung meines Geschmacks haben wird. Der Stoff häuft sich, je mehr ich fortschreite, und ich bin jetzt schon auf manche lichtvolle Idee gekommen. Mit der Zahl und der Beschaffenheit meiner Zuhörer bin ich sehr zufrieden. Ich habe 24, wovon mich 18 bezahlen, jeder einen Louisdor. Also schon 100 hiesige Taler, und dieses Geld verdiene ich bloß dadurch, daß ich mir einen reichen Vorrat von Ideen zu schriftstellerischem Gebrauche zusammentrage und obendrein vielleicht zu einem Resultat in der Kunst gelange.

Wenn Du von Göschen noch nicht präveniert sein solltest, so kann ich Dir die angenehme Nachricht geben, daß zu Deiner Schriftstellerei für 1793 und Deinen Finanzen ein sehr guter Plan gemacht ist. Göschen findet noch immer seine Rechnung bei dem Kalender und besteht auf der Fortsetzung. Da ich mich ganz davon lossagen muß, so will er *Dich* bitten, einen historischen Stoff von etwa 18–20 Bogen zu arbeiten, wozu die Cromwellische Revolution in Vorschlag gebracht ist. Du hast volle 8 Monate Zeit dazu, brauchst im Grunde außer dem Hume und Sprengel wenige Lektüre, da es hier bloß um ein gut in die Augen fallendes Ganze zu tun ist. Es ist sehr interessant, gerade in der jetzigen Zeit ein gesundes Glaubensbekenntnis über Revolutionen abzulegen; und da es schlechterdings zum Vorteil der Revolutionsfeinde ausfallen muß, so können die Wahrheiten, die den Regierungen notwendig darin gesagt werden müssen, keinen gehässigen Eindruck machen. Ich habe Göschen herzhaft versprochen, mich als Herausgeber zu nennen, und behalte mir bloß vor, daß Dein Manuskript vorher durch meine Hände geht und Du mir etwa zwei oder drei Beschreibungen und Charakterschilderungen darein zurücklegst, damit das Werk wenigstens nach mir riecht und einige Eigentümlichkeiten des Stils daraus hervorblicken. Unter 400 Taler wird er Dir nicht geben, und Du behältst immer noch Zeit und Stoff für die Thalia.

Schreibe mir doch bald Deine Meinung. Ich gestehe, daß ich mir vorderhand kein besseres Projekt für Dich denken kann. Auch mit dem großen Journal will Göschen entrieren, und sobald ich Muße habe, schreite ich zur Ausführung.

Minna und Dorchen herzliche Grüße von uns beiden.

Dein S.

84. An Christian Gottfried Körner.

Jena, 26. November 1792

Müller von Mainz ist auf einer Reise nach Wien, die ihn vermutlich über Dresden führen wird, hier durchgekommen. Ich sprach ihn aber nicht, ob er mir gleich einen Besuch zugedacht hatte, weil er in den Klub geriet, den ich nicht mehr besuche, und dort nicht loskam. Vor Tag reiste er wieder ab. Dieser sagte von Mainz nicht viel Tröstliches. Er war noch einmal dahin gereist, um seine Papiere zu flüchten, die er auch glücklich rettete. Custine setzte ihm sehr zu, wie er sagt, in französischen Dienst zu treten; Müller entschuldigte sich mit seinen persönlichen Verbindlichkeiten gegen den Kurfürsten. Da man zudringlicher wurde, so ging er schnell und ohne Abschied fort. Er hält es nicht für unmöglich, daß die rheinischen Staaten für Deutschland verlorengehen; wenigstens dürfte der Kurfürst von Mainz mit allen seinen Nachfolgern viele Einschränkungen erfahren. Der Krieg gegen Frankreich ist auf das nächste Jahr festgesetzt. Man wird also auf deutschem Boden kantonieren, und wer weiß, ob es nicht auch die Franzosen dahin bringen. Seitdem ich den Moniteur lese, habe ich mehr Erwartungen von diesen. Wenn Du diese Zeitung nicht liest, so will ich sie Dir sehr empfohlen haben. Man hat darin alle Verhandlungen in der Nationalkonvention in Detail vor sich und lernt die Franzosen in ihrer Stärke und Schwäche kennen.

In Deutschland fängt man große Anstalten an, und es geht wie immer über die Freiheit der Partiküliers her. In Göttingen werden alle Briefe und Pakete, worin man etwas zu finden glaubt, erbrochen, worüber viel Klagen geführt werden. Bei uns ist es noch auf dem alten Fuße, und Brutalitäten haben wir von unserer Regierung nicht zu erwarten.

Die mainzischen Aspekten werden sehr zweifelhaft für mich; aber in Gottes Namen. Wenn die Franzosen mich um meine Hoffnungen bringen, so kann es mir einfallen, mir bei den Franzosen selbst bessere zu schaffen.

Göschens Idee mißfällt mir gar nicht, und was ich tun kann, tue ich gewiß. Auf Deine Arbeiten freue ich mich. Herzliche Grüße von uns beiden an Euch alle.

Dein

S.

85. An Christian Gottfried Körner.

Jena, 21. Dezember 1792

Unsere Korrespondenz ist seit einiger Zeit in Stocken geraten, weil Du Zerstreuungen hattest und ich Geschäfte. Da mir die vielen schlaflosen Nächte gewöhnlich die Vormittage wegnehmen, so verliere ich viel Zeit, daß ich kaum zur Ästhetik genug übrigbehalte. Diese geht indessen ihren ordentlichen Gang, und ich werde Dir in einigen Monaten die Resultate meiner Untersuchungen vorlegen können.

Über die Natur des Schönen ist mir viel Licht aufgegangen, so daß ich Dich für meine Theorie zu erobern glaube. Den objektiven Begriff des Schönen, der sich eo ipso auch zu einem objektiven Grundsatz des Geschmacks qualifiziert und an welchem Kant verzweifelt, glaube ich gefunden zu haben. Ich werde meine Gedanken darüber ordnen und in einem Gespräch, *Kallias oder Über die Schönheit,* auf die kommenden Ostern herausgeben. Für diesen Stoff ist eine solche Form überaus passend, und das Kunstmäßige derselben erhöht mein Interesse an der Behandlung. Da die meisten Meinungen der Ästhetiker vom Schönen darin zur Sprache kommen werden und ich meine Sätze soviel wie möglich an einzelnen Fällen anschaulich machen will, so wird ein ordentliches Buch von der Größe des Geistersehers daraus werden.

Zu etwas Poetischem fehlt es mir diesen Winter mehr an Zeit, als es mir vielleicht an Begeisterung fehlen würde – wiewohl ich gestehen muß, daß der noch so zweifelhafte Zustand meiner Gesundheit mein Gemüt zwar nicht niederdrückt, aber doch auch nicht unbefangen genug sein läßt. Nur diesen Winter laß mich überstehen, so wird auch für meinen Geist viel gewonnen sein.

Döderlein ist vor vierzehn Tagen gestorben, wie Dir vielleicht aus Zeitungen wird bekannt sein. Es ist schade, daß die Stelle nicht einträglich genug ist, um Euren Reinhard hierher zu vozieren. – Ich glaube, daß man eine vortreffliche Akquisition an ihm machen würde.

Mein Zirkel ist durch einen neuen Landsmann von mir vermehrt worden, der alle andere weit übertrifft. Er war mehrere Jahre Hofmeister des Prinzen von Württemberg, ist aber kürzlich mit dem Vater zerfallen, und ungeachtet aller Aussichten, die er dadurch einbüßt, hat er sich durch keine Anträge bewegen lassen, zu bleiben. Er ist hier, um Jurisprudenz zu studieren, nachdem er in der Theologie völlig absolviert hat.

Forsters Betragen wird gewiß von jedem gemißbilligt werden; und ich sehe voraus, daß er sich mit Schande und Reue aus dieser Sache ziehen wird. Für die Mainzer kann ich mich gar nicht interessieren; denn alle ihre Schritte zeugen mehr von einer lächerlichen Sucht, sich zu signalisieren, als von gesunden Grundsätzen, mit denen sich ihr Betragen gegen die Andersdenkenden gar nicht reimt. Ich möchte doch wissen, wo *Huber* sich jetzt aufhält und ob er noch in jenen Gegenden bleiben wird. Hier habe ich nichts mehr von ihm erfahren.

Weißt Du mir niemand, der gut ins Französische übersetzte, wenn ich etwa in den Fall käme, ihn zu brauchen? Kaum kann ich der Versuchung widerstehen, mich in die Streitsache wegen des Königs einzumischen und ein Memoire darüber zu schreiben. Mir scheint diese Unternehmung wichtig genug, um die Feder eines Vernünftigen zu beschäftigen; und ein deutscher Schriftsteller, der sich mit Freiheit und Beredsamkeit über diese Streitfrage erklärt, dürfte wahrscheinlich auf diese richtungslose Köpfe einigen Eindruck machen. Wenn ein einziger aus einer ganzen Nation ein öffentliches Urteil sagt, so ist man wenigstens auf den ersten Eindruck geneigt, ihn als den Wortführer seiner Klasse, wo nicht seiner Nation anzusehen; und ich glaube, daß die Franzosen gerade in dieser Sache gegen fremdes Urteil nicht ganz unempfindlich sind. Außerdem ist gerade *dieser* Stoff sehr geschickt dazu, eine *solche* Verteidigung der guten Sache zuzulassen, die keinem Mißbrauch ausgesetzt ist. Der Schriftsteller, der für die Sache des Königs öffentlich streitet, darf bei dieser Gelegenheit schon einige wichtige Wahrheiten mehr sagen als ein anderer und hat auch schon etwas mehr Kredit. Vielleicht rätst Du mir an zu schweigen, aber ich glaube, daß man bei solchen Anlässen nicht indolent und untätig bleiben darf. Hätte jeder freigesinnte Kopf geschwiegen, so wäre nie ein Schritt zu unserer Verbesserung geschehen. Es gibt Zeiten, wo man öffentlich sprechen muß, weil Empfänglichkeit dafür da ist, und eine solche Zeit scheint mir die jetzige zu sein.

S.

86. An Christian Gottfried Körner.

Jena, 25. Januar 1793

Bis jetzt ist, ob ich mich gleich nicht zum besten befunden habe, doch kein Sturm gekommen, und es sind nun 6 Tage über die Zeit, in der mich der vorjährige Paroxysmus anfiel. Meine Besorgnis war keine Mutlosigkeit, keine bloß hypochondrische Grille. Ich bin sehr zu katarrhalischen Übeln geneigt, welche der Winter vorzüglich herbeiführt, und meine 2 Entzündungsfieber sind katarrhalisch gewesen. Gleiche Ursachen bringen gleiche Wirkungen hervor. Ich muß also den Winter ebensosehr in Rücksicht meiner Brust als den Sommer und Frühling in Rücksicht auf meine

Krämpfe fürchten. Ich bin da in eine saubre Alternative gesetzt, und jedes Zeichen im Tierkreis bringt mir ein anderes Leiden mit. Und doch ist das Beste, was ich vernünftig wünschen kann, noch lange so zu bleiben, denn die ganze Veränderung, die ich zu erwarten habe, ist, daß es zum Schlimmern geht.

Meine Beschäftigungen halten mich gottlob noch ziemlich aufrecht. Die Untersuchung[en] über das Schöne, wovon beinahe kein Teil der Ästhetik zu trennen ist, führen mich in ein sehr weites Feld, wo für mich noch ganz fremde Länder liegen. Und doch muß ich mich schlechterdings des Ganzen bemächtigt haben, wenn ich etwas Befriedigendes leisten soll. Die Schwierigkeit, einen Begriff der Schönheit objektiv aufzustellen und ihn aus der Natur der Vernunft völlig a priori zu legitimieren, so daß die Erfahrung ihn zwar durchaus bestätigt, aber daß er diesen Ausspruch der Erfahrung zu seiner Gültigkeit gar nicht nötig hat, diese Schwierigkeit ist fast unübersehbar. Ich habe wirklich eine Deduktion meines Begriffs vom Schönen versucht, aber es ist ohne das Zeugnis der Erfahrung nicht auszukommen. Diese Schwürigkeit bleibt immer, daß man mir meine Erklärung bloß darum zugeben wird, weil man findet, daß sie mit den einzelnen Urteilen des Geschmacks zutrifft, und nicht (wie bei einer Erkenntnis aus objektiven Prinzipien doch sein sollte) sein Urteil über das einzelne Schöne in der Erfahrung deswegen richtig findet, weil es mit meiner Erklärung übereinstimmt. Du wirst sagen, daß dies etwas viel gefodert sei, aber solang man es nicht dahin bringt, so wird der Geschmack immer empirisch bleiben, so wie Kant es für unvermeidlich hält. Aber eben von dieser Unvermeidlichkeit des Empirisch[en], von dieser Unmöglichkeit eines objektiven Prinzips für den Geschmack kann ich mich noch nicht überzeugen.

Es ist interessant, zu bemerken, daß meine Theorie eine vierte mögliche Form ist, das Schöne zu erklären. Entweder man erklärt es objektiv oder subjektiv; und zwar entweder sinnlich subjektiv (wie Burke u. a.) oder subjektiv rational (wie Kant), oder rational objektiv (wie Baumgarten, Mendelssohn und die ganze Schar der Vollkommenheitsmänner), oder endlich sinnlich objektiv: ein Terminus, wobei Du Dir freilich jetzt noch nicht viel wirst denken können, außer wenn Du die 3 andern Formen miteinander vergleichst. Jede dieser vorhergehenden Theorien hat einen Teil der Erfahrung für sich und enthält offenbar einen Teil der Wahrheit, und der Fehler scheint bloß der zu sein, daß man diesen Teil der Schönheit, der damit übereinstimmt, für die Schönheit selbst genommen hat. Der Burkianer hat gegen den Wolffianer vollkommen recht, daß er die Unmittelbarkeit des Schönen, seine Unabhängigkeit von Begriffen behauptet; aber er hat unrecht gegen den Kantianer, daß er es in die bloße Affektibilität der Sinnlichkeit setzt. Der Umstand, daß bei weitem die meisten

Schönheiten der Erfahrung, die ihnen in Gedanken schweben, keine völlig freie Schönheiten, sondern logische Wesen sind, die unter dem Begriff eines Zweckes stehen wie alle Kunstwerke und die meisten Schönheiten der Natur, dieser Umstand scheint alle, welche die Schönheit in eine anschauliche Vollkommenheit setzen, irregeführt zu haben; denn nun wurde das logisch Gute mit dem Schönen verwechselt. Kant will diesen Knoten dadurch zerhauen, daß er eine pulchritudo vaga und fixa, eine freie und intellektuierte Schönheit annimmt, und er behauptet etwas sonderbar, daß jede Schönheit, die unter dem Begriffe eines Zweckes stehe, keine reine Schönheit sei: daß also eine Arabeske, und was ihr ähnlich ist, als Schönheit betrachtet, reiner sei als die höchste Schönheit des Menschen. Ich finde, daß seine Bemerkung den großen Nutzen haben kann, das Logische von dem Ästhetischen zu scheiden, aber eigentlich scheint sie mir doch den Begriff der Schönheit völlig zu verfehlen. Denn eben darin zeigt sich die Schönheit in ihrem höchsten Glanz, wenn sie die *logische* Natur ihres Objektes überwindet, und wie kann sie überwinden, wo kein Widerstand ist? Wie kann sie dem völlig formlosen Stoff ihre Form erteilen? Ich bin wenigstens überzeugt, daß die Schönheit nur die Form einer Form ist und daß das, was man ihren Stoff nennt, schlechterdings ein geformter Stoff sein muß. Die Vollkommenheit ist die Form eines Stoffes, die Schönheit hingegen ist die Form dieser Vollkommenheit; die sich also gegen die Schönheit wie der Stoff zu der Form verhält.

Ich habe Dir hier allerlei durcheinander geschrieben, und vielleicht ziehe ich den Vorhang mehr auf, wenn ich wieder eine schwatzhafte Laune kriege.

Lebe wohl. Tausend Grüße von uns allen an Euch.

Dein

S.

87. An Prinz Friedrich Christian von Augustenburg.

Jena, 9. Februar 1793

Durchlauchtigster Prinz!

Daß ich ein so langes Stillschweigen gegen Sie beobachtet habe, ist eine Beleidigung, die ich mir selbst und nicht Ihnen zufügte und wegen welcher ich eher Ihr Bedauren als Ihren Unwillen verdiene.

Diese ganze Zeit über ein Opfer der Hypochondrie, höchst ungewiß über meine Gesundheit und in meinen Körper- und Geisteskräften wie gelähmt, fühlte ich mich gänzlich ungeschickt, mich zu der heitern Geistesstimmung zu erheben, die ich Ihnen gerne zeigen möchte. Aber in den wenigen hellen Sonnenblicken meines bisherigen Lebens habe ich wenigstens daran gearbeitet, Ihrer, mein ewig verehrter Prinz, nicht ganz unwert zu sein; und Ihnen sowohl als Ihrem edeln Freunde eine Probe davon zu geben, dieses war es, was mich diese ganze Zeit über lebhaft interessierte und beschäftigte. Diesen Winter hoffte ich ganz gewiß, diese Arbeit zu vollenden und sie dann in die Hände derjenigen zu liefern, denen sie mit vollem Rechte zugehört; denn wem sonst als Ihnen beiden, meine Vortrefflichsten, danke ich das lang gewünschte und unschätzbare Glück, dem freien Hange meines Geistes folgen zu können? Aber meine immer wiederkehrenden Zufälle verursachten mir so viele Unterbrechungen, daß ich nun schwerlich vor Ausgang des Sommers die Endigung dieser Arbeit hoffen kann. Da sich indessen meine Gesundheit nach und nach wieder herzustellen scheint, so sehe ich mit froherem Mut der Zukunft entgegen.

Das Unternehmen, gnädigster Prinz, an das ich mich wagte – denn da ich einmal am Bekennen bin, so will ich auch nichts mehr verschweigen –, ist etwas kühn, ich gestehe es, aber ein unwiderstehlicher Hang zog mich dazu hin. Mein jetziges Unvermögen, die Kunst selbst auszuüben, wozu ein frischer und freier Geist gehört, hat mir eine günstige Muße verschafft, über ihre Prinzipien nachzudenken. Die Revolution in der philosophischen Welt hat den Grund, auf dem die Ästhetik aufgeführt war, erschüttert und das bisherige System derselben, wenn man ihm anders diesen Namen geben kann, über den Haufen geworfen. Kant hat schon, wie ich Ihnen, mein Prinz, gar nicht zu sagen brauche, in seiner Kritik der ästhetischen Urteilskraft angefangen, die Grundsätze der kritischen Philosophie auch auf den Geschmack anzuwenden, und zu einer neuen Kunsttheorie die Fundamente, wo nicht gegeben, doch vorbereitet. Aber so, wie es jetzt in der philosophischen Welt aussieht, dürfte die Reihe wohl zuletzt an die Ästhetik kommen, eine Regeneration zu erfahren. Unsere vorzüglichsten Denker haben mit der Metaphysik noch alle Hände voll zu tun, und jetzt scheint noch das Naturrecht und die Politik eine nähere Aufmerksamkeit zu erfordern. Der Kunstphilosophie scheint also von dieser Seite wenig Licht aufzugehen, und zu einer Zeit, wo der menschliche Geist alle Felder des Wissens beleuchtet und mustert, scheint sie allein in ihrer gewohnten Dunkelheit verharren zu müssen.

Ich glaube, daß sie ein beßres Schicksal verdient, und habe den verwegenen Gedanken gefaßt, ihr Ritter zu werden. Für jetzt zwar kann ich bloß einige flüchtige Ideen dazu liefern, weil mein Beruf zum Philosophieren noch sehr unentschieden ist, aber ich werde suchen, ihn mir zu geben. Zu Gründung einer Kunsttheorie ist es, deucht mir, nicht hinreichend, Philosoph zu sein; man muß die Kunst selbst ausgeübt haben, und dies, glaube ich, gibt mir einige Vorteile über diejenigen, die mir an philosophischer Einsicht ohne Zweifel überlegen sein werden. Eine ziemlich lange Ausübung der Kunst hat mir Gelegenheit verschafft, der Natur in mir selbst bei denjenigen Operationen, die nicht aus Büchern zu erlernen sind, zuzusehen. Ich habe mehr als irgendein anderer meiner Kunstbrüder in Deutschland durch *Fehler* gelernt, und dies, deucht mir, führt mehr als der sichere Gang eines nie irrenden Genies zur deutlichen Einsicht in das Heiligtum der Kunst. Dies ist es ohngefähr, was ich zu Rechtfertigung meines Unternehmens im voraus anzuführen weiß; der Erfolg selbst muß das übrige entscheiden.

Und bei Ihnen, mein verehrungswürdigster Prinz, werde ich wohl keine Apologie dafür nötig haben, daß ich die wirksamste aller Triebfedern des menschlichen Geistes, die seelenbildende Kunst, zum Rang einer philosophischen Wissenschaft erhoben wünsche. Wenn ich der Verbindung nachdenke, in der das Gefühl des Schönen und Großen mit dem edelsten Teil unsers Wesens steht, so kann ich sie unmöglich für ein bloßes subjektives Spiel der Empfindungskraft halten, welches keiner andern als empirischer Regeln fähig ist. Auch die Schönheit, dünkt mir, muß wie die Wahrheit und das Recht auf ewigen Fundamenten ruhn, und die ursprünglichen Gesetze der Vernunft müssen auch die Gesetze des Geschmacks sein. Der Umstand freilich, daß wir die Schönheit *fühlen* und nicht erkennen, scheint alle Hoffnung, einen allgemein geltenden Grundsatz für sie zu finden, niederzuschlagen, weil alles Urteil aus dieser Quelle bloß ein Erfahrungsurteil ist. Gewöhnlich hält man eine Erklärung der Schönheit nur darum für gegründet, weil sie mit dem Ausspruch des Gefühls in einzelnen Fällen übereinstimmend ist, anstatt daß man, wenn es wirklich eine Erkenntnis des Schönen aus Prinzipien gäbe, dem Ausspruch des Gefühls nur deswegen trauen sollte, weil er mit der Erklärung des Schönen übereinstimmend ist. Anstatt seine Gefühle nach Grundsätzen zu prüfen und zu berichtigen, prüft man die ästhetischen Grundsätze nach seinen Gefühlen.

Dies ist der Knoten, dessen Auflösung leider selbst Kant für unmöglich hält. Was werden Sie also, gnädigster Prinz, zu dem Einfall eines Anfängers sagen, der erst seit gestern in das Heiligtum der Philosophie hineinblickte, nach der Erklärung eines solchen Mannes noch eine Auflösung dieses Problems zu versuchen? In der Tat würde ich nie den Mut dazu gehabt haben, wenn nicht Kants Philosophie selbst mir die Mittel dazu verschaffte. Diese fruchtbare Philosophie, die sich so oft nachsagen lassen muß, daß sie nur immer einreiße und nichts aufbaue, gibt nach meiner gegenwärtigen Überzeugung die festen Grundsteine her, auch ein System der Ästhetik zu errichten, und ich kann es mir bloß aus einer vorgefaßten Idee ihres Schöpfers erklären, daß er ihr nicht auch noch dieses Verdienst erwarb. Weit entfernt, mich für denjenigen zu halten, dem dieses vorbehalten ist, will ich wenigstens versuchen, wie weit der entdeckte Pfad mich führt. Führt er mich gleich nicht zum Ziel, so ist doch keine Reise ganz verloren, auf der die Wahrheit gesucht wird.

Dies leitet mich auf eine Bitte, von der ich wünschte, mein vortrefflichster Prinz, daß sie Eingang bei Ihnen finden möchte. Ich wünschte meine Ideen über die Philosophie des Schönen, ehe ich sie dem Publikum selbst vorlege, in einer Reihe von Briefen an Sie richten und Ihnen stückweise zusenden zu dürfen. Diese freiere Form wird dem Vortrage derselben mehr Individualität und Leben, und der Gedanke, daß ich mit Ihnen rede und von Ihnen beurteilt werde, mir selbst ein höheres Interesse an meiner Materie geben. Reiner und lichter Sinn für Wahrheit, mit warmer Empfänglichkeit für alles, was schön und gut und groß ist, verbunden, ist das Eigentum weniger Sterblichen, und unsere mehresten Gelehrten besonders sind so ängstlich in ihre Systeme eingeschnallt, daß eine etwas ungewohnte Vorstellungsart ihre mit dreifach Erz umpanzerte Brust nicht durchdringen kann. Wenige sind es, in denen das zarte Schönheitsgefühl durch Abstraktion nicht erstickt wird, und noch weit wenigere halten es der Mühe wert, über ihre Empfindungen zu philosophieren. Ich muß es durchaus vergessen, daß ich von solchen Menschen beurteilt werde, und nur für freie und heitre Geister, die über den Staub der Schulen erhaben sind und den Funken reiner und edler Menschheit in sich bewahren, kann ich meine Ideen und Gefühle entfalten.

Um so eher werden Sie es mir zugute halten, mein ewig hochgeschätzter Prinz, daß ich mir ein so seltenes Geschenk, als mir die Grazien in Ihnen zugeführt haben, zu versichern und mich des edeln Bandes zu bemächtigen suche, welches Philosophie und Geschmack, alles Abstandes der Verhältnisse ungeachtet, zwischen den Freunden der Weisheit und Schönheit weben. Diese beiden Gottheiten werden mir auch die Grenzen vorzeichnen, innerhalb deren ich mich dieser Freiheit bedienen darf, und mir nie erlauben, meine Wünsche weiter zu erstrecken, als einige Augenblicke Ihres dem Glück der Welt gewidmeten Lebens mit meinen philosophisch-poetischen Visionen zuweilen beschäftigen zu dürfen. Mit der respektvollsten Verehrung und Liebe nenne ich mich

Eurer Durchlaucht
verbundenster Diener

F. Schiller.

88. An Christian Gottfried Körner.

Jena, 27. Mai 1793

Du mußt jetzt viele Geduld mit mir haben und mir großmütig kreditieren. Das alte Übel regt sich bei diesem unbeständigen Wetter so oft und hält gewöhnlich so hartnäckig an, daß ich immer von 3 Tagen 2 verliere und in den guten Intervallen eilen muß, um nur das Notwendige an meinen Geschäften zu fertigen. Die Thalia darf nicht in Stocken geraten, und ich werde durch meine Mitarbeiter gar zu schlecht unterstützt. Deswegen habe ich mich dieser Tagen mit 2 Aufsätzen dafür beschäftigt. Der eine handelt von Anmut und Würde, der andre ist über pathetische Darstellung. Ich glaube, daß beide Dich interessieren werden.

Was Du mir über meine Revision der Gedichte schreibst, finde ich sehr richtig und so überzeugend, daß ich große Lust habe, dieser Stellen Deines Briefs in meiner Vorrede zu den Gedichten zu erwähnen.

Vor der Durchsicht der Künstler ist mir am meisten bange. Meine Ideen über Kunst haben sich seit der Zeit merklich erweitert, meine Gesichtspunkte sich verändert, manche Meinungen sich ganz und gar widerlegt. Doch muß ich gestehen, daß ich noch sehr viel philosophisch Richtiges in den Künstlern finde und darüber ordentlich verwundert bin. Über den Gang des ganzen Gedichts fürchte ich mein Urteil zu sagen. Er befriedigt mich gar zuwenig.

Unter den Gedichten, denen Du das Leben schenkst, fehlen noch einige wenige, die mir der Erhaltung wert scheinen. *Hektor* und *Andromacha* ist eins meiner besten, und auch *Amalia* im *Garten* verdient Pardon. Unter denen an Laura ist das „Die *Entzückung*" vergessen, welches eins der fehlerfreiesten ist. Laura am Klavier hätte ich Lust aufzuopfern. Es freut mich, daß Du der *berühmten Frau* hast Gnade widerfahren lassen.

Sobald die Götter Griechenlands segelfertig sind, sollen sie Dir vorgelegt werden. Ich denke, Du sollst gestehen, daß mich die Musen noch nicht verlassen haben und daß die Kritik die Begeisterung nicht verscheuchte. Beiliegende Broschüre ist der Pendant zu Deiner Predigt; aber ich habe ein Interesse mehr als Du, sie Deiner Bestellung zu empfehlen. Sie ist von meinem Vater, und warum sie gedruckt ist, wirst Du aus dem Inhalt ersehen. Ich wünschte gar angelegentlich, daß Du die beiliegenden 3 Exemplare in diejenigen Hände brächtest, wo sie am besten angelegt sind – um Aufmerksamkeit auf den Verfasser zu erregen. Du tust mir einen großen Gefallen, wenn Du machen kannst, daß der Inhalt derselben in Dresden zur Sprache kommt.

Herr von Gleichen wird jetzt ohne Zweifel in Dresden angekommen sein. Seine Bekanntschaft wird Dir und der Minna vielleicht nicht unlieb sein. Er liebt und versteht Kunst, malt schon ganz artig Landschaften in Öl und hat auch über die Theorie der Kunst nachgedacht. – An Kopf fehlt es ihm gar nicht, aber an Wissen. Er privatisiert in Rudolstadt bei einem sehr artigen Vermögen und ist dort etwas träg geworden. Übrigens ist er ein sehr braver Mensch und einer meiner besten Freunde in hiesiger Gegend. Seine Frau ist ein sanftes und gutmütiges Geschöpf, eine der ältesten Bekannten meiner Lotte. Du wirst es beiden bald abmerken, daß Du Dich nicht vor ihnen zu genieren brauchst, vielmehr hoffe ich, daß sie Dir eine angenehme Gesellschaft sein werden. Vielleicht verschaffen sie auch der Minna Unterhaltung, wenn Ihr einander etwas näherkommt.

Lebe wohl und grüße Dich selbst und Minna recht herzlich von uns beiden. Es ist schade, daß Du nicht hiersein kannst, die Inokulation vornehmen zu lassen. Es wird jetzt stark inokuliert, und viele fremde Kinder sind hergeschickt worden. Alles geht glücklich vonstatten.

Dein

S.

89. An Prinz Friedrich Christian von Augustenburg.

Jena, 13. Juli 1793

Durchlauchtigster Prinz!

Wie sehr haben Sie mich durch die gnädige Aufnahme meiner Bitte geehrt, Ihnen die Resultate meiner Untersuchungen über das Schöne in einer Reihe von Briefen vorlegen zu dürfen. Könnte das Vergnügen, das dieser unschätzbare Beweis Ihrer Wohlgewogenheit mir gewährt, noch durch etwas erhöhet werden, so würde es durch die Erklärung geschehen sein, womit Sie die mir gegebene Erlaubnis begleiteten. Sie erlassen mir, gnädigster Prinz, die Fesseln eines dogmatischen Vortrags und machen mir eben das zur Pflicht, was ich mir als eine Gunst von Ihnen hatte erbitten wollen. Die Freiheit des Vortrags, welche Eure Durchlaucht verlangen, ist nicht Zwang, sondern Bedürfnis für mich, und großmütig lassen Sie mir den Schein eines Verdienstes, wo ich nicht einmal eine Wahl habe. Viel zuwenig bekannt mit dem Gebrauche schulgerechter Formen, um durch Mißbrauch derselben mich zu versündigen, werde ich vor *der* Gefahr wenigstens sicher sein, Ihre Geduld *methodisch* zu ermüden. Meine Philosophie wird ihren Ursprung nicht verleugnen und, wenn sie je verunglücken sollte, eher in den Untiefen und in den Strudeln der poetisierenden Einbildungskraft untersinken, als an den kahlen Sandbänken trockner Abstraktionen scheitern. Eine Frucht meines eigenen Nachdenkens und aus meinem beschränkten Erfahrungskreise geschöpft, wird sie sich vielmehr jedes andern Fehlers als der Sektiererei schuldig machen und eher aus eigener Gebrechlichkeit fallen, als durch Autorität und fremde Hülfe sich aufrechterhalten. Auch da, wo ich mich an die kritische Philosophie anschließen werde (und ich leugne nicht, daß dies sehr oft geschehen dürfte), hoffe ich die Freiheit Ihres Geistes zu respektieren und Ihrer selbstrichtenden Vernunft eine freiwillige Bestimmung abzugewinnen.

Manchen Kantischen Sätzen gibt die strenge Reinheit und die scholastische Form, in der sie aufgestellt werden, eine Härte und eine Sonderbarkeit, die ihrem Inhalte fremd ist, und von dieser Hülle entkleidet, erscheinen sie dann als die verjährten Ansprüche der allgemeinen Vernunft. Philosophische Wahrheiten, habe ich oft bemerkt, müssen in einer andern Form gefunden und in einer andern angewandt und verbreitet werden. Die Schönheit eines Gebäudes wird nicht eher sichtbar, als bis man das Geräte des Maurers und Zimmermanns hinwegnimmt und das Gerüste abbricht, hinter welchem es emporstieg. Aber die mehrsten Schüler Kants ließen sich eher den Geist als die Maschinerie seines Systems entreißen und legen eben dadurch an den Tag, daß sie mehr dem Arbeiter als dem Baumeister gleichen.

Ich kann Ihnen nicht genug sagen, vortrefflichster Prinz, wie angenehm mich Ihr Geständnis überraschte, daß Sie von der Unduldsamkeit unserer philosophischen Weltverbesserer schlecht erbaut seien, und daß Sie diese Besorgnis auch auf mich zu erstrecken scheinen, vermehrt, wenn es möglich ist, meine Ehrfurcht vor Ihrem Geiste und erhöht mein Vertrauen, da gerade dies der einzige Fehler ist, von dem ich frei zu bleiben hoffe. Ihre liberale Art zu denken verschafft mir die glückliche Freiheit, unabhängig von jedem System bloß meiner eigenen Überzeugung zu folgen. Das Reich der Vernunft ist ein Reich der Freiheit, und keine Knechtschaft ist schimpflicher, als die man auf diesem heiligen Boden erduldet. Aber viele, die sich ohne innere Befugnis darauf niederlassen, beweisen, daß sie nicht frei geboren, bloß frei gelassen sind.

Sollte ich indessen, bei noch so lebhafter Abneigung gegen Systemsucht, doch zuweilen Ihre Befürchtungen wahr machen, gnädigster Prinz, und in den unfruchtbaren Steppen der Spekulation mich verlieren, so werden Sie die Grazien mir zu Hülfe schicken und den Verirrten auf den rechten Weg zurückrufen. Ich erbitte es mir von Ihrer Gnade, schenken Sie mir nichts, verzeihen Sie mir nichts. Dulden Sie nicht, daß ich die Sache der Schönheit mit Waffen verfechte, die der Schönheit nicht würdig sind, daß ich die Vorschriften des Geschmacks in demselben Moment verletze, wo ich den Beweis für ihre Gültigkeit führe.

Aber sollte ich von der Freiheit, die mir von Eurer Durchlaucht verstattet wird, nicht vielleicht einen bessern Gebrauch machen können, als Ihnen meine Ideen von Schönheit und schöner Kunst vorzulegen? Ist es nicht außer der Zeit, sich um die Bedürfnisse der ästhetischen Welt zu bekümmern, wo die Angelegenheiten der politischen ein so viel näheres Interesse darbieten?

Ich liebe die Kunst und was mit ihr zusammenhängt über alles, und meine Neigung, ich bekenne es, gibt ihr vor jeder andern Beschäftigung des Geistes den Vorzug. Aber es kömmt hier nicht darauf an, was die Kunst *mir* ist, sondern wie sie sich gegen den menschlichen Geist überhaupt und insbesondere gegen die Zeit verhält, in der ich mich zu ihrem Sachwalter aufwerfe.

Ich möchte nicht gerne in einem andern Jahrhundert leben und für ein anderes wirken. Man ist ebensogut Zeitbürger, als man Weltbürger, Staatsbürger, Hausvater ist. Wenn es unschicklich und unerlaubt gefunden wird, sich von den Sitten und Gebräuchen des Volks, bei dem man sich aufhält, und des Zirkels, worin man lebt, loszusprechen, warum sollte es weniger Pflicht sein, sich in der Wahl seiner Tätigkeit nach dem Geschmack und dem Bedürfnis des Zeitalters zu richten?

Was an sich gut ist, möchte man vielleicht sagen, ist zu jeder Zeit gut, und das ist jede Untersuchung der Wahrheit. Aber es gibt viele Wahrheiten, die zu untersuchen sind, und bei der Wahl, die man darunter anstellt, gebührt, meiner Meinung nach, dem Zeitbedürfnis und dem Zeitgeschmack eine entscheidende Stimme.

Nun scheint aber diese Stimme keineswegs zum Vorteil der schönen Kunst auszufallen. Der Lauf der Begebenheiten im Politischen und der Gang des menschlichen Geistes im Literarischen hat dem Genius der Zeit eine solche Richtung gegeben, die ihn je mehr und mehr von der idealisierenden Kunst entfernt. Diese muß die Wirklichkeit verlassen und sich mit einer gewissen Kühnheit über das Bedürfnis der Gegenwart erheben, denn die Kunst ist eine Tochter der Freiheit. Jetzt aber herrscht das Bedürfnis, und der Drang der physischen Lage, die Abhängigkeit des Menschen von tausend Verhältnissen, die ihm Fesseln anlegen und ihn je mehr und mehr mit der unidealischen Wirklichkeit verstricken, hemmt freien Aufflug in die Regionen des Idealischen. Selbst die spekulierende Vernunft entreißt der Einbildungskraft eine Provinz nach der andern, und die Grenzen der Kunst verengen sich, je mehr die Wissenschaft die ihrigen erweitert.

Besonders aber ist es jetzt das politische Schöpfungswerk, was beinahe alle Geister beschäftigt. Die Ereignisse in diesem letzten Dezennium des achtzehnten Jahrhunderts sind für die Philosophen nicht weniger auffordernd und wichtig, als sie es sonst nur für den mithandelnden Weltmann sind, und Eure Durchlaucht könnten also mit doppeltem Rechte erwarten, daß ich diesen merkwürdigen Stoff zum Gegenstand der schriftlichen Unterhaltung machte, die Sie mir mit so viel Großmut und Güte zugestanden haben.

Ein Gesetz des weisen Solon verdammt den Bürger, der bei einem Aufstande keine Partei nimmt. Wenn es je einen Fall gegeben hat, auf den dieses Gesetz könnte angewandt werden, so scheint es der gegenwärtige zu sein, wo das große Schicksal der Menschheit zur Frage gebracht ist und wo man also, wie es scheint, nicht neutral bleiben kann, ohne sich der strafbarsten Gleichgültigkeit gegen das, was dem Menschen das Heiligste sein muß, schuldig zu machen. Eine geistreiche, mutvolle, lange Zeit als Muster betrachtete Nation hat angefangen, ihren positiven Gesellschaftszustand gewaltsam zu verlassen und sich in den Naturstand zurückzuversetzen, für den die Vernunft die alleinige und absolute Gesetzgeberin ist. Sosehr dieser große Rechtshandel seines Inhalts und seiner Folgen wegen jeden, der sich Mensch nennt, interessieren muß, sosehr muß er seiner Verhandlungsart wegen jeden Selbstdenker insbesondere interessieren. Eine Angelegenheit, über welche sonst nur das Recht des Stärkeren und die Konvenienz zu entscheiden hätte, ist vor dem Richterstuhl *reiner Vernunft* anhängig gemacht und maßt sich wenigstens an, als ob sie nach *Prinzipien* abgeurteilt sein wollte. Jeder selbstdenkende Mensch aber darf sich (soweit er fähig ist, seine eigentümliche Vorstellungsart zu generalisieren, sein Individuum zur Gattung zu erweitern) als einen Beisitzer jenes Vernunftgerichts ansehen, so, wie er als Mensch und Weltbürger zugleich Partei ist und in den Erfolg sich verflochten sieht. Es ist nicht nur seine eigene *Sache*, welche bei diesem großen Rechtshandel zur Entscheidung kommt, sondern es wird auch nach *Gesetzen* gesprochen, die er als mitbestellter Repräsentant der Vernunft zu diktieren berechtigt und aufrechtzuerhalten verpflichtet ist.

Was könnte also wohl, vortrefflicher Prinz, anziehender und interessanter für mich sein, als mich in das Innere dieses großen Gegenstandes mit einem ebenso geistreichen Denker als humanen Weltbürger einzulassen, der mit schönem Enthusiasmus das große Ganze der Menschheit umreicht, dessen heller und vorurteilsfreier Sinn die Vernunft rein und unverstellt widerstrahlt? Eine Unterhaltung dieses Inhalts würde einen umso größeren Reiz für mich haben, je mehr der Standort, aus welchem *ich*, der Privatmann, die politische Welt betrachte, von demjenigen verschieden ist, aus welchem Sie, der Fürst und mithandelnde Staatsmann, in die Flut der Ereignisse niederschauen. Was kann aber entzückender sein, als einander in der Denkart zu begegnen, wo die äußern Verhältnisse die weiteste Entfernung bewirken, und aus einem noch so unermeßlichen Abstand in der wirklichen Welt doch in demselben Mittelpunkt der Ideenwelt zu konvergieren?

Daß ich dieser reizenden Versuchung widerstehe und zu der schriftlichen Unterhaltung, die Eure Durchlaucht mir verstatten wollen, eine Materie in Vorschlag bringe, die von dem Lieblingsgespräch des Zeitalters so sehr entlegen ist, geschieht nicht aus überwiegender Neigung für diesen Gegenstand, obgleich ich mich einer solchen Neigung nie schämen werde; nicht meine Vorliebe für die Kunst, sondern ein Grundsatz bestimmte meine Wahl, und ich glaube, sie rechtfertigen zu können. Wenn ich also gleich in der *Behandlung* meines Gegenstandes höchstens auf Ihre Nachsicht Anspruch machen kann, so möchte ich über die *Wahl* desselben gern Ihren Beifall haben.

Wäre das Faktum wahr – wäre der außerordentliche Fall wirklich eingetreten, daß die politische Gesetzgebung der Vernunft übertragen, der Mensch als Selbstzweck respektiert und behandelt, das Gesetz auf den Thron erhoben und wahre Freiheit zur Grundlage des Staatsgebäudes gemacht worden, so wollte ich auf ewig von den Musen Abschied nehmen und dem herrlichsten aller Kunstwerke, der Monarchie der Vernunft, alle meine Tätigkeit widmen. Aber dieses Faktum ist es eben, was ich zu bezweifeln wage. Ja, ich bin so weit entfernt, an den Anfang einer Regeneration im Politischen zu glauben, daß mir die Ereignisse der Zeit vielmehr alle Hoffnungen dazu auf Jahrhunderte benehmen.

Ehe diese Ereignisse eintraten, gnädigster Prinz, konnte man sich allenfalls mit dem lieblichen Wahne schmeicheln, daß der unmerkliche, aber ununterbrochene Einfluß denkender Köpfe, die seit Jahrhunderten ausgestreuten Keime der Wahrheit, der aufgehäufte Schatz von Erfahrung die Gemüter allmählich zum Empfang des Bessern gestimmt und so eine Epoche vorbereitet haben müßten, wo die Philosophie den moralischen Weltbau übernehmen und das Licht über die Finsternis siegen könnte. So weit war man in der theoretischen Kultur vorgedrungen, daß auch die ehrwürdigsten Säulen des Aberglaubens zu wanken anfingen und der Thron tausendjähriger Vorurteile schon erschüttert ward. Nichts schien mehr zu fehlen als das *Signal* zur großen Veränderung und eine Vereinigung der Gemüter. Beides ist nun gegeben – aber wie ist es ausgeschlagen?

Der Versuch des französischen Volks, sich in seine heiligen Menschenrechte einzusetzen und eine politische Freiheit zu erringen, hat bloß das Unvermögen und die Unwürdigkeit desselben an den Tag gebracht und nicht nur dieses unglückliche Volk, sondern mit ihm auch einen beträchtlichen Teil Europens und ein ganzes Jahrhundert in Barbarei und Knechtschaft zurückgeschleudert. Der Moment war der günstigste, aber er fand eine verderbte Generation, die ihn nicht wert war und weder zu würdigen noch zu benutzen wußte. Der Gebrauch, den sie von diesem großen Geschenk des Zufalls macht und gemacht hat, beweist unwidersprechlich, daß das Menschengeschlecht der vormundschaftlichen Gewalt noch nicht entwachsen ist, daß das liberale Regiment der Vernunft da noch zu frühe kommt, wo man kaum damit fertig wird, sich der brutalen Gewalt der Tierheit zu erwehren, und daß derjenige noch nicht reif ist zur *bürgerlichen* Freiheit, dem noch so vieles zur *menschlichen* fehlt.

In seinen Taten malt sich der Mensch – und was für ein Bild ist das, das sich im Spiegel der jetzigen Zeit uns darstellt? Hier die empörendste Verwilderung, dort das entgegengesetzte Extrem der Erschlaffung: die zwei traurigsten Verirrungen, in die der Menschencharakter versinken kann, in einer Epoche vereint!

In den niedern Klassen sehen wir nichts als rohe, gesetzlose Triebe, die sich nach aufgehobenem Band der bürgerlichen Ordnung entfesseln und mit unlenksamer Wut ihrer tierischen Befriedigung zueilen. Es war also nicht der moralische Widerstand von innen, bloß die Zwangsgewalt von außen, was bisher ihren Ausbruch zurückhielt. Es waren also nicht freie Menschen, die der Staat unterdrückt hatte, nein, es waren bloß wilde Tiere, die er an heilsame Ketten legte. Hätte der Staat die Menschheit wirklich unterdrückt, wie man ihm Schuld gibt, so müßte man Menschheit sehen, nachdem er zertrümmert worden ist. Aber der Nachlaß der äußern Unterdrückung macht nur die innere sichtbar, und der wilde Despotismus der Triebe heckt alle jene Untaten aus, die uns in gleichem Grad anekeln und schaudern machen.

Auf der andern Seite geben uns die zivilisierten Klassen den noch widrigeren Anblick der Erschlaffung, der Geistesschwäche und einer Versunkenheit des Charakters, die um so empörender ist, je mehr die Kultur selbst daran teilhat. Ich erinnere mich nicht mehr, welcher alte oder neue Philosoph die Bemerkung machte, daß das Edlere in seiner Verderbnis das Abscheulichere sei, aber die Erfahrung bestätigt sie auch hier. Wenn die Kultur ausartet, so geht sie in eine weit bösartigere Verderbnis über, als die Barbarei je erfahren kann. Der sinnliche Mensch kann nicht tiefer als zum Tier herabstürzen; fällt aber der aufgeklärte, so fällt er bis zum Teuflischen herab und treibt ein ruchloses Spiel mit dem Heiligsten der Menschheit.

Die Aufklärung, deren sich die höheren Stände unsers Zeitalters nicht mit Unrecht rühmen, ist bloß theoretische Kultur und zeigt, im ganzen genommen, so wenig einen veredelnden Einfluß auf die Gesinnung, daß sie vielmehr bloß dazu hilft, die Verderbnis in ein System zu bringen und unheilbarer zu machen. Ein raffinierter und konsequenter Epikurism hat angefangen, alle Energie des Charakters zu ersticken, und die immer fester sich zuschnürende Fessel der Bedürfnisse, die vermehrte Abhängigkeit der Menschheit vom Physischen hat es allmählich dahin geleitet, daß die Maxime der Passivität und des leidenden Gehorsams als höchste Lebensregel gilt. Daher die Beschränktheit im Denken, die Kraftlosigkeit im

Handeln, die klägliche Mittelmäßigkeit im Hervorbringen, die unser Zeitalter zu seiner Schande charakterisiert. Und so sehen wir den Geist der Zeit zwischen Barbarei und Schlaffheit, Freigeisterei und Aberglauben, Rohheit und Verzärtelung schwanken, und es ist bloß das *Gleichgewicht der Laster,* was das Ganze noch zusammenhält.

Und ist dieses nun die Menschheit, möchte ich fragen, für deren Rechte der Philosoph sich verwendet, die der edle Weltbürger in Gedanken hat und an welcher ein neuerer Solon seine Ideen von einer Staatsverfassung realisieren möchte? Ich zweifle sehr. Nur seine Fähigkeit, als ein sittliches Wesen zu handeln, gibt dem Menschen Anspruch auf Freiheit; ein Gemüt aber, das nur sinnlicher Bestimmungen fähig ist, ist der Freiheit so wenig wert als empfänglich. Alle Reform, die Bestand haben soll, muß von der Denkungsart ausgehen, und wo eine Verderbnis in den Prinzipien herrscht, da kann nichts Gesundes, nichts Gutartiges aufkeimen. Nur der Charakter der Bürger erschafft und erhält den Staat und macht politische und bürgerliche Freiheit möglich. Denn wenn die Weisheit selbst in Person vom Olymp herabstiege und die vollkommenste Verfassung einführte, so müßte sie ja doch Menschen die Ausführung übergeben.

Wenn ich also, gnädigster Prinz, über die gegenwärtigen politischen Bedürfnisse und Erwartungen meine Meinung sagen darf, so gestehe ich, daß ich jeden Versuch einer Staatsverbesserung aus Prinzipien (denn jede andere ist bloßes Not- und Flickwerk) so lange für unzeitig und jede darauf gegründete Hoffnung so lange für schwärmerisch halte, bis der Charakter der Menschheit von seinem tiefen Verfall wieder emporgehoben worden ist – eine Arbeit für mehr als ein Jahrhundert. Man wird zwar unterdessen von manchem abgestellten Mißbrauch, von mancher glücklich versuchten Reform im einzelnen, von manchem Sieg der Vernunft über das Vorurteil hören, aber was hier zehn große Menschen aufbauten, werden dort funfzig Schwachköpfe wieder niederreißen. Man wird in andern Weltteilen den Negern die Ketten abnehmen und in Europa den – Geistern anlegen. Solange aber der oberste Grundsatz der Staaten von einem empörenden Egoismus zeugt und solange die Tendenz der Staatsbürger nur auf das physische Wohlsein beschränkt ist, so lange, fürchte ich, wird die politische Regeneration, die man so nahe glaubte, nichts als ein schöner philosophischer Traum bleiben.

Soll man also aufhören, darnach zu streben? Soll man gerade die wichtigste aller menschlichen Angelegenheiten einer gesetzlosen Willkür, einem blinden Zufall anheimstellen, während daß das Reich der Vernunft nach jeder andern Seite zusehends erweitert wird? Nichts weniger, gnädigster Prinz. Politische und bürgerliche Freiheit bleibt immer und ewig das heiligste aller Güter, das würdigste Ziel aller Anstrengungen und das große Zentrum aller Kultur – aber man wird diesen herrlichen Bau nur auf dem festen Grund eines veredelten Charakters aufführen, man wird damit anfangen müssen, für die Verfassung Bürger zu erschaffen, ehe man den Bürgern eine Verfassung geben kann.

Vielleicht dürften Sie mir einwenden, durchlauchtigster Prinz, daß hier ein Zirkel sei und daß der Charakter des Bürgers ebensogut von der Verfassung abhänge, als diese auf dem Charakter des Bürgers ruht. Ich gebe dieses zu und behaupte also, daß man, um diesen Zirkel zu vermeiden, entweder auf Mittel denken muß, dem Staat aufzuhelfen, ohne den Charakter dabei zu Hülfe zu nehmen, oder dem Charakter beizukommen, ohne den Staat dabei nötig zu haben. Das erste enthält einen Widerspruch, weil sich keine Verfassung erdenken läßt, die von der Gesinnung der Bürger unabhängig wäre. Vielleicht aber findet sich Rat zu dem zweiten, und es lassen sich zu Veredlung der Denkungsart Quellen eröffnen, die von dem Staat nicht abgeleitet sind und sich also bei allen Mängeln desselben rein und lauter erhalten.

Auf den Charakter wird bekanntlich durch *Berichtigung der Begriffe* und durch *Reinigung der Gefühle* gewirkt. Jenes ist das Geschäft der *philosophischen*, dieses vorzugsweise der *ästhetischen* Kultur. Aufklärung der Begriffe kann es allein nicht ausrichten, denn von dem Kopf ist noch ein gar weiter Weg zu dem Herzen, und bei weitem der größere Teil der Menschen wird durch Empfindungen zum Handeln bestimmt. Aber das Herz allein ist ein ebenso unsicherer Führer, und die zarteste Empfindsamkeit wird nur ein desto leichterer Raub der Schwärmerei, wenn ein heller Verstand sie nicht leitet. Gesundheit des Kopfes wird also mit der Reinheit des Willens zusammentreffen müssen, wenn der Charakter vollendet heißen soll.

Das dringendere Bedürfnis unsers Zeitalters scheint mir die Veredlung der Gefühle und die sittliche Reinigung des Willens zu sein, denn für die Aufklärung des Verstandes ist schon sehr viel getan worden. Es fehlt uns nicht sowohl an der Kenntnis der Wahrheit und des Rechts als an der Wirksamkeit dieser Erkenntnis zu Bestimmung des Willens, nicht sowohl an Licht als an Wärme, nicht sowohl an philosophischer als an ästhetischer Kultur. Diese letztere halte ich für das wirksamste Instrument der Charakterbildung und zugleich für dasjenige, welches von dem politischen Zustand vollkommen unabhängig und also auch ohne Hülfe des Staats zu erhalten ist.

Und hier ist es nun, gnädigster Prinz, wo die Kunst und der Geschmack ihre bildende Hand an den Menschen legen und ihren veredelnden Einfluß beweisen. Die Künste des Schönen und Erhabenen beleben, üben und verfeinern das Empfindungsvermögen, sie erheben den Geist von den groben Vergnügungen des Stoffes zum reinen Wohlgefallen an bloßen Formen und gewöhnen ihn, auch in seine Genüsse Selbsttätigkeit zu mischen. Die wahre Verfeinerung der Gefühle besteht aber jederzeit darin, daß der höhern Natur des Menschen und dem göttlichen Teil seines Wesens, seiner Vernunft und seiner Freiheit, ein Anteil daran verschafft wird.

Wenn Sinnes Lust und Sinnes Schmerz
Vereinigt um des Menschen Herz
Den tausendfachen Knoten schlingen
Und zu dem Staub ihn niederziehn,
Wer ist sein Schutz? Wer rettet ihn?
Die Künste, die an goldnen Ringen
Ihn aufwärts zu der Freiheit ziehn
Und durch den Reiz veredelter Gestalten
Ihn zwischen Erd und Himmel schwebend halten.

Zwar ist nicht zu leugnen, daß auch die Kunst (die redende sowohl als die bildende) gerne an den Geist des Jahrhunderts sich anschmiegt. Wenn sich der *beurteilende* Geschmack zum Gemeinen und Schlechten wendet, so nimmt auch der *hervorbringende* nicht selten eine ähnliche Richtung, denn der Künstler wird zum Teil doch durch seine Zeit gebildet und will seiner Zeit gefallen. Aber wenn es ihm gleich erlaubt ist, sich an den Geist des Jahrhunderts anzuschließen, so soll er doch seine Gesetze nicht von demselben empfangen. Die Gesetze der Kunst sind nicht in den wandelbaren Formen eines zufälligen und oft ganz entarteten Zeitgeschmacks, sondern in dem Notwendigen und Ewigen der menschlichen Natur, in den Urgesetzen des Geistes gegründet. Aus dem göttlichen Teil unsers Wesens, aus dem ewig reinen Äther idealischer Menschheit strömt der lautere Quell der Schönheit herab, unangesteckt von dem Geist des Zeitalters, der tief unter ihm in trüben Strudeln dahinwallt. Daher kann auch die Kunst, mitten unter einem barbarischen und unwürdigen Jahrhundert, rein wie eine Himmlische wandeln, sobald sie nur ihres hohen Ursprungs eingedenk bleibt und sich nicht selbst zur Sklaverei niedrigerer Absichten und Bedürfnisse erniedrigt. So wandelt noch jetzt der griechische Geist in seinen wenigen Überresten durch die Nacht unsers nordischen Zeitalters, und sein elektrischer Schlag weckt manche verwandte Seele zum Gefühl ihrer Größe auf.

Damit aber der Kunst nicht das Unglück begegne, zur Nachahmung des Zeitgeistes herunterzusinken, den sie zu sich erheben soll, so muß sie Ideale haben, die ihr unaufhörlich das Bild des höchsten Schönen vorhalten, wie tief auch das Zeitalter sich entwürdigen mag, so muß sie durch ein eigenes Gesetzbuch sowohl vor dem Despotismus eines lokalen und einseitigen Geschmacks als vor der Anarchie eines verwilderten (vor Barbarei) sichergestellt werden. Ideale besitzt sie zum Teil schon in den unsterblichen Mustern, die der griechische und der ihm verwandte Genius einiger Neueren gebar und die, ewig unerreicht, jeden Wechsel des Modegeschmacks überdauern werden. Aber ein Gesetzbuch ist es, woran es ihr bisher gemangelt hat, und dieses ihr zu verschaffen, eins der schwersten Probleme, welche die philosophierende Vernunft sich aufgeben kann – denn was kann schwerer sein, als die Wirkungen des Genies unter Prinzipien zu bringen und die Freiheit mit Notwendigkeit zu vereinigen.

Werde ich mir nun nicht zu viel schmeicheln, durchlauchtigster Prinz, wenn ich hoffe, Sie überzeugt zu haben, daß eine Philosophie des Schönen von dem Bedürfnis des Zeitalters nicht so entlegen sei, als es scheinen möchte, und daß dieser Gegenstand selbst die Aufmerksamkeit des politischen Philosophen verdiene, weil jede gründliche Staatsverbesserung mit Veredlung des Charakters beginnen, dieser aber an dem Schönen und Erhabenen sich aufrichten muß? Aber vielleicht hat meine Vorliebe für schöne Wissenschaft und Kunst mich hingerissen, ihnen Wirkungen zuzutrauen, deren sie nicht fähig sind. Vielleicht hätte ich vor allem andern den Einfluß ästhetischer Kultur auf die sittliche außer Zweifel setzen sollen. Erlauben Sie mir also, gnädigster Prinz, daß ich die Ausführung dieses Beweises dem folgenden Brief aufbehalte, da der gegenwärtige seine Grenzen schon so weit überschritten hat.

Möchte dieser erste Versuch, Materien von dieser ungeschmeidigen Natur in das leichte Gewand eines Briefs einzukleiden, Eure Durchlaucht nicht abgeschreckt haben, sich diese Unterhaltung noch fernerhin von mir gefallen zu lassen! Mir rascheren Schritten kann ich den angefangenen Weg jetzt verfolgen, nachdem ich damit fertig geworden bin, die Karte des Landes aufzunehmen, durch welches Ihre ermunternde Aufmerksamkeit mich begleiten will; und so lange mußte ich diesen ersten Brief zurückhalten. Jetzt bin ich vollkommen frei und werde mich in vollem Maße der gnädigen Erlaubnis bedienen, womit Eure Durchlaucht mich erfreuet haben.

Zugleich unterstehe ich mich, einen gedruckten Aufsatz von verwandtem Inhalte beizulegen, in dem ich einige der Ideen angekündigt und niedergelegt habe, deren nähere Entwicklung mich nunmehr beschäftigen wird.

Baggesen, der gegenwärtig noch hier ist, verschafft mir sehr angenehme Stunden, und die schönsten darunter sind immer diejenigen, wo er uns das Bild eines Prinzen zeichnet, der seinem Herzen der unerschöpflichste Gegenstand ist und der stets einer der teuersten sein und bleiben wird von dem Herzen desjenigen, der sich mit tiefster Devotion und Ehrfurcht nennt

Eurer Hochfürstlichen Durchlaucht
untertänigsten und verbundensten
Friedrich Schiller.

90. An Georg Joachim Göschen.

Jena, 18. Juli 1793

Zu der glücklichen Familienakquisition gratulieren wir beide von Herzen. Ich werde meine liebe Lotte bitten, daß sie sich an dem guten Beispiel Ihrer Jette spiegeln soll, und als Mutter wüßte ich ihr ohnehin kein besseres Muster vorzuhalten.

Hier werden wir Reinhold verlieren, der eine Vokation nach Kiel erhalten hat und sie annimmt. Ich wünschte sehr, daß wir Heydenreich dafür bekämen, aber freilich sind die Besoldungen schlecht und für einen, der seine Karriere ohne das machen kann, gar nicht sehr anlockend.

Lassen Sie mich doch wissen, lieber Freund, ob Huber sich noch in Leipzig aufhält oder seinen Lauf nach der Schweiz genommen hat.

Ich möchte doch wissen, wie es mit ihm und der Forstern steht.

Wenn es Sie nicht inkommodiert, so haben Sie die Güte, mir 3 und ½ Elle sehr feines *französisches* oder feines *englisches* Tuch zu einem Frack nebst guten Knöpfen nach der neuesten Mode auszusuchen oder aussuchen zu lassen. Die Farbe kann auch nach der Mode sein, nur dunkel, und auch nicht blau, weil ich damit reichlich versehen bin. Sie dürfen bis zu einem Karolin für die Elle gehen. Die Knöpfe habe ich lieber flach als gewölbt. Zwei Dutzend müßte ich etwa haben. Wollen Sie dann noch so gut sein und anfragen lassen, wie hoch etwa eine Wildschur oder auch ein ordinärer Pelz, der nicht ganz so gut ist als der, den Sie mir schickten, kommen kann. Ich möchte ihn gern jemand in Schwaben zum Präsent mitbringen.

Verzeihen Sie mir, daß ich Sie mit Aufträgen beschwere, lieber Freund, und leben Sie recht wohl.

Der Ihrige

Sch.

91. An Christian Gottfried Körner.

Heilbronn, 27. August 1793

Ich schreibe Dir sehr spät, lieber Körner, weil die Ermüdung von der Reise, übles Befinden und Zerstreuungen mich seither gar nicht zum Schreiben kommen ließen. Wir sind am 8. des Monats nach einer zwar beschwerlichen, aber von allen üblen Zufällen freien Reise glücklich hier angelangt. Meine Frau hat die Strapazen sehr gut ausgehalten und befindet sich sehr wohl. Mit mir ist es immer das alte. Die Meinigen fand ich wohlauf und, wie Du denken kannst, sehr vergnügt über unsere Wiedervereinigung. Mein Vater ist in seinem 70. Jahre das Bild eines gesunden Alters, und wer sein Alter nicht weiß, wird ihm nicht 60 Jahre geben. Er ist in ewiger Tätigkeit, und diese ist es, was ihn gesund und jugendlich erhält. Meine Mutter ist auch von ihren Zufällen frei geblieben und wird wahrscheinlich ein hohes Alter erreichen. Meine jüngste Schwester ist ein hübsches Mädchen geworden und zeigt viel Talent. Die zweite Schwester versteht die Wirtschaft sehr gut und führt jetzt in Heilbronn meine Ökonomie.

Es ist hier teurer zu leben als in Jena. Lebensmittel, Wohnung, Holz sind kostbare Artikel. Der hohe Preis der ersten aus den Gasthöfen nötigte mich, sogleich auf eine eigene Menage zu denken, und die Erfodernisse dazu haben mich freilich etwas Beträchtliches gekostet. Aber demohngeachtet ist der Unterschied so beträchtlich, daß die ganze Auslage einer wirtschaftlichen Einrichtung mit demjenigen bezahlt sein wird, was ich durch eine eigene Ökonomie in 3 Monaten ersparen kann.

Ich war in Ludwigsburg und auf der Solitüde, ohne bei dem Schwabenkönig anzufragen. Dieser hat übrigens meinem Vater doch auf sein Ansuchen erlaubt, mich etlichemal in Heilbronn zu besuchen. Stuttgart habe ich noch nicht besucht und auch noch wenige meiner alten akademischen Bekannten gesehen. In Gmelin fand ich einen sehr fidelen Patron und einen verständig[en] Arzt. Für den Magnetismus ist er noch sehr eingenommen, übt ihn aber selten oder gar nicht mehr aus. Soviel ich aus den wenigen Gesprächen urteilen kann, in die ich mich mit ihm über diese Materie einließ, so wird mein Glaube daran eher ab- als zunehmen. Gmelin ist zum wenigsten der Mann *nicht,* der über Selbsttäuschung hinweg wäre, und in seinen Anpreisungen des Magnetism ist mir zu viel Neigung fürs Wunderbare. Hier in Heilbronn zweifeln viele sehr vernünftige Leute, die noch dazu Gmelins Freunde sind. Aber ich will und kann noch nicht von dieser Materie urteilen.

Hier habe ich noch nicht viele Bekanntschaften, weil ich mich meistens zu Hause hielt. Die Menschen sind hier freier, als in einer Reichsstadt zu erwarten war, aber wissenschaftliches oder Kunstinteresse findet sich blutwenig. Einige literarische Nahrung verschafft mir eine kleine Lesebibliothek und eine schwach vegetierende Buchhandlung. Der Neckarwein schmeckt mir desto besser, und das ist etwas, was ich auch *Dir* gönnen möchte. So enorm teuer dieses Jahr alles, und besonders der Wein ist, so trinke ich doch für dasselbe Geld noch einmal soviel Wein als in Thüringen, und zwar vortrefflich. Meine Frau grüßt Dich, Minna und Dorchen herzlich und wird bald schreiben. Lebt alle glücklich und vergnügt und denkt unserer mit Liebe.

Dein

S.

Deinen Brief habe ich von Jena erhalten. Eine besondere Adresse an mich ist nicht nötig.

92. An Charlotte von Kalb.

Ludwigsburg, 1. Oktober 1793

Die vielen Zerstreuungen, in denen ich bisher gelebt habe und wozu noch die gewohnten Anfälle meines alten Übels kamen, haben mich verhindert, Ihnen früher zu schreiben. Das Wiedersehen der Meinigen und so vieler Jugendfreunde, die, wenn auch sonst nichts anders, die lebhafte Erinnerung an die Vergangenheit einem teuer macht, hat mich in diesen 2 Monaten sehr angenehm beschäftigt, und vor 14 Tagen hat die Niederkunft meiner Frau mit einem gesunden und muntern Sohn meiner Freude die Krone aufgesetzt. Mutter und Kind befinden sich beide sehr wohl, und ich bin wenigstens so glücklich, jetzt der einzige Kranke in meinem Hause zu sein.

Die Schwierigkeit, gut und angenehm zu wohnen (worauf ich jetzt, da ich fast immer zu Hause leben muß, am meisten zu sehen habe), hat mich veranlaßt, Heilbronn zu verlassen und Ludwigsburg zu meinem Wohnort zu machen, wo ich sehr gut logiert und meinen Verwandten und Freunden ungleich näher bin. Ich finde aus ebendem Grunde hier auch weit mehr Unterhaltung als in Heilbronn und verspreche mir einen leichten und erträglichen Winter.

Ich bin während dieser Zeit in der bewußten Sache nicht ganz untätig gewesen und wünsche nur, daß ich sagen könnte: mit besserm Erfolg als das vorige Mal. Einen jungen Mann habe ich ausgefunden, der eben jetzt seine theologischen Studien in Tübingen vollendet hat und dessen Kenntnissen in Sprachen und den zum Hofmeister erforderlichen Fächern alle, die ich darüber befragt habe, ein gutes Zeugnis erteilen. Er versteht und spricht auch das Französische und ist (ich weiß nicht, ob ich dies zu seiner Empfehlung oder zu seinem Nachteile anführe) nicht ohne poetisches Talent, wovon Sie in dem Schwäbischen Musenalmanach vom Jahr 1794 Proben finden werden. Er heißt Hölderlin und ist Magister der Philosophie. Ich habe ihn persönlich kennen lernen und glaube, daß Ihnen sein

Äußeres sehr wohl gefallen wird. Auch zeigt er vielen Anstand und Artigkeit. Seinen Sitten gibt man ein gutes Zeugnis; doch völlig gesetzt scheint er noch nicht, und viele *Gründlichkeit* erwarte ich weder von seinem Wissen noch von seinem Betragen. Ich könnte ihm vielleicht hierin Unrecht tun, weil ich dieses Urteil bloß auf die Bekanntschaft einer halben Stunde und eigentlich bloß auf seinen Anblick und Vortrag gründe; ich will ihn aber lieber härter als nachsichtiger beurteilen, daß, wenn Ihre Erwartung ja getäuscht werden sollte, dies zu seinem Vorteil geschehe.

Mit den Bedingungen, die Sie ihm anbieten werden, ist er vollkommen zufrieden, und die liberale Behandlung, ...

93. An Prinz Friedrich Christian von Augustenburg.

Ludwigsburg, 11. November 1793

Durchlauchtigster Prinz!

In dem Zeitraum, der zwischen Absendung dieses und des vorhergehenden Briefes verflossen ist, habe ich mein Vaterland nach einer vieljährigen Verbannung aus demselben wiedergesehen, ich bin Vater eines Sohnes geworden und habe neue langwierige Anfälle meiner alten Krankheit ausgestanden. Dieser Zusammenfluß fröhlicher Zerstreuungen und trauriger Zufälle verzögerte die Vollendung und Absendung des Einschlusses, und ich verliere jetzt keinen Augenblick, den abgerissenen Faden wieder anzuknüpfen. Wie aufmunternd war mir die Versicherung Eurer Durchlaucht, daß dieser Briefwechsel Ihnen einige Unterhaltung verschafft und daß Sie einen raschen Gang desselben nicht ungern sehen. Auch hoffe ich Ihnen durch die Folge zu beweisen, daß es nicht meine, sondern meines Schicksals Schuld ist, wenn ich bisher hinter Ihren Erwartungen und meinen eigenen Wünschen zurückgeblieben bin.

Aber eine Verbindlichkeit auf meiner Seite darf auf der Ihrigen, vortrefflichster Prinz, durchaus keine nach sich ziehen. Jeder Federzug von Ihrer Hand, womit Sie meine Briefe zu beantworten würdigen, wird mir ein kostbares Geschenk sein; aber es zu erwarten werde ich mir nie erlauben. Es ist nichts, was ich gegen Menschen, die ich hochschätze und liebe, weniger verletzen möchte als ihre Freiheit. Eine sehr schmeichelhafte Stelle Ihres Briefes, worin Eure Durchlaucht sich herablassen, mir einen Grund Ihrer verzögerten Antwort anzugeben, veranlaßt mich zu dieser Erklärung.

Baggesen hat mir Eure Durchlaucht geradeso geschildert, wie Graff in Dresden und jeder gute Bildnismaler porträtiert. Er hat Ihnen keine fremde Züge geliehen, und dies allein nenne ich ein Gemälde schmeicheln; er hat bloß die Ihrigen idealisiert und der Zeichnung, die er mir von Ihnen machte, durch den Ausdruck seiner Empfindungen ein erhöheteres Kolorit gegeben. Einen Charakter verschönern und einen Charakter idealisieren sind mir aber zwei ganz verschiedene Dinge. Dieses letzte kann nur der vortreffliche Künstler; jenes ist der gewöhnliche Behelf des mittelmäßigen. Jeder individuelle Menschencharakter ist wieder seine eigene Gattung, und die augenblicklichen Erscheinungsweisen sind nur verschiedene Arten dieser Gattung. Diese augenblicklichen Erscheinungsweisen sind zum Teil zufällig, weil äußere, vorübergehende Umstände darauf Einfluß haben, und weil sie nicht vom Charakter allein ausgehen, so können sie auch kein treues Bild desselben sein. Um dieses treue Bild zu erhalten, muß man das Innere und Bleibende, was ihnen zum Grund liegt, von dem Zufälligen abzusondern wissen, man muß die Gattung oder das Generische dieser Individualität aufsuchen, und das nenne ich ein Porträt idealisieren. Die Eigentümlichkeit eines Charakters verliert bei dieser Operation nicht nur gar nichts, sondern sie kann nur auf diesem einzigen Wege gefunden werden; denn weil man nur das Zufällige und was von außen kommt davon abgezogen hat, so muß das Innere und Bleibende desto reiner zurückbleiben. Freilich wird ein auf diese Art entworfenes Bild dem Original in keinem einzigen Momente vollkommen gleichen, aber es wird ihm im ganzen desto treuer sein.

Ein solches Bild hat mir Baggesen, vielleicht ohne es zu wissen oder zu wollen, von Eurer Durchlaucht entworfen, und die treffende Übereinstimmung dieses Bilds mit allem dem, worin Ihr Geist und Herz sich mir offenbaren konnte, verbürgt mir die Echtheit seiner Schilderung. Erlauben Sie mir also, mein hochachtungswürdigster Prinz, daß ich Ihnen die Gerechtigkeit erzeige, die Sie selbst sich zu versagen scheinen.

Ich habe mich in einigen Stellen meines vorigen Briefes etwas unbestimmt ausgedrückt, und Eure Durchlaucht geben mir durch Ihre geistreiche Bemerkung Gelegenheit, meinen Fehler zu verbessern. Ich habe das Bedürfnis unserer Zeit auf die praktische Ausbildung eingeschränkt und der theoretischen Kultur des Jahrhunderts ein günstigeres Zeugnis gegeben, als sie Ihnen, gnädigster Prinz, bis jetzt zu verdienen scheint. Vielleicht kann ich durch eine bestimmtere Erklärung Ihren Zweifel auflösen.

Es ist vollkommen wahr, wie Eure Durchlaucht behaupten, daß der größere Teil des Übels, welches wir dem laufenden Jahrhundert zum Vorwurf machen, in nicht genug berichtigten Begriffen und Vorurteilen seinen Grund hat und von einer Verfinsterung der Köpfe zeugt, die dem Zeitalter der Aufklärung sehr wenig Ehre bringt. Mangel an theoretischer Kultur ist daher allerdings eine der nächsten Ursachen der Verwilderung, an der unsre Zeitgenossen krank liegen – eine der nächsten Ursachen, aber die letzte nicht. Denn ich frage wieder: Woher dieser Mangel theoretischer Kultur bei allen Riesenschritten der Philosophie, bei allem Licht, das eine gründlichere Kenntnis der Natur, ein tieferes Studium des Menschen und seiner Verhältnisse aufsteckte, bei allen Bemühungen denkender Köpfe, diese Kenntnisse zu verbreiten und allgemein zu machen? Das Magazin ist gefüllt und aller Welt geöffnet, aus dem der gemeinste Menschenverstand Licht und Wahrheit schöpfen kann – warum sind derer so wenige, welche daraus schöpfen? Das Zeitalter ist aufgeklärt, damit will ich sagen, die Kenntnisse sind wirklich gefunden und ausgestellt, welche unsre Begriffe berichtigen könnten. Eine gesündere Philosophie hat die Wahnbegriffe unterwühlt, worauf der Aberglaube seinen Schattenthron erbaut – warum steht dieser Thron noch jetzt? Eine bessere Moral hat unsre Politik, unsre Legislation, unser Staatsrecht gemustert und das Barbarische in unsern Gewohnheiten, das Mangelhafte in unsern Gesetzen, das Ungereimte in unsern Konvenienzen und Sitten aufgedeckt – woran liegt es, daß wir nichtsdestoweniger noch Barbaren sind?

Es muß also in den Gemütern der Menschen etwas vorhanden sein, was der Aufnahme der Wahrheit, auch wenn sie noch so hell strahlte, im Wege steht und was sie hindert, sich in den Besitz des Bessern zu setzen, das ihnen zur Schau getragen wird. Die Alten haben es geahndet, und es liegt in dem vielbedeutenden Ausdruck versteckt: Sapere aude.

Ermanne dich, weise zu sein. Kraft und Energie des Entschlusses gehört also dazu, die Hindernisse zu besiegen, welche teils die natürliche Trägheit des Geistes, teils die Feigheit des Herzens der Aufnahme der Wahrheit entgegensetzen. Nicht umsonst wird uns die Weisheitsgöttin in der Fabel als eine Kriegerin vorgestellt, die in voller Rüstung aus Jupiters Haupte stieg. Denn schon die erste Verrichtung der Weisheit in den Köpfen ist kriegerisch. Schon in ihrer Geburt muß sie den schweren Kampf mit der Sinnlichkeit bestehen, die sich unter fremder Vormundschaft viel zu wohl befindet, als daß sie die Epoche der Mündigkeit nicht so weit als möglich zurücksetzen sollte.

Der zahlreichere Teil der Menschen wird durch den harten Kampf mit dem physischen Bedürfnis viel zu sehr ermüdet und abgespannt, als daß er sich zu einem neuen und innern Kampf mit Wahnbegriffen und Vorurteilen aufraffen sollte. Das ganze Maß seiner Kraft erschöpft die Sorge für das Notwendige, und hat er dieses mühsam errungen, so ist Ruhe und nicht neue Geistesarbeit sein Bedürfnis. Zufrieden, daß er selbst nur nicht denken darf, läßt er andre gern über seine Begriffe die Vormundschaft führen und erspart sich durch eine blinde Resignation in fremde Weisheit die saure Notwendigkeit der eigenen Prüfung. Geschieht es, daß in seinem Kopf und Herzen sich höhere Bedürfnisse regen, so ergreift er mit hungrigem Glauben die Formeln, welche der Staat und das Priestertum für diesen Fall in Bereitschaft halten und womit es ihnen von jeher gelungen ist, das erwachte Freiheitsgefühl ihrer Mündel abzufinden.

Man wird daher immer finden, daß die gedrücktesten Völker auch die borniertesten sind; daher muß man das Aufklärungswerk bei einer Nation mit Verbesserung ihres physischen Zustandes beginnen. Erst muß der Geist vom Joch der Notwendigkeit losgespannt werden, ehe man ihn zur Vernunftfreiheit führen kann. Und auch nur in diesem Sinn hat man recht, die Sorge für das physische Wohl der Bürger als die erste Pflicht des Staats zu betrachten. Wäre das physische Wohl nicht die Bedingung, unter welcher allein der Mensch zur Mündigkeit seines Geistes erwachen kann, um seiner selbst willen würde es bei weitem nicht so viel Aufmerksamkeit und Achtung verdienen. Der Mensch ist noch sehr wenig, wenn er warm wohnt und sich satt gegessen hat, aber er muß warm wohnen und satt zu essen haben, wenn sich die bessere Natur in ihm regen soll.

Diese unglückliche Menschenklasse, welche ihre besten Kräfte im Ringen mit der physischen Not verzehrt, verdient indessen mehr unser Mitleid als unsre Verachtung, wenn sie nicht zum Licht der Vernunft erwacht. Aber diese Entschuldigung kommt denjenigen nicht zustatten, welche ein besseres Los vom Joch der Notwendigkeit entbindet, aber ihre eigene Wahl und Neigung zu Sklaven der Sinne macht. Was jenen der Zwang ihrer Lage verbietet, davon schreckt diese eine strafbare Weichlichkeit ab. Man muß sich *ermannen* zur Weisheit, und das mögen sie nicht. Der Entschluß zur Aufklärung ist ein Wagestück, welches Losreißung aus dem Schoße der Trägheit, Anspannung aller Geisteskräfte, Verleugnung vieler Vorteile und eine Beharrlichkeit des Muts erfordert, die dem verzärtelten Sohn der Lust viel zu schwer wird. Sie ziehen den Dämmerschein dunkler Begriffe, wobei man lebhaft empfindet und die freiere Phantasie sich nach eigenem Belieben bequeme Gestalten bildet, dem Tageslicht deutlicher Erkenntnisse vor, die das beliebte Blendwerk ihrer Träume verjagen. Das Unbestimmte ist ihnen gerade recht, weil sie dadurch überhoben werden, sich nach den Dingen zu richten, und sich einbilden können, der Natur das Gesetz vorzuschreiben. Sie fliehen die Aufklärung nicht bloß um der Mühe willen, womit sie erworben werden muß; sie fürchten sie ebensosehr um der Resultate willen, zu denen sie führt. Sie sind bange, die Lieblingsideen aufgeben zu müssen, denen nur die Dunkelheit günstig ist, und mit ihren Wahnbegriffen zugleich die Grundsäulen einstürzen zu sehen, die das morsche Gebäude ihrer Glückseligkeit tragen. Wie viele Menschen gibt es, deren ganzes Lebensglück auf einem Vorurteil ruhet, das bei dem ersten ernsthaften Angriff des Verstandes zusammenfallen muß! Wie viele gibt es, die ihren ganzen Wert in der Gesellschaft auf ihren Reichtum, auf ihre Ahnen, auf körperliche Vorzüge gründen! Wieviel andere, die mit zusammengerafften Gedächtnisschätzen, mit einem unschmackhaften Witze, mit einer Scheingröße des Talents prunken und im Wahn einer Wichtigkeit glücklich sind, die keine Probe aushalten würde. Alle diese Menschen müßten die Aufklärung mit dem harten Opfer ihres besten Reichtums erkaufen, sie müßten damit anfangen, alles zu verlieren, worauf sie stolz gewesen sind, ehe sie die Vorteile der bessern Erkenntnis schmeckten. Um aber einen dem ersten Anscheine nach so mißlichen Tausch zu treffen, müssen sie eine Verleugnungsgabe, eine Stärke des Geistes, eine Energie des Entschlusses besitzen, die man aus den Armen der Üppigkeit selten mitzubringen pflegt. Sie müßten sich Herz fassen zur Weisheit, weil es in der Tat Herzhaftigkeit erfordert, seine gegenwärtigen Besitzungen für Güter der Erwartung aufzugeben.

Diese Männlichkeit des Geistes ist der Gegenstand *praktischer* Kultur, und insofern also Energie des Entschlusses nötig ist, um aus dem Zustand verworrener Begriffe zu deutlichen Erkenntnissen überzugehen, muß der Weg zu der theoretischen Kultur durch die praktische geöffnet werden. Aus diesem Grunde, gnädigster Prinz, hielt ich mich für berechtigt, die letztere für das *dringendere* Bedürfnis unserer Zeit zu erklären, weil alle Erfahrungen mich überzeugen, daß nicht sowohl objektive Hindernisse (Unzulänglichkeit der Wissenschaft) als vielmehr subjektive Hindernisse (Fehler des Willens) sich der Aufklärung entgegensetzen und daß es bloß an der Schlaffheit des Geistes liegt, wenn wir jetzt noch das Joch der Vorurteile tragen.

Indem ich behaupte, daß die Kultur des Geschmacks diesem Übel abhelfe und das wirksamste Mittel sei, die Gebrechen des Zeitalters zu verbessern, so bin ich weit entfernt, sie für das einzige zu halten und den großen Anteil zu übersehen, den eine gründliche Forschung der Natur und eine pragmatische Philosophie an der Bildung des Menschengeschlechts haben. Nur, ist meine Meinung, werden sich Philosophie und Erfahrung so lange umsonst vereinigen, den Menschen über das Wesen der Dinge und über seine Pflichten aufzuklären, als die subjektiven Hindernisse nicht hinweggeräumt worden, welche seinen Sinn vor der Kenntnis der Wahrheit verschließen und, wenn diese auch wirklich den Zugang zu ihm gefunden, ihm das Vermögen rauben, sich seiner bessern Einsicht gemäß zu betragen. Diese schlimme Disposition zu verbessern, ist meiner Meinung nach das Werk der ästhetischen Kultur, welche also der wissenschaftlichen beständig zur Seite gehen muß. Der Geschmack allein vermehrt unser Wissen nicht, berichtigt unsre Begriffe nicht, lehrt uns nichts über die Objekte. Die Wissenschaft allein reicht ebensowenig hin, unsre Grundsätze nach unserm bessern Wissen umzuformen und unsre Kenntnisse zu praktischen Maximen zu erheben. Sie gibt uns nur die Materialien zur Weisheit; jener hingegen gewinnt unser Herz dafür und verwandelt sie in unser Eigentum.

Nach dieser vorläufigen Erklärung, gnädigster Prinz, glaube ich Sie auf die Fortsetzung der angefangenen Betrachtungen verweisen zu dürfen, welche in dem Einschluß enthalten ist. Nichts kann zugleich schmeichelhafter und belehrender für mich sein als Ihre Zweifel; sie überzeugen mich, daß Sie meine Ideen eines prüfenden Auges würdigen, und verschaffen mir Gelegenheit, das Mangelhafte derselben zu ergänzen.

Mit den lebhaftesten Empfindungen der Ehrfurcht, Dankbarkeit und Liebe ersterbe ich

Eurer Hochfürstlichen Durchlaucht verpflichtetster

F. Schiller.

[Einschluß.]

Durchlauchtigster Prinz!

In meinem vorigen Briefe habe ich die beiden Extreme, Verwilderung und Erschlaffung, als die herrschenden Gebrechen des gegenwärtigen Zeitalters angegeben und die Kultur des Geschmacks als das wirksamste Mittel vorgestellt, diesem doppelten Übel zu begegnen. *Wie* ein kultivierter Geschmack diese Wirkung leisten kann, das ist es, gnädigster Prinz, wovon der gegenwärtige Brief Sie unterhalten wird; und ich beantworte diese Frage um so lieber, weil sie mir Gelegenheit gibt, ein Mißverständnis zu berichtigen, das nicht selten auch das Urteil philosophischer Köpfe über diesen Gegenstand irreleitet.

Es ist schon so oft wiederholt worden, daß ein verfeinertes Gefühl des Schönen Charakter und Sitten veredle, daß es vielleicht überflüssig scheint, diese Materie einer neuen Untersuchung zu unterwerfen. Man beruft sich auf das Beispiel der gesittetsten aller Nationen des Altertums, die der Schönheit bekanntlich auch am meisten gehuldigt hat, und auf das entgegengesetzte Beispiel jener barbarischen Völker alter und neuer Zeit, die ihre Vernachlässigung des Geschmacks durch eine traurige Verwilderung büßen. Aber sosehr auch diese Erfahrungen zum Vorteil der schönen Künste zu sprechen scheinen, so fällt es dennoch zuweilen denkenden Köpfen ein, entweder das Faktum zu leugnen oder die Rechtmäßigkeit der Schlußfolge anzugreifen. Sie denken nicht ganz so schlimm von jener Verwilderung, die man den ungebildeten Völkern zum Vorwurf macht, und nicht ganz so günstig von jener Verfeinerung, die man an den gebildeten preiset. Ja, sie gehen so weit, zu behaupten, daß der Gewinn das Opfer nicht wert sei. Schon im Altertum gab es Männer, die die schöne Kultur für nichts weniger als eine Wohltat hielten und deswegen sehr geneigt waren, den Künsten des Geschmacks den Eintritt in ihre Republik zu verweigern.

Und in der Tat wird man kaum einen einzigen Fall in der Geschichte aufweisen können, wo ästhetische Kultur mit bürgerlicher Tugend und politischer Freiheit Hand in Hand gegangen wäre. Solange Griechenland seine Unabhängigkeit behauptete und unter seinen Bürgern Miltiade, Aristiden und Epaminondasse zählte, waren Geschmack und Kunst noch in ihrer Kindheit; als unter Perikles und Alexandern das goldene Alter der Künste erschien, war es vorbei mit Griechenlands Tugend und Freiheit. Die Römer, wissen wir, mußten sich erst unter das Joch der Julischen Familie beugen, ehe sie die griechische Kunst adoptierten und den sanften Einfluß der Grazien und Musen empfanden. Auch den Arabern ging die Morgenröte der Kultur nicht eher auf, als bis die Energie ihres kriegerischen Geistes unter der unumschränkten Herrschaft der Abbasiden erschlafft war. In dem neueren Italien erschien bekanntlich die schöne Kunst nicht eher, als nachdem der republikanische Geist unterdrückt war und der herrliche Lombardische Bund sich aufgelöst hatte. Ich darf Eure Durchlaucht nicht erst an das Beispiel Frankreichs erinnern, das die Epoche seiner Verfeinerung von der Epoche seiner völligen Unterjochung datiert und in der Person seines vierzehnten Ludwigs zugleich den Wiederhersteller des Geschmacks verehrt und den furchtbarsten Unterdrükker seiner Freiheit verabscheut. Wo wir nur hinsehen in der Geschichte, finden wir, daß Geschmack und Freiheit einander fliehen und die Kunst nur auf dem Grabe des Heroismus sich ihren Thron aufrichtet.

Und doch ist gerade diese Energie des Charakters, womit gewöhnlich die ästhetische Verfeinerung erkauft wird, die wirksamste Feder alles Großen und Trefflichen im Menschen, die kein anderer noch so großer Vorzug ersetzen kann. Wenn es also wirklich an dem wäre, daß die Kultur des Geschmacks notwendig damit erkauft werden müßte, so hätte man in der Tat großes Unrecht, die ästhetische Kultur als das Werkzeug zu betrachten, wodurch die sittliche befördert wird. Auf diesen erschlaffenden Einfluß des Schönen berufen sich gewöhnlich auch die Verächter desselben, um die Künste des Geschmacks als die schlimmsten Feinde der Menschheit zu verschreien, und diese Beschuldigung wird nur allzuoft durch den Geist der Frivolität, Oberflächlichkeit, Willkürlichkeit und Spielerei gerechtfertigt, der die Liebhaber des Schönen sowohl im Denken als Handeln zu charakterisieren pflegt. Die schöne Welt im Gegenteil setzt den wohltätigen Einfluß der Schönheitsgefühle vorzugsweise in diese ihre schmelzende Kraft

(scilicet ingenium placida mollitur ab arte

und an einem andern Ort:

– didicisse fideliter artes
emollit mores nec sinit esse feros),

und zum Beweis davon läßt sie uns den barbarischen Geschmack und die Rohigkeit bemerken, wodurch sich die Grazien an ihren Feinden zu rächen pflegen. Vielleicht haben beide Teile nicht so ganz unrecht, und es ist der Mühe nicht unwert, den Grund eines Streits aufzudecken, der zwei gleich achtungswürdige Parteien, die gelehrte und die schöne Welt, schon so lange verhindert hat, einander Gerechtigkeit widerfahren zu lassen.

Der Grund dieses Widerspruchs liegt augenscheinlich in der gemischten Natur des Menschen und in dem doppelten Bedürfnis, das daraus herfließt. Beide Parteien streiten bloß deswegen, weil jede ein anderes Bedürfnis der Menschheit vor Augen hat, und sie haben bloß darin unrecht, daß jede ausschließend nur auf ein einziges Bedürfnis achtet. Der ganze Widerspruch löst sich auf, sobald wir seine Quelle entdeckt haben werden.

Der Mensch als sinnliches Wesen wird durch Triebe geleitet, die ohne Aufhören geschäftig sind, seine rationale Freiheit zu unterdrücken, d. i. ihn des Vermögens zu berauben, sich nach Grundsätzen zu bestimmen. Diese blinde Macht der Natur in ihm, diese bloß sinnliche Energie darf nicht nur, sondern muß gebrochen werden, und eine Erschlaffung in diesem Sinn ist ein notwendiger großer Schritt zur Kultur. Der erschlaffende Einfluß des Schönen ist also unstreitig eine Wohltat, insofern er sich nur an der Sinnlichkeit äußert; und die Verfechter des Schönen haben vollkommen recht, solange sie nur den rohen Naturmenschen oder die rohe Natur in dem kultivierten vor Augen haben.

Aber diese Erschlaffung der Sinnlichkeit, welche das Schöne bewirken soll und die Würde des Menschen erheischt, darf nicht von sinnlichem Kraftmangel und Erschöpfung herrühren, sondern die Selbsttätigkeit des Geistes muß ihre Quelle sein, und die Freiheit der Vernunft muß der Macht der Naturtriebe Grenzen setzen. Diese Schmelzung und Erschlaffung, welche der Dichter meint, ist keine Wirkung der Schwäche, welche nur Verachtung verdiente; sie ist die Wirkung einer höhern und geistigen Tätigkeit, sie ist eine Handlung des Geistes. Nur an den Geist darf der Sinn verlieren.

Die erschlaffende Wirkung des Schönen hört also auf, wohltätig zu sein, und wird verderblich, sobald sie sich an der Geistigkeit äußert, und die Verächter desselben haben also vollkommen recht, ihm aus dieser Eigenschaft einen Vorwurf zu machen, sobald sie dieselbe auf den rationalen Menschen anwenden.

Der sinnliche Mensch kann nicht genug aufgelöst, der rationale nicht genug abgespannt werden, und alles, was zur Kultur der Menschlichkeit getan werden kann, läuft auf diese Regel hinaus: die sinnliche Energie durch die geistige zu beschränken.

Wenn also die ästhetische Bildung diesem doppelten Bedürfnis begegnet, wenn sie auf der einen Seite die rohe Gewalt der Natur entwaffnet und die Tierheit erschlafft, wenn sie auf der andern die selbsttätige Vernunftkraft weckt und den Geist wehrhaft macht, so (und auch nur so) ist sie geschickt, ein Werkzeug zur sittlichen Bildung abzugeben. Diese doppelte Wirkung ist es, die ich von der schönen Kultur unnachlaßlich fodre und wozu sie auch im Schönen und Erhabenen die nötigen Werkzeuge findet.

Vermittelst des Schönen arbeitet sie der Verwilderung, vermittelst des Erhabenen der Erschlaffung entgegen, und nur das genaueste Gleichgewicht beider Empfindungsarten vollendet den Geschmack. Die bloße Empfänglichkeit für das Erhabene reicht bei weitem nicht hin, den Menschen aus dem Stand der Wildheit zu reißen, und ebensowenig kann eine einseitige Richtung des Geschmacks zu dem Schönen ihn vor Weichlichkeit schützen. Vielmehr lehrt die Erfahrung, daß die erhabene Anspannung des Gemüts, wo keine Schönheitsgefühle sie mildern, eine gewisse Härte, ja oft sogar Rohheit begünstigt und daß im Gegenteil die Hinschmelzung des Gefühls bei dem Schönen, wo das Erhabene nicht entgegenarbeitet, zuletzt in Entnervung ausartet. Denn eben weil die Wirkung des Erhabenen ist, das Gemüt zu spannen und seine Schnellkraft zu vermehren, so geschieht es nur allzu leicht, daß mit dem Charakter auch die Affekte erstarken und die sinnliche Natur an einem Kraftgewinne teilnimmt, der nur der geistigen gelten sollte; daher findet man in den heroischen Weltaltern die erhabensten Tugenden oft mit den rohesten Lastern gepaart. Und weil die Wirkung des Schönen ist, das Gemüt aufzulösen, so geschieht es ebenso leicht, daß mit der rohen Energie der Affekte auch zuletzt der Charakter schmilzt und die geistige Natur an einer Abspannung teilnimmt, die nur der sinnlichen gelten sollte; daher findet man in den verfeinerten Weltaltern das zarteste Gefühl für Harmonie, Schönheit und Ordnung nicht selten mit der schändlichsten Entwürdigung des Charakters gepaart.

Für den Menschen aus der Hand der Natur ist also nicht sowohl das Erhabene als das Schöne Bedürfnis; denn von Größe und Kraft ist er längst gerührt, ehe er für die Reize der Schönheit anfängt empfindlich zu werden. Für den Menschen aus der Hand der Kunst ist hingegen das Erhabene Bedürfnis, denn nur allzugerne verscherzt er im Stand der Verfeinerung eine Kraft, die er aus dem Stand der Wildheit herüberbrachte.

Durch diese Unterscheidung, gnädigster Prinz, die mir auf Vernunft und Erfahrung gegründet scheint, wird, wie ich glaube, die Mißhelligkeit gehoben, die man in den Urteilen der Menschen über den Wert der ästhetischen Kultur und ihren Zusammenhang mit der sittlichen antrifft, und zugleich wird dadurch der Gesichtspunkt eröffnet, aus welchem das Verhältnis des Geschmacks und der Künste zu der Menschheit im ganzen gewürdigt werden muß. Ich habe also die doppelte Behauptung zu rechtfertigen: erstlich, daß es das Schöne sei, was den rohen Sohn der Natur verfeinert und den bloß sensualen Menschen zu einem rationalen erziehen hilft; zweitens, daß es das Erhabene sei, was die Nachteile der schönen Erziehung verbessert, dem verfeinerten Kunstmenschen Federkraft erteilt und mit den Vorzügen der Verfeinerung die Tugenden der Wildheit vereinbart.

Wenn Eure Durchlaucht mich jetzt eine Zeitlang vielleicht zu dogmatisch finden, so vergeben Sie es für diesmal dem Inhalt, der nicht wohl eine freiere Behandlung zuläßt, ohne an Bündigkeit, worauf es hier vorzüglich ankommt, zu verlieren. Vielleicht gelingt es mir, die schwerfälligere Form durch das Interesse des Stoffs wieder gut zu machen und Ihren reinen Wahrheitssinn desto eher zu befriedigen, je weniger ich Ihre Einbildungskraft zu bestechen suche.

Die Schönheit, habe ich gesagt, hilft die Anlage zur Rationalität in dem sensualen Menschen entwickeln. Der Mensch nämlich ist seiner doppelten Bestimmung gemäß mit einer doppelten Anlage ausgestattet. Die Natur bestimmt ihn, zu empfinden und unmittelbar aus Empfindung zu handeln. Die Vernunft bestimmt ihn, zu denken und unmittelbar aus reinem Denken zu handeln.

In der Natur (darunter verstehe ich den Kausal- und Finalzusammenhang der Dinge) soll der Mensch sich als eine Kraft beweisen und der Grund gewisser Wirkungen sein. Das ist, überhaupt gesprochen, seine Naturbestimmung. Der Zweck der Natur mit ihm ist also nicht *er* selbst, sondern seine Wirkungen. Seinen Naturzweck erfüllt er vollkommen schon durch den Inhalt oder das Materiale seines Handelns, wie es auch um den Bestimmungsgrund oder das Formale dieses Handelns stehen möge. Weil es für den Zusammenhang der Dinge notwendig ist, *daß* etwas Bestimmtes durch ihn geschehe, *wie* dieses geschehe aber für den Naturzweck vollkommen gleichgültig ist, so hat die Natur ihre Zwecke mit ihm dadurch gesichert, daß sie ihm durch Empfindungen vorschrieb, was er wirken soll, und ihn also seine physische Bestimmung auch bloß physisch und als bloße Naturkraft erfüllen läßt.

Alle Naturkräfte nämlich sind leidende Kräfte; sie wirken bloß, je nachdem auf sie gewirkt wird, und der Mensch ist also da, wo er unmittelbar aus Empfindung handelt und was dieses Handeln betrifft, bloß ein leidendes Glied in der Verkettung der Dinge. Die Natur treibt die Masse durch die Gravitation, das Organ durch die Vegetation, das vernunftlose und vernünftige Tier durch Begehrungskraft und Empfindung.

Dies gilt ohne Unterschied von jeder Tätigkeit des Menschen, die sich auf ein vorhergegangenes Bedürfnis bezieht. Er erfüllt in allen solchen Fällen bloß einen physischen Zweck und erfüllt ihn bloß als eine physische Kraft, wie hyperphysisch auch dasjenige sein möge, was dieses Bedürfnis in ihm entstehen ließ.

Selbst die sogenannten moralischen Empfindungen, welche aus Gedanken entspringen und in dem vernünftigen Teil unsers Wesens gegründet sind, sind davon nicht ausgeschlossen. Als Empfindungen sind sie bloß Affektionen der leidenden Kraft und bloße Mittel der *Natur*, wodurch dieselbe gewisse physische Zwecke, wie z. B. Aufmunterung zur Tätigkeit, gesellschaftliche Verbindungen, gegenseitige Hülfleistung und dergleichen, befördert. Wo wir unmittelbar aus diesen Empfindungen agieren, da handelt eigentlich die Natur und nicht wir als Personen. Und weil die Natur selbst von der Tugend nichts als ihre physischen Folgen braucht, so wird sie gleich gut bedient, wenn diese physischen Folgen auch durch etwas anderes als Tugend herbeigeführt werden. Auch kann die Natur, da ihre Zwecke pressieren, nicht auf unsere moralische Ausbildung warten (weil sie da lange warten müßte!), daher sie den sicherern und kürzeren Weg erwählt und dasjenige selbst, d. i. durch unsere leidende Kraft, verrichtet, was sie von uns, nämlich unsrer tätigen Kraft, nicht mit Sicherheit erwarten kann. Mit andern Worten: Die Natur regiert uns ebenso durch moralische Empfindungen als durch sinnliche Gefühle und hat das Menschengeschlecht schon Jahrtausende dadurch regiert. Sie *kann* es, weil ihr nur an dem Effekt, nicht an dem moralischen Wert unsers Handelns liegt; sie *muß* es, weil sie ihre Zwecke nicht so lange suspendieren kann, bis wir sie aus Grundsatz erfüllen helfen.

Indessen, gnädigster Prinz, möchte ich nicht gerne so verstanden sein, als ob ich von allem demjenigen geringschätzig dächte, was der Mensch nicht aus Grundsatz vollbringt, oder gar die moralische Empfindsamkeit aus dem menschlichen Herzen verbannt wünschte. Von dieser Paradoxie bin ich vielmehr so weit entfernt, daß ich diese schöne Fähigkeit des Gemüts, durch Ideen von Ordnung, Harmonie und Vollkommenheit affiziert zu werden, als eine herrliche Anstalt der Natur bewundre und den Menschen, dem sie mangelt, niemals liebgewinnen kann. Die moralische Empfindsamkeit ist mir die wirksamste Feder in dem großen Uhrwerk der Menschheit; aber – muß ich ausdrücklich hinzusetzen –, aber auch nur außen in dem Uhrwerk, wo die Naturnotwendigkeit waltet, nicht in unserm innern Selbst, wo die Freiheit regiert. Ich kann nicht umhin, den Menschen, der sie besitzt, als ein edleres *Natur*wesen zu betrachten, aber seiner Person kann ich kein Verdienst daraus machen. Um ihn als *Vernunft*wesen hochzuachten, muß ich mich vorher überzeugt haben, daß er ebenso uneigennützig, standhaft und gerecht handeln würde, wenn diese Tugenden auch nicht den Reiz für ihn hätten, den sie wirklich haben, und ihre Ausübung ihm ebensoviel Überwindung kostete, als sie ihm jetzt Vergnügen macht.

Man hat also unrecht, auf die verschiedene Art der Empfindungen, welche bei menschlichen Handlungen im Spiele sind, einen moralischen

Unterschied dieser Handlungen zu gründen. Es ist niemals die ihr zum Grund liegende Empfindungsweise, was eine Handlung als sittlich und nicht sittlich charakterisiert; denn was unmittelbar aus Empfindung geschieht, geschieht schlechterdings und überall physisch und wird durch die Natur vorgeschrieben. Der innere Sinn oder das Vermögen, sich selbst durch Gedanken zu affizieren, spezifiziert den Menschen bloß als eine verständige Tierart und als ein edleres Sinnenwesen; aber nur seine Rationalität oder das Vermögen, nach reinem Denken zu handeln, kann ihn *generisch* von dem Tiere unterscheiden. Es mag also etwas noch so Geistiges sein, was ihn in Empfindung versetzt; sobald er unmittelbar durch diese Empfindung bestimmt wird, so bestimmt er sich bloß als ein verständiges Tier: denn Tier heißt alles, was so handelt, weil es so empfindet.

Ich fahre in meiner Untersuchung fort und bitte nochmals um Ihre Nachsicht, gnädigster Prinz, wegen der dogmatischen Wendung, die sie genommen hat.

So wie die physische Weltordnung bloß das Materiale meines Wirkens beabsichtigt, ohne nach der Form oder dem Bestimmungsgrund desselben zu fragen, so nimmt die moralische Weltordnung bloß auf das letztere Rücksicht und abstrahiert ganz und gar von dem Inhalt meines Handelns, um sich bloß an die Form zu halten. Meine Naturbestimmung war, mich im Zusammenhang der Kräfte als eine Kraft zu beweisen und der Grund gewisser Wirkungen zu sein. Meine Vernunftbestimmung ist, mich als eine unabhängige und absolute Kraft zu beweisen, deren Wirkung auf kein Leiden gegründet, sondern durchaus frei aus ihr selbst hervorgegangen und reine Selbstbestimmung ist.

Hier also, in der moralischen Weltordnung, kommt nicht mein Effekt und mein Produkt, sondern der produzierende Grund in mir, meine Gesinnung, in Betrachtung. Meine Vernunftbestimmung personifiziert mich, da die Natur mich bloß als eine Sache und als ihr Mittel behandelt. Der Naturzweck mit mir geht durch mich hindurch und über mich hinaus; der Zweck der Vernunft mit mir steht bei meiner Persönlichkeit stille und macht mich zu seinem Mittelpunkt.

Da es nun meine Vernunftbestimmung als notwendig mit sich bringt, daß ich mich unabhängig von allen äußern Bedingungen aus mir selbst bestimme, dabei aber für diese meine Bestimmung völlig gleichgültig ist, wie meine Handlung in der Sinnenwelt ausschlage, so kann mir die Natur meine Tätigkeit nicht mehr durch Empfindungen vorschreiben, sondern diese muß unabhängig und frei aus reinen Erkenntnissen fließen.

Nur wo ich aus reiner Erkenntnis handle, beweise ich eine absolut freie Tätigkeit. Um empfinden zu können, muß ich etwas außer mir setzen, wodurch mein Zustand bestimmt wird, ich *bedarf*. Nicht so, wenn ich denke oder erkenne; denn ob ich gleich meine höchste Denkfähigkeit nie anders als an einem Stoff, der zuletzt immer von außen kommen muß, äußern kann, so entspringt sie doch nicht aus dem Stoffe, sondern wird nur an demselben sichtbar. Der Gedanke ist eine Operation, die ich mit einem Gedankenstoff vornehme, die Empfindung ist eine Passion, die ich von einem Stoffe erleide. Bestimmt mich also eine Empfindung zum Handeln, so liegt der Grund meiner Tätigkeit *außer* mir, und ich *empfange* das Gesetz. Bestimmt mich hingegen eine Erkenntnis zum Handeln, so liegt der Grund meiner Tätigkeit *in* mir, und ich *gebe* mir das Gesetz. Die Sensualität ist also ein Zustand der Abhängigkeit, die Rationalität ist ein Zustand der Freiheit.

Und von dieser Dienstbarkeit der Natur soll ich mich aufrichten zur Würde der Geister, zur Menschheit, zur Gottheit. Meine sittliche Bestimmung verlangt schlechterdings, daß ich von aller Empfindung zu abstrahieren vermögend sei, sobald die Vernunft als höchste Gesetzgeberin es gebietet. Aber ich bin weit früher ein Sinnenwesen, als ich mich als eine Intelligenz kennenlerne, und obgleich die Vernunft in mir moralisch das Vorrecht hat, so hat die Natur in mir doch physisch den Vorsprung. Ehe der selbsttätige Geist seine Kräfte prüft, hat der Trieb seine Herrschaft befestigt. Und doch soll ich, sobald die moralische Erkenntnis erwacht, meine lange Gewohnheit verlassen und eine Kraft, die ich nie geübt, derjenigen entgegensetzen, die bisher allein in mir tätig war. Wie werde ich nun von dieser sinnlichen Abhängigkeit zu der moralischen Freiheit einen Übergang finden?

Könnte mir in diesem geistigen Akt auch nur im geringsten die Fertigkeit etwas helfen, die ich bei meinem sinnlichen Wirken erlangte, könnte ich von der Natur einen Beistand dabei erwarten, so wäre der Übergang nicht schwer. Aber eben darin besteht ja die rationale Freiheit des Handelns, daß aller Natureinfluß aufhöre und von allem, was sinnlich ist, ganz und gar abstrahiert werde. Der Materie darf schlechterdings nicht gestattet werden, sich in die reine Gesetzgebung der Vernunft einzumischen, wenn der Begriff einer reinen Gesetzgebung nicht aufgehoben werden soll; also bleibt nichts anders übrig, um einen Übergang möglich zu machen, als daß die Selbsttätigkeit der Vernunft an den Geschäften der Sinnlichkeit teilnehme. Wenn sich das sittliche Verfahren des Gemüts nicht sensualisieren läßt, so muß sich das sinnliche Verfahren rationalisieren lassen. Mit einem Wort: Wenn die Materie zu dem Geist nicht hinaufsteigen kann und darf, so bleibt nichts übrig, als daß der Geist zur Materie heruntersteige.

Es ist nämlich schlechterdings notwendig, daß der Mensch da, wo er sich als Intelligenz zu legitimieren hat, reine Selbsttätigkeit beweise; aber es ist nicht schlechterdings notwendig, daß er da, wo er als Sinnenwesen handelt, nur als ein solches handle und sich bloß leidend verhalte. Im

Gegenteil, sosehr es den Menschen schändet, dasjenige durch die leidende Kraft zu verrichten, was er durch die tätige vollbracht haben sollte, sosehr ehrt und erhebt es ihn, dasjenige mit Zuziehung der tätigen Kraft zu tun, was gemeine Seelen nur durch die leidende verrichten. Meine Achtung gegen einen Menschen sinkt, sobald ich ihn da, wo die Pflicht ganz ausdrücklich spricht, materielle Antriebe (und wenn es selbst Religionsgründe wären) zu Hülfe nehmen sehe. Meine Achtung gegen denjenigen steigt, der da Geschmack beweist, wo ein andrer bloß ein Bedürfnis befriedigt.

Also schon im Gebiet der Empfindungen muß der selbsttätige Geist in uns seine Wirksamkeit eröffnen und eine Kraft, welche sich nachher im moralischen Gebiete in vollkommener Reinigkeit äußern soll, schon bei sinnlichen Verrichtungen *anspielen* und in Übung setzen. Wir können also drei verschiedene Epochen oder Grade, wenn man will, bemerken, die der Mensch zu durchwandern hat, ehe er das ist, wozu Natur und Vernunft ihn bestimmten.

Auf der ersten Stufe ist er nichts als eine leidende Kraft. Er empfindet hier bloß, was die Natur außer ihm ihn empfinden lassen will, und bestimmt sich bloß, je nachdem er empfindet. Er empfindet Lust, weil ihm von außen Stoff gegeben wird, und Unlust bloß, weil ihm nicht gegeben oder weil ihm genommen wird. Entweder stürzt *er* auf die Gegenstände und will sie in sich reißen in der Begierde; oder die Gegenstände stürzen feindlich auf ihn, und er stößt sie von sich in der Verabscheuung. In dieser drückenden Dependenz von Naturbedingungen vegetiert der Mensch, bis auf der zweiten Stufe die Betrachtung ihn frei macht.

Das Wohlgefallen der Betrachtung ist das erste liberale Verhältnis des Menschen gegen die ihn umgebende Natur. Wenn das Bedürfnis seinen Gegenstand unmittelbar ergreift, so rückt die Betrachtung den ihrigen in die Ferne. Die Begierde zerstört ihren Gegenstand, die Betrachtung berührt ihn nicht. Die Naturkräfte, welche vorher drückend und beängstigend auf den Sklaven der Sinnlichkeit eindrangen, weichen bei der freien Kontemplation zurück, und es wird Raum zwischen dem Menschen und den Erscheinungen. Wenn sich der grobe Schwelger am Anblick einer weiblichen Schönheit weidet, so zielt er dabei immer (wenn auch nicht wirklich, doch gewiß in der Einbildung) nach Besitz, nach unmittelbarem Genuß. Wenn sich der Mann von Geschmack an diesem Anblick ergötzt, so genügt ihm an der bloßen Betrachtung. Von dem Objekte selbst will er nichts, und mit der bloßen Vorstellung zufrieden, bleibt er gleichgültig gegen die Existenz desselben; wenigstens hat sein Vergnügen mit der letztern nichts zu tun.

Ich verhalte mich zwar auch bei Empfindungen der Schönheit leidend wie bei ganz materiellen Vergnügungen, insofern ich den Eindruck der einen wie der andern von außen empfange und dieser Eindruck mich in den Zustand der Lust versetzt. Aber die Lust an diesem Eindruck empfange ich bei dem schönen Gegenstande nicht von außen, es ist nicht der materielle Eindruck auf mein Empfindungsvermögen, sondern eine dazwischentretende tätige Operation meiner Seele, nämlich die Reflexion darüber, was mich in den Zustand der Lust versetzt. Das materielle Vergnügen entspringt unmittelbar aus dem Stoff, den ich empfange, das ästhetische Wohlgefallen entspringt aus der Form, die ich einem empfangenen Stoff erteile. Ich ergötze mich an dem Angenehmen, weil es mir Gelegenheit gibt, etwas zu *erleiden,* ich ergötze mich an dem Schönen, weil es mir Gelegenheit gibt, etwas zu *tun.*

Das Wohlgefallen der freien Betrachtung übt mich also, Gegenstände nicht mehr bloß auf meinen physischen Zustand und auf meine leidende Kraft, sondern unmittelbar auf meine Vernunft zu beziehen und mein leidendes Vermögen mittelbar durch das tätige zu affizieren. Ich verhalte mich zwar leidend, insofern ich empfinde, aber ich empfinde nur, weil ich tätig war. Ich empfange zwar, aber ich empfange nicht von dem Naturmechanismus, sondern von der denkenden Kraft.

Ich habe also bei dem Wohlgefallen der freien Betrachtung meine Rationalität eröffnet, ohne meine Sensualität abgelegt zu haben. Ich habe die wichtige Erfahrung gemacht, daß ich mehr bin und mehr in mir habe als eine bloß leidende Kraft, und diese höhere Kraft habe ich zu üben angefangen. Anfangs war ich nichts als ein Instrument, auf dem die physische Notwendigkeit spielte. Weil auf mich gewirkt wurde, empfand ich; weil ich empfand, so begehrte ich. Hier also waren Ursache und Wirkung physisch. Jetzt, auf der zweiten Stufe, mische ich mich selbst als ein freies Prinzipium und als Person in meinen Zustand. Ich erleide zwar noch, denn ich empfinde, aber ich erleide, weil ich handelte. Hier ist also zwar die Wirkung (die Empfindung), aber nicht die Ursache dieser Empfindung physisch. Es ist kein Stoff von außen, sondern ein Stoff von innen, eine Vernunftidee, was mein Gefühlvermögen affiziert. Noch eine Stufe weiter, und ich handle, weil ich handelte, d. i. ich will, weil ich erkannte. Ich erhebe Begriffe zu Ideen und Ideen zu praktischen Maximen. Hier, auf der dritten Stufe, lasse ich die Sinnlichkeit ganz hinter mir zurück und habe mich zu der Freiheit reiner Geister erhoben.

(Der Gemeinspruch, daß die Extreme sich berühren, hat auch hier seine volle Gültigkeit, denn sobald wir von ihrem Inhalt abstrahieren, folgen beide entgegengesetzte Gemütsverfassungen, der Zustand der höchsten Abhängigkeit und der Zustand der höchsten Freiheit, völlig derselben Regel. Der ganz sensuelle und der ganz rationelle Mensch haben miteinander gemein, daß beide sich *unmittelbar,* jener aus Empfindung, dieser aus reiner Erkenntnis bestimmen. Dieselbe Rigidität, womit die Natur dem

Sklaven der Sinne gebietet, übt das Sittengesetz gegen den moralischen Willen aus; dieselbe Laxität, welche sich der sinnliche Mensch gegen die Gesetze der Geister erlaubt, gebietet die Vernunft dem sittlichen Menschen gegen die Gesetze der Natur. Recht oder Unrecht – ich muß genießen, sagt die Leidenschaft. „Fiat iustitia et pereat mundus", sagt die Pflicht.)

Durch das Empfindungsvermögen des Schönen wird also ein Band der Vereinigung zwischen der sinnlichen und geistigen Natur des Menschen geflochten und das Gemüt von dem Zustand des bloßen Leidens zu der unbedingten Selbsttätigkeit der Vernunft vorbereitet. Die Freiheit der Geister wird bei dem Schönen in die Sinnenwelt eingeführt, und die reine dämonische Flamme läßt hier (wenn Sie mir die Metapher erlauben wollen) auf dem Spiegel der Materie, wie der Tag auf den Morgenwolken, ihre ätherischen Farben spielen.

Ich erinnere mich hier einer Stelle aus meinem Gedicht Die Künstler, die (ich weiß nicht mehr, warum) einer andern aufgeopfert worden ist. Sie mag hier als eine Ruine stehenbleiben:

Wie mit Glanz sich die Gewölke malen
Und des Bergs besonnter Gipfel brennt,
Eh sie selbst, die Königin der Strahlen,
Leuchtend aufzieht an dem Firmament,
Tanzt der Schönheit leicht geschürzte Hore
Der Erkenntnis goldnem Tag voran,
Und die jüngste aus dem Sternenchore
Öffnet sie des Lichtes Bahn.

F. Schiller.

94. An Prinz Friedrich Christian von Augustenburg.

Ludwigsburg, 21. November 1793

Durchlauchtigster Prinz!

Ehe ich die angefangene Materie verlasse, so verstatten Sie mir, was ich bisher bloß theoretisch ausführte, auch historisch zu erweisen. Ich versetze mich in Gedanken in die Urwelt zurück und folge der jugendlichen Menschheit auf ihren ersten Schritten zur Humanisierung.

Was war der Mensch, ehe die seelenbildende Kunst ihre Hand an ihn legte? Der trotzigste Egoist unter allen Tiergattungen und bei aller Anlage zur Freiheit der abhängigste Sinnensklave. Er sorgte bloß für sich selbst und schätzte nichts, als was seine rohen Begierden stillte. Die schöne Natur breitete umsonst ihre Herrlichkeit vor ihm aus. Er sah nichts in ihr als eine Beute, über welche seine Begehrlichkeit herstürzen konnte. Er betrachtete sie bloß mit dem gierigen Blick eines Räubers, wenn sie ihm ihren Reichtum zur Schau ausstellte, und bloß mit dem knechtischen Blick eines Missetäters, wenn sie in Gewittern, Erdbeben, Überschwemmungen ihre Größe und Macht blicken ließ. Ohne eine Wahl anzustellen, trachtete er bloß nach unmittelbarer Befriedigung. Der Geschlechtstrieb war das einzige Band, das ihn an seine Gattin fesselte, und die Befriedigung dieses Triebes die einzige Forderung, die er an sie machte. Bei seiner Bekleidung, seinen Gerätschaften, seiner Wohnung sah er bloß auf das Notwendige. Eine Höhle genügte ihm, um ihn vor dem Grimm wilder Tiere und der Witterung zu schützen. Gebrach es an dieser, so machte er sich eine künstliche von Baumzweigen oder Steinen; so kümmerlich sie auch ausfallen mochte, der Not war sie schön genug. So trotzig er sich gegen die Ohnmacht bewies, so verzagt war er gegen die Übermacht. Alles, was er überwältigen konnte, nahm er als Eigentum in Anspruch; alles, womit seine Stärke sich nicht zu messen wagte, war ihm ein feindliches Wesen, das gegen ihn bewaffnet war; so legte er in alles, was ihm vorkam, die mörderische Selbstsucht, die seine eigene Brust beseelte.

So elend erscheint uns die Menschheit auf ihrer untersten Stufe. So finden wir die alten Pelasger im Thukydides, und neuere Weltentdecker haben die Schilderung des Griechen bei vielen Völkern der Südsee und des nördlichen Asiens bestätigt gefunden.

Ich verlasse dieses niederschlagende Bild, um Ihnen, gnädigster Prinz, ein fröhlicheres vorzuführen. Was war es für ein Phänomen, welches die anfangende Humanisierung bei diesen wilden Stämmen verkündigte? So viele historische Annalen wir auch zu Rat ziehen mögen, es ist bei allen Völkern dasselbe Phänomen: die Liebe zum Putz.

Der Wilde hört auf, sich mit dem Notwendigen zu begnügen; er verlangt, daß es noch eine Eigenschaft mehr besitze, und zwar eine Eigenschaft, die nicht mehr seinen tierischen Trieb, sondern ein Bedürfnis von besserer Abkunft befriedigt. Diese Eigenschaft ist das Schöne. Freilich nur schön für seinen barbarischen Geschmack, aber hier kommt es ja nicht auf den *Inhalt,* sondern bloß auf die *Form des Urteilens* an, und mit dieser ist eine Veränderung vorgegangen. Es gründet sich nicht mehr auf die unmittelbare und materielle Empfindung, sondern auf die Reflexion, auf die freie Betrachtung. Auch das Häßliche, als schön beurteilt, beweist schon die Tätigkeit eines freieren Vermögens, ein Wohlgefallen ohne Sinneninteresse, einen anfangenden, wenngleich noch so grotesken Geschmack.

Das Schöne des Wilden ist immer das Seltsame, das Schreiende, das

Bunte. Er bildet groteske Figuren, liebt grelle Farben und eine gellende Musik. Aber da diese Eigenschaften sein materielles Wohlsein schlechterdings nicht verbessern können, so muß man annehmen, daß er sie auf seine Denkkraft bezieht und sie nicht darum schätzt, weil er unmittelbar etwas Angenehmes dabei erleidet, sondern weil sie ihn mittelbar als Anlässe zur Tätigkeit rühren. Sie gehören also in subjektivem Sinn allerdings zur Familie des Schönen, wie sehr sie auch in objektiver Rücksicht davon ausgeschlossen sind. Sie gefallen seinem innern Sinn, weil sie ihm eine Tätigkeit des Verstandes zu empfinden geben.

Jetzt fängt auch der Wilde an, auf den Eindruck achtzuhaben, den er auf andere macht. *Er will gefallen.* Schon diese einzige Regung macht ihn zum Menschen. Dieses Bedürfnis könnte er nicht haben, wenn er nicht angefangen hätte, aus dem engen Kreis der Notwendigkeit herauszutreten und für den Wert der Dinge einen andern Maßstab zu gebrauchen als die Beziehung auf sinnlichen Genuß. Alles, was er besitzt, muß jetzt neben dem Dienst, wozu es da ist, noch eine Forderung erfüllen. Es muß ausgezeichnet sein und in die Augen fallen; denn so pflegt sich der erste Geschmack anzukündigen. Er, der auf der ersten Stufe vorlieb nahm, fängt an zu wählen, und was ihn bei dieser Wahl leitet, ist mehr wert als seine ganze vorige Existenz. Jetzt sucht sich der alte Germanier schönere Tierfelle, prächtigere Geweihe, zierlichere Trinkgeschirre aus, und der Nordkaledonier läßt bei seinen Festen die buntesten Muscheln kreisen. Selbst die Waffen sollen jetzt nicht mehr bloße Gegenstände des Schrekkens, sondern auch des Wohlgefallens sein. Das rauhe Feldgeschrei fängt an, dem Takt zu gehorchen und sich zum Gesange zu biegen.

Nicht zufrieden, das Notwendigere zu verschönern, macht sich der menschgewordene Wilde das Schöne auch schon der bloßen Schönheit wegen zum Zweck und will gewisse Dinge bloß um dieses Zwecks willen haben. Er schmückt sich. Die Gegenstände seiner Begierde wachsen, die Zahl seiner Güter mehrt sich, bis die künstlichen Bedürfnisse die natürlichen übersteigen. Der bloße Nutzen ist schon eine zu enge Grenze für seine erweiterten Neigungen. Wie er seine Haare mit Federn, seinen Hals mit Korallen ziert, wie er sogar an seinem eigenen Körper künstelt und seine natürliche Gestalt, in der Absicht, sie zu verschönern, bis zum Abscheulichen entstellt, ebenso führt er in sein gesellschaftliches Betragen und in seine Sitten Schnörkel und Verzierungen ein und gefällt sich, über die bloße Zweckmäßigkeit hinauszugehen, um den erwachten Trieb nach freiem Vergnügen zu befriedigen. Wie sehr auch alle diese ersten Versuche als Entfernungen von der Einfalt der Natur ins Abenteuerliche, Abgeschmackte und Widersinnige fallen, so sind sie doch eben deswegen, weil es Entfernungen von der Natur sind, Wirkungen eines freieren Bildungsvermögens und daher als die erste Anmeldung der Vernunftfreiheit eines

Grades von Achtung wert. Sie beweisen uns, daß der einzelne Mensch und das Volk, bei denen wir sie antreffen, die Epoche der gänzlichen Unmündigkeit und des bloßen Naturregiments überstanden haben; daß sie nicht mehr Wilde, sondern *Barbaren* sind; denn Wildheit ist ganz unentwickelte, Barbarei falsch entwickelte Menschheit.

An dem Verhältnis zwischen beiden Geschlechtern wird jetzt eine sehr vorteilhafte Veränderung sichtbar. Es ist nicht mehr der blinde Drang der Natur allein, was die Geschlechter einander näherbringt. Reize werden von dem Weibe, Verdienst von dem Manne gefordert, und die Schönheit ist der Tapferkeit Preis. Freiheit äußert sich bei dem Geschäft des Instinkts, und da der Instinkt sonst ganz ohne Wahl handelt, so dient diese Freiheitsäußerung zum untrüglichen Beweis, daß etwas Höheres als die Natur dabei tätig war.

Auch der gesellschaftliche Umgang gewinnt ein ganz anderes Ansehen. Abhängiger von der guten Meinung anderer, weil er zu gefallen wünscht, muß der rohe Egoist den Ungestüm seiner Affekte bezähmen und die Freiheit außer sich respektieren, weil er der Freiheit gefallen will. Solange er gegen andere nur in physischen Verhältnissen stehet, kann er nur ein Objekt des selbstsüchtigen Erhaltungstriebes, nie eines freien ästhetischen Urteils sein. Er muß also heraustreten aus dem feindseligen, kriegerischen Stand der Natur und sich in einen Gegenstand der uneigennützigen und ruhigen Betrachtung verwandeln. Dies ist aber nur dadurch möglich, daß er selbst zur milden Erscheinung wird, daß er andern nicht als Feind gegenübersteht, daß er durch keine ungestüme Kraftäußerung ihre Selbstliebe aufschreckt, kurz, daß er andere nicht, gleich einem feindseligen Gestirn, in den Wirbel seines Daseins zieht, sondern sie, wie ein fernleuchtender Stern, als bloße liebliche Vorstellung beschäftigt.

Nirgends aber offenbart sich die wohltätige Veränderung der Empfindungsart deutlicher als in der heitern und lachenden Gestalt, welche nach Erwachung des Schönheitstriebes Religionen und Sitten annehmen. Furcht ist der Geist aller Gottesverehrung, ehe der Geschmack die Gemüter in Freiheit setzt. Es ist bloß ihre Macht, wodurch sich Götter und Dämonen dem kindischen Alter der Menschheit verkündigen, und dem Sklaven der Bedürfnisse ist alles Mächtige zugleich schrecklich. Ein knechtisches Zagen ist seine Andacht, sein Gottesdienst ist finster und nicht selten fürchterlich. So wie aber der Sinn für Schönheit erwacht und der verzagte Erhaltungstrieb nicht mehr ausschließend und allein den Maßstab der Beurteilung hergibt, so verbessern sich auch die Vorstellungen von den Göttern, und der Mensch fängt an, in ein edleres Verhältnis zu denselben zu treten. Weil sie nicht mehr als bloße Naturkräfte auf ihn stürmen, so gewinnt er Raum, sie mit dem ruhigen Blick der Betrachtung zu fixieren. Sie werfen die Gespensterlarven ab, womit sie seine Kindheit erschreckt hatten, und überraschen ihn mit einem veredelten Bilde seiner selbst. Das göttliche Ungeheuer des Morgenländers, das bloß mit der blinden Stärke des Raubtiers die Welt verwaltete, zieht sich in der griechischen Phantasie in die freundliche Form der Menschheit zusammen, und selbst der Vater der Götter muß seine plumpe Titanenkraft mit Schönheit vertauschen, um den Geschmack eines feinern Volks zu gewinnen, den nur die Form, nicht mehr die bloße Materie befriedigen kann.

So unterwirft sich der Schönheit stille Macht nach und nach die rohe Natur, initiiert den Wilden zum Menschen und lehrt ihn, auch schon in seinem physischen Sklavenstande seine dämonische Freiheit versuchen. Aber ihre wohltätigen Wirkungen schränken sich nicht darauf ein, die Empfindungen zu vergeistigen und dadurch die reine Geistigkeit von ferne vorzubereiten. Ihr Einfluß auf die letztere ist noch näher und unmittelbarer, denn selbst in seiner absolut freien Tätigkeit, im Geschäft der Erkenntnis und der Wahl, leistet sie dem Geist gegen die widerstrebende Sinnlichkeit Beistand, ob ihr gleich an diesen Geschäften selbst kein positiver Anteil gestattet werden kann.

Die Erforschung der Wahrheit erfordert Abstraktion und strenge Gesetzmäßigkeit, wovor die Trägheit und Willkürlichkeit der Sinne zurückbebt. Anspannung der Denkkraft gehört dazu, um die Form, worin allein die Wahrheit enthalten ist, von der Materie zu scheiden. Um also die sinnlichen Vermögen, die sich immer nur an die Materie halten, für die reine Tätigkeit der Vernunft zu gewinnen und ihren Widerstand zu besiegen, ist es nötig, Formen wieder in Materie umzusetzen, Ideen in Anschauungen zu kleiden und durch die Operationen der tätigen Kraft die leidende zu affizieren. Nur auf diese Art kann auch bei dem reinen Erkenntnisgeschäfte der Sinnlichkeit ein Gewinn abfallen und die Arbeit mit Genuß, die Anstrengung mit Abspannung, die Tätigkeit mit Leiden abwechseln.

Dieses leistet der Geschmack im Vortrag der Wahrheit. Bei dem Schönen fängt die Vernunft an, in das willkürliche Spiel der Phantasie ihre Gesetzmäßigkeit zu mischen. Bei dem Schönen fangen Phantasie und Empfindungskraft an, einen edlern Stoff von der Vernunft zu empfangen und bei der höhern Tätigkeit des Gemüts interessiert zu werden. Das Schöne dient also nicht bloß dazu, die Sinne zur Denkkraft zu erheben und Spiel in Ernst zu verwandeln, es hilft auch umgekehrt, die Denkkraft zu den Sinnen herabzuziehen und Ernst in Spiel zu verwandeln. Das erste dieser beiden Verdienste erwirbt sich der Geschmack um den empfindenden, das zweite um den denkenden Teil der Welt.

Zum Denken wird der Mensch, wenn nicht starke Triebfedern seine natürliche Trägheit überwinden, bekanntlich nur durch den Reiz des Genusses eingeladen, und dieser Genuß muß unmittelbar aus seiner

Tätigkeit selbst, nicht aus den Folgen derselben fließen. Diese erwarteten Folgen seiner Tätigkeit – sei es nun, daß sie wesentlich daraus fließen wie die Einsicht aus dem Nachdenken oder daß sie sich zufällig damit verbinden wie etwa der Lohn mit der Arbeit oder der Ruhm mit der Geschicklichkeit – können niemals zu allgemein wirksamen Antrieben dienen, weil es ja noch stets problematisch bleibt, ob wir eine Vorstellung davon haben, ob wir uns Hoffnung dazu machen und ob wir einen Wert darauf legen. Und dann kann uns ein noch so großes Gut in der Erwartung, wenn es auch anlockend genug ist, uns zur Arbeit anzuspornen, doch die gegenwärtige Mühe der Anstrengung nicht verbergen noch das Gefühl eines Zwanges ersparen. Um dieses Gefühl völlig aus dem Gemüt zu verbannen, muß der Genuß so schnell mit der Anspannung wechseln, daß das Bewußtsein beide Zustände kaum unterscheiden kann. Ein Meister in der guten Darstellung muß also die Geschicklichkeit besitzen, das Werk der Abstraktion augenblicklich in einen Stoff für die Phantasie zu verwandeln, Begriffe in Bilder umzusetzen, Schlüsse in Gefühle aufzulösen und die strenge Gesetzmäßigkeit des Verstandes unter einem Schein von Willkür zu verbergen.

In den wenigsten Fällen wirkt der Verstand logisch, nämlich mit deutlichem Bewußtsein der Regeln und Prinzipien, die ihn leiten; bei weitem in den mehresten Fällen wirkt er ästhetisch und als eine Art von Takt, wie Eure Durchlaucht schon aus dem Sprachgebrauch ersehen, der in allen Sprachen für diese Verstandesgattung den Ausdruck *Gemeinsinn* einführte.

Nicht als ob der Sinn jemals denken könnte; der Verstand wirkt hier ebensogut als bei dem schulgerechten Denker, nur daß die Regeln, nach denen er verfährt, nicht im Bewußtsein festgehalten werden und daß wir in einem solchen Fall nicht die Verstandesoperation selbst, nur ihre Wirkung auf unsern Zustand durch ein Gefühl der Lust oder Unlust erfahren. Ehe das Gemüt sich Zeit nimmt, sein eigener Zuschauer zu sein und von seinem Verfahren sich Rechenschaft zu geben, wird der innere Sinn affiziert, die Handlung geht in Leiden, der Gedanke in eine Empfindung über.

Für diesen Takt nun muß der Redner und Schriftsteller von Geschmack sein Werk ausführen, wiewohl er sehr unrecht tun würde, es bloß vermittelst eines solchen Takts zu erzeugen. Führt er es hingegen auch für den logischen Verstand aus, wie er es durch denselben erdachte, so legt er jedem seiner Leser oder Zuhörer die Arbeit des Hervorbringens auf, die er doch allein hätte übernehmen sollen; er verweilt sie länger, als es dem Sinn gefallen kann, bei dem zwangvollen Zustand der Abstraktion, indem er den weit beliebteren Zustand der Anschauung und Empfindung verzögert. Er übt also eine Art von Gewalt gegen sie aus und mißfällt, weil er die Freiheit beleidigt.

Ich brauche wohl nicht hinzuzusetzen, gnädigster Prinz, daß diesem Gesetz des Geschmacks nur Vorstellungen unterworfen sind, die auf Unterhaltung und Überredung abzwecken, nicht aber solche Werke, welche der strengen Prüfung ausdrücklich hingegeben werden und Überzeugung bewirken sollen. Diese letztern sind von allen Anforderungen des Geschmacks nicht nur freigesprochen, sondern es streitet sogar mit ihrem Zwecke, daß sie in ästhetischer Rücksicht vortrefflich sind; weil der Zustand des Genusses der Prüfung nicht günstig ist und eine geschmackvolle Behandlung das logische Maschinenwerk versteckt, auf welches doch alle philosophische Überzeugung sich gründet. So würde Kants Kritik der Vernunft offenbar ein weniger vollkommenes Werk sein, wenn sie mit mehr Geschmack geschrieben wäre. Ein solcher Schriftsteller wird aber auch vernünftigerweise nicht erwarten, daß er Leser interessiere, die seinen Zweck nicht mit ihm teilen.

Wer hingegen allgemein gefallen will, den entschuldigt kein Stoff, er muß die Freiheit der Phantasie respektieren, er muß das logische Geräte verbergen, wodurch er den Verstand seines Lesers lenkt. Wenn der dogmatische Vortrag in geraden Linien und harten Ecken mit mathematischer Steifigkeit fortschreitet, so windet sich der schöne Vortrag in einer freien Wellenbewegung fort, ändert in jedem Punkt unmerklich seine Richtung und kehrt ebenso unmerklich zu derselben zurück. Der dogmatische Lehrer, könnte man sagen, zwingt uns seine Begriffe auf, der sokratische lockt sie aus uns heraus, der Redner und Dichter gibt uns Gelegenheit, sie mit scheinbarer Freiheit aus uns selbst zu erzeugen.

So wie ein geschmackvoller Vortrag zum Denken einladet und die Erkenntnis der Wahrheit befördern hilft, weil er selbst aus abstrakten Begriffen einen Stoff für die Sinnlichkeit bildet, so hilft der Geschmack auch selbst die *Sittlichkeit des Handelns* befördern, indem er die moralischen Vorschriften der Vernunft mit dem Interesse der Sinne in Übereinstimmung bringt und das Ideal der Tugend in ein Objekt der Neigung verwandelt.

Aber hier, gnädigster Prinz, betrete ich einen Boden, wo es ebenso gefährlich als leicht ist, einen Mißtritt zu tun und wo ich mich also genötigt sehe, einen langsameren Schritt zu nehmen. Es gibt der denkenden Köpfe sehr viele, welche von keinem Einfluß des Geschmacks auf die Sittlichkeit wissen wollen und in diesem Gebiete weit mehr von ihm befürchten als hoffen. In den folgenden Briefen werde ich Gelegenheit haben, ihre Gründe zu prüfen.

Ich erlaube mir noch, nur den Wunsch hinzuzusetzen, daß das Interesse Eurer Durchlaucht an diesen Unterhaltungen nicht in ebendem Grad sich vermindern möchte, als das meinige wächst, solche fortzusetzen.

Mit tiefster Devotion ersterbe ich

Eurer Hochfürstlichen Durchlaucht untertänigster Diener

F. Schiller.

95. An Prinz Friedrich Christian von Augustenburg.

Ludwigsburg, 3. Dezember 1793

Durchlauchtigster Prinz,

mit einem gemischten Gefühl von Verlegenheit und Mut ergreife ich heute die Feder. Ich habe die Frage zu beantworten, wieviel die Tugend durch den Geschmack gewinnt, und fürchte daher, in einen noch ernsthafteren und für eine schriftliche Unterhaltung noch weniger schicklichen Ton als bisher zu verfallen. Doch ich erinnere mich zugleich, an wen ich schreibe, und wenn auch vielleicht die Wahl meines heutigen Gegenstandes den delikaten Geschmack des Weltmanns beleidigen sollte, so werde ich an dem Herzen des Tugendfreundes und an der Wahrheitsliebe des philosophischen Denkers, dem kein Gegenstand der Untersuchung, am wenigsten ein solcher, gleichgültig ist, desto nachdrücklichere Verteidiger finden.

Ich bekenne gleich vorläufig, daß ich im Hauptpunkt der Sittenlehre vollkommen *kantisch* denke. Ich glaube nämlich und bin überzeugt, daß nur diejenigen unsrer Handlungen sittlich heißen, zu denen uns bloß die Achtung für das Gesetz der Vernunft und nicht Antriebe bestimmten, wie verfeinert diese auch seien und welch imposante Namen sie auch führen. Ich nehme mit den rigidesten Moralisten an, daß die Tugend schlechterdings auf sich selbst ruhen müsse, und auf keinen von ihr verschiedenen Zweck zu beziehen sei. Gut ist (nach den Kantischen Grundsätzen, die ich in diesem Stück vollkommen unterschreibe), gut ist, was nur darum geschieht, weil es gut ist.

Wenn ich also dem Geschmack das Verdienst zuschreibe, zu Beförderung der Sittlichkeit beizutragen, so kann meine Meinung gar nicht sein, daß der Anteil, den der gute Geschmack an einer Handlung nimmt, diese Handlung zu einer sittlichen machen könne. Das Sittliche darf nie einen andern Grund haben als sich selbst. Der Geschmack kann die Moralität des Betragens *begünstigen,* wie ich in dem gegenwärtigen Brief zu erweisen hoffe, aber er selbst kann durch seinen Einfluß nie etwas Moralisches *erzeugen.*

Es ist hier mit der innern und moralischen Freiheit ganz derselbe Fall wie mit der äußern und physischen. Frei in dem letztern Sinne handle ich nur alsdann, wenn ich, unabhängig von jedem fremden Einfluß, bloß meinem Willen folge. Aber die Möglichkeit, meinem eigenen Willen uneingeschränkt zu folgen, kann ich doch zuletzt einem von mir verschiedenen Grund zu danken haben, sobald angenommen wird, daß der letztere meinen Willen hätte einschränken können. Ebenso kann ich die Möglichkeit, gut zu handeln, zuletzt doch einem von meiner Vernunft verschiedenen Grunde zu danken haben, sobald dieser letztere als eine Kraft gedacht wird, die meine Gemütsfreiheit hätte einschränken können. Wie man also gar wohl sagen kann, daß ein Mensch von einem andern Freiheit *erhalte*, obgleich die Freiheit selbst darin besteht, daß man überhoben ist, sich nach andern zu richten; ebensogut kann man sagen, daß der Geschmack zur Tugend *verhelfe*, obgleich die Tugend selbst es ausdrücklich mit sich bringt, daß man sich dabei keiner fremden Hülfe bediene.

Eine Handlung hört deswegen gar nicht auf, frei zu heißen, weil glücklicherweise derjenige sich ruhig verhält, der sie hätte einschränken können; sobald wir nur wissen, daß der Handelnde dabei bloß seinem eignen Willen folgte, ohne Rücksicht auf einen fremden. Ebenso verliert eine innere Handlung deswegen das Prädikat einer sittlichen noch nicht, weil glücklicherweise die Versuchungen fehlen, die sie hätten rückgängig machen können; sobald wir nur annehmen, daß der Handelnde dabei bloß dem Ausspruch seiner Vernunft, mit Ausschließung fremder Triebfedern, folgte. Die Freiheit einer äußern Handlung beruht bloß auf ihrem unmittelbaren Ursprung aus dem Willen der Person; die Sittlichkeit einer innern Handlung bloß auf der unmittelbaren Bestimmung des Willens durch das Gesetz der Vernunft.

Vergönnen mir Eure Durchlaucht, daß ich diese Analogie noch weiter ausführe. Es kann uns schwerer oder leichter werden, als freie Menschen zu handeln, je nachdem wir auf Kräfte stoßen, die unserer Freiheit entgegenwirken und bezwungen werden müssen. Insofern gibt es Grade der Freiheit. Unsere Freiheit ist größer, sichtbarer wenigstens, wenn wir sie bei noch so heftigem Widerstand feindseliger Kräfte behaupten, aber sie hört darum nicht auf, wenn unser Wille keinen Widerstand findet oder wenn eine fremde Gewalt sich ins Mittel schlägt und diesen Widerstand ohne unser Zutun vernichtet.

Ebenso mit der Moralität. Es kann uns mehr oder weniger Kampf kosten, unmittelbar der Vernunft zu gehorchen, je nachdem sich Antriebe in uns regen, die ihren Vorschriften widerstreiten und die wir abweisen müssen. Insofern gibt es Grade der Moralität. Unsere Moralität ist größer, hervorstechender wenigstens, wenn wir bei noch so großen Antrieben zum Gegenteil unmittelbar der Vernunft gehorchen; aber sie hört deswegen nicht auf, wenn sie keine Anreizung zum Gegenteil findet oder wenn etwas anderes als unsere Willenskraft diese Anreizungen entkräftet. Genug, wir handeln sittlich gut, sobald wir bloß darum so handeln, weil es sittlich ist, und ohne uns erst zu fragen, ob es auch angenehm ist – gesetzt auch, es wäre die größte Wahrscheinlichkeit vorhanden, daß wir anders handeln würden, wenn es uns Schmerz machte oder ein Vergnügen entzöge.

Zur Ehre der menschlichen Natur läßt sich annehmen, daß kein Mensch so tief sinken kann, um das Böse bloß deswegen, weil es böse ist, vorzuziehen, sondern daß jeder ohne Unterschied das Gute vorziehen würde, weil es das Gute ist, wenn es nicht zufälligerweise das Angenehme ausschlösse oder das Unangenehme nach sich zöge. Alle Unmoralität in der Wirklichkeit scheint also aus der Kollision des Guten mit dem Angenehmen oder, was auf eines hinausläuft, der Begierden mit der Vernunft zu entspringen und einerseits die Stärke der sinnlichen Antriebe, andrerseits die Schwäche der moralischen Willenskraft zur Quelle zu haben. Moralität kann also auf zweierlei Weise befördert werden, wie sie auf zweierlei Weise gehindert wird. Entweder man muß die Partei der Vernunft und die Kraft des guten Willens verstärken, daß keine Versuchung ihn überwältigen könne, oder man muß die Macht der Versuchungen brechen, damit auch die schwächere Vernunft und der schwächere gute Wille ihnen noch überlegen sei.

Zwar könnte es scheinen, als ob durch die letztere Operation die Moralität selbst nichts gewänne, weil mit dem Willen, dessen Beschaffenheit doch allein eine Handlung moralisch macht, keine Veränderung dabei vorgeht. Das ist aber auch in dem angenommenen Fall gar nicht nötig, wo man keinen schlimmen Willen, der verändert werden müßte, nur einen guten, der schwach ist, voraussetzt. Und dieser schwache gute Wille kommt auf diesem Weg doch zur Wirkung, was vielleicht nicht geschehen wäre, wenn starke Antriebe ihm entgegengearbeitet hätten. Wo aber ein guter Wille der Grund einer Handlung wird, da ist wirklich Moralität vorhanden.

Ich trage also kein Bedenken, gnädigster Prinz, den Satz aufzustellen, daß dasjenige die Moralität wahrhaft befördere, was den Widerstand der Neigung gegen das Gute vernichtet.

Der gefährlichste innere Feind der Moralität ist der sinnliche Trieb, der, sobald ihm ein Gegenstand vorgehalten wird, nach Befriedigung strebt und, sobald die Vernunft etwas ihm Anstößiges gebietet, ihren Vorschriften sich entgegensetzt. Dieser sinnliche Trieb ist ohne Aufhören geschäftig, den Willen in sein Interesse zu ziehen, der doch unter sittlichen Gesetzen steht und die Verbindlichkeit auf sich hat, sich mit den Ansprüchen der Vernunft nie im Widerspruche zu befinden. Der sinnliche Trieb aber erkennt kein sittliches Gesetz und will sein Objekt durch den Willen realisiert haben, was auch die Vernunft dazu sprechen mag. Diese Tendenz unserer Begehrungskraft, dem Willen unmittelbar und ohne alle Rücksicht auf höhere Gesetze zu gebieten, steht mit unserer sittlichen Bestimmung im Streite und ist der stärkste Gegner, den der Mensch in seinem moralischen Handeln zu bekämpfen hat.

Rohen Gemütern, denen es zugleich an moralischer und an ästhetischer Bildung fehlt, gibt die Begierde unmittelbar das Gesetz, und sie handeln bloß, wie ihren Sinnen gelüstet. Moralischen Gemütern, denen aber die ästhetische Bildung fehlt, gibt die Vernunft unmittelbar das Gesetz, und es ist bloß der Hinblick auf die Pflicht, wodurch sie über Versuchungen siegen. In ästhetisch verfeinerten Gemütern ist noch eine Instanz mehr, welche nicht selten die Tugend ersetzt, wo sie mangelt, und da erleichtert, wo sie ist.

Diese Instanz ist der Geschmack. Der Geschmack fordert Mäßigung und Anstand, er verabscheut alles, was eckicht, was hart, was gewaltsam ist, und neigt sich zu allem, was sich leicht und harmonisch zusammenfügt. Daß wir auch im Sturm der Empfindung die Stimme der Vernunft anhören und den Ausbrüchen der Natur eine Grenze setzen, dies fordert schon bekanntlich der gute Ton, der nichts anderes ist als ein ästhetisches Gesetz, von jedem zivilisierten Menschen. Dieser Zwang, den sich der zivilisierte Mensch bei *Äußerung* seiner Affekte auflegt, verschafft ihm über diese Affekte selbst einen Grad von Herrschaft, erwirbt ihm wenigstens eine Fertigkeit, den bloß leidenden Zustand seiner Seele durch einen Akt von Selbsttätigkeit zu unterbrechen und den raschen Übergang der Gefühle in Handlungen durch Reflexion aufzuhalten. Alles aber, was die blinde Gewalt der Affekte bricht, bringt zwar noch keine Tugend hervor (denn diese muß immer ihr eigenes Werk sein), aber es macht dem Willen Raum, sich zur Tugend zu wenden.

Der Geschmack ist also als der erste Kämpfer anzusehen, der in einem ästhetisch verfeinerten Gemüt gegen die rohe Natur heraustritt und, ehe die Vernunft noch nötig hat, sich als Gesetzgeberin ins Mittel zu schlagen und in forma zu sprechen, diesen Angriff zurücktreibt. Dieser Sieg des Geschmacks über den rohen Affekt ist aber ganz und gar keine sittliche Handlung, und die Freiheit, welche der Wille hier durch den Geschmack gewinnt, noch ganz und gar keine moralische Freiheit. Der Geschmack befreit das Gemüt bloß darum von dem Joch des Instinkts, um es in *seinen* Fesseln zu führen, und indem er den ersten und offenbaren Feind der sittlichen Freiheit entwaffnet, bleibt er selbst nicht selten als der zweite noch übrig, der unter der Hülle des Freundes nur desto gefährlicher sein kann. Der Geschmack nämlich regiert das Gemüt auch bloß durch den Reiz des Vergnügens – eines edleren Vergnügens freilich, weil die Vernunft seine Quelle ist –, aber wo das Vergnügen den Willen bestimmt, da ist noch keine Moralität, da ist bloß ein Tausch der Ketten vorgegangen.

Etwas Großes ist aber doch bei dieser Einmischung des Geschmacks in die Operationen des Willens gewonnen worden. Alle jene materielle Neigungen und rohe Begierden, die sich der Ausübung des Guten oft so hartnäckig und stürmisch entgegensetzen, sind durch den Geschmack aus dem Gemüte verwiesen und an ihrer Statt edlere und sanftere Neigungen darin angepflanzt worden, die sich auf Ordnung, Harmonie und Vollkommenheit beziehen und, wenn sie gleich selbst keine Tugenden sind, doch *ein* Objekt mit der Tugend teilen. Wenn also jetzt die Begierde spricht, so muß sie eine strenge Musterung vor dem Schönheitssinn aushalten; und wenn jetzt die Vernunft spricht und Handlungen der Ordnung, Harmonie und Vollkommenheit gebietet, so findet sie nicht nur keinen Widerstand, sondern vielmehr den lebhaften und feurigen Beifall der Natur.

Wenn wir nämlich die verschiedenen Formen durchlaufen, unter welchen sich die Sittlichkeit äußern kann, so werden wir sie alle ohne Mühe auf diese zwei zurückführen können. Entweder macht die Sinnlichkeit (die Natur) die Motion im Gemüt, daß etwas geschehe oder nicht geschehe, und der Wille verfügt darüber nach dem Vernunftgesetz; oder die Vernunft macht die Motion, und der Wille gehorcht ihr ohne Anfrage bei den Sinnen.

Die griechische Prinzessin Anna Komnena erzählt uns von einem gefangenen Rebellen, den ihr Vater Alexius, da er noch General seines Vorgängers war, den Auftrag gehabt habe, nach Konstantinopel zu eskortieren. Unterwegs, als beide zusammen ritten, bekömmt Alexius Lust, unter dem Schatten eines Baumes haltzumachen und sich da von der Sonnenhitze zu erholen. Bald übermannte ihn der Schlaf, nur der andre, dem die Furcht des ihn erwartenden Todes keine Ruhe ließ, blieb munter. Indem jener nun in tiefem Schlafe lag, erblickte der letztere des Alexius Schwert, das an einem Baumzweige aufgehangen war, und gerät in Versuchung, sich durch Ermordung seines Hüters in Freiheit zu setzen. Anna Komnena gibt zu verstehen, daß sie nicht wüßte, was geschehen sein würde, wenn Alexius nicht glücklicherweise sich noch ermuntert hätte. Hier, gnädigster Prinz, war nun ein moralischer Rechtshandel der ersten und heraufsteigenden Gattung, wo der sinnliche Trieb den ersten Antrag machte und die Vernunft erst darüber als Richterin erkannte. Hätte jener nun die Versuchung aus bloßer Achtung für die Gerechtigkeit besiegt, so wäre kein Zweifel, daß er moralisch gehandelt hätte.

Als der verewigte Herzog Leopold von Braunschweig an den Ufern der reißenden Oder mit sich zu Rate ging, ob er sich mit Gefahr seines Lebens dem stürmischen Strom überlassen sollte, damit einige Unglückliche gerettet würden, die ohne ihn hülflos waren – und als er (ich setze diesen Fall) einzig aus Bewußtsein dieser Pflicht in den Nachen sprang, den kein anderer besteigen wollte, so ist wohl niemand, der ihm absprechen wird, moralisch gehandelt zu haben. Der Herzog befand sich hier in dem entgegengesetzten Fall von dem vorigen. Die Vorstellung der Pflicht ging hier vorher, und dann erst regte sich der Erhaltungstrieb, die Motion der Vernunft zu bekämpfen. In beiden Fällen aber verhielt sich der Wille auf dieselbe Art: er folgte unmittelbar der Vernunft, daher sind beide moralisch.

Ob aber beide Fälle es auch noch dann bleiben, wenn wir dem Geschmack darauf Einfluß geben?

Gesetzt also, der erste, welcher versucht wurde, eine schlimme Handlung zu begehen, und sie aus Achtung für die Gerechtigkeit unterließ, habe einen so gebildeten Geschmack, daß alles Schändliche und Gewalttätige ihm einen Abscheu erweckte, den nichts überwinden kann, so wird in dem Augenblick, als der Naturtrieb sein Anliegen vorbringt, schon der bloße Geschmack es verwerfen – es wird also gar nicht einmal vor das moralische Forum, vor das Gewissen kommen, sondern schon in einer früheren Instanz fallen. Nun regiert aber der Geschmack den Willen bloß durch Gefühle, nicht durch Gesetze. Jener Mensch versagt sich also das angenehme Gefühl des geretteten Lebens, weil er das widrige Gefühl, eine Niederträchtigkeit begangen zu haben, nicht ertragen kann. Das ganze Geschäft wird also schon im Forum der Empfindung und im Gebiet der leidenden Kraft verhandelt, und das Betragen dieses Menschen, so legal es ist, ist moralisch indifferent; eine bloße schöne Wirkung der Natur.

Gesetzt nun, der andere, dem seine Vernunft vorschrieb, etwas zu tun, wogegen sich der Naturtrieb empörte, habe gleichfalls einen so reizbaren Schönheitssinn, den alles, was groß und vollkommen ist, entzückt, so wird in demselben Augenblick, als die Vernunft ihren Ausspruch tut, auch die Sinnlichkeit zu ihr übertreten, und er wird das *mit* Neigung tun, was er ohne diese zarte Empfänglichkeit für das Schöne *gegen* die Neigung hätte durchsetzen müssen. Werden Sie ihn aber, gnädigster Prinz, deswegen im zweiten Fall für minder vollkommen als im ersten halten? Gewiß nicht, denn er handelte ja im zweiten so gut als im ersten nach einer Vorschrift der Vernunft, und daß er diese Vorschrift mit Freuden befolgte, das kann der sittlichen Reinheit seiner Tat keinen Abbruch tun. Er ist also *moralisch* ebenso vollkommen, *physisch* hingegen ist er bei weitem vollkommener, denn er ist ein weit zweckmäßigeres Subjekt für die Tugend.

Der Geschmack gibt also dem Gemüt eine für die Tugend zweckmäßige Stimmung, weil er die Naturbewegungen entfernt, die sie hindern, und diejenigen erweckt, die ihr günstig sind. Der Geschmack kann der wahren Tugend keinen Eintrag tun, wenn er gleich in allen denen Fällen, wo der Naturtrieb die erste Anregung macht, dasjenige schon vor seinem Richterstuhl abtut, was sonst das Gewissen hätte ausmachen müssen, und also

Ursache ist, daß sich unter den Handlungen derer, die durch ihn regiert werden, weit mehr indifferente als wahrhaft moralische befinden. Denn die Vortrefflichkeit der Menschen beruht ganz und gar nicht auf der größern Summe moralischer Handlungen, sondern auf der größern Fertigkeit des Gemüts, solche Handlungen ausüben zu können; ja vielleicht wird man in der Epoche des erfüllten sittlichen Ideals ebensowenig von Moralität und moralischen Taten als in dem goldenen Alter der Natur und der Kindheit hören und höchstens nur bei außerordentlichen Fällen daran erinnert werden, daß die Vernunft und nicht die Neigung das Ruder führt. Der Geschmack kann hingegen der wahren Tugend in allen denen Fällen positiv nützen, wo die Vernunft die erste Anregung macht und in Gefahr ist, von der stärkern Beredsamkeit der Natur überstimmt zu werden. In diesen Fällen nämlich stimmt er unsre Sinnlichkeit zum Vorteil der Pflicht und macht also auch ein geringeres Maß moralischer Willenskraft der Ausübung der Tugend gewachsen.

Wenn nun der Geschmack der wahren Moralität in keinem Falle schadet, in mehreren aber offenbar nützt, so muß der Umstand ein großes Gewicht erhalten, daß er der Legalität unsers Betragens im höchsten Grade beförderlich ist.

Gesetzt, daß die schöne Kultur ganz und gar nichts dazu beitragen könnte, uns besser gesinnt zu machen, so macht sie uns wenigstens geschickt, auch ohne eine wahrhaft sittliche Gesinnung also zu handeln, wie eine sittliche Gesinnung es würde mit sich gebracht haben. Nun kömmt es zwar vor einem moralischen Forum ganz und gar nicht auf unsere Handlungen an, als insofern sie ein Ausdruck unserer Gesinnungen sind; aber vor dem physischen Forum und im Plane der Natur kommt es, gerade umgekehrt, ganz und gar nicht auf unsre Gesinnungen an, als insofern sie Handlungen veranlassen, durch die der Naturzweck befördert wird.

Nun sind aber beide Weltordnungen, die physische, worin Kräfte, und die moralische, worin Gesetze regieren, so genau aufeinander berechnet und so innig ineinander verwebt, daß Handlungen, die ihrer Form nach moralisch zweckmäßig sind, durch ihren Inhalt zugleich eine physische Zweckmäßigkeit in sich schließen; und so wie das ganze Naturgebäude nur darum vorhanden zu sein scheint, um den höchsten aller Zwecke, der das Gute ist, möglich zu machen, so läßt sich das Gute wieder als ein Mittel gebrauchen, um das Naturgebäude aufrechtzuerhalten. Die Ordnung der Natur ist also von der Sittlichkeit unserer Gesinnungen abhängig gemacht, und wir können gegen die moralische Welt nicht verstoßen, ohne zugleich in der physischen eine Verwirrung anzurichten.

Wenn nun von der menschlichen Natur – solange sie menschliche Natur bleibt – nie und nimmer zu erwarten ist, daß sie ohne Unterbrechung und

Rückfall gleichförmig und beharrlich als reine Geisternatur handle, daß sie nie gegen die sittliche Ordnung verstoße wie mit den Vorschriften der Vernunft sich im Widerspruch befinde – wenn wir, bei aller Überzeugung sowohl von der Notwendigkeit als von der Möglichkeit reiner Tugend, uns gestehen müssen, wie sehr zufällig ihre wirkliche Ausübung ist und wie wenig wir auf die Unüberwindlichkeit unsrer besten Grundsätze bauen dürfen – wenn wir uns bei diesem Bewußtsein unsrer Unzuverlässigkeit erinnern, daß das Gebäude der Natur durch jeden unsrer moralischen Fehltritte leidet – wenn wir uns alles dieses ins Gedächtnis rufen, so würde es die frevelhafteste Verwegenheit sein, das Beste der Welt auf dieses Ohngefähr unsrer Tugend ankommen zu lassen. Vielmehr erwächst hieraus eine Verbindlichkeit für uns, wenigstens der physischen Weltordnung durch den Inhalt unsrer Handlungen Genüge zu leisten, wenn wir es auch der moralischen durch die Form derselben nicht recht machen sollten – wenigstens als vollkommenere Instrumente dem Naturzweck zu entrichten, was wir als unvollkommene Personen der Vernunft schuldig bleiben, um nicht in beiden Weltordnungen zugleich mit Schande zu bestehen. Wenn wir deswegen, weil sie keinen moralischen Wert hat, für die Legalität unsers Betragens keine Anstalten treffen wollten, so könnten alle Bande der Gesellschaft zerrissen sein, ehe wir mit unsern Grundsätzen fertig würden. Je zufälliger aber unsre Moralität, um desto notwendiger ist es, Vorkehrungen für die Legalität zu treffen, und eine leichtsinnige oder stolze Versäumnis der letzteren würde uns moralisch zugerechnet werden können. Ebenso wie der Wahnsinnige, der seinen nahen Paroxysmus ahndet, alle Messer entfernt und sich freiwillig den Banden darbietet, um für die Verbrechen seines kranken Gehirnes nicht im gesunden Zustand verantwortlich zu sein – ebenso sind auch wir verpflichtet, uns in den freien Intervallen durch Religion und durch ästhetische Tugend zu binden, damit unsre Leidenschaft nicht in den Perioden ihrer Herrschaft gegen die Weltordnung rase.

Ich habe hier nicht ohne Absicht Religion und Geschmack in eine Klasse gesetzt, weil beide das Verdienst gemein haben, zu einem Surrogat der wahren Tugend zu dienen und die Gesetzmäßigkeit der Handlungen da zu sichern, wo die Pflichtmäßigkeit der Gesinnungen nicht zu hoffen ist. Obgleich derjenige im Range der Geister unstreitig eine höhere Stelle verdiente, der weder die Reize der Schönheit noch den Glauben an eine Vorsehung und Unsterblichkeit *nötig hätte,* um sich in allen Vorfällen des Lebens der Pflicht gemäß zu betragen, so nötigen doch die bekannten Schranken der Menschen selbst den rigidesten Ethiker, von der Strenge seines Systems *in der Anwendung* etwas nachzulassen, wenn er demselben gleich *in der Theorie* nichts vergeben darf, und das Wohl der Welt, das durch unsre zufällige Tugend gar übel besorgt sein würde, noch zur

Sicherheit an den beiden starken Ankern, der Religion und dem Geschmack, zu befestigen.

Und zwar scheinen sich beide, wenn ich anders meinen Erfahrungen trauen darf, in den Menschen und in das Menschengeschlecht *so* zu teilen, daß die Religion demjenigen ihre Arme öffnet, an dem die Schönheit verloren ist. Da nämlich, wo keine ästhetische Kultur den innern Sinn aufgeschlossen und den äußern beruhigt hat und die edleren Empfindungen des Verstandes und Herzens die gemeinen Bedürfnisse der Sinne noch nicht eingeschränkt haben, oder in Lagen, wo auch die größte Verfeinerung des Geschmacks den sinnlichen Trieb nicht verhindern kann, auf eine materielle Befriedigung zu dringen – da ist es die Religion, die auch dem sinnlichen Trieb noch ein Objekt anweist und ihm für die Opfer, die er der Tugend zu bringen hat, hier oder dort eine Entschädigung zusichert. In diesen Fall aber kommen wir alle, nur mit dem Unterschied, daß der rohe Mensch sich unaufhörlich, der verfeinerte nur momentweise darin befindet.

Eine Seele nämlich, welche angefangen hat, das edlere Vergnügen an Formen zu kosten und aus dem reinen Quell der Vernunft ihre Genüsse zu schöpfen, scheidet ohne Kampf von den gemeinen Freuden des Stoffs und hält sich für die Entbehrungen des äußern Sinns durch die Vergnügungen des innern unendlich entschädigt. Aber e i n e n Fall gibt es doch, wo wir alle, verfeinert oder roh, unter die Gewalt des Instinkts zurückkehren und wo die Natur, aller Kunst zum Trotze, ihre Rechte geltend macht. Keine ästhetische Kultur geht so weit, daß sie den Naturtrieb auch da zurückweisen könnte, wo er sich für *Leben und Dasein* wehrt. Alles, was der Geschmack vermag, ist, das Objekt unsrer Begierden zu *verändern* und gröbere Empfindungen gegen feinere *auszutauschen.* Solange also die Vernunft bei ihrer moralischen Gesetzgebung bloß das Opfer einzelner Empfindungen fordert, so kann der Geschmack dem innern Sinn erstatten, was dem äußern entzogen wird; sobald aber die Vernunft das Opfer der *Kraft selbst* verlangt und den letzten Grund aller, auch der geistigsten Empfindung, antastet, so hat der Geschmack nichts mehr zu ersetzen, weil er – als ein zur Hälfte sinnliches Vermögen – in das Schicksal der Sinne sich selbst mit verwickelt sieht und mit der Existenz auch *seine* Herrschaft sich endigt. Wo das Vermögen der Empfindungen aufhört, da ist kein Tausch der Empfindungen möglich, und den Trieb zu unterdrücken, den wir nicht mehr befriedigen können, ist alles, was uns übrigbleibt. Dies ist aber nur durch die gewaltsamste aller Abstraktionen und durch eine Kraftäußerung möglich, deren die gemischte Natur des Menschen kaum fähig ist. Dazu würde ein Sprung vom Bedingten ins Unbedingte hinüber und eine völlige Verzichtleistung auf alles, was an uns der Materie gehört und unter Naturbedingungen stehet, also auf Dasein und Bewußtsein und Wirken erfordert werden. Bloß die reine Form der Vernunft, in ihre unwandelbare Identität eingehüllt, würde, von allem Stoff abgesondert, zurückbleiben, und selbst diese Idee des Absoluten und Notwendigen würde, weil sie nicht ohne Zeitbedingungen und Stoff gedacht werden kann, in den allgemeinen Verlust mit eingeschlossen werden. Da nun zu dieser Gemütsoperation eine Kraft erfordert wird, deren nur die wenigsten Menschen, und diese wenigen auch nur in ihren glücklichsten Momenten, fähig sind, so werden wir wohl tun, für diesen äußersten Fall Religionsideen in Bereitschaft zu halten, um dem unabweisbaren Lebenstrieb in einer andern Ordnung der Dinge eine Befriedigung versichern zu können. Soll ich es frei heraussagen, gnädigster Prinz? Die Religion ist dem sinnlichen Menschen, was der Geschmack dem verfeinerten, der Geschmack ist für das gewöhnliche Leben, was die Religion für die Extremität. An eine dieser beiden Stützen aber, wo nicht lieber an beide, *müssen* wir uns halten, solange wir keine Götter sind.

Schon ein flüchtiger Blick in die gegenwärtige moralische Verfassung der Welt bestätigt mir meine Bemerkung. Betrachten wir die Masse des Volks; seine Religion ist das Gegengewicht seiner Leidenschaften, wo kein äußrer Widerstand ihre Stärke bricht. Der gemeine Mann wird sich vieles nur als *Christ* verbieten, was er als *Mensch* sich erlaubt hätte. Betrachten wir die feineren Klassen, sie sind *gesittet*, aber nicht *sittlich*. Die Gesetze des Anstandes, des guten Tons und der Ehre können sie allein vermögen, Rechte ungekränkt zu lassen, die sie weit entfernt sind zu respektieren. Wo das Interesse ein zu schwacher Zügel für sie sein würde, da ist es bloß der Geschmack, der uns die Gesetzmäßigkeit ihres Betragens verbürgt. Ich zweifle nicht, daß es unter beiden Klassen Beispiele wahrer Tugend gibt, aber ich fürchte sehr, daß sie zu den Ausnahmen und nicht zu der Regel gehören. In Frankreich hat jetzt eine Erschütterung zugleich die Religion umgestürzt und den Geschmack der Verwilderung preisgegeben, und es fehlt viel, daß der Charakter der Nation so weit aufgebaut wäre, um dieser Stützen zu entbehren. Die Zeit wird lehren, was geschehen wird.

Darf ich, vortrefflichster Prinz, wegen der freimütigen Wendung, mit der ich diesen Brief beschloß, Ihre Verzeihung hoffen? Ich gestehe, daß mir daran gelegen war, mich auch in diesem Stück Ihnen ganz zu zeigen, wie ich bin, denn vor Personen, die ich in diesem Grad respektiere und liebe, möchte ich gern so vollständig und unverhüllt erscheinen wie vor meinem eigenen Herzen.

In tiefster Devotion ersterbe ich

Eurer Hochfürstlichen Durchlaucht
untertänigster Diener und dankbarster Verehrer
Friedrich Schiller.

96. An Prinz Friedrich Christian von Augustenburg.

[Dezember 1793]

Durchlauchtigster Prinz,

der Sinn für das Schöne, habe ich in dem vorhergehenden Briefe auszuführen gesucht, diene der wahren Tugend zur Stütze und ersetze sie, wo sie mangelt, durch die ästhetische. Diese ästhetische Tugend, obgleich sie dem Menschen keinen Wert in der moralischen Welt erwirbt, macht ihn doch für die physische brauchbar, weil sie ihn einer Gesetzmäßigkeit des Betragens fähig macht, ohne welche die Natur ihren großen Zweck, der auf Vereinigung der Menschen zu einem Ganzen gerichtet ist, nie erreichen könnte. Aber die Menschen sind darum noch lange nicht vereinigt, wenn sie nicht untereinander entzweiet sind, und die Legalität allein kann bloß verhindern, daß Ungerechtigkeit nicht das Band der Gesellschaft zerreiße. Die Menschen wahrhaft und innig zu vereinigen, dazu gehört noch ein eigenes positives Band, der gesellige Charakter oder die Mitteilung der Empfindungen und der Umtausch der Ideen.

Zur Gesellschaft konnte schon das bloße Bedürfnis den Menschen führen, aber nur der Geschmack zur Geselligkeit; denn schon die Not konnte seine doppelte Natur entwickeln, aber nur die Schönheit sie vereinigen. Der Geschmack allein bringt eine harmonische Einheit in die Gesellschaft, weil er eine harmonische Einheit in dem Individuum stiftet.

Rücksicht auf die Mitteilbarkeit der Empfindungen und Ideen ist bekanntlich das erste Gesetz, welches der gute Ton allen Gliedern einer zivilisierten Gesellschaft diktiert. Der gute Ton verbannt alles, was ausschließt. Er verlangt, daß an dem, was e i n e r faßt und was e i n e r empfindet, alle ohne Unterschied sollen teilnehmen können.

Aber die Vergnügungen der Sinne, die sich auf unmittelbare Sensation und eine materielle Ursache gründen, und die entgegengesetzten des reinen Verstandes, die sich auf Abstraktion und logische Formen beziehen, haben beide miteinander gemein, daß sie nie einer allgemeinen Mitteilung fähig sind. Jene deswegen nicht, weil sie sich nach einer individuellen Empfänglichkeit und nach Privatbedürfnissen richten, welche zufällig sind; diese deswegen nicht, weil sie zwar aus der unveränderlichen und gemeinschaftlichen Anlage des Verstandes, aber aus einer besondern Anwendung und Entwickelung dieser Anlage fließen, welche gleichfalls zufällig ist und nicht bei jedermann darf vorausgesetzt werden.

Man würde eine gemischte Gesellschaft aus der gesitteten Welt sehr schlecht unterhalten, wenn man bloß den Sinnen mit angenehmen Reizungen schmeichelte. Denn, auch die Geistesleerheit einer solchen Bewirtung abgerechnet, könnte man ja niemals sicher sein, daß der Privatgeschmack eines einzelnen aus der Gesellschaft dasjenige nicht abhorrierte, was den andern Vergnügen macht, und gesetzt, daß es auch durch Varietät gelänge, es jedem einzelnen recht zu machen, so würde doch eigentlich nicht gesagt werden können, daß der eine das Vergnügen des andern *teile*, sondern jeder würde immer nur für sich besonders genießen und seine Empfindungen in sich begraben.

Man würde aber die nämliche Sozietät nicht viel besser befriedigen, wenn man sie mit den profondesten Wahrheiten der Mathematik, Metaphysik oder Diplomatik bewirtete, weil das Interesse an diesen Gegenständen auf Kenntnissen und einem besondern Verstandesgebrauche beruhet, der nicht von allen Menschen erwartet werden darf. Der bloß sensuelle Mensch und der bloße Fächergelehrte sind daher gleich unbrauchbare Subjekte der Konversation, weil beide gleich wenig Fähigkeit besitzen, ihr Privatgefühl zum allgemeinen zu erweitern und das allgemeine Interesse zu dem ihrigen zu machen.

97. An Johann Friedrich Cotta.

Stuttgart, 14. April 1794

Für gütige Übersendung der Assignation auf 160 Gulden danke ich Ihnen verbindlichst. Es könnte sein, daß ich meine Abreise schon am 23. oder 24. dieses Monats antreten müßte, wenn Herr Professor Paulus, in dessen Gesellschaft ich zurückkehren will, sich nicht länger aufhalten ließe. In diesem Fall würde ich Sie bitten, mir die übrigen 200 Gulden etwa auf den 22. huius [mensis] zukommen zu lassen. Zugleich bitte ich, mir in Ihrem nächsten Schreiben ein Konzept mitzuschicken, wie ich die Anweisung an Herrn Göschen einrichten soll.

Was Ihre Bemerkungen über meinen Ihnen getanen Vorschlag betrifft, so glaube ich, daß eine mündliche Erklärung uns bald verständigen würde. Das Werk, welches ich Ihnen offerierte, ist freilich kein so glänzender Meßartikel wie etwa eine modische Schrift, aber es ist auch nicht so vergänglich. Das Bedürfnis, es zu kaufen, ist nichts weniger als allgemein, dafür aber ist es bei der kleineren Anzahl derer, die griechische Literatur treiben, fortdauernd. Der studierenden Jugend ist ein solches Buch sehr nützlich und, da wir wirklich noch kein anderes haben, beinah unentbehrlich.

Ich will nicht in Anschlag bringen, daß man durch eine gute Übersetzung der alten Tragiker und durch kritische Zergliederung ihrer Schönheiten den Geschmack an denselben gewiß weiter ausbreiten kann; er ist gewiß jetzt schon ausgebreitet genug, um eine Unternehmung zu begünstigen, die nicht mehr Kosten als diese erfodert. Ich würde vor mir selbst erröten, wenn ich mir einen Augenblick einbilden könnte, daß die Arbeiten eines Sophokles, Euripides und Äschylus durch meine Aufsätze und Empfehlungen erst ihren Wert erhalten müßten; aber so viel ist allerdings wahr, daß das Verdienst dieser Meister durch eine geschickte Auseinandersetzung mehr geltend gemacht werden kann. Herr Wieland arbeitet gegenwärtig an einer Übersetzung des Aristophanes, und ich glaube, der erste Band wird schon in dieser Messe erscheinen. Und doch ist Aristophanes bei weitem weniger übersetzbar und weniger bei dem Publikum empfohlen als die tragischen Dichter, die also gewiß noch 2mal mehr als Aristophanes eine Verdeutschung verdienen.

Meine kritischen Abhandlungen kann ich nicht wohl von den Schauspielen selbst trennen, und Sie würden auch nicht einmal dabei gewinnen, weil ich zur Rechtfertigung und Erklärung meiner Behauptungen so viele Stellen aus den Stücken anführen müßte, daß diese Stücke bloß zitationsweise beinahe ganz eingerückt würden. Wäre es mir um meinen Vorteil bloß zu tun, so würde ich mich bei Ihrem Vorschlage sehr gut befinden, denn ich brauchte alsdann bloß einem andern Buchhändler die Übersetzung und Ihnen meine Abhandlung zu geben, so würden mir die Stücke, dort ganz und hier stellenweise, doppelt bezahlt.

Ich habe mit Herrn Crusius in Leipzig einen beständigen Kontrakt geschlossen, vermöge dessen ich ihm alle meine *schon gedruckten* kleineren Arbeiten, sowohl Originale als Übersetzungen, die ich bandweise gesammelt haben will, den Bogen zu einem Karolin, überlasse. Diesem Kontrakt gemäß würde er auch meine Übersetzung der Griechen zu verlegen bekommen. Weil ich aber diese griechische Trauerspiele nicht in der Suite *meiner* Schriften, sondern als ein eigenes Werk erscheinen lassen will, so kann ich sie von jenem Kontrakt mit Crusius ausschließen und habe in dieser Rücksicht vollkommene Freiheit in der Wahl des Verlegers. Dieser Freiheit nun wollte ich mich bedienen, um Ihren Wunsch zu erfüllen und weil ich wirklich glaubte und auch noch glaube, daß die Entreprise solide sei. Neben meinem Wunsch, Ihnen zu einem nützlichen Verlagsartikel zu verhelfen, bestimmte mich auch zugleich noch der Umstand, daß zwei meiner Mitarbeiter Ihnen näher sind und vielleicht sogar die Korrektur durch Herrn Nast besorgt werden könnte. Sobald Sie aber überwiegende Gründe haben, diese Unternehmung von der Hand zu weisen, so fällt der wichtigste Grund meines Anerbietens weg, und es bleibt bei meiner alten Verabredung mit Crusius.

Meine Foderungen wären gewesen 1 Karolin für den Bogen der Übersetzung und 2 Karolin für den Bogen der Abhandlungen: Da nun 3 Stücke in der Übersetzung etwa 21 Bogen, die Abhandlungen jedesmal 3 oder 4 Bogen ausmachen, so wäre das Honorar für einen 25 Bogen starken Band etwa 28 oder 29 Karolin zu stehen gekommen. Rechne ich nun die Unkosten des Drucks und Papiers auf 22 Karolin, so wird eine Summe von 50 Karolin in den Band gesteckt, welche mit dem fünften Hundert, das Sie verkaufen, schon heraus ist. Was Sie über 500 Exemplare verkaufen (das Exemplar, wie billig, zu 1 Reichstaler oder 1 Gulden, 12 Batzen gerechnet), ist Profit.

Gar sehr wünschte ich, daß ich mich über dieses sowohl ...

98. An Johann Friedrich Cotta.

Jean, 19. Mai 1794

Vor 4 Tagen bin ich hier angelangt, und Sie finden mich also, wenn Sie kommen, gewiß. Mich erfreut es sehr, daß wir einander hier in Jena noch sehen und nachholen können, was wir auf dem Katzenstein bei Cannstatt nicht haben vollenden können. Meine Gesundheit läßt sich ganz erträglich gut an, und ich wollte zufrieden sein, wenn sie so bleiben wollte, wie sie ist.

Aber den Plan mit der Zeitung werden wir so schnell nicht ausführen können. Für einen kränklichen Menschen ist dieses Geschäft doch zu anstrengend, zu unabsehbar und für den Verleger zu riskant, wenn ich kränker werden sollte. Auch kann ich von Jena so schnell nicht loskommen und einen fixen, obgleich unbeträchtlichen Gehalt nicht wohl an den Zufall einer Spekulation wagen. Möglicher hingegen und auch sicherer ist es, mit einer politischen Quartalschrift anzufangen, welche sich von mir leichter übersehen und, da man immer 3 Monate Zeit hat, auch leichter im Gang erhalten läßt. Ich gewänne dabei nicht nur dieses, daß ich mich durch eine solche Arbeit mit dem politischen Fach familiarisierte und meine Mitarbeiter zugleich für eine größere Entreprise üben und auf die Probe setzen könnte, sondern auch Sie selbst würden aus dem Glück einer solchen Zeitschrift Ihren Entschluß für die größere fassen und die Vorteile besser berechnen können.

Indessen habe ich gefunden, daß auch schon diese eingeschränktere Unternehmung großen Aufwand machen dürfte. Was mich selbst betrifft, so gestehe ich aufrichtig, daß ich die politische Schriftstellerei nicht aus Neigung, sondern aus Spekulation erwählen würde, und da ich mich nie entschließen könnte, etwas zu vernachlässigen, wovor ich meinen Namen setze, so würde mich eine solche Arbeit ungleich mehr Zeit und Anstrengung kosten als jede andere. Da sie in sich selbst nicht so viel Reiz hat, als andere Arbeiten für mich haben, so ist es nur der Vorteil, der mich diese Schwürigkeiten überwinden machen kann. Dies muß ich vorher sagen, damit Sie wissen, wie ich über diesen Punkt denke. Ich würde mir ausbedingen, daß mir für die Redaktion eine Summe im ganzen bezahlt würde, und das übrige würde dann bogenweis bezahlt. Um meiner Mitarbeiter versichert zu sein, müßte ich sie sehr ansehnlich und prompt bezahlen und außer diesem noch einen beständigen Sekretär unterhalten. Die wichtigsten Staatsschriften nebst den notwendigen statistischen und geographischen Werken und Karten, die zum Nachschlagen unentbehrlich sind, würden Sie mir entweder frei liefern und nach dem Gebrauch zurücknehmen oder mir um die Hälfte des Preises eigentümlich überlassen. Die unentbehrlichsten Zeitungen müßten zugleich in den Kontrakt mit einbedungen sein.

100 Bogen, dächte ich, würden die 4 Quartalstücke zusammen betragen, und nach meiner Berechnung würden Sie erst von dem 16. Hundert an Ihren reinen Gewinn rechnen können. Glauben Sie, daß es darauf zu wagen sei?

Sind Sie nach dieser vorläufigen Erklärung zu der Unternehmung aufgelegt, so könnten Sie vielleicht gleich einige dahin einschlagende Schriften, wie z. B. die vorigen Jahrgänge des Moniteur, die Archenholtzischen und Girtannerischen Schriften, Frankreich betreffend, nebst einem ausgesuchten Atlas von Europa gleich mit hieherbringen. Meine Landkarten sind alt und nicht vollständig, auch nicht speziell genug.

Überdenken Sie vor unserer Zusammenkunft alles, was zu dieser Unternehmung gehört; ich will es ebenso machen, daß wir unsere Unterredung soviel als möglich benutzen können. Denken Sie noch sonst nach, worin ich Ihnen von Nutzen sein kann. Wir wollen schon sehen, daß unsere Vorteile miteinanderlaufen.

Das große literarische Journal, wovon ich Ihnen auf der Rückreise von Untertürkheim sprach, scheint mir noch immer eine treffliche Unternehmung, und zu dieser könnte ich Ihnen 3mal mehr Dienste leisten, weil ich hier ganz in meinem Fache wäre. Leben Sie wohl, und sorgen Sie ja dafür, daß wir Zeit haben, uns recht miteinander auszusprechen.

Der Ihrige

Schiller

99. An Johann Benjamin Erhard.

Jena, 26. Mai 1794

Inliegender Brief, lieber Freund, ist bei mir an Sie abgegeben worden. Möchte er Sie noch in Nürnberg treffen! Wir sind hier glücklich angekommen, und ich sehe nun einer ruhigen Existenz im Schoß einer philosophischen Muße entgegen. Fichte hat bereits seine akademische Laufbahn angefangen, und man drängt sich zu seinen Vorlesungen. Ohne Zweifel hat er Ihnen schon selbst sein Programm zugeschickt, sonst würde ich es beigelegt haben.

Möchte nun auch *Ihr* Schicksal Sie glücklich führen, geliebter Freund, daß Ihre Geisteskräfte sich nicht im Kampf mit den Umständen zu verzehren brauchen. Vor allem folgen Sie meinem Rat, und lassen Sie vorderhand die arme, unwürdige und unreife Menschheit für sich selbst sorgen. Bleiben Sie in der heitern und stillen Region der *Ideen*, und überlassen Sie es der Zeit, sie ins praktische Leben einzuführen. Und wenn es Sie je kitzelt, außer sich zu wirken, so machen Sie den Anfang mit dem Physischen und kurieren die *Körper* derer von der Gicht und vom Fieber, deren *Seelen* inkurabel sind.

Bei mir ist ein Plan zu einem großen literarischen Journal im Werke, und wird auch schon mit einem Verleger deswegen traktiert, zu welchem die besten Köpfe der Nation vereinigt mitwirken sollen. Weil einer dem andern Kredit verschafft, so wird man imstande sein, jedem Mitarbeiter größere Anerbietungen zu machen, als bei irgendeinem andern Werk möglich ist, und unter 4 Louisdors für den Bogen wird das Honorar nicht betragen. Ich zähle dabei sehr auf Ihre Beiträge, lieber Freund. Den Plan zum Ganzen will ich Ihnen, sobald er ausgegeben wird, übersenden. Lassen Sie mich Ihre Adresse wissen, ehe Sie Nürnberg verlassen. Meine Frau grüßt Sie freundlich und wünscht, daß Sie sie in gutem Andenken behalten mögen.

Ganz der Ihrige
Schiller

100. An Immanuel Kant.

Jena, 13. Juni 1794

Aufgefodert von einer Sie unbegrenzt hochschätzenden Gesellschaft, lege ich Euer Wohlgeboren beiliegenden Plan einer neuen Zeitschrift und unsre gemeinschaftliche Bitte vor, dieses Unternehmen durch einen, wenn auch noch so kleinen, Anteil befördern zu helfen. Wir würden nicht so unbescheiden sein, diese Bitte an Sie zu tun, wenn uns nicht die Beiträge, womit Sie den Teutschen Merkur und die Berliner Monatschrift beschenkt haben, zu erkennen gäben, daß Sie diesen Weg, Ihre Ideen zu verbreiten, nicht ganz verschmähn. Das hier angekündigte Journal wird aller Wahrscheinlichkeit nach von einem ganz andern Publikum gelesen werden, als dasjenige ist, welches sich vom Geist Ihrer Schriften nähret, und gewiß hat der Verfasser der Kritik auch diesem Publikum manches zu sagen, was nur er mit diesem Erfolge sagen kann. Möchte es Ihnen gefallen, in einer freien Stunde sich unsrer zu erinnern und dieser neuen literarischen Sozietät, durch welchen sparsamen Anteil es auch sei, das Siegel Ihrer Billigung aufzudrücken.

Ich kann diese Gelegenheit nicht vorbeigehen lassen, ohne Ihnen, verehrungswürdigster Mann, für die Aufmerksamkeit zu danken, deren Sie meine kleine Abhandlung gewürdigt, und für die Nachsicht, mit der Sie mich über meine Zweifel zurechtgewiesen haben. Bloß die Lebhaftigkeit meines Verlangens, die Resultate der von Ihnen gegründeten Sittenlehre einem Teile des Publikums annehmlich zu machen, der bis jetzt noch davor zu fliehen scheint, und der eifrige Wunsch, einen nicht unwürdigen Teil der Menschheit mit der Strenge Ihres Systems auszusöhnen, konnte mir auf einen Augenblick das Ansehen Ihres Gegners geben, wozu ich in der Tat sehr wenig Geschicklichkeit und noch weniger Neigung habe. Daß Sie die Gesinnung, mit der ich schrieb, nicht mißkannten, habe ich mit unendlicher Freude aus Ihrer Anmerkung ersehen, und dies ist hinreichend, mich über die Mißdeutung[en] zu trösten, denen ich mich bei andern dadurch ausgesetzt habe.

Nehmen Sie, vortrefflicher Lehrer, schließlich noch die Versicherung meines lebhaftesten Danks für das wohltätige Licht an, das Sie in meinem Geist angezündet haben; eines Danks, der wie das Geschenk, auf das er sich gründet, ohne Grenzen und unvergänglich ist.

Ihr
aufrichtiger Verehrer
Fr. Schiller

101. An Johann Wolfgang von Goethe.

Jena, 13. Juni 1794

Hochwohlgeborner Herr,
hochzuverehrender Herr Geheimer Rat.

Beiliegendes Blatt enthält den Wunsch einer Sie unbegrenzt hochschätzenden Gesellschaft, die Zeitschrift, von der die Rede ist, mit Ihren Beiträgen zu beehren, über deren Rang und Wert nur eine Stimme unter uns sein kann. Der Entschluß Euer Hochwohlgeboren, diese Unternehmung durch Ihren Beitritt zu unterstützen, wird für den glücklichen Erfolg derselben entscheidend sein, und mit größter Bereitwilligkeit unterwerfen wir uns allen Bedingungen, unter welchen Sie uns denselben zusagen wollen.

Hier in Jena haben sich die Herren Fichte, Woltmann und von Humboldt zur Herausgabe dieser Zeitschrift mit mir vereinigt, und da, einer notwendigen Einrichtung gemäß, über alle einlaufenden Manuskripte die Urteile eines engern Ausschusses eingeholt werden sollen, so würden Euer Hochwohlgeboren uns unendlich verpflichten, wenn Sie erlauben wollten, daß Ihnen zuzeiten eins der eingesandten Manuskripte dürfte zur Beurteilung vorgelegt werden. Je größer und näher der Anteil ist, dessen Sie unsre Unternehmung würdigen, desto mehr wird der Wert derselben bei demjenigen Publikum steigen, dessen Beifall uns der wichtigste ist. Hochachtungsvoll verharre ich

Euer Hochwohlgeboren
gehorsamster Diener und aufrichtigster
Verehrer

F. Schiller

102. An Johann Friedrich Cotta.

Jena, 14. Juni 1794

Meinen letzten Brief, worin ich Ihnen wegen der politischen Zeitung meine Zweifel vorlegte, werden Sie nun längst schon in Händen haben. Ich habe dieser Angelegenheit unterdessen reiflich nachgedacht und auch mit andern darüber Rat gepflogen, und die Gründe, sie aufzugeben, haben nun ein entscheidendes Übergewicht bei mir erhalten. Ich kann und darf weder mich noch Sie exponieren. Mich würde ich exponieren, wenn ich mit einer hinfälligen Gesundheit in ein für mich ganz neues und eben darum höchst schwüriges Fach mich stürzte, wozu es mir sowohl an Talent als an Neigung fehlt und wobei ich doch die genaueste Ordnung beobachten müßte. Im ersten Jahre würde meine Anstrengung unbeschreiblich sein, denn außer dem, daß ich mich erst im Politischen überhaupt umsehen und eine unabsehbare Menge dahin einschlagender Schriften mir bekannt machen müßte, fiele auch die ganze Last der Redaktion auf mich, weil ich mit meinem Namen für die Güte des Werks stehen müßte und meine Mitarbeiter noch nicht eingehetzt wären. In diesem einzigen Jahre würde ich meinen ganzen Rest von Gesundheit vollends zugrund richten. *Sie* würde ich nicht weniger exponieren, weil die ganze Unternehmung, nachdem alle Auslagen schon geschehen, durch einen einzigen hartnäckigen Anfall meiner Krankheit, der im ersten Jahre so leicht eintreten könnte, unvermeidlich ins Stocken geraten würde. Außerdem kennt das politische Publikum mich wenig, wenigstens nicht von einer solchen Seite, wo es zu meiner Geschicklichkeit in diesem Fach ein Vertrauen fassen könnte. Im Politischen würde sich ein Mann wie Archenholtz, Friedrich Schulz und dergleichen zehenmal mehr Kredit verschaffen können. Sie setzen sich mit sehr großer Wahrscheinlichkeit aus, sechs- bis achttausend Gulden ohne Rettung zu verlieren, und ich wage zugleich Gesundheit, Leben und schriftstellerischen Ruhm.

Entsagen Sie also einer für uns beide so äußerst riskanten Unternehmung, insoferne wenigstens, als die Ausführung derselben auf mir beruhen soll. Nehmen Sie vielmehr meinen Rat an, Ihre ganzen Kräfte auf die Herausgabe der Horen zu verwenden, die für uns beide unendlich ehrenvoller, ungleich weniger gewagt und ebenso vielversprechend ist. Diese Unternehmung *paßt* für mich, ich bin in diesem Fache *anerkannt*, ich bin *hinreichend* mit Materialien versehen und kann selbst bei einem *geringen Grad von Gesundheit* noch dafür tätig sein, weil ich es mit Neigung und mit innerm Berufe tun würde; und im schlimmsten Fall, wenn ich stürbe, wird sie ohne mich fortgehen können, da eine Auswahl der besten Schriftsteller dazu konkurriert. Was den Verleger betrifft, so zweifle ich, ob ein Buchhändler etwas Ehrenvolleres unternehmen kann als ein solches Werk, das die ersten Köpfe der Nation vereinigt, und wenn dies die einzige Schrift wäre, die Sie verlegten, so müßte schon diese einzige Ihren Namen unter den deutschen Buchhändlern unsterblich machen.

Schon habe ich die Privatanzeige für die Mitarbeiter aufgesetzt und übersende Ihnen solche hier im Abdruck. An das Publikum ergeht eine ganz andere Anzeige, welche aber nicht eher als mit dem ersten Stück darf ausgegeben werden. An Kant, Garve, Klopstock, Goethe, Herder, Engel in Berlin, Gotter und einige andre habe ich schon Briefe und Avertissements gesandt. Hier in Jena haben sich die Professoren Fichte und

Woltmann aufs genaueste mit mir dazu verbunden und fangen bereits an, dafür zu arbeiten. Was mich betrifft, so ist dies der einzig mögliche Weg, daß Sie der Verleger aller meiner künftigen Schriften werden; denn sobald ich für ein Journal schreibe, heben sich alle andern Verbindungen auf. Ließe ich aber meine Schriften einzeln drucken, so hätte Herr Göschen immer das erste Recht an meine neuesten Arbeiten, indem ich sie ihm schon versprochen habe.

Ich erwarte nun bloß einige Antworten auf meine an erwähnte Schriftsteller erlassene Briefe, und wenn diese ihren Beitritt versprechen, so steht unser Journal fest und unerschütterlich. Dann will ich Ihnen auch unsere Vergleichpunkte genau und ausführlich vorlegen, und wir wollen die Kontrakte wechseln.

Ihr ergebener Freund

FSchiller

103. An Johann Gottfried Herder.

Jena, 4. Juli 1794

Euer Hochwürden,

habe ich die Ehre, in beiliegendem Blatte den Plan zu einer periodischen Schrift vorzulegen, die durch die Anstalten, welche man bereits zu Ausführung derselben getroffen, Hoffnung macht, beträchtlich mehr zu leisten, als durch irgendein Unternehmen ähnlicher Gattung bis jetzt hat möglich gemacht werden können. Die Anzahl sowohl als der Name der bereits dazu verbundenen Mitarbeiter bürgen für eine nicht gemeine Vollkommenheit dieses Werks; denn außer den Herren Fichte, Woltmann und Herrn Legationsrat von Humboldt, die hier in Jena zu Herausgabe desselben mit mir zusammengetreten sind, haben sich bereits Herr Geheimer Rat von Goethe, Herr Professor Engel in Berlin, Herr Professor Garve in Breslau, Herr Oberbergmeister von Humboldt aus Bayreuth, Herr Appellationsrat Körner aus Dresden, Herr Matthisson und noch einige andre zu einem tätigen Anteil daran verstanden, und wir haben sehr wahrscheinlich Hoffnung, daß auch die Herren Kant, Klopstock, Jacobi, von Thümmel, von Schlieffen, von Salis und Gotter uns mit Beiträgen beehren werden.

Mit Ungeduld erwarte ich die Zurückkunft Euer Hochwürden von der Reise, um Ihnen unsern Plan mitzuteilen und Sie um Ihren in jedem Betrachte so entscheidenden Beitritt zu ersuchen. Je größer der Anteil sein wird, den Sie unserer Schrift schenken wollen, desto mehr werden Sie uns und das Publikum verpflichten; und hat unser Vorschlag das Glück, Ihren Beifall zu erhalten, so verstatten Sie uns vielleicht, über die eingesandten Manuskripte zuweilen Ihr Urteil einzuholen, wozu Herr Geheimer Rat von Goethe bereits uns berechtigt hat. Übrigens unterwerfen wir uns mit Bereitwilligkeit allen Bedingungen, welche uns vorzuschreiben Ihnen gefallen wird.

Ich verharre mit unbegrenzter Verehrung

Euer Hochwürden

gehorsamster Diener

FSchiller.

104. An Christian Gottfried Körner.

Jena, 4. Juli 1794

Du hast in Deinen letztern Briefen über Deine Hieherreise nichts bestimmt, und doch habe ich so wie auch Humboldt mit Ungeduld auf eine nähere Auskunft darüber gewartet. Auch, um einstweilen Wohnung und Ameublement für Euch zu besorgen, wünschte ich über die Zeit Deiner Ankunft gewiß zu sein. Ich bitte Dich also, diesen Punkt in Deinem nächsten Brief zu berühren.

Für die Horen eröffnen sich sehr gute Aspekten. Goethe ist nicht nur als Mitarbeiter, sondern auch als Mitbeurteiler und als Mitglied des Ausschusses dazugetreten, *Engel* aus Berlin und *Garve* haben die Einladung angenommen und uns, wiewohl nicht auf bestimmte Zeiten, zu Beiträgen Hoffnung gemacht. Von den übrigen kann ich jeden Posttag Antwort erhalten. Überhaupt läßt es sich zu einer auserlesenen Sozietät an, dergleichen in Deutschland noch keine zusammengetreten ist, und das gemeinschaftliche Produkt derselben kann nicht anders als gut ausfallen. Ich hoffe, daß das Beispiel auch auf Dich einen mächtigen Einfluß haben wird. Das Fach, das Du Dir erwählt hast, scheint mir vollkommen passend für Dich zu sein, und es wird durch Deine Behandlung alles das gewinnen, was ihm ein Reinhold und Konsorten, die die philosophierende Vernunft immer von der Individualität des Denkers absondern, niemals geben können. Die philologischen Recherchen, die eine solche Arbeit erfodern dürfte, sind das einzige, woran ich noch Anstoß nehme – ich kenne von dieser Seite Deine Kräfte noch nicht. Was den Plato betrifft, so kann Dir vielleicht die Schrift von Tennemann, System der Platonischen Philosophie, viele unnötige Arbeit ersparen.

Es wäre zu versuchen, ob Dir nicht die Biographie, besonders solcher Männer, die durch Ihren Geist merkwürdig waren, glückte. Die Bibliothek in Dresden würde Dir dazu die nötigen Materialien schaffen, und je nach dem Du einen Mann wähltest, würde sich eine solche Arbeit aufs engste mit dem Ganzen Deiner Ideen verknüpfen.

Ich habe jetzt auf eine Zeitlang alle Arbeiten liegen lassen, um den Kant zu studieren. Einmal muß ich darüber ins Reine kommen, wenn ich nicht immer mit unsichern Schritten meinen Weg in der Spekulation fortsetzen soll. Humboldts Umgang erleichtert mir diese Arbeit sehr, und die neue Ansicht, welche Fichte dem Kantischen Systeme gibt, trägt gleichfalls nicht wenig dazu bei, mich tiefer in diese Materie zu führen. Ich finde vielleicht bald Gelegenheit, Dir einige von den Fichtischen Hauptideen mitzuteilen, die Dich gewiß interessieren werden. Was Du an seinen Beiträgen tadelst, ist gewiß schwer oder gar nicht zu verteidigen; aber bei allem Fehlerhaften trägt dieses Buch doch immer das Gepräge eines schöpferischen Geistes und erweckt große Erwartungen von seinem Urheber, die er jetzt schon zu erfüllen angefangen hat.

Humboldt, der Dich und die Frauen auf das freundschaftlichste begrüßt, trägt mir auf, Dir zu sagen, daß er wegen der Schlegelschen Angelegenheit noch immer in Unterhandlung begriffen sei. Vieweg in Berlin hat den Antrag abgewiesen, und er gedenkt sich jetzt an Hemmerde in Halle zu wenden.

Humboldt hatte seit einigen Wochen einen Akzeß von einem intermittierenden Fieber, welches aber jetzt anfängt, ihn zu verlassen. Ich und meine kleine Familie befinden uns leidlich wohl. Deinen Rat wegen Karl will ich befolgen und hierin bloß die Natur wirken lassen.

Daß ich Dir meine Briefe nach Dänemark noch immer nicht schickte, liegt bloß daran, daß ich sie noch nicht habe ins reine bringen können, um sie dem Abschreiber zu übergeben. Seitdem ich sie absandte, wurde manche beträchtliche Verbesserung darin angebracht, ohne die ich sie Dir nicht gern mitteilen möchte.

Lebe indessen wohl und gib mir bald wieder Nachrichten von Dir und der Familie. Meine Frau läßt Euch herzlich grüßen und freut sich auf Eure Hieherkunft sehr. Dein

Sch.

105. An Johann Friedrich Cotta.

Jena, 10. Juli 1794

Das Paket mit 450 Gulden habe ich richtig erhalten und danke Ihnen verbindlich für die pünktliche Besorgung. Ich bin also für diese Summe Ihr Schuldner, hoffe aber, mich dieser Schuld durch die *Horen* bald zu entledigen.

Zu diesen läßt es sich ganz vortrefflich an. Schon sind 4 vortreffliche Männer unsrer Sozietät beigetreten, Goethe, Herder, Garve und Engel aus Berlin. Goethe und Herder wollen nicht nur Mitarbeiter sein, sondern sie werden sich auch mit der Beurteilung der eingeschickten Aufsätze befassen und Mitglieder unsers engern Ausschusses sein. Von Kant, Klopstock, Gottern, Jacobi aus Düsseldorf und noch einigen andern erwarte ich mit jedem Posttage Antwort. Nunmehr aber ist unsre Anzahl schon zu 12 angewachsen, und es kann gar nicht fehlen, daß sie sich in einigen Monaten nicht verdoppeln wird.

Ich werde Wieland proponieren, den Teutschen Merkur eingehen zu lassen, aber ich erwarte nicht sehr viel davon. Soviel als der Merkur ihm einträgt, kann er bei uns nicht verdienen, ohne sich weit mehr anzustrengen, als er bei dem Merkur nötig hat. Für den Merkur ist jeder schlechte Aufsatz gut genug, und für uns müßte er ganz andere Arbeit liefern, die ihm jetzt vielleicht nicht mehr möglich ist. Er ist auch sehr furchtsam, in seinen alten Tagen noch einen Wettkampf mit jungen und rüstigen Autoren zu wagen, und ich weiß es von einer andern Gelegenheit her, daß er sich vor der Vergleichung mit andern fürchtet, der er doch in den Horen ausgesetzt sein würde. Alsdann rechne ich auch darauf, daß der Merkur nach dem ersten Jahr der Horen von selbst fallen soll, so wie alle Journale, die das Unglück haben, von ähnlichem Inhalt mit den Horen zu sein.

Wenn ich von allen eingeladenen Mitgliedern die Antworten beisammen habe, so sende ich Ihnen diese in der Urschrift zu und zugleich 2 Kopien unsers Kontraktes.

Soll ich nicht etwa mit dem Buchdrucker Göpferdt wegen Druck und Papier sprechen und ihn einen Aufsatz machen lassen, was 12 Monatsstükke, jedes à 9 Bogen und zu 2000 Auflage, an Papier und Druckkosten betragen?

Können Sie mir beiliegend aufgezeichnete Schriften verschaffen und bald verschaffen, so verbinden Sie mich sehr. Die französischen Schriften würden mir gebunden am liebsten sein.

Ich hoffe, daß Ihnen das Bad wohl bekommen sein wird. Mit meiner Gesundheit ist es bis jetzt ganz erträglich gegangen, und ich habe gute

Hoffnung, daß es anhalten wird. Herrn Professor Abel bitte ich mich bestens zu empfehlen.

Der Ihrige

Schiller

NS. Zur Flora hoffe ich Ihnen nächstens einen Beitrag schicken zu können.

[Auf einem besonderen Blatt:]

Vierhundert und fünfzig Gulden rheinisch sind mir von Herrn Cotta aus Tübingen vorschußweise auf den ersten Jahrgang unsrer Monatschrift *Die Horen* richtig und bar ausgezahlt worden, welches hiedurch bescheinige.

Jena, den 13. Juli 1794

Fridrich Schiller

[Auf einem zweiten besonderen Blatt:]

1. *Bibliothèque de Campagne.*
2. *Confessions* von *J. J. Rousseau.*
3. Le Sopha par Crébillon le fils.
4. Don Quixote. Deutsch übersetzt von Bertuch. *Nachdruck.*
5. Schriften von Helfrich Peter Sturz. *Nachdruck.*
6. Dreißigjähriger Krieg von mir. *Nachdruck.*
7. Anthologie von mir.

106. An Johann Wolfgang von Goethe.

Jena, 23. August 1794

Man brachte mir gestern die angenehme Nachricht, daß Sie von Ihrer Reise wieder zurückgekommen seien. Wir haben also wieder Hoffnung, Sie vielleicht bald einmal bei uns zu sehen, welches ich an meinem Teil herzlich wünsche. Die neulichen Unterhaltungen mit Ihnen haben meine ganze Ideen-Masse in Bewegung gebracht, denn sie betrafen einen Gegenstand, der mich seit etlichen Jahren lebhaft beschäftigt. Über so manches, worüber ich mit mir selbst nicht recht einig werden konnte, hat die Anschauung Ihres Geistes (denn so muß ich den Totaleindruck Ihrer Ideen auf mich nennen) ein unerwartetes Licht in mir angesteckt. Mir fehlte das Objekt, der Körper, zu mehreren spekulativischen Ideen, und Sie brachten mich auf die Spur davon. Ihr beobachtender Blick, der so still und rein auf den Dingen ruht, setzt Sie nie in Gefahr, auf den Abweg zu geraten, in den sowohl die Spekulation als die willkürliche und bloß sich selbst gehorchende Einbildungskraft sich so leicht verirrt. In Ihrer richtigen Intuition liegt alles und weit vollständiger, was die Analysis mühsam sucht, und nur weil es als ein Ganzes in Ihnen liegt, ist Ihnen Ihr eigener Reichtum verborgen; denn leider wissen wir nur das, was wir scheiden. Geister Ihrer Art wissen daher selten, wie weit sie gedrungen sind und wie wenig Ursache sie haben, von der Philosophie zu borgen, die nur von Ihnen lernen kann. Diese kann bloß zergliedern, was ihr gegeben wird, aber das Geben selbst ist nicht die Sache des Analytikers, sondern des Genies, welches unter dem dunkeln, aber sichern Einfluß reiner Vernunft nach objektiven Gesetzen verbindet.

Lange schon habe ich, obgleich aus ziemlicher Ferne, dem Gang Ihres Geistes zugesehen und den Weg, den Sie sich vorgezeichnet haben, mit immer erneuerter Bewunderung bemerkt. Sie suchen das Notwendige der Natur, aber Sie suchen es auf dem schweresten Wege, vor welchem jede schwächere Kraft sich wohl hüten wird. Sie nehmen die ganze Natur zusammen, um über das Einzelne Licht zu bekommen, in der Allheit ihrer Erscheinungsarten suchen Sie den Erklärungsgrund für das Individuum auf. Von der einfachen Organisation steigen Sie Schritt vor Schritt zu den mehr verwickelten hinauf, um endlich die verwickeltste von allen, den Menschen, genetisch aus den Materialien des ganzen Naturgebäudes zu erbauen. Dadurch, daß Sie ihn der Natur gleichsam nacherschaffen, suchen Sie in seine verborgene Technik einzudringen. Eine große und wahrhaft heldenmäßige Idee, die zur Genüge zeigt, wie sehr Ihr Geist das reiche Ganze seiner Vorstellungen in einer schönen Einheit zusammenhält. Sie können niemals gehofft haben, daß Ihr Leben zu einem solchen Ziele zureichen werde, aber einen solchen Weg auch nur einzuschlagen, ist mehr wert, als jeden andern zu endigen – und Sie haben gewählt, wie Achill in der Ilias zwischen Phthia und der Unsterblichkeit. Wären Sie als ein Grieche, ja nur als ein Italiener geboren worden und hätte schon von der Wiege an eine auserlesene Natur und eine idealisierende Kunst Sie umgeben, so wäre Ihr Weg unendlich verkürzt, vielleicht ganz überflüssig gemacht worden. Schon in die erste Anschauung der Dinge hätten Sie dann die Form des Notwendigen aufgenommen, und mit Ihren ersten Erfahrungen hätte sich der große Stil in Ihnen entwickelt. Nun, da Sie ein Deutscher geboren sind, da Ihr griechischer Geist in diese nordische Schöpfung geworfen wurde, so blieb Ihnen keine andere Wahl, als entweder selbst zum nordischen Künstler zu werden oder Ihrer Imagination das, was ihr die Wirklichkeit vorenthielt, durch Nachhülfe der Denkkraft zu ersetzen und so gleichsam von innen heraus und auf einem rationalen

Wege ein Griechenland zu gebären. In derjenigen Lebensepoche, wo die Seele sich aus der äußern Welt ihre innere bildet, von mangelhaften Gestalten umringt, hatten Sie schon eine wilde und nordische Natur in sich aufgenommen, als Ihr siegendes, seinem Material überlegenes Genie diesen Mangel von innen entdeckte und von außen her durch die Bekanntschaft mit der griechischen Natur davon vergewissert wurde. Jetzt mußten Sie die alte, Ihrer Einbildungskraft schon aufgedrungene schlechtere Natur nach dem besseren Muster, das Ihr bildender Geist sich erschuf, korrigieren, und das kann nun freilich nicht anders als nach leitenden Begriffen vonstatten gehen. Aber diese logische Richtung, welche der Geist bei der Reflexion zu nehmen genötiget ist, verträgt sich nicht wohl mit der ästhetischen, durch welche allein er bildet. Sie hatten also eine Arbeit mehr, denn so, wie Sie von der Anschauung zur Abstraktion übergingen, so mußten Sie nun rückwärts Begriffe wieder in Intuitionen umsetzen und Gedanken in Gefühle verwandeln, weil nur durch diese das Genie hervorbringen kann.

So ungefähr beurteile ich den Gang Ihres Geistes, und ob ich recht habe, werden Sie selbst am besten wissen. Was Sie aber schwerlich wissen können (weil das Genie sich immer selbst das größte Geheimnis ist), ist die schöne Übereinstimmung Ihres philosophischen Instinktes mit den reinsten Resultaten der spekulierenden Vernunft. Beim ersten Anblicke zwar scheint es, als könnte es keine größern Opposita geben als den spekulativen Geist, der von der Einheit, und den intuitiven, der von der Mannigfaltigkeit ausgeht. Sucht aber der erste mit keuschem und treuem Sinn die Erfahrung und sucht der letzte mit selbsttätiger freier Denkkraft das Gesetz, so kann es gar nicht fehlen, daß nicht beide einander auf halbem Wege begegnen werden. Zwar hat der intuitive Geist nur mit Individuen und der spekulative nur mit Gattungen zu tun. Ist aber der intuitive genialisch und sucht er in dem empirischen den Charakter der Notwendigkeit auf, so wird er zwar immer Individuen, aber mit dem Charakter der Gattung erzeugen; und ist der spekulative Geist genialisch und verliert er, indem er sich darüber erhebt, die Erfahrung nicht, so wird er zwar immer nur Gattungen, aber mit der Möglichkeit des Lebens und mit gegründeter Beziehung auf wirkliche Objekte erzeugen.

Aber ich bemerke, daß ich anstatt eines Briefes eine Abhandlung zu schreiben im Begriff bin – verzeihen Sie es dem lebhaften Interesse, womit dieser Gegenstand mich erfüllt hat; und sollten Sie Ihr Bild in diesem Spiegel nicht erkennen. so bitte ich sehr, fliehen Sie ihn darum nicht.

Die kleine Schrift von Moritz, die Herr von Humboldt sich noch auf einige Tage ausbittet, habe ich mit großem Interesse gelesen und danke derselben einige sehr wichtige Belehrungen. Es ist eine wahre Freude, sich von einem instinktartigen Verfahren, welches auch gar leicht irre führen kann, eine deutliche Rechenschaft zu geben und so Gefühle durch Gesetze zu berichtigen. Wenn man die Moritzische Ideen verfolgt, so sieht man nach und nach in die Anarchie der Sprache eine gar schöne Ordnung kommen, und entdeckt sich bei dieser Gelegenheit gleich der Mangel und die Grenze unserer Sprache sehr, so erfährt man doch auch ihre Stärke und weiß nun, wie und wozu man sie zu brauchen hat.

Das Produkt von Diderot, besonders der erste Teil, ist sehr unterhaltend und für einen solchen Gegenstand auch mit einer recht erbaulichen Dezenz behandelt. Auch diese Schrift bitte ich noch einige Tage hierbehalten zu dürfen.

Es wäre nun doch gut, wenn man das neue Journal bald in Gang bringen könnte, und da es Ihnen vielleicht gefällt, gleich das erste Stück desselben zu eröffnen, so nehme ich mir die Freiheit, bei Ihnen anzufragen, ob Sie Ihren Roman nicht nach und nach darin erscheinen lassen wollen. Ob und wie bald Sie ihn aber auch für unser Journal bestimmen, so würden Sie mir durch Mitteilung desselben eine sehr große Gunst erzeigen. Meine Freunde sowie meine Frau empfehlen sich Ihrem gütigen Andenken, und ich verharre hochachtungsvoll

Ihr

gehorsamster Diener

FSchiller.

107. An Friedrich Matthisson.

Jena, 25. August 1794

Gestern, mein hochgeschätzter Freund, habe ich die Rezension Ihrer Gedichte den Herren Redakteuren der Literaturzeitung eingehändigt und die Versprechung erhalten, daß solche unverzüglich abgedruckt werden soll. Mit dem Inhalt derselben werden Sie, wie ich mir schmeichle, nicht unzufrieden sein. Ich glaube versichern zu können, daß ich gegen Sie *gerecht* war, und mehr braucht es nicht, um Ihr Lobredner zu werden.

Zugleich lege ich die Anzeige der Monatschrift bei, von der ich Ihnen schon bei Ihrer Durchreise sagte und die nun zu einer schönen und glänzenden Erfüllung reift. Goethe, Herder, Engel, Garve, Fichte, Gentz aus Berlin, Friedrich Jacobi und noch 4 bis 5 andere sind diesem Unternehmen schon beigetreten, und ich habe Hoffnung, auch noch Kant zu bekommen. Auf Sie, mein vortrefflicher Freund, habe ich sehr gerechnet, und wenn Sie den guten Willen, den ich Ihnen bei der Rezension Ihrer Gedichte zu zeigen suchte, belohnen wollen, so können Sie es nicht besser und weder für mich noch für das Publikum vorteilhafter tun als durch einen recht großen und tätigen Anteil an den Horen. Diese werden um so mehr gewinnen, wenn Sie auf den Wunsch, den ich mir in der Rezension entfallen ließ, einige Rücksicht nehmen wollen; denn alsdann können wir hoffen, daß Ihre Muse sich vielleicht in einem etwas größeren Ganzen versuchen wird.

Außer diesem literarischen Anliegen habe ich Ihnen noch ein anderes vorzutragen. Man ist in mich gedrungen, einen Musenalmanach herauszugeben, und ich gedenke, noch zu Ende des laufenden Jahres den Anfang damit zu machen. Auch zu dieser Sammlung, welche den Horen gar keinen Eintrag tun wird, habe ich schon mehrere vortreffliche Mitarbeiter, und noch dazu solche, die noch nicht in Musenalmanachen aufgetreten sind. Ich verlasse mich aber vorzüglich auch auf Ihre Teilnehmung und lade Sie hiemit förmlich und inständigst dazu ein. Was aus Ihrer Feder fließt, wird mir willkommen sein. Der Kontrakt mit dem Buchhändler setzt mich in den Stand, Ihnen 4 Friederichsdor für den Bogen anzubieten.

Und nun, mein hochgeschätzter Freund in Apoll, lassen Sie mich bald die Gewährung dieses doppelten Wunsches von Ihnen erhalten, und geben Sie mir zugleich Nachricht, wie Sie mit meinem Urteil in der Literaturzeitung zufrieden sind. An Herrn Füßli, der so gütig war, mir ein sehr schönes Exemplar Ihrer Gedichte zu übersenden, bitte ich Sie, meine verbindliche Danksagung zu machen. Sollten Sie denselben bald sehn oder schreiben, so ersuche ich Sie, bei ihm anzufragen, ob nicht der erste Band vom Wielandischen Shakespeare, der den Lear enthält, noch einzeln zu bekommen ist. Ich habe diesen Teil verloren, und nun ist das ganze Exemplar mir mank geworden.

Verzeihen Sie, daß ich Sie in e i n e m Briefe mit so vielen Bitten belästige, und geben Sie mir bald Gelegenheit, Ihnen durch Taten die Achtung zu beweisen, mit der ich bin

Ihr

ergebenster

Schiller.

108. An Johann Wolfgang von Goethe.

Jena, 31. August 1794

Bei meiner Zurückkunft aus Weißenfels, wo ich mit meinem Freunde Körner aus Dresden eine Zusammenkunft gehabt, erhielt ich Ihren vorletzten Brief, dessen Inhalt mir doppelt erfreulich war. Denn ich ersehe daraus, daß ich in meiner Ansicht Ihres Wesens Ihrem eigenen Gefühl begegnete und daß Ihnen die Aufrichtigkeit, mit der ich mein Herz darin sprechen ließ, nicht mißfiel. Unsre späte, aber mir manche schöne Hoffnung erweckende Bekanntschaft ist mir abermals ein Beweis, wieviel besser man oft tut, den Zufall machen zu lassen, als ihm durch zu viele Geschäftigkeit vorzugreifen. Wie lebhaft auch immer mein Verlangen war, in ein näheres Verhältnis zu Ihnen zu treten, als zwischen dem Geist des Schriftstellers und seinem aufmerksamsten Leser möglich ist, so begreife ich doch nunmehr vollkommen, daß die so sehr verschiedenen Bahnen, auf denen Sie und ich wandelten, uns nicht wohl früher als gerade jetzt mit Nutzen zusammenführen konnten. Nun kann ich aber hoffen, daß wir, soviel von dem Wege noch übrig sein mag, in Gemeinschaft durchwandeln werden, und mit um so größerm Gewinn, da die letzten Gefährten auf einer langen Reise sich immer am meisten zu sagen haben.

Erwarten Sie bei mir keinen großen materialen Reichtum von Ideen; dies ist es, was ich bei Ihnen finden werde. Mein Bedürfnis und Streben ist, aus wenigem viel zu machen, und wenn Sie meine Armut an allem, was man erworbene Erkenntnis nennt, einmal näher kennen sollten, so finden Sie vielleicht, daß es mir in manchen Stücken damit mag gelungen sein. Weil mein Gedankenkreis kleiner ist, so durchlaufe ich ihn ebendarum schneller und öfter und kann ebendarum meine kleine Barschaft besser nutzen und eine Mannigfaltigkeit, die dem Inhalte fehlt, durch die Form erzeugen. Sie bestreben sich, Ihre große Ideenwelt zu simplifizieren, ich suche Varietät für meine kleine Besitzungen. Sie haben ein Königreich zu regieren, ich nur eine etwas zahlreiche Familie von Begriffen, die ich herzlich gern zu einer kleinen Welt erweitern möchte.

Ihr Geist wirkt in einem außerordentlichen Grade intuitiv, und alle Ihre denkenden Kräfte scheinen auf die Imagination als ihre gemeinschaftliche Repräsentantin gleichsam kompromittiert zu haben. Im Grund ist dies das Höchste, was der Mensch aus sich machen kann, sobald es ihm gelingt, seine Anschauung zu generalisieren und seine Empfindung gesetzgebend zu machen. Darnach streben Sie, und in wie hohem Grade haben Sie es schon erreicht! *Mein* Verstand wirkt eigentlich mehr symbolisierend, und so schwebe ich als eine Zwitterart zwischen dem Begriff und der Anschauung, zwischen der Regel und der Empfindung, zwischen dem technischen Kopf und dem Genie. Dies ist es, was mir, besonders in frühern Jahren, sowohl auf dem Felde der Spekulation als der Dichtkunst ein ziemlich linkisches Ansehen gegeben; denn gewöhnlich übereilte mich der Poet, wo ich philosophieren sollte, und der philosophische Geist, wo ich dichten wollte. Noch jetzt begegnet es mir häufig genug, daß die Einbildungskraft meine Abstraktionen und der kalte Verstand meine Dichtung stört. Kann ich dieser beiden Kräfte insoweit Meister werden, daß ich einer jeden durch meine Freiheit ihre Grenzen bestimmen kann, so erwartet mich noch ein schönes Los; leider aber, nachdem ich meine moralischen Kräfte recht zu kennen und zu gebrauchen angefangen, droht eine Krankheit meine physischen zu untergraben. Eine große und allgemeine Geistesrevolution werde ich schwerlich Zeit haben in mir zu vollenden, aber ich werde tun, was ich kann, und wenn endlich das Gebäude zusammenfällt, so habe ich doch vielleicht das Erhaltungswerte aus dem Brande geflüchtet.

Sie wollten, daß ich von mir selbst reden sollte, und ich machte von dieser Erlaubnis Gebrauch. Mit Vertrauen lege ich Ihnen diese Geständnisse hin, und ich darf hoffen, daß Sie sie mit Liebe aufnehmen.

Ich enthalte mich heute, ins Detail Ihres Aufsatzes zu gehen, der unsre Unterhaltungen über diesen Gegenstand gleich auf die fruchtbarste Spur einleitet. Meine eigenen, auf einem verschiedenen Wege angestellten Recherchen haben mich auf ein ziemlich damit übereinstimmendes Resultat geführt, und in beifolgenden Papieren finden Sie vielleicht Ideen, die den Ihrigen begegnen. Sie sind vor anderthalb Jahren hingeworfen worden, und sowohl in dieser Rücksicht als ihrer lokalen Veranlassung wegen (denn sie waren für einen nachsichtigen Freund bestimmt) kann ihre rohe Gestalt auf Entschuldigung Anspruch machen. Seitdem haben sie allerdings ein besseres Fundament und eine größere Bestimmtheit in mir erhalten, die sie den Ihrigen ungleich näher bringen dürfte.

Daß Wilhelm Meister für unser Journal verloren sein soll, kann ich nicht genug beklagen. Indessen hoffe ich von Ihrem fruchtbaren Geiste und Ihrem freundschaftlichen Eifer für unsre Unternehmung einen Ersatz dieses Verlustes, wobei die Freunde Ihres Genius alsdann doppelt gewinnen. In dem Stück der Thalia, die ich hier beilege, finden Sie einige Ideen von Körner über Deklamation, die Ihnen nicht mißfallen werden. Alles bei uns empfiehlt sich Ihrem freundschaftlichen Andenken, und ich bin mit der herzlichsten Verehrung

der Ihrige

Schiller.

109. An Christian Gottfried Körner.

Jena, 1. September 1794

Wir sind glücklich und bei ziemlich guter Zeit hier eingetroffen; und ich hoffe, daß auch Dir das schlimme Wetter nicht geschadet haben soll. Nimm noch einmal meinen herzlichen Dank an für das Opfer, das Du mir gebracht hast; und der Minna versichere, daß ich ihr die Gefälligkeit sehr hoch anrechne, Dich auf einige Tage mir überlassen zu haben. Es ist doch eine wohltuende Empfindung, sich, wenn man getrennt lebt und auch wie wir beide sich im Geiste nahe bleibt, zuweilen wieder in das fleischliche Auge zu sehen. Ich wußte es vorher und zweifelte keinen Augenblick, daß ich Dich ganz als denselben wiederfinden würde; aber es tat mir doch herzlich wohl, mich mit meinen Augen davon zu überzeugen und die Wirklichkeit meiner Erwartung gleichsam mit Händen zu greifen.

Auf Deine Zusage wegen der musikalischen Abhandlung baue ich; denn Du bist hier ganz in Deinem Elemente, und das Geschäft ist nicht so verwickelt, daß Du bei Deinen übrigen Arbeiten Dich nicht recht gut dabei sammeln könntest. Gelegentlich denkst Du dann auch auf einen anderen Stoff, und vielleicht führen künftige Veranlassungen einen herbei. Deine Idee zu einer Darstellung des philosophischen Egoisten und seines Gegenteils würde ein herrlicher Stoff für ein Drama oder Roman sein; aber bloß philosophisch behandelt, dürfte die Ausführung ins Trockene verfallen, wie z. B. alle Mendelssohnschen Dialoge. Bei dem Versuche, Metaphysik zu popularisieren, wie Du in Briefen an ein Frauenzimmer vorhast, wirst Du, fürchte ich, auf unübersteigliche Schwierigkeiten stoßen; und der Gewinn würde die ungeheure Arbeit schwerlich belohnen.

Eine sehr schöne Materie würde die Aufstellung eines Ideals der Schriftstellerei und ihres Zusammenhangs mit der ganzen Kultur sein, und ich wüßte keine, die in so hohem Grade für Dich taugte. Schriftstellereinfluß spielt in der neuen Welt eine so entscheidende Rolle, und es wäre zugleich so allgemein interessant und so allgemein nötig, darüber etwas Bestimmtes und aus der reinen Menschheit Hergeleitetes festzusetzen. Diese Materie stände mit der Einwirkung auf die Geister in dem nächsten Zusammenhange, und die reichhaltigsten Resultate der ganzen Philosophie würden darin zusammenfließen.

Bei meiner Zurückkunft fand ich einen sehr herzlichen Brief von Goethe, der mir nun endlich mit Vertrauen entgegenkommt. Wir hatten vor sechs Wochen über Kunst und Kunsttheorie ein langes und breites gesprochen und uns die Hauptideen mitgeteilt, zu denen wir auf ganz verschiedenen Wegen gekommen waren. Zwischen diesen Ideen fand sich eine unerwartete Übereinstimmung, die um so interessanter war, weil sie wirklich aus der größten Verschiedenheit der Gesichtspunkte hervorging. Ein jeder konnte dem andern etwas geben, was ihm fehlte, und etwas dafür empfangen. Seit dieser Zeit haben diese ausgestreuten Ideen bei Goethe Wurzel gefaßt, und er fühlt jetzt ein Bedürfnis, sich an mich anzuschließen und den Weg, den er bisher allein und ohne Aufmunterung betrat, in Gemeinschaft mit mir fortzusetzen. Ich freue mich sehr auf einen für mich so fruchtbaren Ideenwechsel, und was sich davon in Briefen mitteilen läßt, soll Dir getreulich berichtet werden. Gestern erhielt ich schon einen Aufsatz von ihm, worin er die Erklärung der Schönheit, daß sie Vollkommenheit mit Freiheit sei, auf organische Naturen anwendet.

Ein großer Verlust für unsere Horen ist es, daß er seinen Roman schon an Unger verkauft hatte, ehe wir ihn zu den Horen einluden. Er beklagt es selbst und hätte ihn uns mit Freuden überlassen. Doch verspricht er, so viele Beiträge zu liefern, als in seinen Kräften steht.

Hier die versprochene Anthologie für Minna und für Dich die Thalia, worin Du Deinen Aufsatz über Deklamation finden wirst. Mehrere solche Aufsätze würden uns für die Horen sehr vorteilhaft sein. Du wirst Dir selbst gestehen müssen, wenn Du ihn wieder liest, daß diese simple und nachlässige Form dieser Materie sehr gut ansteht, und gewiß ist sie in kleinen Aufsätzen die allerpassendste.

Bei meiner Nachhausekunft fand ich alles wohl. Auch ich hatte mich zum erstenmal von meinem Kinde getrennt wie Du von Deiner Familie, und es war mir eine ganz eigene Freude, mich wieder in meinen kleinen häuslichen Kreis zu finden. Jetzt bin ich auf drei Wochen hier allein, denn meine Frau ist mit dem Kleinen nach Rudolstadt geflüchtet, weil die Pocken hier inokuliert werden und er jetzt im Zahngeschäft ist. Lebe recht wohl und grüße Minna und Dorchen herzlich von uns.

Dein

Schiller

110. An Johann Friedrich Cotta.

Jena, 1. September 1794

Die Bücher habe ich richtig erhalten und danke Ihnen für gütige Besorgung. Können Sie es möglich machen, mir die französischen etwa noch in diesem Monat zu liefern, so verbinden Sie mich sehr. Mir ist es gleichviel, sie mögen alt oder neu sein.

Ihr Vorschlag, den Druck der Horen in Tübingen zu besorgen, wird gar keine Schwürigkeit haben, und in mehr als einem Betracht ist es besser, wenn dieses ganze Geschäft unmittelbar durch Ihre Hände gehen kann. Wir Autoren können uns mit solchen Sachen nie recht befassen, weil wir es nicht verstehen, und einen dritten Mann zu finden, der ebenso ehrlich als habil dazu gewesen wäre, würde schwer gehalten haben. Ich übersende Ihnen also das Manuskript für ein ganzes Monatsstück immer auf einmal, und Sie sorgen dann dafür, daß in jedem Monat 8 Bogen zu rechter Zeit gedruckt werden.

Ehe wir aber in diese Unternehmung ernstlich hineingehen, so überlegen Sie doch noch einmal genau, was Sie dabei zu wagen und zu hoffen haben. Von unsrer Seite ist nun gar keine Schwierigkeit mehr und schon jetzt eine Sozietät von Schriftstellern beisammen, wie noch kein Journal (ich darf es wohl sagen) aufzuweisen gehabt hat. Goethe, Herder, Garve, Engel, Fichte, Friedrich Jacobi, Matthisson, Woltmann, Gentz aus Berlin und noch 4 bis 5 andere, deren Namen das Publikum zwar noch nicht kennt, aber die in der literarischen Welt noch eine Rolle spielen werden, sind außer mir Teilnehmer an diesem Werk. Was von solchen Schriftstellern nur irgend geleistet werden kann, wird geleistet werden, und noch 8 bis 10 andere stehen auf unsrer Liste, die wir eintreten lassen werden, sobald gegen alle Erwartung Mangel an vortrefflichen Aufsätzen von den genannten Mitarbeitern zu befürchten sein sollte. Auch dürfen Sie auf die möglichste Bekanntmachung dieses Journals sicher rechnen; denn nicht nur in der Allgemeinen Literaturzeitung, sondern in allen öffentlichen gelehrten Blättern soll es von Monat zu Monat angezeigt und, wo es angeht, ausführlich beurteilt erscheinen, so daß von einem Ende Deutschlands zum andern das Publikum davon unterhalten werden soll.

Dies ist die lachende Seite der Unternehmung; die bedenkliche ist der große Aufwand, auf den Sie sich gefaßt machen müssen. Hundert Bogen etwa enthält ein Jahrgang. Jeder Bogen kostet im Durchschnitt (denn die Kontrakte sind ungleich) 5 alte Louisdors Honorar: also 500. Dazu kommen noch 60 für den Redakteur: also 560 Louisdors bloß für die Autoren. Höher als 3 Laubtaler werden Sie das einzelne Exemplar nicht anschlagen dürfen; davon geht noch der Rabatt ab. Also ist zu vermuten, daß Sie erst mit dem 13. Hundert Ihre Auslage heraushaben werden. Freilich ist ein Absatz von 2000 Exemplarien bei einem solchen Werke eine Kleinigkeit, aber Sie müssen doch auch den allerunwahrscheinlichsten Fall in Betrachtung ziehen. Überlegen Sie nun alles wohl, und nehmen Sie auf uns gar keine Rücksicht; denn da wir einmal zusammengetreten sind, da alle Umstände sich so günstig anlassen, so wird das Journal *auf jeden Fall* durchgesetzt, selbst wenn *Sie* zurücktreten sollten. Wenn Sie aber über den Rubikon gegangen sind und sich ernstlich dafür entschieden haben, so erwarten Sie von *unsrer* Seite allen menschenmöglichen Eifer, aber auch Sie müssen Ihrerseits keine Zeit, keine Industrie, keine Tätigkeit sparen, denn die Zerstreuung eines Buchs durch die Welt ist fast ein ebenso schwieriges und wichtiges Werk als die Verfertigung desselben.

Sobald Sie mir schreiben, daß Sie entschlossen sind, wozu Sie sich 8 bis 12 Tage Bedenkzeit nehmen mögen, so wollen wir dann den Kontrakt aufsetzen, Schrift, Papier, Format und was sonst nötig ist bestimmen und zum ersten Monatsstück Anstalt machen. Goethe ist voll Eifer, er wird uns alles geben, was er vorrätig hat, und er hat schon erklärt, daß das Journal ihn in neue Tätigkeit setzen werde. Wahrscheinlich wird gleich das erste Stück etwas von ihm und auch von Herder enthalten. Von Kant erwarte ich noch Antwort. Er ist nicht der fleißigste Briefschreiber, aber etwas liefert er gewiß zu den Horen.

Für die Flora erhalten Sie gewiß etwas von mir, aber bis jetzt hatte ich noch damit zu tun, die 2 letzten Stücke der Thalia zu besorgen, weil diese nun doch ordentlich geschlossen werden mußte.

Fichte hat seine Lehrbücher einer hiesigen Buchhandlung versprochen, und außer diesen Lehrbüchern und dem, was er für die Horen schreibt, ist jetzt nichts von ihm zu erwarten.

Schreiben Sie mir doch, ob es noch Zeit ist, wenn ich Ihnen zwischen heut und dem 1. Oktober einen kleinen Aufsatz für Ihren Gartenkalender schicke. Wenn es damit zu spät ist, so will ich etwas dafür für die Flora aufsetzen. Leben Sie wohl.

Sch.

111. An Christian Gottfried Körner.

Jena, 12. September 1794

Dein Brief hat mir große Freude gemacht, weil er mir bestätigte, wie gut wir einander verstehen und wie notwendig wir uns sind. Nein, Dir kann es ebensowenig als mir begegnen, daß heterogener Einfluß von außen die reine Form Deines Wesens verderbt, denn unsrer beider Seele hat ein Vermögen, sich keusch zu bewahren, allen fremden Stoff auszuwerfen und über jede unheilige Berührung zu siegen.

Ich wollte, daß Du Dein Ideal der Schriftstellerei bald möglichst hinwerfen möchtest. Herrlich wäre es, wenn wir unsre Horen damit eröffnen könnten. Auch halte ich diese Arbeit für besonders geschickt, Dir Mut einzuflößen, Deine Kraft ins Spiel zu setzen und gewissermaßen Dein schriftstellerisches Glück zu entscheiden. Kannst Du, so gehe jetzt gleich daran; Du wirst dabei recht gut fortfahren können, Materialien für die musikalische Abhandlung zu sammeln. Jacobi aus Düsseldorf hat sich nun auch erklärt, an den Horen zu arbeiten. Von Humboldts Bruder, der preußischer Oberbergmeister ist, haben wir über Philosophie des Naturreichs sehr gute Aufsätze zu erwarten. Er ist jetzt in Deutschland gewiß der Vorzüglichste in diesem Fache und übertrifft an Kopf vielleicht noch seinen Bruder, der gewiß sehr vorzüglich ist.

Ich bearbeite jetzt meine Korrespondenz mit dem Prinzen von Augustenburg, die ich Dir gewiß binnen 3 Wochen schicke. Sie wird unter dem

Titel „Über die ästhetische Erziehung des Menschen“ ein Ganzes ausmachen und also von meiner eigentlichen Theorie des Schönen unabhängig sein, obgleich sie sehr gut dazu vorbereiten kann. Sie macht mir aufs neu viel Freude, und ich suche ihr alle nur mögliche Vollkommenheit zu geben.

Daneben arbeite ich an einem Aufsatz über *Natur* und *Naivheit*, der mich immer mehr fesselt und mir vorzüglich zu gelingen scheint. Ich schreibe hier mehr aus dem Herzen und mit Liebe. Es ist gleichsam eine Brücke zu der poetischen Produktion.

Ramdohr war dieser Tage hier und erzählte mir, daß er Deine Bekanntschaft gemacht habe. Was hältst Du von ihm? Ich muß sagen, daß mir seine Bekanntschaft gerade jetzt, wo ich mich mit Ideen über die Kunst abgebe, nicht ganz uninteressant gewesen ist. Freilich kommt es mir vor, als wären die *guten* Ideen, die er auskramt, nicht auf seinem Boden gewachsen, und der anmaßende Ton, mit dem er aburteilt, mißfällt mir nicht wenig. Dennoch sind selbst Menschen seiner Art so selten, daß man mit ihnen vorliebnehmen muß. Er hat viele Kunstwerke gesehen, und seine Ideen berühren mehr die Erfahrung, ohne sich zu der Spekulation zu erheben. Er hat also etwas, was mir abgeht, ob ich gleich zweifle, daß er das, was ich ihm etwa geben könnte, zu empfangen imstand ist.

Ich werde künftige Woche auf 14 Tage nach Weimar abreisen und bei Goethe wohnen. Er hat mir so sehr zugeredet, daß ich mich nicht wohl weigern konnte, da ich alle mögliche Freiheit und Bequemlichkeit bei ihm finden soll. Unsre nähere Berührung wird für uns beide entscheidende Folgen haben, und ich freue mich innig darauf. Der Hof ist nach Eisenach abgereist, und Goethe hat sich losgemacht, so daß wir nun ganz unseren Ideen leben können. Ich werde Dir fleißig schreiben.

Seine Iphigenie ist ins Englische übersetzt und, soviel ich urteilen kann, so glücklich, daß man ein Original zu lesen glaubt, und mit reiner Beibehaltung des ganzen Goethischen Charakters.

Auf Deine weitere Erklärung über meine poetische Sendung und meinen dramatischen Beruf warte ich mit Ungeduld. Du meinst, daß ich den Wallenstein zu sehr mit dem Verstand und zu wenig mit Begeisterung angreife. Aber das gilt nur von dem Plan, der nicht streng genug berechnet werden kann. Ausführen muß ihn die Imagination und die augenblickliche Empfindung. Dies ist es aber, wofür ich fürchte, daß mich die Einbildungskraft, wenn ihr Reich kommt, verlassen werde. Lebe wohl. Von meiner kleinen Familie in Rudolstadt habe ich gute Nachricht, und mit meiner Gesundheit geht's erträglich. An Minna und Dorchen meinen herzlichen Gruß. Solltest Du jetzt, nachdem Du das Graffische Original hast, Dorchens Kopie meines Bildes weggeben, so will ich eine Bitte darum eingelegt haben. Adieu. Dein Sch.

112. An Charlotte Schiller.

Weimar, 20. September 1794

Meinen Brief von Weimar wird mein Liebes nun vermutlich haben. Seit dieser Zeit ging es ganz ordentlich mit mir, bis auf ein Reißen in den Lenden, das ich mir durch eine Erkältung zugezogen haben mag und das einmal frühmorgens so stark war, daß ich mich nicht im Bette rühren konnte. Es hat aber schon denselben Tag abgenommen und hindert mich doch nicht mehr an den notwendigsten Bewegungen.

Ich bringe die meiste Zeit des Tages mit Goethen zu, so daß ich, bei meinem langen Schlafen, kaum für die nötigsten Briefe noch Zeit übrig habe. Vor einigen Tagen waren wir von halb 12, wo ich angezogen war, bis nachts um 11 Uhr ununterbrochen beisammen. Er las mir seine Elegien, die zwar schlüpfrig und nicht sehr dezent sind, aber zu den besten Sachen gehören, die er gemacht hat. Sonst sprachen wir sehr viel von seinen und meinen Sachen, von anzufangenden und angefangenen Trauerspielen und dergleichen. Ich habe ihm meinen Plan zu den Maltesern gesagt, und nun läßt er mir keine Ruhe, daß ich ihn bis zum Geburtstag der regierenden Herzogin, wo er ihn spielen lassen will, doch vollenden möchte. Es kann auch ganz gut dazu Rat werden, denn er hat mir viel Lust dazu gemacht, und dieses Stück ist noch einmal so leicht als Wallenstein. Er hat mich gebeten, seinen Egmont für das weimarische Theater zu korrigieren, weil er es selbst nicht wagt, und ich werde es auch tun. Meinen Fiesko und Kabale und Liebe rät er mir auch nur ein wenig zu retuschieren, daß diese Stücke ein bleibendes Eigentum des Theaters werden. Was seinen Anteil an den Horen betrifft, so hat er großen Eifer, aber freilich wenig vorrätige Arbeit. Seine Elegien gibt er uns, und zwar gleich für die ersten Stücke. Alsdann hat er mir vorgeschlagen, einen Briefwechsel mit ihm über Materien zu eröffnen, die uns beide interessieren, und dieser Briefwechsel soll dann in den Horen gedruckt werden. Herdern sprach ich gestern zum erstenmal nebst Rehberg und dessen Schwester, die eben hier sind. Rehberg hat eine fatale Physiognomie und mißfällt überhaupt, wenigstens auf den ersten Anblick. Seine Schwester ist ein artiges Geschöpf. Herder hat sich sehr alt gemacht, war aber recht freundschaftlich. Ich werde ihn nächstens einmal besuchen. Ausgegangen bin ich noch nirgends.

Humboldt war unterdessen wieder bei mir. Er zweifelt, ob die Blattern bei dem Kleinen ausbrechen werden, und in diesem Fall könntest Du also in 8 Tagen ohne Anstand nach Jena zurück. Zwar hat Hufeland sein Kind inokuliert, dies wird aber auf unsern Karl keine Folgen haben. Wann ich wieder nach Jena zurückgehe, weiß ich noch nicht. Jetzt ist es gerade eine Woche, daß ich hier bin, und da ich gar nichts hier arbeiten kann, so will ich es doch nicht zu lange machen. In 8 Tagen werde ich mich also wohl auf den Rückweg machen. Wie froh will ich sein, meine Lieben da zu finden! Grüße chère mère und unsre Rudolstädter Freunde recht schön von mir. Dem Goldsohn tausend Küsse. Vergiß nicht, mir die Sévigné, die Héloïse und den Rollin mitzubringen. Adieu, liebes Herz.

Sch.

113. An Christian Garve.

Jena, 1. Oktober 1794

Die freundschaftlichen Gesinnungen, die in Ihrem Briefe atmen, und die wahre Sprache des Herzens, die in demselben nicht zu verkennen ist, haben mich höchlich erfreut, und von ganzem Herzen stimme ich in den Ton ein, den Sie für unser künftiges Verhältnis darin festgesetzt haben. Ja, mein vortrefflicher Freund, lassen Sie uns einander von nun an nicht aus den Augen verlieren, und betrachten Sie mich als einen alten Gefährten auf dem Wege zur Wahrheit, auf dem man nicht genug Gesellschaft finden kann und doch oft so vergeblich sucht.

Ich möchte gleich jetzt von diesem vertraulichen Verhältnis, das Sie mir erlauben, Gebrauch machen und fragen, mit welcher Materie Sie sich jetzt beschäftigen. Das Gebiet, worin Sie wirken und am liebsten verweilen, ich meine, *die durch philosophischen Geist beleuchteten moralischen Welterscheinungen* sind so mannigfaltig und unerschöpflich, daß sie sich unter den Händen des Forschers eher vervielfältigen als vermindern. Ich habe in Ihren Versuchen über verschiedene Gegenstände aus der Moral pp. etc. aufs neue Gelegenheit gehabt, das schöne philosophische Licht zu bewundern, das Sie selbst über solche Gegenstände zu verbreiten wußten, die der Willkür allein ihren Ursprung und ihre Form zu verdanken schienen. Ihre Betrachtungen über die Stelle von Rochefoucault sind gewiß das Gedachteste, was je über diesen Gegenstand mag gesagt oder geschrieben worden sein. Ich erwähne hier deswegen dieses Aufsatzes insbesondere, weil er einer Arbeit, mit der ich mich seit einiger Zeit beschäftige, ziemlich nahe liegt und mich gewissermaßen zu ihrem Nachbar in diesem Fache macht. Ich habe nämlich den Versuch gemacht, in einem Aufsatze über den *ästhetischen Umgang* den Grundsatz der Schönheit auf die Gesellschaft anzuwenden und den Umgang als ein Objekt der schönen Kunst zu betrachten. Da ich auf diesem Wege natürlicherweise darauf geführt werde, den sogenannten guten Ton, wie ihn Zeiten und Verhältnisse eingeführt haben, nach objektiven Prinzipien des Geschmacks zu beurteilen, so komme ich Ihnen sehr nahe, obgleich unsre beiden Felder nicht ineinanderlaufen. Aber es freute mich unendlich, zu sehen, daß meine Ideen über diese zarten und delikaten Phänomene den Ihrigen begegnen und daß wir in den Hauptpunkten sichrer einverstanden sind.

Es ist noch eine Materie, die ich von Ihnen vorzugsweise beleuchtet wünschte, das Verhältnis des Schriftstellers zu dem Publikum und des Publikums zu dem Schriftsteller. In unsern Zeiten, wo ein so großer Teil der Menschen seine eigentliche Erziehung durch Lekture bekommt und wo ein anderer nicht unbeträchtlicher Teil sich diese Erziehung durch Schriften zum Geschäft seines Lebens macht, scheint es mir ebenso interessant als zweckmäßig, das Innere dieses wechselseitigen Verhältnisses aufzudecken, die Folgen, die es für beide Teile hat, anthropologisch zu entwickeln und es, wo möglich, durch ein aufgestelltes Ideal von dem, was es für beide Teile sein könnte und sollte, zu reinigen und zu veredeln. Vielleicht sind Sie nicht abgeneigt, diese Materie einmal Ihrer nähern Prüfung zu unterwerfen.

Ich will Ihnen bei dieser Gelegenheit auch melden, daß unser Journal nun gewiß zustande kommt und alle Umstände sich zu Begünstigung desselben vereiniget haben. Es sind bereits 16 bekannte und gute Schriftsteller demselben beigetreten und versprechen den tätigsten Anteil. Darf ich mir Hoffnung machen, daß wir etwa in einem der ersten drei Monatstücke etwas von Ihrer Feder erhalten? Sie werden dadurch unsre ganze Gesellschaft höchlich verbinden, am meisten aber

Ihren
herzlich ergebenen und Sie innig
verehrenden Freund

FSchiller.

114. An Johann Friedrich Cotta.

Jena, 22. Oktober 1794

Da wir jetzt keine Zeit verlieren wollen, das erste Stück der Horen, welches bereits beisammen ist, zum Drucke zu befördern, vorher aber die Wahl des Papiers und der Lettern getroffen werden muß, so bitte ich Sie, mir mit umlaufender Post Schrift und Papierproben zuzusenden. Unter den Schriftproben können lateinische und deutsche sein, und auch von dem Papier bitte ich Druck- und Schreibpapier beizulegen. Das Format müßte aber das größte Oktav sein. Legen Sie zugleich einige Proben von buntem Papier bei, das Sie zum Umschlag bestimmen. Könnten wir sehr hellgrünes oder recht blaßrotes feines Papier dazu nehmen, so würde es ein gefälliges Ansehen haben. Sonst ist auch jedes bunte Papier gut, wie man zu Dissertationen zu nehmen pflegt.

Alsdann hätte ich noch vorzuschlagen, ob es nicht angeht, nur das einzige erste Stück hier zu drucken, damit wir es zum Muster für alle folgenden einmal für immer einrichten könnten. Es gibt so viele Kleinigkeiten bei einer solchen Sache, die sich nicht gut durch Worte ausmachen lassen. Den Transport nach Tübingen wollen wir gerne tragen, und da doch eine große Quantität Exemplarien auf die Ostermesse nach Leipzig befördert werden muß, so könnte dies von hier aus kürzer geschehen. Es versteht sich, daß die Schrift und das Papier, welches wir aus Ihren Proben auswählen, hier zu finden sein muß.

Antworten Sie mir ja auf diese Punkte, sobald Sie können.

Der Ihrige

Schiller

115. An Christian Gottfried Körner.

Jena, 25. Oktober 1794

Ich habe auf meinen ersten philosophierenden Brief an *Goethe* noch nicht die Antwort, die erst in einigen Tagen versprochen ist, sonst würde ich Dir meinen und seinen Brief schon heute beilegen. Ich will Dir lieber die Sachen selbst schicken, als aufs neu darüber schreiben, weil ich sonst aus diesem Gedankenkreis gar nicht herauskomme. In meinen Briefen an Ihn wirst Du dann auch das Wichtigste von unsern neulichen Unterredungen, ästhetische Dinge betreffend, finden, weil ich mich mehrmals darauf beziehe.

Über seinen Satz in dem Aufsatz, den ich Dir schickte, daß wir Tiere schön nennen, denen neben Befriedigung des Notwendigen noch Kraft zu willkürlichen Handlungen übrigbleibe, merke ich nur dies einzige an. Obgleich durch dies Kennzeichen der Begriff des Schönen noch gar nicht bestimmt wird, so stimmt es doch gewiß damit überein. Das Kamel und der Esel haben überflüssige Masse, aber nicht Überfluß der Kraft, vielmehr müssen wir, beim Kamel besonders, diesen Überfluß als eine Hinderung der Kraft häßlich finden. Es ist gewiß nicht unbedeutend, den Überfluß, sobald er den Zweck nicht einschränkt oder die Kraft nicht hindert, als ein Element des Schönen anzunehmen, und mir scheint, daß man aus dem innersten Wesen der Schönheit auf diese Bemerkung geführt werden muß. Die Schönheit ist ein Effekt der Einbildungskraft oder, wenn

Du willst, ein Objekt derselben. Wenn etwas Intellektuelles oder überhaupt Vernunftmäßiges schön werden soll, so muß es erst sinnlich und ein Gegenstand der Einbildungskraft werden. Von der Einbildungskraft aber wissen wir, daß sie allen ihren Vorstellungen sinnliche Vollständigkeit, materielle Totalität zu verschaffen sucht. Der Verstand braucht aber von einer Vorstellung der Einbildungskraft nicht alle Teile, nicht das *ganze* Mannigfaltige. Sie gibt ihm also mehr, als er braucht, und gerade dadurch entsteht die Schönheit. Jede ihrer Vorstellungen ist *durchgängig* bestimmt, und diese durchgängige Bestimmtheit ist ein Überfluß für den Verstand. – Daß dieser Überfluß aber eine Conditio sine qua non der Schönheit sei, können wir daraus abnehmen, daß ein Gleichnis zum Beispiel seine Schönheit ganz verliert, wenn man es dieses Überflusses beraubt, wenn man das Individuelle allgemeiner ausdrückt und die Punkte der Ähnlichkeit mit technischer Genauigkeit andeutet.

Meine Resultate über die Schönheit gewinnen nun bald eine sehr gute Übereinstimmung. Davon bin ich nun überzeugt, daß alle Mißhelligkeiten, die zwischen uns und unsersgleichen, die doch sonst im Empfinden und in Grundsätzen so ziemlich einig sind, darüber entstehen, bloß davon herrühren, daß wir einen empirischen Begriff von Schönheit zum Grunde legen, der doch nicht vorhanden ist. Wir mußten notwendig jede unsrer Vorstellungen davon mit der Erfahrung im Widerstreite finden, weil die Erfahrung eigentlich die Idee des Schönen gar nicht darstellt oder vielmehr weil das, was man gewöhnlich als schön empfindet, gar nicht das Schöne ist. Das Schöne ist kein Erfahrungsbegriff, sondern vielmehr ein Imperativ. Es ist gewiß objektiv, aber bloß als eine notwendige Aufgabe für die sinnlichvernünftige Natur; in der wirklichen Erfahrung aber bleibt sie gewöhnlich unerfüllt, und ein Objekt mag noch so schön sein, so macht es entweder der *vorgreifende* Verstand augenblicklich zu einem vollkommenen oder der vorgreifende Sinn zu einem bloß angenehmen. Es ist etwas völlig Subjektives, ob wir das Schöne als schön empfinden, aber objektiv sollte es so sein.

Ich weiß nicht, ob ich mich deutlich genug ausgedrückt habe: ich werde aber an einem andern Ort ausführlicher darüber sein. Schicke mir das Manuskript von Goethe wieder, ich habe keine Abschrift davon. Mein erster Beitrag zu den Horen, der Anfang meiner Briefe, ist schon an Goethe abgegeben. Ich hätte Dir das Manuskript zuerst geschickt, wenn nicht dadurch ein Aufenthalt entstanden wäre. Hoffentlich aber erhalte ich sie in wenigen Tagen zurück. Ich bin sehr gut mit diesem Anfang zufrieden, und ich auguriere, daß auch Du es sein wirst. Möchtest Du nur auch bald etwas liefern, daß ich Dich wenigstens gleich in dem zweiten Stücke, welches sogleich nachfolgt, gedruckt sehen könnte. Von der Thalia erscheinen noch 2 Stücke: eines ist schon ganz abgedruckt, und das andere ist besetzt, so daß ich Schlegels Aufsatz nicht mehr plazieren kann. Er wird aber im Merkur wohl unterkommen können. Seinen Aufsatz habe ich bei Humboldt gelesen, aber ob ich gleich die Idee nicht wegwerfen will, so hat mich seine Erklärung und Ausführung wenigstens nicht ganz befriedigt, und ich finde noch viel Willkürliches darin.

Pindar hat mir nie behagen wollen, und mein erstes Gefühl empörte sich auch gegen diese Wegwerfung des Genies. Bei Danneckern will ich sondieren, zweifle aber, daß er sein Vaterland verlassen wird, teils wegen einer sehr zahlreichen Verwandtschaft, die ihn dort fesselt, teils weil er sich bedenken wird, den Schein der Undankbarkeit gegen das herzogliche Haus, dem er seine ganze Bildung zu danken hat, auf sich zu laden.

Lebe wohl für heute. Herzliche Grüße an alle.

Dein Sch.

116. An Johann Wolfgang von Goethe.

Jena, 28. Oktober 1794

Daß Sie mit meinen Ideen einstimmig und mit der Ausführung derselben zufrieden sind, erfreut mich nicht wenig und dient mir auf dem Wege, den ich betreten habe, zu einer sehr nötigen Ermunterung. Zwar sollten Dinge, die sich im Felde der bloßen Vernunft ausmachen lassen oder sich doch dafür ausgeben, fest genug auf innern und objektiven Gründen ruhen und das Kriterium der Wahrheit in sich selber tragen; aber eine solche Philosophie gibt es noch nicht, und die meinige ist noch weit davon entfernt. Endlich beruht doch die Hauptsache auf dem Zeugnisse der Empfindung und bedarf also einer subjektiven Sanktion, die nur die Beistimmung unbefangener Gemüter ihr verschaffen kann. Meyers Stimme ist mir hier bedeutend und schätzbar und tröstet mich über den Widerspruch Herders, der mir meinen Kantischen Glauben, wie es scheint, nicht verzeihen kann. Ich erwarte auch von den Gegnern der neuen Philosophie die Duldung nicht, die man einem jeden andern System, von dem man sich nicht besser überzeugt hätte, sonst widerfahren lassen möchte; denn die Kantische Philosophie übt in den Hauptpunkten selbst keine Duldung aus und trägt einen viel zu rigoristischen Charakter, als daß eine Akkomodation mit ihr möglich wäre. Aber dies macht ihr in meinen Augen Ehre, denn es beweist, wie wenig sie die Willkür vertragen kann. Eine solche Philosophie will daher auch nicht mit bloßem Kopfschütteln abgefertigt sein. Im offenen, hellen und zugänglichen Feld der Untersuchung erbaut sie ihr System, sucht nie den Schatten und reserviert dem Privatgefühl nichts; aber so, wie sie ihre Nachbarn behandelt, will sie wieder behandelt sein, und es ist ihr zu verzeihen, wenn sie nichts als Beweisgründe achtet. Es erschreckt mich gar nicht, zu denken, daß das Gesetz der Veränderung, vor welchem kein menschliches und kein göttliches Werk Gnade findet, auch die Form dieser Philosophie, so wie jede andere, zerstören wird, aber die Fundamente derselben werden dies Schicksal nicht zu fürchten haben, denn so alt das Menschengeschlecht ist und solange es eine Vernunft gibt, hat man sie stillschweigend anerkannt und im ganzen darnach gehandelt.

Mit der Philosophie unsers Freundes Fichte dürfte es nicht diese Bewandtnis haben. Schon regen sich starke Gegner in seiner eignen Gemeinde, die es nächstens laut sagen werden, daß alles auf einen subjektiven Spinozismus hinausläuft. Er hat einen seiner alten akademischen Freunde, einen gewissen Weißhuhn, veranlaßt, hieher zu ziehen, wahrscheinlich in der Meinung, sein eigenes Reich durch ihn auszubreiten. Dieser aber, nach allem, was ich von ihm höre, ein trefflicher philosophischer Kopf, glaubt schon, ein Loch in sein System gemacht zu haben, und wird gegen ihn schreiben. Nach den mündlichen Äußerungen Fichtes, denn in seinem Buch war noch nicht davon die Rede, ist das Ich auch durch seine Vorstellungen erschaffend, und alle Realität ist nur in dem Ich. Die Welt ist ihm nur ein Ball, den das Ich geworfen hat und den es bei der Reflexion wieder fängt!! Sonach hätte er seine Gottheit wirklich deklariert, wie wir neulich erwarteten.

Für die Elegien danken wir Ihnen alle sehr. Es herrscht darin eine Wärme, eine Zartheit und ein echter körnichter Dichtergeist, der einem herrlich wohltut unter den Geburten der jetzigen Dichterwelt. Es ist eine wahre Geistererscheinung des guten poetischen Genius. Einige kleine Züge habe ich ungern darin vermißt, doch begreife ich, daß sie aufgeopfert werden mußten. Über einige Stellen bin ich im Zweifel, den ich bei der Zurücksendung bemerken will.

Da Sie mich auffordern, Ihnen zu sagen, was ich für die ersten Stücke noch von Ihrer Hand wünsche, so erinnere ich Sie an Ihre Idee, die Geschichte des ehrlichen Prokurators aus dem Boccaz zu bearbeiten. Wie ich schon an sich selbst der Darstellung vor der Untersuchung den Vorzug gebe, so bin ich hier um so mehr der Meinung, weil in den 3 ersten Stücken der Horen schon etwas zuviel philosophiert werden dürfte und an poetischen Aufsätzen Mangel ist. Wäre dieser Umstand nicht, so würde ich Sie an den Aufsatz über Landschaftmalerei erinnern. Nach den jetzigen Arrangements würde zu Anfang des Januars das dritte Stück der Horen abgeschickt werden müssen. Rechne ich nun, daß in dem ersten Stück Ihre Elegien und die erste Epistel, in dem zweiten die zweite Epistel und was Sie etwa diese Woche noch schicken und in dem dritten wieder eine Epistel und die Geschichte aus dem Boccaz von Ihnen erscheint, so ist jedem dieser 3 Stücke sein Wert schon gewiß.

Ihr gütiges Anerbieten, die Epigramme betreffend, ist das vorteilhafteste für den Almanach. Auf welche Art man es anzufangen hat, um sie nicht zu trennen, darüber wird sich noch sprechen lassen. Vielleicht ginge es doch an, mehrere Lieferungen daraus zu machen, davon jede doch unabhängig von der andern bestehen könnte.

Daß Professor Meyer wieder in Weimar ist, erfreut mich zu hören, und ich bitte Sie, uns recht bald miteinander in Bekanntschaft zu bringen. Vielleicht entschließt er sich zu einer kleinen Exkursion hieher, und damit diese auch für den *Künstler* nicht ganz zwecklos sei, so habe ich ihm eine Büste von einem deutschen Bildhauer aufzuweisen, die, wie ich sagen zu können glaube, das Auge des echten Kunstrichters nicht zu fürchten hat. Vielleicht entschließt sich Herr Meyer, gleich diesen Winter etwas für die Horen aufzusetzen.

An die Malteser gehe ich gewiß, sobald ich meine Briefe, von denen Sie nur den 3. Teil gelesen, und noch einen kleinen Versuch über das Naive vollendet haben werde; dies dürfte aber den Rest dieses Jahrs noch hinwegnehmen. Für den Geburtstag der Herzogin kann ich also dieses Stück nicht versprechen, aber mit Ende des Winters denke ich wohl damit fertig zu sein. Ich spreche hier wie ein gesunder und rüstiger Mensch, der über seine Zeit zu gebieten hat; aber bei der Ausführung wird mich das Nicht-Ich schon erinnern.

Erhalten Sie uns Ihr gütiges Andenken. Sie leben in dem unsrigen.

Schiller

117. An Johann Friedrich Cotta.

Jena, 14. November 1794

Die deutsche Schrift, welche Sie vorschlagen, hat so wie auch das Papier meinen vollkommenen Beifall. Der Umschlag ist recht schön und voll Geschmack. Es wird gut aussehen, wenn der Titel nicht der Breite, sondern der Länge nach, so wie bei der Flora, auf den Rücken gedruckt wird. Es sieht etwas nachlässig aus, welches bei Journalen gar nicht unrecht ist. Was alsdann noch auf dem Rücken leer bleibt, das kann mit Strichen oder Arabesken ausgefüllt werden. Bei der Einteilung richten Sie es so ein, daß 30 Zeilen auf die Seite kommen; doch muß der Rand sowohl nach innen als nach außen etwas breit sein, weil ein schmaler weißer Rand einer Schrift ein zu dürftiges Ansehen gibt. Die Seitenzahl könnte oben in die Mitte gesetzt werden. Kommen in prosaischen Abhandlungen frische Absätze vor, so muß immer eine Linie leer bleiben. Kommen mehrere Gedichte vor, die sich aufeinander beziehen, wie in dem zweiten Stücke gleich der Fall sein wird, so muß jedes auf einer neuen Seite angefangen werden. Hexameter werden allemal gebrochen; doch müssen Sie darauf sehen, daß dies nicht bloß dem Zufall überlassen wird, sondern mit einer gewissen Ordnung und Symmetrie geschieht. Vor allen Dingen aber bitte und beschwöre ich Sie, für eine genaue Korrektur zu sorgen, damit von dieser Seite die Horen ein rühmliches Muster sind. Lassen Sie lieber 3 Korrekturen besorgen, und bitten Sie Herrn Zahn, eine davon zu übernehmen. Da er ein Mitglied der Sozietät ist, so trägt er auch einige ihrer Lasten, und dazu gehört auch eine Korrektur, welche wir abwechslungsweise hier übernommen hätten, wenn der Druck hier geschehen wäre. Einige unsrer Mitglieder, zum Beispiel Goethe, sind in diesem Stück äußerst empfindlich, und wir könnten sie verlieren, wenn sie hierin Ursache zur Unzufriedenheit bekämen.

Unterstrichene Worte werden nicht mit Schwabacher, sondern mit derjenigen größern Schrift gedruckt, die der andern *zunächst* vorhergeht. Noten hingegen werden mit derjenigen kleinern gedruckt, die *zunächst* auf die Textschrift folgt.

Unter die einzelnen Aufsätze kommen die Namen der Verfasser nicht, sondern im letzten Stücke jedes Jahrganges, welches ein Hauptverzeichnis enthält, werden die Verfasser eines jeden Aufsatzes erst genannt. In dem Avertissement, wo die Mitarbeiter alle namentlich aufgeführt werden, wird dem Publikum diese Einrichtung bekanntgemacht, und es wird dadurch eine interessante Erwartung unterhalten, welche den Leser in Atem erhält.

Alle einzelnen Aufsätze werden numeriert. Da man nie genau wissen kann, wie groß ein Aufsatz im Druck ausfällt, so werde ich einige kleinere Sachen von 1 oder 2 Seiten oder Blättern im Vorrat behalten und Herrn Zahn zustellen, der alsdann nach Bedürfnis davon einrücken kann, je nachdem auf dem siebenten Bogen Raum übrig bleibt.

Weil Sie noch darauf bestehen, daß die Horen mit dem Januar anfangen sollen, so müssen Sie dafür sorgen, daß sie auch mit Neujahr können ausgegeben werden. Sie sehen also, daß keine Zeit zu verlieren ist, weil das Broschieren eines Stücks, auch wenn die Bogen einzeln zum Falzen gegeben werden, doch unter 14 Tagen kaum zustande kommen kann. Sie werden also wohl mit dem 25. dieses Monats den Druck anfangen lassen müssen, damit er am 20. Dezember fertig sei. Das noch restierende Manuskript zu diesem ersten Stücke läßt Goethe wirklich in Ordnung bringen, und ich sende es in spätestens 10 Tagen nach. Die Epistel ist von ihm und die Briefe von mir. Goethe will für jedes Stück des ersten Jahrgangs eine Epistel geben.

Noch ist mein Vorschlag, daß Sie auf Spekulation einige 100 Stücke auf holländischem Papier abdrucken lassen, welche vielleicht Liebhaber finden. Für mich und die Mitglieder des Ausschusses bitte ich 24 auf holländisches Papier zu bestimmen, nämlich 6 für mich und 18 für die sechs übrigen Mitglieder (Goethe, von Humboldt, Fichte, Woltmann, Körner und Zahn).

Schreiben Sie mir auch in Ihrem nächsten Brief, wie viele Exemplars von dem Avertissement, das ½ Bogen stark sein wird, abgedruckt werden sollen, denn dies muß hier gedruckt werden, daß ich es mit der Literaturzeitung sogleich versenden kann.

Zu der Flora hätte ich Ihnen gerne etwas geschickt, aber die übrigen Arbeiten fesseln mich jetzt so, daß ich kaum Atem schöpfen kann. Um aber doch Ihr Verlangen nicht ganz unerfüllt zu lassen, lege ich Ihnen hier einen Brief von mir bei, von dem Sie, wenn Sie wollen, in der Flora einen öffentlichen Gebrauch machen dürfen. Kann ich Goethen dazu disponieren, so sollen Sie von diesem auch etwas für die Flora erhalten. Ich habe gerade eine Kleinigkeit von ihm geschickt bekommen, die er Ihnen vielleicht überläßt. Die Flora will ich, wenn Schütz nichts dagegen hat, in der Literaturzeitung anzeigen.

Sie waren so gütig, mir anzubieten, daß Sie noch mehr Geld schicken wollen. Ich nehme Sie beim Wort, denn da ich dieses Jahr alle meine schriftstellerischen Arbeiten für die Horen zurückbehielt und meine Pension aus Dänemark noch nicht erhalten, so sind meine Einnahmen dieses Jahr schlecht. Seien Sie also so gut und senden mir, sobald Sie können, 360 Gulden rheinisch: etwa so, daß ich es in 3 Wochen a dato haben kann.

Um künftig unsere Korrespondenz zu beschleunigen, will ich nichts mehr durch die fahrende Post senden. Seien Sie nur so gut und bemerken in den nächsten 2 Monaten genau, an welchem Tag Sie jeden Brief erhalten, damit ich daraus ersehe, welcher Posttag hier der günstigste für schnelle Expeditionen ist. Künftig sollen die Horen ein eigenes Siegel erhalten, daß man die dahin einschlagenden Briefe gleich von außen unterscheiden kann.

Zu dem Gedicht auf den Frieden kann ich Ihnen keine wahrscheinliche Hoffnung machen, denn da ich seit vielen Jahren nichts Poetisches gemacht und zu Poesien am meisten Stimmung erfodert wird, so ist ein Mensch, der so ganz von seinem Körper abhängt wie ich, äußerst unzuverlässig für solche Dinge, die in einer bestimmten Zeit fertig sein müssen. Auch erfodern die Horen jetzt meine ganze Tätigkeit, und meine jetzigen dahin einschlagenden Arbeiten erfodern meine ganze Aufmerksamkeit. Kommt aber der Friede erst auf den Sommer zustande, so hat sich unterdessen vielleicht eine gute Stunde bei mir gefunden, Ihr Verlangen zu erfüllen.

Den ersten Aushängebogen der Horen bitte ich sogleich an mich zu senden.

[Einschluß:]

Jena, 14. November 1794

Mit sehr vielem Vergnügen habe ich Ihre *Flora* durchlesen und kann nicht umhin, einer periodischen Schrift, die sich durch zweckmäßige Mannigfaltigkeit, durch guten Geschmack in der Behandlung und durch eine lebhafte Darstellung vor so vielen Werken ihrer Gattung rühmlich unterscheidet, die größte Verbreitung und die längste Dauer zu wünschen. Vorzüglich wohl gefallen mir die darin enthaltnen Erzählungen sowohl durch die angenehme Leichtigkeit ihres Tons als durch ihren interessanten und lehrreichen Inhalt; und ihre Verfasser verstehen sich vortrefflich auf die schwere Kunst, die Erwartung immer in Atem zu erhalten. Die Beiträge der Herren *Pfeffel* und *Huber* gereichen dem Journal zu einer vorzüglichen Zierde, aber auch unter den anonymischen sind mehrere, die einen rühmlichen Beweis von der Geschicklichkeit ihrer Verfasser ablegen.

Aber ich kann es Ihnen kaum verzeihen, daß Sie sich bisher bloß auf eine angenehme Unterhaltung des schönen Geschlechts einschränken, das einer ernsthaftern Belehrung und Bildung so sehr empfänglich und würdig ist. Sie scheinen mir also auch die Meinung zu hegen, als ob Schriften, die bei der weiblichen Welt ihr Glück machen sollen, schlechterdings nur Spiel bleiben dürften; eine Verleumdung, deren ich mich nicht schuldig machen mag. Vielmehr ist es diese ungerechte Voraussetzung, welche macht, daß so viele Werke, welche von Messe zu Messe an das schöne Geschlecht gerichtet werden, gar nicht an ihre Addresse gelangen; denn der edlere Teil dieses Geschlechts (und wer möchte auch für den andern sich verwenden?) will Geistesnahrung, nicht bloß Belustigung. Das Frauenzimmer hegt zwar den rühmlichen Trieb, zu gefallen, aber es ist auch vermögend, etwas zu schätzen, was ihm nicht zu gefallen strebt.

Wenn Sie also meinem Rat folgen wollen, so erweitern Sie den Plan Ihres Journals und geben auch ernsthaftern Materien einen Platz in demselben. In diesem Falle kann auch ich einigen Anteil daran nehmen, der mir in einer so guten Gesellschaft und für einen so schönen Zweck nicht anders als ehrebringend ist. Einen sehr großen Wert würden Sie diesem Werke verschaffen, wenn Sie die wichtige Materie der *Erziehung* (derjenigen besonders, welche entweder den weiblichen Teil betrifft oder *durch den weiblichen Teil geschehen muß*) in Ihren Kreis ziehen wollten. Doch wünschte ich, daß dies nicht sowohl *lehrend* als *darstellend* und *in Handlung* geschehen möchte, weil nur das letztere lebendige Überzeugung bewirkt. Dem schönen Geschlecht kann kein größeres Geschenk gemacht werden, als wenn man es in den Stand setzt, sich über diese seine edelste Rolle im Staat, durch welche es in das große Ganze der Menschheit handelnd eingreift, und über die schwierigste seiner Pflichten durch Beispiel und Anschauung zu belehren. Ich bin usf.

Fr. Schiller.

118. An Johann Friedrich Cotta.

Jena, 30. Januar 1795

Die Horen nehmen sich recht gut aus und finden allgemeinen Beifall. Daß die Postpapierexemplarien in kleinerm Format sind, ist freilich schade, aber was nicht geändert werden kann, muß man sich gefallen lassen.

Auch hier herum ist starke Nachfrage nach den Horen. Ich weise aber alles nach Stuttgart, was sich an mich wendet. Gebe der Himmel, daß wir gleich im ersten Jahre über die ersten 2000 hinauskommen. Für die Erhaltung des guten Willens will ich dann schon sorgen.

Fürchten Sie nicht, daß ich durch Nebenunternehmungen den Horen Abbruch tun werde. Vom ganzen Jahre ist alle meine Zeit bis etwa auf 6 Wochen Ihnen gewidmet. Diese 6 Wochen, in welchen höchstens 2 oder 3 Gedichte zustande kommen, habe ich für den Musenalmanach bestimmt. Den Horen entgeht dadurch kaum 1 Bogen Arbeit von mir, und wenn ich rechne, daß ich durch diese kleine Aufopferung von Zeit eine fortlaufende poetische Schrift beleben und unterhalten kann, so ist die Zeit nicht schlimm angewendet. Ohnehin wäre es nicht gut, wenn die Horen mehr Beiträge von mir erhielten, als sie ohnehin bekommen werden, weil nicht bloß die Güte, sondern auch die Abwechslung der Aufsätze zur Aufnahme eines Journals dient. Seien Sie also keinen Augenblick in Sorgen, daß ich unsern Horen auch nur im geringsten meine Aufmerksamkeit entziehen werde. Es ist eine Ehrensache von mir, die ich vor dem ganzen Publikum eingegangen bin, und ich werde gewiß meine Ehre lösen. Zugleich bin ich ganz und gar nicht gleichgültig gegen die Vorteile, die uns beiden dadurch zufließen sollen, und es liegt mir ganz ernstlich daran, einen guten Fischzug zu machen. An sehr guten Mitarbeitern fehlt es uns nicht, wenn ich Goethen und mich hinwegrechne, die wir beide zusammen gewiß 40 Bogen liefern, und ich verspreche Ihnen, daß *im ganzen Jahre* kein Aufsatz erscheinen soll, der mit den weniger guten in dem 1. Stück nicht wenigstens von gleichem Werte wäre.

Die Rezension des 1. Stücks ist schon in der Druckerei und hat den Hofrat Schütz selbst zum Verfasser. Nun müssen Sie aber jeden Monat eine Anzeige des Inhalts in den Hamburgischen Korrespondenten, in die Frankfurter Zeitung und in den Reichs-Anzeiger (den der Rat Becker in Gotha herausgibt) einrücken lassen. Der letztere, der auch das ganze Avertissement hat einrücken lassen, fodert keine Insertionsgebühren, sondern ein Exemplar des Journals, davon ich ihm auch das 1. Stück schon zugesandt habe. In 2 Berliner Zeitungen und in der Bayreuther Zeitung ist die Anzeige auch schon längst erschienen. Den Betrag aller dieser Sachen will ich Ihnen mit Gelegenheit zusenden. Sorgen Sie nun ja dafür, daß das 2. Stück bald folgt, denn je schneller sich die ersten Lieferungen drängen, desto stärkere Nachfrage entsteht.

Lichtenberg will ich mit nächster Gelegenheit einladen.

Für Überdruckung der innern Seite des Umschlags stimme ich nicht; wenigstens wollen wir es vorderhand noch unterlassen, damit Leser, die auf Nettigkeit sehen, keinen Anstoß daran nehmen.

Die Rezension der Flora kommt diese Woche noch zustande. Ich mußte sie einem andern auftragen, weil meine jetzigen Arbeiten mich ganz absorbieren, aber ich sehe sie durch, ehe sie abgegeben wird.

Ich danke Ihnen, daß Sie an meine Familie Exemplare haben abgeben lassen.

Herrn Zahn ersuche ich, in der 2. Epistel auf der 2. Seite unten, wo es heißt:

– – zu füllen, zu leeren

anstatt leeren *schöpfen* zu setzen. In dem Aufsatz über den Geschlechtsunterschied werden die beiden Zitate von Blumenbach und Alexander von Humboldt weggelassen. Vergessen Sie das ja nicht. Leben Sie wohl.

Sch.

119. An Johann Friedrich Cotta.

[Jena], 9. März 1795

Hier der Rest des 3. Stücks. Was ich in meinem letzten von einer Umänderung der Ordnung der 2 letztern Aufsätze schrieb, kann unterbleiben. Nur bitte und beschwöre ich Sie, teilen Sie das Manuskript so ein und lassen es so im Druck arrangieren, daß wir, wo nicht den ganzen, doch den halben siebenten Bogen damit füllen. Es ist so fatal, daß es mir an kleinen Aufsätzen fehlt, die in solchen Fällen aushelfen können. Von heut über 8 Tage geht Manuskript zum 4. Stück gewiß ab.

Von den Exemplarien des 2. Stücks der Horen auf Schreibpapier habe ich jetzt ½ Dutzend überkomplett, weil Sie mir deren mehr gesandt, als ich brauche, und Gabler mir auch einige zurückgegeben. Ich sende solche nach Leipzig an Böhme.

Hier folgt auch der Titel zum ersten Band nebst dem Druckfehlerverzeichnis. Es ist nicht groß, und ich bin mit dem Setzer und Korrektor ganz wohl zufrieden.

Hölderlin hat einen kleinen Roman, Hyperion, davon in dem vorletzten Stück der Thalia etwas eingerückt ist, unter der Feder. Der erste Teil, der etwa 12 Bogen betragen wird, wird in einigen Monaten fertig. Es wäre mir gar lieb, wenn Sie ihn in Verlag nehmen wollten. Er hat recht viel Genialisches, und ich hoffe auch noch einigen Einfluß darauf zu haben. Ich rechne überhaupt auf Hölderlin für die Horen in Zukunft, denn er ist sehr fleißig, und an Talent fehlt es ihm gar nicht, einmal in der literarischen Welt etwas Rechtes zu werden.

Sie schrieben mir vor einiger Zeit, ob Sie mir nicht Geld schicken sollten. Ich nehme Ihr Anerbieten an, denn noch immer bleibt mir mein Geld aus Dänemark aus. Können Sie mir wieder 200 Reichstaler schicken, so erweisen Sie mir eine Gefälligkeit. Auch bitte ich, von dieser Summe 9 Gulden an meinen Vater zu senden, der eine Auslage für mich gemacht hat.

Leben Sie recht wohl, und erfreuen Sie mich immer mit der Nachricht wie bisher, daß Sie mit dem Gang der Horen zufrieden seien.

Ganz der Ihrige

Sch.

120. An Jakob Friedrich Abel.

Jena, 3. April 1795

Ich habe mir nun Zeit genommen, liebster Freund, Ihrer letztern Anfrage reiflich nachzudenken und den Vorschlag, welchen Sie mir tun, mit meiner ganzen Lage zu vergleichen. Das Resultat meiner Überlegungen ist, daß ich besser tue, in meinen bisherigen Verhältnissen zu bleiben, vorzüglich deswegen, weil es gar keinen Anschein hat, daß ich, meiner Gesundheitsumstände wegen, demjenigen würde entsprechen können, was man von einem akademischen Lehrer mit Recht erwartet und was ich in einem solchen Fall mir selbst zur Pflicht machen würde. Indem ich einen Ruf annehme, so mache ich mich doch stillschweigend anheischig, etwas Bestimmtes dafür zu leisten, und dies ist mehr, als meine körperlichen

Umstände mir zu versprechen erlauben. Hier in Jena und Weimar erwartet man nichts dergleichen von mir, und unser Herzog weiß, daß keine akademische Funktionen von mir geleistet werden können. Hier täusche ich also niemand und kann daher mit völliger Zufriedenheit leben. Auch hat mir der weimarische Hof so viele Beweise von einer uneigennützigen Achtung gegeben, daß ich es mir kaum würde verzeihen können, ihn, wenn es auch meinem Vaterlande wäre, aufzuopfern. Noch ganz neuerlich erklärte mir der Herzog, daß mein Gehalt mir verdoppelt werden sollte, sobald ich Unterstützung nötig haben würde. Setzen Sie sich nun in meine Lage. Ich bin überzeugt, Sie würden sich entschließen wie ich.

Unter 1000 Gulden würde ich in Tübingen nicht wohl haben existieren können, und für dieses Geld hätte ich zuwenig geleistet. Besser also, man wendet die bestimmte Summe an einen rüstigen und verdienstvollen Mann, und ich bleibe in meinen Verhältnissen.

Daß ich Ihre und Ihrer Freunde liebevolle Bemühungen für mich mit dem dankbarsten Herzen verehre und ewig verehren werde, darf ich Ihnen nicht erst versichern. Nehmen Sie noch einmal meinen innigen Dank dafür an.

Ewig der Ihrige
Schiller

121. An Herzog Friedrich Christian von Augustenburg.

Jena, 5. April 1795

Durchlauchtigster Herzog,
gnädigster Fürst und Herr,

in dem Briefe vom 19. März, womit Eure Durchlaucht mich beehrten, lese ich die für mich höchst aufmunternde Versicherung, daß Ihnen die ersten Stücke meines neuen Journals nicht mißfielen, ja daß ihre eignen Überzeugungen mit dem Hauptinhalte meiner ästhetischen Briefe übereinstimmend sind. Mutiger fahre ich nun in dieser Arbeit fort und erbitte mir bloß Ihre gnädigste Erlaubnis, Ihnen jedes neu herauskommende Stück dieser Zeitschrift überreichen zu dürfen.

Was Eure Durchlaucht in Ansehung der Schwierigkeit des Vortrags bemerken, ist sehr gegründet, und es verdient allerdings die größte Aufmerksamkeit der Schriftsteller, die erfoderliche Gründlichkeit und Tiefsinnigkeit mit einer faßlichen Diktion zu verbinden. Aber noch ist unsere Sprache dieser großen Revolution nicht ganz fähig, und alles, was gute Schriftsteller vermögen, ist, auf dieses Ziel von ferne hinzuarbeiten. Die Sprache der feinen Welt und des Umgangs flieht noch zu sehr vor der scharfen, oft spitzfindigen Bestimmtheit, welche dem Philosophen so unentbehrlich ist, und die Sprache der Gelehrten ist der Leichtigkeit, Humanität und Lebendigkeit nicht fähig, welche der Weltmann mit Recht verlangt. Es ist das Unglück der Deutschen, daß man ihre Sprache nicht gewürdigt hat, das Organ des feinen Umgangs zu werden, und noch lange wird sie die übeln Folgen dieser Ausschließung empfinden.

Sollte es mir indes auch nur im Kleinen gelingen, zu Ausbreitung philosophischer Begriffe im Kreise der schönen Welt beizutragen, so würde ich jede Anstrengung, welche meine Untersuchungen mich kosten, für reichlich belohnt achten.

Mit tiefster Devotion ersterbe ich

Eurer Herzoglichen Durchlaucht

untertänigster

FSchiller.

122. An Christian Gottfried Körner.

Jena, 1. Mai 1795

Mit Ungeduld habe ich schon 3 Posttage auf Nachricht von Dir gewartet und kann mir das Ausbleiben nicht erklären. Auch kann ich Dir Deines Aufsatzes wegen keine längere Frist geben und muß solchen schlechterdings Montag, als den 4. Mai, von hier absenden.

Ich befand mich seit einigen Wochen gar nicht recht wohl, weil ein heftiger Katarrh mir stark zusetzte. Jetzt fange ich wieder an, mich zu erholen und mich in meiner neuen schönen Wohnung der angenehmen Jahrszeit zu erfreuen. Auch meine Frau war nicht gesund, nur der Kleine hat sich wohl befunden.

Goethe ist noch immer hier, und wir bringen viele vergnügte Stunden miteinander zu. Wärst Du doch auch in unserm Kreise.

Cotta, der vor einigen Tagen hier durchkam, hat von den Horen große Hoffnungen. Er ist nicht weit von 1800 Exemplarien und äußerst zufrieden.

Mache nun, daß Du fleißigen Anteil an dem Journal nehmen kannst. Du erhältst für den Bogen sechs Louisdors, und der enge Druck wird im nächsten Jahr aufhören.

Die Fortsetzung meiner Briefe folgt im 6. Stück nebst Goethens Elegien.

Fichte wird diesen Sommer nicht hier sein. Er hat sich in die akademische Ordensgeschichten gemischt, worüber die Studenten so ergrimmt worden sind, daß sie ihm alles Herzeleid antaten. Nun hat er den übeln Weg ergriffen, sich zurückzuziehen und dem wilden Gesindel das Feld zu räumen.

Humboldt reist diesen Sommer auf 3 Monate nach Berlin. Wie bist Du mit seinem Aufsatz über männliche und weibliche Form zufrieden?

Meine Frau grüßt herzlich – Dich und die Frauen. Lebe wohl. Dein

Sch.

123. An Christian Gottfried Körner.

Jena, 2. Juni 1795

Seit 14 Tagen habe ich mich wieder in großer Not befunden. Die Fortsetzung meiner Briefe für die Horen drängte mich, und das üble Wetter wollte mir gar keine Ruhe gönnen. Jetzt geht es mit beidem besser. Der größte Teil meines Geschäfts ist getan, und ich fange auch an, mich leidlicher zu befinden. Auch meine Frau hat sich diese Zeit her an den Masern, die aber doch nicht ordentlich ausbrachen, krank befunden und ist noch nicht ganz wohl. Humboldt sah ich deswegen schon seit 12 Tagen nicht, weil die Masern eine Sperre zwischen uns machten. Der Kleine ist noch allein ganz gesund. Sonst erwarte heute nicht viel Tröstliches von mir. Ich wollte Dir bloß schreiben, daß ich noch lebe und warum Du nichts von mir hörtest.

Herder hat mir die Terpsichore auch geschickt und mich sehr damit überrascht. Ich lege Dir einen Brief von ihm bei, worin er eine Idee von mir, daß Du ihn rezensieren möchtest, sehr lebhaft ergreift. Mir wäre es doch lieb, wenn ein Verhältnis zwischen Euch käme. Die Terpsichore verdient gewiß eine Beurteilung besserer Art. Schreibe mir doch bald, ob Du Dich zu dieser Sache geneigt fühlst.

Deine Ergießungen über Meister habe ich Goethen, der wieder hier ist, vorgelesen und ihm Freude damit gemacht. Auf die Komödie will er aber nicht entrieren, denn er meint, daß wir kein gesellschaftliches Leben hätten.

Er hat bei der Revision seines Manuskripts für die Fortsetzung des Wilhelm Meister eine interessante Materie über den Unterschied zwischen Roman und Drama unter die Feder bekommen, worin mir die Hauptidee sehr gefällt. Der Roman, sagt er, fodert Gesinnungen und Begebenheiten, das Drama Charakter und Tat. –

Im Roman darf der *Zufall* mithandeln, aber der Mensch muß dem Zufall eine Form zu geben suchen. Im Drama muß das *Schicksal* herrschen und dem Menschen widerstreben usf. Die Ausführung dieser Ideen, wovon er mir ausführlicher gesprochen, gibt ihnen sehr viel Wahres.

Die Luise von Voß ist vortrefflich und hat mir ungemein viel Freude gemacht.

Hast Du Wolfs Prolegomena zum Homer gelesen, worin die Einheit der Homerischen Werke mit den stärksten Gründen bestritten sein soll?

Dein Aufsatz in den Horen ist schon abgedruckt in meinen Händen. In einigen Tagen bringt mir die fahrende Post die zu verschickenden Exemplarien.

Herzliche Grüße von uns beiden an Euch alle.

Dein

Sch.

124. An August Wilhelm Schlegel.

Jena, 12. Juni 1795

Sie haben durch den schönen Beitrag, den Sie in Ihrem Dante zu den Horen gegeben, ein zu entschiedenes Verdienst um den glücklichen Fortgang dieses Journals, als daß ich Ihnen nicht den verbindlichsten Dank dafür sagen sollte. Ich tue dies um so lieber, da es mich zugleich veranlaßt, Ihre schriftliche Bekanntschaft zu machen und Ihnen die Versicherung meiner freundschaftlichen Achtung zu geben.

Ich habe schon Ihren Herrn Bruder in Dresden ersuchen lassen, Ihnen zu sagen, daß Sie uns durch Ihren ferneren Anteil an den Horen außerordentlich verbinden würden. Senden Sie uns, was Sie nur irgend zum Druck bestimmt haben. Es wird dem Journal immer zur Zierde gereichen, und mit dem Verleger sollen Sie gewiß auch zufrieden sein. Ich lege hier ein Avertissement bei, welches Sie mit dem Plan und den Grenzen des Journals bekannt machen wird.

Noch eine zweite Bitte hätte ich an Sie, welche darin besteht, einen Musenalmanach, welchen ich nächste Michaelismesse herausgebe, mit einigen Beiträgen zu beschenken. Sie werden in keiner schlechten Gesellschaft darin auftreten. Goethe, Herder, Engel, Matthisson usf. werden Anteil daran nehmen. Ich müßte Sie aber bitten, mir binnen dem heutigen Datum und dem 1. August Ihre Beiträge zu senden, die directe an mich nach Jena laufen können.

Von Herdern, der Ihren Aufsatz über Dante sehr schätzt und bewundert, habe ich Ihnen viel Schönes zu sagen.

Kommen Sie bald wieder in Ihr Vaterland, und leben Sie den Musen ein Leben, das Sie im Dienst derselben so schön eröffnet haben.

Schiller.

125. An Christian Gottfried Körner.

Jena, 21. September 1795

Hier das letzte Paket. Möge es gute Aufnahme finden. Die *Elegie* machte mir viel Freude. Unter allen meinen Sachen halte ich sie für diejenige, welche die meiste poetische *Bewegung* hat und dabei dennoch nach strenger Zweckmäßigkeit fortschreitet.

Es freut mich, daß die *Schatten* Dich befriedigt haben. Darin bin ich aber nicht Deiner Meinung, daß mein System über das Schöne der notwendige Schlüssel dazu ist. Es harmoniert natürlicherweise ganz damit; aber im übrigen ruht es auf den kurrenten Begriffen, nur nicht auf den Sulzerschen, davon es freilich, und zu seinem Glücke, der Antipode ist. Der Begriff des uninteressierten Interesse am reinen Schein ohne alle Rücksicht auf physische oder moralische Resultate, der Begriff einer völligen Abwesenheit einschränkender Bestimmungen und des *unendlichen Vermögens* im Subjekte des Schönen und dergleichen leiten und herrschen durch das Ganze. Ich möchte aber einmal Deine Zweifel gegen mein System genau wissen; denn ich kann mir noch keinen Begriff davon machen, was an meinem System noch unbestimmt oder willkürlich sein könnte. Hast Du Zeit, so durchlaufe es in einem Briefe an mich von dem – sehr wichtigen – achtzehnten Briefe an bis zum zweiundzwanzigsten oder dreiundzwanzigsten: so können wir miteinander darüber ins reine kommen.

Ich arbeite jetzt an einem Aufsatz über das Naive, der mir viel Freude macht. Diese Materie hat mich zu verschiedenen Betrachtungen über die Dichter alter und neuer Zeit veranlaßt, auch eine neue Einteilung derselben mir an die Hand gegeben, die fruchtbar zu werden scheint. Sobald die erste Lieferung, die eigentlich nur Einleitung ist, fertig geworden, sende ich sie Dir noch vor dem Abdruck zu. Zwischenein werde ich aber noch fortfahren zu dichten, da es doch einmal so frisch vonstatten geht. Nach allem, was Du jetzt von mir gelesen, stelle mir nur die Nativität, an was ich mich in der Poesie nun vorzüglich hängen soll; denn Deine philosophische Ode, wie Du sie nennst, halte ich für keine Grenze, bloß für eine Branche meines Faches. Vergleiche die neuen Arbeiten mit den alten, und urteile, ob sie mehr oder weniger wahrhaft dichterisch sind.

Von Dir selbst erwarte ich in etlichen Wochen doch auch etwas zu lesen. – Deinen Tanz habe ich nach Berlin gesendet, wenn es etwa noch Zeit wäre, ihn zu stechen. Es machte mir viel Freude, und Du könntest in anonymer Stille über Deinen musikalischen Beruf urteilen hören.

Lebe wohl. Herzliche Grüße an die Frauen von uns beiden.

Dein

S.

126. An Wilhelm von Humboldt.

Jena, 26. Oktober 1795

Dank Ihnen, lieber Freund, für das Interesse, mit dem Sie meine ästhetische Gewissensfrage mir beantwortet haben. In jeder Rücksicht hat Ihr letzter Brief mich interessiert, und wenn ich mehr Muße habe, als heute zu hoffen ist (ich erwarte diesen Nachmittag Herdern und habe noch Briefe auszufertigen), so wollen wir weiter davon sprechen. Über einiges, was mehr ins Allgemeine geht, gibt Ihnen vielleicht meine Abhandlung Über das Naive denjenigen Aufschluß, den ich selbst mir über die Frage: Inwiefern kann ich bei dieser Entfernung von dem Geiste der griechischen Poesie noch Dichter sein, und zwar besserer Dichter, als der *Grad* jener Entfernung zu erlauben scheint? zu geben gesucht habe. Ich habe in jenem Aufsatze, wie ich glaube, einige nicht unwichtige Ideen über diese Sache ausgekramt.

Lassen Sie uns indessen in dieser Sache auch nicht zu weit ausholen. Nehmen Sie zum Beispiel den Fall an, die Natur habe mich wirklich zum Dichter bestimmt, so wird Ihnen der ganz zufällige Umstand, daß ich mich in dem entscheidenden Alter, wo die Gemütsform vielleicht für das ganze Leben bestimmt wird, von 14 bis 24, ausschließend nur aus modernen Quellen genährt, die griechische Literatur (soweit sie über das Neue Testament sich erstreckt) völlig verabsäumt und selbst aus der lateinischen sehr sparsam geschöpft habe, meine ungriechische Form bei einem wirklich unverkennbaren Dichtergeist erklären. Der Einfluß philosophischer Studien auf meine Gedankenökonomie erklärt dann das übrige. Ein starker Beweis für diese Behauptung ist der, daß ich gerade jetzt, wo ich durch Krankheit, Lebensweise, selbst durch das Alter, durch jahrelang getriebene Spekulation von der dichterischen Vorstellungsweise um soviel mehr hätte abkommen sollen, nichtsdestoweniger ihr eher näher gekommen bin (wofür ich meine Elegie allein zum Beweis anführen will); und warum konnte dies geschehen? Weil ich zugleich in dieser Zeit, obgleich nur sehr mittelbar, aus griechischen Quellen schöpfte. Diese schnelle Aneignung dieser fremden Natur unter so ungünstigen Umständen beweist, wie mir deucht, daß nicht eine ursprüngliche Differenz, sondern bloß der Zufall zwischen mich und die Griechen getreten sein konnte. Ja, ich bilde mir in gewissen Augenblicken ein, daß ich eine größere Affinität zu den Griechen haben muß als viele andre, weil ich sie, ohne einen unmittelbaren Zugang zu ihnen, doch noch immer in meinen Kreis ziehen und mit meinen Fühlhörnern erfassen kann. Geben Sir mir nichts als Muße und soviel Gesundheit, als ich bisher nur gehabt, so sollen Sie sicherlich Produkte von mir sehen, die nicht ungriechischer sein sollen als die Produkte derer, welche den Homer an der Quelle studierten. Das mag sein, daß meine *Sprache* immer künstlicher organisiert sein wird, als sich mit einer Homerischen pp. Dichtung verträgt, aber den Anteil der Sprache an den Gedanken unterscheidet ein kritisches Auge leicht, und es wäre der Mühe und Aufopferung nicht wert, eine so mühsam gebildete Organisation, die auch nicht an Tugenden leer ist, auf gut Glück wieder zu zerstören.

Lassen Sie mich noch eine Bemerkung machen. Es ist etwas in allen modernen Dichtern (die Römer mit eingeschlossen), was sie als modern miteinander gemein haben, was ganz und gar nicht griechischer Art ist und wodurch sie große Dinge ausrichten. (In meiner Abhandlung habe ich mich darüber weitläuftiger erklärt.) Es ist eine Realität und keine Schranke, und die Neuern haben sie vor den Griechen *voraus*. Mit dieser modernen Realität verbinden einige, wie z. B. Goethe, eine größere oder kleinere Portion griechischen Geistes, die aber (wo sie nicht ganz und gar wie in *Voß* auf Homerischen Stamm gepfropft ist) dem Griechischen immer nicht beikommt. Ich habe zugleich bemerkt, daß diese *Annäherung* an den griechischen Geist, die doch nie *Erreichung* wird, immer etwas von jener „modernen Realität" nimmt, geradeheraus gesagt, daß ein Produkt immer ärmer an *Geist* ist, je mehr es *Natur* ist. Und nun fragt sich, sollte der moderne Dichter nicht recht haben, auf seinem ihm ausschließend eigenen Gebiet sich einheimisch und vollkommen zu machen, als in einem fremden, wo ihm die Welt, seine Sprache und seine Kultur selbst ewig widersteht, sich von dem Griechen übertreffen lassen? Sollten, mit e i n e m Wort, neuere Dichter nicht besser tun, das *Ideal* als die *Wirklichkeit* zu bearbeiten?

Denken Sie, lieber Freund, vorläufig diesem Gedanken nach. Sie werden alsdann meinen Aufsatz mit mehrerer Neugier durchlaufen.

Ihre Gedanken über den eigentlichen Zweck bei einer Reise nach Italien habe ich sehr überzeugend gefunden.

Hier wurde ich vorhin unterbrochen, und nun ein paar Worte von Herdern. Sie werden im Intelligenzblatt der Literaturzeitung (auf den 24. Oktober) einen sehr groben Ausfall finden, den Wolf auf Herdern gemacht hat, seines Aufsatzes über Homer wegen. Wenn Sie auch glauben sollten, daß Herder jene harte Sachen, die wirkliche Flegeleien sind, verdient hätte, wie doch gewiß nicht der Fall ist, so werden Sie doch die Philisterhaftigkeit, mit der sie ausgesprochen sind, mißbilligen. Herdern war es gar nicht eingefallen, Wolfen ins Gehege zu kommen, und seine Ausführung hat einen von jenen Prolegomenen völlig unabhängigen Bestand. Es ist höchst lächerlich, daß der grobe Gesell sich einbildet, er allein könne auf diesem Wasser segeln und sein Weg sei der einzige. Doch ich will Sie selber urteilen lassen und führe nur noch an, daß der dumme Teufel mein Epigramm, die Ilias betreffend, Herdern zugleich aufrückt und eine Hauptbeschwerde gegen die Herderische Abhandlung auf jenes Epigramm gründet.

Da sich Herder in keinen Streit einlassen will und ich selbst es nicht wünsche, so werde ich, bloß das Äußere dieses Angriffs und seine Beziehung auf die Horen betreffend, als Redakteur der Horen einige Worte darauf replizieren. Ich wünschte sehr, daß Sie dem ungeschliffenen Gesellen auch in Ihrem Namen die Meinung sagten. Sorgen Sie übrigens nicht, daß ich mir einen Federkrieg dadurch auf den Hals laden werde. Ich weiß wohl, daß ich mich in der Grobheit mit einem solchen Herrn nicht messen kann, und werde mich also keiner solchen Waffen bedienen, die ihn in Vorteil setzen.

Ich muß schließen, um den Brief noch auf die Post zu bringen. Das nächstemal ein mehreres. Goethe erwartet jeden Tag die Niederkunft seines Schätzchens; er grüßt Sie. Haben Sie die 2 Musenalmanache gesehen? Sie sind schlechter, als man sich eine Vorstellung davon machen kann. Der Vossische ist fast der schlechtere. 29 Stücke sind von ihm selbst darin, worunter kein einziges gut, sehr wenige erträglich und etliche abominable sind. Adieu.

Sch.

127. An Johann Friedrich Cotta.

Jena, 30. Oktober 1795

Hier den Beschluß des 11. Heftes. Sie brauchen dieses Stück nur bis auf ohngefähr 100 Seiten fortlaufen zu lassen und können also die noch nicht bei Ankunft dieses Manuskripts gedruckten Gedichte auf das letzte Stück zurückbehalten. Sonst wäre mir's lieb, wenn die *Teilung der Erde*, an *einen jungen Freund*, *Archimed* und *Die Dichter der alten und neuen Welt* noch im eilften Stück plaziert werden könnten. Das hier folgende Manuskript darf aber nicht getrennt werden, daher lassen Sie es lieber aus diesem eilften Stück ganz heraus, wenn dieses mit den übrigen Sachen und dem, was ich hier noch beilege, bis auf 100 Seiten gefüllt werden kann.

Von den Horen wird noch im Dezember eine Rezension in der Literaturzeitung erscheinen, wie Schütz versprochen. Er wünscht deswegen, daß er, um auch noch das eilfte Heft mit aufzunehmen, die einzelnen Bogen von diesem so schnell als möglich erhielt.

Von dem Kalender hat man von seiten der Literaturzeitung eine Rezension versprochen. Ich weiß nicht, woran es liegt, daß sie noch nicht erschienen ist. Leider ist Schütz seit seiner neulichen harten Krankheit viel untätiger geworden.

Ich will mich bemühen, die Rezension des Condorcet in gute Hände zu bringen. Vielleicht daß Gentz in Berlin sie besorgt. Ich selbst muß den Horen jetzt jede Minute widmen. Im letzten Stück werde ich auf alle elende Kritiken zugleich antworten. Es ist unendlich lächerlich, die Anfänger in der Philosophie und die Schmierer zu Leipzig und Halle über meine ästhetischen Briefe ergrimmt zu sehen, während daß Kant selbst, der kompetenteste Richter in dieser Sache, mit Bewunderung davon spricht, obgleich ich in mehreren Punkten ihn selbst zu widerlegen unternahm.

Im Äußern der Horen wünschen gar zu viele Stimmen eine Veränderung. Lassen Sie sich die Unkosten gar nicht abhalten, andere Schrift zu nehmen. Herder, Goethe und ich (die andern Autoren ohnehin) lassen gern 1 Louisdor an jedem Bogen für das Jahr 1796 fallen, daß der Buchdrucker entschädigt werden kann. Auch das Papier wird nicht weiß genug befunden und verliert freilich neben der Gentzischen Monatsschrift. Herder, Goethe und ich sind der Meinung, daß man in dieser Kleinigkeit dem Publikum nachgeben müsse, und wir alle wünschen, daß Sie die Gentzische Monatschrift zum Muster sowohl in der Schrift als in der ganzen Anordnung, Durchschießung der Wörter und Zeilen, Anzahl der letztern usf. nehmen möchten. Die Schrift in den Horen wird allgemein zu steif, zu groß und der Druck allzu eng befunden. Da Sie 84 Louisdors an Honorar für das nächste Jahr ersparen, so kann damit jene Veränderung ganz ohne Ihren Schaden bewerkstelligt werden.

Auch eine bunte Decke wünscht man, weil die weiße sich gar nicht ausnehmen will. Man würde zufrieden sein, wenn die Decke so, wie sie ist, nur mit blaßroter oder blaßgrüner Farbe ein wenig tingiert wäre. Da dieses ein gar geringes Objekt macht, so können Sie es wohl tun. Sie sollen aber von diesen Neuerungen durchaus keine Unkosten haben, das ist meine ausdrückliche Bedingung, und nur deswegen bestehe ich darauf. Reichen Sie also mit jenen 84 Louisdors nicht, so geht das übrige von der Summe ab, die mir für die Redaktion bestimmt worden ist.

Ich wünschte sehr, zu wissen, wie es mit dem Absatz der Horen jetzt steht, denn noch immer steht es ja bei uns, ob wir sie überhaupt nur fortsetzen wollen. Lassen Sie sich hierin ja von keinem falschen Point d'honneur verleiten, mehr zu wagen, als mit dem strengsten Kalkül bestehen kann. Ob ich gleich lieber wünsche, daß das Journal fortgehe, so geht Ihre Konvenienz doch jeder andern Rücksicht vor, und auf meine schriftstellerische Aktivität hat es gar keinen Einfluß, in welcher Form und welchem Vehikel ich meine Arbeiten ins Publikum bringe. Ohnehin gehe ich in kurzer Zeit an mein Schauspiel, und dann ist auch der Musenalmanach eine schöne Unternehmung.

Beantworten Sie mir alle diese Punkte bald und ohne Rückhalt so ausführlich, als Sie können.

Was jene Veränderungen im Äußern betrifft, so liegt uns allen sehr viel daran, daß sie vorgenommen werden, und mit größten Freuden verstehen wir uns zu dem kleinen Opfer. Leben Sie recht wohl.

Sch.

128. An Johann Gottfried Herder.

Jena, 4. November 1795

Es ist eine sehr interessante Frage, die Sie in Ihrem Gespräche aufwerfen, aber auf großen Widerspruch dürften Sie sich wohl gefaßt machen. Ich selbst möchte ein paar Worte darauf sagen, um die Frage nach meiner Weise zu lösen. Gibt man Ihnen die Voraussetzung zu, daß die Poesie aus dem Leben, aus der Zeit, aus dem Wirklichen hervorgehen, damit eins ausmachen und darein zurückfließen muß und (in unseren Umständen) *kann*, so haben Sie gewonnen; denn da ist alsdann nicht zu leugnen, daß die Verwandtschaft dieser nordischen Gebilde mit unserm germanischen Geiste für jene entscheiden muß. Aber gerade jene Voraussetzung leugne ich. Es läßt sich, wie ich denke, beweisen, daß unser Denken und Treiben, unser bürgerliches, politisches, religiöses, wissenschaftliches Leben und Wirken wie die Prosa der Poesie entgegengesetzt ist. Diese Übermacht der Prosa in dem Ganzen unsres Zustandes ist meines Bedünkens so groß und so entschieden, daß der poetische Geist, anstatt darüber Meister zu werden, notwendig davon angesteckt und also zugrunde gerichtet werden müßte. Daher weiß ich für den poetischen Genius kein Heil, als daß er sich aus dem Gebiet der wirklichen Welt zurückzieht und anstatt jener Koalition, die ihm gefährlich sein würde, auf die strengste Separation sein Bestreben richtet. Daher scheint es mir gerade ein Gewinn für ihn zu sein, daß er seine eigne Welt formieret und durch die griechischen Mythen der Verwandte eines fernen, fremden und idealischen Zeitalters bleibt, da ihn die Wirklichkeit nur beschmutzen würde. Vielleicht gelingt es mir, in dem Aufsatze, den ich jetzt schreibe, über die sentimentalischen Dichter, Ihnen meine Vorstellungsweise klarer und annehmlicher zu machen. Denn gerade in diesem Aufsatze suche ich die Frage zu erörtern, was der Dichtergeist in einem Zeitalter und unter den Umständen wie die unsrigen für einen Weg zu nehmen habe.

Man dürfte Ihnen auch noch die Erfahrung Klopstocks und einiger anderen entgegensetzen, die den Gebrauch jener nordischen Mythen mit sehr wenig Gewinn für die Dichtkunst schon versucht haben, und bei Klopstock ist doch die Ungeschicklichkeit nicht wohl anzuklagen, wenn es mißlungen ist.

Ich wünschte übrigens, daß die Ideen, die Sie in Ihrem Aufsatze ausstreuen, Anlaß zum Nachdenken und weiterm Fortbilden bei den Kunstverständigen geben möchten. Die Materie ist so interessant, und es müßten bei Diskussion derselben so manche Dinge zur Sprache kommen.

Das zehente Stück der Horen wird Ihnen, wie ich hoffe, montags überliefert worden sein. Ich bin neugierig, was Sie zu dem Inhalt desselben sagen. Hier lege ich noch ein Exemplar bei. Ich bitte das üble Aussehen zu entschuldigen; die übrigen Exemplare auf Postpapier sehen noch schlimmer aus; denn wie mir Cotta schreibt, so hat der Krieg in dortigen Gegenden die Papierlieferung gestört. Ich negoziiere jetzt mit ihm wegen einer Regeneration der Horen auch im Äußern.

Ihren abgeschriebenen Aufsatz lege ich bei, damit Sie, wenn Sie ihn noch einmal durchlesen wollen, die etwanigen Schreibfehler bemerken, weil er so viele fremde Namen enthält. Ich erbitte mir ihn auf nächsten Montag zurück, wo er abgeht. Von den Meinigen die besten Grüße.

Sch.

129. An Wilhelm von Humboldt.

Jena, 25. Dezember 1795

Wie freut es mich, lieber Freund, daß ich Sie mit meiner Arbeit zufrieden sehe und daß wir auch hier, nicht bloß im ganzen, sondern vorzüglich auch in gewissen einzelnen Partien so sehr zusammenstimmen. Mir ist diese Arbeit auch viel näherliegend als manche andre; sie scheint mir in einem höhern Grade mein zu sein, sowohl des Gedankens wegen als wegen seiner Anwendung auf mich selbst. Auch hat sie dadurch etwas Wohltuenderes für den Geist, weil sie zu den Abstraktionen auch die Erfahrungen gibt und dadurch subjektiv etwas Ganzes leistet.

Sie wünschen, daß ich der naiven Dichtung eine größere Ausführung gegeben haben möchte. Es wäre auch gewiß geschehen, wenn ich nur selbst vorher gewußt hätte, daß ich die Ausführung der sentimentalischen so weit treiben würde. Aber der erste Aufsatz war schon abgeschickt, ehe ich recht wußte, wieviel Stoff mir der zweite geben würde. Beide Aufsätze beziehen sich mehr durch einen natürlichen Instinkt in mir als durch einen absichtlich entworfenen Plan aufeinander, zu welchem es mir ganz und gar an Muße fehlte. Indes werden Sie doch gefunden haben, daß in dem zweiten Aufsatz manches in Rücksicht auf die naive Dichtung nachgeholt ist, und im dritten wird dieses vielleicht noch mehr der Fall sein.

Auf Ihr Bedenken habe ich folgendes zu antworten. Es scheint aus Ihrem Anstoße zu erhellen, daß Sie den Gattungsbegriff der Poesie, der allerdings Individualität mit Idealität vereinigt fodert, zu sehr schon in die Arten legen. Ich betrachte diese letztern mehr als die Grenzen des erstern, Sie scheinen solche mehr wie verschiedene Ausführungen desselben anzusehen. Soviel ist aber gewiß, daß die naive Poesie einen begrenzteren Gehalt, die sentimentalische eine weniger vollkommene Form hat. Freilich nimmt jede in demselben Grade mehr von dem Vorzug der andern an, als sie dem absoluten Dichtungsbegriff mehr annähert und den Artcharakter mehr ablegt. Da ich aber *diesen* gerade streng unterscheiden wollte, so mußte ich das größere Gewicht auf die Negative legen, ich mußte mehr von dem abstrahieren, was in einer jeden Art der Gattung angehört, um auf dasjenige aufmerksam zu machen, wodurch sie der Gattung entgegengesetzt ist. Naive *Poesie* verhält sich zur sentimentalischen (wie auch gesagt worden) wie naive *Menschheit* zur sentimentalischen. Nun werden Sie aber gewiß nicht in Abrede sein, daß die bloß naive Menschheit den Gehalt für den Geist nicht hat, welchen die sentimentalische, in der Kultur begriffene besitzt, und daß diese in der Form, in dem Gehalt für die Darstellung der erstern nicht gleichkommt. Deswegen ist die letztere, wenn sie sich *vollendet* hat, so weit über die erstere erhaben. Hat sie sich aber vollendet, so ist sie nicht mehr sentimentalisch, sondern idealisch: welches beides Sie, vielleicht durch meine eigene Veranlassung, zu sehr für eins nehmen. Die sentimentalische wird von mir nur als nach dem Ideale *strebend* vorgestellt (dies ist in der dritten Abhandlung am bestimmtesten ausgeführt), daher ich ihr auch in effectu weniger Poetisches zugestehe als der naiven. Sie ist auf dem *Wege* zu einem höhern poetischen Begriff, aber die naive hat einen nicht so hohen *wirklich* erreicht, ist also der Tat nach poetischer.

Wir müssen also hier sorgfältig die Wirklichkeit von dem absoluten Begriffe scheiden. Dem Begriffe nach ist die sentimentalische Dichtkunst freilich der Gipfel, und die naive kann mit ihr nicht verglichen werden, aber sie kann ihren Begriff nie erfüllen, und erfüllte sie ihn, *so würde sie aufhören, eine poetische Art zu sein.* Der Wirklichkeit nach ist es aber ebenso gewiß, daß die sentimentalische Poesie, qua Poesie, die naive nicht erreicht.

Ich muß Sie hier an Ihre eigenen Begriffe von den Geschlechtern und deren Verhältnis zur geschlechtslosen Menschheit erinnern. Gegen die Frau betrachtet, ist der Mann mehr ein bloß möglicher Mensch, aber ein Mensch in einem höhern Begriff; gegen den Mann gehalten, ist die Frau zwar ein wirklicher, aber ein weniger gehaltreicher Mensch. Weil aber beide doch in concreto Menschen sind, so sind sie, jedes in seinem vollkommensten Zustande betrachtet, zugleich formaliter und materialiter sich gleicher. Gibt man aber ihre spezifischen Unterschiede an, wie ich bei beiden Dichtungsarten tun wollte, so wird man den Mann immer durch einen höhern Gehalt und eine unvollkommenere Form, die Frau durch einen niedrigern Gehalt, aber eine vollkommenere Form unterscheiden.

Sie selbst sagen in einem Ihrer Aufsätze, die Frau könne innerhalb ihres Geschlechts, der Mann nur mit Aufopferung seines Geschlechts wahrer Mensch werden. Dasselbe sage ich auch in Rücksicht auf beide Dichtungsarten. Die sentimentalische Poesie ist zwar Conditio sine qua non von dem poetischen *Ideale*, aber sie ist auch eine ewige *Hindernis* desselben. Die naive Poesie hingegen stellt die Gattung reiner, obgleich auf einer niedrigern Stufe dar.

Um endlich auch die Erfahrung zu befragen, so werden Sie mir eingestehen, daß kein griechisches Trauerspiel *dem Gehalt nach* sich mit demjenigen messen kann, was in dieser Rücksicht von Neuern geleistet werden *kann.* Eine gewisse Armut und Leerheit wird man immer daran zu tadeln finden, wenigstens ist dies mein immer gleichförmig wiederkehrendes Gefühl. Homers Werke haben zwar einen hohen *subjektiven* Gehalt (sie geben dem Geist eine reiche Beschäftigung), aber keinen so hohen *objektiven* (sie *erweitern* den Geist ganz und gar nicht, sondern bewegen nur die Kräfte, wie sie wirklich sind). Seine Dichtungen haben eine unendliche Fläche, aber keine solche Tiefe. Was sie an Tiefe haben, das ist ein Effekt des Ganzen, nicht des einzelnen; die Natur im ganzen ist immer unendlich und grundlos. Ich weiß nicht, ob wir hier von den Antiken reden dürfen, welche freilich ideal, aber *sinnlich* ideal sind, welches ich sehr von dem absoluten Ideal unterscheide, das in keiner Erfahrung kann gegeben werden und nach welchem der sentimentalische Dichter strebt. Die Poesie geht dem Gehalt nach unendlich weiter als die bildende Kunst. Auch möchte ich die Ideale der letztern, in Vergleichung mit den Idealen jener, mehr formale als materiale nennen. Das Unendliche in der Form ist ihr Gehalt, und so gehören die plastischen Ideale noch ganz in das naive Gebiet, denn das sentimentalische liegt völlig außerhalb der Sinnenwelt.

Sowenig ich in der Erfahrung naive Poesien finden kann, die dem Gehalt nach ein Unendliches wären, sowenig kann ich sentimentalische auffinden, die es der Form nach wären – und ist es überhaupt nur ohne Widerspruch möglich? Kann das sinnlich Erscheinende unendlich sein, kann das Unendliche erscheinen? Nur indem sie den Gedanken von der Empfindung trennt, kann die Vernunft jenen ins Absolute hinüberführen, nur indem die Vernunft alles Empirische verläßt, kann sie als Vernunft sich äußern. Das Ideal entsteht ja auch, logischerweise, nur durch Abstraktion von aller Erfahrung, und mit dieser wird ja der naive Charakter aufgehoben. Ist aber die Erzeugung des Ideals nur durch Abstraktion von aller Erfahrung möglich, wie soll es Erfahrung werden? Das griechische plastische Ideal ist zwar auch durch Abstraktion erzeugt, aber nur durch eine Abstraktion von *bestimmten* Erfahrungen, nicht von aller Erfahrung, und das ist ein unendlicher Unterschied. Jenes hat auch Homer in seinen Dichtungen ausgeübt, aber nicht dieses. Er hat Verstandes-, aber keine Vernunftideale.

Abends

Der Kopf ist mir durch ein strenges Hinsehen auf meine Arbeit so angespannt, daß ich es dem Zufall überlassen muß, ob das hier Gesagte Ihnen meine Gedanken klarmachen wird. Zu Auflösung von Zweifeln ist der Dialog fast unentbehrlich; eine Viertelstunde würde uns wahrscheinlich im Gespräch verständigen. Vielleicht löst mein dritter Aufsatz Ihre Bedenklichkeiten ganz: wenigstens will ich erst erwarten, was dieser für eine Wirkung haben wird.

Eine Deduktion beider Dichtungsweisen aus dem Begriff der Poesie und die Deduktion dieses Begriffs selbst würde mich doch zu lang in dem Felde meiner jetzigen Untersuchungen verweilen, und es ließe sich, da alles mit allem zusammenhängt, nicht vorausberechnen, wie weit sie mich führen würde. Dem Inhalte nach ist sie sowohl in meinen Briefen über ästhetische Erziehung als in den gegenwärtigen 3 Aufsätzen gegeben.

Was auf diese Aufsätze öffentlich erfolgen wird, bin ich wirklich begierig. Stille gehen sie nicht durch die Welt, und ihre größere Deutlichkeit erlaubt auch, daß man sich mehr darauf einläßt. Für die Horen ist es schon genug, wenn sie Aufsehen erregen, von welcher Art dies auch sein mag.

Goethe schreibt mir, er höre von mehrern Orten her, daß die Subskription auf die Horen *zunehme*. Seine Quellen sind aber nicht immer die reinsten. Cotta hat mir vor 8 oder 10 Tagen geschrieben, aber weder Gutes noch Schlimmes, den Debüt betreffend. Binnen 6 Wochen muß es sich ausweisen. Daß die letztere Hälfte mehr Glück gemacht als die erstere, ist wohl zu glauben.

Soeben ist Schütz von mir gegangen, und was er mir von der unter Händen habenden Rezension der Horen sagte, befreit mich und vermutlich auch Sie von einem großen Teil unsrer Besorgnisse. *Fürs erste* hat Schlegel nicht nur alle Gedichte, sondern auch alle ästhetischen Aufsätze (den Rhodischen Genius und Las Casas mit eingerechnet) zur Rezension bekommen, die er auch schon seit 8 Tagen eingeschickt hat, und so, daß Schütz mir einen recht schönen heiligen Christ damit zu bescheren sich einbildet. *Fürs zweite* hat er mir versichert, daß der Hallischen Annalen nicht erwähnt werden solle und daß er sowohl die Würde der Horen als der Literaturzeitung zu sehr respektierte, um sich ihrer gegen den Hallischen Rezensenten anzunehmen. Allgemeiner *sarkastischer* Winke, wie er sagt, habe er sich wohl bedient, und dieses Vergnügen wollen wir ihm auch gönnen, da es dazu dienen wird, die Feindschaft zwischen beiden Tribunalen offenzuhalten. Da ich ihn nicht gespannt oder verlegen, sondern ziemlich degagiert und *fidel* fand, so schließe ich auch, daß er in Rücksicht auf unsere philosophischen Aufsätze ein gutes Gewissen haben muß, obgleich er mir darüber nichts sagte. Er spricht auch von einer großen Länge der Rezension, und mich freut, daß er hierin einigen Mut beweist, da man gerade die Länge der ersten so wenig hat verzeihen können. Er offerierte mir, ob ich die Schlegelsche Rezension erst im Manuskript sehen wolle, welches ich nicht nötig fand; sein eigenes Machwerk hat er mir nicht zu zeigen offeriert, und ich wollte, da er seine Sache sonst so erträglich machte, durch eine solche Motion ihm kein Mißtrauen zeigen. Vielleicht schickt er mir es aber doch noch zu, denn es erscheint erst auf dem zweiten Zeitungsbogen, wie ich vermute, da er die Aufsätze nicht nach den Monatstücken, sondern unter den 3 Rubriken poetischer, philosophischer und historischer Aufsätze durchgeht. Ich habe in meinem Gewissen einige Torts gegen ihn, welches mich etwas milder gegen ihn macht, als ich sonst sein würde. Ich glaubte nämlich, als er sich weigerte, Schlegeln, den ich ihm einmal vorschlug, den poetischen Teil der Rezension zu überlassen, daß er keinen recht guten Willen für uns habe und ihn als einen zu parteiischen Freund verwerfe: daher hat mich die Nachricht wirklich angenehm überrascht. Auch Schlegel hat mir gestern selbst davon geschrieben, der ganz voll Feuer für die Horen ist. Die Rezension selbst erscheint auf einigen Supplementblättern, deren in diesem Jahr mehrere vorkommen sollen, weil die ordentlichen Supplementbände nicht zustande kommen. In spätestens 14 Tagen werden wir sie lesen.

Ich habe mir immer vorgenommen gehabt, Ihnen den Empfang der 50

Louisdors zu melden, aber über andern Artikeln vergaß ich es immer. Ich danke Ihnen also hiemit schönstens für diese Besorgung. 15 Louisdors habe ich davon an Goethe und 10 an Herder gegeben, welche beide, besonders Goethe, sehr gut damit zufrieden schienen. 5 werde ich noch an die Mereau und an Woltmann verteilen. Den Almanach habe ich noch nicht, obgleich es gerade nun ein Monat ist, daß Michaelis mir schrieb, er sollte mit der *nächsten* Post folgen und es liege bloß an dem Glätten, daß ich ihn noch nicht habe.

Heute schickte mir Woltmann endlich seine Oper und seine Tragödie; jene heißt der *Gerichtshof der Liebe*, diese *Caecilie von der Tiver* und ist eine bremische Geschichte. Gleich die erste Szene ist auf dem Kirchhof zwischen einem Totengräber und seiner Mutter. Soweit ich beim Durchblättern sehe, ist redlich aus andern Schauspielen *ausgeschrieben*. Die letzten Worte der sterbenden Heldin sind: Freiheit! Freiheit! und damit endigt auch das Stück. Weiter habe ich noch nichts gelesen.

In der Oper finde ich beim Aufschlagen folgenden Vers:

Höher als die Kraft, die sieget,
Wann das Feld von Lanzen starrt,
Die zum hohen Ziele flieget,
Wo der Dichtkunst Palme harrt,
Ist die Macht, die überwindet,
Was im Busen unsrer Pflicht,
Ungewissen Kampf verkündet,
Und das Wort: Ich will es! spricht.

Leben Sie wohl, lieber Freund. An die Li von uns herzliche Grüße.

Ihr

Sch.

130. An Wilhelm von Humboldt.

Jena, 1. Februar 1796

Ich bin, was den Inhalt unserer Briefe betrifft, in einem so großen Rückstand gegen Sie, mein lieber Freund, daß ich über die Zahlung ordentlich erschrecke. Alle meine Verlegenheit wäre gehoben, wenn ich diese Zahlung nur mündlich leisten könnte, aber es geht mir mit der Feder oft sonderbar. Bin ich einmal im Gange, wie ich es diesen Sommer und Herbst war, so kann ich unter lastenden Geschäften große Briefe schreiben, ohne an den Mechanismus zu denken. Bin ich aber, so wie jetzt, aus diesem Mechanismus heraus, so erschrickt der Gedanke vor dem weiten Weg, den er hat, um zu dem andern zu gelangen.

O schlimm, daß der Gedanke
Erst in der Sprache tote Elemente
Zerfallen muß, die Seele zum Gerippe
Absterben muß, der Seele zu erscheinen;
Den treuen Spiegel gib mir, Freund, der *ganz*
Mein Herz empfängt und *ganz* es widerscheint.

Diese in meinem Don Karlos einst befindliche, aber reduzierte Stelle drückt einigermaßen aus, was ich jetzt in gewissen Momenten fühle, wenn ich Ihnen oder auch Körnern schreiben will. Der zufällige Umstand, daß ich noch immer in keiner bestimmten Arbeit begriffen bin, sondern spielend von Bild zu Bild und von einem epigrammatischen Gedanken zu einem andern überspringe, trägt vollends dazu bei, mir für jetzt alle Suite und Beharrlichkeit zu nehmen.

Nach dem, was Sie mir in Ansehung des realistischen und idealistischen Charakters schreiben, wird meine Abhandlung Sie weniger überraschen, aber auch desto gewisser befriedigen. Ich zweifle keinen Augenblick, daß wir über dieses Symbolum in allen seinen Zweigen einig sein werden. Aber ich leugne nicht, daß ich bei diesem letzten Aufsatz den Wunsch und die Absicht nicht ganz unterdrücken konnte, auch auf andere zu wirken und gewissen Leuten (ich will Ihnen hier nur Gros nennen) zu zeigen, daß ich mich, wenn es darauf ankommt, auch aus meiner eigenen Spezies heraus in einen höhern Standpunkt versetzen kann. Es lag mir daran, diesen Leuten zu zeigen, daß, wenn ihre *Art* mir auch untersagt, sie doch nicht fremd für mich ist und daß ich einen notwendigen und unwillkürlichen Effekt meiner *Natur* durch die Reflexion, die ich darüber angestellt, gewissermaßen in meine *Wahl* verwandelt habe. Und zwar ist dieses ein Vorteil, den nur der Idealist hat; denn der Realist kann gegen den Idealisten schlechterdings niemals gerecht sein, denn er kann ihn niemals begreifen.

Daß Sie sich in Beurteilung des Charakterwertes so ernstlich und nachdrücklich gegen das einförmig Allgemeine erklären und für die Individualität und das Charakteristische streiten, erfreut mich ungemein. Auch halten Sie diese Idee in jeder Anwendung so fest, daß man überzeugt wird, wie sehr Sie sich derselben bemächtiget haben. Sie ist von einer unabsehlichen Konsequenz für alles Moralische und Ästhetische, und um nur eine einzige Anwendung davon zu berühren, so läßt sich das Ideal einer (sentimentalischen) *Idylle* ohne eine Voraussetzung derselben gar nicht fassen; denn hier gerade ist der Fall, wo die Diskrepanz der Charaktere ihrer innern Unendlichkeit keinen Eintrag tun darf und wo Götter (im Plural) nebeneinanderstehen müssen, da es nach der entgegengesetzten

Meinung nur eine Gottheit, aber keine Götter gibt. Sie sollten Ihrer Idee in einer ausführlicheren Charakteristik der griechischen Götterideale, wozu Sie in Ihren Aufsätzen schon den Anfang gemacht, weiter nachgehen. Ich glaube, daß das *ästhetische* Ideal sich eben darin von dem *moralischen* Ideal unterscheidet, daß jenes in einer *Mannigfaltigkeit* von Exemplarien, dieses hingegen nur in einem einzigen kann realisiert werden. Daß ich das ästhetische Ideal hier in einem weitern Umfange nehme, versteht sich.

Körner schreibt mir heute, daß er ganz bestimmt entschlossen sei, mich auf den Mai zu besuchen. Vielleicht trifft es sich, daß Sie zu der Zeit auch hier sein können, weil Sie doch *vor* Ihrer eigentlichen Ankunft einen Besuch hier ablegen wollten. 8 Tage bleibt Körner gewiß. Ich soll ihm ein Logis ausfindig machen; da er aber mit zwei Kindern kommt, so wage ich es nicht, Sie um Abtretung Ihres Logis für ihn zu bitten. Sollten Sie indessen nichts dagegen haben, so würde es mir lieb sein, es ihm verschaffen zu können. Es versteht sich, daß Sie hierin der Freundschaft für ihn oder mich durchaus kein Opfer bringen dürfen; denn ein Logis findet sich ja doch auf jeden Fall.

Ich habe jetzt das erste Stück von dem Journal Deutschland gelesen, und nicht ohne Unwillen über den falschen Charakter Reichardts, der mich und auch Goethen, die ihn als Freund behandelt, sans rime und sans raison beleidigt; daß es übrigens von einer unendlichen Dummheit ist, werden Sie ohne mich gesehen haben. Reichardten wird es aber nicht zum besten gehen, denn sowohl von Goethen als von mir ist ihm Unheil bereitet. Da ich gestern von Hufeland hier gehört, daß Reichardt der Herausgeber sei, so bin ich der Menagements entledigt, die ich Ihrentwegen für ihn gehabt haben würde.

Die Xenien, von denen ich Ihnen einmal schrieb, haben sich nunmehr zu einem wirklich interessanten Produkt, das in seiner Art einzig werden dürfte, erweitert. Goethe und ich werden uns darin absichtlich so ineinander verschränken, daß uns niemand ganz auseinanderscheiden und absondern soll. Bei einem solchen gemeinschaftlichen Werk ist natürlicherweise keine strenge Form möglich; alles, was sich erreichen läßt, ist eine gewisse Allheit oder lieber Unermeßlichkeit, und diese soll das Werk auch an sich tragen. Eine angenehme und zum Teil genialische Impudenz und Gottlosigkeit, eine nichts verschonende Satire, in welcher jedoch ein lebhaftes Streben nach einem festen Punkt zu erkennen sein wird, wird der Charakter davon sein. *Unter* 600 Monodistichen tun wir es nicht, aber womöglich steigen wir auf die runde Zahl 1000. Von der Möglichkeit werden Sie sich überzeugen, wenn ich Ihnen sage, daß wir jetzt schon in dem dritten Hundert sind, obgleich die Idee nicht viel über einen Monat alt ist. Bei aller ungeheuren Verschiedenheit zwischen Goethe und mir wird es selbst Ihnen öfters schwer und manchmal gewiß unmöglich sein, unsern Anteil an dem Werke zu sortieren, denn da das *Ganze* einen laxen Plan hat, das einzelne aber ein Minimum ist, so ist zu wenig Fläche gegeben, um das verschiedene Spiel der beiden Naturen zu zeigen. Es ist auch zwischen Goethe und mir förmlich beschlossen, unsre Eigentumsrechte an die einzelnen Epigrammen niemals auseinanderzusetzen, sondern es in Ewigkeit auf sich beruhen zu lassen, welches uns auch wegen der Freiheit der Satire zuträglich ist. Sammeln wir unsere Gedichte, so läßt jeder diese Xenien *ganz* abdrucken. Daß ich für eine große Korrektheit, auch in der Prosodie, sorgen werde, verspreche ich Ihnen, sowohl in meiner als Goethens Portion. – Übrigens bitte ich Sie, von dieser Eröffnung vorderhand auch Goethen selbst nichts zu sagen.

Der guten Li Kränklichkeit tut uns beiden sehr leid. Nach dem, was Sie mir schrieben, hätte ich einige wichtige Gründe, die *Chinarinde* vorzuschlagen. Auch käme darauf an, ob nicht für eine Zeitlang eine Suppuration durch Blasenpflaster oder Seidenbast zu unterhalten wäre?

Adieu, lieber Freund. Li grüßen Sie herzlich von uns beiden. In 8 Tagen bekommen Sie die Horen gewiß.

Ihr

Sch.

131. An Graf Ernst Heinrich von Schimmelmann.

Jena, 5. Februar 1796

Noch lebhaft gerührt von dem neuen Beweise Ihrer Großmut, den ich kürzlich durch den Herrn Kammerrat Kirstein aus Kopenhagen erhielt, überlasse ich mich ohne Rückhalt den Empfindungen des Dankes, von denen mein Herz auf das innigste durchdrungen ist. Das Andenken alles dessen, was ich Ihnen, gnädiger Herr Graf, was ich Ihrem erhabenen Freunde schuldig bin, erneuert sich in meiner Seele, und nicht ohne eine gewisse Genugtuung, die mich erhebt und beglückt, gestehe ich Ihnen, daß ich die Absichten, welche bei Ihrer Großmut gegen mich Sie beide geleitet haben, nicht ganz vereitelt zu haben hoffe. Sie wollten mich durch Ihre edelmütige Unterstützung in den Stand setzen, dem Trieb meines Geistes ohne Schaden meiner körperlichen Kräfte zu folgen, und mich aller äußern Hindernisse entledigen, welche mich auf dem Wege zu der mir erreichbaren Vollkommenheit hätten aufhalten können, Ich glaube sagen zu dürfen, daß Sie diesen schönen Zweck bei mir nicht ganz verfehlt haben. Die Unabhängigkeit und Muße, welche *Sie* mir verschafft, hat es mir möglich gemacht, einen schweren, aber auch den sichersten Weg zu meiner Bildung einzuschlagen und auf diesem Wege einige nicht unbedeutende Schritte zu machen. Soviel wenigstens empfinde ich, daß ich in den letzten vier Jahren bei einer äußerst zerrütteten Gesundheit einen größeren Schritt zu dem Ziel alles meines Strebens getan als vorher in meinem ganzen Leben und bei voller Gesundheit, und dieser Tätigkeit ungeachtet sind meine physische Kräfte, wenngleich nicht hergestellt, doch auch nicht vermindert worden. Ohne Ihre großmutsvolle Unterstützung hätte ich einen solchen Plan mit mir selbst gar nicht ausführen können oder doch notwendig das Opfer davon werden müssen. Sie haben also, vortrefflicher Herr Graf, Ihre Absicht mit mir nicht verfehlt, und das, weiß ich, ist genug gesagt, um ein Herz wie das Ihrige zu belohnen.

Ich bin glücklich, und zwar in der edelsten Bedeutung dieses Wortes, denn ich bin es durch meine Tätigkeit, durch eine Annäherung zu dem höchsten und letzten Ziel aller meiner Bestrebungen, und habe ich gleich bis jetzt noch keine so entscheidenden öffentlichen Beweise davon geben können, als zu wünschen wäre, so hoffe ich, es in der Folge noch zu tun; denn es fehlt mir dazu, bei aller physischen Schwächlichkeit, weder der Mut noch die Begierde. Was ich aber auch auf diesem meinem Wege noch erreiche, ich werde es *Ihnen*, Ihrem durchlauchtigen Freunde, Ihrer edelmütigen Unterstützung schuldig sein; denn nur Sie machten es mir möglich, über meine Kräfte und meine Muße mit Freiheit zu disponieren.

Empfangen Sie dafür, verehrungswürdigster Herr Graf, den gerührtesten Dank meines Herzens, das Ihnen ewig gewidmet ist.

Schiller

132. An Christian Gottfried Körner.

[Jena, 29. Februar 1796]

Du wünschest von meinen poetischen Arbeiten etwas zu lesen, aber ich habe Dir leider von dieser Art nichts zu zeigen. Außer einigen 100 Monodistichen zu unserm gemeinschaftlichen Werke habe ich seitdem nichts produziert; meine Krämpfe, Besuche, Mangel an Stimmung haben mich immer noch an kein ordentlich Geschäft denken lassen. Erst in etlichen Wochen kann ich dazu kommen, den Plan zu einem kleinen romantischen Gedicht in Stanzen, welches ich für den diesjährigen Almanach bestimme, vorzunehmen. Da ich in dieser Art noch nichts gearbeitet und sehr strenge Foderungen an mich machen werde, so will ich froh sein, wenn ich bis auf den August auch nur dieses Gedicht zustande bringe. Alsdann werde ich sehen, meine Ritter von Malta einmal zur Ausführung zu bringen, denn es läßt sich an, daß ich für die Horen dieses Jahr nicht viel werde zu arbeiten haben. Goethe ist auf einer Spur, sehr viel und viel Gutes dafür zu tun.

Von unsern Monodistichen kann ich Dir nichts kommunizieren. Ich darf nicht aus der Schule schwatzen; auch qualifiziert sich noch nichts zur Ausstellung.

Für Logis, Betten und Meubles für Euch ist schon gesorgt. Humboldts geben ihre Wohnung mit größtem Vergnügen her, und da werdet Ihr alle Bequemlichkeiten finden. Herzliche Grüße von uns beiden an Dich und die Frauen.

Dein

Sch.

133. An August Wilhelm Schlegel.

[Jena, 11. März 1796]

Sehr angenehm haben Sie mich mit Ihrem Aufsatz über Shakespeare und Ihrer schönen Übersetzung dieses Dichters überrascht. Mehr will ich Ihnen heute nicht davon sagen, weil der Versendungstag der Horen und eine starke Briefexpedition mir den Kopf zu sehr zerstreuen. Ich habe meine Rechte an die Übersetzung ein wenig überschritten und die mittlere Szene (ja auch die beiden andern, wenn Platz dafür ist) zum Druck in die Horen abgesandt. Da ich aus Ihrem Briefe schloß, daß bloß der frühere Gebrauch, den Sie von dieser Übersetzung für den Druck zu machen willens wären, gegen den Abdruck in den Horen sei, so trug ich um so weniger Bedenken, das dritte Stück der Horen mit diesem interessanten Beitrag zu bereichern. Sie können, da es nur ein sehr kleiner Teil des Ganzen ist, das ganze Schauspiel abdrucken lassen, sobald Sie wollen. Eine vorausgeschickte Probe der neuen besseren Übersetzung Shakespeares in den Horen wird selbst für Ihren Aufsatz gut sein, denn immer ist es gut, wenn die Tat dem Raisonnement vorhergeht und der Leser, dem jene Proben noch in frischem Gedächtnis sind, ergreift die Abhandlung mit um so größerer Begierde.

Über die ganze Unternehmung, den Shakespeare zu übersetzen, werden wir wohl mündlich am besten sprechen können. Der Gedanke ist sehr glücklich, und der Himmel lohn es Ihnen, daß Sie uns von dem traurigen Eschenburg befreien wollen. Mit diesem sind Sie glimpflicher umgegangen, als er's verdient, bei seiner lächerlichen Anmaßung als Kritiker und Ästhetiker verdient. Man sollte diese Erzphilister, die doch Menschen zu sein sich einbilden, nicht so gut traktieren. Käme es auf sie und ihre Hohlköpfe an, sie würden alles Genialische in Grundsboden zertreten und zerstören.

Auch Bürgers Macbeth und die übersetzten Hexengesänge haben Sie mir zu räsonabel behandelt. Ich halte die letztern für eine recht Bürgerische Pfuscherei, so arg als irgendeine von ihm, und das ist nicht bloß meine Privatmeinung. Goethe zum Beispiel, mit dem ich erst kurz noch davon sprach, findet sie greulich, und er hat, da er den Macbeth gern einmal in Weimar spielen lassen wollte, schon darauf gedacht, wie er sie anders übersetzt bekommen könnte. Ich will, wenn Sie es nicht kontremandieren, wozu es binnen 14 Tagen noch Zeit ist, jene Stelle in Ihrer Abhandlung, welche die Bürgerischen Hexengesänge betrifft, herauslassen. Es ist mir bloß deswegen, weil man nicht weiß, ob man einander nicht über kurz oder lang in Rücksicht auf diesen Punkt in demselben Journal widersprechen könnte, welches das Publikum irremachen würde.

Herzlich freue ich mich, Sie binnen 8 Wochen hier zu sehen, wo wir denn recht viel in die Länge und Breite miteinander durchsprechen wollen. Leben Sie recht wohl. Ganz der Ihrige

Schiller

134. An Wilhelm von Humboldt.

Jena, 21. März 1796

Mein letzter Brief hat Ihnen nun schon gemeldet, liebster Freund, daß vorderhand weder an Stanzen noch an etwas Episches bei mir zu denken ist. Ich kann also von Ihren Bemerkungen über den eigentlichen rechten Gebrauch gereimter Silbenmaße so bald keinen Gebrauch für mich selbst machen, obgleich ich Ihren Ideen im ganzen beipflichte. Nur deucht mir, erklären Sie sich zu sehr aus dem innern Wesen, was oft nur zufällig ist. So glaube ich, daß der Reim seinen Ursprung einer Sprache zu danken hat, die viele Wörter mit gleichen Endungen besitzt, und daß teils dieses, teils die Bequemlichkeit für das Gedächtnis ihn einführte. Daß sich der Reim sehr gut mit naiven Dichtungen vertrage, lehrt gerade doch sein Ursprung; denn die italienischen Dichter, die Minnesänger und Troubadours und dergleichen, obgleich sie den Alten an Wert nicht beikommen, gehören doch mehr in die Klasse der naiven als der sentimentalischen Dichtung. Dann ist auch ferner nicht zu leugnen, daß der Reim in den fröhlichen und scherzhaften Gattungen sich mit der größten Naivetät des dichterischen Gefühls verträgt; ich will hier nur Lafontaines Erzählungen anführen. Mir deucht, daß sich die alten Silbenmaße, wie zum Beispiel der Hexameter, deswegen so gut zu naiven Poesien qualifizieren, weil er *ernst* und gesetzt einherschreitet und mit seinem Gegenstand nicht spielt. Nun gibt dieser Ernst, zum Beispiel im Fuchs, der Erzählung einen gewissen größern Schein von Wahrhaftigkeit, und diese ist das erste Erfodernis des naiven Tons, wo der Erzähler nie den Spaßmacher spielen und aller Witz ausgeschlossen bleiben soll. Auch, deucht mir, ist der Hexameter schon deswegen in dergleichen Gedichten so angenehm und vermehrt das Naive, weil er an Homer und die Alten erinnert.

Übrigens bin ich mit Ihnen überzeugt, daß der Reim mehr an Kunst erinnert und die entgegengesetzten Silbenmaße der Natur viel näher liegen; aber ich glaube, daß jenes Erinnern an Kunst, wenn es nicht eine Wirkung der *Künstlichkeit* oder gar der *Peinlichkeit* ist, eine Schönheit involviert und daß es sich mit dem höchsten Grade poetischer Schönheit (in welchen naive und sentimentale Gattung zusammenfließen) sehr gut verträgt. Was man in der neuern Poesie (der gereimten) vorzüglich schöne Stellen nennt, möchte meinen Satz beweisen; in solchen Stellen ergötzt uns die Kunst als höchste Natur und die Natur als Wirkung der höchsten Kunst: Denn erst dann erreicht unser Genuß seinen höchsten Grad, wenn wir beides zusammen empfinden.

Das ist eine Unart des Reims, daß er fast immer an den Poeten erinnert, so wie in der freien Natur eine mathematisch strenge Anordnung, eine Allee zum Beispiel, an die Menschenhand. Aber ich glaube, daß selbst dieses – wenn nur das übrige reine, objektive Natur ist – der höchsten ästhetischen Wirkung nicht entgegen ist.

Aber lassen Sie mich auch hier von dem Reime scheiden, wie ich in der Tat – auf eine Zeitlang nämlich – von ihm Abschied genommen habe, es müßte denn sein, daß ich in meinem Schauspiel gereimte Szenen nach Shakespeares Beispiel einmischte, wozu es jetzt noch keinen Anschein hat. Ich bin jetzt wirklich und in allem Ernst bei meinem Wallenstein und habe die letzten 5 Tage dazu angewandt, die Ideen zu revidieren, die ich in verschiedenen Perioden darüber niederschrieb. Groß war freilich dieser Fund nicht, aber auch nicht ganz unwichtig, und ich finde doch, daß schon dieses, was ich bereits darüber gedacht habe, die Keime zu einem höhern und echteren dramatischen Interesse enthält, als ich je einem Stück habe geben können. Ich sehe mich überhaupt auf einem sehr guten Wege, den ich nur fortsetzen darf, um etwas Gutes hervorzubringen; dies ist schon viel und auf alle Fälle sehr viel mehr, als ich in diesem Fache sonst von mir rühmen konnte.

Vordem legte ich das ganze Gewicht in die Mehrheit des einzelnen; jetzt wird alles auf die Totalität berechnet, und ich werde mich bemühen, denselben Reichtum im einzelnen mit ebenso vielem Aufwand von Kunst zu verstecken, als ich sonst angewandt, ihn zu zeigen und das einzelne recht vordringen zu lassen. Wenn ich es auch anders wollte, so erlaubte es mir die Natur der Sache nicht, denn Wallenstein ist ein Charakter, der – als echt realistisch – nur im ganzen, aber nie im einzelnen interessieren kann. Ich habe bei dieser Gelegenheit einige äußerst treffende Bestätigungen meiner Ideen über den Realism und Idealism bekommen, die mich zugleich in dieser dichterischen Komposition glücklich leiten werden. Was ich in meinem letzten Aufsatz über den Realism gesagt, ist vom Wallenstein im höchsten Grade wahr. Er hat nichts Edles, er erscheint in keinem einzelnen Lebensakt groß, er hat wenig Würde und dergleichen, ich hoffe aber nichtsdestoweniger, auf rein realistischem Wege einen dramatisch großen Charakter in ihm aufzustellen, der ein echtes Lebensprinzip in sich hat. Vordem habe ich, wie im Posa und Karlos, die fehlende Wahrheit durch schöne Idealität zu ersetzen gesucht, hier im Wallenstein will ich es probieren und durch die bloße Wahrheit für die fehlende Idealität (die sentimentalische nämlich) entschädigen.

Die Aufgabe wird dadurch schwerer und folglich auch intressanter, daß der eigentliche Realism den Erfolg nötig hat, den der idealistische Charakter entbehren kann. Unglücklicherweise aber hat Wallenstein den Erfolg gegen sich, und nun erfodert es Geschicklichkeit, ihn auf der gehörigen Höhe zu erhalten. Seine Unternehmung ist moralisch schlecht, und sie verunglückt physisch. Er ist im einzelnen nie groß, und im ganzen kommt er um seinen Zweck. Er berechnet alles auf die Wirkung, und diese mißlingt. Er kann sich nicht wie der Idealist in sich selbst einhüllen und sich über die Materie erheben, sondern er will die Materie sich unterwerfen und erreicht es nicht. Sie sehen daraus, was für delikate und verfängliche Aufgaben zu lösen sind, aber mir ist dafür nicht bange. Ich habe die Sache von einer Seite angefaßt, von der sie sich behandeln läßt.

Daß Sie mich auf diesem neuen und mir nach allen vorhergegangenen Erfahrungen fremden Wege mit einiger Besorgnis werden wandeln sehen, will ich wohl glauben. Aber fürchten Sie nicht zuviel. Es ist erstaunlich, wieviel Realistisches schon die zunehmenden Jahre mit sich bringen, wieviel der anhaltendere Umgang mit Goethen und das Studium der Alten, die ich erst nach dem Karlos habe kennen lernen, bei mir nach und nach entwickelt hat. Daß ich auf dem Wege, den ich nun einschlage, in Goethens Gebiet gerate und mich mit ihm werde messen müssen, ist freilich wahr, auch ist es ausgemacht, daß ich hierin neben ihm verlieren werde. Weil mir aber auch etwas übrigbleibt, was m e i n ist und e r nie erreichen kann, so wird sein Vorzug mir und meinem Produkt keinen Schaden tun, und ich hoffe, daß die Rechnung sich ziemlich heben soll. Man wird uns, wie ich in meinen mutvollesten Augenblicken mir verspreche, verschieden spezifizieren, aber unsere Arten einander nicht unterordnen, sondern unter einem höhern idealischen Gattungsbegriffe einander koordinieren.

Doch genug von diesen Räsonnements. Sie werden sagen, daß die Sache selbst allein hier entscheiden könne, und diese wird jetzt auch mein ernstliches Geschäft sein. Vor Ihrer Ankunft in Jena, welche doch wohl im August erfolgt, werde ich noch nichts eigentlich ausgeführt haben, aber dann, hoffe ich, soll der Plan ziemlich zustande sein, und mit dem Plan ist auch die eigentliche *poetische* Arbeit vollendet.

Übermorgen, liebster Freund, reise ich auf 14–18 Tage nach Weimar, wenn meine Gesundheit es erlaubt. Ich habe Goethen versprochen, während Ifflands Anwesenheit, der am Karfreitag ankommt, ihm Gesellschaft zu leisten, damit er für Iffland um so eher eine Sozietät eröffnen könne. Er wollte nicht gern zuviel Anstalten Ifflands wegen machen, und doch wissen Sie, daß man in Weimar alles aufbieten muß, um auch nur etwas von Sozietät zu haben. Nun geht ein Teil der Sozietätsarrangements auch auf meinen Namen, und wenn wir beide, Goethe und ich, zusammen sind, so verwandelt sich die ganze Historie in eine Komödie für uns. Seien Sie also so gut, Lieber, mir Ihren nächsten Brief nach Weimar zu adressieren.

Der Li unsre herzlichen Grüße. Möchte sie doch endlich einmal wieder Besserung spüren.

Ihr

Sch.

135. An Johann Wolfgang von Goethe.

Jena, 31. Juli 1796

Sie können sich von den Xenien nicht ungern trennen als ich selbst. Außer der Neuheit und interessanten Eigentümlichkeit der Idee ist der Gedanke, ein gewisses Ganzes in Gemeinschaft mit Ihnen auszuführen, so reizend für mich gewesen. Aber seien Sie versichert, daß ich die Idee nicht meiner Konvenienz aufgeopfert habe. Zu einem Ganzen, so wie es auch von dem liberalsten Leser gefodert werden konnte, fehlte noch unübersehlich viel; eine mühsame Redaktion hat mich mit diesem Mangel gar sehr bekannt gemacht. Selbst wenn wir die zwei letzten Monate ausschließend dazu hätten widmen können, würde weder der satirische noch der andere Teil die nötige Vollständigkeit erlangt haben. Das ganze Werk ein Jahr länger liegen zu lassen, erlaubte weder das Bedürfnis des Almanachs, noch wäre es [wegen] der vielen Anspielungen auf das Neueste in der Literatur, welches nach einem Jahre sein Interesse verliert, zu wagen gewesen: und was dieser Rücksichten mehr sind, die ich Ihnen mündlich anführen will. Übrigens ist uns diese Idee und Form noch gar nicht verloren, denn es ist noch so erstaunlich viel Stoff zurück, daß dasjenige, was wir aus dem Alten noch etwa dazunehmen, darin verschwinden wird.

Ihren Namen nenne ich sparsam. Selbst bei denjenigen politischen, welche niemanden angreifen und vor welchen man sich gefreut haben würde, ihn zu finden, habe ich ihn weggelassen, weil man diese mit den andern, auf Reichardt gehenden, in Verbindung vermuten könnte. Stolberg kann nicht geschont werden, und das wollen Sie wohl selbst nicht, und Schlosser wird nie genauer bezeichnet, als eine allgemeine Satire auf die Frommen erfodert. Außerdem kommen diese Hiebe auf die Stolbergische Sekte in einer solchen Verbindung vor, daß jeder *mich* als den Urheber sogleich erkennen muß; ich bin mit Stolberg in einer gerechten Fehde und habe keine Schonung nötig. Wieland soll mit der zierlichen Jungfrau in Weimar wegkommen, worüber er sich nicht beklagen kann. Übrigens erscheinen diese Odiosa erst in der zweiten Hälfte des Almanachs, so daß Sie bei Ihrem Hiersein noch herauswerfen können, was Ihnen gutdünkt. Um Iffland nicht weh zu tun, will ich in dem Dialog mit Shakespeare lauter Schröderische und Kotzebuische Stücke bezeichnen. Sie sind wohl so gütig und lassen mir vom Spiritus das Personal aus 5 oder 6 Kotzebuischen und Schröderischen Stücken abschreiben, daß ich darauf anspielen kann.

Der Cellini pressiert diesmal nicht, denn leider kann ich schon mehrere Posttage nichts mehr an Cotta bringen, die Post nimmt nichts nach Stuttgart und Tübingen an. Auch die letzte Lieferung des Cellini liegt noch da, die für das 8. Stück bestimmt ist, und Cotta kann das Manuskript zu dem siebenten, welches bei der Einnahme von Stuttgart noch unterwegs war, nicht empfangen haben.

Aus Schwaben sind seit 8 Tagen keine Nachrichten mehr angelangt, ich weiß nicht, wie es um meine Familie steht, noch wo sie sich jetzt aufhält.

Aus Coburg wird heute geschrieben, daß die Franzosen in wenig Tagen darin einrücken würden, daß aber niemand etwas fürchte. Der allerfurchtsamste Hypochondrist von der Welt, Herr Heß, schreibt dieses an seine Frau, die hier ist; es muß also wohl wahr sein.

Es ist gut, wenn man den Jenensern Zeit läßt, ihre Furcht vor den Franzosen loszuwerden, ehe man ihnen die Komödie zeigt. Es gibt gar gewissenhafte Leute hier, die bei einer so großen öffentlichen Kalamität ein Vergnügen für unschicklich halten.

Da, wie ich höre, das Mannheimer Theater auf ein Jahr suspendiert ist, so werden Sie Iffland wohl wieder in Weimar haben können. Es wäre zu wünschen, daß sich das Weimarische Theater bei dieser Gelegenheit mit einer Schauspielerin rekrutieren könnte. Mademoiselle Withoeft, oder wie sie jetzt heißt, würde wohl eine sehr gute Eroberung sein.

Bei mir ist alles wohlauf, und der Kleine gewöhnt sich nach und nach. Meine Frau grüßt Sie bestens.

Leben Sie recht wohl. Ich freue mich, wenn Sie wieder hier sind, auch von den naturhistorischen Sachen wieder zu hören.

Sch.

136. An Johann Wolfgang von Goethe.

Jena, 1. August 1796

Nach langem Hin- und Herüberschwanken kommt jedes Ding doch endlich in seine ordentliche waagrechte Lage. Die erste Idee der Xenien war eigentlich eine fröhliche Posse, ein Schabernack auf den Moment berechnet, und war auch so ganz recht. Nachher regte sich ein gewisser Überfluß, und der Trieb zersprengte das Gefäß. Nun habe ich aber, nach nochmaligem Beschlafen der Sache, die natürlichste Auskunft von der Welt gefunden, Ihre Wünsche und die Konvenienz des Almanachs zugleich zu befriedigen.

Was eigentlich den Anspruch auf eine gewisse Universalität erregte und mich bei der Redaktion in die große Verlegenheit brachte, waren die philosophischen und rein poetischen, kurz die unschuldigen Xenien; also eben die, welche in der ersten Idee auch nicht gewesen waren. Wenn wir diese in dem vordern und gesetzten Teile des Almanachs unter den andern Gedichten bringen, die lustigen hingegen unter dem Namen *Xenien* und als ein eigenes Ganze, wie voriges Jahr die Epigramme, dem ersten Teile anschließen, so ist geholfen. Auf einem Haufen beisammen und mit keinen ernsthaften untermischt, verlieren sie sehr vieles von ihrer Bitterkeit, der allgemein herrschende Humor entschuldigt jedes einzelne, so wie Sie neulich schon bemerkten, und zugleich stellen sie wirklich ein gewisses Ganzes vor. Auch die Hiebe auf Reichardt wollen wir unter dem Haufen zerstreuen und nicht, wie erst geschehen war, an die Spitze stellen. Von der einen Seite war die *Ehre* und von der andern die *Beleidigung* zu groß, die wir ihm durch diese Auszeichnung antaten. Und so wären also die Xenien (wenn Sie meinen Gedanken gutheißen, wie ich denke) zu ihrer ersten Natur zurückgekehrt, und wir hätten doch auch zugleich nicht Ursache, die Abweichung von jener zu bereuen, weil sie uns manches Gute und Schöne hat finden lassen.

Und da nach dem neuen Plane diejenigen politischen Xenien von Ihnen, welche bloß Lehren enthalten und gar niemand treffen, von den satirischen ganz getrennt sind, so habe ich unter jene Ihren Namen gesetzt. Er gehört davor, weil sich diese Konfessionen an die Epigramme vom vorigen Jahr und selbst an den Meister anschließen und in Form und Inhalt unverkennbar Ihren Stempel tragen.

Ich habe heute wieder keine Nachricht aus Schwaben erhalten; es scheint, daß wir ganz abgeschnitten sind. Herr von Funck, der mir heute schrieb, hat aus Artern, seinem gewöhnlichen Quartier, in die Gegend von Langensalza vorrücken müssen. Doch muß man dort nicht viel fürchten, denn er hält diese Stellung für unnütz. Leben Sie recht wohl.

Sch.

137. An Christian Gottfried Körner.

Jena, 28. Oktober1796

Dein letzter Brief über den Almanach hat mich recht erfreut und erquickt; auch Goethe, dem ich ihn sogleich zugesendet, ist sehr davon erbaut worden und trägt mir auf, Dir dieses in seinem Namen zu versichern. Er sieht deswegen Deinem Urteil über den 4. Band des Meisters mit großem Verlangen entgegen, und wenn Du Dir einige Stunden dazu abmüßigen kannst, so schreibe mir ja Deine Gedanken ausführlich darüber.

Goethe hat jetzt ein neues poetisches Werk unter der Arbeit, das auch größtenteils fertig ist. Es ist eine Art bürgerlicher Idylle, durch die Luise von Voß in ihm zwar nicht veranlaßt, aber doch neuerdings dadurch geweckt; übrigens in seiner ganzen Manier, mithin Vossen völlig entgegengesetzt. Das Ganze ist mit erstaunlichem Verstande angelegt und im echten epischen Tone ausgeführt. Ich habe 2 Dritteile davon, nämlich 4 Gesänge, gehört, die vortrefflich sind. Das Ganze kann wohl 12 Bogen betragen. Die Idee dazu hat er zwar mehrere Jahre schon mit sich herumgetragen, aber die Ausführung, die gleichsam unter meinen Augen geschah, ist mit einer mir unbegreiflichen Leichtigkeit und Schnelligkeit vor sich gegangen, so daß er 9 Tage hintereinander jeden Tag über anderthalb 100 Hexameter niederschrieb.

Von dem Schicksal unsers Almanachs in der Welt habe ich noch nicht viel in Erfahrung bringen können. Für das Komische darin ist in der jetzigen Lesewelt zu wenig *Humor* und für das Ernsthafte zu wenig *Tiefe*. Von der einen Seite haben wir also an der Schwerfälligkeit und von der andern an der Flachheit einen unüberwindlichen Feind zu erwarten. Ich bekümmere mich auch nicht mehr darum, denn das Publikum in Rücksicht auf mich habe ich aufgegeben. Glücklicherweise kann ich bei meiner jetzigen und künftigen Schriftstellerei, der dramatischen, das Publikum, so wie es ist, ganz vergessen und doch bis auf einen gewissen Grad es beherrschen und gewinnen.

Der Wallenstein beschäftigt mich jetzt ernstlich und ausschließend. Noch sehe ich zwar nicht auf den Boden, hoffe aber doch, in höchstens 3 Monaten des Ganzen ziemlich Herr zu sein, so daß ich an die Ausführung gehen kann. Diese ist alsdann die Arbeit von wenigen Monaten. Mir ist bei dieser neuen Beschäftigung recht wohl, und ich glaube, daß ich lange dabei bleiben werde.

Humboldt kommt in 3 Tagen hier an. Seine Frau und Kinder sind schon hier, er ist aber noch in Halle bei Wolfen. Meine Kinder sind recht wohl, und der ganz Kleine hat sich seit 10 Tagen so sehr erholt, daß er recht gesund und stark ist. Herzliche Grüße von uns beiden an Euch alle. Lebe recht wohl, und laß mich bald etwas von Dir hören.

Dein

Sch.

138. An Christian Gottfried Körner.

Jena, 28. November 1796

Ich brüte noch immer ernstlich über dem Wallenstein, aber noch immer liegt das unglückselige Werk formlos und endlos vor mir da. Du mußt aber nicht denken, als ob ich meine dramatische Fähigkeit, soweit ich sie sonst mag besessen haben, überlebt hätte; nein, ich bin bloß deswegen unbefriedigt, weil meine Begriffe von der Sache und meine Anfoderungen an mich selbst jetzt bestimmter und klärer und die letzteren strenger sind. Keins meiner alten Stücke hat so viel Zweck und Form, als der Wallenstein jetzt schon hat, aber ich weiß jetzt zu genau, was ich will und was ich soll, als daß ich mir das Geschäft so leicht machen könnte.

Der Stoff ist, ich darf wohl sagen, im höchsten Grad ungeschmeidig für einen solchen Zweck, er hat beinahe alles, was ihn davon ausschließen sollte. Es ist im Grund eine Staatsaktion und hat in Rücksicht auf den poetischen Gebrauch alle Unarten an sich, die eine politische Handlung nur haben kann, ein unsichtbares, abstraktes Objekt, *kleine* und *viele* Mittel, zerstreute Handlungen, einen furchtsamen Schritt, eine (für den Vorteil des Poeten) viel zu kalte, trockene Zweckmäßigkeit, ohne doch diese bis zur Vollendung und dadurch zu einer poetischen Größe zu treiben; denn am Ende mißlingt der Entwurf doch nur durch Ungeschicklichkeit. Die Base, worauf Wallenstein seine Unternehmung gründet, ist die Armee, mithin für mich eine unendliche Fläche, die ich nicht vors Auge und nur mit unsäglicher Kunst vor die Phantasie bringen kann: ich kann also das Objekt, worauf er ruht, nicht zeigen und ebensowenig das, wodurch er fällt; das ist ebenfalls die Stimmung der Armee, der Hof, der Kaiser. – Auch die Leidenschaften selbst, wodurch er bewegt wird, Rachsucht und Ehrbegierde, sind von der kältesten Gattung. Sein Charakter endlich ist niemals edel und darf es nie sein, und durchaus kann er nur furchtbar, nie eigentlich groß erscheinen. Um ihn nicht zu erdrücken, darf ich ihm nichts Großes gegenüberstellen, er hält mich dadurch notwendig nieder. Mit einem Wort, es ist mir fast alles abgeschnitten, wodurch ich diesem Stoffe nach meiner gewohnten Art beikommen könnte, von dem Inhalt habe ich fast nichts zu erwarten, alles muß durch eine glückliche Form bewerkstelligt werden, und nur durch eine kunstreiche Führung der Handlung kann ich ihn zu einer schönen Tragödie machen.

Du wirst dieser Schilderung nach fürchten, daß mir die Lust an dem Geschäfte vergangen sei oder, wenn ich dabei wider meine Neigung beharre, daß ich meine Zeit dabei verlieren werde. Sei aber unbesorgt, meine Lust ist nicht im geringsten geschwächt und ebensowenig meine Hoffnung eines trefflichen Erfolges. Gerade so ein Stoff mußte es sein, an dem ich mein neues dramatisches Leben eröffnen konnte. Hier, wo ich nur auf der Breite eines Schermessers gehe, wo jeder Seitenschritt das Ganze zugrund richtet, kurz, wo ich nur durch die einzige innere Wahrheit, Notwendigkeit, Stetigkeit und Bestimmtheit meinen Zweck erreichen kann, muß die entscheidende Krise mit meinem poetischen Charakter erfolgen. Auch ist sie schon stark im Anzug; denn ich traktiere mein Geschäft schon ganz anders, als ich ehmals pflegte. Der Stoff und Gegenstand ist so sehr außer mir, daß ich ihm kaum eine Neigung abgewinnen kann; er läßt mich beinahe kalt und gleichgültig, und doch bin ich für die Arbeit begeistert. Zwei Figuren ausgenommen, an die mich Neigung fesselt, behandle ich alle übrigen und vorzüglich den Hauptcharakter bloß mit der reinen Liebe des Künstlers, und ich verspreche Dir, daß sie dadurch um nichts schlechter ausfallen sollen. Aber zu diesem bloß objektiven Verfahren war und ist mir das weitläuftige und freudlose Studium der Quellen so unentbehrlich; denn ich mußte die Handlung wie die Charaktere aus ihrer Zeit, ihrem Lokal und dem ganzen Zusammenhang der Begebenheiten schöpfen, welches ich weit weniger nötig hätte, wenn ich mich durch eigne Erfahrung mit Menschen und Unternehmungen aus diesen Klassen hätte bekannt machen können. Ich suche absichtlich in den Geschichtsquellen eine *Begrenzung*, um meine Ideen durch die

Umgebung der Umstände streng zu bestimmen und zu verwirklichen; davor bin ich sicher, daß mich das Historische nicht herabziehen oder lähmen wird. Ich will dadurch meine Figuren und meine Handlung bloß *beleben; beseelen* muß sie diejenige Kraft, die ich allenfalls schon habe zeigen können und ohne welche ja überhaupt kein Gedanke an dieses Geschäft von Anfang an möglich gewesen wäre.

Auf dem Weg, den ich jetzt gehe, kann es leicht geschehen, daß mein Wallenstein durch eine gewisse Trockenheit der Manier sich von meinen vorhergehenden Stücken gar seltsam unterscheiden wird. Wenigstens habe ich mich bloß vor dem Extrem der Nüchternheit, nicht wie ehmals vor dem der Trunkenheit zu fürchten.

Aus dem, was ich hier hingeworfen, kannst Du Dir nun wohl erklären, warum meine Vorarbeiten an dem Wallenstein für nicht viel zu rechnen sind, obgleich sie allein mich bestimmt hatten, dem Stoffe getreu zu bleiben. Sonst aber mußte ich die Arbeit als eine ganz neue traktieren, und Du begreifst, warum ich keine schnellen Schritte machen kann. Dennoch hoffe ich, in drei Monaten des Ganzen so weit mächtig zu sein, daß mich nichts an der Ausführung hindert. Freilich verspreche ich mir den Trost der Vollendung vor dem August des künftigen Jahres nicht. Bei Euch also werde ich auch des vollendeten Wallensteins wie des Karlos zuerst mich freuen, und eh es dahin kommt, werde ich Dir noch manche Aufmunterung dabei zu danken haben.

Laß uns aber nun den Vertrag miteinander aufrichten, daß Du es nie annehmen willst, wenn ich Dich teilweise mit dem Stücke bekannt machen wollte. Leicht könnte mir einmal der Autorendrang kommen, und da hätte ich den wichtigsten Teil Deines Urteils mir geraubt, welches sich nur auf die klare Ansicht des Ganzen gründen kann. Ich werde es ebenso mit Goethen und mit Humboldt halten und mir auf diese Art in Eurem dreifachen Urteil einen Schatz aufheben.

Sollte Dir etwa irgendein Werk bekannt sein, das mir jene Art von Welt, militärische und politische, in einer anschaulicheren Form näherbringen könnte, wie zum Beispiel gewisse Memoires, so mache mich doch darauf aufmerksam. Ich muß die Notizen dieser Art so mühsam zusammenlesen und finde beinahe doch nichts.

Humboldt meint, ich soll den Wallenstein in Prosa schreiben; mir ist es in Rücksicht auf die Arbeit ziemlich einerlei, ob ich Jamben oder Prosa mache. Durch die ersten würde er mehr poetische Würde, durch die Prosa mehr Ungezwungenheit erhalten. Da ich ihn aber im strengen Sinn für die theatralische Vorstellung bestimme, so wird es wohl besser getan sein, Humboldten hierin zu folgen.

Lebe recht wohl. Bei uns ist alles wohlauf und grüßt Euch alle herzlich.

Dein S.

Hier eine neue Hore, die Dich doch vielleicht überraschen wird.

139. An Johann Friedrich Cotta.

Jena, 1. Februar 1797

Von der ersten Auflage der Almanache ist, soviel ich weiß und mich erinnere, alles, was nicht hier und zu Weimar verkauft wurde, Böhmen zur Bestellung gegeben worden.

Von der zweiten hat Göpferdt nach meiner Vorschrift, die hier beiliegt, die Frankfurter Exemplarien unmittelbar nach Frankfurt, die übrigen an Böhme abgehen lassen. Ich habe nach Ihrem Verlangen 10 Exemplarien an Schubart in Bremen selber abgesendet. Auch an Ettingern in Gotha habe ich von der ersten Auflage selbst, wo mir recht ist, 12 Exemplarien gesandt. Die Anzahl werden Sie auf der Liste finden.

Böhme braucht noch immer neue Exemplarien, ich sende übermorgen die letzten 6 ab, die ich auf den Notfall zurückbehielt. Ich lege seinen Brief vom 28. Januar an Göpferdten bei.

Was den Wallenstein betrifft, so müssen wir ein Papier, das hier herum zu haben ist, dazu nehmen, denn ich weiß nun soviel gewiß, daß ich nicht frühe genug damit fertig werden kann, um ihn an einem weit von hier entfernten Ort drucken lassen zu können. Wäre ich auch schon im Julius damit fertig, so liegt mir alles daran, ihn eine Zeitlang liegen zu lassen und dann erst die letzte Hand daran zu legen. Diese letzte Durchsicht, wenn das Ganze schon fertig daliegt, ist an einem solchen Werke die wichtigste und die entscheidende Operation, und es kommt mir auf jeden Tag an, den ich dafür gewinne. Alle andere bloß typographische Rücksichten müssen dieser nachstehen.

Ich bin daher der Meinung, Sie lassen den Wallenstein hier drucken, und zwar mit einer dem Auge angenehmen Schrift und auf recht schönem Schreibpapier, aber doch gerade mit keinem Anspruch auf eine besondere Eleganz, bloß mit schönen deutschen Lettern, so wie die Verse in den Horen, aber ohne Titelkupfer oder Vignetten. Außer dem, daß ich die Korrektur habe, gewinne ich auch über 3, 4 Wochen, welche über der Versendung des Manuskripts nach Schwaben und der Absendung der Auflage von dorther nach Leipzig daraufgehen würden.

Ich dächte, wenn Sie 2000 Exemplarien auf Schreibpapier Median (den Ballen zu 30 Reichstaler hiesigen Kurant), 125 auf Velin und 400 auf gutem Druckpapier (für die Reichsgegenden und des Nachdrucks wegen) abdrucken ließen, so wär's am besten. Diese dritthalb Tausend, dächte ich, müßten in Zeit von etlichen Jahren können abgesetzt werden. Er wird 15 Bogen gerade füllen, denn außer dem Trauerspiel ist noch ein dramatisches Vorspiel von 2 Bogen dabei, welches zu jenem wesentlich gehört und einen Teil seines Inhalts ausmacht. Das Schreibpapierexemplar verkaufen Sie um 1 Reichstaler, das Velinexemplar um 1 Laubtaler und das druckpapierne, wenn kein Nachdruck einen herabgesetzten Preis nötig macht, um 18 Groschen. So, denke ich, wird Käufer und Verleger zufrieden sein können.

Was mein Honorar dafür betrifft, so glaube ich so viel dafür verdient zu haben als für einen Horenbogen im ersten Jahrgange, denn in der Zeit, die der Wallenstein mir kostet, würde ich leicht 30 Bogen Geschichte und mehr haben schreiben können. Dafür sollen Sie aber auch etwas Gutes bekommen.

Leben Sie recht wohl. Neues Manuskript zu dem 3. Horenstück folgt gleich übermorgen nach. Ich glaube, daß ich für die schönen Abdrücke der Hohenheimer Kupfer noch nicht einmal gedankt habe. Sie haben meine Frau sehr damit erfreut. Sie empfiehlt sich Ihnen und Ihrer lieben Frau aufs beste.

S.

140. An Johann Wolfgang von Goethe.

Jena, 4. April 1797

Aus der bisherigen Abwechslung und Geselligkeit bin ich auf einmal in die größte Einsamkeit versetzt und auf mich selbst zurückgeführt. Außer Ihnen und Humboldt hat mich auch alle weibliche Gesellschaft verlassen, und ich wende diese Stille dazu an, über meine tragisch-dramatische Pflichten nachzudenken. Nebenher entwerfe ich ein detailliertes Szenarium des ganzen Wallensteins, um mir die Übersicht der Momente und des Zusammenhangs auch durch die Augen mechanisch zu erleichtern.

Ich finde, je mehr ich über mein eigenes Geschäft und über die Behandlungsart der Tragödie bei den Griechen nachdenke, daß der ganze Cardo rei in der Kunst liegt, eine poetische Fabel zu erfinden. Der Neuere schlägt sich mühselig und ängstlich mit Zufälligkeiten und Nebendingen herum, und über dem Bestreben, der Wirklichkeit recht nahe zu kommen, beladet er sich mit dem Leeren und Unbedeutenden, und darüber läuft er Gefahr, die tiefliegende Wahrheit zu verlieren, worin eigentlich alles Poetische liegt. Er möchte gern einen wirklichen Fall vollkommen nachahmen und bedenkt nicht, daß eine poetische Darstellung mit der Wirklichkeit eben darum, weil sie absolut wahr ist, niemals koinzidieren kann.

Ich habe dieser Tage den Philoktet und die Trachinierinnen gelesen, und die letztern mit besonders großem Wohlgefallen. Wie trefflich ist der ganze Zustand, das Empfinden, die Existenz der Dejanira gefaßt. Wie ganz ist sie die Hausfrau des Herkules, wie individuell, wie nur für diesen einzigen Fall passend ist dies Gemälde, und doch wie tief menschlich, wie ewig wahr und allgemein. Auch im Philoktet ist alles aus der Lage geschöpft, was sich nur daraus schöpfen ließ, und bei dieser Eigentümlichkeit des Falles ruht doch alles wieder auf dem ewigen Grund der menschlichen Natur.

Es ist mir aufgefallen, daß die Charaktere des griechischen Trauerspiels mehr oder weniger idealische Masken und keine eigentliche Individuen sind, wie ich sie in Shakespeare und auch in Ihren Stücken finde. So ist zum Beispiel Ulysses im Ajax und im Philoktet offenbar nur das Ideal der listigen, über ihre Mittel nie verlegenen, engherzigen Klugheit; so ist Kreon im Ödip und in der Antigone bloß die kalte Königswürde. Man kommt mit solchen Charakteren in der Tragödie offenbar viel besser aus, sie exponieren sich geschwinder, und ihre Züge sind permanenter und fester. Die Wahrheit leidet dadurch nichts, weil sie bloßen logischen Wesen ebenso entgegengesetzt sind als bloßen Individuen.

Ich sende Ihnen hier, pour la bonne bouche, ein allerliebstes Fragment aus dem Aristophanes, welches mir Humboldt dagelassen hat. Es ist köstlich, ich wünschte den Rest auch zu haben.

Dieser Tage bin ich mit einem großen prächtigen Pergamentbogen aus Stockholm überrascht worden. Ich glaubte, wie ich das Diplom mit dem großen wächsernen Siegel aufschlug, es müßte wenigstens eine Pension herausspringen, am Ende war's aber bloß ein Diplom der Akademie der Wissenschaften. Indessen freut es immer, wenn man seine Wurzeln weiter ausdehnt und seine Existenz in andere eingreifen sieht.

Ich hoffe, bald ein neues Stück Cellini von Ihnen zu erhalten.

Leben Sie recht wohl, mein teurer, mir immer teurerer Freund. Mich umgeben noch immer die schönen Geister, die Sie mir hiergelassen haben, und ich hoffe, immer vertrauter damit zu werden. Leben Sie recht wohl.

Sch.

141. An Johann Wolfgang von Goethe.

Jena, 21. April 1797

Ich wollte Ihnen über Ihren letzten Brief, der mir sehr vieles zu denken gegeben, manches schreiben, aber ein Geschäft, das mir diesen Abend unvermutet wegnimmt, hindert mich daran. Also nur ein paar Worte für heute.

Es wird mir aus allem, was Sie sagen, immer klarer, daß die Selbstständigkeit seiner Teile einen Hauptcharakter des epischen Gedichtes ausmacht. Die bloße, aus dem Innersten herausgeholte *Wahrheit* ist der Zweck des epischen Dichters: er schildert uns bloß das ruhige Dasein und Wirken der Dinge nach ihren Naturen, sein Zweck liegt schon in jedem Punkt seiner Bewegung, darum eilen wir nicht ungeduldig zu einem Ziele, sondern verweilen uns mit Liebe bei jedem Schritte. Er erhält uns die höchste Freiheit des Gemüts, und da er *uns* in einen so großen Vorteil setzt, so macht er dadurch sich selbst das Geschäft desto schwerer, denn wir machen nun alle Anfoderungen an ihn, die in der Integrität und in der allseitigen vereinigten Tätigkeit unserer Kräfte gegründet sind. Ganz im Gegenteil raubt uns der tragische Dichter unsre Gemütsfreiheit, und indem er unsre Tätigkeit nach einer einzigen Seite richtet und konzentriert, so vereinfacht er sich sein Geschäft um vieles und setzt sich in Vorteil, indem er uns in Nachteil setzt.

Ihre Idee von dem retardierenden Gange des epischen Gedichts leuchtet mir ganz ein. Doch begreife ich noch nicht ganz, nach dem, was ich von Ihrer neuen Epopée weiß, daß jene Eigenschaft bei dieser fehlen soll.

Ihre weitern Resultate, besonders für das Drama, erwarte ich mit großer Begierde. Unterdessen werde ich dem Gesagten reiflicher nachdenken.

Leben Sie recht wohl. Mein kleiner Patient hält sich noch immer recht brav, trotz des schlimmen Wetters. Meine Frau grüßt herzlich.

Sch.

142. An Johann Wolfgang von Goethe.

Jena, 25. April 1797

Daß die Foderung des Retardierens aus einem höhern epischen Gesetze folgt, dem auch noch wohl auf einem andern Wege Genüge geschehen kann, scheint mir außer Zweifel zu sein. Auch glaube ich, es gibt zweierlei Arten zu retardieren, die eine liegt in der Art des Wegs, die andre in der Art des Gehens, und diese, deucht mir, kann auch bei dem geradesten Weg und folglich auch bei einem Plan, wie der Ihrige ist, sehr gut stattfinden.

Indessen möchte ich jenes höhere epische Gesetz doch nicht ganz so aussprechen, wie Sie getan haben. In *der* Formel: daß eigentlich nur das *Wie* und nicht das *Was* in Betrachtung komme pp., dünkt es mir viel zu allgemein und auf alle pragmatische Dichtungsarten ohne Unterschied anwendbar zu sein. Wenn ich meinen Gedanken darüber kurz heraussagen soll, so ist er dieser. Beide, der Epiker und der Dramatiker, stellen uns eine Handlung dar, nur daß diese bei dem letztern der Zweck, bei ersterem bloßes Mittel zu einem absolutern ästhetischen Zwecke ist. Aus diesem Grundsatz kann ich mir vollständig erklären, warum der tragische Dichter rascher und direkter fortschreiten muß, warum der epische bei einem zögernden Gange seine Rechnung besser findet. Es folgt auch, wie mir deucht, daraus, daß der epische sich solcher Stoffe wohl tut zu enthalten, die den Affekt, sei es der Neugierde oder der Teilnahme, schon für sich selbst stark erregen, wobei also die *Handlung* zu sehr als Zweck interessiert, um sich in den Grenzen eines bloßen Mittels zu halten. Ich gestehe, daß ich dieses letztere bei Ihrem neuen Gedicht einigermaßen fürchte, obgleich ich Ihrer poetischen Übermacht über den Stoff das Mögliche zutrauen darf.

Die Art, wie Sie Ihre Handlung *entwickeln* wollen, scheint mir mehr der Komödie als dem Epos eigen zu sein. Wenigstens werden Sie viel zu tun haben, ihr das Überraschende, Verwunderung Erregende zu nehmen, weil dieses nicht so recht episch ist.

Ich erwarte Ihren Plan mit großer Begierde. Etwas bedenklich kommt es mir vor, daß es Humboldten damit auf dieselbe Art ergangen ist wie mir, ungeachtet wir vorher nicht darüber kommuniziert haben. Er meint nämlich, daß es dem Plan an individueller epischer Handlung fehle. Wie Sie mir zuerst davon sprachen, so wartete auch ich immer auf die eigentliche Handlung, alles, was Sie mir erzählten, schien mir nur der Eingang und das Feld zu einer solchen Handlung zwischen einzelnen Hauptfiguren zu sein, und wie ich nun glaubte, daß diese Handlung angehen sollte, waren Sie fertig. Freilich begreife ich wohl, daß die Gattung, zu welcher der Stoff gehört, das Individuum mehr verläßt und mehr in die Masse und ein Ganzes zu gehen zwingt, da doch einmal der Verstand der Held darin ist, der weit mehr unter sich als in sich faßt.

Übrigens mag es mit der epischen Qualität Ihres neuen Gedichts bewandt sein, wie es will, so wird es, gegen Ihren Hermann gehalten, immer eine andere Gattung sein, und wäre also der Hermann ein reiner Ausdruck der epischen *Gattung* und nicht bloß einer epischen *Spezies*, so würde daraus folgen, daß das neue Gedicht um soviel weniger *episch* wäre. Aber das wollten Sie ja eben wissen, ob der Hermann nur eine epische Art oder die ganze Gattung darstelle, und wir stehen also wieder bei der Frage.

Ich würde Ihr neues Gedicht geradezu ein komisch-episches nennen, wenn nämlich von dem gemeinen eingeschränkten und empirischen Begriff der Komödie und des komischen Heldengedichts ganz abstrahiert wird. Ihr neues Gedicht, kommt mir vor, verhält sich ungefähr ebenso zu der Komödie wie der Hermann zu dem Trauerspiel: mit dem Unterschied nämlich, daß dieser es mehr durch seinen Stoff tut, jenes mehr durch die Behandlung.

Aber ich will erst Ihren Plan erwarten, um mehr darüber zu sagen.

Was sagen Sie zu der Regensburger Friedensnachricht? Wissen Sie etwas Bestimmtes, so teilen Sie es uns ja mit. Leben Sie bestens wohl.

Sch.

Was Sie den besten dramatischen Stoff nennen (wo nämlich die Exposition schon ein Teil der *Entwicklung* ist), das ist zum Beispiel in den Zwillingen des Shakespeare geleistet. Ein ähnliches Beispiel von der Tragödie ist mir nicht bekannt, obgleich der Oedipus rex sich diesem Ideal ganz erstaunlich nähert. Aber ich kann mir solche dramatische Stoffe recht wohl denken, wo die Exposition gleich auch Fortschritt der Handlung ist. Gleich der Macbeth gehört darunter, ich kann auch die Räuber nennen.

Dem Epiker möchte ich eine Exposition gar nicht einmal zugeben; wenigstens nicht in dem Sinne, wie die des Dramatikers ist. Da er uns nicht so auf das Ende zutreibt wie dieser, so rücken Anfang und Ende in ihrer Dignität und Bedeutung weit näher aneinander, und nicht, weil sie zu etwas führt, sondern weil sie selber etwas ist, muß die Exposition uns interessieren. Ich glaube, daß man dem dramatischen Dichter hierin weit mehr nachsehen muß; eben weil er seinen Zweck in die Folge und an das Ende setzt, so darf man ihm erlauben, den Anfang mehr als Mittel zu behandeln. Er steht unter der Kategorie der Kausalität, der Epiker unter der [der] Substantialität; dort kann und darf etwas als Ursache von was anderm dasein, hier muß alles sich selbst um seiner selbst willen geltend machen.

Ich danke Ihnen sehr für die Nachricht, die Sie mir von dem Duisburger Unternehmen gegeben haben, die ganze Erscheinung war mir so rätselhaft. Wenn es sonst tunlich wäre, so würde es mich sehr reizen, ein Zimmer mit solchen Figuren zu dekorieren.

Morgen endlich hoffe ich meinen Garten zu beziehen. Der Kleine hat sich wieder ganz erholt, und die Krankheit, scheint es, hat seine Gesundheit noch mehr befestigt. Humboldt ist heute fort, ich sehe ihn mehrere Jahre nicht wieder, und überhaupt läßt sich nicht erwarten, daß wir einander noch einmal so wiedersehen, wie wir uns jetzt verlassen. Das ist also wieder ein Verhältnis, das als beschlossen zu betrachten ist und nicht mehr wiederkommen kann, denn zwei Jahre, so ungleich verlebt, werden gar viel *an* uns und also auch *zwischen* uns verändern.

143. An Christian Gottfried Körner.

Jena, 1. Mai 1797

Ich freue mich zu hören, daß die Gitarre endlich angekommen ist. Deinen Auftrag an Otto wird meine Frau gleich besorgen.

Mein Kleiner hat sich nun ganz von den Blattern erholt und ist auch gar nicht sehr davon angegriffen. Das Zahnen fürchtet Stark bei der Inokulation gar nicht so wie die andern Ärzte: bei meinem Kleinen bestand er hartnäckig auf der Inokulation, obgleich ich und meine Frau starke Einwendungen machten.

Ich bin noch immer nicht im Garten, das Regenwetter hindert, daß das Neugebaute in meinem Hause noch nicht trocknet; ich sehne mich aber sehr hinaus, denn hier in der Stadt kann ich gar nichts mehr arbeiten.

Humboldt hat uns nun verlassen, und wahrscheinlich auf sehr lange Zeit. Goethe wird wohl auch am Ende Sommers nach Italien gehen, da der Friede jetzt die Reise wieder möglich macht. Gott sei für diesen Frieden tausendmal gelobt. Er wird uns allen wohltätig sein.

Goethens Hermann und Dorothea erscheint diese Michaelismesse in Kalenderform bei Vieweg in Berlin. Er hat diese Form vorgezogen, teils weil man ihn noch einmal so gut dafür bezahlen kann, teils um das Gedicht auf diese Weise recht in Umlauf zu bringen.

Zu meinem Almanach ist noch wenig zusammengetragen. Er wird aber schon nach und nach werden.

Lolo grüßt herzlich. Ich umarme Euch.

Dein Sch.

Was Du neulich über Herder und Wieland schriebst, war mir recht aus der Seele gesprochen. Wieland ist beredt und witzig, aber unter die Poeten kann man ihn kaum mit mehr Recht zählen als Voltairen und Popen. Er gehört in die löbliche Zeit, wo man die Werke des Witzes und des poetischen Genies für Synonyma hielt.

Was einen aber so oft an ihm irre macht, im Guten und Bösen, das ist seine *Deutschheit* bei dieser französischen Appretur. Diese Deutschheit macht ihn zuweilen zum echten Dichter und noch öfters zum alten Weib und zum Philister. Er ist ein seltsames Mittelding. Übrigens fehlt es seinen Produkten gar nicht an herrlichen poetischen und genialischen Momenten, und sein Naturell ist mir noch immer sehr respektabel, wieviel es auch bei seiner Bildung gelitten hat.

Herder ist jetzt eine ganz pathologische Natur, und was er schreibt, kommt mir bloß vor wie ein Krankheitsstoff, den diese auswirft, ohne dadurch gesund zu werden. Was mir an ihm fatal und wirklich ekelhaft ist, das ist die feige Schlaffheit bei einem innern Trotz und Heftigkeit. Er hat einen giftigen Neid auf alles Gute und Energische und affektiert, das Mittelmäßige zu protegieren. Goethen hat er über seinen Meister die kränkendsten Dinge gesagt. Gegen Kant und die neusten Philosophen hat er den größten Gift auf dem Herzen, aber er wagt sich nicht recht heraus, weil er sich vor unangenehmen Wahrheiten fürchtet, und beißt nur zuweilen einen in die Waden. Es muß einen indignieren, daß eine so große, außerordentliche Kraft für die gute Sache so ganz verlorengeht; Schlosser gibt mir zuweilen auch eine ähnliche Empfindung.

144. An Johann Wolfgang von Goethe.

Jena, 5. Mai 1797

Ich bin mit dem Aristoteles sehr zufrieden, und nicht bloß mit ihm, auch mit mir selbst; es begegnet einem nicht oft, daß man nach Lesung eines solchen nüchternen Kopfs und kalten Gesetzgebers den innern Frieden nicht verliert. Der Aristoteles ist ein wahrer Höllenrichter für alle, die entweder an der äußern Form sklavisch hängen oder die über alle Form sich hinwegsetzen. Jene muß er durch seine Liberalität und seinen Geist in beständige Widersprüche stürzen, denn es ist sichtbar, wieviel mehr ihm um das Wesen als um alle äußere Form zu tun ist, und diesen muß die Strenge fürchterlich sein, womit er aus der Natur des Gedichts, und des Trauerspiels insbesondere, seine unverrückbare Form ableitet. Jetzt begreife ich erst den schlechten Zustand, in den er die französischen Ausleger und Poeten und Kritiker versetzt hat; auch haben sie sich immer vor ihm gefürchtet wie die Jungen vor dem Stecken. Shakespeare, soviel er gegen ihn wirklich sündigt, würde weit besser mit ihm ausgekommen sein als die ganze französische Tragödie.

Indessen bin ich sehr froh, daß ich ihn nicht früher gelesen: ich hätte mich um ein großes Vergnügen und um alle Vorteile gebracht, die er mir jetzt leistet. Man muß über die Grundbegriffe schon recht klar sein, wenn man ihn mit Nutzen lesen will: kennt man die Sache, die er abhandelt, nicht schon vorläufig gut, so muß es gefährlich sein, bei ihm Rat zu holen.

Ganz kann er aber sicherlich nie verstanden oder gewürdiget werden.

Seine ganze Ansicht des Trauerspiels beruht auf empirischen Gründen: er hat eine Masse vorgestellter Tragödien vor Augen, die wir nicht mehr vor Augen haben; aus dieser Erfahrung heraus räsoniert er, uns fehlt größtenteils die ganze Basis seines Urteils. Nirgends beinahe geht er von dem Begriff, immer nur von dem Faktum der Kunst und des Dichters und der Repräsentation aus, und wenn seine Urteile, dem Hauptwesen nach, echte Kunstgesetze sind, so haben wir dieses dem glücklichen Zufall zu danken, daß es damals Kunstwerke gab, die durch das Faktum eine Idee realisierten oder ihre Gattung in einem individuellen Falle vorstellig machten.

Wenn man eine Philosophie über die Dichtkunst, so wie sie jetzt einem neuern Ästhetiker mit Recht zugemutet werden kann, bei ihm sucht, so wird man nicht nur getäuscht werden, sondern man wird auch über seine rhapsodistische Manier und über die seltsame Durcheinanderwerfung der allgemeinen und der allerpartikularsten Regeln, der logischen, prosodischen, rhetorischen und poetischen Sätze etc. lachen müssen, wie zum Beispiel, wenn er bis zu den Vokalen und Konsonanten zurückgeht. Denkt man sich aber, daß er eine individuelle Tragödie vor sich hatte und sich um alle Momente befragte, die an ihr in Betrachtung kamen, so erklärt sich alles leicht, und man ist sehr zufrieden, daß man bei dieser Gelegenheit alle Elemente, aus welchen ein Dichterwerk zusammengesetzt wird, rekapituliert.

Ich wundre mich gar nicht darüber, daß er der Tragödie den Vorzug vor dem epischen Gedicht gibt, denn so, wie er es meint, obgleich er sich nicht ganz unzweideutig ausdrückt, wird der eigentliche und objektive poetische Wert der Epopée nicht beeinträchtiget. Als Urteiler und Ästhetiker muß er von derjenigen Kunstgattung am meisten satisfaziert sein, welche in einer bleibenden Form ruht und über welche ein Urteil kann abgeschlossen werden. Nun ist dies offenbar der Fall bei dem Trauerspiel, so wie er es in Mustern vor sich hatte, indem das einfachere und bestimmtere Geschäft des dramatischen Dichters sich weit leichter begreifen und angeben läßt und eine vollkommenere Technik dem Verstande weist, eben des kürzern Stadiums und der geringeren Breite wegen. Überdem sieht man deutlich, daß seine Vorliebe für die Tragödie von einer kläreren Einsicht in dieselbe herrührt, daß er von der Epopée eigentlich nur die *generisch* poetischen Gesetze kennt, die sie mit der Tragödie gemein hat, und nicht die spezifischen, wodurch sie sich ihr entgegensetzt; deswegen konnte er auch sagen, daß die Epopée in der Tragödie *enthalten* sei und daß einer, der diese zu beurteilen wisse, auch über jene absprechen könne: denn das allgemein Pragmatisch-Poetische der Epopée ist freilich in der Tragödie enthalten.

Es sind viele scheinbare Widersprüche in dieser Abhandlung, die ihr aber in meinen Augen nur einen höhern Wert geben; denn sie bestätigen mir, daß das Ganze nur aus einzelnen Aperçus besteht und daß keine theoretische vorgefaßte Begriffe dabei im Spiele sind; manches mag freilich auch dem Übersetzer zuzuschreiben sein.

Ich freue mich, wenn Sie hier sind, diese Schrift mit Ihnen mehr im einzelnen durchzusprechen.

Daß er bei der Tragödie das Hauptgewicht in die Verknüpfung der Begebenheiten legt, heißt recht den Nagel auf den Kopf getroffen.

Wie er die Poesie und die Geschichte miteinander vergleicht und jener eine größere Wahrheit als dieser zugesteht, das hat mich auch sehr von einem solchen Verstandesmenschen erfreut.

Es ist auch sehr artig, wie er bemerkt, bei Gelegenheit dessen, was er von den *Meinungen* sagt, daß die Alten ihre Personen mit mehr *Politik*, die Neuern mit mehr *Rhetorik* haben sprechen lassen.

Es ist gleichfalls recht gescheit, was er zum Vorteil wahrer historischer Namen bei dramatischen Personen sagt.

Daß er den Euripides so sehr begünstigte, wie man ihm sonst schuld gibt, habe ich ganz und gar nicht gefunden. Überhaupt finde ich, nachdem ich diese Poetik nun selbst gelesen, wie ungeheuer man ihn mißverstanden hat.

Ich lege Ihnen hier einen Brief von Voß bei, der eben an mich in Einschluß gekommen ist. Er sendet mir auch eine hexametrische Übersetzung von Ovids Phaëthon für die Horen, die mir bei meiner großen Détresse sehr gelegen kommt. Er selbst wird auf seiner Reise Weimar und Jena nicht besuchen.

Was die Karte zum Moses betrifft, so wollen wir, wenn es Ihnen recht ist, den Lenzischen Aufsatz, den ich in das 5. Horenstück einrücken lasse, dazu bestimmen, daß die Ausgabe für jene Karte davon bestritten wird. Ich habe Cotta versprochen, daß ihn kein Bogen mehr als 4 Louisdors kosten solle; sonst hätte er die Horen nicht gut fortsetzen können. Auf diese Art aber macht es sich sehr gut. Sorgen Sie nur, daß wir den Moses und auch das Kupfer bald können abdrucken lassen.

Gehört der Aristoteles Ihnen selbst? Wenn das nicht ist, so will ich ihn mir gleich kommen lassen, denn ich möchte mich nicht gern so bald davon trennen.

Hier neue Horen. Auch folgt der Don Juan mit Dank zurück. Ich glaube wohl, das Sujet wird sich ganz gut zu einer Ballade qualifizieren.

Leben Sie recht wohl. Ich habe mich an die neue Lebensart schon ganz gewöhnt und bringe, in Wind und Regen, manche Stunde mit Spazierengehn im Garten zu und befinde mich sehr wohl dabei.

Sch.

145. An Christian Gottfried Körner.

[Jena,] 3. Juni 1797

Ich weiß nicht, wer von uns beiden dem andern am längsten nicht geschrieben hat. Bei mir haben in den letzten 6 Wochen die Zerstreuungen wieder so schnell aufeinander gewechselt, daß ich nichts habe tun können. Wir hatten immer Fremde, auch ist Goethe seit mehrern Wochen hier, den ich, vor seiner italienischen Reise jetzt wohl zum letztenmal sehe. Er ist beinah entschlossen, sich in 2 Monaten auf den Weg zu machen. Da Humboldts nun auch fort sind und ich mit Schlegels den Umgang aufgehoben, so bin ich diesen Sommer ziemlich allein, außer daß ich mit meinem Schwager und Schwägerin, die jetzt in Weimar etabliert sind, in einer angenehmen Verbindung lebe. Ich hoffe diese Muße für den Almanach gut zu nutzen.

Ich habe vor einiger Zeit Aristoteles' Poetik zugleich mit Goethen gelesen, und sie hat mich nicht nur nicht niedergeschlagen und eingeengt, sondern wahrhaft gestärkt und erleichtert. Nach der peinlichen Art, wie die Franzosen den Aristoteles nehmen und an seinen Foderungen vorbeizukommen suchen, erwartet man einen kalten, illiberalen und steifen Gesetzgeber in ihm, und gerade das Gegenteil findet man. Er dringt mit Festigkeit und Bestimmtheit auf das Wesen, und über die äußern Dinge ist er so lax, als man sein kann. Was er vom Dichter fodert, muß dieser von sich selbst fodern, wenn er irgend weiß, was er will, es fließt aus der Natur der Sache. Die Poetik handelt beinah ausschließlich von der Tragödie, die er mehr als irgendein anderes poetisches Genre begünstigt. Man merkt ihm an, daß er aus einer sehr reichen Erfahrung und Anschauung heraus spricht und eine ungeheure Menge tragischer Vorstellungen vor sich hatte. Auch ist in seinem Buch absolut nichts Spekulatives, keine Spur von irgendeiner Theorie, es ist alles empirisch, aber die große Anzahl der Fälle und die glückliche Wahl der Muster, die er vor Augen hat, gibt seinen empirischen Aussprüchen einen allgemeinen Gehalt und die völlige Qualität von Gesetzen.

Du mußt ihn selbst lesen. Ich las ihn nach einer deutschen Übersetzung von Curtius, die in Hannover schon vor langer Zeit erschienen ist.

Mich hat er mit meinem Wallenstein keineswegs unzufriedener gemacht. Ich fühle, daß ich ihm, den unvertilgbaren Unterschied der neuen von der alten Tragödie abgerechnet, in allen wesentlichen Foderungen Genüge geleistet habe und leisten werde.

Lebe recht wohl. Wir umarmen Euch herzlich.

Dein

S.

Die Einlage sei so gut an Humboldts zu besorgen. Sie werden Dir von meiner Seite einen Louisdor bezahlen, der Dir, nach Abzug der Gitarre, für Deine Rezension des Wilhelm Meister noch gehört.

146. An Johann Wolfgang von Goethe.

Jena, 26. Juni 1797

Wenn ich Sie neulich recht verstanden habe, so haben Sie die Idee, Ihr neues episches Gedicht, Die Jagd, in Reimen und Strophen zu behandeln. Ich vergaß neulich, ein Wort darüber zu sagen, aber diese Idee leuchtet mir ein, und ich glaube sogar, daß dies die Bedingung sein wird, unter welcher allein dieses neue Gedicht neben Ihrem Hermann bestehen kann. Außer dem, daß selbst der Gedanke des Gedichts zur modernen Dichtkunst geeignet ist und also auch die beliebte Strophenform begünstigt, so schließt die neue metrische Form schon die Konkurrenz und Vergleichung aus, sie gibt dem Leser ebensowohl als dem Dichter eine ganz andere Stimmung, es ist ein Konzert auf einem ganz andern Instrument. Zugleich partizipiert es alsdann von gewissen Rechten des romantischen Gedichts, ohne daß es eigentlich eines wäre, es darf sich, wo nicht des Wunderbaren, doch des Seltsamen und Überraschenden mehr bedienen, und die Löwen- und Tigergeschichte, die mir immer außerordentlich vorkam, erweckt dann gar kein Befremden mehr. Auch ist von den fürstlichen Personen und Jägern nur ein leichter Schritt zu den Ritterfiguren, und überhaupt knüpft sich der vornehme Stand, mit dem Sie es in diesem Gedicht zu tun haben, an etwas Nordisches und Feudalisches an; die griechische Welt, an die der Hexameter unausbleiblich erinnert, nimmt diesen Stoff daher weniger an, und die mittlere und neue Welt, also auch die moderne Poesie, kann ihn mit Recht reklamieren.

Den Faust habe ich nun wieder gelesen, und mir schwindelt ordentlich vor der Auflösung. Dies ist indes sehr natürlich, denn die Sache beruht auf einer Anschauung, und solang man die nicht hat, muß ein selbst nicht so reicher Stoff den Verstand in Verlegenheit setzen. Was mich daran ängstigt, ist, daß mir der Faust seiner Anlage nach auch eine Totalität der Materie nach zu erfodern scheint, wenn am Ende die Idee ausgeführt erscheinen soll, und für eine so hoch aufquellende Masse finde ich keinen poetischen Reif, der sie zusammenhält. Nun, Sie werden sich schon zu helfen wissen.

Zum Beispiel, es gehörte sich meines Bedünkens, daß der Faust in das handelnde Leben geführt würde, und welches Stück Sie auch aus dieser

Masse erwählen, so scheint es mir immer durch seine Natur eine zu große Umständlichkeit und Breite zu erfodern.

In Rücksicht auf die Behandlung finde ich die große Schwierigkeit, zwischen dem Spaß und dem Ernst glücklich durchzukommen, Verstand und Vernunft scheinen mir in diesem Stoff auf Tod und Leben miteinander zu ringen. Bei der jetzigen fragmentarischen Gestalt des Fausts fühlt man dieses sehr, aber man verweist die Erwartung auf das entwickelte Ganze. Der Teufel behält durch seinen Realism vor dem Verstand und der Faust vor dem Herzen recht. Zuweilen aber scheinen sie ihre Rollen zu tauschen, und der Teufel nimmt die Vernunft gegen den Faust in Schutz.

Eine Schwierigkeit finde ich auch darin, daß der Teufel durch seinen Charakter, der realistisch ist, seine Existenz, die idealistisch ist, aufhebt. Die Vernunft nur kann ihn glauben, und der Verstand nur kann ihn so, wie er da ist, gelten lassen und begreifen.

Ich bin überhaupt sehr erwartend, wie die Volksfabel sich dem philosophischen Teil des Ganzen anschmiegen wird.

Hier sende ich meine Ballade. Es ist ein Gegenstück zu Ihren Kranichen. Schreiben Sie mir doch, wie es ums Barometer steht, ich wünschte zu wissen, ob wir endlich dauerhaftes Wetter hoffen können. Leben Sie recht wohl.

S.

147. An Johann Wolfgang von Goethe.

Jena, 7. Juli 1797

Es wäre, deucht mir, jetzt gerade der rechte Moment, daß die griechischen Kunstwerke von seiten des Charakteristischen beleuchtet und durchgegangen würden, denn allgemein herrscht noch immer der Winckelmannische und Lessingische Begriff, und unsre allerneuesten Ästhetiker, sowohl über Poesie als Plastik, lassen sich's recht sauer werden, das Schöne der Griechen von allem Charakteristischen zu befreien und dieses zum Merkzeichen des Modernen zu machen. Mir deucht, daß die neuern Analytiker durch ihre Bemühungen, den Begriff des Schönen abzusondern und in einer gewissen Reinheit aufzustellen, ihn beinah ausgehöhlt und in einen leeren Schall verwandelt haben, daß man in der Entgegensetzung des Schönen gegen das Richtige und Treffende viel zu weit gegangen ist und eine Absonderung, die bloß der Philosoph macht und die bloß von einer Seite statthaft ist, viel zu grob genommen hat.

Viele, finde ich, fehlen wieder auf eine andere Art, daß sie den Begriff der Schönheit viel zu sehr auf den Inhalt der Kunstwerke als auf die Behandlung beziehen, und so müssen sie freilich verlegen sein, wenn sie den Vatikanischen Apoll und ähnliche, durch ihren Inhalt schon schöne Gestalten mit dem Laokoon, mit einem Faun oder andern peinlichen oder ignobeln Repräsentationen unter einer Idee von Schönheit begreifen sollen.

Es ist, wie Sie wissen, mit der Poesie derselbe Fall. Wie hat man sich von jeher gequält und quält sich noch, die derbe, oft niedrige und häßliche Natur im Homer und in den Tragikern bei den Begriffen durchzubringen, die man sich von dem griechischen Schönen gebildet hat. Möchte es doch einmal einer wagen, den Begriff und selbst das Wort Schönheit, an welches einmal alle jene falsche Begriffe unzertrennlich geknüpft sind, aus dem Umlauf zu bringen und, wie billig, die Wahrheit in ihrem vollständigsten Sinn an seine Stelle zu setzen.

Den Hirtischen Aufsatz hätte ich recht gern in den Horen. Sie und Meyer würden dann, wenn der Weg einmal offen ist, den Faden um so bequemer aufnehmen können und das Publikum auch schon mehr vorbereitet finden. Auch ich fände meine Rechnung dabei, wenn diese Materie über das Charakteristische und Leidenschaftliche in den griechischen Kunstwerken recht zur Sprache käme, denn ich sehe voraus, daß mich die Untersuchungen über das griechische Trauerspiel, die ich mir vorbehalten habe, auf den nämlichen Punkt führen werden. Ihren Aufsatz erwarte ich mit Begierde.

Ich habe jetzt überlegt, daß der musikalische Teil des Almanachs vor allen Dingen fertig sein muß, weil der Komponist sonst nicht fertig wird. Deswegen bin ich jetzt an mein Glockengießerlied gegangen und studiere seit gestern in Krünitz' Enzyklopädie, wo ich sehr viel profitiere. Dieses Gedicht liegt mir sehr am Herzen, es wird mir aber mehrere Wochen kosten, weil ich so vielerlei verschiedene Stimmungen dazu brauche und eine große Masse zu verarbeiten ist. Ich hätte auch nicht übel Lust, wenn Sie mir dazu raten, noch 4 oder 5 kleine Nadowessische Lieder nachfolgen zu lassen, um diese Natur, in die ich einmal hineingegangen, durch mehrere Zustände durchzuführen.

Aus meiner projektierten Reise nach Weimar hat diese Woche nichts werden wollen, doch denke ich sie in der nächsten auszuführen. Der Prolog ist jetzt noch auf Reisen, sobald er zurückkommt, schicke ich oder bringe ich ihn selbst.

Leben Sie recht wohl. Meine Frau grüßt Sie schönstens.

Sch.

148. An Johann Heinrich Meyer.

Jena, 21. Juli 1797

Herzlich heißen wir Sie willkommen auf deutschem Boden, lieber Freund. Die Sorge um Sie hat uns oft beunruhigt, und innig freuen wir uns Ihrer zurückkehrenden Gesundheit.

Schämen muß ich mich, daß die erste Zeile von mir Sie schon wieder auf dem Rückweg zu uns antrifft, aber wieviel ich Ihnen auch mündlich zu sagen gehabt hätte, so fand sich doch nichts, was ich über die Berge hätte schicken mögen. Was wir trieben und wie es um uns stand, das erfuhren Sie von unserm Freund, und der wird Ihnen auch gesagt haben, wie sehr Sie uns gegenwärtig waren. Von ihm habe ich mit herzlichem Anteil vernommen, was Sie betrifft, wie trefflich Sie Ihre Zeit benutzten und welche Schätze Sie für uns alle sammelten.

Auch wir waren indes nicht untätig, wie Sie wissen, und am wenigsten unser Freund, der sich in diesen letzten Jahren wirklich selbst übertroffen hat. Sein episches Gedicht haben Sie gelesen, Sie werden gestehen, daß es der Gipfel seiner und unsrer ganzen neueren Kunst ist. Ich hab es entstehen sehen und mich fast ebensosehr über die Art der Entstehung als über das Werk verwundert. Während wir andern mühselig sammeln und prüfen müssen, um etwas Leidliches langsam hervorzubringen, darf er nur leis an dem Baume schütteln, um sich die schönsten Früchte, reif und schwer, zufallen zu lassen. Es ist unglaublich, mit welcher Leichtigkeit er jetzt die Früchte eines wohlangewandten Lebens und einer anhaltenden Bildung an sich selber einerntet, wie bedeutend und sicher jetzt alle seine Schritte sind, wie ihn die Klarheit über sich selbst und über die Gegenstände vor jedem eiteln Streben und Herumtappen bewahrt. Doch Sie haben ihn jetzt selbst und können sich von allem dem mit eignen Augen überzeugen. Sie werden mir aber auch darin beipflichten, daß er auf dem Gipfel, wo er jetzt steht, mehr darauf denken muß, die schöne Form, die er sich gegeben hat, zur Darstellung zu bringen, als nach neuem Stoffe auszugehen, kurz, daß er jetzt ganz der poetischen Praktik leben muß. Wenn es einmal einer unter Tausenden, die darnach streben, dahin gebracht hat, ein schönes, vollendetes Ganzes aus sich zu machen, der kann meines Erachtens nichts Besseres tun, als dafür jede mögliche Art des Ausdrucks zu suchen, denn wie weit er auch noch kommt, er kann doch nichts Höheres geben – ich gestehe daher, daß mir alles, was er bei einem längern Aufenthalt in Italien für gewisse Zwecke auch gewinnen möchte, für seinen höchsten und nächsten Zweck doch immer verloren scheinen würde. Also bewegen Sie ihn auch schon deswegen, lieber Freund, recht bald zurückzukommen und das, was er zu Hause hat, nicht zu weit zu suchen.

Ich habe die angenehme Hoffnung, vielleicht Sie beide diesen Winter wieder in der Nähe zu wissen und so das alte schöne Leben der Mitteilung wieder fortzusetzen. Meine Gesundheit hat sich zwar nicht viel verbessert, doch auch nicht verschlimmert, und das ist ein gutes Zeichen; der Mut und die Lust sind geblieben, und der Übergang von der Spekulation zur Produktion hat mich erfrischt und verjüngt.

Auch Ihre Schülerin habe ich unterdessen kennen lernen und an ihrem Talent und angenehmen Wesen mich sehr erfreut. Sie denkt Ihrer mit lebhaftem Anteil, und ich hoffe, das poetische Talent, das sich seither so schön bei ihr entwickelt hat, soll dem andern nicht geschadet haben.

Leben Sie wohl, mein werter Freund, ich sehe den nähern Nachrichten, die mir Goethe von Ihnen geben wird, mit Verlangen entgegen. Meine Frau grüßt Sie herzlich, die Familie hat sich unterdessen vermehrt, wie Sie vielleicht wissen, und Karln werden Sie recht brav und gut geartet finden.

Sch.

149. An August Wilhelm Schlegel.

Jena, 27. Juli 1797

Sie haben mir mit Ihrem Gedicht eine große Freude gemacht, der Gegenstand ist mit einer edeln Würde und einem philosophischen Schwung behandelt, Sprache und Vers sind vortrefflich. Manche möchten das Silbenmaß bei einem so uralten Stoffe zu modern finden; diesen können Sie aber sehr befriedigend antworten, daß die philosophische Behandlung des Stoffes denselben an sich schon aus seiner Urwelt heraus in ein modernes räsonierendes Zeitalter versetzt. Zu Ihrer Behandlung würde der Hexameter sich durchaus nicht geschickt haben, da er schlechterdings eine eigentliche und nicht allegorische Ausführung des Gedankens gefodert hätte, und ich finde daher, daß Ihr Gefühl Sie ganz richtig geleitet hat.

Indessen wünschte ich, eben dieser symbolischen und allegorischen Behandlung wegen, daß man noch weniger, als geschehen ist, an den alten Prometheus erinnert würde. Dieser stiehlt das wirkliche und natürliche Feuer, und mit diesem macht er den Menschen ein Geschenk; der Aktus des Feuerraubes durfte also von dem alten Dichter mit aller Umständlichkeit versinnlicht werden; weil aber bei Ihrer Behandlung der symbolische Verstand gleich aufgefodert wird, das natürliche Feuer zu verlassen und in einer übersinnlichen Bedeutung zu nehmen, so kommt die Imagination des Lesers durch alle diejenigen Schilderungen ins Gedränge, die dem

Feuer als Feuer gelten. Ich würde deswegen raten, über diesen delikaten Punkt so leis als nur möglich ist wegzugehen. Auch würde es, deucht mir, eine bessere Wirkung tun, wenn Sie das Feuer nicht vom Wagen selbst, sondern etwa von einer Fackel nehmen ließen, weil die Phantasie weit eher mit einer brennenden Fackel als mit einem Licht ausstrahlenden Wagen die Idee des geistischen Feuers verknüpfen kann, und überhaupt wird das Feuer um so kostbarer und edler, je einfacher und sparsamer seine Quelle ist.

Noch wäre mein Rat, um den Leser gleich an der Fronte des Gedichts in den rechten Standpunkt zu rücken und aller Mißdeutung vorzubeugen, daß Sie das Gedicht *Eine Allegorie* überschrieben, denn das ist es im strengsten Sinne, und der Beurteiler muß diesen Begriff vor Augen haben.

Da Sie es noch nicht überschrieben haben, so lege ich es hier bei, bitte aber, es mir bald wieder zurückzuschicken, so wie ich auch das andere, was Sie noch für den Almanach bestimmt haben, mit Verlangen erwarte.

S.

Der symbolische Gebrauch des Feuers verwickelt Sie in eine Schwierigkeit, die ich kaum für auflöslich halte, doch muß ich Sie darauf aufmerksam machen. Wie das *natürliche* Feuer dem ganzen Menschengeschlecht kann mitgeteilt werden, indem ein Gott es einem einzelnen Menschen schenkt, das ist begreiflich: aber um das übersinnliche Feuer *den* Menschen mitzuteilen, müßte Prometheus es entweder allen existierenden Individuen einflößen und also den Aktus hunderttausendfältig wiederholen, oder er muß einen neuen Menschen (oder vielmehr ein neues Menschenpaar) bilden, von dem das ganze Geschlecht entspringt und das Feuer erbt. Wo kommen aber nun die existierenden Menschen hin, von denen eben ja die Rede war, für welche Prometheus das Mitleid empfand, die den Gedanken in ihm veranlaßt haben? Eh er seinen neuen Menschen bildet, ist schon ein ganzes lebendes Geschlecht da – wohin kommt das? und dergleichen Fragen mehr, die sich von selber aufdringen.

150. An Johann Wolfgang von Goethe.

Jena, 17. August 1797

Die Vorstellung, welche Sie mir von Frankfurt und großen Städten überhaupt geben, ist nicht tröstlich, weder für den Poeten noch für den Philosophen, aber ihre Wahrheit leuchtet ein, und da es einmal ein festgesetzter Punkt ist, daß man nur für sich selber philosophiert und dichtet, so ist auch nichts dagegen zu sagen; im Gegenteil, es bestärkt einen auf dem eingeschlagenen guten Weg und schneidet jede Versuchung ab, die Poesie zu etwas Äußerm zu gebrauchen.

Soviel ist auch mir bei meinen wenigen Erfahrungen klargeworden, daß man den Leuten, im ganzen genommen, durch die Poesie nicht wohl, hingegen recht übel machen kann, und mir deucht, wo das eine nicht zu erreichen ist, da muß man das andere einschlagen. Man muß sie inkommodieren, ihnen ihre Behaglichkeit verderben, sie in Unruhe und in Erstaunen setzen. Eins von beiden, entweder als ein Genius oder als ein Gespenst muß die Poesie ihnen gegenüberstehen. Dadurch allein lernen sie an die Existenz einer Poesie glauben und bekommen Respekt vor den Poeten. Ich habe auch diesen Respekt nirgends größer gefunden als bei dieser Menschenklasse, obgleich auch nirgends so unfruchtbar und ohne Neigung. Etwas ist in allen, was für den Poeten spricht, und Sie mögen ein noch so ungläubiger Realist sein, so müssen Sie mir doch zugeben, daß dieses X der Same des Idealismus ist und daß dieser allein noch verhindert, daß das wirkliche Leben mit seiner gemeinen Empirie nicht alle Empfänglichkeit für das Poetische zerstört. Freilich ist es wahr, daß die eigentliche schöne und ästhetische Stimmung dadurch noch lange nicht befördert wird, daß sie vielmehr gar oft dadurch verhindert wird, so wie die Freiheit durch die moralische Tendenzen; aber es ist schon viel gewonnen, daß ein Ausgang aus der Empirie geöffnet ist.

Mit meinem Protegé, Herrn Schmid, habe ich freilich wenig Ehre aufgehoben, wie ich sehe, aber ich will so lange das Beste hoffen, bis ich nicht mehr kann. Ich bin einmal in den verzweifelten Fall, daß mit daran liegen muß, ob andere Leute etwas taugen und ob etwas aus ihnen werden kann; daher werde ich diese Hölderlin und Schmid so spät als möglich aufgeben.

Herr Schmid, so wie er jetzt ist, ist freilich nur die entgegengesetzte Karikatur von der Frankfurter empirischen Welt, und so wie diese nicht Zeit hat, in sich hineinzugehen, so kann dieser und seinesgleichen gar nicht aus sich selbst herausgehen. Hier, möchte ich sagen, sehen wir Empfindung genug, aber keinen Gegenstand dazu, dort den nackten, leeren Gegenstand ohne Empfindung. Und so sind überall nur die Materialien zum Menschen da, wie der Poet ihn braucht, aber sie sind zerstreut und haben sich nicht ergriffen.

Ich möchte wissen, ob diese Schmid, diese Richter, diese Hölderlins absolut und unter allen Umständen so subjektivisch, so überspannt, so einseitig geblieben wären, ob es an etwas Primitivem liegt oder ob nur der Mangel einer ästhetischen Nahrung und Einwirkung von außen und die Opposition der empirischen Welt, in der sie leben, gegen ihren idealischen Hang diese unglückliche Wirkung hervorgebracht hat. Ich bin sehr geneigt, das letztere zu glauben, und wenngleich ein mächtiges und glückliches Naturell über alles siegt, so deucht mir doch, daß manches brave Talent auf diese Art verlorengeht.

Es ist gewiß eine sehr wahre Bemerkung, die Sie machen, daß ein gewisser Ernst und eine Innigkeit, aber keine Freiheit, Ruhe und Klarheit bei denen, die aus einem gewissen Stande zu der Poesie pp. kommen, angetroffen wird. Ernst und Innigkeit sind die natürliche und notwendige Folge, wenn eine Neigung und Beschäftigung Widerspruch findet, wenn man isoliert und auf sich selbst reduziert ist, und der Kaufmannssohn, der Gedichte macht, muß schon einer größern Innigkeit fähig sein, wenn er überall nur auf so was verfallen soll. Aber ebenso natürlich ist es, daß er sich mehr zu der moralischen als ästhetischen Seite wendet, weil er mit leidenschaftlicher Heftigkeit fühlt, weil er in sich hineingetrieben wird und weil ihn die Gegenstände eher zurückstoßen als festhalten, er also nie zu einer klaren und ruhigen Ansicht davon gelangen kann.

Umgekehrt finde ich, als Beleg Ihrer Bemerkung, daß diejenigen, welche aus einem liberalen Stande zur Poesie kommen, eine gewisse Freiheit, Klarheit und Leichtigkeit, aber wenig Ernst und Innigkeit zeigen. Bei den ersten sticht das Charakteristische fast bis zur Karikatur und immer mit einer gewissen Einseitigkeit und Härte hervor; bei diesen ist Charakterlosigkeit, Flachheit und fast Seichtigkeit zu fürchten. Der Form nach, möchte ich sagen, sind diese dem Ästhetischen näher, jene hingegen dem Gehalte nach. – Bei einer Vergleichung unsrer jenaischen und weimarischen Dichterinnen bin ich auf diese Bemerkung geraten. Unsre Freundin Mereau hat in der Tat eine gewisse Innigkeit und zuweilen selbst eine Würde des Empfindens, und eine gewisse Tiefe kann ich ihr auch nicht absprechen. Sie hat sich bloß in einer einsamen Existenz und in einem Widerspruch mit der Welt gebildet. Hingegen Amelie Imhoff ist zur Poesie nicht durch das Herz, sondern nur durch die Phantasie gekommen und wird auch ihr Leben lang nur damit spielen. Weil aber, nach meinem Begriff, das Ästhetische Ernst und Spiel zugleich ist, wobei der Ernst im Gehalte und das Spiel in der Form gegründet ist, so muß die Mereau das Poetische immer der Form nach, die Imhoff es immer dem Gehalt nach verfehlen. Mit meiner Schwägerin hat es eine eigne Bewandtnis, diese hat das Gute von beiden, aber eine zu große Willkür der Phantasie entfernt sie von dem eigentlichen Punkt, worauf es ankommt.

Ich sagte Ihnen doch einmal, daß ich Kosegarten in einem Briefe meine Meinung gesagt habe und auf seine Antwort begierig sei. Er hat mir nun geschrieben, und sehr dankbar für meine Aufrichtigkeit. Aber wie wenig ihm zu helfen ist, sehe ich daraus, daß er mir in demselben Briefe das Anzeigeblatt seiner Gedichte beilegt, welches nur ein Verrückter geschrieben haben kann. Gewissen Menschen ist nicht zu helfen, und dem da besonders hat Gott ein ehern Band um die Stirne geschmiedet.

Endlich erhalten Sie den Ibykus. Möchten Sie damit zufrieden sein. Ich gestehe, daß ich bei näherer Besichtigung des Stoffes mehr Schwierigkeiten fand, als ich anfangs erwartete, indessen deucht mir, daß ich sie größtenteils überwunden habe. Die zwei Hauptpunkte, worauf es ankam, schienen mir *erstlich* eine Kontinuität in die Erzählung zu bringen, welche die rohe Fabel nicht hatte, und *zweitens* die Stimmung für den Effekt zu erzeugen. Die letzte Hand habe ich noch nicht daran legen können, da ich erst gestern abend fertig geworden, und es liegt mir zuviel daran, daß Sie die Ballade bald lesen, um von Ihren Erinnerungen noch Gebrauch machen zu können. Das angenehmste wäre mir, zu hören, daß ich in wesentlichen Punkten Ihnen begegnete.

Hier auch 2 Aushängebogen vom Almanach. Ich werde meinen nächsten Brief an Sie unmittelbar an Cotta einschließen, da ich Sie gegen den Schluß des Monats nicht mehr in Frankfurt vermute.

Mit meiner Gesundheit geht es seit acht Tagen wieder besser, und im Hause steht es auch gut. Meine Frau grüßt Sie herzlich. Von Humboldts habe ich seit ihrer Abreise aus Dresden noch nichts vernommen. Aus dem Gotterischen Nachlaß erhalte ich seine Oper: Die Geisterinsel, die nach Shakespeares Sturm bearbeitet ist; ich habe den ersten Akt gelesen, der eben sehr kraftlos ist und eine dünne Speise. Indessen danke ich dem Himmel, daß ich einige Bogen in den Horen auszufüllen [habe], und zwar durch einen so klassischen Schriftsteller, der das Genie- und Xenien-Wesen vor seinem Tode so bitter beklagt hat – und so zwingen wir denn Gottern, der lebend nichts mit den Horen zu tun haben wollte, noch tot darin zu spuken.

Leben Sie recht wohl, lassen Sie bald wieder von sich hören.

Schiller

151. An Johann Wolfgang von Goethe.

Jena, 14./15. September 1797

Zu meiner Freude erfahre ich aus Ihrem Stuttgarter Briefe, daß Sie sich auf meinem vaterländischen Boden gefallen und daß die Personen, die ich Ihnen empfahl, mich nicht zum Lügner gemacht haben. Ich zweifle nicht, daß diese sieben Tage, die Sie selbst mit Vergnügen und Nutzen dort zugebracht, für Dannecker und Rapp Epoche machen und sehr gute Folgen haben werden; der erste besonders ist höchst bildungsfähig, und ihm mangelte es bis jetzt nur an einer glücklichen Pflege von außen, die seinem reichen Naturell die gehörige Richtung gegeben hätte. Ich kann mir seine Fehlgriffe in der Kunst, da er diese sonst so ernstlich zu packen wußte und in einigen Hauptpunkten so entscheidend auf das wahre Wesen losgeht, nur aus einem gewissen Überfluß erklären, mir deucht, daß seine poetische Imagination sich mit der artistischen, woran es ihm gar nicht mangelt, nur konfondiere.

Überhaupt frage ich Sie bei dieser Gelegenheit, ob die Neigung so vieler talentvoller Künstler neuerer Zeiten *zum Poetisieren in der Kunst* nicht daraus zu erklären ist, daß in einer Zeit wie die unsrige es keinen Durchgang zum Ästhetischen gibt als durch das Poetische und daß folglich alle auf Geist Anspruch machende Künstler, eben deswegen, weil sie nur durch ein poetisches Empfinden geweckt worden sind, auch in der bildenden Darstellung nur eine poetische Imagination zeigen. Das Übel wäre so groß nicht, wenn nicht unglücklicherweise der poetische Geist in unsern Zeiten auf eine der Kunstbildung so ungünstige Art spezifiziert wäre. Aber da auch schon die Poesie so sehr von ihrem Gattungsbegriff abgewichen ist (durch den sie allein mit den nachahmenden Künsten in Berührung steht), so ist sie freilich keine gute Führerin zur Kunst, und sie kann höchstens negativ (durch Erhebung über die gemeine Natur), aber keineswegs positiv und aktiv (durch Bestimmung des Objekts) auf den Künstler einen Einfluß äußern.

Auch diese Verirrung der bildenden Künstler neurer Zeit erklärt sich mir hinreichend aus unsern Ideen über realistische und idealistische Dichtung und liefert einen neuen Beleg für die Wahrheit derselben. Ich denke mir die Sache so:

Zweierlei gehört zum Poeten und Künstler: daß er sich über das Wirkliche erhebt und daß er innerhalb des Sinnlichen stehenbleibt. Wo beides verbunden ist, da ist ästhetische Kunst. Aber in einer ungünstigen, formlosen Natur verläßt er mit dem Wirklichen nur zu leicht auch das Sinnliche und wird idealistisch und, wenn sein Verstand schwach ist, gar phantastisch; oder will er und muß er, durch seine Natur genötigt, in der Sinnlichkeit bleiben, so bleibt er gern auch bei dem Wirklichen stehen und wird, in beschränkter Bedeutung des Worts, realistisch und, wenn es ihm ganz an Phantasie fehlt, knechtisch und gemein. In beiden Fällen also ist er nicht ästhetisch.

Die Reduktion empirischer Formen auf ästhetische ist die schwierige Operation, und hier wird gewöhnlich entweder der Körper oder der Geist, die Wahrheit oder die Freiheit fehlen. Die alten Muster, sowohl im Poetischen als im Plastischen, scheinen mir vorzüglich *den* Nutzen zu leisten, daß sie eine empirische Natur, die bereits auf eine ästhetische reduziert ist, aufstellen und daß sie, nach einem tiefen Studium, über das Geschäft jener Reduktion selbst Winke geben können.

Aus Verzweiflung, die empirische Natur, womit er umgeben ist, nicht auf eine ästhetische reduzieren zu können, verläßt der neuere Künstler von lebhafter Phantasie und Geist sie lieber ganz und sucht bei der Imagination Hülfe gegen die Empirie, gegen die Wirklichkeit. Er legt einen poetischen Gehalt in sein Werk, das sonst leer und dürftig wäre, weil ihm derjenige Gehalt fehlt, der aus den Tiefen des Gegenstandes geschöpft werden muß.

15. September

Es wäre vortrefflich, wenn Sie mit Meyern Ihre Gedanken über die Wahl der Stoffe für poetische und bildende Darstellung entwickelten. Diese Materie kommuniziert mit dem Innersten der Kunst und würde zugleich durch ihre unmittelbare und leichte Anwendung auf wirkliche Kunstwerke sehr pragmatisch und ansprechend sein. Ich für mein Teil werde darüber auch meine Begriffe deutlich zu machen suchen.

Vorderhand scheint mir, daß man mit großem Vorteil von dem Begriff der *absoluten Bestimmtheit des Gegenstandes* ausgehen könnte. Es würde sich nämlich zeigen, daß alle durch eine ungeschickte Wahl des Gegenstandes verunglückte Kunstwerke an einer solchen Unbestimmtheit und daraus folgender Willkürlichkeit leiden.

So scheint mir der Begriff dessen, was man einen *prägnanten* Moment nennt, sich vollkommen durch seine Qualifikation zu einer durchgängig bestimmten Darstellung zu erklären. Ich weiß in der poetischen Gattung keinen treffendern Fall als Ihren Hermann. Hier würde sich vielleicht durch eine Art von Induktion zeigen lassen, daß bei jeder andern Wahl der Handlung etwas hätte unbestimmt bleiben müssen.

Verbindet man mit diesem Satz nun den andern, daß die Bestimmung des Gegenstandes jedesmal durch die Mittel geschehen muß, welche einer Kunstgattung eigen sind – daß sie innerhalb der besondern Grenzen einer jeden Kunstspezies absolviert werden muß, so hätte man, deucht mir, ein hinlängliches Kriterium, um in der Wahl der Gegenstände nicht irregeleitet zu werden.

Aber freilich, wenn dies auch seine Richtigkeit hätte, ist die Anwendung des Satzes schwer und möchte überall mehr Sache des Gefühls und des Ahndungsvermögens bleiben als des deutlichen Bewußtseins.

Ich bin sehr neugierig auf das neue poetische Genre, woraus Sie mir bald etwas senden wollen. Der reiche Wechsel Ihrer Phantasie erstaunt und entzückt mich, und wenn ich Ihnen auch nicht folgen kann, so ist es schon ein Genuß und Gewinn für mich, Ihnen nachzusehen. Von diesem neuen Genre etwarte ich mir etwas sehr Anmutiges und begreife schon im voraus, wie geschickt es dazu sein muß, ein poetisches Leben und einen geistreichen Schwung in die gemeinsten Gegenstände zu bringen.

Von unserm Freund Humboldt habe ich heute Briefe bekommen. Es gefällt ihm in Wien gar nicht mehr, die italienische Reise hat er auch so gut als aufgegeben, ist aber beinah entschlossen, nach Paris zu gehen, welches er aber wahrscheinlich, nach den neuesten Ereignissen dort, nicht zur Ausführung bringen wird. Er wird Ihnen, wie er schreibt, in diesen Tagen von sich Nachricht geben.

Ich habe immer noch viel von meinem Husten zu leiden, bin aber viel freier von meinem alten Übel, wobei indes meine Stimmung und meine Tätigkeit nicht viel gewinnt; denn das neue Übel greift mir den Kopf weit mehr an, als das malum domesticum, die Krämpfe zu tun pflegen. Indes hoffe ich, in 8 oder 10 Tagen der Schererei des Almanachs los zu sein und wieder ernstlich an den Wallenstein gehen zu können. Das Lied von der Glocke habe ich bei meinem übeln Befinden nicht vornehmen können noch mögen. Indessen fanden sich doch noch allerlei Kleinigkeiten für den Almanach, die eine Mannigfaltigkeit in meine Beiträge bringen und meinen Anteil an demselben ziemlich beträchtlich machen.

Mit meinen Kranichen ist Böttiger sehr zufrieden gewesen, und Zeit und Lokal, worüber ich ihn konsulierte, hat er sehr befriedigend dargestellt gefunden. Er gestand bei dieser Gelegenheit, daß er nie recht begriffen habe, wie sich aus dem Ibykus etwas machen ließe. Dieses Geständnis hat mich sehr belustigt, da es seinen Mann so schön charakterisiert.

Sie werden von Cotta den I- und K-Bogen des Almanachs erhalten haben, vielleicht kann ich heute noch einen schicken. Der Almanach wird stärker als der vom vorigen Jahr, ohne daß ich in der Auswahl hätte laxer sein müssen.

In meinem Hause geht es gut, und wir haben Karls Geburtstag gestern mit vieler Freude gefeiert. Heute hatten wir Vent aus Weimar bei uns, der mir sehr wohl gefällt, sonst hat sich meine Gesellschaft um keine neue Figur vermehrt. Meine Frau denkt Ihrer mit herzlichem Anteil, auch mein Schwager und Schwägerin empfehlen sich Ihnen aufs beste.

Leben Sie recht wohl, grüßen Sie Meyern und denken Sie meiner in Ihrem Kreise. Ihre Briefe sind für uns reichbeladne Schiffe und machen jetzt eine meiner besten Freuden aus. Leben Sie wohl.

Schiller

Sehen Sie doch das Blatt an, worein ich packe.

152. An Karl August Böttiger.

Jena, 18. Oktober 1797

Haben Sie recht schönen Dank von mir und meiner Frau für das schöne Geschenk, das unser edler Freund uns durch Sie sendet. Man weiß kaum, was man dazu sagen soll, wenn man Gedichte von dieser Art und Abkunft in Verbindung mit Messer und Schere in die Hand bekommt und so die höchsten und die gemeinsten Bedürfnisse der Sterblichkeit zugleich befriediget sieht. Es hat aber auch dieser Umstand, obgleich nur ein Buchhändlerseinfall, doch einen eigenen Reiz für mich, er erregt augenblicklich die Täuschung, als ob wirklich unsere Märkte uns solche Waren liefern könnten, da doch ohne Übertreibung manches Jahrhundert vergangen ist und künftig vergehen dürfte, wo an einen solchen Artikel nicht zu denken sein möchte.

Führen Sie ja Ihren Vorsatz aus, einige Worte über die großen Vorteile der lauten Rezitation bei dergleichen Dichterwerken dem Publikum ans Herz zu legen: sie sollen mir für die Horen sehr willkommen sein. Es ist schön und löblich, das Gute und Vernünftige in Schutz zu nehmen, selbst wenn vorher zu sehen wäre, daß die Ungeschicklichkeit nur einen Mißbrauch davon machen wird. Und diesen fürchte ich allerdings, denn wenn man den Leuten vordemonstriert, daß Gedichte, wie natürlich und billig ist, durch das Ohr zu dem Herzen sprechen sollen, so wird man zwar Deklamationen genug veranlassen, aber die Kunst der Deklamation wird dabei nicht viel gefördert sein. Ich wünschte in allem Ernst, es kämen in dieser spekulationsreichen Zeit einige gute Köpfe auf den Einfall, ein Gedicht, wie unser Hermann und Dorothea ist, von Dorf zu Dorf auf Kirchweihen und Hochzeiten zu rezitieren und so die alte Zeit der Rhapsoden und der Minstrels zurückzuführen.

Mündlich mehreres. Ich hoffe, Sie recht bald hier zu sehen. Zur Antwort auf Ihr Voriges füge ich noch bei, daß Ihre Vermutung, Kellern und Selmarn betreffend, ganz gegründet ist. – Die kleine Abänderung im *Handschuh* am Ende glaubte ich der Höflichkeit schuldig zu sein, obgleich das Faktum der Grobheit mir von einem sehr eleganten französischen Schriftsteller Saint-Foix überliefert worden und ich anfangs geglaubt hatte, ein deutscher Poet dürfe darin soweit gehen als ein französischer Belesprit.

Leben Sie wohl, mein hochgeschätzter Freund. Ganz

der Ihrige

Schiller

153. An Johann Wolfgang von Goethe.

Jena, 20. Oktober 1797

Vor einigen Tagen überschickte uns Böttiger zwei schöne Exemplare Ihres Hermanns, womit wir sehr erfreuet wurden. Er ist also nunmehr in der Welt, und wir wollen hören, wie sich die Stimme eines homerischen Rhapsoden in dieser neuen politisch-rhetorischen Welt ausnehmen wird. Ich habe das Gedicht nun wieder mit dem alten ungeschwächten Eindruck und mit neuer Bewegung gelesen, es ist schlechterdings vollkommen in seiner Gattung, es ist pathetisch mächtig und doch reizend in höchstem Grad, kurz, es ist schön, was man sagen kann.

Auch den Meister habe ich ganz kürzlich wieder gelesen, und es ist mir noch nie so auffallend gewesen, was die äußere Form doch bedeutet. Die Form des Meisters, wie überhaupt jede Romanform, ist schlechterdings nicht poetisch, sie liegt ganz nur im Gebiete des Verstandes, steht unter allen seinen Foderungen und partizipiert auch von allen seinen Grenzen. Weil es aber ein echt poetischer Geist ist, der sich dieser Form bediente und in dieser Form die poetischsten Zustände ausdrückte, so entsteht ein sonderbares Schwanken zwischen einer prosaischen und poetischen Stimmung, für das ich keinen rechten Namen weiß. Ich möchte sagen, es fehlt dem Meister (dem Roman nämlich) an einer gewissen poetischen Kühnheit, weil er, als Roman, es dem Verstande immer recht machen will – und es fehlt ihm wieder an einer eigentlichen Nüchternheit (wofür er doch gewissermaßen die Foderung rege macht), weil er aus einem poetischen Geiste geflossen ist. Buchstabieren Sie das zusammen, wie Sie können, ich teile Ihnen bloß meine Empfindung mit.

Da Sie auf einem solchen Punkte stehen, wo Sie das Höchste von sich fodern müssen und Objektives mit Subjektivem absolut in eins zerfließen muß, so ist es durchaus nötig, dafür zu sorgen, daß dasjenige, was Ihr Geist in e i n Werk legen kann, immer auch die reinste Form ergreife und nichts davon in einem unreinen Medium verlorengehe. Wer fühlt nicht alles das im Meister, was den Hermann so bezaubernd macht! Jenem fehlt nichts, gar nichts von Ihrem Geiste, er ergreift das Herz mit allen Kräften der Dichtkunst und gewährt einen immer sich erneuenden Genuß, und doch führt mich der Hermann (und zwar bloß durch seine rein poetische Form) in eine göttliche Dichterwelt, da mich der Meister aus der wirklichen Welt nicht ganz herausläßt.

Da ich doch einmal im Kritisieren bin, so will ich noch eine Bemerkung machen, die mir bei dem neuen Lesen sich aufdrang. Es ist offenbar zuviel von der Tragödie im Meister: ich meine das Ahndungsvolle, das Unbegreifliche, das subjektiv Wunderbare, welches zwar mit der poetischen

Tiefe und Dunkelheit, aber nicht mit der Klarheit sich verträgt, die im Roman herrschen muß und in diesem auch so vorzüglich herrscht. Es inkommodiert, auf diese Grundlosigkeiten zu geraten, da man überall festen Boden unter sich zu fühlen glaubt, und, weil sich sonst alles so schön vor dem Verstand entwirret, auf solche Rätsel zu geraten. Kurz, mir deucht, Sie hätten sich hier eines Mittels bedient, zu dem der Geist des Werks Sie nicht befugte.

Übrigens kann ich Ihnen nicht genug sagen, wie mich der Meister auch bei diesem neuen Lesen bereichert, belebt, entzückt hat – es fließt mir darin eine Quelle, wo ich für jede Kraft der Seele und für diejenige besonders, welche die vereinigte Wirkung von allen ist, Nahrung schöpfen kann.

154. An Johann Friedrich Cotta.

Jena, 14. November 1797

Hier Manuskript zu den Horen. Wenn das 9. Stück mit dem bereits geschickten Manuskript nicht hinlänglich versehen ist, so lassen Sie diesen Aufsatz noch hineinsetzen, aber ja nicht abgebrochen, man macht alsdann lieber das nächste Heft kleiner.

Daß Sie die Horen noch ein Jahr fortsetzen können und wollen, ist mir recht lieb. Ich will mein möglichstes tun, die Liebhaber zu vermehren.

Madame Mereau, die Ihnen nächster Tage selbst schreiben und für das Geld danken wird, hätte große Lust, Ihren Damenkalender ganz zu übernehmen und die Herausgeberin zu sein. Wenn Sie mit den diesjährigen vier Herausgebern keinen fortdaurenden Kontrakt gemacht, so wäre es nicht übel, die Probe mit der Mereau zu machen. Auch hat es immer ein Interesse mehr für viele Leser, eine Dame an der Spitze eines Werkes zu sehen.

Seien Sie so gut und verschaffen mir ein Exemplar von der *ersten* Ausgabe der *Räuber*: wenn es im Buchhandel nicht mehr zu finden wäre, so findet es sich unfehlbar bei einem Ihrer Stuttgarter Bekannten. Ich brauch es, um bei der neuesten Ausgabe das Brauchbare daraus zu benutzen.

Zu der neuen Zeitung wünsche ich herzlich Glück und Gedeihen. Mit den Europäischen Annalen sind Sie wohl gefahren; ich zweifle nicht, daß auch bei dieser Unternehmung Segen sein wird. Die vierteljährige Bezahlung und Aufkündigung ist sehr gut ausgedacht.

Am Wallenstein bin ich jetzt recht fleißig und arbeite mit Lust und

Glück, obgleich es wegen der gar häufigen Unterbrechungen, die meine Gesundheit macht, langsam geht. Ich habe mich doch noch entschlossen, ihn in Jamben zu bearbeiten, um auch die letzte Foderung zu erfüllen, die an eine vollkommene Tragödie gemacht wird.

Sie würden mir einen Gefallen tun, wenn Sie 2 Seiten, etwa vom Karlos oder vom Nathan dem Weisen, die beide in Jamben sind, in dem Format und auf demselben Papier, das Sie zum Wallenstein bestimmt, zur Probe abdrucken ließen und mir schickten. Ich rechne 28 Zeilen auf eine Seite, aber einen sehr breiten Steg und Rand.

Leben Sie recht wohl und erfreuen Sie sich wie wir alle des Friedens.

Ihr

Sch.

155. An Johann Wolfgang von Goethe.

Jena, 24. November 1797

Ich habe noch nie so augenscheinlich mich überzeugt als bei meinem jetzigen Geschäft, wie genau in der Poesie Stoff und Form, selbst äußere, zusammenhängen. Seitdem ich meine prosaische Sprache in eine poetische = rhythmische verwandle, befinde ich mich unter einer ganz andern Gerichtsbarkeit als vorher, selbst viele Motive, die in der prosaischen Ausführung recht gut am Platz zu stehen schienen, kann ich jetzt nicht mehr brauchen; sie waren bloß gut für den gewöhnlichen Hausverstand, dessen Organ die Prosa zu sein scheint, aber der Vers fodert schlechterdings Beziehungen auf die Einbildungskraft, und so mußte ich auch in mehreren meiner Motive poetischer werden. Man sollte wirklich alles, was sich über das Gemeine erheben muß, in Versen, wenigstens anfänglich, konzipieren, denn das Platte kommt nirgends so ins Licht, als wenn es in gebundener Schreibart ausgesprochen wird.

Bei meinen gegenwärtigen Arbeiten hat sich mir eine Bemerkung angeboten, die Sie vielleicht auch schon gemacht haben. Es scheint, daß ein Teil des poetischen Interesse in dem Antagonism zwischen dem Inhalt und der Darstellung liegt: ist der Inhalt sehr poetisch-bedeutend, so kann eine magre Darstellung und eine bis zum Gemeinen gehende Einfalt des Ausdrucks ihm recht wohl anstehen, da im Gegenteil ein unpoetischer gemeiner Inhalt, wie er in einem größern Ganzen oft nötig wird, durch den belebten und reichen Ausdruck poetische Dignität erhält. Dies ist auch meines Erachtens der Fall, wo der Schmuck, den Aristoteles fodert, eintreten muß, denn in einem poetischen Werke soll nichts Gemeines sein.

Der Rhythmus leistet bei einer dramatischen Produktion noch dieses Große und Bedeutende, daß er, indem er alle Charaktere und alle Situationen nach einem Gesetz behandelt und sie, trotz ihres innern Unterschiedes, in einer Form ausführt, dadurch den Dichter und seinen Leser nötiget, von allem noch so Charakteristisch-Verschiedenen etwas Allgemeines, rein Menschliches zu verlangen. Alles soll sich in dem Geschlechtsbegriff des Poetischen vereinigen, und diesem Gesetz dient der Rhythmus sowohl zum Repräsentanten als zum Werkzeug, da er alles unter seinem Gesetze begreift. Er bildet auf diese Weise die Atmosphäre für die poetische Schöpfung, das Gröbere bleibt zurück, nur das Geistige kann von diesem dünnen Elemente getragen werden.

Sie erhalten hier 8 Almanache. Eigentlich waren Ihnen 6 auf Velin zugedacht, aber durch eine Konfusion bei der Besorgung geschah es, daß mein Vorrat von schönen Exemplaren alle war, eh ich's wußte. Ich sende dafür 2 Exemplare mehr, und das ist Ihnen vielleicht lieber. Die Herzogin hat eins von mir erhalten, so auch Geheimrat Voigt, Herder, Böttiger.

Zelter wünscht zu wissen, wie Sie mit seinen Melodien zur Bajadere und dem Lied An Mignon zufrieden sind. Er schreibt, daß unser Almanach ihm eine Wette von 6 Champagnerflaschen gewonnen habe, denn er habe gegen einen andern behauptet, er würde gewiß keine Xenien enthalten.

Leben Sie bestens wohl, und sorgen Sie, daß ich bald etwas von Ihren ästhetischen Sätzen zu lesen bekomme. An Meyern viele Grüße.

S.

156. An Johann Wolfgang von Goethe.

[Jena, 26. Dezember 1797]

Die Gegeneinanderstellung des Rhapsoden und Mimen nebst ihrem beiderseitigen Auditorium scheint mir ein sehr glücklich gewähltes Mittel, um der Verschiedenheit beider Dichtarten beizukommen. Schon diese Methode allein reichte hin, einen groben Mißgriff in der Wahl des Stoffs für die Dichtart oder der Dichtart für den Stoff unmöglich zu machen. Auch die Erfahrung bestätigt es, denn ich wüßte nicht, was einen bei einer dramatischen Ausarbeitung so streng in den Grenzen der Dichtart hielt' und, wenn man daraus getreten, so sicher darein zurückführte als eine möglichst lebhafte Vorstellung der wirklichen Repräsentation der Bretter, eines angefüllten und bunt gemischten Hauses, wodurch die affektvolle, unruhige Erwartung, mithin das Gesetz des intensiven und rastlosen Fortschreitens und Bewegens so nahegebracht wird.

Ich möchte noch ein zweites Hilfsmittel zur Anschaulichmachung dieses Unterschieds in Vorschlag bringen. Die dramatische Handlung bewegt sich vor mir, um die epische bewege ich mich selbst, und sie scheint gleichsam stillezustehen. Nach meinem Bedünken liegt viel in diesem Unterschied. Bewegt sich die Begebenheit vor mir, so bin ich streng an die sinnliche Gegenwart gefesselt, meine Phantasie verliert alle Freiheit, es entsteht und erhält sich eine fortwährende Unruhe in mir, ich muß immer beim Objekte bleiben, alles Zurücksehen, alles Nachdenken ist mir versagt, weil ich einer fremden Gewalt folge. Beweg ich mich um die Begebenheit, die mir nicht entlaufen kann, so kann ich einen ungleichen Schritt halten, ich kann nach meinem subjektiven Bedürfnis mich länger oder kürzer verweilen, kann Rückschritte machen oder Vorgriffe tun usf. Es stimmt dieses auch sehr gut mit dem Begriff des *Vergangenseins*, welches als stillstehend gedacht werden kann, und mit dem Begriff des *Erzählens*, denn der Erzähler weiß schon am Anfang und in der Mitte das Ende, und ihm ist folglich jeder Moment der Handlung gleichgeltend, und so behält er durchaus eine ruhige Freiheit.

Daß der Epiker seine Begebenheit als vollkommen vergangen, der Tragiker die seinige als vollkommen gegenwärtig zu behandeln habe, leuchtet mir sehr ein.

Ich setze noch hinzu. Es entsteht daraus ein reizender Widerstreit der Dichtung als Genus mit der Spezies derselben, der in der Natur wie in der Kunst immer sehr geistreich ist. Die Dichtkunst als solche macht alles sinnlich gegenwärtig, und so nötigt sie auch den epischen Dichter, das Geschehene zu vergegenwärtigen, nur daß der Charakter des Vergangenseins nicht verwischt werden darf. Die Dichtkunst als solche macht alles Gegenwärtige vergangen und entfernt alles Nahe (durch Idealität), und so nötigt sie den Dramatiker, die individuell auf uns eindringende Wirklichkeit von uns entfernt zu halten und dem Gemüt eine poetische Freiheit gegen den Stoff zu verschaffen. Die Tragödie in ihrem höchsten Begriffe wird also immer zu dem epischen Charakter *hinauf*streben und wird nur dadurch zur Dichtung. Das epische Gedicht wird ebenso zu dem Drama *herunter*streben und wird nur dadurch den poetischen Gattungsbegriff ganz erfüllen; just das, was beide zu poetischen Werken macht, bringt beide einander nahe. Das Merkmal, wodurch sie spezifiziert und einander entgegengesetzt werden, bringt immer einen von beiden Bestandteilen des poetischen Gattungsbegriffs ins Gedränge, bei der Epopée die *Sinnlichkeit*, bei der Tragödie die *Freiheit*, und es ist also natürlich, daß das Contrepoids gegen diesen Mangel immer eine Eigenschaft sein wird, welche das spezifische Merkmal der entgegengesetzten Dichtart ausmacht. Jede wird also der andern den Dienst erweisen, daß sie die *Gattung* gegen die *Art* in Schutz nimmt. Daß dieses wechselseitige Hinstreben zueinander nicht in eine Vermischung und Grenzverwirrung ausarte, das ist eben die eigentliche Aufgabe der Kunst, deren höchster Punkt überhaupt immer dieser ist, Charakter mit Schönheit, Reinheit mit Fülle, Einheit mit Allheit pp. zu vereinbaren.

Ihr *Hermann* hat wirklich eine gewisse Hinneigung zur Tragödie, wenn man ihm den reinen strengen Begriff der Epopée gegenüberstellt. Das Herz ist inniger und ernstlicher beschäftigt, es ist mehr pathologisches Interesse als poetische Gleichgültigkeit darin, so ist auch die Enge des Schauplatzes, die Sparsamkeit der Figuren, der kurze Ablauf der Handlung der Tragödie zugehörig. Umgekehrt schlägt Ihre Iphigenie offenbar in das epische Feld hinüber, sobald man ihr den strengen Begriff der Tragödie entgegenhält. Von dem Tasso will ich gar nicht reden. Für eine Tragödie ist in der Iphigenie ein zu ruhiger Gang, ein zu großer Aufenthalt, die Katastrophe nicht einmal zu rechnen, welche der Tragödie widerspricht. Jede Wirkung, die ich von diesem Stücke teils an mir selbst, teils an andern erfahren, ist generisch poetisch, nicht tragisch gewesen, und so wird es immer sein, wenn eine Tragödie, auf epische Art, verfehlt wird. Aber an Ihrer Iphigenia ist dieses Annähern ans Epische ein Fehler, nach meinem Begriff, an Ihrem Hermann ist die Hinneigung zur Tragödie offenbar kein Fehler, wenigstens dem Effekte nach ganz und gar nicht. Kommt dieses etwa davon, weil die Tragödie zu einem *bestimmten*, das epische Gedicht zu einem allgemeinen und freien Gebrauche da ist?

Für heute nichts mehr. Ich bin noch immer keiner ordentlichen Arbeit fähig, nur Ihr Brief und Aufsatz konnten mir unterdessen Beschäftigung geben. Leben Sie recht wohl.

S.

157. An Johann Wolfgang von Goethe.

Jena, 29. Dezember 1797

Unser Freund Humboldt, von dem ich Ihnen hier einen langen Brief beilege, bleibt mitten in dem neugeschaffenen Paris seiner alten Deutschheit getreu und scheint nichts als die äußre Umgebung verändert zu haben. Es ist mit einer gewissen Art zu philosophieren und zu empfinden wie mit einer gewissen Religion; sie schneidet ab von außen und isoliert, indem sie von innen die Innigkeit vermehrt.

Ihr jetziges Geschäft, die beiden Gattungen zu sondern und zu reinigen, ist freilich von der höchsten Bedeutung, aber Sie werden mit mir überzeugt sein, daß, um von einem Kunstwerk alles auszuschließen, was seiner Gattung fremd ist, man auch notwendig alles darin müsse einschließen können, was der Gattung gebührt. Und eben daran fehlt es jetzt. Weil wir einmal die Bedingungen nicht zusammenbringen können, unter welchen eine jede der beiden Gattungen steht, so sind wir genötigt, sie zu vermischen. Gäb es Rhapsoden und eine Welt für sie, so würde der epische Dichter keine Motive von dem tragischen zu entlehnen brauchen, und hätten wir die Hilfsmittel und intensiven Kräfte des griechischen Trauerspiels und dabei die Vergünstigung, unsere Zuhörer durch eine Reihe von sieben Repräsentationen hindurchzuführen, so würden wir unsre Dramen nicht über die Gebühr in die Breite zu treiben brauchen. Das Empfindungsvermögen des Zuschauers und Hörers muß einmal ausgefüllt und in allen Punkten seiner Peripherie berührt werden, der Durchmesser dieses Vermögens ist das Maß für den Poeten. Und weil die moralische Anlage die am meisten entwickelte ist, so ist sie auch die foderndste, und wir mögen's auf unsre Gefahr wagen, sie zu vernachlässigen.

Wenn das Drama wirklich durch einen so schlechten Hang des Zeitalters in Schutz genommen wird, wie ich nicht zweifle, so müßte man die Reform beim Drama anfangen und durch Verdrängung der gemeinen Naturnachahmung der Kunst Luft und Licht verschaffen. Und dies, deucht mir, möchte unter anderm am besten durch Einführung symbolischer Behelfe geschehen, die in allem dem, was nicht zu der wahren Kunstwelt des Poeten gehört und also nicht dargestellt, sondern bloß bedeutet werden soll, die Stelle des Gegenstandes verträten. Ich habe mir diesen Begriff vom Symbolischen in der Poesie noch nicht recht entwikkeln können, aber es scheint mir viel darin zu liegen. Würde der Gebrauch desselben bestimmt, so müßte die natürliche Folge sein, daß die Poesie sich reinigte, ihre Welt enger und bedeutungsvoller zusammenzöge und innerhalb derselben desto wirksamer würde.

Ich hatte immer ein gewisses Vertrauen zur Oper, daß aus ihr wie aus den Chören des alten Bacchusfestes das Trauerspiel in einer edlern Gestalt [sich] loswickeln sollte. In der Oper erläßt man wirklich jene servile Naturnachahmung, und obgleich nur unter dem Namen von Indulgenz, könnte sich auf diesem Wege das Ideale auf das Theater stehlen. Die Oper stimmt durch die Macht der Musik und durch eine freiere harmonische Reizung der Sinnlichkeit das Gemüt zu einer schönern Empfängnis; hier ist wirklich auch im Pathos selbst ein freieres Spiel, weil die Musik es begleitet, und das Wunderbare, welches hier einmal geduldet wird, müßte notwendig gegen den Stoff gleichgültiger machen.

Auf Meyers Aufsatz bin ich sehr begierig, es werden sich daraus unfehlbar viele Anwendungen auf die Poesie ergeben.

Nach und nach komme ich wieder in meine Arbeit, aber bei dieser schrecklichen Witterung ist es wirklich schwer, sein Gemüt elastisch zu erhalten.

Möchten Sie nun bald frei sein und mir Tätigkeit, Mut und Leben mitbringen. Leben Sie recht wohl.

Sch.

158. An Johann Friedrich Cotta.

Jena, 5. Januar 1798

Ich bin's recht wohl zufrieden, daß die Horen aufhören, und bitte bloß, allen Eklat zu vermeiden und bei Versendung des eilften und zwölften Stücks den Buchhandlungen es zu notifizieren, ohne eine öffentliche Erklärung. Da die Versendung des zwölften Stücks sich ohnehin bis zu Ende Februars oder noch später verziehen kann, so können wir die Sache um so eher einschlafen lassen. Wo möglich werde ich den letztern Stücken noch einen Wert zu geben suchen. Mich selbst beschäftigt freilich der Wallenstein jetzt ausschließend, und weil ich meine Natur kenne, so erlaube ich mir nicht gern eine Diversion, die mich immer gleich zu sehr zerstreuet.

Auf den Wallenstein dürfen Sie sich freuen, es ist mir in meinem Leben nichts so gut gelungen, und ich hoffe, in dieser Arbeit die Kraft und das Feuer der Jugend mit der Ruhe und Klarheit des reiferen Alters gepaart zu haben.

Um uns vor dem Publikum eine Konsolation wegen Aufhörens der Horen zu geben, wär mir's besonders lieb, wenn in den nächsten 4 Wochen eine zweite Auflage des Musenalmanachs im Intelligenzblatt der Literaturzeitung und in dem Hamburger Korrespondenten könnte angezeigt werden. Den Wallenstein wollen wir im März anzeigen, wo ich auch den Theaterdirektionen etwas zu sagen habe.

Ich habe von der Frau *von der Recke* ein großes Lustspiel erhalten, das in den Horen des nächsten Jahrgangs Platz haben sollte. Nun wünschte ich, die Mühe, die ich damit gehabt, nicht ganz zu verlieren, und möchte es also gern um ein sehr mäßiges Honorar von 1 Karolin pro Bogen besonders gedruckt haben. Sie will aber und darf wegen politischer Verhältnisse, in denen sie ist, nicht genannt werden. Wollen Sie mir dieses Stück, das ohngefähr 8 gedruckte Bogen geben wird, abnehmen, so ist es mir angenehm, denn ich wende mich nicht gern an einen andern.

Leben Sie recht wohl. Zahn soll uns allerdings noch mehr komponieren, denn sooft ich seine Melodie zum Reiterlied höre, macht sie mir Vergnügen. Petersen danke ich für sein Andenken herzlich.

Manuskript zum 11. Stück bringt die nächste Post.

Ihr

S.

159. An Joachim Heinrich Campe.

Jena, 2. März 1798

Empfangen Sie meinen aufrichtigen Dank für Ihr verbindliches Schreiben, das mich nebst seinem übrigen Inhalt sehr angenehm überrascht hat. Die Ehre, die mir durch das erteilte fränkische Bürgerrecht widerfährt, kann ich durch nichts als meine Gesinnung verdienen, welche den Wahlspruch der Franken vom Herzen adoptiert; und wenn unsre Mitbürger über dem Rhein diesem Wahlspruch immer gemäß handeln, so weiß ich keinen schöneren Titel, als einer der ihrigen zu sein.

Der lange Zeitraum, der zwischen Ausfertigung meines Bürgerdiploms und dem gegenwärtigen Momente verstrichen ist, setzt mich in einige Verlegenheit, gegen wen ich eigentlich meinen Dank darüber bezeugen soll, da keiner von denen, die das Gesetz und die Ausfertigung unterschrieben haben, mehr zu finden ist.

Vielleicht können Sie mir aus dieser Verlegenheit helfen, wenn Sie sich gütigst der Mühe unterziehen wollen, mir den Kanal zu nennen, durch den dieser Einschluß an Sie gelangt ist. Sie werden mich dadurch um so mehr verbinden, da ich neugierig bin zu wissen, wie es mit diesem Paket gegangen ist.

Erhalten Sie mir noch ferner Ihre gütigen Gesinnungen, deren Wert ich zu schätzen weiß und die ich mit der aufrichtigsten Hochachtung und Verehrung Ihrer mannigfachen Verdienste erwidre.

Schiller

[Beilage:]

Das fränkische Bürgerdiplom, ausgefertigt vom 10. Octobris 1792, ist mir am 1. Martii 1798 durch Herrn Rat Campe in Braunschweig zugekommen.

Jena, 2. Mart. 1798

FSchiller

160. An Johann Wolfgang von Goethe.

Jena, 2. März 1798

Ich habe es in diesen schönen Tagen einmal wieder mit der frischen Luft versucht und mich recht wohl dabei befunden. Es ist wirklich schade, daß Sie gerade jetzt nicht hier sein können, gewiß würde sich die Muse jetzt bald bei Ihnen einstellen.

Was Sie über die Franzosen und ihren emigrierten, aber immer gleich würdigen Repräsentanten Mounier schreiben, ist sehr wahr, und so kläglich es auch an sich ist, so freut es einen, weil es so notwendig zu dem ganzen Begriff dieser Existenz gehört, und man sollte immer nur rein die Naturen auffassen, so würde man auch gleich die Systeme rein demonstriert sehen. Es ist wirklich der Bemerkung wert, daß die Schlaffheit über ästhetische Dinge immer sich mit der moralischen Schlaffheit verbunden zeigt und daß das reine, strenge Streben nach dem hohen Schönen, bei der höchsten Liberalität gegen alles, was Natur ist, den Rigorism im Moralischen bei sich führen wird. So deutlich scheiden sich die Reiche der Vernunft und des Verstandes, und diese Scheidung behauptet sich nach allen Wegen und Richtungen, die der Mensch nur nehmen kann.

Mounier ist mir ein würdiger Pendant zu Garven, der sich auch einmal auf ähnliche Art gegen Kant prostituierte.

Gestern habe ich nun im Ernst das französische Bürgerdiplom erhalten, wovon schon vor 5 Jahren in den Zeitungen geredet wurde. Es ist damals ausgefertigt und von Roland unterschrieben worden. Weil aber der Name falsch geschrieben und nicht einmal eine Stadt oder Provinz auf der Adresse stand, so hat es freilich den Weg nicht zu mir finden können. Ich weiß nicht, wie es jetzt noch in Bewegung kam, aber kurz, es wurde mir geschickt, und zwar durch – Campe in Braunschweig, der mir bei dieser Gelegenheit die schönsten Sachen sagt.

Ich halte dafür, es wird nicht ganz übel sein, wenn ich es dem Herzog notifiziere, und um diese Gefälligkeit ersuche ich Sie, wenn es Sie nicht beschwert. Ich lege deswegen die Acta bei. Daß ich als ein deutscher *Publizist* κατ' ἐξοχήν darin erscheine, wird Sie hoffentlich auch belustigen.

Leben Sie recht wohl. Ich habe einen Posttag und noch allerlei abzufertigen. Meine Frau grüßt schön.

S.

161. An Christian Gottfried Körner.

Jena, 27. April 1798

Es hat diesen Winter und Frühling ein rechter Unglücksstern über mir gewaltet, denn seit dem Oktober bin ich schon das viertemal durch Krankheiten unterbrochen worden. Jetzt war ich wieder ganzer 14 Tage an einem Katarrhfieber krank und mußte sogar etliche Tage das Bette hüten; es hat mich sehr angegriffen, besonders ist mir der Kopf ganz verwüstet. Vorher war Goethe 14 Tage hier, wo ich auch wenig arbeitete, so daß ich jetzt anhaltend 5 Wochen für meine Arbeit so gut als ganz verloren habe und wenigstens ebensoviel Zeit während des Winters. Das schlimmste ist, daß ich außer der Zeit auch noch die Lust an meiner Arbeit verloren und sie vielleicht in vielen Wochen nicht wiederfinde.

Deine Kritik des Almanachs hat Goethen viel Vergnügen gemacht, er hat sich lange damit beschäftigt. In dem aber, was Du über den Ibykus und Polykrates sagst und was ich auch für gar nicht ungegründet halte, ist er nicht Deiner Meinung und hat sich beider Gedichte nachdrücklich gegen Dich und gegen mich selbst angenommen. Er hält Deinen Begriff, aus dem Du sie beurteilst und tadelst, für zu eng und will diese Gedichte als eine neue, die Poesie erweiternde Gattung angesehen wissen. Die Darstellung von Ideen, so wie sie hier behandelt wird, hält er für kein Dehors der Poesie und will dergleichen Gedichte mit denjenigen, welche abstrakte Gedanken symbolisieren, nicht verwechselt wissen etc. Dem sei, wie ihm wolle; wenn auch die Gattung zulässig ist, so ist sie wenigstens nicht der höchsten *poetischen* Wirkung fähig, und es scheint, daß sie deswegen etwas außerhalb der Poesie zu Hülfe nehmen müsse, um jenes Fehlende zu ergänzen.

Wir sind noch in der Stadt, meine Krankheit und das noch rauhe Wetter haben mir noch nicht erlaubt, in den Garten zu ziehen. Dort hoffe ich nach und nach wieder Stimmung zur Arbeit zu finden. Iffland spielt gegenwärtig wieder 8 Tage in Weimar. Schröder hat Lust, auf das Spätjahr auch dahin zu kommen und den Wallenstein zu spielen. Ich fürchte aber, daß dieser, wenigstens die Ausarbeitung für das Theater, nicht so früh fertig werden kann, um noch vor dem Herbst einstudiert zu werden.

Huber ist jetzt in Tübingen und ein Gehülfe Posselts bei der neuen Weltkunde. Wie hat er sich doch seine ganze Lebensbestimmung verdorben. Er ist zu einer immensen Schriftstellerei genötigt, um zu existieren.

Lebe recht wohl. Wir umarmen Euch herzlich und die Kinder. Meine kleine Familie befindet sich recht wohl wie auch meine Frau.

Dein Sch.

162. An Johann Friedrich Cotta.

Jena, 30. April 1798

Ich wünsche und hoffe, daß Sie in Leipzig nun glücklich angekommen sein werden. Wegen des Goethischen Werks wollen wir uns mündlich besprechen und beraten, denn es hat damit keine Eile. Vielleicht, daß er auch gerade hier ist, wenn Sie kommen.

Da Göschen auf mein Bitten und Anraten seine ehmalige Idee, eine Prachtausgabe von Karlos zu veranstalten, aufgegeben hat, so liegt ihm vielleicht nicht mehr so viel daran, den Karlos zu verlegen, und er ist vielleicht geneigt, ja es kann sein Vorteil sein, dafür etwas ganz Neues, entweder Poetisches oder Historisches, von mir, von mäßigem Umfang, was sich zu einer prächtigen Ausgabe qualifiziert, zu verlegen. Ich würde mir ein Vergnügen daraus machen, ihm diesen Beweis meines guten Willens zu geben, und könnte gleich nach der Herbstmesse, wenn der Wallenstein und der Almanach fertig sind, an die Arbeit gehen. Fragen Sie ihn deshalb, und wenn es nötig ist, kommunizieren Sie ihm meinen Brief, denn ich wünschte, daß er überzeugt würde, es sei uns nicht darum zu tun, ihn zu vervorteilen. Besteht er aber auf dem Karlos, so versteht es sich von selbst, daß man ihm sein Recht daran nicht streitig machen kann. Will er aber in diesen Tausch willigen, so mag er selbst bestimmen, was er von mir zu haben wünscht. Ich habe schon längst die Idee gehabt, einen Theaterkalender herauszugeben, auch Goethe würde daran Anteil nehmen. Diesen sollte er gleich haben, wenn wir über die Bedingungen einig würden, wie ich nicht zweifle.

Sehen Sie, wie [Sie] diese Sache freundschaftlich abmachen können, und bringen Sie mir dann die angenehme Nachricht mit hieher, daß Sie selbst mit Göschen sich auf einem freundschaftlichen Fuße befinden.

Wenn es Sie nicht belästigt, so möchte ich Sie bitten, mir einige Sachen in Leipzig zu besorgen oder besorgen zu lassen. Ich wünschte einen Toilettentisch für meine Frau mit einem Spiegel und Zubehör, übrigens nichts weniger als kostbar, so daß er etwa auf ein Karolin zu stehen käme. Ohne Zweifel findet sich einer dergleichen in Leipzig. Alsdann ersuche ich Sie, oder vielmehr meine Frau bittet Sie höflichst, ¼ Zentner Meliszucker und ⅛ Zentner Kaffee dort für uns einzukaufen, weil man gegen hier am Preis beträchtlich gewinnt. Sollte Sie aber diese Fracht inkommodieren, in Ihrem Wagen selbst mitzubringen, so sind Sie so gütig, solche durch einen Fuhrmann absenden zu lassen.

Alles übrige mündlich. Ich hoffe, in Ihrem nächsten Briefe den Tag

Ihrer Ankunft zu erfahren, und bitte, es so einzurichten, daß Sie nicht so schnell wieder wegzueilen brauchen.

Ihr aufrichtig ergebener

Schiller

163. An Johann Wolfgang von Goethe.

Jena, 18. Mai 1798

Da es wohl seine Richtigkeit hat, daß keine Ilias nach der Ilias mehr möglich ist, auch wenn es wieder einen Homer und wieder ein Griechenland gäbe, so glaube ich Ihnen nichts Besseres wünschen zu können, als daß Sie Ihre Achilleis, so wie sie jetzt in Ihrer Imagination existiert, bloß mit sich selbst vergleichen und beim Homer bloß Stimmung suchen, ohne Ihr Geschäft mit seinem eigentlich zu vergleichen. Sie werden sich ganz gewiß Ihren Stoff so bilden, wie er sich zu Ihrer Form qualifiziert, und umgekehrt werden Sie die Form zu dem Stoffe nicht verfehlen. Für beides bürgt Ihnen Ihre Natur und Ihre Einsicht und Erfahrung. Die tragische und sentimentale Beschaffenheit des Stoffs werden Sie unfehlbar durch Ihren subjektiven Dichtercharakter balancieren, und sicher ist es mehr eine Tugend als ein Fehler des Stoffs, daß er den Foderungen unseres Zeitalters entgegenkommt, denn es ist ebenso unmöglich als undankbar für den Dichter, wenn er seinen vaterländischen Boden ganz verlassen und sich seiner Zeit wirklich entgegensetzen soll. Ihr schöner Beruf ist, ein Zeitgenosse und Bürger beider Dichterwelten zu sein, und gerade um dieses höhern Vorzugs willen werden Sie keiner ausschließend angehören.

Übrigens werden wir bald Gelegenheit haben, noch recht viel über diese Materie miteinander zu sprechen, denn die Novität, von der ich Ihnen schrieb und worüber ich Sie nicht in eine zu große Erwartung setzen will, ist ein Werk über Ihren Hermann, von Humboldt mir in Manuskript zugeschickt. Ich nenne es ein Werk, da es ein dickes Buch geben wird und in die Materie mit größter Ausführlichkeit und Gründlichkeit eingeht. Wir wollen es, wenn es Ihnen recht ist, miteinander lesen, es wird alles zur Sprache bringen, was sich durch Räsonnement über die Gattung und die Arten der Poesie ausmachen oder ahnden läßt. Die schöne Gerechtigkeit, die Ihnen darin durch einen denkenden Geist und durch ein gefühlvolles Herz erzeigt wird, muß Sie freuen, so wie dieses laute und gründliche Zeugnis auch das unbestimmte Urteil unsrer deutschen Welt leiten helfen und den Sieg Ihrer Muse über jeden Widerstand, auch auf dem Wege des Räsonnements, entscheiden und beschleunigen wird.

Über das, was ich mit Cotta gesprochen, mündlich. Was mich aber besonders von ihm zu hören freute, ist die Nachricht, die er mir von der ungeheuren Ausbreitung Hermanns und Dorotheas gab. Sie haben sehr recht gehabt, zu erwarten, daß dieser Stoff für das deutsche Publikum besonders glücklich war, denn er entzückte den deutschen Leser auf seinem eigenen Grund und Boden, in dem Kreise seiner Fähigkeit und seines Interesses, und er entzückte ihn doch wirklich, welches zeigt, daß nicht der Stoff, sondern die dichterische Belebung gewirkt hat. Cotta meint, Vieweg hätte eine wohlfeile schlechte Ausgabe gleich veranstalten sollen, denn er sei sicher, daß bloß in Schwaben einige Tausende würden abgegangen sein.

Doch über alles ausführlicher, wenn Sie kommen. Ich hoffe, dies wird übermorgen geschehen. Leben Sie recht wohl. Meine Frau grüßt aufs beste.

Schiller

164. An Christian Gottfried Körner.

Jena, 15. Juni 1798

Nur ein paar Zeilen für heute. Der Kopf ist mir diesen Monat so warm von dem, was ich noch zu tun und zu leisten habe, daß ich gar zu keiner ordentlichen Folge in meinen Geschäften komme. Goethe ist auch schon lange hier, und wir sehen uns alle Abende. Zum Almanach geschehen allmählich Vorbereitungen, Goethe hat schon sehr schöne Sachen dazu parat, die ich Dir gelegentlich schicken will. Was mir dazu wird eingegeben werden, das wissen die Götter.

Man sollte sich hüten, auf ein so kompliziertes, weitläuftiges und undankbares Geschäft sich einzulassen, wie mein Wallenstein ist, wo der Dichter alle seine poetischen Mittel verschwenden muß, um einen widerstrebenden Stoff zu beleben. Diese Arbeit raubt mir die ganze Gemächlichkeit meiner Existenz, sie heftet mich anstrengend auf einen Punkt, läßt mich an kein ruhiges Empfangen von andern Eindrücken kommen, weil zugleich auch die Idee eines bestimmten Fertigwerdens drängt – und gerade jetzt scheint sich die Arbeit noch zu erweitern, denn je weiter man in der Ausführung kommt, desto klarer werden die Foderungen, die der Gegenstand macht, und Lücken werden sichtbar, die man vorher nicht ahnden konnte. Ich bin nun erst recht froh, daß ich Dir von den ersten

Akten noch nichts gezeigt, denn Du sollst das Ganze gleich in der Gestalt sehen, worin es bleiben kann und muß.

Hier die letzte Hora nebst dem Gelde für die Schuhe.

Leb recht wohl. Herzlich umarmen wir Euch alle.

Dein

S.

165. An Wilhelm von Humboldt.

Jena, 27. Juni 1798

Ihre Schrift, mein teurer Freund, war mir in der Tat eine ganz überraschende Erscheinung und mußte es noch mehr sein, wenn ich mich erinnerte, *wo* und unter welchen heterogenen Umgebungen Sie dieses große, ja ungeheure Geschäft zustande gebracht haben.

Der Gedanke, an Goethens Gedicht die Gesetze der epischen, ja der ganzen Poesie überhaupt zu entwickeln, ist sehr glücklich, und ebenso gut gewählt war dieses Produkt, um Goethens individuelle Dichternatur daran zu zeigen. Denn, wie Sie selbst sagen, in keinem Gedichte erscheint die poetische Gattung und die epische Art so rein und so vollständig als hier, und in keinem hat sich Goethens Eigentümlichkeit so vollkommen abgedruckt.

Man erweist Ihnen bloß Gerechtigkeit, wenn man sagt, daß noch kein dichterisches Werk zugleich so liberal und so gründlich, so vielseitig und so bestimmt, so kritisch und so ästhetisch zugleich beurteilt worden ist. Und das konnte auch gerade nur durch eine Natur geschehen wie die Ihrige, die zugleich so scharf scheidet und so vielseitig verbindet. Ihre Idiosynkrasie im Empfinden könnte Ihnen vielleicht in einzelnen Fällen den Kreis verengen und dem Gegenstand Abbruch tun; in Ihrem Räsonnement kann Ihnen das nie begegnen. Auch ist das Verdienst dieser Arbeit im strengsten Sinne das Ihrige. Goethe kann Ihnen als Poet den Stoff zwar zubereitet haben, aber ich habe Ihnen als Kunstrichter und Theoretiker nicht viel in die Hand gearbeitet, ja ich muß gestehen, daß ich in dem einzigen bedeutenden Fehler, den ich daran zu tadeln habe, meinen Einfluß erkenne. Davon nachher.

Ihre Formel für die Kunst überhaupt und für die Poesie insbesondere, Ihre Deduktion der Dichtungsarten, die Merkmale, die Sie als die charakteristischen aufstellen, sind treffend und entscheidend. Der Gesichtspunkt, den Sie genommen haben, um dem geheimnisvollen Gegenstande, denn das ist doch jedes dichterische Wirken, mit Begriffen beizukommen, ist der freiste und höchste, und für den Philosophen, der dieses Feld beherrschen will, ist er ohne Zweifel der geschickteste. Aber eben wegen dieser philosophischen Höhe ist er vielleicht dem ausübenden Künstler nicht bequem und auch nicht so fruchtbar, denn von da herab führt eigentlich kein Weg zu dem Gegenstande. Ich betrachte auch deswegen Ihre Arbeit mehr als eine Eroberung für die Philosophie als für die Kunst und will damit keinen Tadel verbunden haben. Es ist ja überhaupt noch die Frage, ob die Kunstphilosophie dem Künstler etwas zu sagen hat. Der Künstler braucht mehr empirische und spezielle Formeln, die eben deswegen für den Philosophen zu eng und zu unrein sind; dagegen dasjenige, was für diesen den gehörigen Gehalt hat und sich zum allgemeinen Gesetze qualifiziert, für den Künstler bei der Ausübung immer hohl und leer erscheinen wird.

Ihre Schrift ist mir auch schon darum als ein beweisender Versuch merkwürdig, was der spekulative Geist dem Künstler und Poeten gegenüber eigentlich leisten kann. Denn was hier von Ihnen nicht geleistet worden, das kann auf diesem Wege überhaupt nicht geleistet noch gefodert werden. Sie haben den philosophisch kritischen Verstand, insofern es diesem mehr um allgemeine Gesetze als um regulativische Vorschriften, mehr um die Metaphysik als um die Physik der Kunst zu tun ist, auf das vollständigste, würdigste und liberalste repräsentiert und nach meinem Gefühl das Geschäft geendigt.

Sie müssen sich nicht wundern, lieber Freund, wenn ich mir die Wissenschaft und die Kunst jetzt in einer größern Entfernung und Entgegensetzung denke, als ich vor einigen Jahren vielleicht geneigt gewesen bin. Meine ganze Tätigkeit hat sich gerade jetzt der Ausübung zugewendet, ich erfahre täglich, wie wenig der Poet durch *allgemeine reine* Begriffe bei der Ausübung gefördert wird, und wäre in dieser Stimmung zuweilen unphilosophisch genug, alles, was ich selbst und andere von der Elementarästhetik wissen, für einen einzigen empirischen Vorteil, für einen Kunstgriff des Handwerks hinzugeben. In Rücksicht auf das Hervorbringen werden Sie mir zwar selbst die Unzulänglichkeit der Theorie einräumen, aber ich dehne meinen Unglauben auch auf das *Beurteilen* aus und möchte behaupten, daß es kein Gefäß gibt, die Werke der Einbildungskraft zu fassen, als eben diese Einbildungskraft selbst und daß auch Ihnen die Abstraktion und die Sprache Ihr eigenes Anschauen und Empfinden nur unvollkommen hat ausmessen und ausdrücken können.

Es ist hier nur von demjenigen Teil Ihres Werks die Rede, der die Begriffe sucht und aufstellt, nach denen geurteilt wird, und auch bei diesem habe ich es keineswegs mit Ihrer Ausführung, nur mit Ihrer Unternehmung zu tun. Denn es ist zum Erstaunen, wie genau, wie vielseitig, wie erschöpfend Sie alles behandelt haben, so daß ich überzeugt bin, was auch künftighin über den Prozeß des Künstlers und Poeten, über die Natur der Poesie und ihrer Gattungen noch mag gesagt werden, es wird Ihren Behauptungen nicht widersprechen, sondern diese nur erläutern, und es wird sich in Ihrem Werke gewiß der Ort nachweisen lassen, in den es gehört und der es implizite schon enthält. In allen wesentlichen Punkten ist zwischen dem, was Sie sagen, und dem, was Goethe und ich diesen Winter über Epopée und Tragödie festzustellen gesucht haben, eine merkwürdige Übereinstimmung dem Wesen nach, obgleich Ihre Formeln metaphysischer gefaßt sind und die unsrigen mehr für den Hausgebrauch taugen. Vielleicht ist Ihre Analysis zu scharf und die aufgestellte Charakteristik zu streng und zu unbeweglich. Die Einbildungskraft hat wirklich schon bewiesen, daß sie ohne Gefahr über diese Grenzen gehen kann, und Ihnen selbst wird es schwer, den reinen Begriff zum Beispiel der Epopée zwischen den vorhandenen Epopéen wirklich festzuhalten. Es würde Ihnen unfehlbar auch mit andern Arten so ergehen, und namentlich mit der Tragödie Shakespeares und der Alten.

Goethe und ich haben uns epische und dramatische Poesie auf eine einfachere Art unterschieden, als Ihr Weg Ihnen erlaubte, und diesen Unterschied überhaupt nicht so groß gefunden. So können wir die Tragödie sich nicht so sehr in das Lyrische verlieren lassen, sie ist absolut plastisch wie das Epos: Goethe meint sogar, daß sie sich zur Epopée wie die Skulptur zur Malerei verhalte. An das Lyrische grenzt sie allerdings, da sie das Gemüt in sich selbst hineinführt; so wie die Epopée an die Künste des Auges grenzt, da sie den Menschen in die Klarheit der Gestalten herausführt. Uns scheint, daß Epopée und Tragödie durch nichts als durch die vergangene und die gegenwärtige Zeit sich unterscheiden. Jene erlaubt Freiheit, Klarheit, Gleichgültigkeit, diese bringt Erwartung, Ungeduld, pathologisches Interesse hervor.

Auch meint Goethe, und mit Grunde, deucht mir, daß man die Natur des Epos vollständig aus dem Begriff und den Zirkumstantien des Rhapsoden und seines Publikums deduzieren könne und daß sogar die *Roheit* und die *gemeine ungebildete* Natur des ihn umgebenden Auditoriums auf die epische Form einen entscheidenden Einfluß habe, wenigstens auf die Homerische gehabt habe, die der Kanon für alle Epopée ist.

Was die Tragödie betrifft, so behalte ich mir diese für künftige Briefe vor.

Ihren Absatz über die Poesie als redende Kunst habe ich nicht ganz deutlich eingesehen, auch darüber ein andermal.

Was den Stil betrifft, so ist mit Ausnahme einiger wenigen Absätze, die uns beiden nicht sogleich klarwerden konnten, alles faßlich vorgetragen. Ein weniger diffuser und ausführlicher Vortrag wäre freilich im ganzen zu wünschen gewesen, bei einer größern Gedrängtheit und Kühnheit möchte das Ganze an Kraft und Bestimmtheit gewonnen haben. Aber diese Sorgfalt, alles zu begrenzen und zu limitieren, zu keinem Mißverstand zu verleiten, nichts zu wagen pp., liegt einmal in Ihrer Natur, und wir haben über diesen Punkt oft und viel gesprochen. Sie haben eine gewisse Schulsprache zwar vermeiden wollen, aber doch nicht ganz vermeiden können. Das Werk erhält dadurch einen etwas unbestimmten Charakter, indem es für den gewöhnlichen Leser zu technisch und auch zu streng, für den Kunstgenossen aber oft unnötigerweise ausführlich und popularisiert ist. Sie dürfen kaum darauf rechnen, daß jemand, der nicht schon sehr an diese Art zu philosophieren gewöhnt ist, Ihnen folgen werde; unsre neuen Kunstmetaphysiker hingegen werden Sie studieren und benutzen, aber es wohl bleibenlassen, die Quelle zu bekennen, aus der sie ihren Reichtum holten. In der Tat haben Sie vielen vorgearbeitet und ein entscheidendes Beispiel gegeben.

Was man an der ganzen Behandlung überhaupt tadeln möchte, ist, daß Sie einen zu spekulativen Weg gegangen sind, um ein individuelles Dichterwerk zu zergliedern. Der dogmatische Teil Ihrer Schriften (der die Gesetze für den Poeten konstituiert) steht in dem schönsten Zusammenhang mit sich selbst, mit der Sache und mit den reinsten und allgemeinsten Grundsätzen anderer über diesen Gegenstand und ist, philosophisch genommen, vollkommen befriedigend; nicht weniger richtig und untadelhaft ist der kritische (der jene Gesetze auf das Werk anwendet und es eigentlich beurteilt), aber es scheint, daß ein mittlerer Teil fehlt, ein solcher nämlich, der jene allgemeine Grundsätze, die Metaphysik der Dichtkunst, auf besondere reduziert und die Anwendung des Allgemeinsten auf das Individuellste vermittelt. Der Mangel dieses praktischen Teils fühlt sich jedesmal, sooft nicht bloß der allgemeine Charakter des Dichters oder seines Werks, sondern ein einzelner Zug aus diesem unter den Begriff subsumiert wird. Der Leser fühlt dann einen Hiatus, den er kaum durch seine eigene Imagination auszufüllen imstande ist, daher es zuweilen scheint, als paßten die Beispiele zu den Begriffen nicht, welches doch nie der Fall ist.

Ich sagte oben, daß ich in diesem Fehler *meinen* Einfluß zu erkennen glaube. Wirklich hat uns beide unser gemeinschaftliches Streben nach Elementarbegriffen in ästhetischen Dingen dahin geführt, daß wir die Metaphysik der Kunst zu unmittelbar auf die Gegenstände anwenden und sie als ein praktisches Werkzeug, wozu sie doch nicht gut geschickt ist, handhaben. Mir ist dies vis-à-vis von Bürger und Matthisson, besonders aber in den Horen-Aufsätzen öfters begegnet. Unsere solidesten Ideen haben dadurch an Mitteilbarkeit und Ausbreitung verloren.

Doch genug für heute, lieber Freund. Ohnehin kann ich mich jetzt nicht ins Besondere einlassen, da Goethe Ihre Schrift in Händen hat. Er wollte

Ihnen mit mir schreiben, hat aber in Weimar zu tun bekommen. Ihre Schrift hat ihn, wie Sie leicht denken können, sehr angenehm gerührt.

Entschuldigen Sie, daß ich Ihnen erst heute etwas, und noch dazu so wenig Bedeutendes, darüber sage. Sie wissen meine Art und daß es mir unmöglich ist, zweierlei Geschäft zugleich mit ganzer Besonnenheit zu treiben, und so ist jetzt das Philosophieren bei mir lange suspendiert gewesen, da mich mein Trauerspiel ganz in der Knechtschaft hält. Leider muß ich dieses nun liegenlassen, um für den Almanach zu sorgen, den Goethe glücklicherweise schon reichlich ausgesteuert hat. Schwerlich werde ich vor Ende Augusts zum Wallenstein zurückkehren können. Da ich noch einige Monate ganz dazu brauche, so kann er erst auf Neujahr gedruckt erscheinen, vielleicht erst auf Ostern, wenn ich eine Ausarbeitung für das Theater mache.

Herzlich umarme ich Sie, liebster Freund, und der Li meine schönsten Grüße. Brinckmann empfehlen Sie mich, und bitten Sie ihn, auch meines Almanachs zu gedenken. Mit meiner Gesundheit ist es diesen Sommer recht gut gegangen.

Bestimmen Sie mir in Ihrem nächsten Brief, wie bald Vieweg Ihre Schrift haben muß. Ich wüßte nichts im einzelnen zu ändern, wenige Stellen ausgenommen, die ich in meinem nächsten Briefe bemerken will, da ich das Manuskript jetzt nicht habe. Könnten Sie die Terminologie noch etwas umschreiben, so würde das freilich gut sein.

Leben Sie nochmals recht wohl.

S.

166. An Johann Wolfgang von Goethe.

Jena, 23. Juli 1798

Ihr erster anaglyphischer Versuch läßt viel Gutes von dieser Unternehmung erwarten. Ich hatte anfangs nur den kleinen Anstand, ob das Ganze nicht einen zu sehr zusammengestückelten Anblick geben wird, so wie die gedruckten Musiknoten. Vielleicht aber habe ich Ihre Idee nicht ganz gefaßt, und es kann alles wie aus einem Stück gemacht erscheinen.

Ich habe, weil der Druck des Almanachs jetzt angefangen ist, Ihr Poetengedicht taufen müssen und finde gerade keinen passendern Titel als: *Sängerwürde*, der die Ironie versteckt und doch die Satire für den Kundigen ausdrückt. Wünschen Sie oder wissen Sie gleich einen bessern, so bitte, es mir morgen zu melden, weil ich das Gedicht bald in die Druckerei geben möchte.

In Ihrem Streit mit Meyern scheint mir dieser ganz recht zu haben. Ob sich gleich das schöne Naive in keine Formel fassen und folglich auch in keiner solchen überliefern läßt, so ist es doch seinem Wesen nach dem Menschen natürlich, da die entgegengesetzte sentimentale Stimmung ihm nicht natürlich, sondern eine Unart ist. Indem also die Schule diese Unart abhält oder korrigiert und über den natürlichen Zustand wacht, welches sich recht wohl denken läßt, so muß sie den naiven Geist nähren und fortpflanzen können. Die Natur wird das Naive in jedem Individuum, der Art, wenngleich nicht dem Gehalt nach, hervorbringen und nähren, sobald nur alles weggeräumt wird, was sie stört; ist aber Sentimentalität schon da, so wird die Schule wohl nicht viel tun können. Ich kann nicht anders glauben, als daß der naive Geist, welchen alle Kunstwerke aus einer gewissen Periode des Altertums gemeinschaftlich zeigen, die Wirkung, und folglich auch der Beweis für die Wirksamkeit der Überlieferung durch Lehre und Muster ist.

Nun wäre aber die Frage, was sich in einer Zeit wie die unsrige von einer *Schule* für die Kunst erwarten ließe. Jene alten Schulen waren Erziehungsschulen für Zöglinge, die neuern müßten Korrektionshäuser für Züchtlinge sein und sich dabei, wegen Armut des produktiven Genies, mehr kritisch als schöpferisch bildend beweisen. Indessen ist keine Frage, daß schon viel gewonnen würde, wenn sich irgendwo ein fester Punkt fände oder machte, um welchen sich das Übereinstimmende versammelte; wenn in diesem Vereinigungspunkt festgesetzt würde, was für kanonisch gelten kann und was verwerflich ist, und wenn gewisse Wahrheiten, die regulativ für den Künstler sind, in runden und gediegenen Formeln ausgesprochen und überliefert würden. So entstünden gewisse symbolische Bücher für Poesie und Kunst, zu denen man sich bekennen müßte, und ich sehe nicht ein, warum der Sektengeist, der sich für das Schlechte sogleich zu regen pflegt, nicht auch für das Gute geweckt werden könnte. Wenigstens scheint mir's, es ließe sich ebensoviel zum Vorteil einer *ästhetischen* Konfession und Gemeinheit anführen als zum Nachteil einer philosophischen.

Ich habe heute Ritters Schrift über den Galvanism in die Hand bekommen, aber obgleich viel Gutes darin ist, so hat mich die schwerfällige Art des Vortrags doch nicht befriedigt und auf eine Unterhaltung mit Ihnen über diese Materie nur desto begieriger gemacht.

Was sagen Sie zu dem neuen Schlegelischen Athenäum und besonders zu den Fragmenten? Mir macht diese naseweise, entscheidende, schneidende und einseitige Manier physisch wehe.

Leben Sie recht wohl und kommen bald herüber. Meine Frau und Schwiegermutter empfehlen sich Ihnen bestens.

Sch.

167. An Johann Wolfgang von Goethe.

Jena, 24. August 1798

Da unser Herzog nun wieder da ist, so scheint der Termin Ihrer Hieherkunft sich wieder zu verrücken; ich werde mich binnen der Zwischenzeit meiner Pflichten und Sorgen für den Almanach zu entledigen suchen, um, wenn Sie kommen und die Mitteilungen wieder anfangen, den letzten schwersten Schritt zum Wallenstein tun zu können. Da Sie einmal Lust haben, in die Ökonomie des Stücks hineinzugehen, so will ich gelegentlich das Schema davon in Ordnung bringen, das in meinen Papieren zerstreut liegt, indem es Ihnen, eh das Ganze selbst ausgeführt ist, die Übersicht erleichtern kann.

Ich bin verlangend, Ihre neuen Ideen über das Epische und Tragische zu hören. Mitten in einer tragischen Arbeit fühlt man besonders lebhaft, wie erstaunlich weit die beiden Gattungen auseinandergehen. Ich fand dies auf eine mir selbst überraschende Weise bei der Arbeit an meinem fünften Akte, die mich von allem Ruhig-Menschlichen völlig isolierte, weil hier ein Augenblick fixiert werden mußte, der notwendig vorübergehend sein muß. Dieser so starke Absatz, den meine Gemütsstimmung hier gegen alle übrigen freieren menschlichen Zustände machte, erweckte mir beinahe eine Furcht, mich auf einem zu pathologischen Wege zu befinden, weil ich das meinem Individuum zuschrieb, was die Natur des Geschäfts mit sich brachte. Aber so ist es mir ein Beweis mehr, daß die Tragödie nur einzelne außerordentliche Augenblicke der Menschheit, das Epos dagegen, wobei jene Stimmung nicht wohl vorkommen kann, das beharrliche, ruhig fortbestehende Ganze derselben behandelt und deswegen auch den Menschen in jeder Gemütsfassung anspricht.

Ich lasse meine Personen viel sprechen, sich mit einer gewissen Breite herauslassen; Sie haben mir darüber nichts gesagt und scheinen es nicht zu tadeln. Ja Ihr eigener Usus sowohl im Drama als im Epischen spricht mir dafür. Es ist zuverlässig, man könnte mit weniger Worten auskommen, um die tragische Handlung auf- und abzuwickeln, auch möchte es der Natur handelnder Charaktere gemäßer scheinen. Aber das Beispiel der Alten, welche es auch so gehalten haben und in demjenigen, was Aristoteles die Gesinnungen und Meinungen nennt, gar nicht wortkarg gewesen sind, scheint auf ein höheres poetisches Gesetz hinzudeuten, welches eben hierin eine Abweichung von der Wirklichkeit fodert. Sobald man sich erinnert, daß alle poetische Personen symbolische Wesen sind, daß sie als poetische Gestalten immer das Allgemeine der Menschheit darzustellen und auszusprechen haben, und sobald man ferner daran denkt, daß der Dichter, so wie der Künstler überhaupt, auf eine öffentliche und ehrliche

Art von der Wirklichkeit sich entfernen und daran erinnern soll, daß er's tut, so ist gegen diesen Gebrauch nichts zu sagen. Außerdem würde, deucht mir, eine kürzere und lakonischere Behandlungsweise nicht nur viel zu arm und trocken ausfallen, sie würde auch viel zu sehr realistisch, hart und in heftigen Situationen unausstehlich werden, dahingegen eine breitere und vollere Behandlungsweise immer eine gewisse Ruhe und Gemütlichkeit, auch in den gewaltsamsten Zuständen, die man schildert, hervorbringt.

Richter war dieser Tage hier, er ließ sich aber zu einer ungeschickten Stunde bei mir melden, daß ich ihn nicht annahm. Matthisson, dem ich vor einigen Wochen etwas Schönes über seine Beiträge und deren Anzahl sagte, hat mir wieder ein Gedicht geschickt, so wächst der Almanach nach und nach zu der gebührenden Größe an. Auch Gries hat einiges an kleinen Sachen gesendet, was sich brauchen läßt. Göpferdt ist noch nicht über den zweiten Bogen.

Leben Sie recht wohl, vielleicht komme ich nächste Woche auf einen Tag und sehe dann vielleicht auch das theatralische Bauwesen. Wenn Sie wiederkommen, finden Sie auch mein Häuschen in Ordnung, das wir morgen einweihen werden. Damit geht mir auch eine ruhigere Epoche an.

Meine Frau grüßt Sie bestens, sie hat sich gefreut, Sie neulich doch einen Augenblick zu sehen.

Sch.

168. An August Wilhelm Iffland.

Jena, 15. Oktober 1798

Ich erhielt Ihren werten Brief eben, als ich im Begriff war, nach Weimar zur Repräsentation von Wallensteins Lager abzugehen, und sogleich nach meiner Zurückkunft eil ich, Ihnen zu antworten.

Wallenstein ist eine Suite von drei Stücken. Das erste heißt Wallensteins Lager, es ist ein Vorspiel in einem Akt, welches 5 Viertelstunden spielt und die mehrsten Figuren hat. Es ist ein Gemälde der Wallensteinschen Armee, gibt ein Bild von Deutschlands Zustande im 30jährigen Krieg, zeigt die Dispositionen der Regimenter für und gegen den Feldherrn und ist bestimmt, den Grund zu zeichnen, auf welchem die Wallensteinische Unternehmung vorgeht. Man kann es zwar, wie wir in Weimar wirklich getan haben, für sich allein spielen, da es ein Kriegs- und Lagergemälde ist und ein Ganzes für sich ausmacht. Schicklicher aber wird es mit dem zweiten Stücke verbunden.

Dieses zweite Stück heißt *Die Piccolomini*, von den beiden am meisten darin handelnden Personen. Es ist in 5 Akten, wird aber nicht viel über 2 gute Stunden spielen. Dies Stück enthält die ganze Exposition des Wallenstein und hört da auf, wo der Knoten geschürzt ist. Am Schlusse hat es einen Epilog, der den Übergang zu dem dritten Stück bildet.

Das dritte Stück heißt *Wallensteins Abfall und Tod* und ist die eigentliche Tragödie. Da die Exposition völlig geschehen und der Knoten geschürzt ist, so ist es von der ersten Szene an eine ununterbrochene, fortgehende Handlung. Es hat auch fünf Akte und wird drei kleine Stunden spielen. Die Dekoration wird in allen drei Stücken nicht anders als zwischen den Akten verändert, die Dekorationen für alle 3 Stücke überhaupt sowie auch das Kostüm kann Ihnen vorläufig zugesendet werden.

Da ich die Repräsentationen in Weimar dazu benutze, um den Stücken die mir möglichste theatralische Gelenkigkeit und Lebhaftigkeit zu geben, so kann ich sie nicht eher an ein andres Theater absenden, als bis ich jedes in Weimar habe spielen sehen. In den ersten Wochen des Dezembers, nicht früher, kann das dritte Stück zu Weimar gegeben sein, und so könnte ich ohngefähr auf den 18. oder 20. Dezember die sämtliche Suite an Sie abgehen lassen.

Das Vorspiel ist in kurzen gereimten Versen, etwa wie Goethes Puppenspiel und sein Faust. Die zwei andern Stücke sind in freien Jamben und für die bequeme Rezitation des Schauspielers eingerichtet.

Die Verse des Vorspiels sind bei dem weimarischen Theater mit sehr vieler Leichtigkeit gesprochen worden und haben das Publikum wohl unterhalten.

Ich mache ungern Bedingungen, indessen da es in solchen Fällen das beste ist, seine Intention geradeheraus zu sagen, so will ich keine Umstände machen. Ich verlange für die drei Stücke zusammen 60 Friedrichsdor, ein Preis, bei dem ich allerdings die Größe des Berliner Publikums, den Glanz Ihres Theaters und vorzüglich Ihre Gefälligkeit in Anschlag gebracht habe.

Ich habe noch an kein ander Theater darüber geschrieben, wenn ich das wenige abrechne, was Schröder durch Böttiger in Weimar davon gehört haben mag.

Was Sie Herrn Rat Schlegel wegen des Wallenstein aufgetragen, ist mir erst vor drei Tagen in Weimar durch Goethen ausgerichtet worden.

Empfangen Sie die Versicherung meiner aufrichtigen Achtung.

Schiller

169. An August Friedrich Ferdinand von Kotzebue.

Jena, 16. November 1798

Ihre gütige Zuschrift vom 3. dieses Monats habe ich gestern erhalten und versäume keinen Augenblick, Ihnen wegen meines Stückes die verlangte Auskunft zu geben.

Es besteht eigentlich aus *drei* Stücken, einem Vorspiel in einem Akte, worin die Wallensteinische Armee charakterisiert und ein Gemälde des Zeitmoments entworfen ist, und aus zwei andern Schauspielen, jedes in 5 Akten geschrieben. Das Vorspiel, welches *Wallensteins Lager* heißt, und das zweite Stück: *Die Piccolomini*, sind für *eine* Abendrepräsentation und das dritte, eigentliche Stück: *Wallensteins Abfall und Tod*, für die andere berechnet. Indes könnten alle drei Stücke, wenn die Konvenienz eines besondern Theaters es erfoderte, in ein einziges großes, 4 Stunden lang spielendes Stück zusammengezogen werden.

Mit größtem Vergnügen würde ich bereit sein, Ihnen das Stück unter den angebotnen Bedingungen zu überlassen, es kommt aber hier fürs erste auf die Beantwortung der Frage an, ob man in Wien überhaupt nur erlauben wird, Wallensteins Geschichte auf die Bühne zu bringen. Denn was die Ausführung dieses Stoffes selbst betrifft, so verstünde es sich von selbst, daß ich alles und jedes, was der Zensur nur irgend anstößig darin sein möchte, sorgfältig ausmerzte.

Ihnen als einem dramatischen Meister und meinem Kollegen auf dieser Bahn brauche ich nicht zu sagen, daß bei einem Stoff wie dieser die Gründe pro und kontra in Anregung gebracht werden mußten und, obgleich schon das poetische Interesse es mit sich brachte, das Kriminelle in Wallensteins Handeln mit den lebhaftesten Farben abzuschildern und Abscheu dagegen zu erwecken, doch natürlicherweise die Gesinnung, die ihn dazu bewogen, und die Gründe, die sein Betragen menschlich motivieren, obgleich keineswegs entschuldigen, ins Licht gesetzt werden mußten. Ich kann mich, was diesen Punkt betrifft, dem Urteil des strengsten politischen Richters unterwerfen, ja es würde mir sogar lieb sein, wenn die Wiener Zensur, überzeugt von meinen Grundsätzen, das Manuskript darnach beurteilen wollte. Und wäre mir zufällig auch etwas entwischt, was auf der Bühne mißdeutet werden könnte, so würde ich mich ohne alles Bedenken der nötigen Auslassung unterwerfen, so wie ich Ihnen überhaupt plein pouvoir gebe, die notwendigen Veränderungen in dem Stück ohne weitere Rückfrage mit mir zu treffen.

Ich erwarte daher, ehe ich das Stück für das Theater in Wien in Ordnung bringe und eine vergebliche Mühe riskiere, Ihre gefällige Erklärung darüber, ob die Zensur in Wien die Vorstellung des Wallensteins aus historisch-politischen Gründen überhaupt gestatten wird; denn die Gründe *dagegen*, die von der *Bearbeitung* könnten hergenommen werden, hoffe ich alle entweder selbst wegzuräumen, oder ich könnte mich darüber auf Ihre Sorgfalt verlassen. Drei Wochen nach erhaltener Antwort von Ihnen könnte ich alsdann das Stück an Sie absenden. Empfangen Sie die Versicherung meiner aufrichtigen Hochachtung, die ich Ihren Verdiensten schuldig bin und hier mit Vergnügen an den Tag lege.

Schiller

170. An Johann Wolfgang von Goethe.

Jena, 4. Dezember 1798

Ich muß Sie heute mit einer astrologischen Frage behelligen und mir Ihr ästhetisch-kritisches Bedenken in einer verwickelten Sache ausbitten.

Durch die größere Ausdehnung der Piccolomini bin ich nun genötigt, mich über die Wahl des astrologischen Motivs zu entscheiden, wodurch der Abfall Wallensteins eingeleitet werden und ein mutvoller Glaube an das Glück der Unternehmung in ihm erweckt werden soll. Nach dem ersten Entwurf sollte dies dadurch geschehen, daß die Konstellation glücklich befunden wird, und das speculum astrologicum sollte in dem bewußten Zimmer vor den Augen des Zuschauers gemacht werden. Aber dies ist ohne dramatisches Interesse, ist trocken, leer und noch dazu wegen der technischen Ausdrücke dunkel für den Zuschauer. Es macht auf die Einbildungskraft keine Wirkung und würde immer nur eine lächerliche Fratze bleiben. Ich habe es daher auf eine andere Art versucht und gleich auszuführen angefangen, wie Sie aus der Beilage ersehen.

Die Szene eröffnete den vierten Akt der Piccolomini, nach der neuen Einteilung, und ginge dem Auftritte, worin Wallenstein Sesins Gefangennehmung erfährt und worauf der große Monolog folgt, unmittelbar vorher, und es wäre die Frage, ob man des astrologischen Zimmers nicht ganz überhoben sein könnte, da es zu keiner Operation gebraucht wird.

Ich wünschte nun zu wissen, ob Sie dafürhalten, daß mein Zweck, der dahin geht, dem Wallenstein durch das Wunderbare einen augenblicklichen Schwung zu geben, auf dem Weg, den ich gewählt habe, wirklich erreicht wird und ob also die Fratze, die ich gebraucht, einen gewissen tragischen Gehalt hat und nicht bloß als lächerlich auffällt. Der Fall ist sehr schwer, und man mag es angreifen, wie man will, so wird die Mischung des Törichten und Abgeschmackten mit dem Ernsthaften und Verständigen immer anstößig bleiben. Auf der andern Seite durfte ich mich von dem

Charakter des Astrologischen nicht entfernen und [mußte] dem Geist des Zeitalters nahe bleiben, dem das gewählte Motiv sehr entspricht.

Die Reflexionen, welche Wallenstein darüber anstellt, führe ich vielleicht noch weiter aus, und wenn nur der Fall selbst dem Tragischen nicht widersprechend und mit dem Ernst unvereinbar ist, so hoffe ich ihn durch jene Reflexionen schon zu erheben.

Haben Sie nun die Güte und sagen mir darüber Ihre Meinung.

Das jetzige fatale Wetter setzt mir sehr zu, und ich habe durch Krämpfe und Schlaflosigkeiten wieder einige Tage für meine Arbeit verloren.

Meine Frau empfiehlt sich aufs beste, und für den Braten danken wir Ihnen gar schön. Er ist sehr willkommen gewesen.

Leben Sie recht wohl. Ich wünsche zu hören, daß Sie in Ihren Schematibus etwas vorrücken mögen.

Sch.

171. An Johann Friedrich Cotta.

Jena, 16. Dezember 1798

Der versprochene Nachfolger meines letzten Briefs hing von zwei andern Theaterbriefen ab, die ich noch erwartete und die nicht kamen, darum ist er so lange verzögert worden.

Es ist allerdings ein beträchtlicher Geldverlust für mich, wenn der Wallenstein auf Ostern erscheint, und da ich weiß, daß Sie mir diesen gern ersparen, so rechne ich auf Ihre freundschaftliche Nachgiebigkeit. Ich habe Iffland, der mir 60 Louisdors für die 3 Stücke gibt, schon vorläufig wegen des Drucks zu beruhigen gesucht, jedoch in unbestimmten Ausdrücken. Die Theater zu Frankfurt, Wien und Graz haben sich auch schon darum gemeldet, und ich bin gewiß, daß auch die Hamburger, Leipziger und Breslauer das Manuskript verlangen werden, sobald die verzögerte Herausgabe bekannt wird. Gegen eine solche Abänderung kann das Publikum mit Grunde nichts einwenden, sobald man ihm die Ursache, nämlich den Wunsch und das Interesse der Theaterdirektionen, ehrlich angibt. Es frägt sich nun, welcher Termin zur Herausgabe bestimmt wird. Ich dächte unmaßgeblich das Neujahr 1800. Bis Ostern 1800 zu warten ist nicht nötig der Theater wegen, aber ein früherer Termin wie Michaelis 1799 würde den Theatern zu kurz sein. Wenn Sie mit diesem Vorschlag zufrieden sind, so soll es unabänderlich dabei bleiben, und ich werde Ihre Gesinnung daraus abnehmen, daß Sie inliegendes Inseratum in die Allgemeine Zeitung setzen. Wenn ich es darin finde, und nicht eher, will ich dann bei den Theatern die Verfügungen treffen.

Zugleich aber ist es billig, daß ich Ihnen die Ihnen noch zu zahlende Summe von jetzt an ordentlich verinteressiere oder zurückzahle, denn da ich durch den Aufschub des Drucks an Einnahme gewinne, Sie aber durch die Nutzlosigkeit Ihres vorgeschoßnen Kapitals verlieren, so versteht sich jenes von selbst, und Sie nehmen mir eine Last vom Herzen, wenn Sie mich hierin bloß merkantilisch behandeln. Einen Teil der Summe kann ich hoffentlich in einigen Monaten von den Theatereinnahmen an Sie zurückzahlen.

Bei Haselmaiern ist nun weiter kein Schritt mehr zu tun. Es ist ein interessierter kleinlicher Mensch, wie ich sehe, dem ich nun gute Lust hätte, den Preis zu erhöhen, wenn er sich noch einmal um das Stück melden sollte.

Goethe hat an seinem Faust noch viel Arbeit, eh er fertig wird. Ich bin oft hinter ihm her, ihn zu beendigen, und seine Absicht ist wenigstens, daß dieses nächsten Sommer geschehen soll. Es wird freilich eine kostbare Unternehmung sein. Das Werk ist weitläuftig 20–30 Bogen gewiß, es sollen Kupfer dazukommen, und er rechnet auf ein derbes Honorar. Es ist aber auch ein ungeheurer Absatz zu erwarten. Es wird gar keine Frage sein, daß er Ihnen das Werk in Verlag gibt, wenn Ihnen die Bedingungen recht sind, denn er meint es sehr gut mit Ihnen. Nächster Tag erhalten Sie auch einen neuen Beitrag von Ihm zur Allgemeinen Zeitung. Sobald ich nur erst die Theater mit meinem Wallenstein versorgt habe, sollen Sie auch von mir Beiträge zur Zeitung erhalten.

Leben Sie recht wohl. Meine Frau empfiehlt sich Ihnen und Madame Cotta so wie ich aufs beste.

Ihr

Sch.

172. An Johann Gottlieb Fichte.

Jena, 26. Januar 1799

Meinen besten Dank für Ihre Schrift, verehrtester Freund! Es ist gar keine Frage, daß Sie sich darin von der Beschuldigung des Atheismus vor jedem verständigen Menschen völlig gereinigt haben, und auch dem unverständigen Unphilosophen wird vermutlich der Mund dadurch gestopft sein. Nur wäre zu wünschen gewesen, daß der Eingang ruhiger abgefaßt wäre, ja daß Sie dem ganzen Vorgange die Wichtigkeit und

Konsequenz für Ihre persönliche Sicherheit nicht eingeräumt hätten. Denn so, wie die hiesige Regierung denkt, war nicht das geringste dieser Art zu befahren. Ich habe in diesen Tagen Gelegenheit gehabt, mit jedem, der in dieser Sache eine Stimme hat, darüber zu sprechen, und auch mit dem Herzoge selbst habe ich es mehrere Male getan. Dieser erklärte ganz rund, daß man Ihrer Freiheit im *Schreiben* keinen Eintrag tun würde und könne, wenn man auch gewisse Dinge nicht auf dem Katheder gesagt wünsche. Doch ist dies letzte nur seine Privatmeinung, und seine Räte würden auch nicht einmal diese Einschränkung machen. Bei solchen Gesinnungen mußte es nicht den besten Eindruck auf diese letztern machen, daß Sie so viel Verfolgung befahren.

Auch macht man Ihnen zum Vorwurf, daß Sie den Schritt ganz für sich getan haben, nachdem die Sache doch einmal in Weimar anhängig gemacht worden. Nur mit der weimarischen Regierung hatten Sie es zu tun, und der Appell an das Publikum konnte nicht stattfinden als höchstens in betreff des Verkaufs Ihres Journals, nicht aber in Rücksicht auf die Beschwerde, welche Kursachsen gegen Sie zu Weimar erhoben und davon Sie die Folgen ruhig abwarten konnten.

Was meine besondere Meinung betrifft, so hätte ich allerdings gewünscht, daß Sie Ihr Glaubensbekenntnis über die Religion in einer besondern Schrift ruhig und selbst ohne die geringste Empfindlichkeit gegen das sächsische Konsistorium abgelegt hätten. Dagegen hätte ich, wenn ja etwas gegen die Konfiskation Ihres Journals gesagt werden mußte, freimütig und mit Gründen bewiesen, daß das Verbot Ihrer Schrift, selbst wenn sie wirklich atheistisch wäre, noch immer unstatthaft bleibe; denn eine aufgeklärte und gerechte Regierung kann keine theoretische Meinung, welche in einem gelehrten Werke für Gelehrte dargelegt wird, verbieten. Hierin würden Ihnen alle, auch die Philosophen von der Gegenpartei, beigetreten sein, und der ganze Streit wäre in ein allgemeines Feld, für welches jeder denkende Mensch sich wehren muß, gespielt worden.

Mündlich das Weitere! Leben Sie wohl, mein verehrter Freund! Ganz der Ihrige.

Schiller

173. An Karl August Böttiger.

Jena, 1. März 1799

Sie sprechen in Ihren Bemerkungen mehreres treffend und glücklich aus, was ich in das Stück habe legen wollen und dem Takte des Zuschauers überlassen mußte herauszufühlen, daß mich diese Versicherung meiner gelungenen Absicht notwendig erfreuen muß. Freilich konnte die Intention des Poeten nicht überall deutlich erscheinen, da zwischen ihm und dem Zuschauer der Schauspieler stand; nur meine *Worte* und das *Ganze* meines Gemäldes können gelten. So lag es zum Beispiel nicht in meiner Absicht noch in den Worten meines Textes, daß sich Octavio Piccolomini als einen so gar schlimmen Mann, als einen Buben, darstellen sollte. In meinem Stück ist er das nie, er ist sogar ein ziemlich rechtlicher Mann nach dem Weltbegriff, und die Schändlichkeit, die er begeht, sehen wir auf jedem Welttheater von Personen wiederholt, die, so wie er, von Recht und Pflicht strenge Begriffe haben. Er wählt zwar ein schlechtes Mittel, aber er verfolgt einen guten Zweck. Er will den Staat retten, er will seinem Kaiser dienen, den er nächst Gott als den höchsten Gegenstand aller Pflichten betrachtet. Er verrät einen Freund, der ihm vertraut, aber dieser Freund ist ein Verräter seines Kaisers und in seinen Augen zugleich ein Unsinniger. Auch meiner Gräfin Terzky möchte etwas zuviel geschehen, wenn man Tücke und Schadenfreude zu Hauptzügen ihres Charakters machte. Sie strebt mit Geist, Kraft und einem bestimmten Willen nach einem großen Zweck, ist aber freilich über die Mittel nicht verlegen. Ich nehme keine Frau aus, die auf dem politischen Theater, wenn sie Charakter und Ehrgeiz hat, moralischer handelte.

Indem ich diese beiden Personen in Ihrer Achtung zu restituieren suche, muß ich den Wallenstein selbst, als historische Person, etwas in derselben heruntersetzen. Der historische Wallenstein *war* nicht groß, der poetische *sollte* es nie sein. Der Wallenstein in der Geschichte hatte die Präsumtion für sich, ein großer Feldherr zu sein, weil er glücklich, gewalttätig und keck war, er war aber mehr ein Abgott der Soldateska, gegen die er splendid und königlich freigebig war und die er auf Unkosten der ganzen Welt in Ansehen erhielt. Aber in seinem Betragen war er schwankend und unentschlossen, in seinen Planen phantastisch und exzentrisch und in der letzten Handlung seines Lebens, der Verschwörung gegen den Kaiser, schwach, unbestimmt, ja sogar ungeschickt. Was an ihm groß erscheinen, aber nur *scheinen* konnte, war das Rohe und Ungeheure, also gerade das, was ihn zum tragischen Helden schlecht qualifizierte. Dieses mußte ich ihm nehmen, und durch den *Ideenschwung*, den ich ihm dafür gab, hoffe ich ihn entschädigt zu haben.

Wenn die Wallensteinischen Stücke ein Jahr lang gedruckt durch die Welt gelaufen sind, kann ich vielleicht selbst ein paar Worte darüber sagen. Jetzt liegt mir das Produkt noch zu nahe vor dem Gesicht, aber ich hoffe, jedes einzelne Bestandstück des Gemäldes durch die Idee des Ganzen begründen zu können.

Schiller

174. An Johann Wolfgang von Goethe.

Jena, 5. März 1799

Es hat mich diesen Winter oft geschmerzt, Sie nicht so heiter und mutvoll zu finden als sonst, und eben darum hätte ich mir selbst etwas mehr Geistesfreiheit gewünscht, um Ihnen mehr sein zu können. Die Natur hat Sie einmal bestimmt, hervorzubringen; jeder andere Zustand, wenn er eine Zeitlang anhält, streitet mit Ihrem Wesen. Eine so lange Pause, als Sie dasmal in der Poesie gemacht haben, darf nicht mehr vorkommen, und Sie müssen darin ein Machtwort aussprechen und ernstlich wollen. Schon deswegen ist mir Ihre Idee zu einem didaktischen Gedichte sehr willkommen gewesen; eine solche Beschäftigung knüpft die wissenschaftliche Arbeiten an die poetischen Kräfte an und wird Ihnen den Übergang erleichtern, an dem es jetzt allein zu fehlen scheint.

Wenn ich mir übrigens die Masse von Ideen und Gestalten denke, die Sie in den zu machenden Gedichten zu verarbeiten haben und die in Ihrer Phantasie lebendig liegen, so daß ein einziges Gespräch sie hervorrufen kann, so begreife ich gar nicht, wie Ihre Tätigkeit auch nur einen Augenblick stocken kann. Ein einziger dieser Plane würde schon das halbe Leben eines andern Menschen tätig erhalten. Aber Ihr Realism zeigt sich auch hier; wenn wir andern uns mit Ideen tragen und schon darin eine Tätigkeit finden, so sind Sie nicht eher zufrieden, als bis Ihre Ideen Existenz bekommen haben.

Das Frühjahr und der Sommer werden alles gut machen, Sie werden sich nach der langen Pause desto reicher entladen, besonders wenn Sie den Gesang aus der Achilleis gleich vornehmen, weil dadurch eine ganze Welt in Bewegung gesetzt wird. Ich kann jenes kurze Gespräch, wo Sie mir den Inhalt dieses ersten Gesangs erzählten, noch immer nicht vergessen, sowenig als den Ausdruck von heiterm Feuer und aufblühendem Leben, der sich bei dieser Gelegenheit in Ihrem ganzen Wesen zeigte.

Hier wieder ein Brief von Ubique. Der Mensch kann doch nicht ruhen, sich in anderer Affären zu mischen. Und seine schreckliche Salbaderei über Wallenstein und die Weiber des Stücks. Ich werde mein Stück nicht dazu hergeben, Schröders Mütlein an den Hamburger Schauspielern zu kühlen.

Opitz will die Stücke für die Leipziger Bühne haben. Seien Sie doch so gütig, mir mit dem Botenmädchen die Piccolomini zu schicken, die das Theater jetzt nicht braucht: Ich muß sie abschreiben lassen.

Von Iffland habe ich noch nichts gehört, wohl aber erfuhr ich auf einem andren Weg, daß Iffland die *erste* Vorstellung der Piccolomini nach dem unverkürzten Exemplar gegeben, daß sie bis halb eilf soll gewährt haben, und daß er bei der zweiten Vorstellung gezwungen gewesen, das abgekürzte Stück zu geben und solches auch auf dem Komödienzettel anzukündigen. Es ist mir sehr verdrießlich, und da er die Länge des Stücks aus den Proben recht gut mutmaßen konnte, so ist es sehr ungeschickt von ihm gewesen. Er soll den Octavio gespielt haben, wie Böttiger schreibt, Thekla sei von Madame Fleck gespielt worden. Vom Sukzeß selbst habe ich noch nichts gehört, wahrscheinlich kam die Nachricht, die mir Gries mitteilte, aus dem Schlegelischen Hause.

Auf den Freitag sende ich die 2 ersten Akte des Wallenstein. An Iffland sende ich nichts, bis er mir geschrieben hat.

Leben Sie recht wohl und erheitern Sie sich trotz des wiederkehrenden Winters, der hier sehr traurig aussieht. Herzlich grüßen wir Sie beide.

S.

175. An Christian Gottfried Körner.

Jena, 8. April 1799

Was Du mir von dem ersten Eindruck des Wallensteins schreibst, hat mich sehr erfreut und belohnt mich für den langen Zwang, den ich mir antat, Dir nichts einzelnes davon zu schicken.

Hier lege ich nun noch die neue Bearbeitung des Vorspiels bei, worin Du auch viele Veränderungen finden wirst.

Sende mir doch die 3 Stücke mit dem nächsten Posttag zurück, weil ich sie weiterzusenden habe. Ich kann sie Dir in einigen Wochee wieder schicken, wenn Du sie haben willst.

Am 20. dieses Monats spielt man den Wallenstein zum erstenmal in Weimar. Ich reise übermorgen dahin und bleibe bis zum 23., schreibe mir also direkt nach Weimar; was Du vor dem 18. wegschickst, trifft mich noch dort.

Wir umarmen Euch herzlich. Gib mir bald Nachricht, wie die Vorlesung des Wallensteins abgelaufen.

Dein

S.

176. An Christian Gottfried Körner.

Jena, 8. Mai 1799

Ich habe Deinen letzten Brief mitten unter den weimarischen Zerstreuungen erhalten, und er war mir desto mehr willkommen, da mir das fade Schwatzen über diesen Gegenstand in Weimar eine ernste und gründliche Stimme zum Bedürfnis machte. Erwarte indessen binnen der nächsten 3 oder 4 Monate nichts Vernünftiges darüber von mir zur Antwort: ich habe mich mit Gewalt aus dieser Materie herauszureißen gesucht, und es tut mir wohl, in einem neuen Element zu leben. Du sollst aber die beiden Stücke in 8 Tagen spätestens wieder erhalten und einige Monate bei Dir aufbewahren, daß Du Dir in dieser Zeit Deine Bedenken und Desiderata aufnotieren kannst. Könntest Du Dich entschließen, die Anzeige des III. Stücks für die Allgemeine Zeitung aufzusetzen, so würdest Du Goethen und mir einen großen Gefallen erzeigen, denn diese Arbeit liegt sowohl ihm als mir jetzt außer dem Wege, und sie muß doch getan sein. Du kannst Dich darin nach der Anzeige der Piccolomini in ebendieser Zeitung, die Goethe und ich in Gemeinschaft, obgleich etwas eilfertig, aufgesetzt, richten und brauchst Dir dabei keine große Mühe zu machen, da es nur um den Haupteindruck zu tun ist.

Der Wallenstein hat auf dem Theater in Weimar eine außerordentliche Wirkung gemacht und auch die Unempfindlichsten mit sich fortgerissen. Es war darüber nur eine Stimme, und in den nächsten acht Tagen ward von nichts anderm gesprochen.

Jetzt bin ich gottlob wieder auf ein neues Trauerspiel fixiert, nachdem ich 6 Wochen lang zu keiner Resolution kommen konnte. Diesmal sollst Du das Sujet nicht eher als mit dem vollendeten Werk erfahren. Ich hoffe, am Ende des Winters allerspätestens damit fertig zu sein, denn fürs erste ist der Gegenstand nicht so widerstrebend als Wallenstein, und dann habe ich an diesem das Handwerk mehr gelernt. Wenn ich diesen Sommer nicht einige Monate an die Propyläen wenden müßte, so hoffte ich das neue Stück noch mit Ende dieses Jahrs zu liefern.

Meine Gesundheit hält sich noch recht brav, ich hoffe, sie soll sich diesen Sommer noch mehr befestigen. Goethe hat sich jetzt Equipage angeschafft und fährt mich alle Tage spazieren; wir ziehen dieser Tage auch wieder in den Garten, was Ihr ohne Zweifel auch bald tun werdet.

Sei doch so gut und laß mir von den Weiblein eine Bordüre zu einer blauen Tapete aussuchen für ein Gartensälchen. Ich brauche 20 Ellen, sie darf nur eine Handbreit sein. Wenn ich weiß, was sie kostet, so will ich das

Geld dafür zugleich mit dem für die Nudeln und den Grieß in dem nächsten Paket beilegen.

Wir umarmen Euch herzlich.

Dein

S.

177. An Johann Wolfgang von Goethe.

Jena, 29. Mai 1799

Ich habe in den zwei Tagen, daß Sie von uns sind, in meinem angefangenen Geschäft emsig fortgefahren und hoffe, daß ein beständigeres Wetter auch meinen Bemühungen förderlich sein wird. Indem ich mir von unserm letzten Zusammensein Rechenschaft gebe, finde ich, daß wir uns, ohne produktiv zu sein, wieder nützlich beschäftigt haben; die Idee besonders von dem notwendigen Auseinanderhalten der Natur und Kunst wird mir immer bedeutender und fruchtbarer, sooft wir auf diese Materie zurückkommen, und ich rate, bei dem Aufsatz über den Dilettantism auch recht breit darüber herauszugehen.

Das Schema über diesen Aufsatz erwarte ich nun bald abgeschrieben und mit neuen Bemerkungen bereichert zurück und hoffe, daß Ihnen die Nähe von Aurora und Hesperus recht viel Licht dazu geben möge.

Ich bin gestern zufällig über ein Leben des Christian Thomasius geraten, das mich sehr unterhalten hat. Es zeigt das interessante Loswinden eines Mannes von Geist und Kraft aus der Pedanterei des Zeitalters, und obgleich die Art, wie er es angreift, selbst noch pedantisch genug ist, so ist er doch, seinen Zeitgenossen gegenüber, ein philosophischer, ja ein schöner Geist zu nennen. Er erwählte dasselbe Mittel, das auch Sie für das kräftigste halten, die Gegner durch immerfort und schnell wiederholte Streiche zu beunruhigen, und schrieb das erste Journal unter dem Titel Monatliche Gespräche, worin er auf satirische Art und mit einem satirischen Kupferstich vor jedem Stücke seinen Gegnern, den Theologen und aristotelischen Philosophen, tapfer zusetzt. Er wagte es, akademische Schriften zuerst auch in deutscher Sprache zu schreiben; eine davon über das feine Betragen und das, was der Deutsche von den Franzosen nachahmen solle, wäre ich neugierig zu lesen und werde mich hier darnach umtun.

Haben Sie vielleicht etwas von der Fräulein Imhoff und ihrem Werke in Erfahrung gebracht, und wollen Sie ihr das, wovon Sie neulich sagten, insinuieren?

Meine Frau grüßt Sie herzlich. Wir vermissen Sie sehr, und ich kann mich kaum mehr daran gewöhnen, die Abende ohne Gespräch zuzubringen. Meyern viele Grüße.

Leben Sie recht wohl.

S.

178. An Johann Wolfgang von Goethe.

Jena, 31. Mai 1799

Ich begreife wohl, daß Ihnen das Gedicht unserer Dilettantin immer weniger Freude machen mag, je näher Sie es betrachten. Denn auch darin zeigt sich der Dilettantism besonders, daß er, weil er aus einem falschen Prinzip ausgeht, nichts hervorbringen kann, das nicht im ganzen falsch ist, also auch keine wesentliche Hilfe zuläßt. Mein Trost ist, daß wir bei diesem Werke den dilettantischen Ursprung ja ankündigen dürfen und daß wir, indem wir eine Toleranz dafür beweisen, bloß eine Humanität zeigen, ohne unser Urteil zu kompromittieren. Das schlimmste dabei ist die Mühe und die Unzufriedenheit, die es Ihnen macht; indessen müssen Sie die Arbeit als eine sectionem cadaveris zum Behuf der Wissenschaft ansehen, da dieser praktische Fall bei der gegenwärtigen theoretischen Arbeit nicht ganz ungelegen kommt.

Mir haben diese Tage ganz entgegengesetzte Produkte eines Meisters in der Kunst nicht viel mehr Freude gewährt, obgleich ich, da ich nicht dafür zu repondieren habe, ganz ruhig dabei bleiben kann. Ich habe Corneillens Rodogune, Pompée und Polyeucte gelesen und bin über die wirklich enorme Fehlerhaftigkeit dieser Werke, die ich seit 20 Jahren rühmen hörte, in Erstaunen geraten. Handlung, dramatische Organisation, Charaktere, Sitten, Sprache, alles, selbst die Verse bieten die höchsten Blößen an, und die Barbarei einer sich erst bildenden Kunst reicht lange nicht hin, sie zu entschuldigen. Denn der falsche Geschmack, den man so oft auch in den geistreichsten Werken findet, wenn sie in einer rohen Zeit entstanden, dieser ist es nicht allein, nicht einmal vorzugsweise, was daran widerwärtig ist. Es ist die Armut der Erfindung, die Magerkeit und Trockenheit in Behandlung der Charaktere, die Kälte in den Leidenschaften, die Lahmheit und Steifigkeit im Gang der Handlung und der Mangel an Interesse fast durchaus. Die Weibercharaktere sind klägliche Fratzen, und ich habe noch nichts als das eigentlich Heroische glücklich behandelt gefunden, doch ist auch dieses an sich nicht sehr reichhaltige Ingrediens einförmig behandelt.

Racine ist ohne allen Vergleich dem Vortrefflichen viel näher, obgleich er alle Unarten der französischen Manier an sich trägt und im ganzen etwas schwach ist. Nun bin ich in der Tat auf Voltaires Tragödie sehr begierig, denn aus den Kritiken, die der letztere über Corneille gemacht, zu schließen, ist er über die Fehler desselben sehr klar gewesen.

Es ist freilich leichter tadeln als hervorbringen. Dabei fällt mir mein eigenes Pensum ein, das noch immer sehr ungestaltet daliegt. Wüßten es nur die allzeit fertigen Urteiler und die leicht fertigen Dilettanten, was es kostet, ein ordentliches Werk zu erzeugen.

Haben Sie doch die Güte, mir mit der Botenfrau die Piccolomini und den Wallenstein zu schicken. Kotzebue hat mich darum ersucht, und ich versprach es ihm, weil mich diese Gefälligkeit weniger kostet als ein Besuch bei ihm oder ein Abendessen.

Meyern viele Grüße. Seinen Brief hab ich an Boettger abgeschickt.

Meine Frau grüßt Sie bestens.

Leben Sie wohl und heiter bei diesem erquickenden Regenwetter

Sch.

179. An Johann Wolfgang von Goethe.

Jena, 4. Juni 1799

Hier erfolgt Körners Aufsatz über den Wallenstein. Er ist aber, so wie er ist, nicht zu gebrauchen, weil er sich die Bequemlichkeit gemacht hat, lieber den Dichter statt seiner sprechen zu lassen, und auf diese Weise das Werk in Fetzen zerrissen vor das Publikum bringt. Wenn das Stück schon gedruckt wäre, möchte das hingehen, so aber finde ich meine Rechnung nicht dabei. Es ist glücklicherweise nicht so pressant, es abzuschicken, denn ich denke, Sie werden mit mir einig sein, daß man, weil man doch so lang gewartet hat, die Anzeige nach der vierten Vorstellung des Wallenstein abschickt. Bis dahin will ich die Körnerische Arbeit noch vornehmen und darin mehr den erzählenden als den dramatischen Ton herrschen lassen, auch noch einige Aufschlüsse über das Ganze einflechten.

Ich habe mich nicht enthalten können, weil das Schema zu den ersten Akten der Maria in Ordnung und in den letzten nur noch ein einziger Punkt unausgemacht ist, um die Zeit nicht zu verlieren, gleich zur Ausführung fortzugehen. Ehe ich an den zweiten Akt komme, muß mir in den letzten Akten alles klar sein. Und so habe ich denn heute, den 4. Juni, dieses Opus mit Lust und Freude begonnen und hoffe, in diesem Monat schon einen ziemlichen Teil der Exposition zurückzulegen.

Was Sie mir von den *Schwestern zu Lesbos* schrieben, hat mir großen Trost gewährt. Auch meine Schwägerin schrieb mir von dieser Zusammenkunft und konnte mir nicht genug rühmen, wieviel sie dabei gelernt habe.

Ich lese jetzt in den Stunden, wo wir sonst zusammenkamen, Lessings Dramaturgie, die in der Tat eine sehr geistreiche und belebte Unterhaltung gibt. Es ist doch gar keine Frage, daß Lessing unter allen Deutschen seiner Zeit über das, was die Kunst betrifft, am klarsten gewesen, am schärfsten und zugleich am liberalsten darüber gedacht und das Wesentliche, worauf es ankommt, am unverrücktesten ins Auge gefaßt hat. Liest man nur ihn, so möchte man wirklich glauben, daß die gute Zeit des deutschen Geschmacks schon vorbei sei, denn wie wenig Urteile, die jetzt über die Kunst gefällt werden, dürfen sich an die seinige stellen.

Ist es denn wahr, daß die Königin von Preußen den Wallenstein in Berlin nicht hat wollen spielen sehen, um ihn in Weimar zuerst kennenzulernen?

Schreiben Sie uns doch, ob die La Roche in Oßmannstedt angelangt ist. Auch meiner Frau liegt an dieser Nachricht.

Auch bitte ich, mir durch Vulpius das Verzeichnis der von mir einzusendenden Bücher zurückschicken zu lassen, nebst einem Katalog der Auktion, wenn noch einer zu haben.

Leben Sie recht wohl und genießen Sie die jetzigen angenehmen Tage.

Sch.

180. An Johann Wolfgang von Goethe.

Jena, 19. Juli 1799

Ich habe mir vor einigen Stunden durch Schlegels Lucinde den Kopf so taumelig gemacht, daß es mir noch nachgeht. Sie müssen dieses Produkt wundershalber doch ansehen. Es charakterisiert seinen Mann, so wie alles Darstellende, besser als alles, was er sonst von sich gegeben, nur daß es ihn mehr ins Fratzenhafte malt. Auch hier ist das ewig Formlose und Fragmentarische und eine höchst seltsame Paarung des *Nebulistischen* mit dem *Charakteristischen,* die Sie nie für möglich gehalten hätten. Da er fühlt, wie schlecht er im Poetischen fortkommt, so hat er sich ein Ideal seiner selbst aus der *Liebe* und dem *Witz* zusammengesetzt. Er bildet sich ein, eine heiße unendliche Liebesfähigkeit mit einem entsetzlichen Witz zu vereinigen, und nachdem er sich so konstituiert hat, erlaubt er sich alles, und die Frechheit erklärt er selbst für seine Göttin.

Das Werk ist übrigens nicht ganz durchzulesen, weil einem das hohle

Geschwätz gar zu übel macht. Nach den Rodomontaden von Griechheit und nach der Zeit, die Schlegel auf das Studium derselben gewendet, hätte ich gehofft, doch ein klein wenig an die Simplizität und Naivetät der Alten erinnert zu werden, aber diese Schrift ist der Gipfel moderner Unform und Unnatur, man glaubt ein Gemengsel aus Woldemar, aus Sternbald und aus einem frechen französischen Roman zu lesen.

Zum Aufsatz über den Dilettantism haben die weimarischen Herren und Damen gestern, wie ich höre, neuen Stoff dargereicht, da ein Privattheater dort eröffnet wurde. Man wird sich also wenig Freunde unter ihnen machen, aber die Jenenser können sich trösten, daß man eine gleiche Justiz ergehen läßt.

Von der Maria Stuart werden Sie nicht mehr als einen Akt fertig finden; dieser Akt hat mir deswegen viel Zeit gekostet und kostet mir noch 8 Tage, weil ich den poetischen Kampf mit dem historischen Stoff darin bestehen mußte und Mühe brauchte, der Phantasie eine Freiheit über die Geschichte zu verschaffen, indem ich zugleich von allem, was diese Brauchbares hat, Besitz zu nehmen suchte. Die folgenden Akte sollen, wie ich hoffe, schneller gehen, auch sind sie beträchtlich kleiner.

Sie brauchen also das Unglück aus Lobeda nicht? Desto schlimmer, hätte ich bald gesagt. Mir ist bei dieser Nähe der betagten Freundin schlecht zumute, da ich für alles, was drückt und einengt, gerade jetzt sehr empfindlich bin.

Beiliegendes Buch bitte ich an Vulpius abgeben zu lassen.

Leben Sie aufs beste wohl.

Die Frau grüßt Sie. Den August haben wir gestern hier gehabt.

Sch.

181. An Christian Gottfried Körner.

Jena, 9. August 1799

Mein langes Stillschweigen wird Dir ohne Zweifel schon bewiesen haben, daß ich über die Ohren in meiner neuen Arbeit stecke, und so ist's auch. Ich habe mich in den zwei letzten Monaten von allen andern Dingen abgezogen, um so rasch als möglich in das Innerste meines Geschäfts zu kommen, und ich bin auch auf gutem Weg dazu. Ein Dritteil der neuen Tragödie habe ich schon hinter mir, und das schwerste vom Ganzen. Ich bin nun sicher, daß ich mich im Stoff nicht vergriffen habe, ob man gleich glauben sollte, daß ein so allgemein bekannter und tragischer Stoff, eben weil er noch von keinem guten Poeten benutzt worden, einen geheimen

Fehler haben müsse. Meine Gesundheit und der Aufenthalt im Garten kommen mir gut zustatten, auch die Einsamkeit, die ich seit mehrern Monaten genieße, denn auch Goethe ist diesen Sommer nicht hier gewesen, weil der Schloßbau in Weimar ihn nicht wegläßt. Ich erwarte ihn aber in einigen Wochen.

In Weimar war ich bei des Königs von Preußen Anwesenheit und habe mich dem königlichen Paar auch präsentieren müssen. Die Königin ist sehr grazios und von dem verbindlichsten Betragen. Der Wallenstein wurde gespielt, und mit großer Wirkung. Was mich bei allen Vorstellungen, die ich von diesem Stück seitdem gesehen habe, verwunderte und erfreute, ist, daß das eigentlich Poetische, selbst da, wo es von dem Dramatischen ins Lyrische übergeht, immer den sichersten und tiefsten Eindruck allgemein hervorbrachte.

Weil ich mich für die nächsten 6 Jahre ganz ausschließend an das Dramatische halten werde, so kann ich es nicht umgehen, den Winter in Weimar zuzubringen, um die Anschauung des Theaters zu haben. Dadurch wird meine Arbeit um vieles erleichtert werden, und die Phantasie erhält eine zweckmäßige Anregung von außen, da ich in meiner bisherigen isolierten Existenz alles, was ins Leben und in die sinnliche Welt treten sollte, nur durch die höchste innre Anstrengung und nicht ohne große faux frais zustande brachte. Ich werde meinem Herzog zu Leibe rücken, daß er mir Zulage gibt, um eine doppelte Wohnung und Einrichtung und den teurern Aufenthalt in Weimar mir zu erleichtern.

Übrigens aber sind die dramatische Arbeiten auch die lukrativsten für mich, weil ich jedes Stück von mehrern Bühnen bezahlt bekomme und der Verleger mir auch mehr als für jede andre Arbeit dafür geben kann. Außerdem sind mir von einem Londner Buchhändler Anträge geschehen, mir für jedes Manuskript, das ich noch ungedruckt nach England zum Übersetzen schicke, 60 Pfund zu bezahlen unter der einzigen Bedingung, daß das englische 14 Tage früher erscheint als das Original in Deutschland.

Du ersiehst daraus, daß ich auch nicht einmal mehr den Sporn der Finanzen habe, um den Almanach fortzusetzen. Wenn Du wüßtest, welch unendlichen Sekkaden mich dieser Berührungspunkt mit 20 oder 30 Versemachern in Deutschland aussetzte und wie schwer es hält, bei dem ungeheuren Zuströmen des Mittelmäßigen und Schlechten auch nur ein paar Bogen leidliche Arbeit zu halten, Du würdst mir Glück wünschen, daß ich diese Bürde abgeworfen. Von jetzt an, gottlob, habe ich mit keinem schlechtern Poeten mehr zu tun, als ich selbst bin, und selbst um das Publikum werde ich mich nicht sonderlich mehr zu bekümmern brauchen.

Lottchen hat vielleicht schon geschrieben, daß unsrer kleinen Familie gegen Ende des Herbsts ein Zuwachs bevorsteht. Möge nur alles glücklich vonstatten gehen. Während der Schwangerschaft hat die arme Lotte immer viel von Krämpfen zu leiden.

Minna ist, wie wir hoffen, wieder ganz wohl, und Ihr werdet die schöne Jahrszeit nun auch zuweilen im Garten genießen. Herzlich grüßen wir Euch alle.

Dein

Sch.

182. An Johann Wolfgang von Goethe.

Jena, 12. August 1799

Sie hätten mich durch Ihre Beschreibung des lebhaften Baugeschäfts bald verführt, auf einen Tag hinüberzureisen und die Einförmigkeit meiner bisherigen Lebensweise wieder einmal durch etwas ganz Heterogenes zu unterbrechen. Aber so not es mir auch vielleicht täte, mir eine Zerstreuung zu machen, so sitze ich doch jetzt zu fest in meiner Arbeit und muß mich doppelt zusammennehmen, weit darin vorwärtszukommen, weil ich nicht weiß, wieviel Zeit und Stimmung das häusliche Evenement im Herbst mir rauben kann. Die Reise, welche ich, um meiner Frau und mir selbst eine Veränderung zu machen, nach Rudolstadt vorhatte, bleibt auch auf einige Wochen verschoben, weil das Vogelschießen dort jetzt gerade einfällt und meine Schwiegermutter mit dem Hofe bisher entfernt gewesen. Wenn Sie also jetzt kommen können und wollen, so finden Sie uns zu Ihrem Empfange bereit. Wir haben hier die schönen Tage recht genossen und benutzt.

Daß ich die Wintermonate künftighin in Weimar zubringe, ist bei mir nun eine beschlossene Sache; die sinnliche Gegenwart des Theaters muß mir eine Menge faux frais ersparen, die mir jetzt unvermeidlich sind, weil ich die Vorstellung der lebendigen Masse nicht habe, und auch der Stoff soll mir alsdann reichlicher zufließen. Diesen Winter werde ich zwar später dazukommen, vielleicht erst mit Ende Januars, wegen der Frau und dem Kleinen. Vorderhand hoffe ich, mit der Charlotte wegen des Logis eine Übereinkunft treffen zu können, will mich aber doch auch wegen des Wertherischen Hauses erkundigen, weil es nicht übel für die Komödie gelegen ist. Auf dem Markte wohnte ich am liebsten, so wär ich Ihnen und meinem Schwager gleich nahe.

Der Herzog hat mir in diesem Frühjahr seinen Wunsch zu erkennen gegeben, daß ich öfters nach Weimar käme und länger da bliebe. Da ich ihm nun zugleich sehr leicht begreiflich machen kann, wie sehr ich mich selbst dabei besser befinden würde, so will ich mich mit geradem Vertrauen an ihn wenden und ihn bitten, daß er mir für die dadurch zuwachsende größere Kosten etwas zulegen möchte. Das Versprechen einer Zulage habe ich ohnehin seit 5 Jahren her von ihm, und er ist immer gnädig gegen mich gewesen. Könnte ich übrigens durch meine Gegenwart in Weimar dem Theater Nutzen schaffen, wozu ich mich von ganzem Herzen erbiete, so würde die Sache sich noch einfacher abtun lassen.

Ich wünschte nur ein Wort von dem Gange des Druckes, den Almanach betreffend, zu erfahren, denn die Zeit bis Michaelis geht nun schon klein zusammen. Auch ist Meyer wohl so gut und läßt die Hexameter des ganzen Gedichtes zählen, daß ich bestimmt weiß, wieviel Bogen es gibt. Etwas werde ich wohl für den Almanach geben müssen, um Cotta mein Wort zu halten, wenn auch die Glocke daranmüßte.

Leben Sie recht wohl. Die Frau grüßt Sie bestens und sehnt sich auf Ihre Wiederkunft so wie ich.

Sch.

183. An Friedrich Hölderlin.

Jena, 24. [August] 1799

Gern, mein wertester Freund! würde ich Ihr Verlangen wegen der Beiträge zu Ihrer Zeitschrift erfüllen, wenn ich nicht so arm an Zeit und so eng an mein gegenwärtiges Geschäft gebunden wäre, daß ich selbst meinen Musenalmanach dieses Jahr ohne Beiträge lassen oder doch sehr mager damit ausstatten werde und ihn für die Zukunft vielleicht ganz aufgebe, weil ich mich von jedem Geschäfte, das sich mit meiner absoluten Unabhängigkeit nicht verträgt, lossagen muß. Die Erfahrungen, die ich als Herausgeber von periodischen Schriften seit 16 Jahren gemacht, da ich nicht weniger als 5 verschiedene Fahrzeuge auf das klippenvolle Meer der Literatur geführt habe, sind so wenig tröstlich, daß ich Ihnen als ein aufrichtiger Freund nicht raten kann, ein Ähnliches zu tun. Vielmehr komme ich auf meinen alten Rat zurück, daß Sie sich ruhig und unabhängig auf einen bestimmten Kreis des Wirkens konzentrieren möchten. Auch selbst in Rücksicht auf das Lukrative, die wir Poeten oft nicht umgehen können, ist der Weg periodischer Werke nur scheinbar vorteilhaft, und bei einem unbedeutenden Anfänger von Verleger, ohne einen gewissen Rückhalt von eigenem Vermögen, der ihm verstattet, einen kleinen Stoß zu verschmerzen, ist es vollends nicht zu wagen.

Wie sehr wünschte ich, daß ich Ihnen nicht bloß meinen Rat erteilen, sondern auch die Mittel erleichtern könnte, denselben auszuführen. Wenn Sie mich mit Ihrer jetzigen Lage bekannt machen wollen, so bin ich vielleicht eher imstande, etwas vorzuschlagen, was Ihren Wünschen gemäß ist. Leben Sie wohl, und seien Sie von meiner treuen Ergebenheit versichert.

Der Ihrige
Schiller

184. An Herzog Karl August von Sachsen-Weimar.

Jena, 1. September 1799

Durchlauchtigster Herzog,
Gnädigster Fürst und Herr,

die wenigen Wochen meines Aufenthalts zu Weimar und in der größern Nähe Eurer Durchlaucht im letzten Winter und Frühjahr haben einen so belebenden Einfluß auf meine Geistesstimmung geäußert, daß ich die Leere und den Mangel jedes Kunstgenusses und jeder Mitteilung, die hier in Jena mein Los sind, doppelt lebhaft empfinde. Solange ich mich mit Philosophie beschäftigte, fand ich mich hier vollkommen an meinem Platz; nunmehr aber, da meine Neigung und meine verbesserte Gesundheit mich mit neuem Eifer zur Poesie zurückgeführt haben, finde ich mich hier wie in eine Wüste versetzt. Ein Platz, wo nur die Gelehrsamkeit, und vorzüglich die metaphysische, im Schwange gehen, ist den Dichtern nicht günstig: diese haben von jeher nur unter dem Einfluß der Künste und eines geistreichen Umgangs gedeihen können. Da zugleich meine dramatische Beschäftigungen mir die Anschauung des Theaters zum nächsten Bedürfnis machen und ich von dem glücklichen Einfluß desselben auf meine Arbeiten vollkommen überzeugt bin, so hat alles dies ein lebhaftes Verlangen in mir erweckt, künftighin die Wintermonate in Weimar zuzubringen.

Indem ich aber dieses Vorhaben mit meinen ökonomischen Mitteln vergleiche, finde ich, daß es über meine Kräfte geht, die Kosten einer doppelten Einrichtung und den erhöhten Preis der meisten Notwendigkeiten in Weimar zu erschwingen. In dieser Verlegenheit wage ich es, meine Zuflucht unmittelbar zu der Gnade Eurer Durchlaucht zu nehmen, und ich wage es mit um so größerem Vertrauen, da ich mich, in Ansehung der Gründe, die mich zu dieser Ortveränderung antreiben, *Ihrer* höchst eigenen gnädigsten Bestimmung versichert halten darf. Es ist der Wunsch, der mich antreibt, *Ihnen selbst*, gnädigster Herr, und den durchlauchtigsten Herzoginnen näher zu sein und mich durch das lebhafte Streben nach Ihrem Beifall in meiner Kunst selbst vollkommener zu machen, ja vielleicht etwas weniges zu Ihrer eigenen Erheiterung dadurch beizutragen.

Da ich mich in der Hauptsache auf die Früchte meines Fleißes verlassen kann und meine Absicht keineswegs ist, darin nachzulassen, sondern meine Tätigkeit vielmehr zu verdoppeln, so wage ich die untertänigste Bitte an Eure Durchlaucht, mir die Kostenvermehrung, welche mir durch die Translokation nach Weimar und eine zweifache Einrichtung jährlich zuwächst, durch eine Vermehrung meines Gehalts gnädigst zu erleichtern.

Der ich in tiefster Devotion ersterbe
Eurer Herzoglichen Durchlaucht
meines gnädigsten Herrn
untertänigst treugehorsamster
Fr. Schiller

185. An Christian Gottfried Körner.

Jena, 26. September 1799

Es ist nun ausgemacht, daß ich die nächsten Winterhalbjahre in Weimar zubringe; der Herzog hat mir 200 Reichstaler Zulage gegeben, und ich erhalte auch etwas Holz in natura, welches mir bei dem teuren Holzpreis in Weimar sehr zustatten kommt. Ich werde also verschiedene Veränderungen in meiner Lebensweise erleiden und besonders mehr als bisher in Gesellschaft leben. Obgleich Weimar ein teurerer Ort ist als Jena, so kann ich von dem, was mich der dortige Aufenthalt auf 6 Monate jährlich mehr kostet, doch alles das abrechnen, was es mich in Jena kostete, ein kleines Haus zu machen. Denn da ich nicht ausgehe, so sah ich alles bei mir und mußte oft bewirten. Dies fällt in Weimar weg, und ich gewinne mithin die zugelegten 200 Reichstaler ganz.

Der Wallenstein hat uns auch noch ein ansehnliches Präsent in einem silbernen Kaffeeservice eingetragen, von der regierenden Herzogin; und so haben sich die Musen diesmal gut aufgeführt.

Der Almanach ist jetzt bald gedruckt, und die Umstände haben mich genötigt, gegen meine Neigung, eine Pause in meiner dramatischen Arbeit zu machen und einige Gedichte auszuführen. Morgen aber hoffe ich zu der theatralischen Muse wieder zurückzukehren. Leider erscheint diesmal von Goethe gar nichts im Almanach; alle Produktivität hat ihn diesen Sommer verlassen. Er ist seit etlichen Wochen hier und läßt Euch grüßen.

Es wäre recht schön, wenn Du mir Stoffe für dramatische Arbeiten zuführen könntest, denn an Stoffen fehlt mir's am meisten. Vorderhand bin ich aber die historischen Sujets überdrüssig, weil sie der Phantasie gar zu sehr die Freiheit nehmen und mit einer fast unausrottbaren prosaischen Trockenheit behaftet sind.

Hast Du denn die *Reden über die Religion*, die in Berlin herausgekommen sind, und *Tiecks Romantische Dichtungen* gelesen? Beide Schriften las ich vor kurzem, weil man mich darauf neugierig machte, und ich fasse sie hier zusammen, weil es Berliner Produkte sind und gewissermaßen aus der nämlichen Koterie hervorgingen. Die erste ist, bei allem Anspruch auf Wärme und Innigkeit, noch sehr trocken im ganzen und oft prätensioniert geschrieben, auch enthält sie wenig neue Ausbeute. Tiecks Manier kennst Du aus dem gestiefelten Kater, er hat einen angenehmen romantischen Ton und viele gute Einfälle, ist aber doch viel zu hohl und zu dürftig. – Ihm hat die Relation zu Schlegels viel geschadet.

Die Überbringerin dieses Briefs, eine Mademoiselle Blasch aus Rudolstadt, welche die fürstlichen Kinder erzieht, wünscht Eure Bekanntschaft zu machen. Sie ist eine verständige, sehr schätzbare Person und wird den Frauen gewiß nicht mißfallen.

Herzliche Grüße von Lotten an Euch alle. Sie befindet sich bei ihrer Schwangerschaft leidlich, ich habe vor 3 Wochen eine Reise mit ihr nach Rudolstadt und Weimar gemacht, wir sind erst seit 10 Tagen wieder hier.

Lebe recht wohl und grüße Minna und Dorchen herzlich von mir.

Dein

Sch.

186. An Johann Wolfgang von Goethe.

Jena, 15. Oktober 1799

Unsre kleine Karoline ist diesen Vormittag getauft, und ich fange wieder an, in eine Ruhe zu kommen. Meine Frau befindet sich für die Umstände recht leidlich, und mit dem Kind ist es diese 2 Tage auch recht gut gegangen.

Ich habe nun auch den Anfang gemacht, den Mahomet zu durchgehen und einiges dabei anzumerken, was ich auf den Freitag schicken will. Soviel ist gewiß, wenn mit einem französischen und besonders Voltairischen Stück der Versuch gemacht werden sollte, so ist Mahomet am besten dazu gewählt worden. Durch seinen Stoff ist das Stück schon vor der Gleichgültigkeit bewahrt, und die Behandlung hat weit weniger von der französischen Manier als die übrigen Stücke, die mir einfallen. Sie selbst haben schon viel dafür getan und werden ohne große Mühe noch einiges Bedeutende tun können. Ich zweifle daher nicht, der Erfolg wird der Mühe des Experiments wert sein. Demohngeachtet würde ich Bedenken tragen, ähnliche Versuche mit andern französischen Stücken vorzunehmen, denn es gibt schwerlich noch ein zweites, das dazu tüchtig ist. Wenn man in der Übersetzung die Manier zerstört, so bleibt zu wenig Poetisch-Menschliches übrig, und behält man die Manier bei und sucht die Vorzüge derselben auch in der Übersetzung geltend zu machen, so wird man das Publikum verscheuchen.

Die Eigenschaft des Alexandriners, sich in zwei gleiche Hälften zu trennen, und die Natur des Reims, aus zwei Alexandrinern ein Couplet zu machen, bestimmen nicht bloß die ganze Sprache, sie bestimmen auch den ganzen innern Geist dieser Stücke, die Charaktere, die Gesinnungen, das Betragen der Personen. Alles stellt sich dadurch unter die Regel des Gegensatzes, und wie die Geige des Musikanten die Bewegungen der Tänzer leitet, so auch die zweischenklichte Natur des Alexandriners die Bewegungen des Gemüts und die Gedanken. Der Verstand wird ununterbrochen aufgefodert, und jedes Gefühl, jeder Gedanke in diese Form wie in das Bette des Prokrustes gezwängt.

Da nun in der Übersetzung mit Aufhebung des alexandrinischen Reims die ganze Basis weggenommen wird, worauf diese Stücke erbaut wurden, so können nur Trümmer übrigbleiben. Man begreift die Wirkung nicht mehr, da die Ursache weggefallen ist.

Ich fürchte also, wir werden in dieser Quelle wenig Neues für unsre deutsche Bühne schöpfen können, wenn es nicht etwa die bloßen Stoffe sind.

In diesen 2 Tagen seit Ihrer Abreise habe ich noch nichts gearbeitet, hoffe aber, morgen wieder dazuzukommen.

Haben Sie doch die Güte, mir mit der Botenfrau die sämtlichen Bogen des Almanachs oder, wenn er zu haben ist, einen gehefteten Almanach zu überschicken.

Meyern viele Grüße. Leben Sie recht wohl.

Sch.

187. An Johann Friedrich Cotta.

Weimar, 12. Januar 1800

Verzeihen Sie mein langes Stillschweigen, lieber Freund, ich steckte so tief in Arbeiten und Zerstreuungen, daß ich mich nicht recht besinnen konnte. Eine so große Veränderung der Existenz, als ich durch meine Versetzung nach Weimar vorgenommen, zieht, in den ersten Monaten wenigstens, eine Menge von zeitverderbenden Verhältnissen nach sich, die man vorher nicht in Anschlag brachte.

Das überschickte Geld habe ich erhalten und danke Ihnen sehr. Von den 45 Karolin, die für den Almanach übrigblieben, habe ich 40 an Fräulein Imhoff bezahlt und Meyern für 5 Zeichnungen und die Zeichnung zum Umschlag 6 Karolin, daß also noch 1 Karolin herauszubezahlen ist, den ich an meiner Rechnung abzuschreiben bitte. So ist nun dies in Ordnung gebracht.

Die Zeichnung zum Wallenstein anderswo als hier machen zu lassen, ist gar zu bedenklich, weil eine gute Bekanntschaft mit dem Stücke dazugehört, um etwas Verständiges zu komponieren, und was ich von den berühmten wienerischen Künstlern sah, erweckt mir in Rücksicht auf den Gedanken und den Gehalt der Komposition eben keine große Erwartung. Was hilft aber die geschickteste Ausführung, wenn der Gedanke gemein ist. Wir lassen es also, da Sie zu Meyern kein Vertrauen zu haben scheinen, lieber gar bleiben. Zum Überfluß sende ich Ihnen eine Zeichnung in etwa 14 Tagen zu, welche Meyer aus dem Wallenstein für mich angelegt hat. Sie haben das Ansehen umsonst und brauchen sie gar nicht zu wählen, wenn Sie nicht wollen oder wenn es zu spät damit ist. Die Zeichnung ist bestimmt, im großen ausgeführt zu werden, sobald noch mehrere beisammen sind.

Wegen der Erzählungen bitte ich nur noch vierzehn Tage Geduld zu haben, ich bin hier gar geniert, da ich keinen rechten Kopisten habe, und die wenigen Skribaxe, die wir hier haben, beschäftigt das Theater.

Haben Sie die Güte, da Sie meinetwegen sich so vielen Mühseligkeiten schon unterzogen, gelegentlich beim Theater zu Stuttgart und Frankfurt anzufragen, ob man Lust hat, den Macbeth von Shakespeare, den ich für die Bühne umgearbeitet und übersetzt habe, zu kaufen. 12 Dukaten ist der Preis, das Manuskript kann gleich verabfolgt werden.

In einigen Wochen soll der Druck der Wallensteinischen Stücke angefangen werden.

Herzlich empfehlen wir uns Ihnen und Ihrer lieben Frau. Bei mir ist alles wohl, und ich hoffe, ein Gleiches von Ihnen zu hören. Ganz der Ihrige

Schiller

188. An Christian Gottfried Körner.

Weimar, 16. Juni 1800

Ich darf mich diesmal meines langen Stillschweigens nicht schämen: meine Arbeit besaß mich so ganz, daß ich an nichts anderes denken durfte, und erst jetzt, nachdem ich sie geendigt, darf ich mich meiner alten Schulden erinnern. Ich habe mich einige Wochen nach Ettersburg zurückgezogen, wo ich bloß mit meinem Bedienten in einem weimarschen Schlosse lebte und die Maria Stuart beendigte. Die vorige Woche kam ich zurück und dirigierte die Proben auf dem Theater, vorgestern ist sie gespielt worden, und mit einem Sukzeß, wie ich ihn nur wünschen konnte. Ich fange endlich an, mich des dramatischen Organs zu bemächtigen und mein Handwerk zu verstehen. Das Manuskript sende ich Dir, sobald die dringenden Bestellungen expediert sind, denn ich muß die zwei ersten Abschriften, die gemacht werden, nach Berlin und Leipzig senden. Doch hoffe ich, Dir das Stück nebst dem Wallenstein, der bis auf die zwei letzten Bogen gedruckt ist, spätestens in 10 Tagen zusenden zu können. Einstweilen erhältst Du den Macbeth, daß Du bis dahin doch etwas von mir zu lesen hast. Vergleiche ihn genau mit dem Original und den bisherigen Übersetzungen. Freilich macht er gegen das englische Original eine schlechte Figur; aber das ist wenigstens nicht meine Schuld, sondern der Sprache und der vielen Einschränkungen, welche das Theater notwendig machte.

Mit meiner Gesundheit ging es in den zwei letzten Monaten sehr gut; ich habe mir viele Bewegung gemacht, lebe jetzt viel in der Luft, man sieht mich wieder auf der Straße und an öffentlichen Orten, und ich komme mir selbst sehr verändert vor. Dies ist zum Teil das Werk meiner Tätigkeit; denn ich befinde mich nie besser, als wenn mein Interesse an einer Arbeit recht lebendig ist. Ich habe auch deswegen schon zu einer neuen Anstalt gemacht.

Meine Frau, die Euch herzlich grüßt, ist auch immer recht wohl gewesen, auch meine zwei Jungens sind recht wohl, und das Kleine leidet jetzt nur an den Windblattern, wobei sie aber doch recht ruhig und ohne alle bösen Zufälle ist.

Grüße Minna und Dorchen aufs herzlichste von mir, und laß mich bald etwas von Euch hören.

Dein

Sch.

NS. Dieser Brief blieb einen Posttag liegen. Unterdessen kam Dorchens Paket. Meine Frau dankt schönstens für die Besorgung und schickt hier das Geld. Noch einmal unsere herzlichen Grüße.

189. An August Wilhelm Iffland.

Weimar, 22. Juni 1800

Ich übersende Ihnen hier die Maria Stuart, so wie sie auf unserm Theater vor acht Tagen gespielt worden ist. Möchte sie die gute Meinung verdienen, die Sie schon zum voraus davon zu haben scheinen und wovon Sie mir in Ihrem Briefe einen so entscheidenden Beweis gegeben.

Auf hiesigem Theater hat sie die Wirkung gemacht, wie ich sie wünschte. Sollte man auf dem Berliner Theater nicht so weit gehen dürfen, als ich in der sechsten Szene des fünften Akts gegangen bin und hier in Weimar gehen durfte, so ist mit einigen Strichen geholfen, die ich Ihnen ganz überlasse.

Es würde mir große Freude machen, zu hören, daß Madame Fleck die *Maria* und Madame Unzelmann die *Elisabeth* gespielt. Burleigh wünschte ich in keinen andern Händen als den Ihrigen zu sehen, wenn Sie nicht etwa mehr Neigung zu *Shrewsbury* haben.

Noch bitte ich zu verhindern, daß das Stück durch große Zwischenakte nicht verlängert werde. Hier hat es 3 und ¼ Stunde lang gespielt, aber wenn sich Elisabeth zwischen dem zweiten und dritten Akt ganz umkleiden wollte, so würde das Stück um 20 Minuten unnötig verlängert. Mein Wunsch ist, daß sie bloß Mantel und Kopfputz ändere. Im fünften Akt ist alles, was zu der Maria kommt, in Trauerkleidern. Burleigh und Shrewsbury sind durch das ganze Stück schwarz gekleidet.

Haben Sie die Güte, mir nur mit ein paar Worten den richtigen Empfang des Manuskripts zu melden.

Mit aufrichtiger Freundschaft

der Ihrige

Schiller

PS. Weil mir alles daran liegt, daß Elisabeth in diesem Stück noch eine junge Frau sei, welche Ansprüche machen darf, so muß sie von einer Schauspielerin, welche Liebhaberinnen zu spielen pflegt, dargestellt werden. Hier habe ich sie der Jagemann gegeben, die sie recht gut darstellte. Marie ist in dem Stücke etwa 25 und Elisabeth höchstens 30 Jahr alt.

Daß die Rolle *Melvils,* so klein sie ist, in sehr guten Händen sein muß, werden Sie selbst finden. Ja, ich würde Sie selbst bitten, solche zu übernehmen, wenn sich kein anderer Schauspieler mit der gehörigen Würde dazu fände.

190. An Christian Gottfried Körner.

Weimar, 3. Juli 1800

Hier übersende ich die Maria Stuart und wünsche ihr eine gute Aufnahme. Du kannst sie 14 Tage behalten, alsdann bitte ich sie mir wieder aus, weil meine Freunde in Jena und hier darauf warten. Wolltest Du sie länger haben, so kannst Du sie abschreiben lassen. Ich bemerke nur noch, daß Du nicht stutzen darfst, wenn Du an die siebente Szene des fünften Akts kommst. Diese Szene ist bei der Vorstellung abgeändert worden; die Abänderung sende ich Dir, wenn Du das Stück gelesen hast.

Es freut mich, daß Du mit dem Macbeth so zufrieden bist. Deine Bemerkung wegen der in die erste Hexenszene eingeschobenen deutlichen Enunziationen mag wohl gegründet sein; aber sie schienen mir für das Theater nötig, weil die Masse des Publikums zuwenig Aufmerksamkeit hat und man ihr vordenken muß.

Ich kann Euch nicht raten, die Maria auf dem Theater zu Leipzig vorstellen zu sehen, weil diese Truppe gar erbärmlich sein soll, wie mir Goethe, der während der Messe in Leipzig war, nicht genug beschreiben kann.

Unsre Gesellschaft ist in jedem Sinne besser, nicht wegen einzelner vorragender Talente, sondern wegen der hübschen Haltung und Übereinstimmung des Ganzen. Diese Gesellschaft spielt diesen und den nächsten Monat in Lauchstädt, sollte die Maria zweimal dort gegeben werden (denn heut, am 3., wird sie das erstemal dort gespielt), so ließe sich die vorgeschlagene Partie vielleicht zu Lauchstädt ausführen. Schreibe mir darüber bald Deine Resolution, so will ich überlegen, was zu tun ist.

Die spanische Literatur wird Dir gewiß eine sehr anziehende Beschäftigung geben, wenn Du Dich mit der romantischen Poesie vertragen kannst. Sie ist freilich das Produkt eines andern Himmels und einer ganz andern Welt. Für unsre deutsche Poesie glaube ich nicht so viel Ausbeute darin finden zu können, als Du hoffst, weil wir einmal mehr philosophische Tiefe und mehr Wahrheit des Gefühls als Phantasiespiele lieben. Neuerdings hat Tieck in seinen romantischen Dichtungen diese Gattung wieder angeregt, und mit vielem Glück. Seine Genoveva ist wohl schon in Deinen Händen. Auch die Schlegels geben sich jetzt viel mit der spanischen

Literatur ab, nach ihrer Art, aber durch ihre Einseitigkeit und Anmaßung verderben sie einem gleich die Lust.

Meine herzlichen Grüße an Minna und Dorchen. Meine Frau ist jetzt auf einige Wochen nach Rudolstadt gereist.

Es würde mir eine große Freude sein, Euch wiederzusehen. Überlege meinen Vorschlag.

Lebe recht wohl. Empfiehl mich Geßlern bestens.

Dein

Sch.

NS. Sollten sich in dem Manuskript noch Schreibfehler finden, so sei so gut, sie zu bemerken. Ich schicke das Manuskript ab, ohne es durchzusehen, um Dich nicht länger warten zu lassen.

191. An Johann Wilhelm Süvern.

Weimar, 26. Juli 1800

Entschuldigen Sie, hochgeschätzter Herr, meine so lang verspätete Antwort auf Ihren werten Brief und die mir gütig mitgeteilte Schrift. Ich habe diese mit sehr großem Interesse gelesen und freue mich, daß die Tragödie der Griechen einen so geistreichen Verfechter, mein Stück aber einen so freundschaftlichen Beurteiler gefunden hat. Ich fühlte mich anfangs sehr versucht, mich über die Schrift weitläuftiger herauszulassen und einige Ihrer Behauptungen, womit ich nicht ganz einstimmen kann, zu bestreiten, aber da ich mich vorderhand bemühen muß, mir den Wallenstein ganz aus dem Sinn zu schlagen, um mich bei meinem jetzigen Geschäft nicht zu stören, so verspare ich dieses auf eine andere Gelegenheit.

Sie werden übrigens schon aus dem gedruckten Wallenstein ersehen haben, daß verschiedenen Ihrer Erinnerungen schon in der ersten Anlage des Stücks von mir begegnet war; nur die spätere Idee, dasselbe auf die Bühne zu bringen, war schuld, daß ich gewisse Foderungen der Kunst dem Bedürfnis der Theater aufopfern mußte.

Ich teile mit Ihnen die unbedingte Verehrung der Sophokleischen Tragödie, aber sie war eine Erscheinung ihrer Zeit, die nicht wiederkommen kann; und das lebendige Produkt einer individuellen, bestimmten Gegenwart einer ganz heterogenen Zeit zum Maßstab und Muster aufdringen, hieße, die Kunst, die immer dynamisch und lebendig entstehen und wirken muß, eher töten als beleben. Unsre Tragödie, wenn wir eine solche hätten, hat mit der Ohnmacht, der Schlaffheit, der Charakterlosigkeit des Zeitgeistes und mit einer gemeinen Denkart zu ringen, sie muß also Kraft und Charakter zeigen, sie muß das Gemüt zu erschüttern, zu erheben, aber nicht aufzulösen suchen. Die Schönheit ist für ein glückliches Geschlecht, aber ein unglückliches muß man erhaben zu rühren suchen.

Doch darüber zu einer andern Zeit. Empfangen Sie schlüßlich die Versicherung meiner aufrichtigen Hochachtung und Ergebenheit.

Schiller

192. An Christian Gottfried Körner.

Weimar, 28. Juli 1800

Wir beklagen es sehr, daß wir Euch dieses Jahr nicht sehen sollen; zu einer größeren Reise bis Dresden fehlt es mir zu sehr an Zeit und auch an Mitteln, doch nichts als die Unmöglichkeit soll mich im nächsten Jahr davon abhalten, wo ich es auch mit mehr Muße und Ruhe hoffe ausführen zu können, denn mich verfolgt ein böser Geist, bis ich die zwei nächsten Stücke, die ich im Kopf habe, ausgeführt sehe. Ich habe zur Maria Stuart, nach Abrechnung der Zeit, wo ich nicht daran arbeitete, 7 und ½ Monat gebraucht, von dem ersten Gedanken an diesen Stoff an gerechnet; ich kann also hoffen, bei zunehmender Übung und größerer Sicherheit in der Ausführung in einem halben Jahre ein Stück fertigzubringen. So hoffe ich das Versäumte hereinzubringen und, wenn ich das fünfzigste Jahr erreichen kann, noch unter den fruchtbaren Theaterschriftstellern einen Platz zu verdienen.

Ich will Dir aus meinem neuen Plan kein Geheimnis machen; doch bitte ich, gegen niemand etwas davon zu erwähnen, weil mir das öffentliche Sprechen von Arbeiten, die noch nicht fertig sind, die Neigung dazu benimmt. Das Mädchen von Orleans ist der Stoff, den ich bearbeite; der Plan ist bald fertig, ich hoffe binnen 14 Tagen an die Ausführung gehen zu können. Poetisch ist der Stoff in vorzüglichem Grade, so nämlich, wie ich mir ihn ausgedacht habe, und in hohem Grade rührend. Mir ist aber angst vor der Ausführung, eben weil ich sehr viel darauf halte und in Furcht bin, meine eigene Ideen nicht erreichen zu können. In 6 Wochen muß ich wissen, wie ich mit der Sache daran bin. Auf das Hexenwesen werde ich mich nur wenig einlassen, und soweit ich es brauche, hoffe ich mit meiner eignen Phantasie auszureichen. In Schriften findet man beinah gar nichts, was nur irgend poetisch wäre, auch Goethe sagt mir, daß er zu seinem Faust gar keinen Trost in Büchern gefunden hätte. Es ist derselbe Fall mit der Astrologie, man erstaunt, wie platt und gemein diese Fratzen sind, womit sich die Menschen so lange beschäftigen konnten.

Das Mädchen von Orleans läßt sich in keinen so engen Schnürleib einzwängen als die Maria Stuart. Es wird zwar an Umfang der Bogen kleiner sein als dieses letztere Stück; aber die dramatische Handlung hat einen größern Umfang und bewegt sich mit größerer Kühnheit und Freiheit. Jeder Stoff will seine eigene Form, und die Kunst besteht darin, die ihm anpassende zu finden. Die Idee eines Trauerspiels muß immer beweglich und werdend sein und nur virtualiter in hundert und tausend möglichen Formen sich darstellen.

Herzlich umarmen wir Euch. Empfiehl mich Geßlern und laß bald wieder von Dir hören.

Dein

Sch.

193. An Johann Friedrich Gottlieb Unger.

Weimar, 29. August 1800

Ich übersende Ihnen hier die versprochene Erzählung und füge bloß die Bitte hinzu, solche noch einmal sorgfältig durchsehen zu lassen, weil sie von orthographischen Fehlern nicht frei sein möchte. Mir selbst fehlt es in diesem Augenblick an Zeit zu diesem Geschäfte, und ich wollte Sie nicht länger darauf warten lassen.

Es existiert ein chinesischer Roman unter dem Namen Haoh Kiöh Tschuen oder Haoh Kiöhs angenehme Geschichte, der anno 1766 von Herrn von Murr in Nürnberg aus dem Englischen ins Deutsche übersetzt worden. Die Übersetzung ist, wie Sie leicht denken können, veraltet und das Buch vergessen. Es hat aber so viel Vortreffliches und ist ein so einziges Produkt in seiner Art, daß es verdient, wieder aufzuleben, und gewiß eine Zierde Ihres Romanen-Journals werden wird. Wörtlich übersetzt würde es zwar gegen 25 oder 26 Bogen des Romanen-Journals betragen; ich getraue mir aber den Geist des Werks auf 15 Bogen zusammenzudrängen und ihm durch diese zweckmäßige Abkürzung ein höheres Interesse zu geben, weil die Erzählung zuweilen gedehnt ist. Ich selbst habe Lust zu dieser Arbeit, davon auch schon der Anfang gemacht ist, und wenn Sie das Werk für das Journal der Romane glauben brauchen zu können, so steht es Ihnen zu Diensten. Wenn ich die Mühe, die es mir etwa machen dürfte, überschlage, so glaube ich, den gedruckten Bogen um 2 Karolin liefern zu können. Sobald ich von Ihnen Nachricht erhalte, kann der Anfang der

Erzählung zum Druck abgeschickt werden, und noch vor dem neuen Jahr soll das Ganze in Ihren Händen sein.

Zu meiner Reise nach Berlin sehe ich leider noch keine Möglichkeit, da nun auch eins meiner Kinder kränkelt und wir nicht wissen, was daraus werden wird. Meine Frau dankt Ihnen und Ihrer Frau Gemahlin aufs verbindlichste für Ihre gütige Einladung, und sie hofft, wenn die Reise auch dieses Jahr nicht stattfinden sollte, desto gewisser im nächsten Jahr dieses Vergnügen zu haben.

Haben Sie die Güte, mir in Ihrem nächsten Briefe Nachricht zu geben, ob Maria Stuart bei dem Berliner Theater angekommen ist, indem ich noch keine Nachricht davon habe. Wenn Sie nichts davon gehört haben sollten, und nur in diesem Falle, bitte ich, bei Herrn Iffland anfragen zu lassen; denn der Postschein, den ich mir darüber geben ließ, gilt nur ein Vierteljahr, und dieses geht bald zu Ende.

Hochachtungsvoll verharre ich Euer Wohlgeboren gehorsamster Diener

Schiller.

194. An Johann Friedrich Cotta.

Weimar, 25. September 1800

Ihre zwei letzten Briefe mit dem Damenkalender und mit der Assignation an Frege habe erhalten und danke Ihnen für beides aufs beste. Dem Damenkalender wünsche ich das beste Glück; was man auch gegen die Kupfer einwenden mag, so erregen sie doch Neugier durch ihre Mannigfaltigkeit, unter den vordern Kupfern befinden sich recht artige, obgleich in allen der Gedanke leer und trivial ist. Pfeffel fängt nachgerade an zu radotieren, und mit Hubers Erfindungen will es nicht recht fort. Ich wünsche, daß die erstaunliche Menge von Taschenbüchern p., die in dem diesjährigen Meßkatalog figurieren, das Publikum nicht zu sehr in partes teilen und den Absatz des Ihrigen dadurch verringern möchte. Vieweg tut mit seinem Taschenbuche sehr groß. Diese Kalendermacherei ist jetzt auf einer so übertriebenen Höhe, daß sie sinken muß, und ich leugne nicht, daß ich mich mit einer gewissen innern Zufriedenheit aus diesem Felde zurückziehe. Denn an meinen Musenalmanach ist dieses Jahr nicht mehr zu denken, ich habe erst vor 8 Wochen ein neues Stück angefangen, aber nicht die Malteser; es ist weitläuftig und kann vor Ende des Winters nicht fertig werden.

Die Berechnung, welche Ihnen Hüttner über die Maria macht, finde ich unglaublich und übertrieben. Wären die Druckkosten so beträchtlich, als er schreibt, das Papier so teuer und doch 33 Prozent Rabatt, so begreife ich nicht, wie in England viele Bücher könnten gedruckt werden und mit teuren Honorarien bezahlt, denn *jedes* Buch müßte einen Absatz von mehr als 1000 Auflagen haben, nur um die Verlagskosten herauszubringen. Und wie kann er Ihnen unter solchen Umständen 45 Pfund Nettoprofit herausbringen. Wäre es aber wirklich so, wie ich nicht glauben kann, so wollte ich lieber raten, das Buch in Deutschland drucken zu lassen und gedruckt nach England zu schicken, weil an Papier und Druckkosten in Deutschland über 200 Taler erspart würde und das Porto nicht 60 Taler kosten kann. Und wenn dies nicht anginge, so möchte ich lieber von der ganzen Unternehmung abraten, denn ich fürchte sehr, daß die Kommission in ungeschickten Händen ist. Da Herr von Mellish nicht hier ist und ich diesen Brief nicht länger aufschieben wollte, so habe ich mich mit ihm noch nicht darüber besprechen können.

Ich habe mit verschiedenen Engländern über den Handel mit Bell gesprochen, und alle sagen mir, daß er ganz positiv zur Zahlung angehalten werden könne, sobald Sie sein Wort schriftlich aufzeigen können und er nicht beweisen könne, daß das andere nach England gekommene Manuskript von Ihnen oder von m i r herrühre. So schnell also müßte man die Sache doch nicht aufgeben. Wer weiß, wie sich der Kommissionär dabei benommen haben mag.

Leben Sie recht wohl, lieber Freund. Möge Ihnen der Himmel in Ihren Gegenden Ruhe und Glück zu Ihren Unternehmungen schenken. Empfehlen Sie mich Ihrer lieben Frau. Mit dem nächsten Postwagen erhält sie meine Gedichte als ein kleines freundschaftliches Andenken von mir. Meine Frau will heute schreiben.

Ganz der Ihrige

Schiller

195. An Johann Friedrich Gottlieb Unger.

Weimar, 6. November 1800

Ich habe jetzt reiflich meinen Plan entworfen, wertester Herr, und mache Ihnen wegen unsers Kalenders aufs nächste Jahr folgende Propositionen.

1. Sie sollen meine jetzige Hauptarbeit, ein großes *historisches Trauerspiel*, welches, nach dem Druck des Wallenstein gerechnet, *zwölf* Bogen

enthalten wird, zu dem Kalender bekommen. Da mir für dieses Stück hundert Karolin angeboten worden, so hoffe ich, daß auch Sie mir diese Summe dafür zugestehen werden. Der Wallenstein, davon in 3 Monaten vierthalbtausend Exemplare sich vergriffen haben, läßt hoffen, daß bei der Unternehmung nichts gewagt werden wird.

2. müßte ich aber, meiner ältern Verhältnisse mit Cotta wegen, darauf bestehen, daß diese Tragödie nur in Kalenderformat gedruckt wird und daß solche in 3 Jahren, von der nächsten Herbstmesse an gerechnet, in der Sammlung meiner Tragödien wieder erscheinen darf.

3. Um die zu kleine Schrift und die zu große Dicke des Kalenders zu vermeiden, wünschte ich, daß Sie den Kalender in sehr großem Duodez- oder kleinem Oktavformat druckten, so daß die fünffüßigen Jamben nicht gebrochen zu werden brauchten, welches ein übles Ansehen gibt. Ich sollte denken, wenn Sie die schöne lateinische Schrift, welche Sie zu meinem ersten Musenalmanach 1796 genommen, dazu erwählen, so müßten sich alle Foderungen vereinigen lassen.

4. Wegen der Verzierungen und Kupfer erwarte ich noch Ihre Antwort auf meine Vorschläge, die ich neulich getan.

5. wünschte ich, daß mir die hundert Karolin Honorar gleich am Anfang des nächsten Jahrs pränumerando könnten ausgezahlt werden, weil ich bis dahin den Ankauf eines Hauses zu beendigen hoffe und dazu alles bare Geld, das ich einzunehmen habe, bestimmen muß. Es versteht sich, wenn dieses Arrangement Sie inkommodieren sollte, so stehe ich gerne davon ab.

Haben Sie die Güte, mir diese Vorschläge bald zu beantworten und womöglich einen Probebogen mitzuschicken. Lassen Sie zu dem Ende eine Seite aus dem Wallenstein abdrucken und 20 Zeilen auf die Seite rechnen. Nach diesem Verhältnis würde der Kalender gerade 300 Seiten erhalten.

Herrn Woltmann bitte ich mich aufs beste zu empfehlen und die Einlage an Professor Fichte gütigst abgeben zu lassen.

Ihr ganz ergebener

Schiller

196. An Gräfin Charlotte von Schimmelmann.

Weimar, 23. November 1800

Ihre gütigen Worte, meine gnädige Gräfin, befreien mich von meiner Verlegenheit, und ich darf mich Ihnen mit Vertrauen wieder nähern. Wie konnte ich auch nur einen Augenblick an Ihrer großmütigen Gesinnung zweifeln, die sich so unverkennbar in jeder Zeile Ihrer Briefe malt. Aber ich sah nur auf die Größe meines Unrechts und nicht zugleich auf die Schönheit Ihres Herzens, die über alle beschränkten Rücksichten erhaben ist.

Ja gewiß. Ich würde mein Schicksal preisen, wenn es mir vergönnt hätte, in Ihrer Nähe zu leben. Sie und der vortreffliche Schimmelmann würden eine idealische Welt um mich gebildet haben. Was ich Gutes haben mag, ist durch einige wenige vortreffliche Menschen in mir gepflanzt worden, ein günstiges Schicksal führte mir dieselben in den entscheidenden Perioden meines Lebens entgegen, meine Bekanntschaften sind auch die Geschichte meines Lebens.

Dieses und einige Äußerungen in Ihrem Briefe führen mich natürlich auf meine Bekanntschaft mit Goethen, die ich auch jetzt, nach einem Zeitraum von sechs Jahren, für das wohltätigste Ereignis meines ganzen Lebens halte. Ich brauche Ihnen über den *Geist* dieses Mannes nichts zu sagen. Sie erkennen seine Verdienste als Dichter, wenn auch nicht in *dem* Grade an, als ich sie fühle. Nach meiner innigsten Überzeugung kommt kein anderer Dichter ihm an Tiefe der Empfindung und an Zartheit derselben, an Natur und Wahrheit und zugleich an hohem Kunstverdienste auch nur von weitem bei. Die Natur hat ihn reicher ausgestattet als irgendeinen, der nach Shakespeare aufgestanden ist. Und außer diesem, was er von der Natur *erhalten*, hat er sich durch rastloses Nachforschen und Studium mehr *gegeben* als irgendein anderer. Er hat es sich 20 Jahre mit der redlichsten Anstrengung sauer werden lassen, die Natur in allen ihren drei Reichen zu studieren, und ist in die Tiefen dieser Wissenschaften gedrungen. Über die Physik des Menschen hat er die wichtigsten Resultate gesammelt und ist auf seinem ruhigen, einsamen Weg den Entdeckungen vorausgeeilt, womit jetzt in diesen Wissenschaften soviel Parade gemacht wird. In der Optik werden seine Entdeckungen erst in künftiger Zeit ganz gewürdiget werden, denn das Falsche der Newtonischen Farbenlehre hat er bis zur Evidenz demonstriert, und wenn er alt genug wird, um sein Werk darüber zu vollenden, so wird diese Streitfrage unwiderleglich entschieden sein. Auch über den Magnet und die Elektrizität hat er sehr neue und schöne Ansichten. So ist er auch in Rücksicht auf den Geschmack in bildenden Künsten dem Zeitgeiste sehr weit voraus, und bildende Künstler könnten vieles bei ihm lernen. Welcher von allen Dichtern kommt ihm in solchen gründlichen Kenntnissen auch nur von ferne bei, und doch hat er einen großen Teil seines Lebens in Ministerialgeschäften aufgewendet, die darum, weil das Herzogtum klein ist, nicht klein und unbedeutend sind.

Aber diese hohen Vorzüge seines Geistes sind es nicht, was mich an ihn bindet. Wenn er nicht als Mensch für mich den größten Wert von allen hätte, die ich persönlich je habe kennen lernen, so würde ich sein Genie nur in der Ferne bewundern. Ich darf wohl sagen, daß ich in den 6 Jahren, die ich mit ihm zusammen lebte, auch nicht einen Augenblick an seinem Charakter irre geworden bin. Er hat eine hohe Wahrheit und Biederkeit in seiner Natur und den höchsten Ernst für das Rechte und Gute; darum haben sich Schwätzer und Heuchler und Sophisten in seiner Nähe immer übel befunden. Diese hassen ihn, weil sie ihn fürchten; und weil er das Flache und Seichte im Leben und in der Wissenschaft herzlich verachtet und den falschen Schein verabscheut, so muß er in der jetzigen bürgerlichen und literarischen Welt notwendig es mit vielen verderben.

Sie werden nun aber fragen, wie es komme, daß er bei dieser Sinnesart mit solchen Leuten, wie die Schlegelischen Gebrüder sind, in Verhältnis stehen könne. Dieses Verhältnis ist durchaus nur ein literarisches und kein freundschaftliches, wie man es in der Ferne beurteilt. Goethe schätzt alles Gute, wo er es findet, und so läßt er auch dem Sprach- und Verstalent des ältern Schlegel und seiner Belesenheit in alter und in ausländischer Literatur und dem philosophischen Talent des jüngern Schlegel Gerechtigkeit widerfahren. Und darum, weil diese beiden Brüder und ihre Anhänger die Grundsätze der neuen Philosophie und Kunst übertreiben, auf die Spitze stellen und durch schlechte Anwendung lächerlich oder verhaßt machen, darum sind diese Grundsätze an sich selbst, was sie sind, und dürfen durch ihre schlimmen Partisans nicht verlieren. An der lächerlichen Verehrung, welche die beiden Schlegels Goethen erweisen, ist er selbst unschuldig, er hat sie nicht dazu aufgemuntert, er leidet vielmehr dadurch und sieht selbst recht wohl ein, daß die Quelle dieser Verehrung nicht die reinste ist; denn diese eiteln Menschen bedienen sich seines Namens nur als eines Paniers gegen ihre Feinde, und es ist ihnen im Grund nur um sich selbst zu tun. Dieses Urteil, das ich Ihnen hier niederschreibe, ist aus Goethens eigenem Munde, in diesem Tone wird zwischen ihm und mir von den Herren Schlegel gesprochen.

Insofern aber diese Menschen und ihr Anhang sich dem einreißenden Philosophiehaß und einer gewissen kraftlosen, seichten Kunstkritik tapfer entgegensetzen, ob sie gleich selbst in ein anderes Extrem verfallen, insofern kann man sie gegen die andere Partei, die noch schädlicher ist, nicht ganz sinken lassen, und die Klugheit befiehlt, zum Nutzen der

Wissenschaft ein gewisses Gleichgewicht zwischen den idealistischen Philosophen und den Unphilosophen zu beobachten.

Es wäre zu wünschen, daß ich Goethen ebensogut in Rücksicht auf seine häuslichen Verhältnisse rechtfertigen könnte, als ich es in Absicht auf seine literarischen und bürgerlichen mit Zuversicht kann. Aber leider ist er durch einige falsche Begriffe über das häusliche Glück und durch eine unglückliche Ehescheue in ein Verhältnis geraten, welches ihn in seinem eigenen häuslichen Kreise drückt und unglücklich macht und welches abzuschütteln er leider zu schwach und zu weichherzig ist. Dies ist seine einzige Blöße, die aber niemand verletzt als ihn selbst, und auch diese hängt mit einem sehr edeln Teil seines Charakters zusammen.

Ich bitte Sie, meine gnädige Gräfin, dieser langen Äußerung wegen um Verzeihung; sie betrifft einen verehrten Freund, den ich liebe und hochschätze und den ich ungern von Ihnen beiden verkannt sehe. Kennten Sie ihn so, wie ich ihn zu kennen und zu studieren Gelegenheit gehabt, Sie würden wenige Menschen Ihrer Achtung und Liebe würdiger finden.

Schiller

197. An Johann Friedrich Gottlieb Unger.

Weimar, 28. November 1800

Allerspätestens in der Mitte des März ist die Tragödie in Ihren Händen, dafür steh ich Ihnen mit dem Wort eines Mannes. Aber früher, als ich fertig bin, verrat ich den Inhalt nicht. Ich habe das Mißvergnügen gehabt, daß von dem Wallenstein und der Maria Stuart so viel im Publikum ist geschwatzt worden, als beide Stücke noch unter meiner Feder waren, daß mir die Arbeit dadurch beinah verleidet worden wäre. Um dieses zu vermeiden, habe ich selbst meinen intimsten Freunden aus meiner jetzigen Arbeit ein Geheimnis gemacht, und Sie sollen der erste sein, der zugleich mit dem Stück auch das Geheimnis erhält.

Nun entsteht die Frage, wie es mit den Kupfern soll gehalten werden. Mir scheinen diese überflüssig, denn das Werk wird sich, hoffe ich, selbst empfehlen, und da Sie das Manuskript nicht wohlfeil erhalten, so könnten Sie sich die 100 Louisdors, welche die Kupfer leicht kosten können, ersparen. Allenfalls könnte ein Titelkupfer genommen werden, und dazu paßt nichts so sehr als eine Minerva. Diese könnte Herr Professor Meyer von hier nach der schönsten Antike, die man von dieser Göttin hat, sorgfältig zeichnen und Herr Bolt punktieren. Das ist meine Proposition.

Bestehen Sie aber auf mehreren Kupferstichen, so muß ich solche auswählen, die das Stück nicht verraten, und es muß mir erlaubt sein, die Unterschriften, wodurch sie erklärt werden, bis auf den März zurückzubehalten. Diese zwei letzten entscheidenden Kupferstiche könnten dann etwa auch bis dahin aufgeschoben werden, weil es dann noch immer drei volle Monate bis zum Einbinden der Exemplare sind.

Sie werden, da Sie selbst ein Kunstverwandter sind, diese Bedenklichkeiten für keine leere Grille halten. Ich verliere nun einmal die Neigung zu meinem Geschäfte, wenn die Schwätzer, deren es so viele im Publikum gibt, und die Makler, dergleichen wir unter andern auch hier in Weimar haben, mir den Gegenstand durch ihr schmutziges Organ verderben.

Was die Form des Drucks betrifft, so scheint mir die Schrift, davon Sie eine Probe beigelegt, doch um ein Merkliches *zu klein* und *zu scharf*, auch kann das Format beträchtlich größer sein: wenigstens so groß als mein erster Musenalmanach, den Sie gedruckt haben. Auf lateinischer Schrift will ich nicht gerade bestehen, sobald Sie eine größere deutsche nehmen als die, welche Sie mir vorschlugen. Wird alsdann das Format um soviel größer, so bleibt dasselbe Verhältnis der Verse zu den Zeilen.

Daß einige 1000 Exemplarien auf hübschem Papier abgedruckt werden, brauche ich Ihnen nicht zu empfehlen.

Ein Engländer, der jetzt hier lebt, hat ein geistreiches Werk im Geschmack des Boccaz geschrieben, aus mehreren Novellen bestehend, die ineinandergeschoben und zu e i n e m Zwecke in einem angenehmen Ganzen vereinigt sind. Er will dies Werk, welches 3 bis 4 Bändchen beträgt, deutsch übersetzen lassen, eh es in England herauskommt, und bietet es Ihnen an unter billigen Bedingungen. Der Artikel scheint mir keine schlimme Spekulation, nach dem einzelnen, was ich daraus gelesen.

Ich empfehle mich Ihrer freundschaftlichen Gewogenheit.

Schiller

198. An Christian Gottfried Körner.

Weimar, 5. Januar 1801

Herzlich begrüßen wir Euch zum neuen Säkulum und freuen uns von ganzer Seele, daß wir es alle miteinander mit Glück und Hoffnung beginnen. Wir werden in diesem neuen Jahrhundert, wie ich gewiß weiß, keine herzlichere Freundschaft schließen, als die unsrige ist, und mögen wir uns nur noch recht lang derselben freuen und es erleben, sie in unsern Kindern fortgesetzt zu sehen.

Ich wünsche Dir Glück, daß Du Deine Umstände so gut verbessert hast. Wenn sich Deine Arbeiten nicht zugleich merklich häufen, so ist dieser Zuwachs allerdings sehr beträchtlich; aber eine gewisse Freiheit und Muße muß Dir bleiben, wenn Du glücklich sein sollst, denn das philosophische und ästhetische Wesen ist ein integranter Teil Deines Wohlseins.

Ich habe das alte Jahrhundert tätig beschlossen, und meine Tragödie, ob es gleich etwas langsam damit geht, gewinnt eine gute Gestalt. Schon der Stoff erhält mich warm; ich bin mit dem ganzen Herzen dabei, und es fließt auch mehr aus dem Herzen als die vorigen Stücke, wo der Verstand mit dem Stoffe kämpfen mußte.

Wir haben unsre säkularische Festlichkeiten nicht ausführen können, weil sich Parteien in der Stadt erhoben und auch der Herzog den Eklat vermeiden wollte. Es ist auch nichts Erfreuliches produziert worden, das ich Dir mitteilen könnte. Etwas Poetisches zu machen war überhaupt mein Wille nicht, es sollte bloß Leben und Bewegung in der Stadt entstehen. Am Neujahrsabend wurde die Schöpfung von Haydn aufgeführt, an der ich aber wenig Freude hatte, weil sie ein charakterloser Mischmasch ist. Dagegen hat mir Glucks Iphigenia auf Tauris einen unendlichen Genuß verschafft, noch nie hat eine Musik mich so rein und schön bewegt als diese, es ist eine Welt der Harmonie, die gerade zur Seele dringt und in süßer, hoher Wehmut auflöst.

Dein Urteil über Tiecks Genoveva ist auch ganz das meinige; er ist eine sehr graziose, phantasiereiche und zarte Natur, nur fehlt es ihm an Kraft und an Tiefe und wird ihm stets daran fehlen. Leider hat die Schlegelsche Schule schon viel an ihm verdorben, er wird es nie ganz verwinden. Sein Geschmack ist noch unreif, er erhält sich nicht gleich in seinen Werken, und es ist so gar viel Leeres darin. Ich bin begierig, wie er Dir von Person gefallen wird. Vor anderthalb Jahren hab ich ihn gesehen, wo er sehr anspruchslos und auch interessant war; ich fürchte aber, es hat sich indessen viel mit ihm verändert.

Wielands Aristipp lese ich eben jetzt und unterschreibe Dein Urteil darüber vollkommen. Wenn man es nur nicht als eine ästhetische Komposition betrachtet, so hat es recht viel Gutes; freilich mag man seine Ideale nicht, und weder seine Lais noch sein Aristipp haben mich erobert.

Fichtes Werk kenne ich noch nicht.

Hast Du Goethes neuestes Produkt in Seckendorffs Taschenbuch gelesen? Wenn Du es noch nicht kennst, so will ich Dir's schicken. Auch mache ich Dich auf eine Schrift aufmerksam, welche Schlegel gegen Kotzebue geschrieben: *Ehrenpforte* und *Triumphbogen* für den Theaterpräsidenten *Kotzebue.* Sie ist freilich unendlich derb und grob, aber den Witz kann man ihr nicht absprechen.

Lebe wohl. Herzlich umarmen wir Euch alle. Dein Sch.

199. An Johann Wolfgang von Goethe.

Jena, 27. März 1801

Ich werde Jena nun bald verlassen, zwar mit keinen großen Taten und Werken beladen, aber doch auch nicht ohne alle Frucht; es ist doch immer so viel geschehen, als ich in ebenso vieler Zeit zu Weimar würde ausgerichtet haben. Ich habe also zwar nichts in der Lotterie gewonnen, habe aber doch im ganzen meinen Einsatz wieder.

Auch von der hiesigen Welt habe ich, wie es mir immer geht, weniger profitiert, als ich geglaubt hatte; einige Gespräche mit Schelling und Niethammern waren alles. Erst vor einigen Tagen habe ich Schelling den Krieg gemacht wegen einer Behauptung in seiner Transzendentalphilosophie, daß in der Natur von dem Bewußtlosen angefangen werde, um es zum Bewußten zu erheben, in der Kunst hingegen man vom Bewußtsein ausgehe zum Bewußtlosen. Ihm ist zwar hier nur um den Gegensatz zwischen dem Natur- und dem Kunstprodukt zu tun, und insofern hat er ganz recht. Ich fürchte aber, daß diese Herren Idealisten ihrer Ideen wegen allzu wenig Notiz von der Erfahrung nehmen, und in der Erfahrung fängt auch der Dichter nur mit dem Bewußtlosen an, ja er hat sich glücklich zu schätzen, wenn er durch das klarste Bewußtsein seiner Operationen nur so weit kommt, um die erste dunkle Totalidee seines Werks in der vollendeten Arbeit ungeschwächt wiederzufinden. Ohne eine solche dunkle, aber mächtige Totalidee, die allem Technischen vorhergeht, kann kein poetisches Werk entstehen, und die Poesie, deucht mir, besteht eben darin, jenes Bewußtlose aussprechen und mitteilen zu können, das heißt, es in ein Objekt überzutragen. Der Nichtpoet kann so gut als der Dichter von einer poetischen Idee gerührt sein, aber er kann sie in kein Objekt legen, er kann sie nicht mit einem Anspruch auf Notwendigkeit darstellen. Ebenso kann der Nichtpoet so gut als der Dichter ein Produkt mit Bewußtsein und mit Notwendigkeit hervorbringen, aber ein solches Werk fängt nicht aus dem Bewußtlosen an und endigt nicht in demselben. Es bleibt nur ein Werk der Besonnenheit. Das Bewußtlose mit dem Besonnenen vereinigt macht den poetischen Künstler aus.

Man hat in den letzten Jahren über dem Bestreben, der Poesie einen höheren *Grad* zu geben, ihren Begriff verwirrt. Jeden, der imstande ist, seinen Empfindungszustand in ein Objekt zu legen, so, daß dieses Objekt mich nötigt, in jenen Empfindungszustand überzugehen, folglich lebendig auf mich wirkt, heiße ich einen Poeten, einen Macher. Aber nicht jeder Poet ist darum dem *Grad* nach ein vortrefflicher. Der Grad seiner Vollkommenheit beruht auf dem Reichtum, dem Gehalt, den er in sich hat und folglich außer sich darstellt, und auf dem Grad von Notwendigkeit, die sein Werk ausübt. Je subjektiver sein Empfinden ist, desto zufälliger ist es; die objektive Kraft beruht auf dem Ideellen. Totalität des Ausdrucks wird von jedem dichterischen Werk gefodert, denn jedes muß Charakter haben, oder es ist nichts; aber der vollkommene Dichter spricht das Ganze der Menschheit aus.

Es leben jetzt mehrere so weit ausgebildete Menschen, die nur das ganz Vortreffliche befriedigt, die aber nicht imstande wären, auch nur etwas Gutes hervorzubringen. Sie können nichts *machen,* ihnen ist der Weg vom Subjekt zum Objekt verschlossen; aber eben dieser Schritt macht mir den Poeten.

Ebenso gab und gibt es Dichter genug, die etwas Gutes und Charakteristisches hervorbringen können, aber mit ihrem Produkt jene hohen Foderungen nicht erreichen, ja nicht einmal an sich selbst machen. Diesen nun, sage ich, fehlt nur der *Grad,* jenen fehlt aber die *Art,* und dies, meine ich, wird jetzt zu wenig unterschieden. Daher ein unnützer und niemals beizulegender Streit zwischen beiden, wobei die Kunst nichts gewinnt; denn die ersten, welche sich auf dem vagen Gebiet des Absoluten aufhalten, halten ihren Gegnern immer nur die dunkle *Idee des Höchsten* entgegen, diese hingegen haben die *Tat* für sich, die zwar beschränkt, aber reell ist. Aus der Idee aber kann ohne die *Tat* gar nichts werden.

Ich weiß nicht, ob ich mich deutlich genug ausgedrückt habe, ich möchte Ihre Gedanken über diese Materie wissen, welche einem durch den jetzigen Streit in der ästhetischen Welt so nahegelegt wird.

Von hier aus werde ich Ihnen wohl nicht mehr schreiben, denn ich denke auf den Mittwoch wieder nach Weimar zu kommen; vielleicht sind Sie dann wieder dort, und unsere Mitteilungen können wieder eröffnet werden.

Ich danke für die portugiesische Reisebeschreibung, sie ist nicht übel geschrieben, doch etwas dürftig und nicht ohne Ansprüche. Der Verfasser scheint mir zu den Verstandesmenschen zu gehören, die im Herzen feindlicher gegen Philosophie und Kunst gesinnt sind, als sie gestehen. Dies hat zwar bei dieser Reisebeschreibung nicht viel zu sagen, aber es drückt sich doch aus und wird empfunden.

Leben Sie recht wohl und genießen Sie heitere Tage.

S.

200. An Christian Gottfried Körner.

Weimar, 27. April 1801

Seit einigen Wochen habe ich mein altes Jena wieder verlassen und bin auch mit meiner Tragödie fertig. Du würdest sie gleich mit diesem Exemplar der Maria erhalten haben, wenn ich sie bei der Hand hätte; aber ich mußte sie meinem Herzog geben, und aus seinen Händen habe ich sie noch nicht zurück. Mir ist nun wieder ganz unbehaglich, ich wünschte wieder in einer neuen Arbeit zu stecken. Es ist nichts als die Tätigkeit nach einem bestimmten Ziel, was das Leben erträglich macht.

Es freut mich, daß Dir *Tiecks* Umgang so angenehm ist; ich kann mir das in Deiner Seele wohl denken, denn er gibt Deiner Tätigkeit Objekte, Du kannst ihn gleichsam in Dir verarbeiten. Mich macht das ohnmächtige Streben dieser Herren nach dem Höchsten nur verdrießlich; und ihre Prätensionen ekeln mich an. Genoveva ist als das Werk eines sich bildenden Genies schätzbar, aber nur als Stufe, denn es ist nichts Gebildetes, und voll Geschwätzes, wie alle seine Produkte.

Es ist schade um dieses Talent, das noch so viel an sich zu tun hätte und schon so viel getan glaubt; ich erwarte nichts Vollendetes mehr von ihm. Denn mir deucht, der Weg zum Vortrefflichen geht nie durch die Leerheit und das Hohle; wohl aber kann das Gewaltsame, Heftige zur Klarheit und die rohe Kraft zur Bildung gelangen.

Tieck besitzt übrigens viel literarische Kenntnisse, und sein Geist scheint mir wirklich genährter zu sein, als seine Werke zeigen, wo man das Bedeutende und den Gehalt noch so sehr vermißt. Goethe ist wieder ganz hergestellt und hat indessen vieles an seinem Faust getan, der aber noch immer als eine unerschöpfliche Arbeit vor ihm liegt, denn dem Plan nach ist das, was gedruckt ist, nur höchstens der vierte Teil des Ganzen, und was seitdem fertig geworden, beträgt noch nicht soviel als das Gedruckte. – Sonst beschäftigt er sich auch viel mit seinen optischen und naturhistorischen Dingen, die gewiß von sehr großer Bedeutung sind.

Mit Hartmann geht es Dir wie mir; ich habe ihn auch nicht kennen lernen, weil ich damals in Jena abwesend war. Man rühmt aber sehr sein Talent, und Goethe hält ihn für einen tüchtigen Burschen. Schade, daß er in der Welt so wild laufen muß und daß es in der Kunst nur Sekten und keine Kirche gibt.

Da der Macbeth soeben fertig worden, so lege ich ihn bei. Dieses Jahr ist fruchtbar an Werken meiner Feder: denn außer dem Macbeth und der Maria wird eine neue Auflage des Karlos und der Niederländischen Geschichte fertig, und im Herbst erscheint die Jungfrau von Orleans bei Unger.

201. An Christian Gottfried Körner.

Weimar, 13./14. Mai 1801

Ich vergaß neulich bei Übersendung meines Stücks, Dir den dazu bestimmten Brief beizulegen. Da er einmal geschrieben ist, so lege ich ihn hier bei und füge noch einige Worte hinzu.

Ich habe in diesen 14 Tagen noch zu keinem festen Entschluß in Absicht auf meine künftige Arbeit kommen können. In meinen Jahren und auf meiner jetzigen Stufe des Bewußtseins ist die Wahl eines Gegenstandes weit schwerer, der Leichtsinn ist nicht mehr da, womit man sich in der Jugend so schnell entscheiden kann, und die Liebe, ohne welche keine poetische Tätigkeit bestehen kann, ist schwerer zu erregen. In meiner jetzigen Klarheit über mich selbst und über die Kunst, die ich treibe, hätte ich den Wallenstein nicht gewählt.

Ich habe große Lust, mich nunmehr in der einfachen Tragödie, nach der strengsten griechischen Form, zu versuchen, und unter den Stoffen, die ich vorrätig habe, sind einige, die sich gut dazu bequemen. Den einen davon kennst Du, die Malteser; aber noch fehlt mir das punctum saliens zu diesem Stück, alles andere ist gefunden. Es fehlt an derjenigen dramatischen Tat, auf welche die Handlung zueilt und durch die sie gelöst wird; die übrigen Mittel, der Geist des Ganzen, die Beschäftigung des Chors, der Grund, auf welchem die Handlung vorgeht, alles ist reiflich ausgedacht und beisammen.

Ein anderes Sujet, welches ganz eigne Erfindung ist, möchte früher an die Reihe kommen; es ist ganz im reinen, und ich könnte gleich an die Ausführung gehen. Es besteht, den Chor mit eingerechnet, nur aus 20 Szenen und aus fünf Personen. Goethe billigt den Plan ganz, aber es erregt mir noch nicht den Grad von Neigung, den ich brauche, um mich einer poetischen Arbeit hinzugeben. Die Hauptursache mag sein, weil das Interesse nicht sowohl in den handelnden Personen als in der Handlung liegt, so wie im Ödipus des Sophokles, welches vielleicht ein Vorzug sein mag, aber doch eine gewisse Kälte erzeugt.

Noch habe ich zwei andere Stoffe, die zu ihrer Zeit gewiß auch an die Reihe kommen, aber sich bis jetzt der Form noch nicht haben unterwerfen wollen. Der eine davon ist *Warbeck*, ein Betrüger im 15. Jahrhundert, der sich für den im Tower getöteten Herzog von York ausgab und gegen Heinrich VII. von England als Gegenkönig auftrat. Aus der Geschichte selbst nehme ich nichts als dieses Faktum und die Person der Herzogin von Burgund, einer Prinzessin von York, welche diese Komödie spielte. Das punctum saliens zu dieser Tragödie ist gefunden, sie ist aber schwer zu behandeln, weil der Held des Stücks ein Betrüger ist, und ich möchte auch nicht den kleinsten Knoten im Moralischen zurücklassen.

Außer einigen andern, noch mehr embryonischen Stoffen habe ich auch eine Idee zu einer Komödie, fühle aber, wenn ich darüber nachdenke, wie fremd mir dieses Genre ist. Zwar glaube ich mich derjenigen Komödie, wo es mehr auf eine komische Zusammenfügung der Begebenheiten als auf komische Charaktere und auf Humor ankommt, gewachsen, aber meine Natur ist doch zu ernst gestimmt; und was keine Tiefe hat, kann mich nicht lange anziehen.

Du siehst, daß ich an Entwürfen nicht arm bin, aber die Götter wissen, was zur Ausführung kommen wird.

Deinem Urteil über meine Jungfrau von Orleans sehe ich mit großem Verlangen entgegen. Goethe meint, daß es mein bestes Werk sei, und ist mit dem Ensemble besonders zufrieden. Aber bei Stücken von solcher Breite und Mannigfaltigkeit gibt man sich erstaunlich aus, und es ist Zeit, mehr hauszuhalten.

Ich sende hier einen Macbeth; die guten Exemplare der Maria sind noch unter der Glättmaschine. Schreib mir doch, ob ich Dir den 2. Teil meiner prosaischen Schriften gesendet und auf welchem Papier; denn der dritte ist nun auch fertig und liegt zum Absenden bereit.

Herzlich umarmen wir Euch alle. Bei mir ist alles wohl, und ich hoffe, dasselbe auch von Euch zu hören. Lebe wohl.

Dein

Schiller

14. Mai

Ich lege Dir eine Broschüre von Fichten bei, die Du vielleicht sonst nicht zu Gesichte bekommen wirst. Er sagt dem Nicolai zwar verdiente derbe Wahrheiten, aber der Ton ist doch zu prosaisch, zu grob und zu wenig witzig. Der Gegenstand hätte mehr ins Allgemeine gespielt und der Gattungscharakter des Philisters dargestellt werden sollen. – Diese Schrift sende mir nach Durchlesung zurück.

202. An Jakob Herzfeld.

Weimar, 28. Juni 1801

Nach meiner Zurückkunft von meiner kleinen Reise finde ich Ihr wertes Schreiben. Die Jungfrau von Orleans erscheint im Oktober gedruckt und kommt früher nicht aufs Theater. Maria Stuart werden Sie von Lauchstädt aus, wo sich das hiesige Theater im Sommer befindet, in Abschrift erhalten, so wie dieses Stück hier, in Berlin und Leipzig gespielt worden. Da auch die Jungfrau von Orleans nicht ganz so gespielt werden kann, wie sie gedruckt ist, so steht Ihnen meine Bearbeitung dieses Stückes für die Bühne zu Dienst; doch darf ich solche, zufolge meines Kontrakts mit der Verlagshandlung, erst im September aus den Händen geben.

Bedingungen mache ich Ihnen keine, da beide Stücke schon gedruckt sind, wenn sie gespielt werden. Neue und ungedruckte Stücke kann ich Ihnen künftig für 12 Louisdors überlassen, vorausgesetzt, daß ich auf strenge Geheimhaltung der Manuskripte rechnen darf.

Ihr ganz ergebener

Schiller

203. An Johann Wolfgang von Goethe.

Weimar, 28. Juni 1801

Wir haben mit großer Sehnsucht auf Nachrichten von Ihnen geharrt, und erst vorgestern, nachdem er 15 Tage unterwegs gewesen, erhalte ich Ihren Brief aus Göttingen. Den meinigen hoffe ich durch eine Gelegenheit, die diese Woche von hier nach Pyrmont geht, schneller in Ihre Hände zu bringen. Das kalte Wetter vor 14 Tagen wird, wie ich fürchte, dem Anfang der Brunnenkur sehr ungünstig gewesen sein und Sie zwingen, Ihren Aufenthalt dort zu verlängern. Es hat auch meine Gesundheit angegriffen und dem Fleiß geschadet. Für Cotta habe ich indes doch eine Ballade, *Leander und Hero,* wirklich zustande gebracht, nebst noch einigen kleineren Gedichten, was ich Ihnen bei Ihrer Zurückkunft vorzutragen hoffe. Das Schauspiel fängt an, sich zu organisieren, und in 8 Tagen denke ich an die Ausführung zu gehen. Der Plan ist einfach, die Handlung rasch, und ich darf nicht besorgen, ins Breite getrieben zu werden.

Aber auch mir droht eine lange Zerstreuung, denn mein Entschluß ist nun ernstlich gefaßt, in etwa 3 Wochen an die Ostsee zu reisen, dort das Seebad zu versuchen und dann über Berlin und Dresden zurückzugehen. Viel Vergnügen erwarte ich mir zwar nicht von dieser Reise, ja in Berlin fürchte ich peinliche Tage, aber ich muß neue Gegenstände sehen, ich muß einen entscheidenden Versuch über meine Gesundheit machen, ich wünsche einige gute Theatervorstellungen, wenigstens einige vorzügliche Talente zu sehen und, da es keinen großen Umweg kostet, auch die alten Freunde wiederzusehen. Meine Erwartungen sind so, daß sie eher übertroffen als getäuscht werden können. Übrigens hoffe ich, auf den 10. September wieder zurück zu sein, denn ich werde schnell reisen und mich nur 12 Tage in Doberan, ebensolang in Berlin und 6 Tage in Dresden verweilen. Bei meiner Zurückkunft hoffe ich Sie heiter und gesund wieder anzutreffen und vielleicht selbst an Wohlsein gewonnen zu haben.

Was seit Ihrer Abreise Neues hier vorgegangen, werden Sie sonst erfahren haben. Mit den badischen Herrschaften war eine Frau von Hack hier, eine alte Bekanntschaft von Ihnen, die sich Ihrer mit Anteil erinnerte und Sie in dem Bilde von Bury ganz wiedererkannte. Auch Knebel hält sich seit einigen Tagen mit seiner Frau hier auf, er soll sehr heiter und im übrigen ganz noch derselbe sein.

Rochlitz aus Leipzig war hier; wie er sagt, so haben Sie ihn aufgemuntert, zu den Preisstücken zu konkurrieren. Er hat wohl eine gute Intention, aber die Kräfte fehlen. Aus Leipzig hat er mir die fertige Hälfte eines Lustspiels zugesendet und will meine Meinung wissen, ob es mit einiger Hoffnung und Wahrscheinlichkeit um den Preis kämpfen kann; denn wie er schreibt, könnte er es nicht ohne Aufopferung auf den bestimmten Termin vollenden und möchte daher, wenn er ein übriges tun soll, auch des Erfolges gewiß sein. Das Stück ist, soweit es fertig, allerdings spielbar; es hat einige gute Theaterszenen, die ihre Wirkung nicht verfehlen werden, aber loben läßt sich's nicht und noch weniger krönen, wenn es auch wirklich unter den Konkurrenzstücken das beste sein sollte. Es ist zu trivial, schwach und geistlos. In der Verlegenheit, worin ich bin, ihm einen leidlichen Bescheid zu geben, werde ich mich etwas streng an die Aufgabe eines *Intrigen*stücks halten, denn was die zwei Akte Gutes und Pikantes haben, liegt in dem Spiel zweier lustigen Charaktere und keineswegs in der Intrige. Ich werde ihn ermuntern, das Stück zu vollenden, aber es nicht eigentlich zur Konkurrenz um den Preis einzuschicken. Daß wir es spielen wollen und werden, kann ich ihm versprechen, und so steht es dann immer bei Ihnen, ob Sie es als ein Konkurrenzstück ansehen wollen oder nicht.

Seckendorff schreibt mir aus Regensburg, daß unter der dortigen schlechten Truppe sich ein brauchbarer Schauspieler namens Eugen befinde, der den Tenor singt, in der Opera die Buffons und im Schauspiel die ersten Liebhaber spielt. Für die letzteren Rollen mache ihn seine mittlere und untersetzte Figur zwar nicht besonders geschickt, aber er meint, daß er es mit Cordemann und Haide wohl aufnehmen könne, ja den ersten um vieles übertreffe. Er habe dort wöchentlich 10 Gulden rheinisch und könne von 6 Wochen zu 6 Wochen abgehen. Ich melde Ihnen dieses, weil Seckendorff doch eher zu tadeln als das Lob zu übertreiben pflegt und an dem jungen Menschen also doch etwas sein muß, was vielleicht weiter auszubilden ist.

Weil es mit den Propyläen, wie mir Cotta versicherte, noch gar nicht fort will und zu wenige Exemplare davon in Zirkulation kommen, wodurch also, wenn Sie auch ganz auf alle Einnahme großmütig Verzicht täten, immer der Zweck der Verbreitung leiden muß, so habe ich Meyern die Idee mitgeteilt, die Literaturzeitung zum Kanal zu machen, die Kunstbegriffe, worauf es ankommt, ins Publikum zu bringen. Sie würden zum Beispiel alle Vierteljahr sich eine Woche von der Literaturzeitung ausbedingen und das Kunstwesen darin vornehmen. Die Kritik der neuesten Kunstwerke und Kunstschriften wäre das Vehikel für alles, was man sagen will, und außer dem großen Vorteil einer allgemeinen Verbreitung gewänne man auch das, daß dem falschen Geschmack sein wichtigstes Tribunal entzogen und dieses genötigt würde, für die gute Sache zu zeugen. Meyer ist auch meiner Meinung, und er wird bei seiner nächsten Zusammenkunft mit Ihnen ausführlicher von der Sache reden.

Jetzt sage ich Ihnen ein herzliches Lebewohl und wünsche, daß wir recht bald erfreuliche Nachrichten von Ihnen erhalten mögen. Die schönsten Grüße von meiner Frau und Schwägerin und von Karln an Augusten.

Sch.

204. An Johann Friedrich Cotta.

Weimar, 29. Juni 1801

Ich habe mich endlich resolviert, die längst projektierte Reise nach der Ostsee auszuführen und dort das Seebad zu versuchen. Ich werde etwa in 24 Tagen von hier mit meiner Frau abreisen und alsdann über Berlin und Dresden zurückkehren. Ich ersuche Sie daher, lieber Freund, weil meine Kasse zu dieser außerordentlichen Unternehmung nicht ganz zulangt, mir etwa 40–50 Karolin entweder noch hieher zu übermachen oder solche bei Ungern in Berlin niederzulegen, daß ich sie bei meiner Rückreise von Doberan dort finde. Auf alle Fälle aber bitte ich mir noch vor meiner Abreise einige Zeilen von Ihnen aus.

Von den neuen Gegenständen verspreche ich mir neue Nahrung für den Geist und von dem Seebad eine heilsame Wirkung auf meine Gesundheit und hoffe, dann mit erneuerter Lust und Tätigkeit zu meinen Arbeiten zurückzukehren. Auch meiner Frau wird diese Veränderung, wie ich hoffe, wohltuend sein.

Die an Sie abgegangenen Beiträge zum Damenkalender werden Sie erhalten haben. Meine Schwägerin freute sich, aus einem heut erhaltenen Briefe von Ihnen zu erfahren, daß ihr Beitrag noch zu rechter Zeit kommt. Sie werden den Schluß desselben nächstens erhalten.

Wegen der englischen Mary Stuart habe ich Mellishen geraten, vorderhand keinen Schritt zu tun, damit man das Werk durch Aufdeckung der begangenen Fehler nicht in übeln Ruf bringe. Es ist Zeit, wenn der Absatz einmal geschehen, nachher ein Wort davon zu sagen.

Leben Sie recht wohl und lassen mich bald von Ihnen hören.

Sch.

205. An Christian Gottfried Körner.

Weimar, 9. Juli 1801

Wir danken Dir herzlich für Deine Bemühungen wegen der Benckendorfischen Sache; da meine Schwägerin in 14 Tagen nach Dresden zu gehen denkt, um meinen Schwager, der von Petersburg zurückkommt, dort zu erwarten, so wird sie die nötigen Dokumente selbst mitbringen und sehen, was in dieser Sache zu tun ist, von der ich freilich nicht viel erwarte.

Unser Plan ist schon seit lange gewesen, Euch diesen Sommer in Dresden zu besuchen.

Wir gehen nach Doberan bei Rostock, um das Seebad zu gebrauchen; dann wollten wir über Berlin und Dresden zurückkehren. Aber nach näherer Überlegung hat sich gezeigt, daß sich diese verschiedenen Entwürfe nicht zusammen verbinden lassen. Wir hätten nur eine Woche bei Euch und eine in Berlin zubringen können, weil ich nicht mehr als 6 Wochen höchstens an diese Reise wenden darf und wir auch die zwei jüngsten Kinder nicht so lang können in fremden Händen lassen. Wir müssen also die Entwürfe trennen und für jetzt bloß die Gesundheitsreise zum Zweck machen. Es ist beschlossen, weil Humboldts das nächste Jahr in Berlin sind, denn sie kommen in 3 Wochen zurück, nächstes Jahr dorthin zu gehen, dort etwas länger zu bleiben, und damit läßt sich dann eine Reise zu Euch und ein etwas längerer Aufenthalt besser vereinigen. Vielleicht könnt Ihr es bis dahin arrangieren, daß wir zusammen nach Berlin reisen, entweder in Tegel bei Humboldts wohnen oder in Berlin ein Quartier zusammen beziehen und immer beisammenbleiben.

Humboldts wollen den 1. August in Erfurt sein; wir werden sie nicht mehr abwarten können, weil ich das Seebad nicht später als zum Anfang Augusts verschieben darf. Leider habe ich mich seit einigen Wochen nicht zum besten befunden. Meine Krämpfe haben mich sehr inkommodiert, wahrscheinlich hat die Witterung sie rege gemacht. Auch diese Unbehaglichkeit meines Zustands ist eine Ursache mit, daß ich meine Reise ins

Kleine ziehe und die Reise zu Euch und nach Berlin, wo ich gesund und frisch sein möchte, auf eine bessere Zeit verschiebe.

An ein neues Stück bin ich noch nicht gegangen, aber ich habe den Plan zu dreien indessen ausgedacht und werde nach meiner Reise desto rascher an die Ausführung gehen. Sei so gut und sende mir das Manuskript der Jungfrau jetzt zurück, das meinige hat Unger, der es für die Herbstmesse druckt.

Herzlich umarmen wir Euch.

Dein

S.

206. An Christian Gottfried Körner.

Weimar, 5. Oktober 1801

Auch bei uns stellt sich nach und nach wieder die Ordnung ein, und diese wird hoffentlich auch den Fleiß und den Sukzeß hervorbringen. Madame Unzelmann hat uns vor 3 Tagen verlassen, weil sie nach Berlin zurückeilen mußte, und wir müssen uns wieder an unsre theatralische Hausmannskost halten. Die Theater, die ich in den letzten 3 Wochen gesehen, haben mich nun gerade nicht zur Arbeit begeistert, und ich muß sie eine Weile vergessen haben, um etwas Ordentliches zu machen. Alles zieht zur Prosa hinab, und ich habe mir wirklich im Ernst die Frage aufgeworfen: ob ich bei meinem gegenwärtigen Stücke, so wie bei allen, die auf dem Theater wirken sollen, nicht lieber gleich in Prosa schreiben soll, da die Deklamation doch alles tut, um den Bau der Verse zu zerstören, und das Publikum nur an die liebe bequeme Natur gewöhnt ist. Wenn ich anders dieselbe Liebe, welche ich für meine Arbeit notwendig haben muß, mit einer Ausführung in Prosa vereinigen kann, so werde ich mich wohl noch dazu entschließen.

Es freut mich doch sehr, daß Ihr Wallensteins Lager auf der Bühne zu sehen Gelegenheit gehabt habt und daß es noch so leidlich gut ausgefallen ist. Maria Stuart ist freilich keine Aufgabe für eine solche Gesellschaft als die Secondasche, und wenn auch der Schauspieler alles dafür täte, so kann sich das Publikum nicht dareinfinden, an einer reinen Handlung, ohne Interesse für einen Helden, ein freies Gefallen zu finden; und eben dadurch werden wir dramatische Schriftsteller in der Wahl der Stoffe so sehr beengt; denn die reinsten Stoffe in Absicht auf die Kunst werden dadurch ausgeschlossen, und sehr selten läßt sich eine reine und schöne Form mit dem affektionierten Interesse des Stoffs vereinigen.

Bei meinem Warbeck geht es mir hierin noch ganz leidlich, und ich werde es mit der Kunst nicht zu verderben brauchen, um die Neigung zu befriedigen. Aber je schärfer ich dieses Stück ins Gesicht fasse, desto mehr häufen sich die Schwierigkeiten, obgleich auch das Interesse daran wächst.

Deine Vorschläge wegen *der Glocke* werde ich nächster Tage Zeltern mitteilen. Wir erwarten in einigen Wochen Reichardt aus Berlin, der seine Geisterinsel hier einstudieren und spielen lassen wird. Die Jageman wird, wie ich höre, vor dem Winter noch zurückkommen und vorderhand dableiben. Es müssen ihr also von Dresden aus keine Anträge gemacht worden sein.

Es sind 13 Lustspiele eingegangen, um den von Goethe aufgeworfenen Preis zu konkurrieren, und nicht eines ist davon zu brauchen; die meisten sind ganz unter der Kritik. So steht es jetzt um die dramatische Kunst in Deutschland.

Bei uns ist alles wohl; ich selbst habe mich seit meiner Zurückkunft leichter gefühlt als während des ganzen Sommers, und ich wünschte, daß ich zu Dresden dieselbe Gesundheit genossen hätte. Vielleicht ist es aber eine Wirkung der Reise.

Tausend herzliche Grüße den lieben Frauen, den Kindern und den Freunden. Gar erfreulich ist es mir, daß ich Euch mir jetzt in Eurem Hause und in Eurem gesellschaftlichen Kreise denken kann; ich glaube dann selbst noch unter Euch zu leben, welches, hoffe ich, bald wieder geschehen wird.

Noch einmal Lebewohl.

Dein

Schiller

Meiner Schwägerin die besten Grüße.

Die Memoires, die Floras und übrige Schriften werden mit dem nächsten Postwagen abgehen.

207. An Johann Friedrich Cotta.

Weimar, 13. Oktober 1801

Sie wollen wissen, lieber Freund, was Sie auf Ostern von mir zu erwarten haben; diese Anfrage führt mich auf eine Erklärung, die ich Ihnen schon mündlich habe tun wollen, aber, ich weiß nicht aus welcher Scheu vor allem Merkantilischen, bis jetzt verschoben habe.

Endlich glaube ich mich, was die Schriftstellerei betrifft, auf dem Punkte zu befinden, wohin ich seit Jahren gestrebt habe. Der schnelle und entschiedene Erfolg, den meine neuesten Stücke, zu denen ich auch die Jungfrau von Orleans rechnen darf, bei dem Publikum gehabt haben, versichert auch den künftigen Entreprisen in diesem Fache einen ungezweifelten Sukzeß, und ich darf endlich hoffen, ohne Ihren Schaden meine Arbeiten im Preise steigern zu können. Sie kennen mich genug, um zu wissen, daß Gewinnsucht nicht unter meine Fehler gehört, und ebensowenig ist es ein unanständiger Dünkel, wenn ich meine Produkte höher als sonst taxiere. Es hat eine edlere Ursache, deren ich mich keineswegs schämen darf, es entsteht aus der Begierde, meinen Arbeiten einen höheren innern Wert zu verschaffen. Zum Guten und Vollendeten aber gehört Muße, und ich kann bei meiner abwechselnden Gesundheit nur weniges unternehmen. *Ein* bedeutendes neues Stück ist alles, was ich in einem Jahre liefern kann, und ich will also nicht meine *Lage*, sondern meine *Werke* dadurch verbessern, wenn ich sie höher taxiere.

Indem ich annehme, daß Sie von meinen künftigen Stücken eine größere erste Auflage wagen können, besonders wenn Sie das Stück in der Form eines Kalenders geben; indem ich voraussetze, daß der Absatz von dreitausend Exemplarien gewiß und ein höherer Absatz sehr wahrscheinlich ist, so glaube ich den Preis von 300 Dukaten auf ein neues großes Originalstück, so wie die Maria oder die Jungfrau ist, setzen zu dürfen. Ich begebe mich aber dadurch zugleich jedes Anspruchs an einen weitern Gewinn, der Absatz mag so groß sein, als er will, und der Auflagen so viele, als während drei Jahren davon erfolgen können, und reserviere mir nichts als meine Rechte auf die künftige Sammlung meiner Theaterschriften.

Ich führe Ihnen nicht an, daß andre Schriftsteller, denen ich nicht glaube weichen zu müssen, ebenso vorteilhafte Kontrakte geschlossen oder daß andre Verleger mir dergleichen Erbietungen getan. Dies sind keine Argumente, die zwischen Ihnen und mir gelten. Auch weiß ich aus Erfahrung, wie bereitwillig Sie sind, mich an dem Gewinn bei meinen Schriften Anteil nehmen zu lassen, aber hier kommt es darauf an, daß ich mir von meinem schriftstellerischen Fleiß einen bestimmten Etat gründe, daß ich weiß, woran ich bin, und mich aller merkantilischen Rücksichten, die mir bei meinen Arbeiten nur störend sind, einmal für allemal entschlage.

Wenn der Kalender durch kein kostbares Papier oder unnötige Kupferverzierungen verteuert wird, so sind mit 1800 Exemplarien, die abgesetzt werden, alle Kosten bezahlt.

Dies ist meine Erklärung, und nun mögen Sie als Kaufmann und als Freund darüber verfügen.

Für die überschickten Kalender wird Ihnen meine Frau noch besonders Dank sagen; leben Sie recht wohl und meiner herzlichsten Freundschaft für immer gewiß. Schiller

208. An Friederike Auguste Konradine Unzelmann.

Weimar, 17. November 1801

Wie erfreute mich Ihr Andenken, meine liebenswürdige Freundin! Ich hätte mich, mit allen Ihren hiesigen Verehrern, dareinfinden müssen, wenn Sie uns und unser schlechtes Dorf und unser Dorftheater in dem großen kunstvollen Berlin vergessen hätten! Desto angenehmer mußte mich das Gegenteil überraschen.

Ja, wohl bedaure ich sehr, daß Sie meiner jungfräulichen Heldin Ihre Kunst nicht leihen sollen, sie in die Welt auf eine würdige Art einzuführen. Indessen kommt mir, solang ich kein Augenzeuge bin, über die Besetzung meines Stücks in Berlin kein Urteil zu, und die Götter mögen das Stück beschützen.

Hier in Weimar haben Privatverhältnisse noch immer die Aufführung der Jungfrau verhindert, und nichts Angenehmeres könnte mir begegnen, als wenn Sie durch Ihre Erscheinung in Weimar alle diese Schwierigkeiten mit einemmal heben und das Schiffchen flottmachen wollten. Freilich müßten Sie großmütig sich entschließen, bloß mit Ihrem Ruhm und mit unserer Freude vorliebzunehmen, und ich wollte Ihnen, was mich selbst betrifft, darin mit einem ähnlichen Opfer vorangehen und die Theaterausgabe des Stücks unentgeltlich dazu hergeben. Diese Bedingung ist darum nötig, weil das Stück hier, nach Ihrem Weggehen, nicht mehr gespielt werden kann, da Dame Jagemann, die einzige, der man eine solche Rolle anvertrauen könnte, der Theaterkonvenienzen wegen im Schauspiel keine neue Rolle mehr bekommen kann.

Wenn Sie also dafürhalten, daß es sich der Mühe verlohnte, der Kunst und Ihrem Ruhm sowohl als Vergnügen ein solches Opfer zu bringen, so geben Sie mir Nachricht, und ich will dann mit Goethe darüber sprechen. Freilich bin ich bei dieser Sache auf zweifache Art interessiert, denn außer dem, daß ich die Johanna von Ihnen sehen werde, so werde ich Sie selbst wiedersehen und eine mir so erfreuliche, aber zu schnell verschwundene Erscheinung zurückrufen.

Und so leben Sie wohl, meine beste, liebe Freundin, und denken mit einigem Wohlwollen an Ihren aufrichtigen Freund und Verehrer

Schiller.

209. An Johann Friedrich Cotta.

Weimar, 10. Dezember 1801

Entschuldigen Sie mein langes Stillschweigen, lieber Freund, auf Ihren letzten, so verbindlichen Brief. Ich war aber eine Zeitlang nicht wohl, und in den letzten Wochen war ich durch dringende Geschäfte verhindert. Ich habe ein Stück von Gozzi, Turandot, ganz neu in Jamben für das Theater bearbeitet, das im nächsten Monat hier gespielt werden soll; und über dieser Arbeit blieb denn alle Korrespondenz liegen.

Ich freue mich, wertester Freund, daß die merkantilische Angelegenheit zwischen uns so glücklich berichtigt ist. Was die Sammlung meiner Schauspiele betrifft, so überlasse ich es Ihnen, ob Sie glauben, daß mir für den Band (der nicht über 30 und nicht unter 27 Bogen haben darf, denn die erste Größe hat der Wallenstein und die zweite der Karlos) 100 Karolins können bezahlt werden. Was jetzt fertig ist, beträgt volle 5 Bände, und dazu könnte am Ende des nächsten Jahrs Vorrat zu einem sechsten Bande kommen. Der Anfang des Drucks könnte gleich im nächsten Herbst gemacht werden, so daß Ostern 1803 der erste oder auch die zwei ersten Bände, wie Sie für gut finden, erschiene. Über die Einrichtung wollen wir mündlich konferieren.

Sie fragen mich nach Goethen und seinen Arbeiten. Er hat aber leider seit seiner Krankheit gar nichts mehr gearbeitet und macht auch keine Anstalten dazu. Bei den trefflichsten Planen und Vorarbeiten, die er hat, fürchte ich dennoch, daß nichts mehr zustande kommen wird, wenn nicht eine große Veränderung mit ihm vorgeht. Er ist zu wenig Herr über seine Stimmung, seine Schwerfälligkeit macht ihn unschlüssig, und über den vielen Liebhaberbeschäftigungen, die er sich mit wissenschaftlichen Dingen macht, zerstreut er sich zu sehr. Beinahe verzweifle ich daran, daß er seinen Faust noch vollenden wird.

Es ist gut, daß Sie wegen der Propyläen sich erklärt haben, doch hätte ich gewünscht, daß Böttiger nicht dareingemischt worden wäre.

Von Hamburg aus habe ich ein Exemplar der englischen Mary Stuart erhalten; ich finde, daß es in einer andern Offizin gedruckt ist, als Hüttner in seinem Brief angegeben.

Den Tressan, von dem Sie mir schrieben, habe ich nicht erhalten. Sollten Sie ihn bei der Hand haben, so bitte ich darum.

Die Masern sind jetzt hier in der Stadt und auch in meiner Familie. Es ist aber bis jetzt gottlob recht gut damit gegangen.

Möchten wir immer von Ihnen und den Ihrigen erfreuliche Nachrichten hören. Meine Frau, die eben jetzt auch nicht ganz wohl ist, empfiehlt sich Ihnen beiden aufs herzlichste.

Ganz und immer der Ihrige.

Schiller

210. An Johann Wolfgang von Goethe.

Weimar, 20. Januar 1802

Ich werde nunmehr die Iphigenia mit der gehörigen Hinsicht auf ihre neue Bestimmung lesen und jedes Wort vom Theater herunter und mit dem Publikum zusammen hören. Das, was Sie das Humane darin nennen, wird diese Probe besonders gut aushalten, und davon rate ich nichts wegzunehmen. Nächsten Sonnabend hoffe ich über den Erfolg etwas berichten zu können.

Schütz hat mir nun auch eine Rezension meiner Jungfrau von Orleans zugeschickt, die aus einer ganz andern Feder kommt als die der Maria und von einem fähigeren Menschen herrührt; man findet darin ganz frisch die Schellingische Kunstphilosophie auf das Werk angewendet. Aber es ist mir dabei sehr fühlbar geworden, daß von der transzendentalen Philosophie zu dem wirklichen Faktum noch eine Brücke fehlt, indem die Prinzipien der einen gegen das Wirkliche eines gegebenen Falles sich gar sonderbar ausnehmen und ihn entweder vernichten oder dadurch vernichtet werden. In der ganzen Rezension ist von dem eigentlichen Werk nichts ausgesprochen, es war auch auf dem eingeschlagenen Weg nicht möglich, da von allgemeinen hohlen Formeln zu einem bedingten Fall kein Übergang ist. Und dies nennt man nun ein Werk kritisieren, wo ein Leser, der das Werk nicht gelesen, auch nicht die leiseste Anschauung davon bekommt. Man sieht aber daraus, daß die Philosophie und die Kunst sich noch gar nicht ergriffen und wechselseitig durchdrungen haben, und vermißt mehr als jemals ein Organon, wodurch beide vermittelt werden können. In den Propyläen war dieses in Absicht auf bildende Künste eingeleitet; aber die Propyläen gingen auch von der Anschauung aus, und unsere jungen Philosophen wollen von Ideen unmittelbar zur Wirklichkeit übergehen. So ist es denn nicht anders möglich, als daß das Allgemeingesagte hohl und leer und das Besondere platt und unbedeutend ausfällt.

Die Turandot denke ich etwa auf den Dienstag vom Theater herab zu hören und werde dadurch erst in den Stand gesetzt sein, zu bestimmen, was noch zu tun ist und was der Ort und der Zeitmoment an dieser alten Erscheinung verändert. Destouches hat bereits einen Marsch dazu gesetzt und mir heute vorgespielt, der sich ganz gut ausnimmt.

Ich wünsche, daß Sie sich in dem alten produktiven Zimmer recht gut befinden und etwas Neues an dem Fensterpfosten zu notieren haben möchten.

S.

211. An Christian Gottfried Körner.

Weimar, 21. Januar 1802

Es hat mich sehr gefreut zu hören, daß Euch die Turandot gefallen hat. Ich leugne nicht, daß ich bei dieser Arbeit ein gewisses Gefühl von Selbsttätigkeit und Kunstfertigkeit hatte, das mir Freude machte; ich wünschte auch, mehrere solche Anlässe zu finden, denn für die Augenblicke der Abspannung sind sie sehr wohltätig, weil sie nicht die Kosten der Erfindung erfordern und dabei doch zur Tätigkeit stimmen. *Einträglich* ist diese Art zu arbeiten weit mehr, als die eigene Produktion je werden kann, weil diese immer so viele Zeit wegnimmt.

Von Eurem Theater habe ich indessen noch keine Antwort erhalten und kann also noch nicht einmal wissen, ob man das Stück überhaupt nur brauchen wird.

Hier wollen wir im nächsten Monat Goethes Iphigenia aufs Theater bringen; bei diesem Anlaß habe ich sie aufs neue mit Aufmerksamkeit gelesen, weil Goethe die Notwendigkeit fühlt, einiges darin zu verändern. Ich habe mich sehr gewundert, daß sie auf mich den günstigen Eindruck nicht mehr gemacht hat wie sonst, ob es gleich immer ein seelenvolles Produkt bleibt. Sie ist aber so erstaunlich modern und ungriechisch, daß man nicht begreift, wie es möglich war, sie jemals einem griechischen Stück zu vergleichen. Sie ist ganz nur sittlich; aber die sinnliche Kraft, das Leben, die Bewegung und alles, was ein Werk zu einem echten dramatischen spezifiziert, geht ihr sehr ab. Goethe hat selbst mir schon längst zweideutig davon gesprochen – aber ich hielt es nur für eine Grille, wo nicht gar für Ziererei; bei näherem Ansehen aber hat es sich mir auch so bewährt. Indessen ist dieses Produkt in dem Zeitmoment, wo es entstand, ein wahres Meteor gewesen, und das Zeitalter selbst, die Majorität der Stimmen, kann es auch jetzt noch nicht übersehen; auch wird es durch die allgemeinen hohen poetischen Eigenschaften, die ihm ohne Rücksicht auf seine dramatische Form zukommen, bloß als ein poetisches Geisteswerk betrachtet, in allen Zeiten unschätzbar bleiben.

Wenn man die Kunst so wie die Philosophie als etwas, das immer *wird* und nie *ist*, also nur dynamisch und nicht, wie sie es jetzt nennen, atomistisch betrachtet, so kann man gegen jedes Produkt gerecht sein, ohne dadurch eingeschränkt zu werden. Es ist aber im Charakter der Deutschen, daß ihnen alles gleich fest wird und daß sie die unendliche Kunst, so wie sie es bei der Reformation mit der Theologie gemacht, gleich in ein Symbolum hineinbannen müssen. Deswegen gereichen ihnen selbst treffliche Werke zum Verderben, weil sie gleich für heilig und ewig erklärt werden und der strebende Künstler immer darauf zurückgewiesen wird.

An diese Werke nicht religiös glauben heißt Ketzerei, da doch die Kunst über allen Werken ist. Es gibt freilich in der Kunst ein Maximum, aber nicht in der modernen, die nur in einem ewigen Fortschritt ihr Heil finden kann.

Ich habe dieser Tage den rasenden Roland wieder gelesen und kann Dir nicht genug sagen, wie anziehend und erquickend mir diese Lektüre war. Hier ist Leben und Bewegung und Farbe und Fülle; man wird aus sich heraus ins volle Leben und doch wieder von da zurück in sich selbst hineingeführt; man schwimmt in einem reichen, unendlichen Element und wird seines ewigen identischen Ichs los und existiert eben deswegen mehr, weil man aus sich selbst gerissen wird. Und doch ist, trotz aller Üppigkeit, Rastlosigkeit und Ungeduld, Form und Plan in dem Gedicht, welches man mehr *empfindet* als *erkennt* und an der *Stetigkeit* und sich selbst erhaltenden Behaglichkeit und Fröhlichkeit des Zustandes wahrnimmt. Freilich darf man hier keine *Tiefe* suchen und keinen *Ernst;* aber wir brauchen wahrlich auch die Fläche so nötig als die Tiefe, und für den Ernst sorgt die Vernunft und das Schicksal genug, daß die Phantasie sich nicht damit zu bemengen braucht.

Lebe wohl. Ich will nicht wieder lesen, was ich geschrieben habe.

S.

212. An Johann Wolfgang von Goethe.

Weimar, 22. Januar 1802

Ich habe, wie Sie finden werden, weniger Verheerungen in dem Manuskript angerichtet, als ich selbst erwartet hatte, vornehmen zu müssen; ich fand es von der e i n e n Seite nicht nötig und von einer andern nicht wohl tunlich. Das Stück ist an sich gar nicht zu lang, da es wenig über zweitausend Verse enthält, und jetzt werden die zweitausend nicht einmal voll sein, wenn Sie es zufrieden sind, daß die bemerkten Stellen wegbleiben. Aber es war auch nicht gut tunlich, weil dasjenige, was den Gang des Stücks verzögern könnte, weniger in einzelnen Stellen als in der Haltung des Ganzen liegt, die für die dramatische Foderung zu reflektierend ist. Öfters sind auch diejenigen Partien, die das Los der Ausschließung vor andern getroffen haben würde, notwendige Bindungsglieder, die sich durch andre nicht ersetzen ließen, ohne den ganzen Gang der Szene zu verändern. Ich habe da, wo ich zweifelte, einen Strich am Rande gemacht; wo meine Gründe für das Weglassen überwiegend waren, habe ich ausgestrichen, und bei dem Unterstrichenen wünschte ich den Ausdruck verändert.

Da überhaupt in der Handlung selbst zu viel moralische Kasuistik herrscht, so wird es wohlgetan sein, die sittlichen Sprüche selbst und dergleichen Wechselreden etwas einzuschränken.

Das Historische und Mythische muß unangetastet bleiben, es ist ein unentbehrliches Gegengewicht des Moralischen, und was zur Phantasie spricht, darf am wenigsten vermindert werden.

Orest selbst ist das Bedenklichste im Ganzen; ohne Furien ist kein Orest, und jetzt, da die Ursache seines Zustands nicht in die Sinne fällt, da sie bloß im Gemüt ist, so ist sein Zustand eine zu lange und zu einförmige Qual, ohne Gegenstand; hier ist eine von den Grenzen des alten und neuen Trauerspiels. Möchte Ihnen etwas einfallen, diesem Mangel zu begegnen, was mir freilich bei der jetzigen Ökonomie des Stücks kaum möglich scheint; denn was ohne Götter und Geister daraus zu machen war, das ist schon geschehen. Auf jeden Fall aber empfehl ich Ihnen, die Orestischen Szenen zu verkürzen.

Ferner gebe ich Ihnen zu bedenken, ob es nicht ratsam sein möchte, zur Belebung des dramatischen Interesse, sich des Thoas und seiner Taurier, die sich zwei ganze Akte durch nicht rühren, etwas früher zu erinnern und beide Aktionen, davon die eine jetzt zu lange ruht, in gleichem Feuer zu erhalten. Man hört zwar im 2. und 3. Akt von der Gefahr des Orest und Pylades, aber man *sieht* nichts davon, es ist nichts Sinnliches vorhanden, wodurch die drangvolle Situation zur Erscheinung käme. Nach meinem Gefühle müßte in den 2 Akten, die sich jetzt nur mit Iphigenien und dem Bruder beschäftigen, noch ein Motiv ad extra eingemischt werden, damit auch die äußere Handlung stetig bliebe und die nachherige Erscheinung des Arkas mehr vorbereitet würde. Denn so, wie er jetzt kommt, hat man ihn fast ganz aus den Gedanken verloren.

Es gehört nun freilich zu dem eigenen Charakter dieses Stücks, daß dasjenige, was man eigentlich Handlung nennt, hinter den Kulissen vorgeht und das Sittliche, was im Herzen vorgeht, die Gesinnung, darin zur Handlung gemacht ist und gleichsam vor die Augen gebracht wird. Dieser Geist des Stücks muß erhalten werden, und das Sinnliche muß immer dem Sittlichen nachstehen; aber ich verlange auch nur soviel von jenem, als nötig ist, um dieses ganz darzustellen.

Iphigenia hat mich übrigens, da ich sie jetzt wieder las, tief gerührt, wiewohl ich nicht leugnen will, daß etwas Stoffartiges dabei mit unterlaufen mochte. *Seele* möchte ich es nennen, was den eigentlichen Vorzug davon ausmacht.

Die Wirkung auf das Publikum wird das Stück nicht verfehlen, alles Vorhergegangene hat zu diesem Erfolge zusammengewirkt. Bei unsrer

Kennerwelt möchte gerade das, was wir gegen dasselbe einzuwenden haben, ihm zum Verdienste gerechnet werden, und das kann man sich gefallen lassen, da man so oft wegen des wahrhaft Lobenswürdigen gescholten wird.

Leben Sie recht wohl und lassen mich bald hören, daß das verfestete Produkt anfängt, sich unter Ihren Händen wieder zu erweichen.

Sch.

213. An Johann Friedrich Cotta.

Weimar, 5. Februar 1802

Sie haben mir ehmals erlaubt, wertester Freund, im Falle, daß ich zum Ankauf eines Hauses einen Vorschuß an Geld nötig haben sollte, mich an Sie wenden zu dürfen. Dieser Fall ist jetzt gekommen, und da ich die Gelegenheit nicht aus der Hand lassen möchte, so mache ich von Ihrer Güte Gebrauch. Ich kann zwar einen Teil der Summe von meiner Schwiegermutter erhalten und auch etwas auf dem Hause stehen lassen, aber eine Summe von 2600 Gulden brauche ich doch, weil mich das Haus mit den nötigen Reparaturen auf 8000 Gulden zu stehen kommt; so teuer wohnt man in unserm schlechten Nest. Meinen Garten in Jena, von dem ich jene Summe nehmen könnte, wollte ich nicht gern mit Nachteil verkaufen.

Da ich wahrscheinlich einen vorteilhafteren Kontrakt schließen werde, wenn ich dem Verkäufer, der etwas derangiert ist, gleich eine Summe bar auszahlen kann, so wäre es mir freilich sehr lieb, jene Summe oder doch die größere Hälfte derselben so bald als möglich zu erhalten. Mein Schwager reist in der Mitte dieses Monats mit unserm Prinzen ab, um eine Tour nach Wien und nach Paris mit ihm zu machen. Er wird gegen Ende dieses Monats in Stuttgart mit ihm eintreffen. Wenn ich also recht bald Nachricht von Ihnen erhalte, daß meinem Schwager jene Summe oder ein Teil derselben gegen Ende Februars dort ausgezahlt werden kann, so kann ich mir das Geld von hiesiger Kammer auf Ihre Verschreibung auszahlen lassen, und Zeit und Porto wird erspart. Doch versteht sich's, daß Sie dadurch nicht geniert werden dürfen.

Ich zahle meiner Schwiegermutter für ihren Vorschuß 4 Prozent und muß Sie bitten, wertester Freund, sich diese Einrichtung gleichfalls gefallen zu lassen; denn da ich jene Summe nicht von meinen *neuen* Arbeiten, davon ich das Honorar zu meiner Subsistenz brauche, sondern von der Sammlung meiner *theatralischen Schriften* und folglich nur *langsam* abtragen kann, so würden Sie dabei zuviel verlieren, wenn das Kapital Ihnen ganz tot daläge. Bei 4 Prozent aber habe ich gar keinen Verlust.

Ich danke Ihnen recht sehr für die gütige Bestellung meines Auftrags an meine Mutter.

Bei Goethen will ich tun, was ich kann, um Ihnen einen Beitrag von ihm für den Damenkalender zu schaffen. Aber noch sehe ich nicht, wo es herkommen soll, da er in ganz andern als poetischen Beschäftigungen steckt. Es hatte ihn verdrossen, daß Sie Böttigern wegen des Gangs der Propyläen Eröffnungen getan, weil er nicht gut gegen ihn gesinnt ist und Böttiger, dessen Indiskretion bekannt ist, mit Begierde alles ergreift und verbreitet, was der guten Sache, für welche Goethe streitet, Nachteil bringt.

Übrigens könnte es nicht schaden, wenn Sie sich Goethen durch ein paar Zeilen selbst wieder in Erinnerung brächten.

Meine Schwägerin denkt, im April auch nach Paris zu gehen, und es wird schwer halten, daß Sie für den diesjährigen Damenkalender etwas Beträchtliches leistet. Doch hat sie mir versprochen, das mögliche zu tun.

Leben Sie wohl, mein wertester Freund. Meine Frau, die sich nebst den Kindern wohl befindet, grüßt Sie und Ihre liebe Frau aufs beste. Ganz der Ihrige

Schiller

214. An Georg Joachim Göschen.

Weimar, 10. Februar 1802

Sie erhalten hier die Fortsetzung des Manuskripts zum 30jährigen Kriege etwas spät, weil mir in den letzten Monaten gar zuviel andere Geschäfte durch den Kopf liefen.

Wie angenehm war es mir, mein lieber Freund, was Sie mir über meine Jungfrau von Orleans schrieben. Dieses Stück floß *aus dem Herzen,* und *zu dem Herzen* sollte es auch sprechen. Aber dazu gehört, daß man auch ein Herz habe, und das ist leider nicht überall der Fall.

Ich habe dieser Tage endlich einen alten Wunsch realisiert, ein eigenes Haus zu besitzen. Denn ich habe nun alle Gedanken an das Wegziehen von Weimar aufgegeben und denke hier zu leben und zu sterben. Meine Verhältnisse sind angenehm und gut und sind es neuerlich noch mehr geworden. Denn mein Schwager, der die Heirat unsers Erbprinzen mit der Großfürstin von Rußland negoziiert hatte, ist nach seiner Zurückkunft von Petersburg im Geheimen Conseil hier angestellt worden, so daß ich jetzt durch die 3 Geheimen Räte Goethe, Voigt und meinen Schwager mich in den besten Verhältnissen befinde.

Lassen Sie mich doch gelegentlich wissen, lieber Freund, ob ich das Sümmchen Honorar für die neue Ausgabe des 30jährigen Krieges, ohne Sie zu genieren, nicht *auf Himmelfahrtstag* erhalten könnte, denn da ich alles, was ich hatte und zusammenkratzen konnte, an den Ankauf des Hauses habe verwenden müssen, so muß mein Beutel bis dahin wieder aufgefrischt werden. Wenn es Ihnen aber irgend ungelegen käme, so schreiben Sie mir's geradeheraus, und ich werde mich sonst zu arrangieren wissen. Früher als Himmelfahrt brauche ich's nicht, denn das ist der Termin.

Wenn wir dann ordentlich in unserm eigenen Neste sitzen, so müssen Sie mit Ihrer lieben Frau uns besuchen und uns Gelegenheit geben, Ihnen die freundliche Aufnahme, die wir zu Hohenstädt von Ihnen erhalten, wieder heimzugeben.

Mit dem herzlichsten Gruß von meiner Frau an Sie beide

der Ihrige

Sch.

215. An Christian Gottfried Körner.

Weimar, 18. Februar 1802

Herzlichen Dank für die Melodien; Du hast mich mit der schnellen Erscheinung derselben in der Tat überrascht. Ich habe sie noch nicht spielen hören, aber unsern Damen sogleich zum Einlernen zugeschickt. Unser Kränzchen ist auf einige Tage verschoben, weil Goethe nicht hier ist und weil wir den Erbprinzen, der den 23. von hier abreist, um die große Tour zu machen, zum Abschied noch regalieren wollen.

Was Du über die Ausfälle gegen die christliche Religion in meinem Gedicht anmerkst, ist gegründet; auch meinte ich vorzüglich diese Stelle, als ich Dir schrieb, daß dem Gedichte noch die letzte Hand fehle.

Ich habe noch verschiedene andere angefangen, die mir aber ihrem Stoffe nach zu ernsthaft und zu poetisch sind, um bei einer vermischten Sozietät und bei Tische zu kursieren. Es ist eine erstaunliche Klippe für die Poesie, Gesellschaftslieder zu verfertigen – die Prosa des wirklichen Lebens hängt sich bleischwer an die Phantasie, und man ist immer in Gefahr, in den Ton der Freimäurerlieder zu fallen, der (mit Erlaubnis zu sagen) der heilloseste von allen ist. So hat Goethe selbst einige platte

Sachen bei dieser Gelegenheit ausgehen lassen, wiewohl auch einige sehr glückliche Liedchen mit unterliefen, die aus seiner besten Zeit sind.

Der Sukzeß der Johanna beim Kurfürsten hat uns großen Spaß gemacht; das hätten wir uns in unsrer Philosophie nicht träumen lassen.

Ich sende Dir hier einen Brief an unsern Advokaten; es ist von einem Vergleich der Parteien die Rede, welchen das General-Kriegsgericht vorschlägt. Du wirst es von Brannaschk umständlicher hören. Sei so gut, mit ihm darüber zu sprechen. Wir sind den Vergleich zufrieden, und ich habe den Advokaten bevollmächtigt, unter den 2 Arten, die man vorschlug, diejenige zu ergreifen, welche Richtenfeld erwählen wird, wodurch wir mit diesem gemeinschaftliche Sache gegen die Legatarien bekommen. Der Vorschlag ist nämlich, den ganzen Bestand der Erbschaft von 3800 Talern in 3 Teile zu teilen, davon ⅓ den drei Intestaterbinnen, das andere den Legatarien und das letzte dem Richtenfeld zuzusprechen, welcher bei diesem Arrangement einige 100 Taler zu gewinnen hat. Es kommt nun alles darauf an, ob sich die Frau von Benckendorf, welche den meisten Verlust dabei erleidet, dazu verstehen wird.

Lebe wohl. Wir umarmen Euch aufs herzlichste.

Dein

Sch.

216. An Johann Friedrich Cotta.

Weimar, 16. März 1802

Ich übersende Ihnen hier einige Gedichte für den Damenkalender; wenn ich Zeit finde, folgt vielleicht noch etwas nach.

Auch schicke ich eine Erzählung, die mir zur Ansicht ist mitgeteilt worden und die Sie vielleicht für die Flora brauchen können. Sie ist nicht ohne Interesse und hat eine reine moralische Tendenz. Der Verfasser ist mit 4 Reichstalern für den gedruckten Bogen zufrieden. Steht sie Ihnen nicht an, so haben Sie die Güte, sie gleich wieder zurückzuschicken.

Sie haben jetzt ohne Zweifel meinen Schwager gesehen und das bewußte Geschäft mit ihm abgemacht. Lassen Sie mich doch in Ihrem nächsten Briefe wissen, wie Sie ihn gefunden, denn er war nicht ganz wohl, als er abreiste.

Können Sie eine genaue Spezialkarte von dem Waldstättensee und den umliegenden Kantons mir verschaffen, so haben Sie die Güte, sie mitzubringen. Ich habe so oft das falsche Gerücht hören müssen, als ob ich einen Wilhelm Tell bearbeitete, daß ich endlich auf diesen Gegenstand aufmerksam worden bin und das Chronicon Helveticum von Tschudi studierte. Dies hat mich so sehr angezogen, daß ich nun in allem Ernst einen Wilhelm Tell zu bearbeiten gedenke, und das soll ein Schauspiel werden, womit wir Ehre einlegen wollen. Sagen Sie aber niemand kein Wort davon, denn ich verliere die Lust an meinem Arbeiten, wenn ich zuviel davon reden höre. Ist das Chronicon von Tschudi um etliche Gulden zu bekommen, so bringen Sie mir's auch mit, denn ich möchte es wohl eigen besitzen.

Ein anderes, kleineres Schauspiel wird gegen den Herbst fertig und könnte allenfalls auf Neujahr herauskommen.

Leben Sie recht wohl, mein wertester Freund. Die herzlichsten Grüße von meiner Frau an ihre liebe Gattin. Ganz der Ihrige

Sch.

217. An Christian Gottfried Körner.

Weimar, 17. März 1802

Dein Aufsatz über Geist und Esprit hat mich sehr angenehm überrascht und interessierte mich doppelt, sowohl der Sache selbst wegen als auch darum, weil er Deine eigene, alles sich veredelnde Individualität so rein ausspricht. *Geist, geistreich* ist einer von denjenigen kursierenden Begriffen, die sich jeder einzelne Mensch und jede Nation nach ihrem eigentümlichen Ideal und Bedürfnis modeln und auch gewissermaßen dazu befugt sind. Du hast die Idee nach Deiner Art gefaßt, die im ganzen auch die meine ist, weil wir in dem, was wir fürs Höchste halten, übereinstimmen. Aber auch dem Franzosen müssen wir seinen Geist und seine Art des Geistreichen zugestehen, wenn wir unter Geist überhaupt dasjenige verstehen, was bei einem Geschäft *über* das Geschäft hinausgeht, was das freie Vermögen reizt und beschäftigt, was gleichsam einen subjektiven Gehalt und Überfluß zu dem streng Objektiven gibt. Wir gebildeten und besonders ästhetisch gebildeten Deutschen wollen immer aus dem Beschränkten ins Unendliche gehen und werden also den Geist ernsthafter nehmen und in das Tiefe und Ideale setzen; der Franzose hingegen wird sich seines absoluten Vermögens mehr durch das freie Spiel der Gedanken bewußt und wird also schon mit dem Witz zufrieden sein.

Aber auch der Witz nähert sich, sobald er konstitutiv wird, dem Genialen, ja ich glaube, daß manche luminöse und tiefe Wahrheiten dem Witz sich früher dargestellt haben, nur daß er nicht das Herz hatte, Ernst daraus zu machen, bis das Genie kam und wie eine edle Art von Wahnwitzigen sich über alle Rücksichten wegsetzte.

Aus ebendem Grunde, weil wir Deutschen so viel von dem Geist fordern, haben wir so wenig; das Höchste macht sich am schwersten mit dem Gewöhnlichen gemein, daher bleibt uns so oft keine andere Wahl, als abwechselnd platt und erhaben zu sein. Des Zierlichen, Anmutigen, Geistreichen (im gewöhnlichen Sinne) ist jedes Geschäft, jedes Gespräch fähig und empfänglich, des Poetischen oder Idealen aber nicht, oder nur in den höchsten Momenten.

Du äußerst den Wunsch, daß ich mich wieder auf eine periodische Schrift einlassen möchte, und ich selbst wünschte um Deinetwillen es möglich machen zu können. Aber ich bin durch die Thalia, die Horen und den Almanach auf immer und ewig davon abgeschreckt, auch hat sich meine Natur, die sonst sehr dahin neigte, gänzlich verändert, so daß ich jetzt jeden Augenblick für verloren halte, den ich nicht einem poetischen Werke widme. Solche verlorene Augenblicke habe ich zwar genug, aber ich tue dann lieber nichts als etwas anderes.

Leider habe ich diesen Winter soviel als nichts getan, weil ich mich nicht bestimmen konnte und weil die hiesige Existenz sehr zerstreuend für mich ist. Eine andere Einrichtung meines Hauses, wo ich mich bisher nicht recht isolieren konnte, war dringend nötig, und dies hat mich vorzüglich bestimmt, mir hier ein Haus zu kaufen. Nicht sowohl dieser Hauskauf als die große Versäumnis in diesem Winter wird unsrer Wiedervereinigung in diesem Jahre Schwierigkeiten in den Weg legen; denn ich muß nun eilen, mich ganz in das Geschäft hineinzustürzen.

Du wirst mich fragen, warum ich denn den Warbeck habe liegenlassen; ich habe viel über das Stück gedacht und werde es auch unfehlbar mit Sukzeß ausführen. Aber ein anderes Sujet hat sich gefunden, das mich jetzt ungleich stärker anzieht und welches ich getrost auf die Jungfrau von Orleans kann folgen lassen. Aber es fordert Zeit; denn es ist ein gewagtes Unternehmen und wert, daß man alles dafür tue.

Deine Melodien, die wir jetzt gehört haben, machen uns viele Freude, besonders macht die zu den vier Weltaltern Glück. Ich wünschte nur, daß ich sie besser könnte vortragen hören; denn so gern unsere Damen singen, so wenig Musik verstehen sie.

Die Einlage bitte an Becker zu besorgen. Es sind einige Kleinigkeiten von Poesie, die ich ihm für seine *Erholungen* versprochen; Du kannst sie Dir gelegentlich von ihm zeigen lassen, denn viel ist nicht daran. Indessen findest Du doch vielleicht etwas Komponibles darunter. Ich habe einige glückliche Ideen zu Gedichten, wenn sie nur ausgeführt wären.

Lebe wohl und laß mich bald wieder von Dir hören. Wir umarmen Euch alle von ganzem Herzen.

Dein

Sch.

218. An Johann Friedrich Cotta.

Weimar, 18. Mai 1802

Ich habe mit Goethen Ihrentwegen gesprochen und kann Ihnen nun seine bestimmte Meinung wegen der zu verlegenden Werke geben. Es ist durchaus nötig, daß Sie mit einem bestimmten Entschluß hierherkommen, wie weit Sie mit ihm gehen wollen, und Ihnen diesen Entschluß zu erleichtern ist die Absicht meines heutigen Schreibens.

Goethe will aufs nächste Jahr einen Almanach von Liedern, welche zu bekannten volksmäßigen Melodien von ihm gemacht sind, herausgeben. Ich habe einen Teil dieser Lieder gehört, sie sind vortrefflich, und man kann sagen, daß sie die Melodien selbst mit sich erheben und diesen besser sogar anpassen als die ursprünglichen Lieder, zu denen man sie erfunden hatte. Der innre Wert dieses Liederalmanachs, der Name Goethens und der Umstand, daß jedermann die Lieder sogleich singen kann, weil die Melodien dazu schon alt und im Gange sind, läßt einen großen Absatz dieses Almanachs sicher erwarten. Es wäre also keine Frage, daß Sie ihm die 1000 Reichstaler, die er dafür haben will, geben könnten, obgleich viele Exemplare verkauft sein müßten, ehe die Kosten herauskämen.

Hierbei aber ist nun eine Bedingung, welche mir bedenklich scheint. Goethe will nämlich, daß Sie auch zwei andere Werke, vielleicht noch mehrere, binnen der nächsten Jahre verlegen, welche bei weitem diesen Kurs nicht haben können und die das Schicksal der Propyläen haben dürften. Das eine davon ist eine *Geschichte der Kunst im verflossenen Jahrhundert,* welche Meyer aufgesetzt hat, und begleitet von eignen Aufsätzen Goethens. Es läßt sich von diesem Werk etwas wahrhaft Vortreffliches dem innern Gehalt nach erwarten, aber die große Frage ist, ob der höchste innre Wert, den doch gewiß die Propyläen haben, auch ein sichres Unterpfand für den Absatz ist. Die Aufsätze in den Propyläen über die alten Maler und dergleichen zeigen den Geist, in welchem jene Geschichte der Kunst geschrieben sein wird. Goethe wird zwar diese Schrift noch mit einem sehr merkwürdigen Beitrag begleiten, aus dem er jetzt noch ein Geheimnis macht, das ich Ihnen aber, damit Sie alles wissen, im Vertrauen eröffnen will, sobald Sie hier sind. Er verlangt ferner nur ein verhältnismäßiges Honorar für diese Schrift, wird sich aber, wie ich ihn kenne, mit 100 Karolin kaum begnügen.

Nun glaube ich zwar nicht, daß Sie bei diesem Werk in Verlust kommen würden, obgleich ich keinen *großen Gewinn* voraussehe, besonders auch darum nicht, weil in den nächsten 6 bis 8 Jahren gewiß seine sämtlichen Werke gesammelt herauskommen, worin alle jene Schriften wieder erschienen; aber von einem andern Werke, das er gleichfalls von Ihnen verlegt haben will, wenn er Ihnen irgend etwas Poetisches zum Verlag geben soll, ist weit mehr zu befürchten. Dies Werk ist der *Cellini,* den er, nun vollständig und mit Noten begleitet, herausgeben will. Er erkennt zwar, daß er dafür beträchtlich weniger als für ein Originalwerk fodern kann, und nimmt auch darauf Rücksicht, daß Sie ihm für einen Teil desselben in den Horen schon ein gutes Honorar bezahlt haben. Dieses Werk, das etwa 1 Alphabet betragen wird, überließ er Ihnen vielleicht um 50 Karolin; aber mit Druck und Papier würde es Ihnen doch auf mehr als 100 Karolin zu stehen kommen, und diese möchten schwer dabei zu gewinnen sein, da selbst die Horen, zum Teil dieser Cellinischen Aufsätze wegen, von ihrem Absatz verloren haben. Sie würden also den Verlust, welchen Sie bei diesem Werke erleiden können, in den Liederalmanach einrechnen müssen und sich folglich wohl fragen, ob jener Almanach unter besagten Umständen eine gute Spekulation ist.

Vielleicht könnten Sie aber alle diese Risikos nicht achten, in der Hoffnung, sich auf einmal an dem *Goethischen Faust* für alle Verluste zu entschädigen. Aber außer dem, daß es zweifelhaft ist, ob er dieses Gedicht je vollendet, so können Sie sich darauf verlassen, daß er es Ihnen, der vorhergehenden Verhältnisse und von Ihnen aufgeopferten Summen ungeachtet, nicht wohlfeiler verkaufen wird als irgendeinem andern Verleger, und seine Foderungen werden groß sein. Es ist, um es geradeheraus zu sagen, kein guter Handel mit Goethe zu treffen, weil er seinen Wert ganz kennt und sich selbst hoch taxiert und auf das Glück des Buchhandels, davon er überhaupt nur eine vage Idee hat, keine Rücksicht nimmt. Es ist noch kein Buchhändler in Verbindung mit ihm geblieben; er war noch mit keinem zufrieden, und mancher mochte auch mit ihm nicht zufrieden sein. Liberalität gegen seine Verleger ist seine Sache nicht.

So stehen nun die Dinge, und ich war es unserm Verhältnisse schuldig, Ihnen die schwürige Seite dieses Handels vorzustellen, selbst wider meine eigene Wünsche, indem ich gerade diese Schriften, von deren Verlag ich Ihnen abrate, gedruckt wünsche, weil sie die gute Sache fördern müssen. Aber einen Verleger werden sie ja wohl finden, der sich daran verkauft; nur mein Freund soll nicht darunter leiden.

Wie ich nun glaube, daß Sie sich mit Goethe zu explizieren haben, will ich Ihnen mündlich sagen. Er wird Ihrentwegen am Sonnabend nach Himmelfahrt zuverlässig hier sein.

Und nun leben Sie wohl bis auf Wiedersehen.

Ganz der Ihrige

Sch.

219. An Christian Gottfried Körner.

Weimar, 9. September 1802

Ich muß mich meiner langen Pause wegen diesmal recht vor Dir schämen, aber da ich Dich auf der Reise wußte, so ergriff meine natürliche Faulheit diese Entschuldigung, um sich das Schreiben zu ersparen. Auch hast Du nichts dabei verloren, denn dieser Sommer gibt mir leider wenig Stoff dazu. Wiewohl, ich bin nicht untätig gewesen und arbeite jetzt mit ziemlichem Ernst an einer Tragödie, deren Sujet Du aus meiner Erzählung kennst. Es sind die feindlichen Brüder oder, wie ich es taufen werde, die *Braut von Messina*. Über dem langen Hin- und Herschwanken von einem Stoffe zum andern habe ich zuerst nach diesem gegriffen, und zwar aus dreierlei Gründen. – 1. war ich damit in Absicht auf den Plan, der sehr einfach ist, am weitsten. 2. bedurfte ich eines gewissen Stachels von Neuheit in der Form, und einer solchen Form, die ein Schritt näher zur antiken Tragödie wäre, welches hier wirklich der Fall ist, denn das Stück läßt sich wirklich zu einer äschyleischen Tragödie an. 3. mußte ich etwas wählen, was nicht de longue haleine ist, weil ich nach der langen Pause notwendig bedarf, wieder etwas fertig vor mir [zu] sehn. Ich muß auf jeden Fall am Ende des Jahrs damit zustande sein, weil es Ende Januars zum Geburtstag unserer Herzogin aufgeführt zu werden bestimmt ist. Alsdann geht es hurtig an den *Warbeck*, wozu der Plan jetzt auch viel weitergerückt ist, und unmittelbar nach diesem an den *Wilhelm Tell*, denn dies ist das Stück, von dem ich Dir einmal schrieb, daß es mich lebhaft anziehe. Du hast vielleicht schon im vorigen Jahre davon reden hören, daß ich einen Wilhelm Tell bearbeite, denn selbst vor meiner Dresdener Reise wurde deshalb aus Berlin und Hamburg bei mir angefragt. Es war mir niemals in den Sinn gekommen. – Weil aber die Nachfrage nach diesem Stück immer wiederholt wurde, so wurde ich aufmerksam darauf, und ich fing an, *Tschudis* schweizerische Geschichte zu studieren. Nun ging mir ein Licht auf, denn dieser Schriftsteller hat einen so treuherzigen herodotischen, ja fast homerischen Geist, daß er einen poetisch zu stimmen imstand ist. – Ob nun gleich *der Tell* einer dramatischen Behandlung nichts weniger als günstig scheint, da die Handlung dem Ort und der Zeit nach ganz zerstreut auseinanderliegt, da sie großenteils eine Staatsaktion ist und (das Märchen mit dem Hut und Apfel ausgenommen) der Darstellung widerstrebt, so habe ich doch bis jetzt so viel poetische Operation damit vorgenommen, daß sie aus dem Historischen heraus und ins Poetische eingetreten ist. Übrigens brauche ich Dir nicht zu sagen, daß es eine verteufelte Aufgabe ist; denn wenn ich auch von allen Erwartungen, die das Publikum und das Zeitalter gerade zu diesem Stoff mitbringt, wie billig, abstrahiere, so bleibt mir doch eine sehr hohe poetische Foderung zu erfüllen, weil hier ein ganzes, lokal-bedingtes Volk, ein ganzes und entferntes Zeitalter und, was die Hauptsache ist, ein ganz örtliches, ja beinah individuelles und einziges Phänomen mit dem Charakter der höchsten Notwendigkeit und Wahrheit soll zur Anschauung gebracht werden. Indes stehen schon die Säulen des Gebäudes fest, und ich hoffe, einen soliden Bau zustande zu bringen.

Damit Du indes doch den Glauben an meine Produktivität nicht ganz verlieren mögst, so lege ich die *Kassandra* bei, ein kleines Gedicht, das den vorigen Monat entstanden ist. Du wirst vielleicht bedauern, daß die Idee zu diesem Gedicht, welche vielleicht der Stoff einer Tragödie hätte werden können, nur lyrisch ausgeführt worden ist. – Möge Euch die Kleinigkeit Freude machen. Ich ergötze mich an dem Gedanken, daß der liebe häusliche Kreis sich um Dich her versammeln wird, wenn Du das Gedicht vorliesest. Vielleicht reizt es Dich, eine Melodie dazu zu setzen.

Kunzens Übelbefinden beklagen wir sehr, und ich fürchte, es wird übel ablaufen. Doch um alles zu versuchen, hätte er das Urteil mehrerer großen Ärzte einholen und es auch mit einem andern Bade noch probieren sollen. Aachen hat unter ziemlich ähnlichen Umständen Herdern viel geholfen.

Mit dem vorgeschlagenen Buchhändler kann ich mich nicht einlassen, weil ich Cotta, der sehr freundschaftlich an mir zu handeln pflegt, dadurch kränken, auch mein positives Versprechen, das ich ihm getan, verletzen würde. Ob ich in den nächsten Jahren etwas Kritisches oder sonst Theoretisches werde ausarbeiten können, zweifle ich sehr, wenigstens zeigt sich durchaus keine Neigung dazu. Bringst Du etwas fertig, so versichr ich Dir, es sogleich an Mann zu bringen. Heute wird Humboldt hier erwartet, ich werde ihn nicht ohne eine gewisse traurige Empfindung von uns hinwegscheiden sehen. Grüße meine Schwiegermutter von uns, wenn Du sie siehst, sie wird gewiß alle Augenblicke, die ihr gehören, mit Euch zubringen.

Herzlich umarmen wir Euch alle.

Dein

S.

220. An Johann Friedrich Cotta.

Weimar, 10. September 1802

Sie haben, teurer Freund, das so gütig übernommene Geschäft völlig meinen Wünschen gemäß beendigt, und ich sehe mich auch hier, wie in allen unsern Verhältnissen, Ihrer Einsicht und freundschaftlichen Sorgfalt unendlich verpflichtet. Wahrlich, ich darf mich eines Freundes rühmen, wie ihn wenige besitzen, der meine Angelegenheiten völlig zu den seinigen macht und in dessen Händen sich alles, was er übernimmt, zu meinem Besten wendet.

Da ich jetzt noch nicht in den Umständen bin, um ausstehende Kapitalien zu haben, und mein Hausbau mich bares Geld kostet, so würde ich die auf mich fallende Summe am liebsten mir bar auszahlen lassen und bitte Sie also, solche vorderhand aufzukündigen.

Die Anweisung auf 60 Laubtaler habe ich erhalten und mir hier auszahlen lassen, für welche Summe ich also Ihr Schuldner bin. Gegen die Mitte November ersuche ich Sie, wertester Freund, mir auf unsere Rechnung noch 250 Laubtaler zu senden oder anzuweisen; doch ist es mir auch ganz recht, wenn ich diese Summe in *zwei* Terminen, eine Hälfte im November, die andre im Januar erhalte. Bis dahin werde ich mit meiner neuen Tragödie fertig sein, welche auch sogleich in der Ostermesse herauskommen soll.

Goethe hat Ihnen sein Drama angeboten, wie er mir sagt, und das Honorar Ihnen überlassen. Auf eine Anfrage, die er vorher bei mir getan, was er ohngefähr dafür erwarten könne, habe ich ihm von 60 Karolin gesprochen, und er scheint damit zufrieden. Es steht bei Ihnen, ob Sie dieses Honorar um etwas übersteigen wollen. Das Stück, welches natürlicherweise im Druck auf die möglichst größte Bogenzahl muß ausgedehnt werden, kann, wie ich es nach einer flüchtigen Übersicht taxiere, 6 Bogen, Kleinoktav und etwas weit gedruckt ausmachen. Die Buchhändler aus Berlin und Leipzig haben sich, wie ich von guter Hand weiß, darum gerissen, und es ist ein gutes Zeichen, daß Goethe sich nicht durch ihre Anerbietungen blenden ließ.

Leben Sie wohl, teurer Freund. Von meiner Frau an Sie beide die herzlichsten Grüße. Ganz der Ihrige

Schiller

221. An Johann Friedrich Cotta.

Weimar, 8. Oktober 1802

Aufs schönste danke ich Ihnen, wertester Freund, für die überschickten Exemplare der Turandot und des Damenkalender. Jene nimmt sich im Druck ganz gut aus, und ich habe nur wenige Druckfehler bemerkt, die auch wohl Schreibfehler sein konnten. Der Kalender, für den meine Frau Ihnen aufs beste dankt, hat an Hubers Erzählung besonders einen sehr schätzbaren Beitrag. Ich gestehe, daß ich sie seinen vorhergehenden Erzählungen um vieles vorziehe wegen der Simplizität und Klarheit. Was er über meine Stücke sagt, erkenne ich mit Dank, es macht mich aber immer verdrüßlich, ich leugne es nicht, daß sich die Poesie erst durch die Prosa muß rechtfertigen lassen. Die zweite Zeichnung zur Maria ist nicht übel, aber die erste ist nicht gut gewählt noch ausgeführt.

Für das Goethische Stück, da es nur 5 kleine Bogen gibt, werden 60 Karolin vollkommen hinreichen, vergreift es sich schnell, nun, so können Sie immer noch ein übriges tun.

Jetzt beschäftigt ihn die Ausgabe des Cellini sehr ernsthaft, er tut sehr viel für die Übersetzung und erhöht den Wert des Buchs durch vortreffliche Anmerkungen und Beilagen. Aber da er dieses Werk mit Liebe und vielem Studium bearbeitet, so will er es nicht mit Nachteil verkaufen, und freilich wär es schade, wenn er oder Sie dabei zu kurz kommen sollten. Das Werk ist in der Tat von der höchsten Bedeutung sowohl in psychologischer Rücksicht, als die Selbstbiographie eines gewaltigen Naturells und eines charaktervollen Individuums, als auch in historischer und artistischer, weil es eine Zeitperiode aufklärt, die für die neuere Kunst die wichtigste war, und selbst schätzbare Winke über Kunst und Kunstgeschichte verbreitet. Sollte es auch für den Moment keinen großen Absatz finden, so wird es immer ein schätzbarer Artikel auf Ihrem Lager sein und immer gesucht werden. Auch läßt sich durch zweckmäßige Anzeigen desselben vielleicht doch eine schnellere Verbreitung bewirken.

Was die Ausgabe meines Theaters betrifft, so überlasse ich Ihnen ganz das Wo und Wie. Bloß das bemerke ich, daß wir uns von der Druckform des Wallenstein und der Maria etwas entfernen müssen. Zu lateinischer Schrift kann ich aus vielen Gründen nicht raten; nun gibt es aber leider keine schönere deutsche Schrift für solche Werke als gerade die des Wallenstein. Solche ist zwar noch um etwas weniges zu klein, aber diejenige größere, welche zunächst darauf folgt, ist für Verse schon zu groß und zu plump. Ich hatte immer gewünscht, daß Prillwitz oder ein anderer Schriftgießer eine mittlere gießen möchte, welche zwischen der des Wallenstein und zwischen der, welche in den letzten Jahrgängen der Horen vorkommt, die Mitte hielte und bei welcher wir dann für immer bleiben könnten.

Was das Papier betrifft, so möchte ich anstatt des teuren Postpapiers ein gutes weißes Schreibpapier, den Ballen etwa 45–50 Gulden im Wert, dazu empfehlen.

Das Format wäre natürlicherweise Median wie der Wallenstein, und auf eine Seite müßte man etwa 25–26 Zeilen rechnen.

Vor den ersten Teil wäre es vielleicht schicklich, mein Bild zu setzen, und dieses könnte nach Danneckers Büste von einem guten Kupferstecher gestochen werden, wenn Sie die Kosten daran wenden wollen. Es versteht sich von selbst, ohne alle Attribute, mit möglichster Bescheidenheit, da ich das Buch selbst herausgebe.

Mein neues Stück, *Die Braut von Messina*, wird nicht über 8 Bogen ausmachen. Dieses könnte also zur Veränderung mit etwas größerer Schrift, etwa wie in den Horen, gedruckt werden.

Anbei sende ich Ihnen den Teilungszettel und bitte Sie um fernere gütige Besorgung dieses Geschäfts.

Mit den herzlichsten Grüßen von uns beiden an Sie und Ihre Frau Gemahlin. Ganz der Ihrige

Schiller

222. An Johann Gottlieb Frankh.

Weimar, 29. Oktober 1802

Die glückliche Entbindung der lieben Schwester hat uns alle herzlich erfreut und mich, ich darf es jetzt wohl sagen, von einer großen Furcht befreit, dem Himmel sei Dank für den erfreulichen Ausgang. Doch will ich Sie, liebster Herr Schwager, recht inständig gebeten haben, die Wöchnerin ein wenig kurz zu halten, daß sie sich nicht zu früh herauswagt und sich überhaupt aufs äußerste in acht nimmt, weil wir gar zuviel Beispiele gehabt, daß die Wochen übel abgelaufen.

Zu dem lieben Sohn und Stammhalter wünsche ich herzlich Glück, ich weiß aus eigener Erfahrung, wie groß die Freude des Vaters ist, sich in einem Sohn fortleben zu sehen. Mögen alle guten Engel über dem kleinen Söhnlein wachen, daß er alle Perioden des Lebens glücklich durchwandle und die Freude seiner Eltern sei. Ich werde als Oncle und als Pate meine Pflicht redlich an ihm erfüllen, wenn ich die Freude erlebe, ihm nützlich sein zu können.

Das Pack mit der Leinwand und den Geschenken für die Kinder, die die liebe Schwester einschloß, haben wir erhalten und danken bestens dafür; möchte nur die liebe Mutter diese Zeit auch noch erlebt haben!

Die Zeitungen haben mir den Adel von Wien aus zuerkannt, ich selbst aber habe noch nichts von dorther erhalten. Indessen mag an dem Gerüchte etwas Wahres sein, denn ich habe Ursache zu vermuten, daß mein Herzog mir damit ein Geschenk machen wollte. Herzlich, bester Schwager, umarme ich Sie. Der lieben Schwester tausend brüderliche Grüße.

Ihr aufrichtig ergebener

Schiller

223. An Johann Friedrich Cotta.

Weimar, 27. November 1802

Die 250 Laubtaler sind mir von Herrn Böhme zu rechter Zeit zugestellt worden, wofür ich Ihnen aufs verbindlichste danke. Auch für Auszahlung der 50 Reichstaler an meine Schwägerin danke ich Ihnen bestens.

Die Braut von Messina hoffe ich Ihnen spätestens *Anfang Februars* zusenden zu können, so daß Sie das Manuskript zu rechter Zeit noch in Wien einschicken können. Daß Sie um ein Privilegium ansuchen, billige ich sehr. Bei der Sammlung meiner Schauspiele halte ich es für weniger nötig, weil diese keine neuen und ungedruckten Stücke enthält, als worauf die Nachdrucker doch allein Jagd machen.

Der Druck des letztern Werks kann gleichfalls, wenn es Ihnen recht ist, vor Ostern, etwa im Januar, angefangen werden. Ich leugne zwar nicht, daß mir's lieber wäre, wenn der erste Band meines Theaters erst in der Michaelismesse erschiene, damit dieser erste Band und die Braut von Messina nicht in einer Messe erschienen. Ich würde überhaupt auch für alle folgenden Bände diese Maßregel beobachten, so daß in der Ostermesse ein neues Stück und in der Herbstmesse ein Band der Sammlung erschienen, oder umgekehrt, wie es sich schickt, nur nicht beide in einer Messe.

Die mir überschickte Schriftprobe kann ich nicht gutheißen, sie ist erstlich noch zu groß, und dann hat sie keinen schönen Schnitt. Die Schrift, womit das Goethische Stück, *Was wir bringen*, gedruckt ist, würde allenfalls gut sein, nur müßte das Arrangement eleganter sein, als bei letzterem Stücke geschehen, und besonders müßten die Ränder und der Steg breiter sein. Ich will Ihnen bei nächster Gelegenheit eine Probe zusenden, wie meine Meinung deswegen ist; vorher aber wünschte ich eine Papierprobe von Ihnen zu erhalten, weil ich mich nach der Größe des Papiers zu richten habe.

Die Braut von Messina könnte also wieder so wie der Wallenstein und die Maria Stuart gedruckt werden.

Haben Sie doch die Güte, mir gelegentlich ein Exemplar der Räuber und von Kabale und Liebe (jene in ihrer ersten Gestalt und nicht nach der Mannheimer Ausgabe) zu übermachen.

Von Wien habe ich jetzt mein Adelsdiplom in optima forma erhalten. Die Anregung zu dieser Sache ist vom Herzog von Weimar geschehen, der mir dadurch etwas Angenehmes erzeigen und meine Frau, welche bisher nicht nach Hof gehen konnte, auf einen gleichern Fuß mit meiner Schwägerin setzen wollte; denn es hatte etwas Unschickliches, daß von 2 Schwestern die eine einen vorzüglichen Rang am Hofe, die andre gar keinen Zutritt zu demselben hatte. Wäre meine Frau nicht von adeligem

Stand, so würde ihr mein Adel nichts geholfen haben; so aber ist es anders, und es könnte auch in der Folge auf die Versorgung meiner Kinder einen guten Einfluß haben. Sie können übrigens leicht denken, daß mir, für meine eigene Person, die Sache ziemlich gleichgültig ist.

Meine Frau und ich empfehlen uns Ihnen beiden aufs freundschaftlichste. Ganz und immer der Ihrige

Sch.

224. An Christian Gottfried Körner.

Weimar, 29. November 1802

Hier folgt der Äschylus, den ich neulich beizulegen vergaß. Auch sollst Du die noch fehlenden Bände der Memoires vollständig erhalten, sobald ich sie wiederbekomme, denn sie sind teils ausgeliehen, teils verlorengegangen. Die Flora kann ich nicht vollständig senden, denn auch mir sind viele Stücke nicht geschickt worden. Doch stehen noch mehrere Stücke aus, die ich nachsenden werde.

Du willst nähere Nachricht, wie es mit meinem Adel zugegangen. Was ich davon in Erfahrung brachte (denn an der Quelle selbst konnte ich freilich nicht nachfragen), ist dieses. Der Herzog hatte mir schon seit länger her etwas zugedacht gehabt, was mir angenehm sein könnte. Nun traf es sich zufällig, daß *Herder*, der in Bayern ein Gut gekauft, was er nach dem Landesgebrauch als Bürgerlicher nicht besitzen konnte, vom Kurfürsten von der Pfalz, der sich des Nobilitationsrechtes anmaßt, den Adel geschenkt bekam. Herder wollte seinen pfalzgräflichen Adel hier geltend machen, wurde aber damit abgewiesen und obendrein ausgelacht, weil ihm jedermann diese Kränkung gönnte; denn er hatte sich immer als der größte Demokrat herausgelassen und wollte sich nun in den Adel eindrängen. Bei dieser Gelegenheit hat der Herzog gegen jemand erklärt, er wolle mir einen Adel verschaffen, der unwidersprechlich sei. Dazu kommt noch, daß sich Kotzebue, den der Hof auch nicht leiden konnte, zudringlicherweise an den Hof eindrang, welches man ihm, da er und seine Frau Ansprüche hatten, nicht verwehren konnte, obgleich man schwer genug daran ging. Dies mag den Herzog noch mehr bestärkt haben, mich adeln zu lassen. Daß mein Schwager den ersten Posten am Hof bekleidet, mag auch mitgewirkt haben; denn es hatte was Sonderbares, daß von zwei Schwestern die eine einen vorzüglichen Rang am Hofe, die andere gar keinen Zutritt zu demselben hatte, obgleich meine Frau und ich sonst viele Verhältnisse mit dem Hofe hatten. Dieses alles bringt dieser Adelsbrief nun ins gleiche, weil meine Frau, als eine Adlige von Geburt, dadurch in ihre Rechte, die sie vor unsrer Heurat hatte, restituiert wird; denn sonst würde ihr mein Adel nichts geholfen haben. Für meine Frau hat die Sache einigen Vorteil, für meine Kinder kann sie ihn mit der Zukunft erhalten, für mich freilich ist nicht viel gewonnen. In einer kleinen Stadt indessen, wie Weimar, ist es immer ein Vorteil, daß man von nichts ausgeschlossen ist, denn das fühlt sich hier doch zuweilen unangenehm, wenn man in einer größern Stadt davon gar nichts gewahr wird.

Ich kann, da eben die Post geht, nichts mehr hinzusetzen. Lebe recht wohl, herzlich umarmen wir Euch alle.

Dein

Sch.

225. An Christophine Reinwald.

Weimar, 7. Januar 1803

Ich kann dies neue Jahr nicht anfangen, ohne Dir, liebste Schwester, und dem guten Reinwald meine herzliche Liebe zu versichern und mich der Eurigen zu empfehlen. Vielleicht führt uns dieses Jahr zusammen, denn es kann geschehen, daß wir nach den südlichen Gegenden eine kleine Reise machen, und dann würde uns unser Weg über Meiningen führen. Wenigstens will ich mich dieser Hoffnung freuen!

Wir haben uns bei dem gelinden Winter recht erträglich befunden, besonders die Kinder. Die kleine Karoline blüht jetzt wie das Leben und macht uns unaussprechlich viel Freude.

Ich selbst war nicht unfleißig und werde in 4 Wochen mit einer neuen Tragödie, und zwar im Stil der antiken Stücke, fertig sein. Ich muß mich freilich zusammennehmen, damit Geld verdient wird; denn es ist hier ein teurer Aufenthalt.

Die gute Fine, welche sich unsers Lebens in Ludwigsburg und auf der Solitüde noch wohl erinnert, wird erschrecken, wenn ich ihr sage, daß ich mit meiner Familie jetzt gerade 10mal soviel brauche, als der Vater als Stabshauptmann Gage gehabt. Das beste ist, daß bei dem wachsenden Aufwand ich auch als Schriftsteller meine Arbeiten steigern kann, und wäre ich nur Herr meiner ganzen Zeit wie in gesunden Tagen, so wäre mir nicht leid, jährlich noch ein ansehnliches Kapital zurückzulegen.

In unserm neuen Hause wird es Euch, wenn Ihr uns einmal besucht, recht wohl gefallen. Es ist sehr heiter und freundlich und liegt sehr angenehm. Freilich haben wir diesen Sommer mit dem Bauen viel Schererei gehabt und große Kosten, auch das Ameublement hat gekostet, aber jetzt freuen wir uns auch dieses Besitzes und fühlen das Angenehme einer eigenen, unabhängigen und bequemen Wohnung, weil wir uns während unsrer ganzen Ehe immer in diesem Stück haben behelfen müssen.

Lotte empfiehlt sich Eurem Andenken aufs beste und wird bald schreiben.

Herzlich umarme ich Euch.

Euer treuer Bruder

Sch.

226. An Johann Wolfgang von Goethe.

[Weimar, 5. Februar 1803]

Die gestrige Vorlesung, von der ich mir eine sehr mäßige Erwartung machte, weil ich mir mein Publikum nicht dazu auswählen konnte, ist mir durch eine recht schöne Teilnahme belohnt worden, und die heterogenen Bestandteile meines Publikums fanden sich wirklich in einem gemeinsamen Zustande vereinigt. Die Furcht und der Schrecken erwiesen sich in ihrer ganzen Kraft, auch die sanftere Rührung gab sich durch schöne Äußerungen kund – der Chor erfreute allgemein durch seine naiven Motive und begeisterte durch seinen lyrischen Schwung, so daß ich, bei gehöriger Anordnung, mir auch auf den Brettern eine bedeutende Wirkung von dem Chore versprechen kann.

Ich habe Beckern mit zu der gestrigen Vorlesung eingeladen, Sie können also, wenn Sie ihn sprechen, abnehmen, wie sich diese neue Erscheinung in seinem Theaterkopfe darstellt. Er war sehr hingerissen und ist von der theatralischen Wirkung des Chors überzeugt.

Das Exemplar, aus welchem ich gestern vorlas, muß ich, der Verhältnisse wegen, dem Herzog schicken, weil er erwarten kann, unter den ersten zu sein, denen ich das Stück mitteile, und meine gestrige Vorlesung davon sprechen gemacht hat. Vielleicht aber kann ich Ihnen doch noch vor Abend ein anderes Exemplar verschaffen. Alsdann wollen wir, wenn es Ihnen recht ist, etwa morgen mittag zusammenkommen und darüber konferieren, denn ich wünschte das Stück, wenn es die Bühne betreten soll, baldmöglichst zu diesem Gebrauche einzurichten, um es auch nach Berlin, Hamburg und Leipzig versenden zu können.

Daß Sie den Cellinischen Anhang so weit fertiggebracht, höre ich sehr gerne, es ist in dieser Art von Arbeiten so etwas Endloses, weil sie ihrer Natur nach atomistisch sind und sich schwer in eine Form bringen lassen.

Was Ihre freundliche Einladung betrifft, so will ich meinen Schwager erst vernehmen, welchen Abend er frei hat, und Ihnen noch heute Antwort sagen.

Leben Sie recht wohl.

Sch.

227. An Christian Gottfried Körner.

Weimar, 6. Februar 1803

Mein Stück ist zwar seit etlichen Tagen fertig, aber weil ich das rein geschriebene Exemplar eiligst an Cotta übersenden muß, der es nach Wien zu schicken hat, um ein Privilegium darauf zu erhalten, so kann ich Dir erst in 8 Tagen eine Abschrift davon schicken.

Was die theatralische Repräsentation desselben betrifft, so habe ich jetzt, nachdem ich das Stück hier in einer sehr gemischten Gesellschaft von Fürsten, Schauspielern, Damen und Schulmeistern mit großem und übereinstimmendem Effekt produziert habe, etwas mehr Hoffnung, es mitsamt dem Chor auch auf die Bühne bringen zu können. Es ist nichts nötig, als daß ich den Chor, ohne an den Worten das geringste zu verändern, in 5 oder 6 Individuen auflöse, womit ich mich jetzt eben beschäftige. Von dem dazu zubereiteten Exemplare lasse ich sogleich einige Abschriften nehmen, um sie nach Berlin, Hamburg und Dresden zu versenden. Du kannst also, wenn man Dich fragt, das Stück binnen 14 Tagen Opitzen für 10 Karolin versprechen. – Von dem *Chor* brauchst Du ihm gar nichts zu sagen, denn sie sollen mir das Stück spielen, ohne nur zu wissen, daß sie den Chor der alten Tragödie auf die Bühne gebracht haben.

Heute nichts weiter, ich werde abgerufen. Alles ist bei uns erträglich wohl, und wir hoffen von Euch ein Gleiches. Herzlich umarmen wir Euch dreie.

Dein

Sch.

228. An Wilhelm von Humboldt.

Weimar, 17. Februar / 3. März 1803

Lassen Sie mich, mein teurer Freund, meinen ersten Brief, den ich Ihnen nach Rom schreibe, nicht mit Entschuldigungen beginnen, die immer ein böses Zeichen sind. – Verzeihen Sie mein langes Stillschweigen, und strafen Sie mich nicht durch das Ihrige. Es macht uns herzliche Freude, Sie nun in Rom leidlich etabliert zu sehen; es wird nach und nach schon werden, denn der Mensch, und der Deutsche besonders, bildet sich seine Welt, und was keine Bildung annimmt, lernt er ertragen. Denken Sie in Ihrem milden Klima an unsern eisernen Himmel; indem ich Ihnen schreibe, liegt alles von Schnee begraben, und es sieht aus, als wenn es in Ewigkeit nicht wieder Sommer werden könnte – dennoch leben auch wir, ja wir tragen mitten im Winter Blumen und Früchte. Ich habe vor 18 Tagen meine Tragödie geendigt, eine Abschrift davon, die ich Ihnen in 14 Tagen absende, soll mein langes Stillschweigen ein wenig expiieren. Mein erster Versuch einer Tragödie in strenger Form wird Ihnen Vergnügen machen, Sie werden daraus urteilen, ob ich als Zeitgenosse des Sophokles auch einmal einen Preis davongetragen haben möchte. Ich hab es nicht vergessen, daß Sie mich den *modernsten* aller neuern Dichter genannt und mich also im größten Gegensatz mit allem, was antik heißt, gedacht haben. Es sollte mich also doppelt freuen, wenn ich Ihnen das Geständnis abzwingen könnte, daß ich auch diesen fremden Geist mir habe zu eigen machen können. Ich will indes nicht leugnen, daß mir ohne eine größre Bekanntschaft, die ich indes mit dem Äschylus gemacht, diese Versetzung in die alte Zeit schwerer würde angekommen sein. Vielleicht ist Ihnen nicht bekannt, daß eine Übersetzung des Prometheus, der Sieben von Theben, der Perser und der Eumeniden von Stolberg, noch in seiner bessern Zeit gemacht, jetzt herausgekommen. Ich kann nicht leugnen, sie hat mir einen hohen Eindruck von Äschylus gemacht, wieviel auch von seinem Geist mag verlorengegangen sein. Jetzt, höre ich, wird Jacobs in Gotha den ganzen Äschylus in deutscher Übersetzung liefern.

Es ist jetzt ein so kläglicher Zustand in der ganzen Poesie, der Deutschen und Ausländer, daß alle Liebe und aller Glaube dazu gehört, um noch an ein Weiterstreben zu denken und auf eine bessere Zeit zu hoffen. Die *Schlegel-* und *Tieckische* Schule erscheint immer hohler und fratzenhafter, während daß sich ihre Antipoden immer platter und erbärmlicher zeigen, und zwischen diesen beiden Formen schwankt nun das Publikum. An ein Zusammenhalten zu einem guten Zweck ist nicht zu denken, jeder steht für sich und muß sich seiner Haut wie im Naturstande wehren.

Es ist zu beklagen, daß Goethe sein Hinschlendern so überhandnehmen läßt und, weil er abwechselnd alles treibt, sich auf nichts energisch konzentriert. Er ist jetzt ordentlich zu einem Mönch geworden und lebt in einer bloßen Beschaulichkeit, die zwar keine abgezogene ist, aber doch nicht nach außen produktiv wirkt. Seit einem Vierteljahr hat er, ohne krank zu sein, das Haus, ja nicht einmal die Stube verlassen. Von dem, was er treibt, wird er Ihnen selbst Nachricht gegeben haben. Wenn Goethe noch einen Glauben an die Möglichkeit von etwas Gutem und eine Konsequenz in seinem Tun hätte, so könnte hier in Weimar noch manches realisiert werden, in der Kunst überhaupt und besonders im Dramatischen. Es entstünde doch etwas, und die unselige Stockung würde sich geben. Allein kann ich nichts machen, oft treibt es mich, mich in der Welt nach einem andern Wohnort und Wirkungskreis umzusehen; wenn es nur irgendwo leidlich wäre, ich ginge fort. – Leider ist Italien, und Rom besonders, kein Land für mich, das Physische des Zustandes würde mich drücken und das ästhetische Interesse mir keinen Ersatz geben, weil mir das Interesse und der Sinn für die bildenden Künste fehlt. Sie selbst, mein Freund, würden es ohne bestimmte Berufsgeschäfte schwerlich lang in Italien aushalten.

Es ist eigen, wie wir seit dem Jahre 1794 und 95, wo wir in Jena zusammen philosophierten und uns durch eine Geistesreibung elektrisierten, auseinander verschlagen worden sind. Jene Zeiten werden mir ewig unvergeßlich sein, und ob ich mich gleich in dieser Zeit in die erfreulichere poetische Tätigkeit versetzt habe und mich im ganzen auch körperlich gesünder fühle, so kann ich Ihnen doch versichern, teurer Freund, daß Sie mir fehlen und daß ich mich aus Mangel einer solchen Geistesberührung, als damals zwischen uns war, um soviel älter geworden fühle.

3. März

Dieser Brief hat eine schwermütige Stimmung, ich täte vielleicht besser, ihn nicht abzusenden, aber er wird Ihnen doch mein Andenken zurückbringen und mich in Ihre Mitte versetzen. Lolo wird das Weitere von unsern Zuständen schreiben. Sie werden gelacht haben, da Sie von unserer Standeserhöhung hörten, es war ein Einfall von unserm Herzog, und da es geschehen ist, so kann ich's um der Lolo und der Kinder willen mir auch gefallen lassen. Lolo ist jetzt recht in ihrem Element, da sie mit ihrer Schleppe am Hofe herumschwänzelt.

Reinhart habe ich ein paar Zeilen geschrieben, die ich ihm zuzustellen bitte, und bitte Sie, *Graß* in meinem Namen zu grüßen, auch Fernow, den ich mich sehr freue, bald in unserer Nähe zu wissen.

Die gute Li möge mich nicht vergessen! Und Sie, teurer Freund, erhalten mir Ihre Liebe.

Sch.

229. An August Wilhelm Iffland.

Weimar, 24. Februar 1803

Hier bringe ich Ihnen endlich wieder etwas Neues und wünsche, daß es Ihnen Vergnügen machen möge. Es ist nach der Strenge der alten Tragödie gemacht, eine einfache Handlung, wenig Personen, wenig Ortveränderung, eine einfache Zeit von einem Tag und einer Nacht, vornehmlich aber der Gebrauch des *Chors*, so wie er in der alten Tragödie vorkommt; auf ihn ist die Hauptwirkung der Tragödie berechnet. Die Darstellung wird nicht schwer sein, da die Reden des Chors nicht mit Musik begleitet werden, ein etwas feierlicherer und pathetischerer Vortag der lyrischen Stellen, eine belebte Aktion auch bei denen, welche nicht selbst reden, und eine möglichst symmetrische Disposition der Figuren möchte das wesentlichste sein.

Die Rolle der *Mutter* wünschte ich in den Händen der Madame Meyer, die ich zwar nicht kenne, aber allgemein und um solcher Eigenschaften willen rühmen höre, wie ich sie bei jener Rolle voraussetzte.

Wollten Sie selbst eine Hauptperson in dem Ritterchor übernehmen, so würden Sie dadurch den Sukzeß des ganzen Unternehmens entscheiden.

Belieben Sie, nur in ein paar Zeilen den Empfang zu melden, und seien Sie aufs freundlichste gegrüßt von

Ihrem ganz ergebenen

Schiller.

230. An Siegfried Lebrecht Crusius.

Weimar, 10. März 1803

Eine Undeutlichkeit in meinem letzten Briefe hat ein Mißverständnis veranlaßt, wie ich aus Ihrem werten vom 2. März ersehe, und ich versäume nicht, es zu heben. Meine Absicht war keineswegs, ein Honorar von 25 Taler für den Bogen der *zweiten* Auflage meiner Gedichte zu stipulieren, diese Forderung würde von meiner Seite ganz übertrieben sein. Ich glaubte bloß, wegen des guten Absatzes der ersten eine Erhöhung des Honorars *für die erste Auflage* mit Billigkeit fordern zu können, welche sich auch rückwärts für den ersten Teil so wie auf die künftigen Bände erstrecken sollte, so als wenn gleich anfangs 25 Taler dafür akkordiert worden wären. *Die Gedichte haben zwar* den Vorteil der Neuheit *nicht*, wie andre noch ungedruckte Artikel, *aber dafür*, daß sie sich nicht gleich in der ersten Messe absetzen lassen, *bleibt Ihnen das Eigentumsrecht für die künftigen Auflagen*, da zum Beispiel Herr Unger auf meine Jungfrau von Orleans nur für drei Jahre das Verlangsrecht hat. *Meine Idee war*, wenn Ihnen mein Vorschlag der 25 Taler für den Bogen *der ersten Auflage* anständig wäre, *mir für den Bogen der zweiten und folgenden Auflagen 1 Karolin zu stipulieren. Ich will es aber gern bei dem alten Kontrakt* von *4 Louisdors lassen, wenn Sie mir von jeder künftigen Auflage die Hälfte dieses Honorars, also 2 Louisdors pro Bogen, bewilligen*, denn es ist meine Meinung gar nicht, Ihre Gefälligkeit zu mißbrauchen.

Eine Prachtausgabe der Gedichte wird mir recht sehr angenehm sein, und ich weiß auch, daß man im Publikum sie wünscht. Was die Einrichtung derselben betrifft, so darf ich sie ganz Ihrem eigenen Geschmack überlassen. Die neuste Ausgabe des Don Karlos bei Göschen ist das Schönste, was ich in dieser Art kenne. Lateinische Schrift ist zu einer Prachtausgabe wohl notwendig, aber sie dürfte freilich nicht gar zu klein gewählt werden, und ebendarum würde auch das Format größeres Oktav sein müssen, weil es nicht gut läßt, wenn die Verse gebrochen werden. Wenn Verzierungen dazukommen sollen, so wünsche ich ihrer wenige, aber von tüchtigen Künstlern, und ich werde, sobald ich darüber Ihre Intention weiß, einige Sujets zu Zeichnungen vorschlagen. Herr Schnorr in Leipzig und Herr Ramberg in Hannover scheinen mir zu solchen Arbeiten eine besonders gefällige Manier zu besitzen.

Zu einem Titelkupfer für den zweiten Band der Gedichte möchte es nun wohl zu spät sein, und es scheint mir auch nicht so notwendig.

Ich wünsche, bald von Ihnen zu hören, daß meine in diesem Brief getanen Vorschläge Ihren Beifall haben, und verharre mit der vorzüglichsten Hochachtung

Ihr pp.

Schiller.

231. An Christian Gottfried Körner.

Weimar, 10. März 1803

Dein Karl wird, wie wir hoffen, jetzt wieder ganz hergestellt sein und Ihr alle Euch außer Sorgen befinden. Ich wünschte Euch nur einen recht guten Arzt, da man einmal ohne diese Hausplage nicht leben kann. Frage den Deinigen, ob die Emma nicht die Eselsmilch trinken solle. Es haben sie hier viele schwächliche Personen gebraucht und mit gutem Erfolge, auch mir ist sie vorigen Sommer wohl bekommen. Es ist die feinste animalische Bereitung der Kräuter, und man glaubt, eine Pflanzenmilch zu schmekken. In Eurem Weinberge könnte sich ein solches Tier recht gut halten lassen, und Minna selbst könnte wahrscheinlich diese Kur auch mit Erfolg gebrauchen.

Was Du über mein Werk schreibst, mußte mich sehr freuen, weil ich gerade das hineinlegen wollte, was Du Dir aus dem Werke herausnahmst. Wegen des Chors bemerke ich noch, daß ich in ihm einen doppelten Charakter darzustellen hatte, einen allgemein menschlichen nämlich, wenn er sich im Zustand der ruhigen Reflexion befindet, und einen spezifischen, wenn er in Leidenschaft gerät und zur handelnden Person wird. In der ersten Qualität ist er gleichsam außer dem Stück und bezieht sich also mehr auf den Zuschauer. Er hat als solcher eine Überlegenheit über die handelnden Personen, aber bloß diejenige, welche der Ruhige über den Passionierten hat, er steht am sichern Ufer, wenn das Schiff mit den Wellen kämpft. In der zweiten Qualität, als selbsthandelnde Person, soll er die ganze Blindheit, Beschränktheit, dumpfe Leidenschaftlichkeit der Masse darstellen, und so hilft er die Hauptfiguren herausheben.

Das Ideenkostüm, das ich mir erlaubte, hat dadurch seine Rechtfertigung, daß die Handlung nach Messina versetzt ist, wo sich Christentum, griechische Mythologie und Mahomedanismus wirklich begegnet und vermischt haben. Das Christentum war zwar die Basis und die herrschende Religion, aber das griechische Fabelwesen wirkte noch in der Sprache, in den alten Denkmälern, in dem Anblick der Städte selbst, welche von Griechen gegründet waren, lebendig fort, und der Märchenglaube sowie das Zauberwesen schloß sich an die maurische Religion an. Die Vermischung dieser drei Mythologien, die sonst den Charakter aufheben würde, wird also hier selbst zum Charakter. Auch ist sie vorzüglich in den Chor gelegt, welcher einheimisch und ein lebendiges Gefäß der Tradition ist.

Was Du in Vorschlag bringst, um den Chor auf dem Theater darzustellen, wird *hier* wirklich in Ausübung gebracht werden, und nach einer einzigen Leseprobe zu urteilen, verspreche ich mir vielen Sukzeß. Sende mir das Exemplar zurück, ich will Dir dafür das Theaterexemplar zuschicken.

An Opitz schicke ich das Stück nicht. Das hiesige Theater wünscht damit in Lauchstädt als mit einer Novität aufzutreten und bat mich, es für Leipzig solang zurückzuhalten, wofür es mir das Honorar vergütet. Weil es doch ohnehin von Opitz schlecht exekutiert werden würde, so bin ich wohl zufrieden, daß der erste Eindruck an jenen Orten durch das Lesen geschieht.

Lebe recht wohl und laß mich bald hören, daß sich alles bei Dir wieder wohl befindet. Wir helfen uns auch nur so mit Not durch diese harte Jahreszeit hindurch, zwischen Wohlsein und Kranksein, ob ich mich gleich im ganzen ziemlich wohl befinde. Aufs herzlichste umarmen wir Euch.

Dein

Sch.

232. An Christian Gottfried Körner.

Weimar, 28. März 1803

Seit 6 Tagen bin ich von einem bösen Hüft- und Schenkelweh geplagt, das mich wegen künftiger Rückfälle beunruhigt, weil sich so etwas leicht festsetzt und habituell wird. Es ist indes ohne Fieber und alle bösartigen Zufälle und mag von einer Erkältung herrühren, die ich mir auf den steinernen Schloßtreppen zugezogen. Unser Erbprinz ist seit 8 Tagen wieder von seinen Reisen zurück, und dies hat mich aus meinem Zimmer herausgetrieben.

Vor 9 Tagen ist die Braut von Messina hier zum erstenmal gegeben und vorgestern wiederholt worden. – Der Eindruck war bedeutend und ungewöhnlich stark, auch imponierte es dem jüngern Teil des Publikums so sehr, daß man mir nach dem Stücke im Schauspielhause ein Vivat brachte, welches man sich sonst hier noch niemals herausnahm. Über den Chor und das vorwaltend Lyrische in dem Stücke sind die Stimmen natürlich sehr geteilt, da noch ein großer Teil des ganzen deutschen Publikums seine prosaischen Begriffe von dem *Natürlichen* in einem Dichterwerk nicht ablegen kann. Es ist der alte und der ewige Streit, den wir beizulegen nicht hoffen dürfen. Was mich selbst betrifft, so kann ich wohl sagen, daß ich in der Vorstellung der Braut von Messina zum erstenmal den Eindruck einer wahren Tragödie bekam. Der Chor hielt das Ganze trefflich zusammen, und ein hoher, furchtbarer Ernst waltete durch die ganze Handlung.

Goethen ist es auch so ergangen, er meint, der theatralische Boden wäre durch diese Erscheinung zu etwas Höherem eingeweiht worden.

In dieser Woche kommt von Goethe selbst ein neues Stück: *Die natürliche Tochter*, auf unsere Bühne, von dem Du aber nicht eher sprechen mußt, bis es öffentlich bekannt ist. Der Stoff ist aus der abenteuerlichen Geschichte einer natürlichen Tochter des Prinzen Conti genommen, welche vor einigen Jahren in Frankreich herausgekommen und Dir vielleicht in die Hände geraten ist. Wenn nicht, so suche sie zu bekommen, sie wird Dich sehr unterhalten, obgleich sie bloß ein Märchen ist.

Die Delphine hat mir denselben Eindruck gemacht, wie Du von Dir beschreibst. Eine gewisse Tiefe, einen Ernst und eine Wahrheit des Gefühls, wie man bei französischen Schriftstellern selten findet, kann man der Staël nicht absprechen, und anstatt der Poesie besitzt sie wenigstens eine eindringende Beredsamkeit. Auch einzelne treffende und glückliche Züge und Blicke erfreuen in diesem Roman, wenn nur der Held kein solcher Jammerkerl wäre und das Ganze nicht die Ausführung eines magern Begriffes wäre, der lächerlich genug noch an der Haustüre angeschrieben steht.

Ich habe in dem Manuskript der Braut, das Du mir zurückgeschickt, mit Verdruß einige häßliche Schreibfehler bemerkt, die Dich notwendig gestört haben müssen. Mit andern Stellen, die Du angestrichen hast, kann ich's nicht so genau nehmen, man muß sich, besonders im Lyrischen, auch etwas erlauben dürfen.

Ich habe seit Endigung der Braut zu meiner Erholung und um der theatralischen Novität willen ein paar französische Lustspiele zu übersetzen angefangen, die in einigen Wochen fertig sein werden. Eins darunter hat viel Verdienst und hätte vielleicht eine recht ernstliche Bearbeitung verdient; das andere ist ein leichtes Intrigenstück, das unterhält und sein halbes Dutzend Vorstellungen auf jedem Theater aushalten kann.

Nun lebe wohl und nehme unsere herzlichen Glückwünsche für das gute Ablaufen des Scharlachfiebers bei den Kindern an. Die größte Sorgfalt in der Diät und Lebensweise, auch noch eine gute Weile nach der Krankheit, wird der Arzt wohl schon empfohlen haben.

Herzlich umarmen wir Euch alle.

Dein

Sch.

233. An August Wilhelm Iffland.

Weimar, 22. April 1803

Was Sie mir im vorigen Jahr bei Gelegenheit der Turandot geschrieben, mein verehrter Freund, ist bei mir nicht auf die Erde gefallen, und daß ich Ihnen nicht sogleich darauf geantwortet, ist nicht bloß aus einer gewöhnlichen Nachlässigkeit, wie sie mir sonst beim Briefschreiben oft begegnet, sondern deswegen geschehen, weil ich Ihnen über das jetzige theatralische Wesen und namentlich über die Rolle, die ich selbst etwa dabei übernehmen könnte, etwas Ausführliches und Hinreichendes schreiben wollte. Und dazu kam ich nun leider nicht, und durch das Aufschieben unterblieb es ganz. Auch war mir im vorigen Jahre Hoffnung gemacht worden, daß ich Sie selbst sprechen würde.

Ich halte es allerdings für möglich, daß ich zweckmäßige Stücke für das Theater schreiben könnte, und da ich so gut Geld verdienen möchte als ein anderer, so würde ich gar nicht gleichgültig dagegen sein. Aber für einen Zweck, der außer meinem poetischen Interesse liegt, habe ich mein Leben lang nichts tun können, und wenn ich mich also, wie ich hoffe, wünsche und will, in meinen künftigen Dramen den theatralischen Foderungen nähern soll, so muß die Kunst selbst mich dahin führen, denn ein wirklich vollkommenes dramatisches Werk muß nach meiner festen Überzeugung auch die Eigenschaft haben, allgemein und fortdauernd zu interessieren. Da ich in meinen Arbeiten jetzt noch nicht zurückzugehen glaube und zu einem frischen Fortschritt Mut und Lust besitze, so bin ich wenigstens jetzt mehr als jemals auf dem Wege, wo Sie mich wünschen. Die Turandot ist weiter nichts als ein lustiges Intermezzo gewesen, das unter den vielen Versuchen, die man gemacht, auch einmal mitlaufen konnte. Bei der Braut von Messina habe ich, ich will es Ihnen aufrichtig gestehen, einen kleinen Wettstreit mit den alten Tragikern versucht, wobei ich mehr an mich selbst als an ein Publikum außer mir dachte, wiewohl ich innerlich überzeugt bin, daß bloß ein Dutzend lyrischer Stücke nötig sein würde, um auch diese Gattung, die uns jetzt fremd ist, bei den Deutschen in Aufnahme zu bringen, und ich würde dieses allerdings für einen großen Schritt zum Vollkommenen halten. Übrigens aber werde ich es vorderhand dabei bewenden lassen, da einer allein nun einmal nicht hinreicht, den Krieg mit der ganzen Welt aufzunehmen.

Meine zwei nächsten Stücke werden Ihren Wünschen vermutlich um vieles mehr entsprechen. Das erste, welches ich diesen Sommer ausarbeiten will, ist die Geschichte des Warbeck, der sich unter Heinrich VII. von England für einen Herzog von York ausgab. Aus der Geschichte ist nichts genommen als diese Situation, und alles übrige ist zu einem poetischen

Ganzen erfunden. Das Stück endigt erfreuend und ist also mein erstes nicht tragisches Schauspiel, wiewohl es durchaus pathetisch ist. Das zweite Stück, das an die Reihe kommen wird, ist *Wilhelm Tell*, ein Sujet, wozu ich bloß dadurch veranlaßt wurde, daß die Rede ging, ich mache ein solches Stück, woran ich nie gedacht hatte. Dieses ganz grundlose Gerücht machte mich aber auf diesen Stoff zuerst aufmerksam, ich las die Quellen, ich bekam Lust, die Idee zu dem Stück entwickelte sich bei mir, und so wird also vermutlich, wie öfters schon geschehen, die Prophezeiung eben dadurch erfüllt werden, daß sie gemacht worden ist.

Dies sind nun meine nächsten Arbeiten; ich nennen sie Ihnen, weil Sie es wünschen, und bitte übrigens, es nicht weiterzusagen. Noch habe ich zwei französische Lustspiele von Picard unter der Feder, wovon das eine in 8 Tagen fertig ist und auch das andre bald nachfolgt. Sie haben eine gute theatralische Anlage und schienen mir die Aufnahme auf unsern Bühnen zu verdienen.

Goethe hat kürzlich ein sehr vortreffliches Stück von einer hohen rührenden Gattung auf die Bühne gebracht, das auch einen guten Sukzeß auf unserm Theater gehabt hat. Es wird auch gewiß an andern Orten Wirkung tun, und da es eine große weibliche Debütrolle enthält, so wird es einen lebhaften Kurs auf den deutschen Bühnen bekommen.

Lassen Sie mich, mein Wertester, Ihrer Freundschaft, Ihres Wohlwollens nie entbehren.

Ganz der Ihrige

Schiller

234. An Charlotte von Schiller.

Lauchstädt, 4. Juli 1803

Der Theaterbote geht heute nach Weimar, und ich kann Dir, liebes Herz, einige Nachricht von mir geben. Meine Herreise ist recht glücklich gewesen, und ich kam nach 7 Uhr an. Der Ort hat einen recht schönen Eindruck auf mich gemacht, die Allee und alle Anlagen umher sind heiter, es ist für die Sozietät auf eine artige und anständige Weise gesorgt, auch fand ich's sehr volkreich und dabei ganz zwanglos, so daß ich mich mit der Masse der Menschen recht gern mit fortbewege. Ich hatte Mühe, ein Logis zu finden, und nur nach vielem Umherfragen fand man eins für mich aus, zwischen der Allee und dem Komödienhaus, das sehr hübsch gelegen ist, parterre, an einem Garten, wo die andren Hausnachbarn mir völlig fremd sind und mich nicht genieren. Ich esse in dem großen Salon, der sehr schön und ziemlich so groß wie der Konzertsaal im Landschaftshaus zu Weimar ist. Es war bisher immer mit 100 und 120 Gästen besetzt, wobei es sehr lustig hergeht. Es sind viele sächsische, auch einige preußische Offiziers hier und viele Damen, worunter es auch recht hübsche Gesichter gibt. Alle Abende wird nach dem Souper getanzt und den ganzen Tag gedudelt.

Der Prinz von Württemberg ist gestern um 4 Uhr angekommen, und seitdem er hier ist, waren wir immer beisammen; er ist gar artig und behaglich, und es scheint ihm zu gefallen, daß er sich in der Masse verlieren kann und gar nicht auf ihn reflektiert wird. Die Braut von Messina ist gestern gegeben worden bei sehr vielen Zuschauern, aber es war eine drückende Gewitterluft, und ich habe mich weit hinweggewünscht. Dabei erlebte ich den eigenen Zufall, daß während der Komödie ein schweres Gewitter ausbrach, wobei die Donnerschläge und besonders der Regen so heftig schallten, daß eine Stunde lang man fast kein Wort der Schauspieler verstand und die Handlung nur aus der Pantomime erraten mußte. Es war eine Angst unter den Schauspielern, und ich glaubte jeden Augenblick, daß man den Vorhang würde fallen lassen müssen. Wenn sehr heftige Blitze kamen, so flohen viele Frauenzimmer aus dem Haus heraus, es war eine ganz erstaunliche Störung. Dennoch wurde es zu Ende gespielt, und unsre Schauspieler hielten sich noch ganz leidlich. Lustig und fürchterlich zugleich war der Effekt, wenn bei den gewaltsamen Verwünschungen des Himmels, welche die Isabelle im letzten Akt ausspricht, der Donner einfiel, und gerade bei den Worten des Chors:

Wenn die Wolken getürmt den Himmel schwärzen,
Wenn dumpftosend der Donner hallt,
Da, da fühlen sich alle Herzen
In des furchtbaren Schicksals Gewalt,

fiel der wirkliche Donner mit fürchterlichem Knallen ein, so daß Graff ex tempore eine Geste dabei machte, die das ganze Publikum ergriff.

Heute ist die natürliche Tochter. Der Herzog von Württemberg bleibt noch hier und vielleicht auch morgen, es gefällt ihm sehr, auch dem dicken August, der Euch schönstens grüßen läßt.

Man hat mir gestern nach dem Ball noch in später Nacht eine *Musik gebracht*, wobei viele Studenten aus Halle und Leipzig waren, so daß ich noch nicht recht habe ausschlafen können, auch des Morgens haben sie mich mit Musik begrüßt.

Die Fremde aus Andros, welche gleich in den ersten Wochen hier gegeben worden, hat nichts getan, und es ist am Schluß sogar von einigen gepfiffen worden.

Aber mein Papier ist vollgeschrieben, und ich muß schließen. Küsse die lieben Narren recht herzlich von mir, und bleibe recht wohl, ich schreibe bald wieder. Der Frau tausend Grüße und auch Goethen, wenn Du ihn siehst. Lebe wohl, liebe Maus.

Dein S.

235. An August Wilhelm Iffland.

Lauchstädt, 12. Juli 1803

Der Sukzeß der Braut von Messina auf dem Berliner Theater hat mich aufs angenehmste überrascht; es ist Ihr Triumph, nicht meiner, denn alles, was ich von Augenzeugen schriftlich sowohl als mündlich darüber vernommen, kommt darauf hinaus, daß der Vortrag des Chors meistermäßig angeordnet gewesen und in der ganzen Darstellung überhaupt die größte Würde und Bedeutsamkeit beobachtet worden sei. Wenn Ihnen dieser Erfolg Lust und Neigung zu der alten Tragödie und zu einem neuen Versuch mit dem Chor erregen konnte, so wollte ich den Ödipus des Sophokles, ganz so wie er ist, bloß allein die Chorgesänge freier behandelt, auf die Bühne bringen. Für das weimarische Theater allein möchte ich diese Mühe nicht gern übernehmen.

Noch vor Ablauf dieses Winters verspreche ich Ihnen den *Tell*, zu dem mich jetzt eine überwiegende Neigung zieht. Dieses Werk soll, hoff ich, Ihren Wünschen gemäß ausfallen und als ein Volksstück Herz und Sinne interessieren.

Herr Doktor Stoll aus Wien, ein Sohn des berühmten Arztes, der Ihnen Gegenwärtiges überbringt, bat mich um eine Empfehlung an Sie. Es ist ein leidenschaftlicher Freund des Theaters und wird sich Ihnen durch ein kleines Lustspiel empfehlen, das er nach dem Französischen bearbeitet und auf dem weimarischen Theater mit großem Glück produziert hat.

Sollen wir Sie denn dieses Jahr auch nicht in Weimar sehen? Ich bin überzeugt, wir würden uns bei mündlicher Mitteilung zu einem schönen Zweck vereinigen.

Von ganzem Herzen der Ihrige

Schiller

236. An Wilhelm von Humboldt.

Weimar, 18. August 1803

Sie werden schon längst auf den Erfolg Ihres Auftrags an mich gewartet haben, teurer Freund, aber es war mir nicht möglich, Ihnen früher ein Resultat mitzuteilen. Ich selbst bin ganz außer aller Verbindung mit Studierenden und kenne auch sonst wenige, auf deren Urteil und Empfehlung ich mich in einer solchen Angelegenheit verlassen könnte. *Niemeyer*, den ich aufgefodert, hat noch niemand finden können, und gerade jetzt sind einige gute Subjekte durch sehr vorteilhafte Anträge schon anderswohin berufen. Ein recht wackerer Mann, Herr Doktor Hegel aus Württemberg, ist jetzt in Jena Dozent der Philosophie, ein gründlicher philosophischer Kopf, der Ihnen vielleicht auch als Schriftsteller bekannt ist, aber Sie wollen keinen Metaphysiker, auch ist dieser etwas kränklich und grämlich und könnte überdies erst auf Ostern sich losmachen. Ein Sohn von *Voß* ist vor kurzem als Hofmeister bei einem Grafen Reuß aus Berlin angestellt worden. Nun habe ich durch Griesbach einen Herrn Molinar aus Krefeld auf der Liste, dieser soll ein sehr würdiger junger Mann von Kenntnissen und Sitten sein, der nach Griesbachs Versicherung den Foderungen, welche Sie machen und die ich letzterem in ihrem ganzen Umfang bekannt machte, entsprechen soll. Auch versteht er Italienisch und spricht das Französische sehr fertig. Wenn ich von dem Empfehler auf den Empfohlenen schließen darf, so läßt sich vermuten, daß dieser Molinar ein ganz guter moralischer Mensch, der auch etwas gelernt hat, sein mag, aber daß er auch Geist besitze, folgt aus dieser Empfehlung freilich noch nicht. Mit ihm wird also nichts gewagt werden, und ich wollte Ihnen also immer raten, ihn zu nehmen, da es nun doch nicht möglich ist, daß ich den selbst erst sehe, den ich Ihnen proponiere. Im Fall der Annahme müßten Sie aber mit der allerersten Post antworten, weil sonst der Herbst herankommt. Unterdessen habe ich ihm durch Griesbachs schreiben lassen, und er hat Zeit, sich zu entschließen, ehe Ihre Antwort anlangt. Fände sich in den nächsten 14 Tagen noch etwas, so gebe ich Ihnen sogleich Nachricht.

Ein Exemplar der Braut von Messina werden Sie unmittelbar von Cotta, dem ich es auftrug, erhalten haben. Gern hätt ich das Stück in Manuskript gesendet, aber es kamen mir so verschiedene Nachrichten von Unsicherheit der Posten nach Italien zu, daß ich zuviel zu wagen glaubte, wenn ich meinen kleinen Reichtum der Post vertraute.

Goethens *Natürliche Tochter* wird Sie sehr erfreuen und, wenn Sie dieses Stück mit seinen andern, den früheren und mittleren, vergleichen, zu interessanten Betrachtungen führen. Des Theatralischen hat er sich zwar darin noch nicht bemächtigt, es ist zuviel Rede und zuwenig Tat, aber die hohe Symbolik, mit der er den Stoff behandelt hat, so daß alles Stoffartige vertilgt und alles nur Glied eines ideellen Ganzen ist, diese ist wirklich bewundernswert. Es ist ganz Kunst und ergreift dabei die innerste Natur durch die Kraft der Wahrheit. Daß er zu *der* Zeit, wo Sie nach meinem letzten Brief an seiner Produktivität ganz verzweifeln mußten, mit einem neuen Werk hervorgetreten, wird Sie ebenso wie mich selbst überrascht haben; denn auch mir hatte er wie der ganzen Welt ein Geheimnis daraus gemacht. Auf den Oktober wird es gedruckt erscheinen.

Wilhelm Tell ist es jetzt, was mich beschäftigt, aber dieser Stoff ist sehr widerstrebend und kostet mir große Mühe; da er aber sonst großen Reiz hat und sich durch seine Volksmäßigkeit so sehr zum Theater empfiehlt, so lasse ich mir die Arbeit nicht verdrießen, ihn endlich noch zu überwältigen.

Sie werden nun bald Schelling mit der Schlegeln, die er geheiratet, in Rom sehen. Interessieren wird er Sie gewiß, aber es ist zu beklagen, daß er sich so schändlich hat unterjochen lassen.

Leider geht es mit unsrer Akademie in Jena jetzt auf die Neige. Loder geht nach Halle, *Griesbach* wird den Winter nicht überleben, *Hufeland*, auch *Schütz* mitsamt der Literaturzeitung und Paulus sind nach Würzburg berufen, wo sie wahrscheinlich alle auch hinwandern. Batsch ist schon im vorigen Jahr gestorben. Die Philosophie ist mit Schelling vollends ganz ausgewandert. Leider ist nicht zu hoffen, daß aus andern Universitäten etwas wird, indem sie Jena zerstören helfen. Vielleicht war Jena, wie es vor 6, 8 Jahren noch war, die letzte lebendige Erscheinung ihrer Art auf Jahrhunderte.

Ich lege Ihnen ein Lied bei, das in der Absicht entstanden ist, dem gesellschaftlichen Gesang einen höheren Text unterzulegen. Die Lieder der Deutschen, welche man in fröhlichen Zirkeln singen hört, schlagen fast alle in den platten, prosaischen Ton der Freimäurerlieder ein, weil das Leben keinen Stoff zur Poesie gibt; deswegen habe ich mir für dieses Lied den poetischen Boden der homerischen Zeit gewählt und die alten Heldengestalten der Ilias darin auftreten lassen. So kommt man doch aus der Prosa des Lebens heraus und wandelt in besserer Gesellschaft.

Was bei uns sich Neues ereignet, wird meine Frau schreiben. Ich bewege mich so einförmig in meinem hergebrachten Lebenskreise, daß ich gar nicht merke, wie die Welt geht; ja, teurer Freund, wenn ich denke, in welcher ganz andern und hohen Region Sie leben, so gerate ich in Verlegenheit, Ihnen ein Wort von mir zu sagen.

Herzlich teilen wir alles, was Ihnen begegnet, und wünschen, da es doch nicht anders ist, daß Sie in Ihrem jetzigen Lebenskreis immer einheimischer werden und sich dabei glücklich fühlen. Von ganzer Seele umarmt Sie und die gute Karoline

Ihr

Sch.

237. An Wilhelm Friedrich Ernst von Wolzogen.

Weimar, 4. September 1803

Mit den guten Nachrichten, die Du uns übersendet, hast Du uns alle in große Freude versetzt. Ich überlasse es den andern, es Dir zu beschreiben, und will Dich bloß von uns und unsern Zuständen unterhalten.

Indem das neue Schloß in Weimar bezogen worden ist und hier ein neues Leben beginnt, droht die alte Universität in Jena über den Haufen zu fallen. Vielleicht hast Du in Zeitungen davon gehört. Ein Lehrer nach dem andern wird uns nach Halle entführt; so ist auch Schütz mit der ganzen Literaturzeitung berufen und hat sich wirklich dort engagiert. Von der andern Seite beruft uns der Kurfürst von Bayern mehrere Professoren nach Würzburg. Unter diesen Umständen hat der Herzog sich aufs neue für Jena interessiert und will sich's etwas kosten lassen, um wenigstens die besten, wie den Professor Paulus und Hufeland, festzuhalten. Auch hat man sich kühnlich entschlossen, die Allgemeine Literaturzeitung in Jena fortzusetzen, wenn auch gleich eine andre in Halle herauskommt; und da man nicht nur die besten Mitarbeiter von der alten behält, sondern auch neue tüchtige Männer dazutreten, so könnte sehr leicht der Fall eintreten, daß sie in Halle die Rivalität mit uns nicht aushalten. Denn so ein kleines Ländchen wir auch sind, so sind doch in literarischen Unternehmungen diejenigen nicht schwach, die die Geister kommandieren können, und wir können es hierin kecklich jeder großen Provinz in Deutschland bieten. Es ist eine Ehre für Jena und Weimar, daß andre Universitäten uns plündern müssen, um etwas zu werden, und daß etwas Gutes bei uns zu holen ist.

Der Kurfürst von Bayern, hör ich, soll auch die fränkische Ritterschaft sehr inkommodieren und ihre Besitzungen mit Gewalt seiner Lehensherrlichkeit unterwerfen wollen. Auch Dein Bauerbach wird wohl dabei ins Gedränge kommen.

Der König von Schweden ist diese Woche hier durchgereist, ich habe die Ehre gehabt, ihn zu sprechen, und er hat mir als ein Zeichen seiner Zufriedenheit wegen meiner Schrift über den Dreißigjährigen Krieg, die der schwedischen Nation so rühmlich wäre, einen brillantnen Ring zum Geschenk gemacht. Du kannst Dir leicht denken, wie sehr mich dieses überrascht und erfreut hat. Wir Poeten sind selten so glücklich, daß die Könige uns lesen, und noch seltner geschieht's, daß sich ihre Diamanten zu uns verirren. Ihr Herren Staats- und Geschäftsleute habt eine große Affinität zu diesen Kostbarkeiten; aber unser Reich ist nicht von dieser Welt.

Es hat mich gar sehr gefreut, von Dir zu hören, daß die regierende Kaiserin eine Neugierde bezeugt hat, die Braut von Messina zu lesen. Wenn Du es für keine Unbescheidenheit hältst, so wollte ich Dich bitten, ihr von meinetwegen ein Exemplar des Don Karlos nach der neuen schönen Ausgabe zu präsentieren, das ich dem Kurier mitgeben werde. Auch einige Exemplare der Braut von Messina werde ich noch beilegen, wenn der Buchbinder damit noch fertig werden kann.

Gegenwärtig arbeite ich an *Wilhelm Tell*, woraus ich eine große Tragödie zu machen gedenke; sie wird fertig sein, wenn Du zurückkommst, und der Gedanke dient mir zu einem großen Sporn dabei, daß ich sie in Gegenwart der Großfürstin und unsres teuren Prinzen zum erstenmal produzieren werde. Sage dem letztern, wie innig wir von seinem Glück gerührt sind und wie herzlich wir uns darauf freuen, ihn bald hier zu besitzen.

Goethe trägt mir auf, Dich aufs freundlichste zu grüßen und ihn Deinem Andenken zu empfehlen.

Den Herzog Eugen von Württemberg habe ich noch einige Tage zu Lauchstädt recht genossen; er war charmant und hat jedermanns Liebe erworben; auch ist er wirklich ein sehr liebenswürdiger Fürst, und diese wenigen Tage, die ich mit ihm verlebt, werden mir unvergeßlich sein. Den guten Bruder August habe ich in Lauchstädt auch näher kennen lernen und ihn ordentlich recht auftauen sehen. Er hat sich Deiner sehr oft erinnert, und wenn er sich Champagner einschenkte, meinte er, es wäre doch schade, daß der Bruder Wilhelm nicht auch da wäre.

Und nun, lieber Alter, lebe wohl und glücklich, und bleibe ja recht gesund bei den vielen Sorgen und Anstrengungen, die Deiner warten. Was wir über die Frau und Adolf wissen und wie es mit unsern Kindern steht, wird Lolo Dir ausführlicher schreiben. Sage dem General Klinger, wie sehr ich ihn schätze. Er gehört zu denen, welche vor 25 Jahren zuerst und mit Kraft auf meinen Geist gewirkt haben. Diese Eindrücke der Jugend sind unauslöschlich.

Ich drücke Dich an mein Herz und bin mit inniger Liebe Dein treuer

S.

238. An Siegfried Lebrecht Crusius.

Weimar, 3. Oktober 1803

Hier übersende ich Ihnen fürs erste die drei ersten Bogen vom 1. Teil meiner Gedichte. Die übrigen sollen von Woche zu Woche gehörig nachfolgen.

Die Zeichnung zu meinem Gedicht von der Glocke findet hier bei Kennern sehr vielen Beifall, und sie verdient gewiß, in Kupfer gestochen zu werden.

Die Ideen zu andern Verzierungen der Prachtausgabe will ich Ihnen noch vor Ende dieses Monats zuverlässig mitteilen. Um ganz gewiß zu wissen, welche Räume auszufüllen sind, lasse ich jetzt ein Exemplar der Gedichte für die Prachtausgabe in der Ordnung und nach der Auswahl, wie die Gedichte aufeinander folgen sollen, abschreiben, wobei ich mich streng an den Probebogen halte, den Sie mir im Frühjahr zugeschickt. Weil es Verse sind und weil das Format so breit, daß kein Vers braucht gebrochen zu werden, so läßt sich alles bis auf die Zeile berechnen, und ich werde in der Anordnung dafür sorgen, daß die Zieraten, welche auf den leeren Räumen unter den Gedichten angebracht werden sollen, sich gleich und verhältnismäßig über das ganze Werk verteilen.

Ich empfehle mich Ihrem gewogenen Andenken aufs beste und verharre mit Hochachtung

Ihr
ergebenster
F. v. Schiller.

Die Zeichnung von Herrn Schnorr bitte ich noch 14 Tage hierbehalten zu dürfen. Es ist gerade Kunstausstellung in Weimar, und Herr Geheimer Rat von Goethe, dem diese Zeichnung sehr wohl gefällt, hat mich ersucht, solche mit ausstellen zu dürfen.

239. An August Wilhelm Iffland.

Weimar, 9. November 1803

Im Tell leb ich und web ich jetzt, ich bin zufrieden mit dem, was gemacht ist, und habe die beste Hoffnung zu dem, was noch zu machen, ein rechtes Stück für das *ganze Publikum* verspreche ich Ihnen – aber, mein teurer lieber Freund, über das *Wann* kann ich Ihnen, und wenn es den Kopf gälte, nichts Bestimmtes sagen. Fast fürchte ich, vor der Mitte Aprils nicht ganz fix und fertig werden zu können, weil ich von dem leidigen Winter immer ein vier oder sechs Wochen auf Unpäßlichkeit und Unlaunigkeit abrechnen muß.

Die Idee zu verschiedenen Dekorationen habe ich bei einem Zeichner angegeben, der mich bis jetzt hat warten lassen. Im ganzen wird es für den Maler nicht soviel zu tun geben als für den Maschinenmeister. Diesen Monat sollen Sie noch über alles Bericht erhalten, und mit eintretendem Frühjahr kann dann der Maler frisch ans Werk gehen.

Es freut mich, daß Sie Wallensteins Lager spielen lassen. Entschließen Sie sich doch, jetzt den Wallenstein selbst zu übernehmen. Es wünschen es so viele!

Ich umarme Sie von Herzen.

Ganz der Ihrige

Schiller

240. An Wilhelm Friedrich Ernst von Wolzogen.

Weimar, 24. November 1803

Mein Leben ist so einförmig und leer an Begebenheiten, lieber Alter, daß ich Dir wirklich bloß aus Mangel an Stoff nicht viel schreibe. Jeder Tag ist dem andern gleich, und die Resultate von meinen Arbeiten lassen sich erst nach Monaten angeben. Was in unsrer kleinen Welt indessen vorgefallen, wird Dir Lolo schreiben. Wir beklagen Dich sehr, daß Du in einer so angespannten Lage, wie die Deinige ist, Dich auch noch krank fühlst, aber waffne Dich mit Geduld und denke, daß es in 5, 6 Monaten überstanden ist. Wenn Du erst wieder da bist, sollst Du Dich pflegen.

Deinen Auftrag wegen der Zeichnungen haben wir möglichst zu erfüllen gesucht. Vor 3 Tagen ist eine Rolle nach Berlin abgegangen mit denjenigen Sachen, die wir hier im Ort für Deinen Zweck zusammenbringen konnten. Zugleich ist einem Leipziger Kaufmann der Auftrag gegeben worden, einige zweckdienliche Stücke von dort aus schleunig an Faudel zu besorgen. Meyer hat uns dabei sehr mit Rat an die Hand gegangen. Um aber die Zeichenstudien recht gründlich anzufangen, hielt er für das beste, wenn ein ganzer *Kursus von Zeichnungen nach Antiken*, von der Art, wie er einige beigelegt hat (Auge, Nasen etc.), geliefert würde. Du erinnerst Dich seiner Zeichnung des Juno-Kopfes, der im Konzertsaal des Landschaftshauses gehangen. In diesem Geschmack, meint er, sollte man von allen Teilen des Körpers und zuletzt auch von ganzen Köpfen und kleinen Figuren Zeichnungen haben, dabei ließe sich am besten lernen. Wenn man auf die Idee eingehen wollte, so glaubt er, für 20 Karolin die nötige Zeichnung liefern zu können, und für 30 Karolin würde er auch ein oder zwei große Stücke, wie etwa ein ganzer Kopf des Apoll, noch dazugeben können. Dann hätte die Anstalt freilich einen soliden Grund, und man könnte etwas Rechtes lernen. Diese seine Idee soll ich Dir schreiben, denn nach seinem Künstlergewissen müsse er sagen, daß die gestochenen Zeichnungen, wie man sie zu haben pflegt, den Anfänger gar oft auf falsche Wege führen. Ich habe dem Nürnberger Kunsthändler Frauenholz empfohlen, an Dich zu schreiben und Dir seinen Katalog beizulegen. Vielleicht kannst Du in Petersburg etwas für ihn tun, er ist ein dankbarer Mann, und wenn Du ihn Dir verpflichtest, so wird er Dich bei Bestellungen sehr gut bedienen. Besonders wünscht er gute Konnexionen in Petersburg zu haben, die ihm noch fehlen.

Mich hat es sehr gefreut, daß die kaiserlichen Herrschaften in Petersburg von meinen Stücken Notiz nehmen. So werde ich doch der Großfürstin, wenn sie kommt, nicht mehr ganz fremd sein und mich vielleicht mit desto mehr Erfolg um ihre Gnade bewerben. Suche mich in einigem Andenken zu erhalten, Du kannst es gewiß.

Cotta hat seine Allgemeine Zeitung in Stuttgart aufgeben müssen, setzt sie aber nun unter bayerischer Landeshoheit in Ulm fort.

Frau von Staël, die Schriftstellerin, ist in Frankfurt und wird Gotha und Weimar besuchen, vielleicht gar an einem von beiden Orten sich niederlassen. Man sagt, daß sie die Schweiz habe räumen müssen.

Karolinen erwarten wir in einigen Tagen von Dresden zurück. Bei uns ist alles wohl und grüßt Dich herzlich.

Lebe wohl und schreib uns bald wieder. Der Herzog beklagt sich über Dein seltenes Schreiben.

Dem Prinzen empfiehl uns zu Gnaden, und bei Herrn von Pappenheim erneuere mein Andenken.

Dein

Sch.

241. An August Wilhelm Iffland.

Weimar, 5. Dezember 1803

Ich will alles tun, mein teurer Freund, um Ihre Wünsche zu befriedigen. Wenn ich gesund bleibe, auch nur leidlich, so werde ich gewiß in den ersten Wochen des März fertig. Einige Szenen, womit ich gegen die

Geschichte und das, was die Schweizer von mir erwarten, Face machen muß, brauche ich für das Theater auch nur zu skizzieren und kann mir die Ausführung für den Druck vorbehalten. Ohnehin bin ich entschlossen, eh ich das Stück drucken lasse, nach der Schweiz zu gehen. Diese kleinen Besonderheiten, worauf viel ankommt, wenn gewisse Nationalrücksichten zu beobachten sind, haben mit dem Theater nichts zu tun.

Gern wollte ich Ihnen das Stück aktenweise zuschicken, aber es entsteht nicht aktenweise, sondern die Sache erfordert, daß ich gewisse Handlungen, die zusammengehören, durch alle fünf Akte durchführe und dann erst zu andern übergehe. So zum Beispiel steht der Tell selbst ziemlich für sich in dem Stück, seine Sache ist eine Privatsache und bleibt es, bis sie am Schluß mit der öffentlichen Sache zusammengreift. – Doch verspreche ich Ihnen, *ganz gewiß* im Laufe des Januars die drei ersten Akte zu übersenden und den vierten auch vor dem letzten abzuliefern, so daß Sie nach Empfang des letzten Akts, ohne Übereilung der Sache, in drei Wochen spielen können.

Wegen des Tells habe ich den Warbeck zurückgelegt, das Frühjahr und der Sommer werden diesen zur Reife bringen.

Götz von Berlichingen ist wegen Goethes übrigen Geschäften wieder zurückgelegt worden. Wir sind hier auch an Novitäten sehr arm, und manches Niederträchtige kommt an die Reihe, um nur was Neues zu bringen, wie zum Beispiel der zweite Teil des Donauweibchens. Julius Cäsar ist ganz, wie er ist, hier gespielt worden, doch ohne großen Sukzeß. Unser Theater ist zu eng für diese Darstellung.

Ich lege eine Anzeige der zu dem Tell erforderlichen Theaterveränderungen bei, doch könnte noch eine oder die andre hinzukommen, welches ich noch nicht ganz genau bestimmen kann.

Leben Sie recht wohl und lassen mich Ihrer Freundschaft empfohlen bleiben.

Schiller

Ihren Brief, der vom 26. datiert ist, habe ich erst unter heutigem Datum erhalten.

*

Aktus I. 1) Hohes Felsenufer des Vierwaldstätter Sees, der See macht eine Bucht ins Land, über den See hinweg sieht man die grünen Matten, Dörfer und Höfe von *Schwyz* deutlich im Sonnenschein liegen. Dahinter (zur Linken des Zuschauers) der Hakenberg mit seinen zwei Spitzen von einer Wolkenkappe umgeben. Noch weiter hinten und zur Rechten (des Zuschauers) schimmern blaugrün die Glarischen Eisgebirge. An den

Felsen, welche die Kulissen bilden, sind steile Wege mit Geländern, auch Leitern, an denen man die Jäger und Hirten im Verlauf der Handlung herabsteigen sieht. Der Maler hat also das Kühne, Große, Gefährliche der Schweizer Gebirge darzustellen. Ein Teil des Sees muß beweglich sein, weil er im Sturme gezeigt wird.

2) Stauffachers neu gebautes Haus (von außen) mit vielen Fenstern, Wappenbildern und Sprüchen bemalt. Es ist zu Steinen an der Landstraße und an der Brücke. Es kann ganz auf die Gardine gemalt werden.

3) Der gotische Saal in einem Edelhof mit Wappenschildern und Helmen dekoriert, es ist die Wohnung des Freiherrn von Attinghausen.

4) Öffentlicher Platz bei Altdorf. Man sieht im tiefen Hintergrund die neue Feste Zwing-Uri bauen, sie ist schon so weit gediehen, daß sich die Form des Ganzen darstellt. Die hinteren Türme und Kurtinen sind ganz fertig, nur an der vordern Seite wird noch gebaut. Das hölzerne Gerüst steht noch, an dem die Werkleute auf- und absteigen. Die ganze hintere Szene zeigt das lebhafte Gemälde eines großen Bauwesens mit allem Apparat. Die Werkleute auf dem Gerüste müssen der Perspektive wegen durch Kinder dargestellt werden. NB. An dieser Szene liegt darum vieles, weil eben diese Bastille, die hier gebaut wird, im fünften Akte gebrochen werden soll.

5) Walter Fürsts Wohnung stellt das Zimmer eines wohlhabenden Schweizerhauses vor.

Aktus II. 1) Öffentlicher Platz zu Altdorf nach Belieben des Malers.

2) Ein Zimmer.

3) Das Rütli, eine Matte von hohen Felsen und Wald umgeben (die Kulissen können ganz dieselben von Nummer 1 des ersten Akts sein). Im Hintergrunde der See, über welchem ein *Mondregenbogen*; den Prospekt schließen hohe Berge, hinter welchen noch größere Eisgebirge. Es ist völlig Nacht, nur der See und die weißen Firnen leuchten im Mondlicht. NB. Diese Szene, welche ein Mondscheinsgemälde vorstellt, schließt sich mit dem Schauspiel der aufgehenden Sonne; die höchsten Bergspitzen müssen also transparent sein, so, daß sie anfänglich von vornen weiß und zuletzt, wenn die Morgensonne kommt, von hinten rot können beleuchtet werden. Weil die Morgenröte in der Schweiz wirklich ein prächtiges Schauspiel ist, so kann sich die Erfindung und Kunst des Dekorateurs hier auf eine erfreuliche Art zeigen.

Aktus III. 1) Hausflur in Tells Hause nach dem Kostüme der Zeit.

2) Platz bei Altdorf mit Bäumen besetzt. Man sieht im Hintergrunde den Flecken, davor den Hut auf einer Stange. Der Raum muß sehr groß sein, weil Tell hier den Apfel schießt.

Aktus IV. 1) Der gotische Rittersaal.

2) Seeufer, Fels und Wald, der See im Sturme.

3) Wildes Gebirg. Eisfelder, Gletscher und Gletscherströme, alles Furchtbare einer öden winterlichen Gegend.

4) Die hohle Gasse bei Küßnacht. Der Weg wendet sich zwischen Felsen von hinten nach vornen herab, so daß die Personen, welche ihn bereisen, schon von weitem oben gesehen werden, wiederum verschwinden und wieder zum Vorschein kommen. In einer der vordern Kulissen ist auf der Höhe ein Gebüsch und ein *Vorsprung*, von welchem Tell herabschießt.

5) Die Feste Roßberg bei Nacht auf einer Strickleiter erstiegen.

Aktus V. 1) Die Dekoration Nummer 4 des ersten Akts. Das Gerüst wird eingestürzt, alles Volk legt Hand an, Zwing-Uri zu zerbrechen, man hört Balken und Steine fallen. Das Gerüste kann auch angezündet werden – Signalfeuer auf acht oder zehn Bergen.

2) Tells Hausflur. Herd und Feuer auf demselben.

3) Noch unbestimmt.

242. An Johann Wolfgang von Goethe.

Weimar, 21. Dezember 1803

Der rasche und wirklich anstrengende Wechsel von produktiver Einsamkeit und einer ganz heterogenen Sozietätszerstreuung hat mich in dieser letzten Woche so ermüdet, daß ich durchaus nicht zum Schreiben kommen konnte und es meiner Frau überließ, Ihnen eine Anschauung von unsern Zuständen zu geben.

Frau von Staël wird Ihnen völlig so erscheinen, wie Sie sie sich a priori schon konstruiert haben werden; es ist alles aus e i n e m Stück und kein fremder, falscher und pathologischer Zug in ihr. Dies macht, daß man sich trotz des immensen Abstands der Naturen und Denkweisen vollkommen wohl bei ihr befindet, daß man alles von ihr hören und ihr alles sagen mag. Die *französische* Geistesbildung stellt sie rein und in einem höchst interessanten Lichte dar. In allem, was wir Philosophie nennen, folglich in allen letzten und höchsten Instanzen, ist man mit ihr im Streit und bleibt es, trotz alles Redens. Aber ihr Naturell und Gefühl ist besser als ihre Metaphysik, und ihr schöner Verstand erhebt sich zu einem genialischen Vermögen. Sie will alles erklären, einsehen, ausmessen, sie statuiert nichts Dunkles, Unzugängliches, und wohin sie nicht mit ihrer Fackel leuchten kann, da ist nichts für sie vorhanden. Darum hat sie eine horrible Scheu vor der Idealphilosophie, welche nach ihrer Meinung zur Mystik und zum Aberglauben führt, und das ist die Stickluft, wo sie umkommt. Für das, was wir *Poesie* nennen, ist kein Sinn in ihr, sie kann sich von solchen Werken nur das Leidenschaftliche, Rednerische und Allgemeine zueignen, aber sie wird nichts Falsches schätzen, nur das Rechte nicht immer erkennen. Sie ersehen aus diesen paar Worten, daß die Klarheit, Entschiedenheit und geistreiche Lebhaftigkeit ihrer Natur nicht anders als wohltätig wirken können; das einzige Lästige ist die ganz ungewöhnliche Fertigkeit ihrer Zunge, man muß sich ganz in ein Gehörorgan verwandeln, um ihr folgen zu können. Da sogar ich, bei meiner wenigen Fertigkeit im Französischreden, ganz leidlich mit ihr fortkomme, so werden Sie bei Ihrer größeren Übung eine sehr leichte Kommunikation mit ihr haben.

Mein Vorschlag wäre, Sie kämen den Sonnabend herüber, machten erst die Bekanntschaft und gingen dann den Sonntag wieder zurück, um Ihr jenaisches Geschäft zu vollenden. Bleibt Madame de Staël länger als bis Neujahr, so finden Sie sie hier, und reist sie früher ab, so kann sie Sie ja in Jena vorher noch besuchen. Alles kommt jetzt darauf an, daß Sie eilen, eine Anschauung von ihr zu bekommen und sich einer gewissen Spannung zu entledigen. Können Sie früher kommen als sonnabends, desto besser.

Leben Sie recht wohl. Meine Arbeit hat in dieser Woche freilich nicht viel zugenommen, aber doch auch nicht ganz gestockt. Es ist recht schade, daß uns diese interessante Erscheinung zu einer so ungeschickten Zeit kommt, wo dringende Geschäfte, die böse Jahrszeit und die traurigen Ereignisse, über die man sich nicht ganz erheben kann, zusammen auf uns drücken.

Sch.

243. An Johann Friedrich Cotta.

Weimar, 3. Januar 1804

Ich bin lange nicht zum Schreiben gekommen, wertester Freund, aber da ich jetzt bis über die Ohren im Wilhelm Tell stecke und ich Ihnen auch nichts Neues zu berichten hatte, so hat die Faulheit ihr Recht behalten. Doch das neue Jahr kann ich nicht eintreten sehen, ohne Ihnen von Herzen alles Erfreuliche zu wünschen und mich der Fortdauer Ihrer Liebe zu empfehlen.

Frau von Staël ist seit 4 Wochen hier und belebt durch ihren Geist und ihre Beredsamkeit die ganze Gesellschaft. Sie ist in der Tat eine seltene Erscheinung, und die Welt mag wenig Weiber von dieser Vorzüglichkeit besitzen.

Der Allgemeinen Zeitung in ihrem neuen Zustand wünsche ich allen möglichen Sukzeß. Ich freue mich mit Ihnen, daß Sie den Neidern und Feinden so gut obgesiegt haben.

Wenn Sie hieherkommen, sollen Sie den Tell fertig finden. – Ich denke, er wird sich am besten zu einem Neujahrsgeschenk, wie die Jungfrau von Orleans und wie die Natürliche Tochter, qualifizieren, und wie ich hoffe, wollen wir Freude, Ehre und Vorteil davon haben.

Empfehlen Sie uns Ihrer lieben Frau aufs beste und bleiben im neuen wie im alten Jahr mein Freund wie ich der Ihrige

Schiller.

244. An Wilhelm und Christophine Reinwald.

Weimar, 5. Januar 1804

Der Tod des guten Herzogs von Meiningen hat uns recht betrübt. Ich hatte ihn in den letzten Zeiten so lieb, wahrhaft lieb gewonnen, und er verdiente auch als ein guter Mensch Achtung und Liebe. Gebe der Himmel, daß man im meiningischen Lande nicht Ursache habe, diesen Verlust noch lange zu betrauern.

Hier ist kürzlich auch Herder gestorben, der ein wahrer Verlust nicht nur für uns, sondern für die ganze literarische Welt ist. Möge nur der Himmel uns und allen, die uns wert sind, Leben und Gesundheit fristen. Es gibt noch allerlei in der Welt zu tun, und ich möchte es wenigstens erleben, meine Kinder so weit gebracht zu sehen, daß sie sich gut durch die Welt helfen können.

Mit der Gesundheit ist es bis jetzt leidlich gegangen, aber der Winter macht mich doch immer besorgt, und ich kann mich hier nicht so gut zu Hause halten wie in Jena.

Frau von Staël ist eben hier und belebt durch ihren geistreichen und interessanten Umgang die ganze Sozietät. Sie ist in der Tat ein Phänomen in ihrem Geschlecht, an Geist und Beredsamkeit mögen ihr wenige Männer gleichkommen, und bei allem dem ist keine Spur von Pedanterie oder Dünkel. Sie hat alle Feinheiten, welche der Umgang der großen Welt gibt, und dabei einen seltenen Ernst und Tiefe des Geistes, wie man sonst nur in der Einsamkeit sich erwirbt.

Herzlich umarmen und grüßen wir Euch alle und wünschen Euch einen erfreulichen Eintritt in das neue Jahr.

Euer treuer Bruder

Schiller

245. An Karl Schwarz.

Weimar, 20. Februar 1804

Ihr Brief, wertester Herr, rief mir das Andenken eines sehr angenehmen Abends zurück, den Sie uns in Weimar durch Ihre Kunstdarstellung schenkten, und ich ergreife diese Gelegenheit mit Vergnügen, Ihnen die Achtung zu versichern, die Sie mir eingeflößt haben.

Wilhelm Tell ist zwar fertig, und man schickt sich hier in Weimar sowie auch in Berlin an, ihn einzustudieren, aber bestimmte Verhältnisse erlauben mir nicht, dieses Stück vor dem Mai an andre Bühnen zu geben. Und da es gegen Ende des Jahrs ohnehin in Druck erscheint, so werden Sie solches wahrscheinlich in Breslau lieber gedruckt erwarten wollen, als einen Preis von 25 Dukaten dafür zu bezahlen, unter welchem ich es nicht hingebe. Auch muß ich noch bemerken, daß dieses Stück des zahlreichen Personals wegen, welches gegen 36 sprechende Rollen umfaßt, manche Schwierigkeiten und wegen des Kostüms, der vielfältigen und neuen Dekorationen usw. großen Aufwand mit sich führt.

Schreiben Sie, wertester Herr, die Offenheit, mit der ich Ihnen dieses Bedenken mitteile, der aufrichtigen Achtung zu, die ich für Sie fühle und mit der ich die Ehre habe, mich zu nennen

Ihren ergebensten Diener

Schiller.

246. An Wilhelm Friedrich Ernst von Wolzogen.

Weimar, 20. März 1804

Die schwermütige Stimmung, die uns Deine letzten Briefe zeigten, ist nun hoffentlich zerstreut, und Du siehst, daß Deine Besorgnis ungegründet war. Freilich magst Du Dich, so abgeschnitten wie Du dort von den Deinigen bist, mit manchen Gespenstern quälen, aber verliere nicht die Geduld, da Du so nah am Ziele bist. Ich schreibe Dir keine Neuigkeiten, da Du alles ausführlich von Voigt vernehmen wirst und die Frauen Dir weitläuftig schreiben.

Auch ich verliere hier zuweilen die Geduld, es gefällt mir hier mit jedem Tage schlechter, und ich bin nicht willens, in Weimar zu sterben. Nur in der Wahl des Orts, wo ich mich hinbegeben will, kann ich mit mir noch nicht einig werden. Es sind mir Aussichten nach dem südlichen Deutschland geöffnet. An meiner hiesigen Pension von 400 Taler verliere ich nichts, weil es hier so teuer zu leben ist, und mit den 1500 Talern, die ich jährlich hier zusetze, kann ich in Schwaben und am Rhein ganz gut leben. Es ist überall besser als hier, und wenn es meine Gesundheit erlaubte, so würde ich mit Freuden nach dem Norden ziehn.

Mein Tell ist vor 3 Tagen hier gespielt worden, und mit dem größten Sukzeß, wie noch keins meiner Stücke. Das Manuskript kann ich Dir aber nicht schicken; zu dem Gebrauche, den Du davon machen willst, qualifiziert es sich seines Inhaltes wegen nicht, wie Dir Voigt, der es hat spielen sehen, erzählen kann.

Meine beste Freude ist meine Tätigkeit, sie macht mich glücklich in mir selbst und unabhängig nach außen, und kann ich nur mein fünfzigstes Jahr mit ungehinderten Geisteskräften erreichen, so hoffe ich so viel zu ersparen, daß meine Kinder unabhängig sind. Dieses Jahr mache ich mein Haus vollends schuldenfrei und hoffe noch übrigzubehalten.

Lebe wohl, lieber Alter, und erhalte Dich gesund. Wir sehen uns, hoffe ich, binnen 4 Monaten fröhlich wieder. Empfiehl mich dem guten Erbprinzen bestens, ich nehme teil an seinem Glück. Lebe wohl.

Dein

S.

247. An Karl Schwarz.

Weimar, 24. März 1804

Hiebei erhalten Sie das Manuskript des *Wilhelm Tell*, so, wie wir das Stück hier in Weimar geben. Wir haben mit 17 männlichen Schauspielern 30 männliche, einzeln sprechende Rollen besetzt, ohne daß es nötig gewesen wäre, die Hauptrollen zu duplieren. Jedes Theater muß sich hierin nach seinem Personale richten; es kann im ganzen nichts darüber bestimmt werden. Ich merke in einem beiliegenden Blatt bloß die Rollen an, welche durch denselben Schauspieler können gegeben werden.

Auf ein geschicktes Arrangement bei den großen Volksszenen kommt vieles an, und dieses kann durch keine schriftliche Vorschrift mitgeteilt werden. Ebensowenig brauch ich Ihnen vorzuschreiben, wie die Rolle des *Tell* zu nehmen ist. Die Rolle erklärt sich selbst: eine edle Simplizität, eine ruhige, gehaltne Kraft ist der Charakter; mithin wenige, aber bedeutende Gestikulation, ein gelassenes Spiel, Nachdruck ohne Heftigkeit, durchaus eine edle, schlichte Manneswürde. Daß die Rollen des *Melchtal*, *Walter Fürst*, *Stauffacher*, *Attinghausen*, *Rudenz*, der *Berta* und *Hedwig* in die besten Hände zu geben sind, brauch ich nicht zu sagen; aber auch die kleinern Rollen wie *Ruodi* der Fischer, *Baumgarten*, *Rösselmann*, *Reding*, *Johannes von Östreich*, *Gertrud* und *Armgart* sind sorgfältig auszuteilen, und besonders ist die Rolle des Knaben *Walter* zu empfehlen. Übrigens verlasse ich mich bei der theatralischen Änderung des Stücks vollkommen auf Ihre Einsicht und Erfahrung.

Vom Kostüme leg ich einige Zeichnungen bei. Übrigens gilt bei diesem Stücke ganz das Kostüm des Mittelalters, und das Eigentümliche der alten Schweizer Tracht ist besonders in den weiten Pumphosen; – die ganz gemeinen Landleute können zum Teil im Hemd, mit bunten Hosenträgern spielen und viele Kleider erspart werden. Auf dem Kopf tragen einige Barette, andere schwarze oder bunte Hüte.

Johann von Östreich ist in weißer Mönchskutte; darunter kann er ein kostbares Ritterkleid und einen mit Edelsteinen besetzten Gürtel tragen, welches nach seiner Erkennung kann gesehen werden. *Stier von Uri* ist auf einer Seite gelb, auf der andern schwarz und führt ein großes Kuhhorn, mit Silber beschlagen.

Im Rütli sind es die Schauspieler und nicht die Statisten, welche die Fackeln tragen und den vordern Ring bilden. *Tell* schießt nicht wirklich, sondern schnellt nur ab, denn der Pfeil kann in der Luft nicht gesehen werden.

Ich setze nichts hinzu, als daß ich das Stück Ihrer Sorgfalt bestens empfehle.

Hochachtungsvoll
der Ihrige
v. Sch.

Beilage

Winkelried – und Johannes von Östreich.
Itel Reding – und Kuoni, auch Stüssi.
Werni – und Meier von Sarnen, auch Wanderer im 4. Akt.
Frießhardt – und Fronvogt.
Leuthold – und Meister Steinmetz.
Rudolf Harras – und Ausrufer.
Sigrist und Rösselmann – auch Gesellen und Handlanger. –
Jenni und Seppi können durch Mädchen gespielt werden.

NS. Vom Industriekomptoir sind mir die 25 Dukaten richtig bezahlt worden.

Sch.

248. An August Wilhelm Iffland.

Weimar, 14. April 1804

Hier übersende ich Ihnen, wertester Freund, die veränderte Leseart der drei bedenklich gefundenen Stellen. Möchten sie nun für Ihre Verhältnisse passend sein! Anders konnt ich mich nicht fassen, ohne dem Geist des ganzen Werkes zu widersprechen, denn wenn man einmal ein solches Sujet, wie der Wilhelm Tell ist, gewählt hat, so muß man notwendig gewisse Saiten berühren, welche nicht jedem gut ins Ohr klingen. Können die Stellen, wie sie jetzt lauten, auf einem Theater nicht gesprochen werden, so kann auf diesem Theater der Tell überhaupt nicht gespielt werden, denn seine ganze Tendenz, so unschuldig und rechtlich sie ist, müßte Anstoß erregen.

Wegen des übrigen, worin ich nicht nachgeben konnte, Tells Monolog und die Einführung des Parricida, berufe ich mich auf das, was ich Herrn Pauly mündlich sagte. Der Kasus gehört vor das poetische Forum, und darüber kann ich keinen höheren Richter als mein Gefühl erkennen.

Auch Goethe ist mit mir überzeugt, daß ohne jenen Monolog und ohne die persönliche Erscheinung des Parricida der Tell sich gar nicht hätte denken lassen.

Herr Pauly hat mit mir wegen einer großen Oper gesprochen; ich hatte längst auch Lust zu einem solchen Unternehmen gehabt, aber wenn ich mir den Kopf zerbreche, um von meiner Seite etwas Rechtes zu leisten, so möchte ich freilich auch gewiß sein können, daß der Komponist das Gehörige leiste. Eine Tragödie kann auch für sich selbst, unabhängig von dem Talent der Schauspieler, etwas sein; eine Oper ist nichts, wenn sie nicht gespielt und gesungen wird.

Herrn Paulys Bekanntschaft war mir sehr angenehm. Ich habe in ihm einen Mann von Einsicht und Geist und einen braven Mann schätzen lernen. Empfehlen Sie mich ihm aufs beste.

Ganz der Ihrige

Schiller

249. An Christian Gottfried Körner.

Weimar, 28. Mai 1804

Ohne Zweifel hast Du indessen schon zu Deiner Verwunderung vernommen, daß ich in Berlin gewesen. Es war ein Einfall, der ebenso schnell ausgeführt wurde, als er entstand; auch hießen die Umstände meiner Frau mich eilen, wenn dieses Jahr überhaupt etwas daraus werden sollte.

Daß ich bei dieser Reise nicht bloß mein Vergnügen beabsichtigte, kannst Du Dir leicht denken; es war um mehr zu tun, und allerdings habe ich es jetzt in meiner Hand, eine wesentliche Verbesserung in meiner Existenz vorzunehmen. Zwar wenn ich nicht auf meine Familie reflektieren müßte, würde es mir in Weimar immer am besten gefallen. Aber meine Besoldung ist klein, und ich setze ziemlich alles zu, was ich jährlich erwerbe, so daß wenig zurückgelegt wird. Um meinen Kindern einiges Vermögen zu erwerben, muß ich dahin streben, daß der Ertrag meiner Schriftstellerei zum Kapital kann geschlagen werden, und dazu bietet man mir in Berlin die Hände. Ich habe nichts da gesucht, man hat die ersten Schritte gegen mich getan, und ich bin aufgefodert, selbst meine Bedingungen zu machen.

Es ist aber kostbar, in Berlin zu leben; ohne Equipage ist es für mich ganz und gar nicht möglich, weil jeder Besuch oder Ausgang eine kleine Reise ist. Auch sind andere Artikel sehr teuer, und unter 600 Friedrichsdor könnte ich gar nicht mit Bequemlichkeit leben; ja, diese würden nicht einmal hinreichen. In einer großen Stadt kann man sich weniger behelfen als in einer kleinen.

Es steht also bei den Göttern, ob die Foderung, die ich zu machen genötigt bin, wenn ich mich nicht verschlimmern will, nicht zu hoch wird gefunden werden.

Berlin gefällt mir und meiner Frau besser, als wir erwarteten. Es ist dort eine große persönliche Freiheit und eine Ungezwungenheit im bürgerlichen Leben. Musik und Theater bieten mancherlei Genüsse an, obgleich beide bei weitem das nicht leisten, was sie kosten. Auch kann ich in Berlin eher Aussichten für meine Kinder finden und mich vielleicht, wenn ich erst dort bin, noch auf manche Art verbessern.

Auf der anderen Seite zerreiße ich höchst ungern alte Verhältnisse, und in neue mich zu begeben, schreckt meine Bequemlichkeit. Hier in Weimar bin ich freilich absolut frei und im eigentlichsten Sinne zu Hause. Ich habe gegen den Herzog Verbindlichkeiten, und ob ich gleich mit ganz guter Art mich loszumachen hoffen kann, so würde mir's doch weh tun zu gehen. Wenn er mir also einen nur etwas bedeutenden Ersatz anbietet, so habe ich doch Lust zu bleiben.

So stehen die Sachen. Laß mich doch in Deinem nächsten Briefe hören, was Ihr von der Sache haltet und mir ratet. Da das Glück einmal die Würfel in meine Hand gibt, so muß ich werfen, ich würde mir sonst immer Vorwürfe machen, wenn ich den Moment versäumte.

Übrigens bleibe die ganze Sache unter uns, es würde mir schaden, wenn vor der Zeit etwas davon verlautete.

Lolo grüßt herzlich, sie befindet sich wohl und hat die Beschwerlichkeiten der Reise gut ausgehalten. Auch meine beiden Jungens waren mit, und Karl hat mit dem Kronprinzen Freundschaft gestiftet.

Lebe wohl, herzlich umarme ich Euch alle.

Dein

S.

250. An Herzog Karl August von Sachsen-Weimar.

Weimar, 4. Juni 1804

Durchlauchtigster Herzog, Gnädigster Herr.

Ich bin nach Berlin gereist, um das dortige Theater, mit dem ich seit mehreren Jahren Geschäfte habe, näher kennen zu lernen und für meine künftigen Stücke einen vorteilhaften Kontrakt zu schließen. Ganz unerwartet und ungesucht geschehen mir Anträge von seiten des Kabinettsrats Beyme, mich dort zu fixieren. Man hat mich aufgefordert, meine Bedingungen zu machen, und ist geneigt, mir soviel zu bewilligen, als ich zu meiner Existenz in einer großen Stadt würde nötig haben.

Es konnte mir nie in den Sinn kommen, gnädigster Herr, irgendein Etablissement ohne Ihre höchste Genehmigung einzugehen. Es ist daher in dieser Sache von mir noch kein Schritt geschehen. Eurer Durchlaucht eröffne ich sie zuerst und lege die Entscheidung mit vollem Vertrauen in Ihre Hände.

Ich weiß, was ich der Gnade Eurer Durchlaucht schuldig bin, und ich glaube nicht, zu den feilen Menschen zu gehören, die aus Leichtsinn oder Gewinnsucht die heiligsten Bande auflösen. Nicht bloß die Pflichten der Dankbarkeit, auch Neigung und freundschaftliche Bande fesseln mich an Weimar. Die Aussicht auf eine glänzendere Lage würde mich also nie in Versuchung führen.

Aber, gnädigster Herr, ich habe Familie, und ob ich gleich mit demjenigen, was mir die Großmut Eurer Durchlaucht jährlich ausgesetzt, und mit dem, was meine Arbeiten mir erwerben, vollkommen ausreiche, so habe ich doch für meine Kinder noch wenig zurücklegen können. Ich bin 43 Jahr alt, meine Gesundheit ist schwach, und ich muß auf die Zukunft denken. Diese einzige Rücksicht macht es mir zur Pflicht, eine wesentliche Verbesserung meiner Umstände, die sich mir anbietet, nicht gleichgültig von mir zu weisen, aber glücklich würde ich mich schätzen, wenn ich diese Verbesserung von der Gnade Eurer Durchlaucht erhalten und so Ihnen und Ihnen allein alles verdanken dürfte.

In Berlin will man mir soviel bewilligen, als ich zu meiner Existenz nötig habe, der Ertrag meiner Schriften würde demnach mein reiner Gewinn sein. Aber meine hiesigen Verhältnisse sind mir so teuer, daß ich mit Freuden auch künftighin zwei Dritteile dieser Einnahme jährlich zusetzen will, wenn ich durch die Großmut Eurer Durchlaucht in den Stand gesetzt werde, ein Dritteil davon des Jahrs für meine Kinder zurückzulegen.

Eure Durchlaucht haben mir schon so viele Beweise gegeben, daß Ihnen mein und der Meinigen Glück nicht gleichgültig ist. Sie selbst haben den Grund dazu gelegt, und eine freudige Hoffnung sagt uns, Sie werden Ihr eigenes Werk vollenden.

Mit tiefster Devotion und Verpflichtung ersterbe ich

Eurer Herzoglichen Durchlaucht
meines gnädigsten Herrn
untertänigster
Fr. v. Schiller.

251. An Herzog Karl August von Sachsen-Weimar.

Weimar, 8. Juni 1804

Die gnädigen Gesinnungen, welche Eure Durchlaucht so edelmütig gegen mich äußern, befreien mein Herz von einer großen Last; denn welches Glück mir auch anderswo möchte angeboten werden, so würde es mir doch immer das schwerste Opfer gekostet haben, wenn es mich aus meinen hiesigen Verhältnissen gerissen hätte. Ihre Großmut, gnädigster Herr, fixiert nun auf immer meinen Lebensplan. Jedem Gedanken an eine Veränderung kann ich mit frohem Herzen entsagen, ich kann mit freudiger Tätigkeit wirken, weil ich nunmehr imstande bin, etwas für die Meinigen zu tun. Der Grund dazu ist gelegt, ich habe mit den Ersparnissen meines Fleißes angefangen, mein kleines Haus zu erwerben, es wird noch dieses Jahr schuldenfrei und mein eigen sein. Ich darf Eurer Durchlaucht diese kleinen Details anführen als einen Beweis, daß Ihre edelmütigen Absichten mit mir und den Meinigen nicht unerfüllt bleiben werden.

Und wenn Eure Durchlaucht, wie mir der Geheime Rat von Goethe sagt, Ihre Gnade für mich noch dadurch vermehren, daß Sie mir erlauben wollen, zuweilen einige Monate in Berlin zuzubringen, so wird es meine Ansichten erweitern und auf meine Arbeiten einen glücklichen Einfluß haben.

Mit gerührtem Herzen erinnere ich mich, daß es jetzt zwanzig Jahre sind, daß ich in Mannheim und Darmstadt das Glück hatte, mich Eurer Durchlaucht zuerst zu nahen. Damals empfing ich den ersten Beweis Ihrer Gnade, die sich bis auf den heutigen Tag nie gegen mich verleugnet hat.

Fr. v. Schiller

252. An Karl Friedrich Beyme.

Weimar, 18. Juni 1804

Hochwohlgeborner Herr,
Hochzuverehrender Herr Geheimer Rat,

nach den gütigen Äußerungen, die Sir mir in Potsdam getan, nehme ich keinen Anstand, Ihnen meine Wünsche mit der Freimütigkeit zu entdekken, die ich den großmütigen Absichten des Königs und Ihren wohlwollenden Gesinnungen schuldig bin.

Daß ein längerer Aufenthalt in Berlin mich fähig machen würde, in meiner Kunst vorzuschreiten und in das Ganze der dortigen Theateranstalt zweckmäßiger einzugreifen, zweifle ich keinen Augenblick; aber eine gänzliche Versetzung von Weimar nach Berlin mit meiner zahlreichen Familie würde ich nur unter Bedingungen ausführen können, welche die Bescheidenheit mir nicht zu machen erlaubt.

Doch auch schon der Aufenthalt von mehreren Monaten des Jahrs zu Berlin würde vollkommen hinreichend sein, jenen Zweck zu erfüllen. Ich würde durch eine solche Abwechslung meines Aufenthalts die beiden Vorteile vereinigen, welche das rege Leben einer großen Stadt zur Bereicherung des Geistes und die stillen Verhältnisse einer kleinen zur ruhigen Sammlung darbieten; denn aus der größern Welt schöpft zwar der Dichter seinen Stoff, aber in der Abgezogenheit und Stille muß er ihn verarbeiten. Da es die großmütige Absicht des Königs ist, mich in diejenige Lage zu versetzen, die meiner Geistestätigkeit die günstigste ist, so darf ich von seiner Gnade erwarten, daß Seine Majestät mir dieses Glück unter derjenigen Bedingung zusagen werde, von welcher es unzertrennlich ist.

Zweitausend Reichstaler jährlicher Gehalt würden mich vollkommen in den Stand setzen, die nötige Zeit des Jahres in Berlin mit Anstand zu leben und ein Bürger des Staats zu sein, den die ruhmvolle Regierung des vortrefflichen Königs beglückt.

Mit größter Verehrung verharre ich

Euer Hochwohlgeboren
gehorsamster Diener
v. Schiller.

253. An Christoph Wilhelm Hufeland.

Weimar, 16. Juli 1804

Ihr freundliches Andenken, mein teurer, verehrter Freund, hat meine Frau und mich höchlich erfreut. Daß Sie mir darin zuvorgekommen sind und daß ich selbst Ihnen nicht früher für die liebevolle Aufnahme gedankt, die wir bei Ihnen erfuhren, ist nicht die Schuld meiner Nachlässigkeit. Ich glaubte, Ihnen zugleich etwas Bestimmtes über meine künftigen Verhältnisse zu Berlin schreiben zu können, indem ich nun täglich eine Entscheidung darüber erwarte. Der treffliche Mann, der auch ihr Freund ist, hatte mich bei meinem neulichen Aufenthalt in Potsdam aufgefordert, die Bedingungen zu nennen, unter denen ich in Berlin glaubte existieren zu können. Längst schon lebte es als Wunsch in meinem Herzen, einige Zeit im Jahr dort zubringen und den Einfluß einer so großen Stadt besonders auf meine dramatische Produktivität erfahren zu können. Aber freilich müßte mir keine fixierte Niederlassung in Berlin zur Bedingung gemacht werden. Denn außer dem, daß ich mich aus mehr als einem Grunde nicht ganz von Weimar trennen kann und daß ein Aufenthalt zu Berlin mit meiner ganzen Familie äußerst kostspielig für mich sein würde, so kenne ich mich auch selbst zu gut, um nicht überzeugt zu sein, daß die Zerstreuungen einer großen Stadt, sowie überhaupt die größere Bewegung um mich herum, das glimmende Fünkchen meiner Tätigkeit ganz ersticken würde. Um etwas Poetisches zu leisten, muß ich 6–8 Monate im Jahre einsam leben, und dazu ist ein Ort wie Weimar, dem es nicht ganz an einigem belebenden Umgang fehlt, eben recht. Wird mir aber von Berlin aus zugestanden, meinen Aufenthalt zwischen dort und hier zu teilen, so sind meine Wünsche erfüllt, und ich werde mich sowohl im Poetischen als auch im Ökonomischen besser befinden.

So stehen die Sachen, teurer Freund, ich habe diesen meinen Wunsch an die Behörde gelangen lassen und sehe nun mit Erwartung dem Erfolge entgegen.

Sollte es dahin kommen, daß ich öfter und längere Zeit in Berlin verleben könnte, so lassen Sie, teurer Freund, Ihr Herz und Ihre Arme mir geöffnet sein und Ihre Hausgötter mich freundlich empfangen. In einer größeren Welt bedarf man des Freundes am meisten, und ich habe immer in so einfachen Verhältnissen gelebt, daß ich weniger als ein anderer des wechselseitigen Vertrauens und Wohlwollens entraten kann.

Meine Frau hat sich in ihrem Kalkül geirrt und wird nun wahrscheinlich erst in einigen Wochen ihrer Bürde entledigt werden. Sie dankt Ihnen und Ihrer lieben Frau Gemahlin aufs herzlichste für Ihren Anteil und wird sich der gütigen Aufnahme bei Ihnen stets mit dankbarem Herzen erinnern.

Die angenehme Nachricht von dem Sukzeß des Tell in Berlin war mir sehr willkommen; sie war das erste Wort, das ich darüber vernahm, und muß mir in jedem Betracht erfreulich sein.

Von Herzen umarmt Sie
Ihr ganz ergebener
Schiller.

254. An Johann Friedrich Cotta.

Weimar, 16. Oktober 1804

Für die Exemplare vom Tell danke ich Ihnen herzlich, teurer Freund, sie nehmen sich sehr gut aus und haben mich recht gefreut. Ich habe keines mehr nötig, da Sie mir eine so reichliche Anzahl geschickt haben.

Mit meiner Gesundheit fängt es seit 8 Tagen an, merklich besser zu gehen. Vorher fühlte ich mich immer sehr schwach und mutlos, jetzt aber kommt mit den Kräften auch die Lust zur Tätigkeit zurück.

An ein Gedicht auf unsre Erbprinzessin habe ich nie gedacht, und ich erstaune, wie man eine solche Lüge ohne alle Veranlassung erfinden kann. Denn einen Zug des Bacchus aus Indien zu dichten, ist mir weder bei dieser Gelegenheit noch sonst jemals in den Sinn gekommen. Überhaupt möchte ich mich bei dieser Veranlassung, wo sich so viele schlechte Federn in Bewegung setzen, am allerwenigsten rühren.

Die Befreiung unsres Freundes habe ich mit großem Anteil vernommen, und ich bitte Sie, wenn Sie ihm etwa schreiben, es ihm in meinem Namen zu bezeugen.

Goethe denkt jetzt an eine Herausgabe seiner sämtlichen Schriften in einer Handausgabe, ohne Pracht und Verzierung. Nach den Erkundigungen, die ich darüber bei ihm eingezogen, ist er gesonnen, das Werk so zu verakkordieren, daß die sämtlichen Bände im Verlauf von dritthalb Jahren erscheinen sollen und in 5 Jahren, von Erscheinung des ersten Transports an gerechnet, das Recht einer neuen Auflage an ihn heimfallen soll. Der Verleger müßte sich also freilich tummeln, um in diesem kurzen Zeitraum das Werk zu verkaufen. Wie ich ihn sondiert habe, so scheint er nicht weniger als 4 Karolin für den gedruckten Bogen zu erwarten, und er rechnet das Ganze auf etwa 380–400 Bogen. Einige ungedruckte Sachen aus seiner frühern Jugend sind darunter, auch denkt er vom Faust soviel dazuzugeben, als er fertig hat, wenn er auch nicht dazu käme, ihn ganz zu vollenden.

Überlegen Sie sich nun, ob Sie auf seine Vorschläge eingehen wollen, und wenn Sie dazu Lust haben, so wäre es gut, ihn einmal, doch ganz im allgemeinen, um ein Verlagswerk zu ersuchen, daß er dadurch veranlaßt würde, Ihnen seine sämtliche Werke anzubieten.

Man sagt hier, daß Sie die Herderischen Schriften verlegen würden. Wenn dies der Fall ist, so wünsche ich nur, daß Sie sich durch einen guten Akkord gedeckt haben mögen, denn die Unternehmung scheint mir doch ein wenig riskant zu sein.

Leben Sie wohl, mein wertester Freund. Meine Frau grüßt Sie beide herzlich.

Ganz der Ihrige

Sch.

255. An Johann Friedrich Cotta.

Weimar, 21. November 1804

Die Ankunft der Großfürstin hat uns in den letztverstrichenen 10 Tagen in so viele Zerstreuungen verwickelt, daß ich keine Zeit gefunden, Ihnen, mein wertester Freund, zu schreiben. Jetzt rücken wir wieder in unser altes Lebensgleis, und ich eile, Ihnen Nachricht zu geben.

Mit unsrer neuen Prinzessin ist wirklich ein guter Engel bei uns eingezogen. Sie ist im höchsten Grade liebenswürdig, verständig und gebildet, sie zeigt einen festen Charakter und weiß die Dignität ihres Standes mit dem verbindlichsten Wesen zu vereinbaren. Kurz, sie ist so, daß, wenn wir die Wahl gehabt hätten, uns eine Fürstin zu verschreiben, wir sie geradeso, wie sie ist, und nicht anders bestellt haben würden. Ich verspreche mir eine schöne Epoche für unser Weimar, wenn sie nur erst bei uns einheimisch wird geworden sein.

Es ist uns kaum ein paar Tage vor ihrer Ankunft aufgegeben worden, ihr eine Theaterfete zu geben, und da habe ich denn in aller Eile noch ein kleines Drama gedichtet, welches über alle Erwartungen gut reüssierte und exekutiert wurde. Es ist nur einen gedruckten Bogen stark, und Sie können darüber disponieren. Freilich weiß ich nicht, wie wir es am schicklichsten in die Welt bringen; einzeln gedruckt ist es zu wenig, in einer Zeitung oder einem Journal wollt ich es nicht gern haben, und wenn wir es liegen lassen bis zum neuen Damenkalender, so veraltet es zu sehr. Hätten wir nur noch einige Bogen guter Arbeit mehr, so würde ich raten, noch in der Geschwindigkeit einen kleinen Kalender ausfliegen zu lassen, besonders da Sie mit den Reinhartischen Landschaften versehen sind. Hätten Sie wirklich noch Lust dazu, so schreiben Sie mir's mit erster Post, ich suche dann noch etwas Kleines auszuarbeiten, finde vielleicht noch etwas bei Goethe, Wieland und meiner Schwägerin und bringe ein kleines Werkchen von 5 bis 6 Bogen zustande. – Es kann hier oder in Jena bei Frommann schnell und sauber gedruckt werden, nur müßten Sie für diesen Fall das Format der Kupferstiche nebst Ihren Ordres schleunigst übersenden.

Kraus sagt mir, daß er nichts mehr an Sie zu fodern habe. Ihre Anweisung an Frege habe ich erhalten und danke bestens dafür. Sie haben mir also auf den Tell 110 Karolins bezahlt (80 durch Frege und 30 an Paulus).

Eben fällt mir ein, daß ich das von mir übersetzte französische Lustspiel (welches vor 6 Wochen mit sehr großem Beifall in Berlin gespielt worden) mit jenem kleinen Festspiel als Neujahrsgeschenk könnte drucken lassen. Beides würde ohngefähr 8 Bogen betragen.

Entscheiden Sie, wertester Freund, es ist ganz Ihre Sache.

Herzlich empfehlen wir uns Ihnen und den Ihrigen.

Ihr treuer Freund

Sch.

256. An Christian Gottfried Körner.

Weimar, 22. November 1804

Die Festivitäten, welche die Ankunft unsrer Erbprinzessin veranlaßte, sind nun zu Ende, und wir treten wieder allmählich in unser gewöhnliches Philisterleben zurück. Außer einem Katarrh, den ich mir geholt, bin ich ganz leidlich weggekommen, welches ich kaum erwarten konnte, da man sich bei solchen Gelegenheiten niemals schonen kann. Der Einzug war wirklich sehenswert, denn alle Welt war auf den Beinen, und die Bergstraße nebst der ganzen Anhöhe, woran Weimar sich lehnt, war von Menschengruppen belebt. Die herzogliche Jägerei, die Kaufleute und die Schützengesellschaft, alle in ihren Uniformen, holten die Herrschaften ein, der Zug ging durch eine sehr schöne Ehrenpforte in edlem Stil, davon Du in dem nächsten Journal des Luxus und der Moden eine Zeichnung finden wirst. Bälle, Feuerwerk, Illumination, Musik, Komödie und dergleichen folgte nun 20 Tage aufeinander; das Festlichste aber an der ganzen Sache war die aufrichtige, allgemeine Freude über unsre neue Prinzessin, an der wir in der Tat eine unschätzbare Akquisition gemacht haben. Sie ist äußerst liebenswürdig und weiß dabei mit dem verbindlichsten Wesen eine Dignität zu paaren, welche alle Vertraulichkeit entfernt. Die Repräsentation als Fürstin versteht sie meisterlich, und es war wirklich zu bewundern, wie sie gleich in der ersten Stunde nach ihrer Ankunft, wo ihr die fürstlichen Diener bei Hofe vorgestellt wurden, sich gegen jeden zu benehmen wußte. – Sie hat sehr schöne Talente im Zeichnen und in der Musik, hat Lektüre und zeigt einen sehr gesetzten, auf ernste Dinge gerichteten Geist bei aller Fröhlichkeit der Jugend. Ihr Gesicht ist anziehend, ohne schön zu sein, aber ihr Wuchs ist bezaubernd. Das Deutsche spricht sie mit Schwierigkeit, versteht es aber, wenn man mit ihr spricht, und liest es ohne Mühe. Auch ist es ihr ernst, es zu lernen. Sie scheint einen sehr festen Charakter zu haben, und da sie das Gute und Rechte will, so können wir hoffen, daß sie es durchsetzen wird. Schlechte Menschen, leere Schwätzer und Schwadronierer möchten schwerlich bei ihr aufkommen. Ich bin nun sehr erwartend, wie sie sich hier ihre Existenz einrichten und wohin sich ihre Tätigkeit richten wird. Gebe der Himmel, daß sie etwas für die Künste tun möge, die sich hier, besonders die Musik, gar schlecht befinden. Auch hat sie es nicht verhehlt, daß sie unsre Kapelle schlecht gefunden.

Auf dem Theater wollten wir uns anfangs eben nicht in Unkosten setzen, sie zu bekomplimentieren. Aber etliche Tage vor ihrem Anzug wurde Goethen angst, daß er allein sich auf nichts versehen habe, und die ganze Welt erwartet etwas von uns.

In dieser Not setzte man mir zu, noch etwas Dramatisches zu erfinden, und da Goethe seine Erfindungskraft umsonst anstrengte, so mußte ich endlich mit der meinigen noch aushelfen. Ich arbeitete also in 4 Tagen ein kleines Vorspiel aus, welches frischweg eingelernt und am 12. November gegeben wurde. Es reüssierte über alle meine Hoffnung, und ich hätte vielleicht monatelang mich anstrengen können, ohne es dem ganzen Publikum so zu Dank zu machen, als es mir durch diese flüchtige Arbeit gelungen ist. Mit nächstem Posttag sollst Du eine Abschrift meines Machwerks erhalten.

Wolzogen hat mir von der regierenden Kaiserin einen sehr kostbaren Ring mitgebracht, ich hatte von dieser Seite her gar nichts erwartet, sie hat aber viel Geschmack an dem Karlos gefunden, und er hat ihr in meinem Namen ein Exemplar überreicht.

Du solltest diese Michaelismesse, wie mein Plan war, 48 Louisdors von Crusius erhalten, die er mir für die neue Auflage des zweiten Bandes meiner Gedichte zu bezahlen hat. Aber diese zweite Auflage hat sich meiner Krankheit wegen verzögert, es wird erst jetzt an dem Druck angefangen, und auf Ostern erfolgt erst die Zahlung. Die Finanzen stehen übrigens gut; wenn ich nur diesen Winter fleißig sein kann, so ist Geld genug zu erwarten.

Lebe wohl, wir grüßen Euch alle herzlich, auch Geßlern bitte recht viel Freundschaftliches zu sagen.

Dein

Sch.

257. An Christian Gottfried Körner.

Weimar, 10. Dezember 1804

Ein heftiger Katarrh, den ich mir bei den letzten Festivitäten geholt, hat mich schon mehrere Wochen hart mitgenommen; leider ist meine Gesundheit so hinfällig, daß ich jeden freien Lebensgenuß gleich mit wochenlangem Leiden büßen muß. Und so stockt denn auch meine Tätigkeit trotz meinem besten Willen! In Ermangelung wichtigerer Sachen schicke ich Dir mein kleines Vorspiel; Du wirst doch gern wissen wollen, wie ich mich bei einer solchen Gelegenheit aus dem Handel gezogen.

Wenn man in Dresden den Wilhelm Tell zu geben denkt, so wäre es doch wohl anständiger, dieses Stück nach derjenigen Bearbeitung, die ich fürs hiesige Theater davon gemacht habe, zu geben. Sie ist sehr wesentlich verkürzt, und zum Beispiel der ganze fünfte Akt weggelassen, weil wir des Kaisermords nicht erwähnen wollten. Auch sind viele Personen in wenige verwandelt, viele schwürige oder bedenkliche Stellen weggelassen. Wenn ich mit Opitzen nichts zu tun bekomme, von dem ich nichts mehr hören mag, so soll man eine Abschrift des Manuskripts für 10 Louisdors haben; denn ich sehe nicht, warum ich dem Herrn Seconda etwas schenken soll. Kannst Du diese Sache negoziieren, versteht sich, ohne mich anzubieten, so ist mir's lieb, und Ihr entgeht doch wenigstens einer verstümmelten Vorstellung des Stücks.

Richters Ästhetik habe ich noch nicht zu Gesicht bekommen. Meine lange Entwöhnung von allen theoretischen Kunstansichten und allem Räsonnement hat mich ordentlich dagegen stumpf gemacht, auch hat mir das leere metaphysische Geschwätz der Kunstphilosophen alles Theoretisieren verleidet. In der Tat verträgt sich diese Geistesoperation nicht mit der Ausübung, denn da muß man die Gesetze aus dem Gegenstande schöpfen und findet sich mit keiner allgemeinen Formel gefördert.

Wolzogens grüßen Euch schönstens. Er hat jetzt sehr viel Arbeit mit den Angelegenheiten der Erbprinzessin, da er allein alles unter sich hat.

Geßlern unsere freundlichsten Grüße. Wir umarmen Euch alle von Herzen.

Sch.

Das Manuskript sende mir zurück, ich habe keine Abschrift davon.

258. An Friedrich Rochlitz.

Weimar, 10. Dezember 1804

Herr Göschen wird mich, wie ich hoffe, bei Ihnen entschuldigt haben, daß [ich] ihre gütige Zuschrift so lange unbeantwortet gelassen. Ein heftiger Katarrh, an dem ich seit 3 Wochen leide, hat alle meine Geschäfte gehemmt, und jetzt, da ich wieder anfange mich zu erholen, finde ich so viele Versäumnisse nachzuholen, daß ich den Mut nicht habe, mich zu einem neuen Geschäft verbindlich zu machen. Leider begegnet es mir nur zu oft, daß meine schlechte Gesundheit die Flügel meines Willens beschneidet und mich meinen Freunden dasjenige nicht sein läßt, was ich so herzlich gern wünschte.

Daß Herr Göschen in seiner Lage und mit den Mitteln, die er in seiner Gewalt hat, eine Zeitschrift für die schöne Welt unternimmt, finde ich ganz zweckmäßig, besonders in jetzigem Moment, wo ich keine andere von Bedeutung kenne, deren Rivalität ihm schaden könnte. Und dadurch, daß er Sie für seinen Gedanken zu interessieren gewußt hat, hat er gleich einen bedeutenden Schritt zur Sache getan. Ich bin mit allem, was Sie mir über die Unternehmung schreiben, vollkommen einverstanden, und es hat mich erfreut zu hören, wie Sie einem flüchtigen Buchhändlereinfall (welches mir unser Freund Göschen nicht übelnehmen mag) Form und Geschick zu geben gewußt haben. Nun lassen Sie mich als einen alten Handwerksgenossen, der auch seine zehn Jahre sich mit Zeitschriften befaßt hat, ein kleines Bedenken äußern. Vor allem möchte ich in ganzem Ernst die Frage aufwerfen: „Wer soll denn eigentlich dieses Journal *lesen*?" – Frauen, soviel ich weiß, interessieren sich am allerwenigsten für das, was von Frauen geschrieben ist, und für die Männer möchte ein solches Werk ohnehin das wenigste Interesse haben. Ich fürchte deswegen, wir werden bei diesem Journal das Schlimmste erleben, was begegnen kann, nämlich dieses, daß sich wenig Leser, aber desto mehr Mitarbeiterinnen finden werden. Und so könnte es leicht kommen, daß Herr Göschen mit seinem schönen Geld unsern schreibseligen Damen bloß das Vergnügen bezahlen müßte, sich gedruckt zu sehen. Ich würde daher für viel zweckmäßiger gehalten haben, die Zeitschrift als ein Journal für die schöne Welt zu behandeln, ohne durch die besondere Klausel: *von Damen für Damen*, dem Werke zu enge Schranken zu setzen.

Da Herr Göschen bei dieser Unternehmung nichts mehr als meinen guten Rat und in kritischen Fällen zuweilen mein Urteil verlangt, so habe ich mich mit Vergnügen dazu verstanden. Es können Fälle eintreten, wo Sie als Redakteur des Journals, um das irritable Volk der Autoren und Autorinnen nicht auf dem Hals zu haben, sich gerne hinter Kollegen verstecken, und bei solchen Gelegenheiten können Sie über meinen guten Willen disponieren. Über eingesandte Beiträge, wenn ich gefragt werde, werde ich recht gern meine Meinung sagen; was ich in meiner Bekanntschaft gut finde, will ich zu dem Journal empfehlen und einladen. Weiter aber kann mein Anteil nicht gehen, da sowohl meine anderen Geschäfte als meine Verhältnisse mir hierin im Wege stehen.

Das wichtige Geschäft, an eingesandte Beiträge, die nicht ohne Gehalt, aber in der Form vernachlässigt sind, eine bessernde Hand zu legen, bleibt Ihnen, und darauf wird wohl immer das meiste beruhen. Ich erwarte mit großem Verlangen, über den ferneren Gang dieses Unternehmens zu hören, und bitte Sie, mich zuzeiten damit in Verbindung zu erhalten.

Mit vollkommenster Hochachtung verharre ich

Ihr
ergebenster Diener
Schiller.

259. An Johann Friedrich Cotta.

Weimar, 13. Dezember 1804

Da es jetzt allerdings zu spät ist, mein kleines Vorspiel nebst dem übersetzten Lustspiel in Form eines Neujahrsgeschenks herauszugeben, so habe ich Ihren Brief an Frommann zurückbehalten und schicke ihn hier zurück. Von jenem Vorspiel können wir einen noch bessern Gebrauch machen, wenn wir die Sammlung meiner Theaterstücke damit beginnen. Und von dieser Sammlung will ich heute mit Ihnen reden.

Es wäre mir nicht lieb, wenn der Anfang abermals um ein Jahr hinausgeschoben würde, woran ich bisher selbst schuld war. Wenn es aber im Jahr

1805 zustande kommen soll, so müßte man eilen, den ersten Band noch auf die Ostermesse zu bringen. Es fragt sich also, ist es dazu noch Zeit, und kann binnen 4 Monaten ein *schöner* Druck von 38 Bogen geleistet werden?

Ich habe nämlich nach reiflicher Überlegung gefunden, daß es besser ist, die Bände größer zu machen, so daß jeder Band *mehrere Stücke*, auch wenn diese noch so groß sind, faßt. Wenn dieses nicht geschieht, so würden Wallenstein und Karlos jedes einen eigenen Band füllen und sich also in nichts von derjenigen Gestalt unterscheiden, in welcher man sie schon besitzt. So aber werden die Bände, wenn sie größer werden, zwar beträchtlich teurer, aber auch dafür sehr gehaltreich und mannigfaltig, und es werden der Bände weniger. Ich schlage Ihnen also vor, die Sammlung nach folgendem Schem[a] zu ordnen.

I. Band.

Die Huldigung der Künste. Vorspiel	1 Bogen
Don Karlos	25 Bogen
Die Jungfrau von Orleans	12 Bogen
	38 –

II. Band.

Räuber	12
Fiesko	10
Kabale und Liebe	10
Der Parasit. Lustspiel nach dem Französischen	8
	40 –

III. Band oder IV.

Wallenstein	30
Braut von Messina	10
	40 –

IV. oder III.

Maria Stuart	12
Macbeth	10
Turandot	10
Iphigenia in Aulis nach Euripides	7
	39 –

V.

Wilhelm Tell	13
Demetrius	13
Zwei kleine Lustspiele nach dem Französischen	10
	36 –

Nach meinem Dafürhalten sollten die 3 ersten Bände rasch aufeinanderfolgen, daß der Käufer in Atem gesetzt würde, und diese 3 ersten Bände müßten also in 3 aufeinanderfolgenden Messen herauskommen. Nachher, wenn das Werk auf diese Art in ordentlichen Gang gebracht worden, folgte jedes Jahr ein neuer Band nach.

Was die Form der Schrift und des Drucks betrifft, so könnte man ganz bei der alten bleiben, worin der Wallenstein und die Braut von Messina gedruckt sind. Bloß um ein weniges kompresser müßten die Zeilen sein, so daß anstatt deren 24, wie jetzt, 27 auf eine Seite kämen. Das Format des Papiers bliebe aber dasselbe, wenn es nicht um etwas größer zu haben wäre. Der Druck könnte füglich bei Ihnen geschehen, doch würde ratsam sein, einen recht akkuraten Revisor des Drucks zum Überfluß zu bestellen, weil doch verschiedene wesentliche Errata in der Braut von Messina sich eingeschlichen. Als Verzierung könnte ich Ihnen zum 1. Band eine Jungfrau von Orleans schaffen, die der junge Jagemann von hier, ein vortrefflicher Künstler, in Paris nach einem alten Gemälde kopiert hat.

Mir würden Sie für den Bogen 4 Karolin bezahlen, welches auf unsre erste Verabredung hinausläuft, wo Sie mir für einen kleineren Band von 25–26 Bogen 100 Karolin bestimmten. Der Ladenpreis eines solchen 36–40 Bogen starken Bandes wäre dann ohngefähr 2 Reichstaler 18 Groschen, wobei Käufer und Verleger bestehen könnten. Statt des teuren Postpapiers würde ich zu einem schönen egalen Schreibpapier raten, wie man es den Ballen zu 4 Karolin oder doch zu 50 Gulden haben kann.

Schreiben Sie mir nun mit dem schnellsten Ihre Meinung hierüber, damit ich zu Übersendung des Manuskripts schleunigst Anstalt mache. Ich übersende einstweilen das kleine Vorspiel, mit dessen Abdruck Sie sogleich, wenn Sie entschlossen sind, den Anfang können machen lassen. Die ersten Bogen der Jungfrau von Orleans sollen noch vor dem Einlaufen Ihrer Antwort abgeschickt werden.

Im Notfall können 2 Setzer und 2 Pressen an dem Werk arbeiten, denn da es Verse sind, so läßt sich auf die Zeile ausrechnen, wieviel auf eine Seite kommt, und da die Schrift, welche ich dazu vorschlage, gar nicht rar ist, so wird auch diese keine Schwierigkeit machen. Mir liegt gar zuviel daran (und Ihnen selbst kann es nicht gleichgültig sein), daß wir auf nächste Ostermesse mit dem ersten Band herausrücken, deswegen bitte ich alles aufzubieten, um es möglich zu machen.

Von Goethen habe ich in Absicht auf seine herauszugebende sämtliche Schriften schon lange nichts mehr gehört, wenigstens für jetzt scheint er nicht daran zu denken.

Leben Sie wohl, bester Freund, möchte dieser Brief Sie alle recht wohl finden.

Sch.

260. An Johann Friedrich Cotta.

Weimar, 23. Dezember 1804

Von Bremen ist eine Kiste mit Porto- und Malaga-Wein an mich angekommen, woraus ich abermals Ihre liebe Sorgfalt für mich erkenne, wertester Freund. Auch scheint der Himmel einen eigenen Segen darauf zu legen, denn nachdem ich schon seit meiner letzten Krankheit im Julius den Wein nur mit Widerwillen getrunken, obgleich meine Ärzte mir ihn verordneten und ich es mit allen möglichen Sorten, süßen und sauern, weißen und roten, deutschen, französischen und spanischen umsonst versucht, so fange ich nun an, den roten Porto-Wein, den Sie mir geschickt, mit Vergnügen zu trinken. Haben Sie auch dafür herzlichen Dank, ich will mich stets dabei Ihrer Liebe erinnern, die so unermüdet für mich sorgt.

Noch immer herrscht der Katarrh bei mir in einem schrecklichen Grade und zwingt mich, da ich meinen Kopf schlechterdings nicht zu einer Hauptarbeit brauchen kann, zu Nebenarbeiten meine Zuflucht zu nehmen, die jedoch auch für unsere Zwecke dienen und mit meiner übrigen Tätigkeit ein Ganzes machen.

Für die überschickten Miszellen danken wir Ihnen aufs schönste. Die *englischen* haben mir einen entschiedenen Vorzug über die *französischen*, welche letztere nicht in den besten Händen zu sein scheinen. Aus den *italienischen* kann etwas werden, doch möchte der *Stoff* aus jenem Lande bald versiegen, weil eigentlich nur eine lebhafte Industrie und eine Rührigkeit im gesellschaftlichen Leben Stoff zu Schilderungen gibt, was sich nicht sehr in Italien findet.

Wenn Sie Bücher aus Frankreich kommen lassen, so bitte ich Sie, mir Laplace' Weltsystem zu verschreiben, mich verlangt sehr nach dieser Schrift.

Göschen will ein Journal *für Frauen*, und welches auch nur *von Frauen* soll geschrieben sein, herausgeben. Rochlitz wird es redigieren, mich und, wie ich höre, auch Wieland hat er gebeten, dabei Rat zu geben und in vorkommenden Fällen ein Votum zu geben, welches ich, da es sehr wenig ist, nicht habe abschlagen wollen. Mit *Rat* dien ich jedem gern, mit der *Tat* möcht ich nur *Ihnen* dienen.

Adieu, mein teurer Freund. Der Himmel führe Sie mit den Ihrigen fröhlich und gesund in das 1805. Jahr Christi und das eilfte unsrer Freundschaft! Ganz der Ihrige

Sch.

261. An Christian Gottfried Körner.

Weimar, 20. Januar 1805

Sowie das Eis wieder anfängt aufzutauen, geht auch mein Herz und mein Denkvermögen wieder auf, welches beides in den harten Wintertagen ganz erstarret war. Solang der Winter nun dauert, bin ich unaufhörlich von einem Katarrh geplagt, der mich in der Tat sehr angreift und fast allen Lebensmut ertötet. An eine glückliche, freie Tätigkeit war bei solchen Umständen gar nicht zu denken. Um nur nicht ganz müßig zu sein und doch durch einige Arbeit über die harte Periode mir hinüberzuhelfen, habe ich die Phèdre von Racine übersetzt, ein Stück, welches viele Verdienste hat und, wenn man einmal die Manier zugibt, sogar fürtrefflich heißen könnte. Es ist lange Zeit das Paradepferd der französischen Bühne gewesen und ist es zum Teil noch; wir wollen nun sehen, wie es sich einem deutschen Publikum gegenüber behaupten wird. Ich hab es in den gewöhnlichen reimlosen Jamben übersetzt, und mit gewissenhafter Treue, ohne mir eine Abänderung zu erlauben. Du sollst das Manuskript haben, wenn ich eine Abschrift davon habe nehmen lassen. Auf den 30. dieses Monats, als den Geburtstag der Herzogin, werden wir es spielen lassen.

Hubers Tod wird Euch, so wie auch mich, sehr betroffen haben, und ich mag jetzt noch nicht gerne daran denken. Wer hätte das erwartet, daß e r uns zuerst verlassen müßte! Denn ob wir gleich außer Verbindung mit ihm waren, so *lebte* er doch nur für uns und war an zu schöne Zeiten unsres Lebens gebunden, um uns je gleichgültig zu sein. Ich bin gewiß, daß Ihr jetzt auch sein großes Unrecht gegen Euch gelinder beurteilt, er hat es gewiß tief empfunden und hart gebüßt.

Schreibe mir bald einige Worte, wie's Euch geht und in dieser langen Zeit gegangen ist, da wir nichts voneinander hörten.

Herzlich umarme ich Euch.

Dein

S.

262. An Georg Joachim Göschen.

[Weimar, 25. Februar (?) 1805]

Hier überschickt Ihnen Goethe den Neffen des Rameau. Seine Krankheit hat die Vollendung des Werks so lange verzögert. Wenn es ihm möglich ist, will er noch einen oder zwei Bogen Anmerkungen nachliefern, doch kann er es noch nicht für gewiß versprechen, und Sie brauchen sich auf keinen Fall mit dem Druck zu genieren.

Ich freue mich, von Rochlitz zu hören, daß Sie mit dem Absatz Ihres Journals vors erste zufrieden sind. Da der innere Wert des Instituts sich mit jedem Fortschritt vermehren wird, so wird es auch nicht an einem guten Erfolg bei dem Publikum fehlen. Nur vor langen und schleppenden Aufsätzen müssen Sie sich hüten, diese sind der Tod jedes Journals. Man will Mannigfaltigkeit und Abwechslung, daher ist die Kürze schon allein eine große Empfehlung, selbst bei einem geringen Gehalt.

Das Äußere ist elegant ohne Anspruch, vielleicht würde etwas mehr Verzierung von Kupfern in der Folge nicht schaden. Bei einem solchen Werke wollen auch die Augen bestochen werden.

Eben empfängt meine Frau Ihr Paket. Ich danke Ihnen bestens für gütige Besorgung des Kriegsspiels und bitte, mir die Auslage zu notieren. Das Spiel ist nicht für mich, sondern für unseren Prinzen Bernhard bestimmt.

Mein Fieber hat mich nun verlassen, und ich fange wieder allmählich an aufzuleben. Dies war ein schrecklicher Winter, und in der literarischen Welt besonders verheerend. Auch unser armer Huber mußte die Welt so frühzeitig verlassen!

Da jetzt eine Sammlung meiner Theaterstücke bei Cotta herauskommt und ich mit dem Karlos anfangen muß, so habe ich, um mit Ihrer Edition des Karlos in keine Kollision zu geraten, die Einrichtung getroffen, daß der Karlos mit der Jungfrau von Orleans und noch einem kleinen Vorspiel einen Band ausmacht und auch nicht einzeln darf verkauft werden. Alle Liebhaber, welche also den Karlos einzeln besitzen wollen, müssen ihn aus Ihrem Verlag beziehen. Ich wünsche, mein lieber Freund, durch dieses Arrangement Ihre Wünsche erfüllt zu haben; auch Cotta hat diesen Ausweg mit Vergnügen ergriffen, um nicht mit Ihrem Interesse zu kollidieren.

Leben Sie wohl, lieber Freund, und möge Ihnen alles nach Wunsch gelingen.

Melden Sie mir in ein paar Worten den Empfang des Goetheschen Manuskripts.

Ganz der Ihrige

Schiller

263. An Johann Friedrich Cotta.

Weimar, 1. März 1805

Die Aushängebogen habe heute erhalten und finde Papier und Druck recht sauber. Was die Erscheinung des Werks zur Ostermesse betrifft, so brauchen Sie sich meinetwegen gar nicht zu übereilen, denn es ist Ihres und nicht meines Vorteils wegen, warum ich darauf antrug. Sobald es Ihnen keinen Nachteil bringt, wenn das Werk erst nach der Messe versandt wird, so habe ich gar nichts dagegen und bin für meinen Teil völlig zufrieden, wenn nur auf die Michaelismesse die zwei ersten Bände ins Publikum kommen. Ich will daher auch baldmöglichst auf ein Kupfer zum zweiten Band sinnen, daß gleich nach der Messe daran kann angefangen werden. Zum dritten Band, der den Wallenstein enthalten wird, habe ich ein treffliches Bildnis Wallensteins aus einer Wiener Galerie, wovon die Herzogin von Weimar eine Kopie besitzt. Dergleichen wahre Porträts haben einen bleibenden Wert und sind gewiß jedermann willkommen.

Es wäre mir lieb, wenn Sie von dem kleinen Vorspiel *Huldigung der Künste* einen aparten Abdruck machen ließen, der aber sehr elegant und in Quart mit schöner lateinischer Schrift müßte gedruckt werden. Ich wollte ein 25 Stück davon nach Rußland an die Kaiserin schicken, auch könnten Sie eine Partie davon einzeln verkaufen, weil doch viele, besonders von der großen Welt, dieses Stück einzeln gern besitzen möchten. Doch würde ich nicht wünschen, daß mehr als etwa 100 davon gedruckt würden, denn das Publikum soll das ganze Werk kaufen. Diesen besondern Abdruck wünschte ich Ende März zu erhalten, daß ich ihn sogleich nach Petersburg schicken könnte. Auf den Titel könnte gesetzt werden:

Aus Schillers theatralischen Schriften besonders abgedruckt.

Da Sie so gütig sein wollten, mir noch vor der Messe Geld anzuweisen, so habe ich mit meinem Schwager arrangiert, daß er mir eine Summe von 32 Karolin, die er seinem Bruder Louis in Stuttgart zu bezahlen hat, hier auszahlt und Sie dagegen die Güte haben, dem Herrn von Wolzogen in Stuttgart, der bei dem Prinzen von Württemberg Kavalier ist, diese Summe zu bezahlen.

Ich hoffe, daß ich bald von Ihrer Familie gute Nachrichten erhalte. Bei mir fängt es wieder an, ordentlich zu gehen.

Mit unsern herzlichsten Grüßen der Ihrige

Schiller

264. An August Wilhelm Iffland.

Weimar, 12. April 1805

Cordemann ersucht mich, ihm ein paar Worte an Sie mitzugeben und seinen Wunsch, beim Berliner Theater angestellt zu werden, zu unterstützen. Ich kann es mit aller Überzeugung tun, da er ein sehr verdienstvoller Schaupieler ist, den wir hier ungern verlieren.

Ich bin sehr ärgerlich darüber, daß wir um die Hoffnung kommen, Sie diesen Monat hier zu sehen. Ein andermal, mein teurer Freund, wenn Sie zu einem solchen Besuch bei uns Lust und Zeit haben, *fragen Sie ja nicht vorher an*, sondern erscheinen gleich selbst in eigner Macht der Person und des Talents. Dann wird man sich glücklich schätzen, Sie zu haben. Wir sind hier arme Teufel, die man überraschen muß. Es geht uns wie den Schönen, die man im Sturm erobern muß.

Wir werden nächsten Monat den Othello in einer neuen Übersetzung, die der Professor Voß gemacht und wir nach den Forderungen des Theaters und der Dezenz, soweit es nötig war, umgeändert, spielen. Da dieses Stück in der bisherigen Form, worin es gegeben worden, gar zuviel gegen sich gehabt hat und doch seines hohen innern Wertes wegen verdient, auf dem Repertorium jeder Bühne zu stehen, so war es eine verdienstliche Arbeit, und ich darf sie mit Überzeugung auch Ihnen empfehlen.

Phädra ist, hoffe ich, in Ihren Händen; ich wünsche, daß Madame Unzelmann dadurch Gelegenheit bekäme, sich neue Ehre zu werben.

Ganz und immer der Ihrige

Schiller

265. An Christian Gottfried Körner.

Weimar, 25. April 1805

Die bessere Jahreszeit läßt sich endlich auch bei uns fühlen und bringt wieder Mut und Stimmung; aber ich werde Mühe haben, diese harten Stöße, seit neun Monaten, zu verwinden, und ich fürchte, daß doch etwas davon zurückbleibt; die Natur hilft sich zwischen 40 und 50 nicht mehr als im 30. Jahr. Indessen will ich mich ganz zufriedengeben, wenn mir nur Leben und leidliche Gesundheit bis zum 50 Jahr aushält.

Goethe war sehr krank an einer Nierencholik mit heftigen Krämpfen, welche zweimal zurückkehrte. Doktor Stark zweifelt, ihn ganz herstellen zu können. Jetzt hat er sich wieder ganz leidlich erholt, er ging soeben aus meinem Zimmer, wo er von einer Reise nach Dresden sprach, die er diesen Sommer zu machen Lust hat. Arbeiten kann er in seinen jetzigen Gesundheitsumständen freilich nicht, und gar nichts vornehmen ist wider seine Natur. So ist ihm am besten geraten, wenn er unter Kunstanschauungen lebt, die ihm einen gebildeten Stoff entgegenbringen.

Er hat diesen Winter doch nicht untätig zugebracht. Außer einigen sehr geistvollen Rezensionen in der Jenaischen Zeitung hat er ein ungedrucktes Manuskript Diderots, welches uns ein glücklicher Zufall in die Hände brachte, übersetzt und mit Anmerkungen begleitet; es kommt unter dem Titel *Rameaus Neffe* bei Göschen heraus, und ich schicke Dir's, sobald es gedruckt ist. Diderots Geist lebt ganz darin, und auch Goethe hat den seinigen darin abgedruckt. Es ist ein Gespräch, welches der (fingierte) Neffe des Musikus Rameau mit Diderot führt; dieser Neffe ist das Ideal eines Schmarotzers, aber eines Heroen unter dieser Klasse, und indem er sich schildert, macht er zugleich die Satire der Sozietät und der Welt, in der er lebt und gedeiht. Diderot hat darin auf eine recht leichtfertige Art die Feinde der Enzyklopädisten durchgehechelt, besonders Palissot, und alle guten Schriftsteller seiner Zeit an dem Gesindel der Winkelkritiker gerächet – dabei trägt er über den großen Streit der Musiker zu seiner Zeit seine Herzensmeinung vor und sagt sehr viel Vortreffliches darüber.

Außer dieser Arbeit hat Goethe auch ungedruckte Briefe von Winckelmann drucken lassen und mit seinen Zusätzen und Bemerkungen begleitet. Auch diese Schrift wird Ostern herauskommen. Poetisches ist nichts entstanden.

Ich bin zwar jetzt ziemlich fleißig, aber die lange Entwöhnung von der Arbeit und die noch zurückgebliebene Schwäche lassen mich doch nur langsam fortschreiten. Wenn ich Dir auch gleich meinen Gegenstand nennte, so würdest Du Dir doch keine Idee von meinem Stücke machen können, weil alles auf die Art ankommt, wie ich den Stoff nehme, und nicht, wie er wirklich ist. Der Stoff ist historisch, und so, wie ich ihn nehme, hat er volle tragische Größe und könnte in gewissem Sinn das Gegenstück zu der Jungfrau von Orleans heißen, ob er gleich in allen Teilen davon verschieden ist.

Von Hubers Witwe mußt Du Dich losmachen, sobald Du kannst. Mit diesen schlechten Naturen beschmutzt man sich nur und ist nichts als Verdruß zu gewinnen. – Welche Impertinenz hatte das Weib, sich nur an Dich zu wenden, sie kann noch mehr tun, wenn Du sie nicht abschreckst.

Ist Dir der Neckersche Nachlaß, den seine Tochter herausgab, zu Gesicht gekommen? Wo nicht, so will ich Dir ihn schicken. Es wird Dich doch interessieren, diese Schrift zu lesen, die alle Kläffer in Paris gegen Madame Staël in Bewegung setzte. – Sie lobt ihren Vater freilich zu unverschämt, aber es steht ihr nicht übel. – Das Buch enthält gerade nicht viel Wichtiges, aber doch manches Kuriose, worunter ein kleiner Roman von dem alten Necker eine seltsame Figur macht.

Herzlich grüßen wir Euch alle. – Lebe wohl.

Dein

Sch.

Corrigenda

Aus satztechnischen Gründen mußten folgende Wörter weggelassen werden:

S. 83, Z. 7 v. o.: „und" nach „Ewigkeit".
S. 131, Z. 13 v. o.: „großen" nach „diesem".
S. 161, Z. 9 v. u.: „großen" nach „einem".

Anhang

Für Eleonore Christiane

Zeittafel

1759 Johann Christoph Friedrich Schiller am 10. November in Marbach am Neckar geboren. Der Vater war Offizier in der Armee des Herzogs Karl Eugen von Württemberg.

1767 Die Familie lebt in Ludwigsburg. Da der Sohn Geistlicher werden soll, besucht er die Lateinschule der Stadt. Fächer: Latein, Religion, Deutsch.

1768 Erste Begegnung mit dem Theater: Opernaufführungen im Ludwigsburger Hoftheater. Der Vater hat als Offizier mit seiner Familie freien Zutritt.

1772 Die ersten poetischen Versuche: Trauerspiele und ein deutsches Gedicht (beides nicht erhalten). Lektüre: Gellert und Klopstock.

1773 Schiller kommt auf Verlangen des Herzogs auf die „Militär-Pflanzschule“ bei Stuttgart.

1775 Die Militärakademie („Hohe Karlsschule“) bietet Unterricht in philosophischen, juristischen und medizinischen Fächern. Schiller hört Philosophie, Jura, Griechisch, Französisch u. a. Ende des Jahres Verlegung der Akademie nach Stuttgart.

1776 Beginn des Medizinstudiums. Er liest Shakespeare in der Wielandschen Übersetzung, daneben die Dramen der deutschen „Stürmer und Dränger“. Die klassizistische Überlieferung wird vom neuen antiklassizistischen Stil verdrängt.

1777 Dramenpläne nach dem Muster von Goethes *Götz von Berlichingen*. Anfang der Arbeit an den *Räubern*.

1779 Medizinische Dissertation. Enthält Angriffe auf Autoritäten jener Zeit, z. B. Haller. Eröffnung des Nationaltheaters in Mannheim, das in den folgenden Jahren eine wichtige Rolle in Schillers literarischer Laufbahn spielt.

1780 Zweite Dissertation, da die erste aus den genannten Gründen abgelehnt wurde. Heimliche Arbeit an den *Räubern*. Ende des Jahres liegt die erste Fassung abgeschlossen vor. An W. Petersen schreibt er, ihm sei sehr an der Veröffentlichung des Trauerspiels gelegen: der „wichtigste Grund ... ist ... das Geld“. „Der zweite Grund ist, wie leicht zu begreifen, das Urteil der Welt ...“ Im Dezember Schlußprüfungen und Entlassung aus der Militärakademie. Regimentsmedikus in Stuttgart.

1781 Im Frühjahr erscheinen *Die Räuber* anonym im Selbstverlag. Das erste Echo ermutigend, ein Rezensent spricht sogar von einem deutschen Shakespeare.

1782 Im Januar Uraufführung der *Räuber* in Mannheim. Großer Erfolg (Mitte April zweite, verbesserte Auflage). Schiller fährt zweimal nach Mannheim, ohne Urlaub und Erlaubnis des Herzogs. Strafe: Verbot außerfachlicher publizistischer Tätigkeit. Im September Flucht nach Mannheim. Weitere Veröffentlichungen: Gedichte, Prosa.

1783 Die erste Hälfte des Jahres verbringt er in Bauerbach (Thüringen) auf dem Gut seiner Gönnerin Henriette von Wolzogen. Zahlreiche Dramenpläne. Der *Fiesko* und *Luise Millerin (Kabale und Liebe)* vollendet, Arbeit am *Don Carlos*. Druck des *Fiesko*. Verhandlungen mit dem Mannheimer Intendanten Dalberg: Verpflichtung als Theaterdichter. In Briefen erste theoretische Äußerungen über das literarische Schaffen. Wachsende Aufmerksamkeit der Öffentlichkeit. Bühnenbearbeitungen der ersten Stücke.

1784 Aufführungen: *Fiesko* in Mannheim, *Kabale und Liebe* in Frankfurt am Main. Erscheinen von *Kabale und Liebe*. Im Juni Vortrag als Mitglied der Kurfürstlichen Deutschen Gesellschaft über die Wirkung der Schaubühne auf das Volk. (Endgültiger Titel des Vortrags: *Die Schaubühne als eine moralische Anstalt betrachtet*.) Korrespondenz mit Reinwald, Frau von Wolzogen und Dalberg. Konflikt mit Dalberg, der Vertrag wird nicht verlängert. Publizistische Pläne: Ankündigung der Zeitschrift *Rheinische Thalia*, eines „Journals" für Literatur, Theater, Philosophie usw. Im Ankündigungstext betont er, er schreibe „als Weltbürger, der keinem Fürsten dient". Im Hinblick auf die literarischen Verhältnisse des späten 18. Jahrhunderts ist auch die Erklärung bezeichnend, das Publikum sei ihm jetzt alles, „Studium", „Souverain", „Vertrauter". „Ihm allein gehör ich jetzt an." Dennoch weiterhin Interesse an Beziehungen zu Kreisen und Persönlichkeiten, die als Mäzene fungieren können. Verleihung des Titels eines Weimarischen Rates durch Herzog Karl August.

1785 Schiller verläßt im April Mannheim endgültig und folgt einer Einladung Körners nach Leipzig bzw. Dresden. Aufenthalt in Leipzig und in Gohlis bei Leipzig. Im September Umzug nach Dresden. Wohnung in Körners Nähe. Er löst seine Beziehungen zum Verleger Schwan in Mannheim und veröffentlicht bei Göschen in Leipzig. Bei Göschen wird in den folgenden Jahren auch Schillers Zeitschrift *Thalia* erscheinen.

1786 Spannungen in der Freundschaft mit Körner und dessen Bekanntenkreis. Neben der Arbeit am *Don Carlos* historische Studien. Gedichte und die Erzählung *Der Verbrecher aus verlorener Ehre*. Weiterhin, wie auch in den folgenden Jahren, wichtige Briefe an Körner.

1787 Anfang des Jahres Druckbeginn des *Don Carlos*. Erscheinen des Werkes im Juni bei Göschen. Erneutes Interesse für Goethes Schaffen. Geplante Reise nach Hamburg verwandelt sich in einen längeren Aufenthalt in Weimar. Im Juli Ankunft in der Stadt Goethes, Wielands und Herders. Goethe weilt noch in Italien. Besuche bei Wieland, Herder u. a. In Rudolstadt lernt er Charlotte von Lengefeld kennen. Freundschaftliche Beziehungen zur Familie von Lengefeld: Korrespondenz.

1788 Arbeit an mehreren Prosaschriften (Niederländische Geschichte, Romanfragment *Der Geisterseher*, Briefe über den *Don Carlos*). Das Gedicht *Die Götter Griechenlands*, das neben Goethes *Iphigenie* zum bekanntesten Zeugnis eines neuen Klassizismus und Griechenkultes wird. Kurze Begegnung mit Goethe. Dieser schlägt Schiller für eine Professur in Jena vor.

1789 Umzug nach Jena. Im Mai die Antrittsvorlesung des Historikers (außerordentliche Professur): *Was heißt und zu welchem Ende studiert man Universalgeschichte?* Großes Interesse der Studenten. Schillers Bericht über diesen Abend ist in dem Brief an Körner vom 28. Mai enthalten. Im Wintersemester Kollegien über Universalgeschichte seit dem Mittelalter und über Römische Geschichte. Verlobung mit Charlotte von Lengefeld.

1790 Ernennung zum Hofrat durch den Meininger Hof. Ende Februar Eheschließung. Im Sommersemester außer einem Kolleg über allgemeine Geschichte eine Vorlesung zur Theorie der Tragödie. Daraus gehen spätere Arbeiten zu diesem Thema hervor. Lektüre von Goethes *Faust*-Fragment. Beschäftigung mit Bürgers Gedichten. Die Rezension, die er Ende des Jahres schreibt und die im Januar 1791 anonym erscheint, gehört zu den maßgeblichen Zeugnissen des endgültigen Bruches mit den Auffassungen des Sturm und Drang. Die geistige Vorbildrolle des Dichters wird betont. Infolge der Zustimmung Goethes bereitet dieser Aufsatz die Herausbildung einer gemeinsamen poetologischen und kulturkritischen Konzeption (einer „Weimarer" Ästhetik) vor.

1791 In den ersten Monaten heftige Symptome einer chronischen Krankheit, eines Lungenleidens, das sich in den letzten fünfzehn Lebensjahren zeitweilig bessert, aber nicht geheilt wird. In den Wintermonaten Beginn einer intensiven Beschäftigung mit Kant. Fortsetzung der Arbeit an der *Geschichte des Dreißigjährigen Krieges* (für Göschen), schon aus materiellen Gründen. Übersetzungen aus Vergils *Aeneis*. Auf Grund der Vermittlung des dänischen Dichters Jens Baggesen erhält Schiller aus Kopenhagen ein Stipendium für die Dauer von drei Jahren. Mäzene sind der Herzog von Schleswig-Holstein-Augustenburg und der Minister Graf von Schimmelmann.

1792 Verkehr und Briefwechsel mit Körner. Der Freund bleibt nach wie vor – bis zu den Jahren des Gedankenaustausches mit Goethe – der wichtigste Briefpartner in philosophischen Fragen. Das gleiche Gewicht haben im Jahr darauf die Briefe an den Herzog von Augustenburg. Anfang des Jahres erscheint die Fortsetzung der Zeitschrift *Thalia* („Neue Thalia") bei Göschen. Im ersten Heft Schillers Versuch *Über den Grund des Vergnügens an tragischen Gegenständen*. Kant-Studium. Plan einer neuen Zeitschrift: *Die Horen*. Göschen lehnt ab. „Le sieur Gille" (wie Schillers Name geschrieben wird) erhält als „publiciste allemand" von der Pariser Nationalversammlung den Titel eines „citoyen français". Die Urkunde gelangt aber erst im März 1798 in seine Hände. Bei Crusius in Leipzig erscheint die Sammlung essayistischer und erzählender Prosa *Kleinere prosaische Schriften*. In Stuttgart wird *Kabale und Liebe* zum ersten Mal gespielt. Weitere Aufführungen durch den Hof verboten.

1793 Pläne zu philosophischen und kulturgeschichtlichen Abhandlungen, zum Teil als Antwort auf die Ereignisse in Frankreich. Im Sommersemester Vorlesung über Ästhetik (Schillers letztes Kolleg). Zweite Fassung des Gedichts *Die Götter Griechenlands*. Die Abhandlung *Über Anmut und Würde*. Mitte Juli wichtiger Brief an den Herzog von Augustenburg. Reise nach Württemberg, im Herbst Aufenthalt in Ludwigsburg, Besuch in Stuttgart. Arbeit an philosophischen Schriften.

1794 Während des Aufenthaltes in der Heimat Beziehungen zum Verleger Cotta angebahnt. Im Mai Rückkehr nach Jena. Dort Verkehr mit Wilhelm von Humboldt, den er schon seit einigen Jahren kennt. Im Juli Begegnung mit Goethe in Jena (Tagung der „Naturforschenden Gesellschaft"). Das Gespräch leitet den Freundschaftsbund ein, der bis zu Schillers Tod währt. Beginn der Periode der Weimarer Klassik im engeren Sinne. Auf Grund von Cottas Zusage zu den *Horen* Vorbereitungen: Briefwechsel mit potentiellen Mitarbeitern. Beginn der umfangreichen Korrespondenz mit Goethe, die den Kern der gemeinsamen literarischen Bemühungen bildet. Im Spätherbst Besuch Hölderlins in Jena.

1795 Aus den Briefen an den Herzog von Augustenburg geht Schillers wichtigste philosophische Schrift hervor, die Briefe *Über die ästhetische Erziehung des Menschen*. Die Briefe (Kapitel) 1–9 erscheinen in Schillers neuer Zeitschrift, den *Horen*, bei Cotta in Tübingen. Drei Jahrgänge der Zeitschrift (1795–1797). Im Anfang beachtliches Interesse: Auflage 1500, nach wenigen Wochen Nachdruck erforderlich. Im Februar erscheint das letzte Heft der *Thalia*. Schiller lehnt eine Berufung auf das Ordinariat für Philosophie in Tübingen ab. Besuche Goethes in Jena, reger Gedankenaustausch, gemeinsame Pläne. Nach Jahren wieder mehrere große Gedichte (z. B. *Das Ideal und das Leben, Der Spaziergang, Die Ideale*). Gespräche über Goethes *Wilhelm Meisters Lehrjahre*. Im Sommer liegen die Ästhetischen Briefe abgeschlossen in den *Horen* vor. Die Zeitschrift gelangt schon im ersten Jahr in eine Krise: bei häufigem Erscheinen Mangel an guten Beiträgen. Arbeit an der Abhandlung *Über naive und sentimentalische Dichtung*. Schiller ist Herausgeber des *Musenalmanachs*, der bis 1800 erscheint.

1796 Mit Goethe Arbeit an der Epigrammsammlung *Xenien*, die in einer Auswahl im *Musenalmanach* für das Jahr 1797 erscheint. Im April eine Aufführung der *Räuber* in Weimar, Schiller fühlt sich seinem Werk, dessen Stil und Gesinnung, völlig entfremdet. Nach mehrjähriger Beschäftigung mit dem Stoff Beginn der Arbeit am *Wallenstein*. Erfolg des Musenalmanachs, zwei Auflagen vergriffen.

1797 Langsame Fortschritte der Arbeit am *Wallenstein*, Plan des Vorspiels *Wallensteins Lager*. Häufiges Unwohlsein, »Gefängnisleben in meinen vier Wänden«, heißt es in Briefen. Im Februar und März Goethe wieder in Jena: Gespräche über Literaturtheorie und gemeinsame Projekte. Ankauf eines Gartens mit Gartenhaus. Gespanntes Verhältnis zu den Brüdern Schlegel. Die Arbeit am *Wallenstein* wird zugunsten der Balladen unterbrochen. Schillers und Goethes „Balladenjahr". In rascher Folge schreibt Schiller den *Taucher*, den *Handschuh*, den *Ring des Polykrates*, die *Kraniche des Ibykus*. Arbeit am *Lied von der Glocke*. Im Oktober erscheint der *Musenalmanach* für das Jahr 1798, der „Balladenalmanach". Wiederaufnahme der Arbeit am *Wallenstein*.

1798 Aufenthalte Goethes in Jena, Gespräche über den *Wallenstein*. Mehrere Teile der Trilogie vollendet. Weitere Balladen entstehen, so die *Bürgschaft*. Im Oktober Uraufführung von *Wallensteins Lager* in Weimar.

1799 Aufenthalt im Januar in Weimar, fast täglich bei Goethe. Ende Januar Uraufführung der *Piccolomini* in Weimar, Erfolg auch beim Publikum. Vollendung von *Wallensteins Tod*, Uraufführung im April. Beginn der Arbeit an *Maria Stuart*. Bekanntschaft mit Ludwig Tieck, keine engere Beziehung, da Tieck mit den Brüdern Schlegel verkehrt. Umzug nach Weimar geplant. Im Oktober erscheint der *Musenalmanach* für das Jahr 1800 mit dem *Lied von der Glocke*. Das Gedicht wird im Schlegel-Kreis mit Spott aufgenommen. Im Dezember Umzug der Familie nach Weimar, dem letzten Wohnort Schillers.

1800 Vollendung von *Maria Stuart*, im Juni Weimarer Uraufführung. Neue Dramenpläne. Die Wallenstein-Trilogie erscheint bei Cotta. Beginn der Arbeit an der *Jungfrau von Orleans*. Ein Auswahlband *Gedichte* erscheint in Leipzig bei Crusius, ebenso eine Auswahl aus den ästhetischen Schriften der neunziger Jahre. Entstehung des wichtigen programmatischen Gedichts *Die deutsche Muse*, in dem es – entgegen der höfischen Komponente der Weimarer Klassik – heißt, die deutsche Kunst habe sich nicht unter „Fürstengunst" entfaltet und die deutsche Dichtung spotte „der Regeln Zwang". Trotz der längst überwundenen Sturm-und-Drang-Poetik in diesem Gedicht Nachhall der Polemik gegen die ältere, normative Dichtungslehre. Darin unbeabsichtigte Übereinstimmung mit den Frühromantikern.

1801 Resignation im Gedicht *Der Antritt des neuen Jahrhunderts*, das in der ersten Hälfte des Jahres entsteht. „In des Herzens heilig stille Räume / Mußt du fliehen aus des Lebens Drang, / Freiheit ist nur in dem Reich der Träume, / Und das Schöne blüht nur im Gesang." Im April (in Jena) Vollendung der *Jungfrau von Orleans*. Am Weimarer Hof äußert man sich skeptisch über das neue Drama, da man ein Werk im Stil von Voltaires *Pucelle* erwartet hatte. Aufenthalte in Dresden und Leipzig. Bearbeitung von Lessings *Nathan* für das Weimarer Theater, ebenso von Gozzis *Turandot* (in klassizistischer Glättung). Eine weitere Auswahl aus den ästhetischen Schriften erscheint bei Crusius, darunter die Ästhetischen Briefe.

1802 Zu den Dramenplänen gehören *Die Braut von Messina* und *Wilhelm Tell*. Im April bezieht die Familie Schiller das neuerworbene Haus an der Esplanade, das heutige „Schillerhaus". Im Mai erscheinen (als vierter Teil der *Kleineren prosaischen Schriften*) ästhetische und literaturkritische Aufsätze aus den achtziger und neunziger Jahren. Schiller empfängt im November den Adelstitel durch ein Diplom aus Wien.

1803 Vollendung der *Braut von Messina*. Im März Uraufführung in Weimar mit großem Erfolg. Zweiter Teil der *Gedichte* bei Crusius. Vorrede zur *Braut (Über den Gebrauch des Chors in der Tragödie)*. Druck des Werkes bei Cotta in Tübingen. Erster Entwurf zu *Wilhelm Tell*. Beschäftigung mit Shakespeares Dramen im Zusammenhang mit Inszenierungen in Weimar. Körner regt ein Drama aus der russischen Geschichte an *(Demetrius)*. Arbeit am *Tell*. Im Dezember Begegnung mit Madame de Staël, die zu Besuch in

Weimar weilt. Gespräch über deutsche und französische Dramatik.

1804 Auch im Januar und Februar Gespräche mit Madame de Staël und Benjamin Constant. Intensive Arbeit am neuen Drama. Im März Uraufführung in Weimar: Schillers größter Publikumserfolg. Im Mai Aufenthalt in Berlin, wo mehrere Dramen Schillers gespielt werden. Pläne zu einem längeren Aufenthalt in Berlin, sogar eine Übersiedlung wird erwogen. Der Herzog läßt Schillers Gehalt auf jährlich 800 Taler verdoppeln, das Berlin-Projekt wird aufgegeben. Im Oktober erscheint *Wilhelm Tell* bei Cotta. Arbeit an der Übersetzung von Racines *Phädra* und am *Demetrius*.

1805 Schwere Erkrankung. Besserung im Februar. Arbeit am *Demetrius*, der unvollendet bleibt. Lektüre von Diderots *Rameaus Neffe* in Goethes Übersetzung. Anfang Mai Lungenentzündung. Tod am 9. Mai.

Münzbegriffe		seit 1780	seit 1794	um 1800
1 Batzen	= $\frac{1}{15}$ ($\frac{1}{12}$) fl.Konv. = 4 (5) Kr.			
1 Dukat				= 2 Rtlr 20 Gr.
1 Friedrichsdor	= 5 Rtlr	= 5 Rtlr 8 Gr.	= 5 Rtlr 16 Gr.	
1 Groschen	= $\frac{1}{24}$ Rtlr			
1 Gulden Konv.	= $\frac{2}{3}$ Rtlr = 16 gute Gr. = $\frac{1}{2}$ Tlr Konv. = 60 Kr. zu 4 leichten Pf.			
1 Gulden rhein.	= $\frac{20}{24}$ fl. Konv.			
1 Gulden sächs.	= $\frac{20}{18}$ fl.Konv.			= 17 gute Gr. 6 Pf.
1 Karolin	= 11 fl.Konv. (auch 11 fl. rheinisch)			= 6 Rtlr 8 Gr.
1 Kreuzer	= $\frac{1}{60}$ fl.Konv. = $\frac{1}{90}$ Rtlr			
1 Louisdor	= 5 Rtlr	= 5 $\frac{1}{3}$ Rtlr	= 5 $\frac{2}{3}$ Rtlr	= 5 Rtlr
1 Taler Konv.	= 1 $\frac{1}{3}$ Rtlr = 2 fl.Konv. = 120 Kr. zu 4 leichten Pf.			
1 Laubtaler				= 1 Rtlr 12 Gr. 6 Pf.
1 Reichstaler	= 24 gute Gr. zu 12 Pf. = 1 $\frac{1}{2}$ fl.Konv. = 90 Kr. zu 4 leichten Pf.			

fl. = Gulden
Gr. = Groschen
Konv. = Konventionsmünze
Kr. = Kreuzer
Pf. = Pfennig
Rtlr = Reichstaler
Tlr = Taler

Anmerkungen

Anmerkungen und Personenregister ergänzen einander.

Abkürzungen

Abh. = Abhandlung
Alm. = Almanach
anon. = anonym
Arb. = Arbeit
Aufl. (A.) = Auflage
Aufs. = Aufsatz
Ausg. = Ausgabe
b. = bei
Bd (-e, -n) = Band (Bände, -n)
bearb. (Bearb.) = bearbeitet (Bearbeitung)
Bgn = Bogen
Beitr.(e) = Beitrag (-träge)
bez. = bezieht
Bibl. = Bibliothek
Bl. = Blatt
Br. (-e, -n) = Brief (-e, -en)
d. = das (der, die; und Flexionsformen)
dt. (dtn) = deutsch(en)
Dtld = Deutschland
e. = ein (und Flexionsformen)
ebda = ebenda
enth. = enthält (enthalten)
erh. = erhalten (erhielt)
ersch. = erscheint, erschien(en)
f. = für, folgende
Forts. = Fortsetzung
Fragm. = Fragment
Frh. = Freiherr
frz. = französisch
Ged. = Gedicht
gedr. = gedruckt
Ges. = Gesellschaft
Gesch. = Geschichte
H. = Heft
Hahn = Schillers Briefe (hrsg. v. Hahn; vgl. S. 10, Anm. 2)
Hdwtb.= Handwörterbuch
Heyse = Joh. Christ. Aug. Heyses Fremdwörterbuch. Durchaus neu bearb. v. C. Böttger. 1873
hrsg. = herausgab, herausgegeben
Hrsg.= Herausgeber
Hs. (hsl.) = Handschrift (handschriftlich)
Hzg = Herzog
Jg.= Jahrgang
Jh. (Jhdte) = Jahrhundert(e)
Jonas = Schillers Briefe (hrsg. v. Jonas; vgl. S. 10, Anm. 3)
Kal. = Kalender
Kurf. = Kurfürst
lat. = lateinisch
Lit. = Literatur
lt = laut
m. = mit
(m.) = männlich
MGG = Die Musik in Geschichte u. Gegenwart
mlat. = mittellateinisch
Mt = Monat
Mz. = Mehrzahl
n. = nach
NA = Schillers Werke. Nationalausgabe (vgl. S. 10, Anm. 1)
Reg. = Register
Rez. (rez.) = Rezension (rezensiert)
s. = sein (und Flexionsformen)
s. (im Personenreg.) = siehe
Sch.(s) = Schiller(s)
Schr. = Schrift
s. d. = siehe diese(n)
sd. = sondern
s. o. = siehe oben
St. = Stunde
Stk = Stück

svw. = soviel wie
Sz. = Szene
Tb. = Taschenbuch
Tl (-e, -n) = Teil (-e, -en)
u. = und
u. a. = und andere (unter anderem)
u. d. T. = unter dem Titel
üb. = über
Übers. = Übersetzer (Übersetzung)
übers. = übersetzt
-ung> g (z. B. Wirkg)
-ungen> gn (z. B. Wirkgn)
u. ö. = und öfter
v. = von
Vlg (Vlger) = Verlag (Verleger)
Weim. = Weimarer
Wtb. = Wörterbuch
z. = zum (zur)
zit. = zitiert
Zle (Zln) = Zeile(n)
Zs. = Zeitschrift
Ztg = Zeitung
zus. = zusammen
zust. = zustande

Mehrfach vorkommende Fremdwörter (fremdspr. Wendungen u. ä.)

Assignation: „Anweisung an e. Dritten, auf unsere Rechnung Geld zu zahlen" (Heyse)
Avertissement: Ankündigung, Anzeige; einführender Text
chère mère: s. Anm. zu S. 129
Diversion: Ablenkung, Zerstreuung
Entreprise: Unternehmung
entrieren: auf etwas eingehen, unternehmen, versuchen
Koadjutor: s. Anm. zu S. 158
Konvenienz: Schicklichkeit; Rücksicht auf Umstände (S. 77, 312); Bequemlichkeit (S. 295, 310)
Michaelis(-Messe): svw. Herbstmesse (29. Sept.: Michael)
negoziieren: verhandeln
Paroxysmus: heftiger Anfall; Sturm (S. 78); Schauer (S. 83); Aufregung (S. 97)
positiv: svw. ‚bestimmt' (S. 393, 427)
prävenieren: zuvorkommen; aufmerksam machen (S. 60); vorwegnehmen (S. 95)
regalieren: köstlich bewirten, ergötzen, beschenken
Solitüde: s. Anm. zu S. 25
stipulieren: festsetzen, (vertragsmäßig) vereinbaren
Vokation: Berufung (*vozieren*: berufen); (ehrenvolle) Nennung (S. 39)

23 *Galimathias*: verworrenes Gerede, Unsinn. Seit d. 17. Jh. Terminus d. Poetik u. Schlagwort d. literar. Kritik. — *sitzen auf das Wort ... hinauf*: svw. ‚insistieren'. Scharffensteins u. Boigeols Angriffe gegen Sch.s Dichtgn hatten zu e. Absagebr. Sch.s an Scharffenst. geführt, worin Boigeol, übrigens nicht beleidigend, erwähnt war. **25** *Solitüde*: (frz.) ‚Einsamkeit'; Schloß b. Stuttg., wo bis 1775 d. Karlsschule untergebr. war; im selben Jahr übertrug d. Hzg Sch.s Vater d. Leitg d. Hofgärten auf Schloß S. — *meines Trauerspiels*: „Die Räuber." **26** *Tübinger Verleger*: Stäudlins Ged. „Albr. v. Haller" war 1780 im Vlg Heerbrandt in Tübingen ersch. — *den neuen Zusatz*: Auftritte III,2; IV,1; IV,3. — *im Loche der Prüfung*: Schlußprüfgn an d. Militärakad. vor Sch.s Entlassg (15. Dez. 1780). **27** *Württemberg*: Sch. schreibt noch ‚Wirtemberg'; vgl. die württembergischen Münzen seiner Zeit. — *D. Schiller*: Es entsprach d. Usus an d. Karlsschule, daß sich d. ausgebild. Mediziner d. Doktortitel beilegen durften. **28** *der Verlorne Sohn*: Offenb. v. Dalberg vorgeschlag. Titel f. d. ‚Räuber', der jedoch bald wieder aufgeg. wurde. — *otiis poeticis*: poet. Beschäftiggn. — *Schauplatz*: svw. ‚Bühne'. **29** *Hermanns Gegenintrigen*: Für d. Mannh. Bühnenfassg war d. Rolle H.s umgearb. worden. In dem v. Sch. erwähnten Auftritt (NA 3, 199ff.) will Franz Moor H. dazu bringen, Karl Moor zu ermorden, doch H. droht, alles zu verraten. — *Erfurter Rezensenten*: Chr. F. Timme hatte d. Ausg. d. ‚Räuber' in d. ‚Erfurtischen gelehrten Ztgn' bespr. u. dabei geraten, Franz Moor sollte besser Hermann f. d. Mord an Karl Moor zu gewinnen suchen als d. „so alten einfältigen frommen" Diener Daniel. — *Komponist*: Zumsteeg. **30** *Mein Kopist*: Christophine, Sch.s Schwester. — *poetische Seite*: Die lyr. Einlagen, d. Lieder Amalias u. Karl Moors. **31** *Verlag meines Schauspiels*: Urspr. sollte die v. Dalberg angestrebte Bühnenfassg d. ‚Räuber' in d. „Mannheimer Schaubühne" ersch. Da diese aber einging, konnte d. Drama nach Sch.s Intentionen b. Schwan in Mannh. ersch. — *Zurücksetzung ... Landfriedens*: Die Landfriedensordng v. 1495 (unter Maximilian I.) erklärt Privatfehde u. Ausübg d. Faustrechts als gerichtl. zu verfolg. Straftaten. **32** *Ausgabe des Virgils*: Der Holzstich bez. sich auf Vergils „Aeneis". **33** *Teutschen Hausvaters*: Gemmingens bürgerl. Schausp. ist e. Seitenstück zu Diderots „Le père de famille" u. hat auf Sch.s „Kabale u. Liebe" anreg. gewirkt. **34** *Scheinbar*: svw. ‚offenkundig, deutlich; wahrscheinl., einleuchtend'. **35** *In der Szene*: „Die Räuber" (Mannh. Bühnenfassg) II,5. — *Helikon*: Berg d. Musen in Böotien; Metapher f. Dichtkunst. — *Schlange von Epidaurus*: Symbol d. griech. Heilgottes Asklepios, der in E. s. Heiligtum hatte; Metapher f. Heilkunst. — *Karlsuniversität*: Durch kaiserl. Diplom v. 29. Dez. 1781 hatte d. Akad. d. Charakter e. Univ. erlangt. Ab nun war auch d. Promotionsverfahren f. Mediziner mögl., ja erwünscht. — *Pindus*: In d. Antike d. südl. Tl jener mächtigen Gebirgskette, die durch ihren Nord-Süd-Verlauf d. Landsch.n Epirus u. Thessalien scheidet. **36** *Indemnisation*: Entschädigg. — *Götz von Berlichingen*: Sch. sollte im Auftrag Dalbergs e. Bearb. des ‚Götz' f. d. Mannh. Theater liefern. — *in einem vaterländischen Journal*: Im 1. Stück des v. Sch. redig. ‚Wirtembergischen Repertoriums d. Lit.' (1782). — *wirklich unter Handen habenden Stück*: ‚Fiesko'; ‚wirklich' = schwäb. mundartl. svw. ‚gegenwärtig'. **37** *Suffenhausen*: Vorort v. Stuttg. **39** *employieren*: anstellen, beschäftigen, verwenden. — *übersetzt*: überbesetzt, überfüllt. — *Passepartout*: Hauptschlüssel. **40** *Indiskretion*: Hier svw. ‚Unhöflichkeit'. — *Geschichte des Spaniers Dom Carlos*: 1.

Erwähng d. Don Carlos-Stoffs nach „Dom Carlos. Nouvelle Historique" des Abbé César Vichard de Saint-Réal vom ausgehenden 17. Jh. (zuerst 1672). — *Wagners Kindsmörderin ... Macbeth*: Es handelt sich offensichtl. um d. Ausg.: „Theaterstücke v. H. L. Wagner" v. 1779, enthaltend e. Widmg an H. v. Dalberg u. e. Vorrede, sodann die v. Wagner selbst seit d. Erstausg. v. 1776 neubearb. u. dabei m. gutem Ausgang versehene ‚Kindermörderin' u. d. T. „Evchen Humbrecht od. Ihr Mütter merkt's euch" u. schließl. „Macbeth, e. Trauersp. in 5 Aufz. nach Shakespeare". Sch.s Urteil üb. „Die Kindermörderin" legt nahe, daß er nur diese verwäss. Fassg gekannt hat. **42** *ich bin auf der Flucht*: Sch. hatte sich zur Sicherheit auch aus Mannh. zurückgezogen u. hielt sich in Sachsenhausen b. Frankf. a. M. auf. **43** *zur Zeit des Großfürsten*: Sch. hatte d. Zeit d. Staatsbesuchs vom nachmal. Zaren Paul, damals Großfürsten v. Rußland, für s. Flucht n. Mannh. (22./23. Sept. 1782) benutzt. — *Vorschuß*: Von Dalberg nicht gewährt. **44** *Ramlers Bibliothek ...*: Damit kann nur R.s dte Bearb. der im 18. Jh. vielf. diskut. Schr. „Cours de belles-lettres, ou principes de la littérature" (1747ff.) d. frz. Ästhetikers Charles Batteux (1713–1780) gemeint sein, ersch. u. d. T. „Einleitg in d. schönen Wissenschaften" (1756–58). — *Romeo und Juliette*: So in d. Übers. v. Wieland. — *Sulzers philosophische Schriften*: S.s „Vermischte ph. Schr.n" enth. s. ‚Philos. Betrachtgn üb. d. Nützlichk. d. dramat. Dichtkunst'. **45** *Reisebeschreibungen*: Müller-Seidel (NA 23,282) vermutet aufgr. d. Bleist.notizen auf d. Brief, daß Reinwald d. Reisebeschr.n v. J. R. Forster übersandte, u. zw. in d. dtn Bearb. v. dessen Sohn Joh. Georg. — *Hannover*: Absendeort u. Inhalt d. Br.s sind fingiert u. sollten v. Sch.s tatsächl. Aufenthalt b. Henr. v. Wolzogen in Bauerbach ablenken. **46** *man ... weißt*: schwäb. mundartl. f. ‚man ... weiß'. — *Ihr ältester Sohn*: W. v. Wolzogen verließ d. Akad. am 9. Apr. 1784 als Leutnant u. beaufs. in Hohenheim b. Stuttg. als Hofarchitekt d. Bau d. herzogl. Lustschlosses. — *Von der Hauptmann Vischerin ...* : Der Abs. gehört nicht zum Fingierten d. Br.s. — *pp.*: Hier vermutl. Abk. f. ‚praemissis praemittendis' (‚nach Vorausschickg dessen' od. ‚was vorauszuschicken ist'). **47** *Gothaer Zeitungen*: Die „Gothaische Gelehrte Ztg" hatte am 10. Aug. 1782 e. Bespr. v. Sch.s ‚Wirtembergischem Repertorium d. Lit.' gebracht. — *Original meiner Romanze*: Sch.s satir. Ged. „Wunderseltsame Historia d. berühmten Feldzuges", das Reinwald am 1. Feb. 1783 in d. ‚Meiningischen wöchentl. Nachrichten' veröff. hatte. — *Hofprediger*: J. G. Pfranger. — *Ritter*: Fingierter Name Sch.s, um Uneingeweihte irrezuführen. **48** *Weygand*: Da der Leipz. Vlger „Luise Millerin" nur zugl. m. e. Erzählg abdr. wollte, ging Sch. auf d. Geschäft gar nicht erst ein. — *gotische Vermischung*: ‚g.' hier svw. ‚roh, barbarisch, geschmacklos'; vielleicht auch unter d. Einfluß v. frz. ‚gothique' (‚altväterisch'). — *Statistik*: Staatenkunde, -beschreibg. **49** *Geschichte der Bastille*: Von C. de Renneville. — *Kozytus*: Unterweltsstrom. — *Das Gedicht*: Bezieht sich wohl auf d. Ode „An Sch." (v. F. W. Jung) aus d. ‚Dtn Museum' (1782, 2. Bd), die Sch. schon mehrf. v. Reinwald erbeten hatte. — *in einem Händel*: schwäb. mundartl. f. ‚(Streit-)Handel, Auseinandersetzg'. **50** *Prinz Konradin*: Von Sch. nicht ausgeführter Dramenplan nach d. Stoff des letzten Hohenstaufen (1268 hinger.). **51** *Leibnizische Seele ... eine Linie von der Gottheit*: Anspielg auf d. Monadenlehre v. Leibniz (Monade als metaphys., substanzielle Einheit, einfaches Wesen ohne jede Zusammensetzg, unausgedehnt, immateriell, seelenartig gedacht). Keine Monade gleicht d. anderen, jede „spiegelt“ d. ganze Universum, aber v. e. bes. Gesichtspunkt aus u. in verschied. Klarheitsgrad, angefangen v. d. dumpfen „Momentanbewußtsein“ d. niedersten Monaden bis zu den m. eigentl. Bewußtsein begabten Seelenmonaden u. bis zu Gott, der „Monade d. Monaden“. (Eisler, Hdwtb. d. Philos. 2. A. 1922.) — *Mimosa*: Pflanzengattg aus d. Fam. d. Hülsenfrüchte; dt. ‚Sinnpflanze‘, ‚Fühlkraut‘, weil d. doppelt gefied. Laubblätter b. leichter Berührg zus.klappen u. sich senken, nach kurzer Ruhe aber wieder in d. früheren Zustand zurückkehren. Der botan. gebild. Regimentsmedikus verwendet den Pflanzennamen rel. früh als Metapher (jedenf. scheinen d. einschläg. Wtb. nur spätere Belege zu kennen). **55** *Tante*: Wilhelmine Marschalk v. Ostheim. **56** *Winkelmann*: Sch. hatte sich während s. Bauerbacher Aufenth. in Ch. v. Wolzogen verliebt u. fürchtete nun, sie an W. zu verlieren; sie heir. jedoch 1788 d. Regiergsrat A. Franz Friedr. v. Lilienstern. **57** *unfehlbare Aussicht auf 12–1400 Gulden*: Es blieb b. d. „Aussicht“; es waren schließl. nur 500. **58** *Equipage*: Hier ‚Ausrüstg‘. — *noch kein Geld*: Sch. war v. s. Bauerbacher Aufenth. her Henr. v. Wolzogen noch einiges Geld schuldig. **59** *Mine*: Wilhelmine Marschalk v. Ostheim. — *biberischen Pfarrer*: Ch. E. Freißlich. — *manchesterne Hosen*: ‚Manchester‘ (m.) = in M. erfund. baumwollener, samtart. Stoff. **60** *Fieberrinde*: Auch ‚Chinarinde‘; enth. das fiebersenk. Alkaloid Chinin. **62** *attachiere mich sehr delikat*: schließe mich sehr behutsam an. — *Schwanin*: Anna Marg. Schwan. — *eine Schauspielerin*: Kathar. Baumann. — *im Deutschen Museum*: 1782, 1. Bd. **64** *Kurfürstin*: Maria Elisab. Auguste. — *öffentliche poetische Rede*: Verloren. — *Pasquill*: Spottschrift. **66** *China*: Vgl. Anm. zu S. 60. — *zu Berlin ... 14mal*: in radikal veränd., verwäss. u. entschärfter Bearb. v. Karl Martin Plümicke (Hahn I, 410). **67** *der Doktor*: J. F. E. Albrecht. — *periodisches dramaturgisches Werk*: Kam nicht zust., weil d. Verbindg zu Dalberg aufhörte. Statt dessen gründete Sch. d. „Rheinische Thalia“ (1785). **68** *Mitglied der Kurfürstlichen Deutschen Gesellschaft*: Die Ges. war 1775 zur Pflege d. dtn Sprache u. d. vaterländ. Kultur gegr. worden. Dalberg war seit 1778 Obervorsteher. Der Kurf. Karl Theodor v. d. Pfalz bestät. Sch.s Aufnahme am 10. Feb. 1784. **69** *Ihren Aufenthalt ... beneide ich*: Sch. schreibt „Ihrem“; ‚beneiden‘ m. Dativ d. Person war im 18. Jh. verbreitet. — *Linie*: Äquator. — *Herrn von Beulwitz und Frau von Lengefeld*: Luise v. L. war m. ihren Töchtern Karoline u. Charlotte (Sch.s nachmal. Frau) in d. Schweiz gewesen. B., der sie begleitet hatte, heir. im selben Jahr Karoline. — *in Frankfurt*: Sch. hatte Iffland u. Beil auf e. Gastsp.reise n. F.begleitet. **70** *4 ganz fremden Personen*: Chr. G. Körner u. dessen Braut A. M. J. Stock sowie L. F. Huber u. dessen Braut J. D. Stock. — *Die eine*: A. M. J. Stock. — *Die andere*: J. D. Stock. — *Ein dritter*: Körner hatte Amalias Lied „Schön wie Engel ...“ aus d. ‚Räubern‘ (III,1) vertont. **72** *eigenen Arbeiten*: „Don Carlos“. — *englischem und französischem Geschmack*: Shakespeare u. d. frz. Klassizisten. — *Kothurn*: Metaph. f. ‚Trauersp.‘ — *Macbeth und Timon*: Dramen v. Shakespeare, die Sch. f. d. Mannh. Theater bearb. wollte. Die Bearb. ‚Macbeths‘ kam erst 1800 zust. (im Mai 1800 in Weimar aufgef.), d. ‚Timon‘-Bearb. überhaupt nicht. — *2. Teil der Räuber*: U. d. T. „Die Braut in Trauer“ sind Entwürfe dazu erh. **74** *ein Journal*: „Rhein. Thalia.“ **75** *Autodafé*: feierliches Ketzergericht. — *meine Teuersten*: Der Br. ist zugl. an d. übr. Dresdner Freunde gerichtet. **76** *Elysium*: Wohnort d. Seligen in d. Unterwelt; Paradies. — *Karl Moor an der*

Donau: „Die Räuber“ III,2. — *unsere 5 Köpfe zu Lavater tragen*: Spielt auf d. v. J. K. Lavater angeregten physiognom. Studien an („Physiognom. Fragmente zur Beförderg d. Menschenkenntnis u. Menschenliebe“, 1775–78). **77** *mir vielleicht noch teuer*: Ch. v. Kalb. — *Konvenienz*: Ebenfalls Anspielg auf Sch.s Verhältn. zu d. verh. Ch. v. Kalb. — *Herzog von Weimar*: Anspielg auf Karl August, in dessen Anwesenh. Sch. im Dez. 1784 am Darmstädter Hof d. 1. Akt aus „Don Carlos“ vorgelesen u. der ihm am 27. Dez. 1784 d. Tit. e. Weimarischen Rats erteilt hatte. **78** *Dom Karlos ... 1. Aufzug in der Thalia*: Im H. 1 d. „Rheinischen Thalia“ (März 1785), das Hzg Karl August gewidmet war. **79** *sagt Ferdinand von Walter*: „Kabale u. Liebe“ V,2. — *Minna und Dora*: Anspielg auf d. Schwestern Stock. — *Kupferstich*: Von G. F. Riedel nach Friedr. Kirchner (1784). — *Erbprinzessin*: Luise Karol. Henr. **81** *Yorick sagt*: Rob. Boxberger (Archiv f. Lit.gesch. 4,403) weist „dies Fragm. d. Lebens“ als Zitat aus d. Vorrede zu Laurence Sternes Roman „Tristram Shandy“ (dt. v. Bode, 1774) nach. Die Erz. wird teils unter d. Maske Yoricks (= Sterne selbst), teils unter der Tristrams vorgetragen. — *Table d'hôte*: gemeinschaftl. Gasttafel. **82** *Leipzig*: Sch. war seit 17. Apr. in L., wo er zunächst nur Huber u. d. Schwestern Stock persönl. kennenlernte; Körner war kurz zuvor aus dienstl. Gründen n. Dresden verzogen. — *dem Glücke einen Teil seiner Schuld abzutragen*: Vgl. „Der Ring d. Polykrates“, Z. 60: „Dem Glück bezahlt' ich meine Schuld“. — *mutloses Anker*: Vgl. „Die Größe der Welt“, Z. 30: „Wirf e. mutloses Anker hie“. — *„Fremdlinge in der ätherischen Zone ...“*: Zitat nach Sch.s Dialog „Der Spaziergang unter d. Linden“ im ‚Wirtembergischen Repertorium‘ (1782,1). **83** *System der Attraktion*: Newtons Lehre v. d. Anziehgskraft. — *hydrostatisch*: entsprechend d. Lehre vom Gleichgewicht tropfbar-flüssiger Körper (im Zustand d. Ruhe). — *usurpiert*: maßt sich (widerrechtl.) an. — *Nemo unquam ...*: ‚Niemand war jemals e. bedeutender Mensch ohne irgendeine göttl. Inspiration‘ (Cicero, De natura deorum II.66). — *Digression*: Abschweifg. **84** *Gohlis*: Sch. war Anf. Mai 1785 zus. m. Göschen, Huber, den Schwestern Stock u. a. in d. Dorf Gohlis (damals v. Leipz. aus e. halbe St. zu Fuß) übersiedelt. — *dem Arzt*: Den Plan e. Rückkehr zur Medizin gibt Sch. bald auf. — *Papierdistinktion*: Etwa ‚Unterscheidg auf d. Papier‘. — *Dresden*: Sch. war am 11. Sept. 1785 n. D. gereist u. hatte sich hierauf (bis 20. Okt.) zur Arb. am „Don Carlos“ in Loschwitz a. d. Elbe (1 St. v. Dresden) niedergelassen. Der Br. an Huber war der Versuch, den Freund zu ernsthafter Arb. anzuhalten. **85** *ein Periode*: svw. ‚eine P.‘; d. männl. Form erklärt sich aus d. Nachwirkg v. mlat. periodus (m.). — *„Es ist mit der Ferne ...“* : Vgl. Goethes ‚Werther‘, Br. v. 21. Juni. **86** *Perpendikularflug*: perpendikulär = senkrecht. — *mein Rodrigo!*: Vermutl. Anspielg auf d. Gestalt d. Marquis v. Posa, in d. urspr. Fassg. d. „Don Carlos“ (Thalia 1–4 v. 1785ff. u. Buchfassg v. 1787) noch Don Rodrigo (später Roderich). — *Schlossers Fragmenten*: „Fragm.e üb. d. Aufklärg“ (1784) v. J. G. Schlosser. — *Deine Übersetzung*: Huber übers. Schlossers „Fragm.e üb. d. Aufklärg“ ins Frz. — *„Die Vernunft der Weisen ...“*: Zitat aus „Dom Karlos“ (Thalia-Fragm.), Ende des 1. Akts. — *Watson*: „Gesch. d. Regierg Philipps II. Königs v. Spanien“, 1778. — *Enceladus*: Ein Gigant, den Jupiter m. d. Blitz traf u. unter dem Ätna begrub. **87** *„Schlimm, daß der Gedanke ...“*: Die Verse waren f. „Don Carlos“ bestimmt, fanden aber keine Aufnahme. E. Haufe (NA 25,678) vermutet urspr.e Zugehörigk. zu „Don

Carlos" I,2. Ähnl. Wortlaut findet sich wiederholt (an Ch. v. Lengefeld, 24. 7. 1789; an W. v. Humboldt, 1. 2. 1796, vgl. Br. 130), d. Gedanke auch im Distichon „Sprache" („Warum kann d. lebendige Geist ..."; 1797). **88** *eine Geschichte des Dreißigjährigen Krieges*: Von G.-H. Bougeant. — *philosophischen Briefe*: Für d. „Thalia" geplant. Der Anfang stammte v. Sch. (Thalia 3, 1786); Körner schrieb nur noch einen ‚Philosoph. Br.' (Thalia 7, 1789). — *Vorfall mit der Zensur*: Der Leipz. Zensor, Prof. Friedr. Aug. Wilh. Wenck, verlangte Anf. Apr. 1786 d. Streichg zweier Verse aus d. „Don Carlos". Schon Ende 1785 mußte Sch. zu d. Gedicht „Freigeisterei der Leidenschaft" (Thalia 2, 1786) d. Bemerkg abdrucken lassen, daß d. geschild. „Aufwallg. d. Leidenschaft nicht f. e. philos. System u. die Verzweiflg e. erdichteten Liebhabers nicht f. d. Glaubensbekenntnis d. Dichters anzusehen" sei. — *Becker*: W. G. B. **89** *Gosels*: Kosels, e. Garten in d. Dresdner Neustadt (a. d. Elbe gelegen). — *im Großen Garten*: Park in Dresden. — *Mömpelgarder*: Ein namentl. nicht bek. Schausp. aus Mömpelgard (frz. Montbéliard). — *Charlottens*: Ch. v. Kalb. — *meine Schlüssel*: Für Körners Haus (der sich bis 25. Apr. in Leipz. aufhielt). Sch. wohnte m. Huber in d. Nähe. **90** *Meister aus seinen Schülern*: Z. B. dem Schröder-Schüler J. D. Beil. **91** *Der Menschenfeind*: Das Drama blieb Fragm. Sch. ließ es schließl. u. d. T. „Der versöhnte M. Einige Szenen" in d. „Thalia" (H. 11, 1790) abdr. — *derjenige Künstler*: Schröder; seine Shakespeare-Inszeniergn wurden f. d. dte Sh.-Rezeption bahnbrechend. — *Tableau*: Gemälde, Schilderg. **92** *Nathan*: Lessings ‚N.'. — *Sintzenich*: Sowohl Göschen als auch Sch. hat an S. geschrieben; doch ersch. „Don Carlos" m. d. Bild d. Königin Elisab. v. Spanien, gestochen v. Egid Verhelst in Mannh. — *Thalia fertig*: H. 4 ersch. Anf. Jan. 1787. Die H. 1–4 wurden zu Bd 1 (Leipz. 1787) zusammengefaßt. **93** *Kommissionär*: Bevollmächtigter; hier: für d. Zwischenhandel zw. Vlg u. Sortiment. **94** *9 Akte*: Die 1. Buchfassg (1787) wurde schließl. doch nur in 5 Akte geglied. **95** *Eine Abhaltung*: Anspielg auf Henr. v. Arnim. — *andern Theatereditionen*: Seit Apr. 1787 beschäft. sich Sch. m. versch. Theaterausg.; e. Prosabearb. d. „Don Carlos" ging an d. Theaterleiter Siegfr. Gotthelf Koch in Riga. H. v. Dalberg hatte d. Stück schon im Apr. f. Mannh. angenommen. — *Auftritt des Königs mit dem Großinquisitor*: „Don Carlos" V,10. — *Contrebande*: Schmuggelei. — *Auftritt Philipps mit dem Marquis*: „Don Carlos" III,10. **96** *wie Fiesko meint*: ‚Fiesko' III,2. — *Ein neues Stück*: „Der Menschenfeind". **97** *Offene Fehde*: L. F. Hubers Übers. des frz. Lustsp. „Guerre ouverte ou ruse contre ruse" (‚Offener Krieg oder List gegen List') ersch. 1788 u. d. T. „Offne Fehde". — *die Schneidern*: Sch. reiste am 20. Juli v. Dresden bis Leipz. m. d. Frau d. Leipz. Buchhändlers Schn.; am 21. weiter n. Naumburg. **98** *Assemblee*: (vornehme Abend-)Gesellsch., Versammlg. **99** *Kurfürst*: Karl Theod. Phil. — *kleinen Fritz*: Sohn v. Ch. v. Kalb. **100** *Stolberg*: F. L. Graf zu St. Sch. kritisierte, daß in St.s Drama „Der Säugling" („Schauspiele m. Chören v. d. Brüdern ... St." Tl 1, 1787) ‚überall' d. ‚Jagen' nach ‚griech. Simplizität' sichtbar sei. — *Renonce*: Eigentl. ‚Mangel einer gewissen Farbe (meist des Trumpfs) im Kartenspiel'; widrige, unausstehliche Person (Heyse). **101** *auf dem Lande*: Schloß Tiefurt, 3 km östl. v. Weimar; Hzgn Anna Amalias Sommerresidenz. — *Esplanade*: freier, ebener Platz vor Festgn, großen Gebäuden, Gärten. In Weimar heute Schillerstr. „Bis zum Ende d. Siebenj. Krieges verlief dort d. Wassergraben um d. alte Stadtbefestigg. Nachdem diese abgerissen war, wurde d.

Graben zugeschüttet u. zu e. Promenade umgestaltet, an d. zahlr. Gartengrundstücke u. nur wenige Hausgrundstücke grenzten, unter ihnen das v. Sch. im Jahre 1802 erworbene." (Hahn I,417.) — *Japonischer Garten*: In Dresden. — *Graff*: Anton G. — *Abbé*: Titel des (niederen) Weltgeistl. in Frankr. **102** *Wieland der einzige, der ... seiner Feder leben könnte*: Durch e. Pension, die er als ehem. Lehrer Karl Augusts bezog. — *Gott*: „G. Einige Gespräche", 1779. Anlaß daf. war d. Fehde zw. F. H. Jacobi u. Moses Mendelssohn üb. Lessings Spinozismus. — *Fürstenbund*: Verbindg dtr Reichsfürsten, 1785 v. Friedr. d. Gr. gestiftet, um den Absichten Kaiser Josephs II., der d. bestehende Reichsverfassg zu veränd. u. d. österr. Macht in Süddtld auszubreiten trachtete, entgegenzuwirken. Der Fürstenb. verlor an Bedeutg, als Josephs Pläne vereitelt waren u. Friedr. starb. Hzg Karl August versuchte, d. Fürstenb. zu e. dtn Union unter Preußens Führg auszubilden, doch fand er v. seiten Friedr. Wilh. II. keine Unterstützg. **103** *Unsern Briefwechsel*: Die gemeins. ‚Philosoph. Br.'; vgl. Anm. zu S. 88. — *fürjetzt*: f. d. Augenblick, vorläufig. — *Korrektion*: Verbesserg; hier wohl ‚Korrektheit' im Sinne v. ‚fehlerfrei'. — *ob der Karlos ihm beweisen wird*: Wieland rez. „Don Carlos" pos., aber m. deutl. Zurückhaltg (Teutscher Merkur, Sept. 1787). — *Hofdame*: L. v. Göchhausen. **104** *Wielands Büste*: Von Hofbildhauer Martin Gottlieb Klauer. — *Leopolds von Braunschweig, Monument*: Der Entwurf d. Ganzen stammt v. Oeser, d. Bildnis v. Klauer. **105** *Seine Gedichte*: Von Gotters ‚Ged.n' ersch. eben 1787 d. 1. Bd b. K. W. Ettinger in Gotha. Das letzte Ged. darin, „Die Flucht d. Jugend", stammt v. 1787. — *Szene des Königs mit Karlos*: „Don Carlos" V,4. — *Karlos' Gefangennehmung*: Ebda IV,16. — *Szene Philipps mit dem Marquis*: Ebda III,10. — *Szene des Marquis mit der Königin*: Ebda IV,21. **106** *Des Königs sogenannter Monolog*: Ebda III, 5. — *Schönburgische Szene*: Ebda IV,21 (Hahn I,418). Vermutl. m. Bezug auf Graf Schönburg, e. Bekannten des Körnerschen Hauses, der auch in Sch.s Scherzsp. „Körners Vormittag" e. Rolle spielt. — *Turgots Beispiel*: T., v. Ludw. XVI. 1774 zum Generalkontrolleur d. Finanzen ernannt, entwick. in s. Reformplänen eigentl. alles, was später d. Revol. durchsetzte: Dezentralisation u. Selbstverwaltg, Reform d. Steuerwesens, Beseitigg d. Zunftzwangs etc. Doch gelang es d. privileg. Ständen, T. bereits 1776 wieder aus s. Amt zu drängen. — *ein Journal*: „Der Teutsche Merkur", 1773–89; „Der Neue Teutsche Merkur", 1790–1810. **107** *Gotters Gedichte*: Vgl. Anm. zu S. 105; G. hatte schon 1770 e. Bd „Ged.e" veröff. — *Stern*: Parkanlage südöstl. d. Weimarer Schlosses. Der Name deutet auf d. geradlinig angelegten Wege, die sich in e. Punkt vereinigen. — *Belvedere*: Rokokoschloß südl. v. Weimar. **108** *englischen Band*: Ein Ledereinband, b. dem man d. natürl. (helle) Lederfarbe beibehielt, während d. Leder f. d. sog. Franzband braun gefärbt u. m. dunkleren Flecken verziert wurde. — *Mine*: Wahrsch. Körners Dienstmagd Minna in Dresden, f. deren „gutes Andenken" Sch. noch im Febr. 1789 dankt. **109** *Literaturzeitung*: „Allg. Lit.ztg" (1775–1849), begr. v. F. J. Bertuch, Wieland u. Schütz, der d. Zs. v. ihren Anfängen bis zu s. Tode 1832 leitete; ersch. zuerst in Jena, später in Halle. Mithrsg. war u. a. G. Hufeland. Wichtigstes dts Rezensionsorgan d. Spätaufklärg, das nahezu tägl. ersch. — *kleinen Aufsätzen*: „Idee zu e. allg. Gesch. in weltbürgerl. Absicht" (Berlinische Monatsschr., Nov. 1784) u. „Mutmaßl. Anfang d. Menschengesch." (ebda, Jan. 1786). — *Kritik des Geschmacks*: „Kritik d. Urteilskraft." — *dessen Aufhebung*: Nachdem d. Orden z. B. in Frankr. u. Span. bereits v. Staats wegen verboten worden war, wurde er 1773 durch Papst Klemens XIV. offiz. aufgehoben. Nun folgte auch d. Auflösg d. Ordens in Österr. u. im kath. Dtld, während sich d. Jesuiten in Preußen m. best. Einschränkgn halten konnten. **110** *Zelebrität*: Berühmtheit. **112** *Hufeland*: Gottlieb H. **113** *4 sächsische Herzöge*: Die 4 Ernestinischen Hzgtümer im Thüringer Raum waren: Sachsen-Weimar-Eisenach, S.-Gotha-Altenburg, S.-Meiningen u. S.-Coburg. Die 1556 gegr. Univ. wurde v. ihnen gemeins. unterhalten. **114** *„Wind und Männer"*: „Winde u. M. Antw. e. Frauenzimmers auf Dr. Sheridans Wolken u. Weiber" (Teutscher Merkur, Juli 1782). — *„Wolken und Weiber"*: „W. u. W. od. A New Simile for the Ladies, nach Dr. Sheridan" (ebda, Mai). — *die Freude*: Sch.s Hymne „An d. Freude". — *Retraite*: Zurückziehg; Ruhesitz. — *Frau von Recke ... Cagliostro*: Elsa v. der Recke war 1779 am Hof zu Mitau m. d. Hochstapler C. bekanntgeworden, der ihre spiritist. Neiggn ausnutzte; trug zu dessen Entlarvg bei („Nachricht v. des berüchtigten C. Aufenthalt in Mitau im Jahre 1779 u. v. dessen dortigen magischen Operationen", 1787). **115** *Fille de joie*: Freudenmädchen. — *Konfidenzen*: vertraul. Mitteilgn. — *in Affektion genommen*: liebgewonnen. **116** *Glück wünschen*: Huber hatte d. Aussicht, als sächs. Legationssekr. n. Mainz zu gehen. — *avanciere*: ‚rücke vorwärts'; hier ‚schieße vor'. **117** *Vereinigung mit Wieland*: Die freundschaftl. Beziehg zw. Sch. u. W. hatte Anf. Aug. 1787 insofern e. Trübg erlitten, als sich W., der in Abwesenh. Sch.s einer Vorlesg aus „Don Carlos" durch den Sch. nicht wohlgesinnten Gotter beigewohnt hatte, üb. d. 2. Tl d. Dramas neg. geäußert haben soll, so daß Sch. b. W. „auf d. alltäglichste Einwendg gefaßt" war, ja fürchtete, „daß W. b. dieser Gelegenh." in s. (Sch.s) „Idee sinken" werde. (An Körner, 8. Aug. 1787.) — *Clarisse*: „Clarissa", Roman v. Richardson. — *Manon Lescaut*: Roman v. Prévost. **118** *ins Französische*: Die Übers. kam nicht zust. Nur „Die Jungfr. v. Orleans" gab Mercier 1802 als erster frz. heraus: „Jeanne d'Arc, ou la Pucelle d'Orleans" (Prosaübers. v. Chr. F. Cramer). **119** *Prinzen*: Karl Friedrich. **120** *daß ich prosaischer worden bin*: Körner hatte am 13. Jan. 1788 geschr.: „Zuerst e. paar Worte üb. Deine Ideen v. schriftst. Tätigk., die zu meinem Erstaunen schreckl. prosaisch geworden sind." **121** *Heuraten*: Körner hatte ebda zu bedenken geg., daß „alles auf Berechng der Genüsse" ankomme, die Sch. als Schriftst. od. als Mensch u. Gatte zu erwarten habe. „Daß Du b. Deinem Streben nach bürgerl. u. häusl. Glückseligkeit v. d. Vorteilen Deiner schriftst. Exist. nicht wenig aufopfern mußt, bin ich überzeugt. Prüfe Dich nur, ob du diese Opfer nie bereuen würdest, wenn es zu spät wäre." — *Goethe*: Traf erst am 18. Juni ein. **122** *im Stern*: Vgl. Anm. zu S. 107. — *Schwiegersöhne*: S. G. Schorcht u. J. A. J. Liebeskind. — *railliert*: geneckt, aufgezogen. — *wegen des Merkurs*: Es bestand d. Plan, Wielands ‚Teutschen M.' m. Sch.s „Thalia" zu vereinen u. künftig gemeins. herauszugeben. Der Plan wurde auch m. Göschen bespr., schließl. aber doch nicht ausgef. — *Was ich ihm bereits gegeben*: Aus d. Schrift ‚Abfall d. vereinigten Niederlande' zum Vorabdr. im ‚Teutschen Merkur' u. „Die Götter Griechenlandes". — *Moitié*: auf gemeinschaftl. Gewinn u. Verlust etwas unternehmen; Halbpart. — *in Leipzig*: Bei Crusius. **123** *Buchhändler*: Vertreter d. Erhardischen Buchhandlg in Stuttg. — *verbesserte ... vermehrte ... Auflage*: Kam nicht zust., so daß auch d. beabs. öff. Angriff auf Götz sowie d. Ankündigg einer eig. neuen Ausg. im Apr.heft d.

‚Teutschen Merkurs' unterblieben. — *ganz neuen Stück*: Wahrsch. das schließl. Fragm. geblieb. Drama „Der Menschenfeind". **124** *Rezensionensammlung*: Göschens „Krit. Übersicht d. neuesten schönen Lit. d. Dtn", 1788f. — *Aushängebogen des Geistersehers*: 1. Forts. in H. 5 d. „Thalia". Aushängebogen ist d. „Bezeichng f. die ersten Bgn, die noch während d. Fortdrucks aus d. Masch. genommen u. d. Vlger üb.sandt werden". (H. Hiller: Wtb. d. Buches. 3. A. 1967.) **125** *Karlos auf Ihrer Bühne*: Erstauff. in d. Jambenfassg, Mannheim, 6. Apr. 1788. — *Bingners Aufsatz*: Unbek. gebl. **126** *Kupferstecher*: Unbek. — *Volkstedt*: Ch. v. Lengefeld hatte hier f. Sch. e. Wohng besorgt. — *Kantor*: J. J. Unbehaun. **127** *Distraktion*: Zerstreuung. — *der Geisterseher*: Sch. arbeitete erst im Herbst daran weiter, als er wieder in Weimar war. — *Niederländischen Rebellion*: Nur d. 1. Tl wurde während d. Sommers abgeschl. — *ein anderes*: „Die Malteser." — *Kunkel*: eig. ‚Spinnrocken'. — *in den Merkur*: „Der Teutsche M." brachte während d. restl. Jahrs v. Sch. d. Rez. v. „Goldoni üb. sich selbst u. d. Gesch. seines Theaters" (dt. v. G. Schatz; Tl 1), d. „Br.e üb. Don Karlos" (1–4; 5–12) u. die Aufs. „Jesuitenregierg in Paraguay" u. „Hzg Alba b. e. Frühstück auf d. Schlosse Rudolstadt. Im Jahre 1547". **128** *Kartenbekehrung*: Charl. hatte am 26. Nov. geschr.: „auch bin ich gar fleißig jetzt u. lerne Tarock-Hombre; wenn man kein Interesse am Gespräch findet, so sehe ich jetzt wohl ein, daß d. Spiel nicht übel ist u. der Gesellsch. einige Unterhaltg mehr gibt ..." **129** *große Dinge ... von der Sonne halte*: Vgl. Sch.s Ged.e „An die Sonne" (Anthol. auf d. J. 1782) u. „Die Priesterinnen d. Sonne", 1788. — *Reisebeschreibungen*: Charl. hatte am 26. Nov. geschr.: „Ich habe mir jetzt e. gr. R. angeschafft, die mich freut ... Es muß e. bes. Gefühl sein, in e. andern Weltteil sich zu sehn." — *Weisheit*: Scherzname f. Ch. v. Lengefeld. — *chère mère*: ‚teure Mutter', meint Charl.s Mutter L. v. Lengefeld. — *Odysseus*: Sch. hatte in Rudolst. Homers „Ilias" (vermutl. in d. dtn Prosaübers. v. Chr. Tob. Damm, 1770f.) u. „Odyssee" (dt. v. J. H. Voß, 1781) gelesen u. auch daraus vorgel. **130** *Zweifelmut*: Wegen ausgeblieb. Br.e. — *Wolzogen ... Lebensplan*: Wilh. v. W. war zu Architekturstudien n. Paris gegangen. **131** *ins Gelag hinein*: svw. ‚unbedachtsam'. — *schlechten Berge*: ‚schlecht' noch svw. ‚schlicht'; hier ‚niedrig', im Gegens. zu d. Bergen um Rudolst. (doch ist d. Wortspiel ‚schlecht' — ‚gut genug' offensichtl.). — *Hamlet mit Güldenstern*: Shakesp.s „Hamlet" III,2. **132** *Shaftesbury*: Üb. e. Sh.-Lektüre Sch.s ist nichts bek. — *Phönizierinnen des Euripides*: Die Übers. war f. d. „Thalia" bestimmt. „Szenen aus d. Ph." ersch. dort Ende 1789 (H. 8). — *schöne Szene*: Die 1. Hauptsz. — *Prinzen*: Ludw. Friedr. v. Schwarzburg-Rudolst. **133** *Dringendste*: „Thalia"-Manuskr.sendg an Göschen, die längst ausstand. — *Abgang Eichhorns*: Der Jenaer Orientalist E. hatte wegen Zwistigk.n m. d. Theol. Döderlein e. Berufg n. Göttingen als Prof. d. Philos. angen. Sch.s Berufg sollte nun d. Ansehen d. Jenaer Univ. verbess. helfen. — *Coburg ... Hildburghausen*: Vgl. Anm. zu S. 113. Daß Sachsen-Hildburgh. bereits 1766/67 als Erhalterstaat ausgeschieden war (u. dementspr. in d. Urkunden zu Sch.s Berufg auch nicht aufscheint), wußte Sch. nicht. — *Sancho Pansa*: „Der einfält. S. P. wird v. Don Quixote m. d. Versprechen zum Schildknappen gewonnen, daß er Statthalter irgendeiner bald zu erobernden Insel werden solle. Als er endl. scheinb. kurz davor steht, antw. er auf d. Ratschläge s. Herrn in Bertuchs Übers. m. d. Sprichw.: ‚Wem Gott e. Amt gibt, dem gibt er auch Verstand'"

(E. Haufe, NA 25,594f.). „u. habe ich nur erst . ." ist in d. Übers. v. F. J. Bertuch („Leben u. Taten d. weisen Junkers Don Quixote v. la Mancha", 1781) nicht nachweisbar. — *Daus*: eig. ‚2 Augen im Würfelsp.'; As im Kartensp. **134** *Paket ... an Göschen*: Vgl. Anm. zu S. 133. — *Deinen Aufsatz*: Körners Aufs. „Üb. d. Freiheit d. Dichters b. d. Wahl s. Stoffs" (f. H. 6 der „Thalia"); angeregt durch Stolbergs Sch.-Kritik. — *Stolbergische Sottise*: F. L. Graf zu St. hatte im „Dtn Museum" (Aug. 1788) orthodox-christl.e „Gedanken üb. Herrn Sch.s Ged.: Die Götter Griechenlandes" geäußert; d. Ged. war im , Teutschen Merkur' (März 1788) ersch. **135** *ungedruckten Gedicht*: „Die Künstler." Die hier zit. Zln gehören d. nicht erh. 1. Fassg des Ged. an, doch weichen nur d. beiden ersten Zln vom spätern Druck ab; statt ihrer heißt es dort (NA 1,213, Zle 458–60): „Der freisten Mutter freie Söhne / schwingt euch mit festem Angesicht / zum Strahlensitz der höchsten Schöne, ..." — *Nathan*: Lessings ‚Nathan'. **136** *meiner Sache*: Berufg n. Jena. — *Privatum*: Kam nicht zust., daher auch keine weitere Ausarbeitg. — *Fixum*: Für Extraordinarien wie Sch. gab es keine staatl. Besoldgn. — *400 Talern*: Hierbei handelt es sich um d. zu erwart. durchschnittl. Jahreseinnahme an Kolleggeldern v. d. Studenten. — *sächsichen Höfen*: Vgl. Anm. zu S. 113. **138** *in das mittlere Zeitalter*: Kam nicht zust.; statt dessen las Sch. im SS 1789 e. ‚Einf. in d. Weltgesch.' (Introductio in historiam universalem). — *3 Bibliotheken*: Gemeint sind vermutl. d. „Akadem. Bibl." (Univ.-Bibl.), d. Privatbibl. des ehem. Göttinger Prof. Chr. Wilh. Büttner (1716–1801) u. d. hzgl. „Kabinettsbibl.". **139** *Subsistenz*: Auskommen, Lebensunterhalt. — *Sammlung von Memoires*: Der Plan reicht in d. Herbst 1788 zur.; ab Ende 1789 ersch. die nur anfangs v. Sch. hrsg. „Allg. Sammlg hist. Memoires vom 12. Jh. bis auf d. neuest. Zeiten" b. J. M. Maucke in Jena (33 Bde bis 1807; nach d. Vorbild d. „Collection Universelle des Mémoires Particuliers Relatifs et L'Histoire de France", London 1785–90). — *Privatkollegium*: Vgl. Anm. zu S. 136. — *Sapienti sat!*: ‚Dem Weisen (ist es) genug!' Sprw. Redensart nach Plautus u. Terenz. — *überschickte Szene*: Der 10. u. 11. Auftr. v. Hubers Trauersp. „Das heimliche Gericht". — *auch einen Aufsatz*: Vgl. Anm. zu S. 134. **140** *Verse v. d. Wiederherstellg der schönen Wissensch.n*: In d. Druckfassg Zle 363–82 (NA 1,211). — *gebe die Künstler Wieland*: Für d. ‚Teutschen Merkur' (März). — *ohnehin aufhört*: Erst 1793. **141** *das Schauspiel*: „Die Malteser." — *seine Broschüre*: „Üb. d. bildende Nachahmg des Schönen", 1788. **142** *mein Gedicht*: „Die Künstler." — *eher gegen mich als für mich*: E. Haufe (NA 25,617) verweist hierzu auf Goethes Aufs. „Glückl. Ereignis" v. 1817, worin G. s. Zurückhaltg gegenüb. Sch. nach s. Rückk. aus Ital. schildert u. begründet. K. Ph. Moritz habe ihn darin bestärkt. — *meine Sache*: Berufg n. Jena. **143** *Wiederauflebung der Künste*: Vgl. Anm. zu S. 140. — *Dieses ist nun geschehen*: In d. Druckfassg Zle 383ff. (NA 1,211f.). — *Der Schätze ...*: Die Zln entspr. d. Druckfassg (Zle 402–05), erscheinen aber (abges. v. 405) dort nochmals geänd. **144** *Gesandten*: K. F. Graf v. Geßler. — *Übersetzung von Gibbon*: Körner hatte am 12. Dez. 1788 Übers.n aus Gibbons „Vindication of some passages in the 15,16 chapters of the History of the decline and fall of the Roman Empire" (Rechtfert. einiger Passagen in d. Kap.n 15,16 der Gesch. d. Verfalls u. Untergangs d. Röm. Reichs), 1779, verspr.; er schickte aber d. Manuskr. so spät, daß Sch.s Ged. schon im Märzh. u. K.s Beitrag, „Mahomet. Ein Fragm. aus Gibbons Forts. s.r Gesch. vom Verfall u.

Unterg. d. Röm. Reichs", erst im Apr.- u. Junih. d. ,Teutschen Merkurs' ersch. ist. — *Göttinger Journal*: Anon. Anz. in d. ,Göttingischen Anzeigen v. gelehrten Sachen', 10. Jan. 1789. — *Manuskript*: Gibbon-Übers. **145** *Youngs Nächte*: E. Y.s „Night Thoughts", ep. Ged. in Blankversen. — *Surchargierte*: Überladene. **146** *embarrassiert*: in Verlegenh. gebracht. — *simplen Plan*: Wahrsch. „Die Malteser". **147** *Vorstellung des Karlos*: Die Dresdner Erstauff. am 18. Feb. — *Übersetzung*: Vgl. Anm. zu S. 144. — *Kontrakt mit Maucke*: Vgl. Anm. zu S. 139. — *in der Allg. Lit.ztg. ...rezensiert*: Die Rez. stammte v. G. Hufeland. — *das Bonmot der Minna*: Körner hatte am 19. Feb. v. d. Dresdner „Don Carlos"-Auff. berichtet: „Drewitz [Carlos] beliebte in der Szene m. d. Eboli u. a. zu sagen: ,Das ist kein Strich f. solche Blumen.' Minna [Körner] meint, Herr v. König hätte viell. d. Himmel als anstößig weggestr." — *Charlotte*: v. Kalb. — *andere Minna*: Körners Dienstmagd. — **148** *In drei Wochen*: Am 11. Mai übersied. Sch. n. Jena. — *englischen Memoires*: Sch. hatte am 12. März 1789 an Körner geschr., daß er f. d. „Allg. Sammlg hist. Memoires" die engl. v. K. bearb. wünsche. „Ich überlasse Dir nun d. Wahl d. engl. M. wie auch ihre Anschaffg ganz u. werde mich nichts mehr darum bekümmern." — *Joinville*: Die Bearb. d. Biographie- u. Memoirenwerks „L'Histoire de Saint Louis" d. frz. Histor. J. aus d. 14. Jh. übernahm schließl. d. Jenaer Orientalist Paulus f. Abt. 1, Bd 4 der Memoirensammlg. — *Schneiderische Rekonziliationshandlung*: W. F. Schneider, d. Frau d. Leipz. Buchhändl., wollte sich von ihrem Mann trennen; Körner sollte als Vermittler auftreten. (Rekonziliation: Ver-, Aussöhng.) **149** *Abenteuer auf dem Katheder*: Sch.s Antrittsvorl., in bearb. Form gedr. als „Was heißt u. zu welchem Ende stud. man Universalgesch.?" (Teutscher Merkur, Nov. 1789); enth. auch d. 2. Vorl. — *Reinholdische Auditorium*: Hörsaal, wo R. s. Vorl.n abhielt. — *bei Griesbach*: Der Theol. G. hatte s. Auditorium in e. Vorbau zu s. Haus. — *Alarm*: Eig. ,Ruf zu d. Waffen'; Unruhe. **150** *die Flur*: (schwäb. mundartl. weibl.) ,Hausgang'. — *Subsellien*: Sitzbänke. — *Contenance*: Haltg, Fassg. **151** *Humor*: Hier svw. ,Laune, Stimmg'. — *ennuyierte*: langweilte. — *Tarock-Hombre*: L'hombre-Kartensp. m. Tarockkarte (f. 3 Pers.). — *von der Schmidt*: „Ist sie nur leidlich, so ist ihr Reichtum doch e. Vorteil, der b. Dir doppelt in Anschlag kommt." (Körner, 6. Mai 1789.) **152** *Schilling*: Schiller hatte 2 Ged. v. ihm in H. 7 d. „Thalia" aufgen. — *Broschüre*: „Br.e literär., moral. u. religiosen Inhalts, die gelesen zu werden bitten" v. Joh. Jak. Stolz, Winterthur 1789, 20. Br. — *gegen Stolberg*: Vgl. Anm. zu S. 134. — *bis auf den heiligen Barbaren*: „Die Götter Griechenlandes", Zle 113 f.; „bis auf": hier svw. ,sogar'. — *Veneration*: Verehrg. — *Rollin*: „Histoire ancienne ..." (1730–38; dt. u. d. T. „Historie alter Zeiten u. Völker ...", 1738–48; 3. Aufl. 1763 ff.). Sch. hatte am 26. März an Körner geschr.: „Deinen R. möchte ich gern diesen Sommer durchlesen ..." **154** *Kochberg*: b. Rudolstadt. — *Kalbsrieth*: Gut d. Fam. Kalb b. Artern im Unstruttal. **155** *Verhältnis ... mit ihrem Mann*: „Mit der Kalb wird es wahrscheinl. zur Scheidg v. ihrem Manne kommen." (An Körner, 28. Sept. 1789.) — *Verstimmung*: Körner hatte sich e. Verbindg Sch.s m. Ch. v. Lengefeld nicht recht vorst. können. **156** *gedruckten Vorlesung*: Vgl. Anm. Zu S. 149. — *philosophisches Werk*: „Versuch e. neuen Theorie d. menschl. Vorstellgsvermögens", 1789. — *historische Kalender*: „Hist. Kal. f. Damen f. d. J. 1790 v. Archenholtz u. Wieland." A., der 1787–90 in Hamburg d. Zs. „The British Mercury" hrsg., mag f. W. als Nachahmer

u. Konkurrent gegolten haben. **157** *Wolzogen*: Wilh. v. W. — *Kokarde zugesteckt*: Ludwig XVI. erh. am 27. Juli 1789 v. Präsidenten d. Nationalvers., Jean Sylvain Baillys, d. rotblaue Kokarde. — *Eh bien ... vous?*: ‚Nun wohl, Herr, können wir jetzt auf euch zählen?‘ (Sch. schrieb „conter“: ‚erzählen‘.) — *Comment ... l'humanité?*: ‚Wie, ihr wollt euch nicht f. d. Menschlichk. schlagen?‘ **158** *verändert haben.*: Der Schluß d. Hs. ist abgeschn. — *docendo*: lehrend. — *Koadjutor*: Amtsgehilfe (u. vorausbestimmt. Nachf. e. Bischofs); gemeint ist K. Th. Reichsfrh. v. Dalberg, in Erfurt Statthalter u. K. d. Mainzer Kurfürsten u. Erzbischofs Frh. v. u. zu Erthal. Sch. hoffte e. Professur a. d. Mainzer Univ. zu erh., sobald Dalberg, der sich für ihn interess., Kurf. u. Erzb. würde. — *von Berlin schreibst*: „Ich spekuliere noch immer f. Dich auf B. Preuß. Historiograph u. Mitgl. d. Akad., das ist d. Stelle, d. ich Dir wünsche.“ (Körner, 17. Nov. 1789.) — *200 Reichstaler*: Ab 1. Jan. 1790 erh. Sch. diese Summe jährl. **159** *Memoires*: Sch.s „Allg. Sammlg hist. M.“ — *8 Bände des Jahrs*: Vertragl. waren 4 vereinb. — *ein Kollegium*: Meint wahrsch. Loders Vorl. üb. medizin. Anthropol. — *Mein Publikum*: Sch.s Vorl. üb. „Gesch. d. Röm.“. **160** *Hallers Ewigkeit*: A. v. H.s „Unvollk. Gedicht üb. d. E. 1736“. **161** *Merkur*: Zu Wielands ‚Teutschem M.‘ steuerte Sch. nichts mehr b. — *Mainz oder Berlin*: Vgl. Anm. zu S. 158. — *Deine Angelegenheit*: Ihre Scheidg; vgl. Anm. zu S. 155. — *Frieselfieber*: Friesel (Miliaria), Hautausschlag, Begleitersch. versch. fieberh. Erkrankgn. **162** *Tagbuch von der Schweizer Reise*: Charlottes „Reise n. d. Schw. 1783. Fragm. e. Tagebuchs“; vgl. Anm. zu S. 69. — *Gentlemans Magazin rezensiert*: Sch.s „Gesch. d. Abfalls d. vereinigt. Niederl.“ war m. wen. Worten in „The Gentleman's Magazine: and Historical Chronicle“ 59/II (1789) angez. — *Übersetzung*: Ins Engl. erst 1807. **163** *Ehrfurcht und Liebe*: In d. Hs. ist Sch.s Unterschr. abgeschn. **164** *die Stein schon von Pension vorgesagt*: Frau v. St. hatte am 19. Dez. in e. Gespr. m. d. Hzg, als sie merkte, daß er d. Verbindg zw. Sch. u. Lotte billige, e. paar Worte v. Pension (Gehalt) fallen lassen, die er nicht ganz abwies. **165** *Hofratscharakter*: 2 Tage später v. Hzg v. Sachsen-Meiningen erbeten. — *Nach Coburg*: Karol. v. Beuwitz sollte Sch.s Ansuchen um Verleihg e. C.er Hofr.titels unterstützen; er selbst hatte am 16. Dez. an d. Erbprinzen Franz v. Sachsen-C. geschr. **166** *von Meiningen*: Vgl. Br. 64. **167** *kann jeden Tag geschehen*: Man wartete auf d.Tod d. alten Kurf. v.Mainz, dessen design. Nachf. K. Th. v. Dalberg war (vgl. Anm. zu S. 158). **168** *neuen Vorschlag*: Den Plan, sich v. d. Univ. beurl. zu lassen u. 1 Jahr in Rudolst. zuzubringen (vgl. Br. 62), den er Frau v. Lengefeld vorerst noch verschweigt. — *Übertragung einer Professur*: Der Hzg hatte als einer der 4 Erhalter d. Jenaer Univ. Sch.s Berufg genehmigt. — *Oberhofmeisterin*: Damals noch Hofmeisterin. — *Opfer des Adels*: Durch d. Heirat m. e. Bürgerl. verlor Ch. v. Lengef. ihr Adelspräd. — *anständigen Rang*: Daß sich Sch. nun plötzl. auch an d. Hzg v. Meiningen um d. Verleihg des Hofr.tit. wendet, obwohl er diesen noch kurz zuvor v. Sachsen-Coburg od. S.-Weimar zu erh. hoffte, erkl. E. Haufe (NA 25,746f.) damit, daß Sch. vermutl. „e. unerwart. Hinweis v. außen“ bek. habe. Tatsächl. wurde Sch. m. 2. Jän.1790 z. Meining. Hofr. ernannt. — *gegen meine Familie*: Reinwald, Sch.s Schwager, hatte 1784 als Bibliothekar d. hzgl. Bibl. in Meiningen d. Ratstitel erh. **169** *Gesundheitszustand meiner ... Mutter*: Sch.s M. war an e. Magenleiden schwer erkr., so daß er es im Jan. 1790 für tödl. hielt u. schließl. v. zu befürchtender Auszehrg sprach.

Doch genas die Kranke Ende Apr. allmähl. wieder. — *Luise*: Sch.s 2. Schwester. — *Dorfe bei Jena*: Wenigenjena. **170** *Erziehung der Prinzessinen*: L. v. Lengefeld war 1789 zur Hofmeisterin der Prinz. Wilhelmina Fried. Karol. u. Christiana Luisa, der jüngst. Kinder d. Erbprinzen Friedr. Karl v. Schwarzburg-Rudolst. best. worden. **171** *Deputat*: Eig. ‚in Naturalien ausgesetzter Tl d. Besoldg'. — *1790 hat Wieland d. hist. Kal. hrsg.*: Vgl. Anm. zu S. 156. — *1791*: „Hist. Kal. f. Damen f. d. J. 1791 v. F. Sch." (Enth. Sch.s „Gesch. d. Dreißigj. Krieges", 1.–2. Buch.) — *1792*: Unter d. gleichen Titel; auch noch 1793; danach gibt Sch. d. Hrsg.schaft auf. **172** *Den 28. ... Ihr Geburtstag*: Sch.s Vater war am 27. Okt. 1723 geb. **173** *Courmachen*: Aufwartg machen; Gunst erwerben. **174** *Müller*: Joh. (v.) M. hatte, wie Sch. am 16. Nov. an Göschen schr., e. „sehr vorteilh. Rez." des ‚Hist. Kal.' (f. 1791) an d. Red. der ‚Allg. Lit.ztg' geschickt. — *Hufeland*: Gottlieb H. — *Kurfürst*: v. Mainz. — *Madame*: Lt Jonas (Reg.) Therese Forster. — *Rezension über Klinger*: Huber rez. „F. M. K.s Neues Theater" (1790) in d. Jenaer ‚Allg. Lit.ztg' (Jan. 1791). — *auch eine Rezension*: Sch.s anon. Rez. „Über [Gottfr. Aug.] Bürgers Ged.e" (ebda, Jan. 1791). — *Seit dem Egmont*: Sch.s Rez. „Über Egmont. Trauersp. v. Goethe" (ebda, Sept. 1788). Sch. übersah offenb., daß ‚seit d. E.' s. Rez. v. „Goldoni üb. sich selbst ..." (diesmal alle 3 Tle behandelnd) in d. ‚Allg. Lit.ztg' (Jan. 1789) ersch. war. **175** *gewisse Leute*: Der Kurf. v. Mainz; vgl. Anm. zu S. 167. — *nach Erfurt*: Zu e. Besuch b. Koadjutor K. v. Dalberg. — *deutscher Plutarch*: Sch. plante dieses Werk seit 1788 m. jährl. 2 Bdn; es kam nicht zust. — *meinem Schicksal*: Am 3. Jan. war Sch. an e. heftigen Katarrhfieber erkr. In d. Folge kruppöse Pneumonie, begleitet v. trockener Rippenfellentz.; Beginn d. späteren dauernden Krankh. **176** *Zudringlichkeit*: Sch. hatte Göschen am 28. Jan. gebeten, als Vorschuß auf d. ‚Hist. Kal.' (f. 1792) e. Wechsel üb. 60 Louisdor zugunst. Sch.s zu unterschr. — *Fortsetzung des 30jährigen Kriegs*: Für d. ‚Hist. Kal.' (f. 1792); er enth. d. 3. Buch v. Sch.s „Gesch. d. Dreißigj. Krieges". — *Vakanz*: Sch. hatte um Beurlaubg v. d. Vorl.n im Sommersem. gebeten. **177** *Porträt*: Körner meldete am 25. Feb.: „Dyk will f. d. ‚Bibl. d. schönen Wissensch.n' Dein Porträt unter Schulzes Aufsicht stechen lassen. ... Schulze findet Dorchens Zeichng zu diesem Behufe tauglicher als d. Graffsche Bild, da es noch nicht fertig ist. Nach d. Graffschen Bilde ... hat er Lust e. größeres Blatt stechen zu lassen." — *Schulze*: Vermutl. Chr. Gottfr. Schulze. — *Graffs Gemälde*: Sch.s Ölportr. hatte G. noch in dessen Dresdn. Zeit beg. **178** *Rudolstadt*: Sch. war seit Anf. Apr. z. Erholg u. völl. Genesg in R., doch hatte er Anf. Mai 2 weitere schw. Anfälle. — *Blasenpflaster*: Vgl. Anm. zu S. 304. — *Eine Aderlässe*: svw. ‚Aderlaß'; vgl. z. B. auch: „Nur zu m. dieser Aderlässe" (Sch.s „Gesch. d. frz. Unruhen ...", entst. 1790/91). **179** *Kalender*: ‚Hist. K.' (f. 1792). — *Karlsbad*: Sch. ging auf Anraten Starks v. Anf. Juli bis Anf. Aug. n. K., wo er sich langsam erholte. **180** *Erklärungen der Porträts*: Vgl. Anm. zu S. 181. — *Erklärung der Vignetten*: V. = ‚Weinranken, Verzierg'; hier ‚kl. Kupferstiche'. 12 sog. ‚Monatskupfer' (im Kal.teil, der jeweil. Monatsübersicht gegenüb.), Illustr.n z. „Gesch. d. Dreißigj. Krieges", gezeichnet u. gestochen v. J. G. Penzel. Da Sch. wegen s. Krankh. d. ‚Gesch.' nicht hatte weitertreiben können, behandeln alle 12 Kupfer e. Zeitraum, wohin d. Text noch nicht führt; um so mehr waren ausführl. Erklärgn d. Stiche nötig. — *Vorschlag wegen der Thalia*: Die „Thalia" m. H. 12 abzuschließen u. ab

1792 als „Neue Th." (alle 2 Monate) ersch. zu lassen. — *Erfurt*: Zur Nachkur hielt sich Sch. seit 23. Aug. in E. auf. **181** *Mit der Thalia*: „Neue Th.", H. 1 (enth. v. Sch.: „Die Zerstörg v. Troja im 2. Buch d. Äneide. Neu übers." u. „Üb. d. Grund d. Vergnügens an trag. Gegenständen"). — *Wieland*: Auf Sch.s Bitten schr. W. f. d. ‚Hist. Kal.' e. „Vorrede". — *Hubern und Körnern*: Für d. ‚Hist. Kal.' schr. H. d. Erklärgn zu d. Porträts v. Kard. Richelieu u. Maximilian Hzg v. Bayern; K. z. Portr. v. Axel Graf v. Oxenstierna. — *Geisterseher* ... *Fortsetzung*: Für d. „Neue vom Verf. aufs neue durchges. u. verm. Aufl.", 1792. — *durchschießen*: Ein Buch nach jedem bedruckten Bl. m. e. leeren versehen. — *Karlos*: Sch. beschäft. sich damals m. e. neuen Bühnenbearb. d. „Don Carlos" f. d. Erfurter Auff. (25. Sept.). — *der neue Karlos*: Meint kaum d. Ertrag v. Bühnenbearb. u. Erfurter Auff. allein, sd. auch „wie er jetzt ist in e. kl. Aufl." (an Göschen, 15. Jan. 1792). — *Jena*: Sch. war am 1. Okt. zurückgekehrt. **182** *Egerbrunnens*: Wasser d. Heilquellen zu Franzensbad, schon im 16. Jh. bek.; wurde auch versendet. — *noch einmal der Feile zu unterwerfen*: Diesen Plan gab Sch. am 15. Jan. 1792 auf, weil e. Revision beinahe 2 Monate beanspr. hätte. — *Goethe*: Hatte 1791 d. Leitg d. neu erricht. Weim. Hoftheat. erh. **183** *Historischen Kalenders* ...: Der ‚H. K.' ersch. b. Göschen, d. „Gesch. d. Abfalls d. vereinigt. Niederlande" b. Crusius. — *zwei Bändchen meiner Vermischten prosaischen Schriften*: „Kleinere pros. Schr. v. Sch.", Tl 1, ersch. 1792; Tl 2 folgte erst 1800. — *beinahe zwei Alphabete*: D. h., daß d. Bd fast zweimal 23 Bgn (j, u und w verwend. man nicht) ergeb. könnte. — *Bändchen Gedichte*: „Ged.e v. F. Sch.", Tl 1, ersch. erst 1800. — *Geschichte des Malteserordens*: Tl 1 d. „Gesch. d. M. nach Vertot v. M[agister] N[iethammer] bearb. u. m. e. Vorrede vers. v. Sch." ersch. im Herbst 1792, allerd. in Jena b. Cunos Erben u. nicht b. Crusius in Leipzig (Tl 2 ebda 1793). — *reiferen Händen*: Niethammer. **184** *Briefe aus Kopenhagen*: Der dän.-dte Dichter Baggesen war durch Vorlesgn aus Sch.s Werken sowie durch Gespr.e u. Br.e begeistert f. d. Dichter eingetreten u. hatte in Kopenh. e. Kreis v. Sch.verehrern geschart. Als man im Juni 1791 d. falsche Nachr. vernahm, Sch. sei seiner langen Krankh. erlegen, traten d. dän. Freunde zu e. Totenfeier zus., um den Verstorb. zu ehren. Bald erfuhr man aber, daß Sch. noch lebte, u. aus Br.n, die Baggesen v. Reinhold aus Jena erh., ging hervor, daß Sch. sich viell. noch ganz zu erholen vermöchte, wenn er e. Zeitlang sich aller eigentl. Arb. enthalten könnte. Als hierauf d. Freunde in Kopenh. auf Abhilfe sannen, war es der v. Baggesen m. Sch.s Werk bekanntgem. Prinz Friedr. Chr. v. Augustenburg, der d. Anregg dazu gab, gemeins. m. Graf Schimmelmann Sch. durch e. hohes Geldgeschenk e. sorgloseres Dasein zu ermögl. — *oder es fällt mit Mainz etwas vor*: Vgl. Anm. zu S. 167. **185** *die Bücher*: Sch. hatte am 28 Nov. um folg. B. gebeten: „Sakontala od. Der entscheidende Ring, e. ind. Schausp. v. Kalidas" (aus d. Engl. v. J. G. Forster; z. T. m. Huber), 1791. (Sch. nahm Szenen daraus ins 10. H. d. „Thalia".) — Wielands „Idris. Ein heroisch-kom. Ged. 5 Gesänge", zuerst 1768. — Henry Homes „Elements of Criticism" in d. neuen Übers. v. Georg Schatz, 1790f. (Vgl. Br. 16.) — Kants „Kritik d. prakt. Vernunft". — *Memoires von Archenholtz*: Meint wahrsch. „Histor. Merkw.keiten, die Königin Christina v. Schweden betreffend ...", 1751–60. — *Soldat suédois*: „Le soldat suédois", e. ‚Gesch. dessen, was sich in Dtld seit d. Ankunft d. Schwedenkönigs im J. 1630 bis zu s. Tod ereign. hat', v. F. Spanheim d. Ä., ersch.

anon. zuerst 1633 in Genf u. wurde v. Sp. später bis 1641 (Rouen 1642) fortgef. (Sch. entlieh d. Werk am 24. Apr. 1796 aus d. Weim. Bibl.) — *Fortsetzung*: Forts. d. „Gesch. d. Dreißigj. Krieges". — *Thalia*: „Neue Th." 1792,1. **186** *großmütige Anerbieten*: Vgl. Br. 77. — *Worten des Fiesko*: „Ich habe getan, was du – nur maltest." (‚Fiesko' II,17.) **187** *daß dasjenige sterben möge, was nicht leben soll*: Auf Sch. bezogen: d. Kurf. v. Mainz (vgl. Anm. zu S. 167). **188** *Nachricht in die Frankfurter Zeitung*: In Sch.s Br. (77) „war nicht d. kleinste Wink v. Geheimhalten". Daher teilte Körner sie jedem m., „den sie interessieren konnte, ... schrieb sie gleich m. allen Umständen an Huber u. Kunze" u. erz. sie in Dresden jedem, der Sch. kannte. (Körner, 6. Jan.) **189** *5 guten Freunden*: Fischenich aus Bonn, Niethammer u. Göritz aus Schwaben, Fichard aus Frankf. u. F. v. Stein. — *Hausjungfern*: Sch.s Hauswirtinnen, d. Schwestern Schramm. — *Band meiner Gedichte*: Vgl. Anm. zu S. 183. — *zweite Band der prosaischen Schriften*: Vgl. ebda. **190** *Dieses Jahr ... des hist. Kal. entledigt*: Mitte Nov. ersch. d. ‚H. K.' (f. 1793) noch einmal unter Sch.s Namen u. enth. v. d. „Gesch. d. Dreißigj. Krieges" d. Schluß des 3. sowie das 4. u. 5. Buch. — *Niederländischen Geschichte*: Eine Forts. kam nicht zust. — *Schweizer Papier*: Galt neben d. holländ., engl. u. frz. Papieren d. Zeit wegen s. Helligkeit u. feinen Oberfläche als bes. hochwertig. Wieland z. B. hebt d. ‚prächtige Schweizer Velin' hervor. — *Pestalozzi ... Reformation*: Bereits im ‚Hist. Kal.' f. 1792 hieß es in d. „Nachricht" d. Vlgers: „Auf d. Dreißigj. Krieg wird d. Gesch. d. Ref. folgen." Z. Zt. d. Auslieferg (Nov. 1791) hatte Sch. auch noch d. beste Absicht, im J. 1793 diese Arb. zu liefern (an Göschen, 7. Nov. 1791). Da sich P. 1792 in Leipzig aufhielt, ist anzunehmen, daß er b. dieser Gelegenh. m. Göschen in Verbindg trat. Sch. fürchtete offenb., P. könnte d. Ref. im frommen Biederton d. Lavaterschen Richtg zeichnen, während Sch. im Zusammenh. m. s. neuen Kantstud. d. Ref.zeitalter als Beginn d. rationalen Bestrebgn s. eig. Jhdts vorschwebte. **191** *großes vierzehntägiges Journal*: Aus dieser Idee entst. später „Die Horen". — *aufgezeichneten Schriften*: Die Aufz. fehlen. — *um die ich neulich schrieb*: 5. Okt.; d. betr. Beil. fehlt ebenfalls; doch sind außerd. erwähnt: Bd 5 u. 6 v. Fieldings Roman „The History of Tom Jones, a Foundling" (1749) in d. dtn Übertr. v. Bode („Gesch. des Thomas Jones, e. Findelkindes", 1786–88) u. Heydenreichs „System d. Ästhetik", 1790. — *Zeichnung des Erbprinzen*: Am 10. (lt. Hahn I,439: 16.) Feb. verspr. Sch. e. Zeichng Ludwig Friedrichs Erbpr. v. Schwarzburg-Rudolst. zum ‚Geisterseher'. **192** *Privatissimum in der Ästhetik*: Sch. hielt d. 4–5stdge Kolleg vor 24 Hörern in s. Wohng ab. — *Glaubensbekenntnis über Revolutionen ...*: Körner antw. am 12. Nov., daß ihm „d. Stoff nicht gefällt. Ihn als e. warnendes Beisp. zu behandeln, ist e. geistloses Geschäft. Und wird er m. Begeisterg f. d. Größe, die er enth., bearb., so ist er f. d. jetzig. Zeiten bedenkl. Das Feuer, welches jetzt brennt, ehre ich als d. Werk e. höhern Hand u. erwarte ruhig d. Erfolg. Ich mag weder Öl noch Wasser hineingießen. Was ich üb. diese Begebenh.n denke, darf ich nicht schreiben, u. was ich schr. darf, mag ich nicht denken. Und d. Behandlg sei, welche sie wolle, so ist schon d. Titel in bösem Rufe." — *mit dem großen Journal*: „Die Horen." Göschen hat aber dann, offenb. angesichts. d. nachlass. Absatzes d. ‚Thalia', vom Vlg d. ‚Horen' Abstand gen., so daß schließl. Cotta d. ‚Horen' übernahm. **193** *von Mainz nicht viel Tröstliches*: M. war Mitte Okt. 1792 v. d. Revol.armee unter Gen. Custine besetzt worden. Nun konnte auch hier d. revol. Bewegg Fuß fassen, u. M. konstit. sich als selbst. Republik, die früher od. später m. Frankr. vereinigt werden sollte. (J. G. Forster z. B., in s. polit. Verhalten in gewissem Sinne Kontrastfigur zu J. v. Müller, schloß sich dieser Bewegg an u. ging als Vizepräs. der v. Custine eingesetzten provisor. Administration sowie als Deputierter d. rhein.-dtn Nationalkonvents 1793 n. Paris, um d. Anschluß d. M.er Republik an Frankr. zu beantr.) — *kantonieren*: Truppen unterbringen; Einlager halten. — *Moniteur*: Berühmte frz. Staatsztg, die urspr. (24. Nov. 1789) als Privatblatt u. d. T. „Gazette nationale, ou le Moniteur universel" zu ersch. beg. Sie verdankte ihre steig. Wichtigk. u. Verbreitg nicht allein d. Geschwindschreiber, der d. Sitzgsprotokolle d. Nationalversammlg lieferte, sd. vorzügl. d. ersten Redakteuren, welche d. Leitartikel besorgten. — *Partikülers*: Privatmänner (die v. eig. Vermögen leben). — *mainzischen Aspekten*: Vgl. Anm. zu S. 158. — *mir bei den Franzosen selbst bessere zu schaffen*: Sch. plante, m. e. Memoire f. d. Sache d. frz. Königs einzutreten (vgl. Br. 85), doch wurde Ludwig XVI. bereits am 21. Jan. 1793 hinger. Noch am 8. Feb. heißt es an Körner: „Ich habe wirkl. e. Schrift f. d. König schon angefangen gehabt, aber es wurde mir nicht wohl darüber ... Ich kann seit 14 Tgn keine frz. Ztg mehr lesen, so ekeln diese elenden Schindersknechte mich an." — *Göschens Idee*: Bez. sich offenb. auf d. (auch v. Körner) geäuß. Hoffng, daß Sch. f. d. nächsten ‚Hist. Kal.' „e. allgem. Übersicht üb. d. Zustand v. Europa am Anf. d. Jhdts" schr. werde (Körner, 23. Nov.); denn zu Göschens Absicht, f. d. Kal. „mehrere Verf." zu gebrauchen, meint Sch., f. e. solches „Quodlibet" sei er gar nicht. **194** *Kallias oder Über die Schönheit*: Die Ausg. unterbl. D. Material fand weitgeh. Eing. in and. philos. Schr. Sch.s. — *Reinhard*: F. Volkmar R. — *neuen Landsmann*: K. H. v. Gros. — *Prinzen von Württemberg*: Wilhelm v. W. — *Vater*: Hzg Friedr. II. v. W. — *Forsters Betragen*: Vgl. Anm. zu S. 193. **195** *Huber*: Vgl. Anm. zu S. 212.— *Streitsache wegen des Königs*: Vgl. Anm. zu S. 193. **196** *Untersuchung[en] über das Schöne*: Der gepl. Dialog „Kallias". Der vorlieg. Br. ist d. erste der sog. ‚Kallias-Br.e' an Körner, die sich noch bis Ende Feb. hinziehen u. d. Vorstudien zum „Kallias" enth. — *Burke ... Baumgarten*: Bez. sich auf Burkes „Philosophical Enquiry into the Origin of our Ideas of the Sublime an Beautiful", 1757 (dt. v. Garve: „Burkes philos. Untersuchgn üb. d. Urspr. unserer Begriffe vom Erhabenen u. Schönen", 1773) bzw. auf Baumgartens „Aesthetica" (1750–58). — *Vollkommenheitsmänner*: Baumgarten, Mendelssohn u. a. Ästhetiker aus d. Schule Chr. Wolffs, die sich um e. obj. Schönheitsbegr. bemühten. **197** *pulchritudo vaga und fixa*: Wörtl. spricht Kant („Kritik d. Urteilskr.", § 16) nur v. „pulchr. vaga" (‚freier Schönh.', die ‚keinen Begr. v. dem voraussetzt, was d. Gegenst. sein soll') u. „pulchr. adhaerens" (‚bloß anhängender, bedingter Schönh.', d. h. wenn e. „Begr. vom Zwecke, welcher bestimmt, was e. Ding sein soll", vorausgesetzt wird). Sch. bez. sich aber (vom begriffl. Instumentar. her) offens. auf folg. Satz aus § 17 („Vom Ideale d. Schönh."): „Zuerst ist wohl zu bemerken, daß d. Schönh., zu welcher e. Ideal gesucht werden soll, keine vage, sd. durch e. Begr. v. objektiver Zweckmäßigk. fixierte Schönh. sein, folgl. keinem Obj.e eines ganz reinen, sd. [dem eines] z. T. intellektuierten Geschmacksurteils angehören müsse." — *Arabeske*: ‚Verzierg'. Kant spr. v. „Zeichngn à la grecque"; dieses u. d. folg. Beisp. (Schönh. des Menschen) nimmt Sch. hinwieder aus § 16 d. „Krit. d. Urteilskr.". —

Brief 87: Einl.br. zu e. Reihe v. Br.n an d. Prinzen v. Augustenb., in denen Sch. zunächst d. Wesen d. Kunst u. d. Schönen erörtern wollte. Durch Krankh. u. notw. Arb.n f. d. „Neue Thalia" vom urspr. Thema abgedrängt, schlägt Sch. nach e. weiteren Br. (89 v. 13. Juli 1793) e. and. Weg ein u. reflekt. im Nov./Dez. 1793 (Br. 93–96) üb. d. Wirkgn d. Schönen u. d. Kunst: wie durch sie wahre Humanität ermögl. würde. Nachdem beim Brand d. Schlosses Christiansburg in Kopenh. (26. Feb. 1794) auch Sch.s Br.e vernichtet worden waren, bat d. Prinz d. Dichter um Ersatz aus möglicherw. vorh. Abschr.n. Sch. erkl. sich zu dieser Arb. auch bereit, sah sich aber durch „viele Unvollk.heiten darin" veranlaßt, „jenen Br.n nicht nur e. ganz neue Gestalt zu geben, sd. auch d. Plan ders. zu e. größeren Ganzen zu erweit." (an Friedr. Chr., 20. Jan. 1795): zu d. Abh. „Üb. d. ästh. Erziehg des Menschen in e. Reihe v. Br.n" (zuerst ersch. in d. ‚Horen' 1795, 1–2 u. 6). Erst 1876 tauchten Abschr.n der völlig verloren geglaubten Sch.-Br.e in Dänem. auf u. wurden zuerst in der ‚Dtn Rundschau' 7/8 (1876) veröff. **198** *diese Arbeit*: „Kallias" bzw. die im Zus.hang m. d. ‚K.-Br.n' bald danach geplante u. ausgef. Abh. „Üb. Anmut u. Würde". — *Kritik der ästhetischen Urteilskraft*: D. i. Kants „K. d. U.", Tl 1. **200** *mit dreifach Erz umpanzerte Brust*: Verm. e. Horaz-Reminisz., wenngl. dort im gegenteil. Sinn, was d. Ironie d. vorlieg. Stelle unterstr. könnte. Vgl. Horaz, carm. I. 3,9 f.: „Illi robur et aes triplex / circa pectus erat ..." (‚Jenem war Eichenholz u. dreif. Erz um d. Herz gelegt ...') **201** *kreditieren*: Hier ‚vertrauen'. — *mit 2 Aufsätzen*: „Üb. Anmut u. Würde" (Neue Thalia 1793, 2. Stk) u. „Vom Erhabenen. Zur weitern Ausführg einiger Kantischen Ideen" (ebda 1793, 3. u. 4. Stk). Erst als Sch. 1803 nur d. 2. Tl d. Abh. „Vom Erhab." in Bd 3 s. ‚Kleineren prosaischen Schr.n' aufnahm, gab er ihm d. Titel: „Üb. d. Pathetische." — *Vorrede zu den Gedichten*: Dies geschah in d. „Vorerinnerg" z. Tl 2 d. „Ged.e", Mai 1803. — *Hektor und Andromacha*: So d. Titel in Zumsteegs Vertong (1782; später: „H.s Abschied"); aus d. Erstfassg d. ‚Räuber' II, 2. Von Sch. f. Tl 1 s. „Ged.e" (1800) veränd. — *Amalia im Garten*: So d. Titel in Zumsteegs Vertong (1782; später: „A."); ebenf. aus d. Erstf. d. ‚Räuber' III, 1. — *Die Entzückung*: „Die E., an Laura"; zuerst in Stäudlins ‚Schwäb. Musenalm. auf d. J. 1782'; in Sch.s „Anthol. auf d. J. 1782" u. d. T. „Die sel. Augenblicke"; f. Tl2 der „Ged.e" (1803) veränd. — *Laura am Klavier*: Zuerst in d. „Anthol. auf d. J. 1782"; in Tl 2 der „Ged.e" gekürzt. — *berühmten Frau*: Laura, d. berühmte Geliebte Petrarcas, deren Name im Zuge d. P.-Nachahmg d. Abendlandes f. Jh.e z. Symbol v. Frauenpreis u. Liebesklage geworden ist. — *Broschüre*: „Gedanken üb. d. Baumzucht im Großen, zur Besetzg d. Haupt- u. Landstraßen m. Bäumen", 1793. Schr. v. Sch.s Vater, anon. ersch, um „d. Hzg [Karl Eugen] damit nicht aufzubringen" (J. K. Sch., 26. Jan. 1793). — *der Pendant zu Deiner Predigt*: ‚pendant' ist im Frz. männl.; Körner hatte am 26. Apr. Sch. e. Pred.buch e. Bekannten zur Bespr. in d. ‚Allg. Lit.ztg' gesandt. **202** *Inokulation*: Die I. war d. ältere, nicht ungefährl. Form d. Pockenschutzimpfg, „b. der d. Pockenvirus unmittelb. vom kranken Menschen durch Schnitt, Stich od. Zugpflaster auf d. gesunden Impfling übertragen wurde". Prof. Stark in Jena u. Hofmed. Hufeland in Weimar waren d. Initiatoren d. 1. Weim. Impfaktion 1788. (E. Haufe, NA 25,478.)— Brief 89: Vgl. Anm. zu S. 197. **207** *welcher ... Philosoph*: Vgl. Plato, „Der Staat", 6. Buch, 491 d. **209** *Zirkel*: Z.schluß (Fehlschl.) liegt vor, wenn Tle der zu beweis. Aussage bereits als

Prämissen vorausges. wurden. **210** *Wenn Sinnes Lust* ...: „Die Verse gehören wohl d. 1. Fassg d. ‚Künstler' an." (Jonas 3,541.) **211** *gedruckten Aufsatz*: „Üb. Anmut u. Würde", 1793. **212** *Huber*: Göschen antw. am 26. Juli: „H. ist in Neufchâtel." H. war nach d. Einzug d. Franzosen in Mainz (Herbst 1792) m. d. Archiv d. sächs. Gesandtsch. geflohen, hatte s. Dienst quitt. u. sich im Apr. 1793 noch einige Zeit in Dresden aufgeh., ehe er im Sommer n. Bosle b. Neufch. ging, wo er f. G. Forsters Fam. (nach deren Flucht aus Mainz) sorgte u. nach Forsters Tod (10. Jan. 1794) d. Witwe heir. — *Wildschur*: (poln.) Wolfspelz. — *Heilbronn*: Anf. Aug. war Sch. m. Lotte v. Jena üb. Nürnberg, Ansbach, H. in d. schwäb. Heimat gereist. Der Aufenth. in d. fr. Reichsstadt H. diente ihm zur Sondierg, ob er es wagen könne, in Schwaben zu ersch. **213** *Schwabenkönig*: Hzg Karl Eugen. — *Gmelin*: G. war erhebl. daran beteiligt, d. Mesmersche Lehre vom tierischen Magnetismus n. Dtld zu verpflanzen, trug aber auch zu deren wissenschaftl. Erklärg u. Kritik bei. **214** *muntern* Sohn: Karl Ludw. Friedr. Sch. — *Ludwigsburg zu meinem Wohnort*: Anf. Sept. — *bewußten Sache*: Frau v. Kalb suchte e. Hofmeister f. ihren Sohn. — *Schwäbischen Musenalm. v. J. 1794*: Meint wahrsch. den v. Hölderlins Freund Stäudlin hrsg. „Musenalm. fürs J. 1792" (Stuttg. 1791), der d. Hymnen „... an d. Muse", „... an d. Freiheit" (1790/91) u. „... an d. Göttin d. Harmonie" sowie d. Ged. „Meine Genesg. An Lyda" enth.; denn danach ersch. Stäudlins Alm. nur noch einmal, u. zw. u. d. T. „Poet. Blumenlese fürs J. 1793" (Stuttg. 1792), m. 6 weit. Hymn. u. d. Ged. „Kanton Schweiz. An meinen lb. Hiller". (Freilich könnte Sch. auch d. Meing gewesen sein, Stäudlin würde s. Alm.e forts.) **215** *liberale Behandlung*, ...: Der Schluß d. Hs. ist abgeschn. — Brief 93: Vgl. Anm. zu S. 197. — *Baggesen*: Bei s. Aufenth. in Jena im Juli 1793 (vgl. S. 211). **217** *Sapere aude*: ‚Wage es, weise zu sein.' (Horaz, Episteln I.2, 40.) In seiner Schr. „Beantwortg d. Frage: Was ist Aufklärg?" (Berlinische Monatsschr. 1784) formul. Kant: „Sapere aude! Habe Mut, dich deines eigenen Verstandes zu bedienen! ist also d. Wahlspruch d. Aufklärg." — *Weisheitsgöttin*: Athene (gr.) bzw. Minerva (röm.). **221** *Julischen Familie*: Das Jul.-Claudische Haus, im eng. Sinne die röm. Kaiser Augustus, Tiberius, Caligula, Claudius, Nero. — *Abbasiden*: Kalifendynastie, 749–1258; ihr Stammvater, d. Onkel Mohammeds, war Abul Abbas As Saffah. — *scilicet ... ab arte*: ‚denn offenb. wird v. d. sanften Kunst d. angebor. Natur (des Menschen) gemild.' (Ovid, Ars amatoria III. 545). — *didicisse ... feros*: ‚d. Künste getreu erlernt zu haben, mildert d. Charakter u. läßt ihn nicht roh sein' (Ovid, Epistulae ex Ponto II.9.47 f.). **230** *Fiat iustitia et pereat mundus*: ‚Es geschehe d. Recht, u. sollte d. Welt (darüb.) zugr.gehen.' In den „Loci communes" v. Joh. Manlius (1563) als Wahlspr. Kaiser Ferd.s I. (1556–64) angeg. — Brief 94: Vgl. Anm. zu S. 197. **231** *Pelasger*: Name eines in vorgriech. Zeit viell. im östl. Thessalien beheimat. Stammes. **237** Brief 95: Vgl. Anm. zu S. 197. **241** *Anna Komnena*: Tochter d. oström. Kaisers Alexius I.; verf. d. Gesch. ihres Vaters. Sch. hatte im 1. Bd s. ‚Allgem. Sammlg hist. Memoires' „Denkwürdigk.n aus d. Leben d. griech. Kaisers Alexius Komnenes, beschr. durch s. Tochter A. K." veröff. **247** Brief 96: Vgl. Anm. zu S. 197. **248** *abhorrierte*: verabscheute. — *ihrigen zu machen*: Hier bricht d. Abschr. (vgl. Anm. zu S. 197) ab. — *Stuttgart*: Sch. war Mitte März n. St. übersied.; kurz davor fand d. 1. Begegng m. Cotta in Tübingen statt. — *Vorschlag*: Sch. hatte d. Plan entworfen, „d. vorzüglichsten Trag. d.

Griechen in e. mod. u. angenehmen Übers. u. d. T. ‚Griech. Theater' bandweise herauszugeben" (an Cotta, 29. März 1794), u. zw. zus. m. d. Altphilol. u. Lehrer Sch.s an d. Karlsschule, J. J. H. Nast, sowie m. Sch.s Jugendfreund Conz. Darüb. hinaus hatte Sch. vor, selbst jedem Bd „e. Beurt. d. darin enth. Stücke" beizufügen. Das Werk blieb unausgef. **249** *Wieland ... Übersetzung des Aristophanes*: Die Übers. kam nur tw. u. in Abst.n v. mehreren Jahren zust.; damals (1794) nur d. „Versuch e. metr. Übers. der Acharner des Aristophanes" (im ‚Neuen Teutschen Merkur'); 1797f. u. 1806 „Die Ritter", „Die Wolken" u. „Die Vögel" (im ‚Attischen Museum'). — *Meine kritischen Abhandlungen*: Cotta wollte offenb. nur Sch.s Abh.n zu d. griech. Tragikern verlegen. **250** *über dieses sowohl* ...: Der Schluß d. Br.s ist nicht überl. — *Katzenstein*: Sch. meint d. Kahlenst., e. Anhöhe zw. Stuttg. u. Kannstatt, wohin er m. Cotta vor s. Rückk. n. Jena e. Ausflug gemacht u. wo man Cottas Plan e. tägl. ersch. ‚Allg. europ. Staatenztg' unter Sch.s Leitung sowie Sch.s Plan d. ‚Horen' bespr. hatte. Dadurch wurde d. ‚Griech. Theater' verdrängt. **251** *Moniteur*: Vgl. Anm. zu S. 193. — *Archenholtzischen ... Schriften, Frankr. betr.*: Diese könnten sein: „Die Pariser Jakobiner in ihren Sitzgn. Ein Auszug aus ihrem Tgb." [Von H. S. Pappenheimer.] Mit Anm.n v. A., 1793. „Der Krieg in der Vendée" [Philippeaux' Br.e an s. Kollegen], 1794. — *Girtannerischen Schriften, Frankr. betr.*: Diese könnten sein: „Hist. Nachr.n u. polit. Betrachtgn üb. d. frz. Revol." (1791 ff.), „Schilderg d. häusl. Lebens, d. Charakters u. d. Regierg Ludw. XVI." (1793) u. die v. G. 1793 u. 1794 hrsg. ‚Polit. Annalen' sowie „Denkwürdigk.n d. Generals Dumouriez, v. ihm selbst geschr. Mit Anm.n v. C. G." (1794). — *Das große literarische Journal*: „Die Horen." — *Untertürkheim*: Vorort v. Stuttg. **252** *noch in Nürnberg*: Erhard hatte im Feb. 1794 v. Klagenfurt aus n. Philadelphia auswand. wollen; d. Unternehmen scheiterte durch e. Betrüger. — *Fichte ... sein Programm*: „Üb. d. Begriff d. Wissensch.lehre od. die sog. Philos.", 1794. — *Ihre Beiträge*: Erhard lieferte einen üb. „Die Idee d. Gerechtigk. als Prinzip e. Gesetzgebg betrachtet" (Horen 1795,7). — *durch einen ... Anteil befördern*: Kant sagte nach mehrf. Erinnergn zw. zu, an d. ‚Horen' mitzuarb., bat aber um Aufschub; schließl. sandte er doch keinen Beitr. **253** *Teutschen Merkur*: Kant hatte 1789 im ‚T. M.' (Jan./Feb.) e. Aufs. „Üb. d. Gebrauch teleolog. Prinzipien in d. Philos." veröff. — *Berliner Monatschrift*: „Berlinische Monatsschr."; vgl. z. B. Anm. zu S. 109 u. 217. — *Aufmerksamkeit* ...: Sch. hatte in s. Schr. „Üb. Anmut u. Würde" auf d. Verhältn. v. Pflicht u. Neigg hingewiesen u. dabei d. Härte angegriffen, womit in d. Kantischen Philos. d. Idee d. Pflicht vorgetragen sei (vgl. NA 20,283 ff.), indem er sich auf Kants Schr. „Die Relig. innerh. d. Grenzen d. bloßen Vernunft" (1793) bezog. Kant war hierauf in der 2. Aufl. s. Schr. (1794) in e. ausführl. Anm. auf Sch.s Einwand eingeg. **254** *Beiliegendes Blatt*: „Die Horen. Einladg zur Mitarb." (NA 22,103–105.) Goethe lieferte d. ‚Horen' mehrere Beitr. — *politischen Zeitung*: Die geplante „Allg. europ. Staatenztg"; vgl. auch Anm. zu S. 250. **255** *Klopstock*: Er scheint nicht geantw. zu haben. **256** *Verleger aller meiner künftigen Schriften* ...: Diese Passage spielt im späteren Streit zw. Sch.s Vlgern Göschen u. Cotta e. gr. Rolle. — *beiliegendem Blatte*: Vgl. Anm. zu S. 254. Herder lieferte d. ‚Horen' mehrere Beitr. — *Garve*: Er sagte zw. zu, lieferte aber keinen Beitr. — *von Thümmel, von Schlieffen, von Salis*: Ob diese wirkl. zur Mitarb. eingeladen wurden, ist unbek. —

Reise: Herder war in Halberstadt b. Gleim. **257** *mächtigen Einfluß*: Körner lieferte f. d. ‚Horen' 2 Beitr. — *Das Fach, das Du Dir erwählt hast*: Körner hatte am 17. Juni geschr.: „Wenn d. Fach d. philos. Gesch. noch nicht ganz besetzt ist, so glaubte ich in diesem am ersten öftere Beitr. liefern zu können. Philos. d. Kunst im weitest. Sinne wird zu eigenen Untersuchgn wohl mein Lieblingsfach bleiben ..." — *Plato*: Körner ebda: „Üb. d. Plato werde ich mich nun bald hermachen." **258** *Was Du an seinen Beiträgen tadelst*: Fichtes anon. ersch. „Beitr.e zur Berichtigg d. Publikums üb. d. Frz. Revol. Zur Beurteilg ihrer Rechtmäßigk.", 1793. — *Schlegelsche Angelegenheit*: F. Schl. beabs., William Mitfords „History of Greece" (1784–94) zu übers., u. W. v. Humboldt hatte auf Vermittlg Körners hin sich bei d. Vlger Vieweg f. Schl. einges. — *intermittierendes Fieber*: Wechself. — *Rat wegen Karl*: Körner hatte Sch. am 17. Juni geraten: „Laß den Jungen nicht zu bald laufen lernen. Besser, er kriecht erst, bis d. Beine stärker werden." — *Briefe nach Dänemark*: Die philos. Br.e an d. Prinzen v. Augustenb. Vgl. Anm. zu S. 197. **259** *den Teutschen Merkur eingehen zu lassen*: „Der Neue Teutsche Merkur" (so seit 1790) bestand bis 1810. — *Göpferdt*: „Die Horen" wurden schließl. b. Balz in Tübingen gedr. **260** *Flora*: Die Monatsschr. „Flora, Teutschlands Töchtern geweiht v. Freunden u. Freundinnen d. schönen Geschlechts", hrsg. v. Chr. J. Zahn u. L. F. Huber, ersch. 1793–1803 b. Cotta in Tübingen. Sch.s Beitr. (zu „Flora" 1795,1) fiel nicht sehr umfangr. aus (vgl. d. Einschluß zu Br. 117). Zw. wollte Sch. wenigst. noch e. Rez. d. „Flora" liefern (S. 281), mußte aber auch diese Aufg. e. anderen übertr. (S. 284), u. schließl. kam d. Bespr. überh. nicht zust. — *Bibliothèque de Campagne*: „B. d. C. ou Amusements de l'esprit et du coeur", 1749 u. ö. — *Nachdruck*: Hier nicht im Sinne v. ‚Raubdruck' (unrechtmäß. Nachdr. e. Orig.-ausg. durch e. anderen als d. rechtmäß. Vlger), sd. svw. ‚unveränd. Neuaufl.'. — BRIEF 106: Zus. m. jen. Gespr.n zw. Sch. u. Goethe auf d. Tagg d. Naturforschend. Ges. in Jena (zw. 20. u. 23. Juli 1794), in denen es um d. Verhältn. v. Idee u. Erfahrg ging (Goethe bericht. darüb. in d. Aufs. „Glückl. Ereignis" zuerst in d. Zs. „Zur Naturwiss. überh., bes. zur Morph.", H. 1/1817), gehört dieser Br. zu d. entsch. Voraussetzgn ihrer Freundsch. Goethe antw. am 27. Aug.: „Zu meinem Geburtstage ... hätte mir kein angenehmer Geschenk werden können als Ihr Br., in welchem Sie m. freundsch. Hand d. Summe meiner Exist. ziehen u. mich durch Ihre Teilnahme zu e. emsigern u. lebhafteren Gebrauch meiner Kräfte aufmuntern." — *Reise*: Goethe hatte s. Hzg auf e. Reise n. Wörlitz, Dessau, Leipzig u. Dresden begl. **261** *wie Achill in der Ilias*: Vgl. „Ilias" IX,410–416: „Meine Mutter, d. Göttin Thetis m. silbernem Fuße,/ Sagt, daß zweifache Lose mich führen zum Ziele d. Todes:/ Wenn ich hier bleibe u. kämpfe hier um d. Feste d. Troer,/ Wird mir verloren d. Heimkehr, doch unvergänglicher Ruhm sein;/ Kehre ich aber zurück zum lieben Lande d. Väter,/ Wird mein Ruhm verloren, doch lang wird d. Dauer d. Lebens,/ Und es wird mich nicht schnell d. Ziel d. Todes erreichen." (Dt. v. Rol. Hampe. Stuttg. 1979.) — *Phthia*: Landsch. in Südthessalien, Heimat Achills. **262** *kleine Schrift von Moritz*: „Versuch e. dtn Prosodie", 1786. **263** *Produkt von Diderot*: „Les bijoux indiscrets", 1748 (Die geschwätzigen Kleinode; dt. v. J. B. v. Knoll u. d. T. „Die geschw. Muscheln", 1776). — *neue Journal*: „Die Horen." — *Ihren Roman*: „W. Meisters Lehrj." Der R. war bereits d. Vlger Unger verspr. — *Rezension Ihrer Gedichte*: „Üb. Matthissons Ged.e" (3., verm. Aufl.

1794), Allg. Lit.ztg., Sept. 1794. — *Anzeige der Monatschrift*: Vgl. Anm. zu S. 254. — *Ihrer Durchreise*: Matthisson kam im Mai 1794 v. Bern üb. Jena. — *Gentz*: G. sagte zu, lieferte aber keinen Beitr. **264** *Wunsch ... in der Rezension*: Matthisson möge „zu s. Landschaften nun auch Figuren ... erfinden u. auf diesen reizenden Grund handelnde Menschheit" auftragen. — *Musenalmanach*: Der „M. f. d. J. 1796" ersch. b. Michaelis in Neustrelitz. — *Freund in Apoll*: Der griech. Gott Apollon als Schutzpatr. d. Dichter (vgl. s. Beinamen Musagetes, d. h. Musenführer). — *vom Wielandischen Shakespeare*: „Sh.s theatral. Werke. Aus d. Engl. übers. v. Herrn W." waren 1762–66 in Zürich im Vlg Orell, Geßner & Co. ersch., dem zum Zeitpunkt d. Br.s Füßli (Orell, Füßli & Comp.) angehörte. — *mank*: mangelhaft, defekt (zu lat. ‚mancus' = ‚unvollst.'). — *vorletzten Brief*: Jene Antw. Goethes v. 27. Aug. auf Sch.s sog. Geburtstagsbr.; vgl. Anm. zu S. 260. **265** *auf ... kompromittiert zu haben*: Hier ‚sich auf ... geeinigt (eig. ‚verständigt'), angeglichen; berufen, bezogen zu haben'. **266** *Ihres Aufsatzes*: „Inwiefern d. Idee, Schönh. sei Vollkommenh. m. Freih., auf organ. Naturen angewendet werden könne." Der erst 1952 v. G. Schulz entdeckte u. 1953 im Jb. „Goethe" 14/15 (1952/53) veröff. Aufs. stellt e. Auseinandersetzg Goethes m. den Grundgedanken d. „Kallias"-Br.e dar, was übr. beweist, daß in d. Jenaer Gespr.n bereits davon d. Rede gew. sein muß. — *beifolgenden Papieren*: Sch. übersandte d. „Kallias"-Br.e vom 23. u. 28. Feb. 1783 („Freih. in d. Erscheing ist eins m. d. Schönh." u. „Das Schöne in d. Kunst"). — *für einen nachsicht. Freund*: Körner; vgl. Anm. zu S. 196. **267** *musikalischen Abhandlung*: Körners Abh. „Üb. Charakterdarst. in d. Musik" (Horen 1795,5). — *alle Mendelssohnschen Dialoge*: Moses M. veröff. „Philos. Gespr.e" (1775) u. "Phaedon od. Üb. d. Unsterblichk. d. Seele in drei Gespr.n" (1767). — *Briefen an ein Frauenzimmer*: Die Arb. kam erst viel später u. in and. Form in Körners Schr. „Für dte Frauen" (1824) zust. — *Ideals der Schriftstellerei*: Kam nicht zust. **268** *einen Aufsatz*: Vgl. Anm. zu S. 266. — *Anthologie*: Sch.s „Anthol. auf d. J. 1782"; vgl. S. 260. — *Pocken hier inokuliert*: W. v. Humboldts erster Sohn Wilh. war eben in Jena geimpft worden. Vgl. Anm. zu S. 202. — *Die Bücher*: Vgl. S. 260. — *habil*: gewandt, fähig. **269** *über den Rubikon gegangen*: Anspielg auf d. strateg. Entscheidg Caesars (49 v. Chr.), als er d. Fluß R. (im Norden Roms) überschr. u. dadurch d. Bürgerkr. entfess. (In diesem Zus.hang wird auch d. Ausspr. „Iacta alea est": ‚Der Würfel ist gefallen' überlief.) — *Industrie*: Hier ‚Betriebsamk., Fleiß'. **270** *Flora*: Vgl. Anm. zu S. 260. — *Gartenkalender*: „Taschenb. auf d. J. 1795 f. Natur- u. Gartenfreunde." Das Tb. war bereits fertig. Doch lieferte Sch. e. Rez. darüb. in d. ‚Allg. Lit.ztg.', Okt. 1794. — *Philosophie des Naturreichs*: Von A. v. Humboldt enth. „Die Horen" (1795,5) nur d. Erz. „Die Lebenskraft od. Der Rhodische Genius". **271** *Aufsatz über Natur und Naivheit*: „Üb. das Naive" (Horen 1795,11). Später m. den Aufs. „Die sentimentalischen Dichter" (ebda, 12) u. „Beschluß d. Abh. üb. naive u. sentim. Dichter ..." (Horen 1796,1) u. d. T. „Üb. naive u. sentimentalische Dichtg" zus.gefaßt. — *Iphigenie ins Engl. übers.*: Goethe hatte Sch. e. Ex. des 1794 b. Unger in Berlin ersch. Nachdr.s d. Übers. v. Taylor (London 1793) übersandt. — *Graffische Original*: Vgl. Anm. zu S. 177. Körner hatte d. 1791 fertiggest. Sch.-Portr. erworben. — *Dorchens Kopie*: Sch. erh. d. Pastellkopie v. D. Stock im J. 1795. **272** *seine Elegien*: Die ‚Röm. E.', v. denen u. d. T. „E." 20 in d. ‚Horen' (1795,6) aufgen. wurden. Doch scheint Sch. auch d. 4 unterdr. erot. gek. zu haben. — *Egmont f. d. Weimarische Theater*: Das Vorhaben wurde erst im Frühj. 1796 ausgef. (Premiere d. Bearb.: 25. Apr.). — *Briefwechsel*: Das Unternehmen bl. nach d. ersten Br.n stecken. — *Blattern bei den Kleinen*: Vgl. Anm. zu S. 268. — *Hufeland*: Chr. W. H. **273** *Sévigné*: „Lettres ... à ... sa fille", 1726 (dt. v. Jak. v. Mauvillon, 1765). — *Héloïse*: „La Nouvelle H." v. Rousseau (1764; zuerst 1761 u. d. T. „Lettres de deux amans ..."). — *Rollin*: „Histoire ancienne ..." (vgl. Anm. zu S. 152) od. „Histoire romaine ..." (1738–48; dt. u. d. T. „Röm. Historie ...", 1739–49). — *in Ihren Versuchen*: „V.e üb. versch. Gegenst. aus d. Moral, d. Lit. u. d. gesellsch. Leben", Tl 1 (1792); d. 3. Kap. u. d. T. „Üb. d. Maxime Rochefoucaulds, d. bürgerl. Air verliert sich zuweilen b. d. Armee, niemals am Hofe". — *über den ästhetischen Umgang*: Meint wahrsch. „Üb. d. moral. Nutzen ästh. Sitten" (Horen 1796,3). **275** *hier zu drucken*: Cotta ging darauf nicht ein. — *philosophierenden Brief*: Vgl. Anm. zu S. 272; d. „philos. Beil." ist verl. — *in dem Aufsatz*: Vgl. Anm. zu S. 266. **276** *Mein erster Beitrag*: „Üb. d. ästh. Erziehg d. Menschen in e. Reihe v. Br.n" (Horen 1795,1–2 u. 6). **277** *Schlegels Aufsatz*: „Von d. Schulen d. griech. Poesie" v. F. Schl. ersch. schließl. in d. ‚Berlinischen Monatsschr.', Nov. 1794. — *Pindar*: Körner hatte am 17. Okt. üb. s. Pindar-Lektüre geschr. Wenige Jahre später (26. Mai 1797) heißt es allerd. in e. Br. v. Karol. v. Humboldt an ihren Mann, Sch. wolle „sich einige Wochen ausschließend m. d. P. beschäft., sich recht eigentl. m. ihm vertraut machen, um dann e. P.ische Ode ... zu verfert.". (Es handelte sich um d. Ged. „Das Glück"; Musenalm. 1799.) — *Bei Danneckern ... sondieren*: Körner schr. am 17. Okt., er wolle D. f. Dresden gewinnen, wo e. „so unterricht. u. denkender Künstler" fehle. D., Sohn v. unbemitt. Eltern, verdankte s. Ausbildg (Paris, Rom) d. Unterstützg Hzg Karl Eugens; er blieb in Stuttg. — *meinen Ideen*: In d. Br.n ‚Üb. d. ästh. Erziehg'. — *Meyers Stimme*: „Auch M. [Goethes Freund u. Hausgen. J. H. M.] hat s. gr. Freude daran, u. s. reiner, unbestechl. Blick war mir e. gute Gewähr", hatte G. am 26. Okt. geschr. — *Widerspruch Herders*: Ein Bilett an Goethe, das verlor. ist, dessen Inh. sich aber in d. Br.n G.s v. 26. Okt. u. Körners v. 20. Nov. spiegelt. **278** *in seinem Buch*: „Grundl. d. ges. Wissensch.lehre", 1794. — *Geschichte des ... Prokurators*: Die Gesch. stammt nicht v. Boccaccio, sd. aus „Les Cent nouvelles nouvelles" (‚Die hundert neuen Nov.n'; ersch. 1486) u. ist in Goethes „Unterhaltgn dtr Ausgewanderten" (Horen 1795, 1–2.4.7.9–10) eingeg. — *Aufsatz über Landschaftsmalerei*: Nicht erh. — *in dem dritten wieder eine Epistel*: Zu e. 3. E. sind nur noch Entwürfe enth. Goethe schr. später zu d. ersten 2 Episteln d. Vorspr.: „Gerne hätt' ich fortgeschrieben,/ Aber es ist liegen blieben." **279** *Epigramme*: Goethes venizian. E. ersch. in Sch.s „Musenalm. f. d. J. 1796" u. d. T. „E. Venedig 1790". — *Büste von einem dtn Bildhauer*: Anf. Okt. war Sch.s B., die Dannecker in Stuttg. modelliert hatte, in Jena eingetroffen. — *meine Briefe*: ‚Üb. d. ästh. Erziehg.' — *Versuch über das Naive*: Vgl. Anm. zu S. 271. — *Flora*: Vgl. Anm. zu S. 260. **280** *Schwabacher*: Druckschr. v. ausgeh. 15. Jh., Vorform d. Fraktur, jedoch ohne zungenförmige Ausläufer, zeigt rundere Formen. — *wirklich*: Vgl. Anm. zu S. 36. **281** *holländischem Papier*: Die Qualität der holl., schon früh fabriksmäßig (u. daher auch preisgünstig) hergest. Papiere stand lange Zeit an 1. Stelle d. europ. Papiererzeugg. — *Flora*: Vgl. Anm. zu S. 260 u. d. folg.

Einschluß. — *eigenes Siegel*: Nach d. Entw. v. H. Meyer gestochen v. Friedr. Wilh. Facius (1764–1843). — *Gedicht auf den Frieden*: Cotta hatte am 27. Okt. e. solches v. Sch. erbeten im Hinbl. auf den bevorst. (am 5. Apr. 1795 geschl.) Baseler Frieden zw. d. Rep. Frankr. u. d. König v. Preußen. Das Ged. kam nicht zust. **283** *Musenalmanach*: „M. f. d. J. 1796." **284** *Becker*: Rud. Zach. B. — *Lichtenberg*: Von e. Einladg. L.s durch Sch. zur Mitarb. a. d. ‚Horen' ist nichts bek. — *Rezension der Flora*: Vgl. Anm. zu S. 260. — *Aufsatz über den Geschlechtsunterschied*: „Über den G. u. dessen Einfl. auf d. organ. Natur" v. W. v. Humboldt (Horen 1795,2). **285** *Hölderlin ... Hyperin*: Cotta nahm d. Werk in Vlg: „H. od. Der Eremit in Griechenland", 1797–99. Das „Fragment v. Hyperion" ersch. in d. ‚Neuen Thalia' 1793,5. — *Hölderlin für die Horen*: Die Ged.e „Der Wanderer" (1797,6) u. „Die Eichbäume" (1797,10). — *Anfrage*: Abel war bereits im Sommer 1794 bemüht, Sch. f. d. Univ. Tübingen zu gewinnen, denn dieser hatte selbst m. d. Gedanken gesp., sich dort niederzulassen. Der vorlieg. Br. enth. indes d. endg. Absage. **287** *Deines Aufsatzes wegen*: „Üb. Charakterdarstellg in d. Musik" (Horen 1795,5) war an Sch. bereits unterwegs. **288** *mit seinem Aufsatz*: „Üb. d. männl. u. weibl. Form" (Horen 1795,3–4). — *Terpsichore*: „T." (1795 f.) enth. Herders Übers.n v. neulat. Dichtgn Jakob Baldes (1604–68). T. (Muse d. chorischen Lyrik) ist f. Herder d. Muse d. lyr. Dichtk. überh. Körner rez. d. Werk nicht; dagegen A. W. Schlegel in e. glänzenden Bespr. (Allg. Lit.ztg, Feb. 1797). — *Komödie*: „Warum versucht Goethe nicht einmal s. ganze Kraft in e. Lustsp.e? Wir sind noch so arm an dieser Gattg." (Körner, 22. Mai.) — *üb. d. Unterschied zw. Roman u. Drama*: Eine schriftl. Ausführg darüber ist nicht bek. **289** *Musenalmanach*: Der „M. f. d. J. 1796" enth. v. A. W. Schlegel „Aus e. ungedr. Roman" d. Ged.e: „Die Jugend flieht, d. Hoffng ist zerronnen ..." u. „O! ich weiß, beschränkt u. nichtig ..."; v. Engel u. Matthisson nichts. **290** *Paket*: Sch. sandte mehrere Ged.e vor d. Abdr. in d. ‚Horen' an Körner. — *Elegie*: Später u. d. T. „Der Spaziergang" (Horen 1795,10). — *die Schatten*: „Das Reich d. Schatten"; später u. d. T. „ Das R. d. Formen"; schließl. „Das Ideal u. d. Leben" (Horen 1795,9). — *auf den Sulzerschen*: Sulzer hatte, vor allem in s. ‚Allg. Theorie d. Schönen Künste' (1771–74), d. Wert e. Kunstwerks abhängig gemacht v. d. jew. enth. Moral; auch d. Interesse an e. Dichtg sei abh. vom Ausgang, u. d. Schöne sei nur „d. Kleid, in d. sowohl gute als schlechte Dinge ersch. können". — *achtzehnten Briefe ...*: „Üb. d.ästh. Erziehg ..." — *über das Naive*: Vgl. Anm. zu S. 271. — *Nativität [stellen]*: „d. Schicksal aus d. Stellg d. Gestirne in d. Geburtsstde, aus d. Aspekten vorhersagen" (Heyse). — *philosophische Ode*: „In dieser Gattg ... halte ich Dich f. einzig." (Körner am 14. Sept. m. Bezug auf Sch.s Ged. „Das Reich d. Schatten".) **291** *Deinen Tanz*: Körners Kompos. zu Sch.s Ged. „Der Tanz" (Musenalm. f. 1796). — *ästhetische Gewissensfrage*: Sch. hatte Humboldt am 5. Okt. aufgef., üb. ihn nachzudenken, u. schloß m. d. Frage, ob sein weiteres „Geschäft ... episch ... od. dramat." sein sollte. H. gab am Ende e. längeren Auseinandersetzg (16. Okt.) dem Dramatiker Sch. d. Vorzug. **293** *groben Ausfall*: „Ankündigg e. dtn Auszugs aus Prof. Wolfs Prolegomenis ad Homerum u. Erklärg üb. e. Aufs. im IX. Stücke d. Horen." F. A. Wolf hatte in s. „Prolegomena ad Homerum" d. Ansicht vertreten, daß Homers Epen nicht v. e. einzelnen Dichter stammen, sd. erst in späterer Zeit aus versch. Tln zusammengefügt wurden, wogegen Herder in seinem Aufs. „Homer, e. Günstling d. Zeit" (Horen 1795,9) d. urspr. Einheit d. homer. Dichtgn betonte. — *mein Epigramm*: „Ilias" (Horen 1795,9): „Immer zerreißet den Kranz des Homer, u. zählet d. Väter / Des vollendeten ewigen Werks!/ Hat es doch eine Mutter nur u. Züge der Mutter,/ Deine unsterbl. Züge, Natur." — *einige Worte darauf replizieren*: Die öff. Abrechng erfolgte erst durch d. Xenion „Der Wolfische Homer" (Musenalm. f. 1797): „Sieben Städte zanken sich drum, ihn geboren zu haben;/ Nun, da d. Wolf ihn zerriß, nehme sich jede ihr Stück." — *Niederkunft seines Schätzchens*: Ch. Vulpius gebar am 1. Nov. e. Knaben, der bereits Mitte d. M. starb. — *2 Musenalmanache*: „M. fürs J. 1796", hrsg v. J. H. Voß (Hamburg) u. „M. 1796" [hrsg. v. K. v. Reinhard] (Göttingen). — *abominable*: (frz.) abscheulich. **294** *die Teilung der Erde* ...: „Die Teilg d. E.", „Einem jungen Freund, als er sich d. Weltweisheit widmete", „Archimedes u. der Schüler (alle Ged.e in d. ‚Horen' 1795,11). „Die Dichter d. alten u. neuen Welt" (Horen 1795,12). — *das hierfolgende Manuskript*: A. W. Schlegels „Br.e üb. Poesie, Silbenmaß u. Sprache" (Horen 1795,11). — *Von den Horen .. Rezension*: Von A. W. Schlegel (Jan. 1796). — *Kalender*: Meint d. „Taschenk. auf d. J. 1795 f. Natur- u. Gartenfreunde". Die Rez. ersch. in d. ‚Allg. Lit.ztg' (Jan. 1796) v. e. anon. Verf. — *Condorcet*: C.s „Esquisse d'un tableau historique des progrès de l'esprit humain" (1795) war 1796 v. Posselt ins Dte übertr. worden. Eine Bespr. in d. ‚Allg. Lit.ztg' kam nicht zust. — *zugleich antworten*: Dies geschah nicht. — *Anfänger in der Philosophie*: Vermutl. Ch. F. Nicolai, v. dessen geplanter ‚Horen'-Krit. im 11. Bd (1796) s. „Beschreibg e. Reise durch Dtld u. d. Schweiz" Sch. bereits wußte. — *Schmierer zu Leipzig*: J. G. Dyk, Hrsg. d. ‚Neuen Bibl. d. schönen Wissensch.n u. d. freien Künste', worin J. K. F. Manso d. ‚Horen' kritis. hatte; dafür wurde Dyk, der d. dtn Bühnen m. Übers.n frz. Lustsp.e versorgte, 1796 m. dem Xenion (292) „Frz.e Lustsp.e v. Dyk" bedacht; doch revanchierte er sich zus. m. Manso 1797 wieder durch „Gegengeschenke an d. Sudelköche in Jena u. Weimar v. einigen dankbaren Gästen". — *Schmierer ... zu Halle*: L. H. v. Jakob, Hrsg. d. „Annalen d. Philos. u. d. philos. Geistes", worin W. F. A. Mackensen Sch. angegriffen hatte. — *Kant*: Vgl. Anm. zu S. 253. Noch am 30. März 1795 hatte K. geschr.: „Die Bekanntsch. u. das literär. Verkehr m. e. Gelehrten u. talentvollen Mann, wie Sie, teuerster Freund, anzutreten u. zu kultivieren, kann mir nicht anders als sehr erwünscht sein. ... Die Br.e üb. d. ästh. Menschenerziehg finde ich vortreffl. ... " — *tingiert*: gefärbt. **295** *Point d'honneur*: Punkt, an d. sich jem. in s. Ehre getroffen fühlt. — *mein Schauspiel*: „Die Malteser." — *in ihrem Gespräche*: Herder hatte in „Iduna, od. d. Apfel d. Verjüngg" (Horen 1796,1) in Gesprächsform d. Frage erört., welche Bedeutg d. nord. Mythol. f. d. dte Lit. haben könne. (Idun, in d. nord. Mythol. e. Asin, war d. Aufbewahrerin jener Äpfel, v. denen d. Götter genossen, um sich zu verjüngen.) **296** *Erfahrung Klopstocks*: Anspielg auf K.s Versuch, d. nord. Götterwelt in d. dte Dichtg einzuführen, sowie auf dessen Bardengesänge u. Dramen nach german. Stoffen (z. B. „Hermanns Schlacht. Ein Bardiet f. d. Schaubühne", 1769). — *Regeneration der Horen*: Vgl. Br. 127. — *mit meiner Arbeit*: „Üb. d. Naive" u. „Die sentimental. Dichter" (Horen 1795,11–12). **297** *im dritten*: Vgl. Anm. zu S. 271. **298** *qua Poesie*: als P. (in ihrer Eigensch. als P.) — *Ihre eigenen Begriffe*: Im Aufs. „Üb. d. männl. u. weibl. Form". — *Sie selbst sagen*: Ebda im 1. Tl. **300** *den*

Debüt: ‚debut' ist im Frz. männl. — *Schlegel*: A. W. Schl. — *Rhodischen Genius*: Vgl. Anm. zu S. 270. — *Las Casas*: „Entzückg des Las Casas od. Quellen d. Seelenruhe" v. J. J. Engel (Horen 1795,3). — *Hallische Annalen ...*: Vgl. Anm. zu S. 294. — *degagiert*: ungezwungen, gelöst, frei. — *Torts*: Kränkgn, Unrecht. **302** *O schlimm ...*: Vgl. Br. 33 u. Anm. zu S. 87. — *Suite*: Eig. ‚(Ge)folge'; hier ‚Fortsetzg, Zus.hang'. **303** *in Ihren Aufsätzen*: N. Oellers (NA 28,520) vermutet, daß Sch. hier bes. an Humboldts Aufs.e „Üb. d. Stud. d. Altertums, u. des Griech. insbes." (1793) u. „Üb. d. männl. u. weibl. Form" (1795) denkt. — *mit zwei Kindern*: Emma Sophie u. K. Th. Körner. — *Journal Deutschland*: Monatsschr. „Dtld", 1796 v. Reichardt in Berlin hrsg. R. hatte Goethes „Unterhaltgn dtr Ausgewanderten" angegriffen. — *sans rime und sans raison*: ohne Sinn u. Verstand. — *Unheil bereitet*: In d. „Xenien". — *Hufeland*: Gottlieb H. — *Menagements*: (frz. Mz.) Schong, Zurückhaltg. — *Xenien*: (gr. ‚Xenia') ‚Gastgeschenke', die e. Gastgeber nach d. Mahlzeit an s. Gäste verteilt. Bereits Martial hatte e. Buch s. Epigrammsammlg „Xenia" gen. u. d. Wort iron. gebr. Goethe erh. dorther wohl auch d. Anregg. f. d. Titel. Die „Xenien" ersch. zuerst im „Musenalm. f. d. J. 1797". — *Impudenz*: Unverschämtheit, Frechheit. — *600 Monodistichen*: Es entst. insges. 923; 679 davon sind im ‚Musenalm.' ersch., 414 als „Xenien". **304** *ganz abdrucken*: Dies geschah nicht. Nur 3 Xen. wurden sowohl v. Sch. als auch v. Goethe in ihre Werksammlgn aufgen. — *Chinarinde*: Vgl. Anm. zu S. 60. — *Suppuration*: Eiterung. — *Blasenpflaster oder Seidenbast*: B. (hergest. aus e. Käferart, der sog. ‚Span. Fliege', u./od. Seidelbastrinde) zieht auf d. Haut in wen. Stdn Blasen. Man unterhielt durch solche Pfl. hervorgeruf. Eitergn, um dem Körper dadurch unreine Körperstoffe zu entz. — *neuen Beweise Ihrer Großmut*: Sch.s Pension war verläng. worden. — *erhabenen Freunde*: Friedr. Chr. v. Augustenburg. **305** *Gedicht in Stanzen*: Kam nicht zust. — *diesjährigen Almanach*: „Musenalm. f. d. J. 1797." — *Ritter von Malta*: Die Arb. am ‚Wallenst.' drängte d. ‚Malteser' ab März ganz zur. **306** *auf einer Spur*: Meint Goethes Übers. d. ‚Vita' des Benv. Cellini (Horen 1796,4–7.9–11; 1797,1–4.6). — *Aufsatz über Shakespeare*: „Etwas üb. W. Sh. b. Gelegenh. W. Meisters" (Horen 1796,4). — *Übersetzung*: „Szenen aus Romeo u. Julie v. Sh. Probe e. neuen metr. Übers. dieses Dichters" (ebda, 3). **307** *Bürgers Macbeth*: B. hatte in s. „M., e. Schausp. in 5 Aufz. nach Sh." (1783) d. Hexenszenen nicht nur erhebl. veränd., sd. noch weitere hinzugedichtet. — *anders übersetzt*: Vgl. Anm. zu S. 72. — *kontremandieren*: widerrufen, Einspr. erheben. — *Hexengesänge ... herauslassen*: Schlegel stimmte zu u. nahm d. Stelle auch später nicht mehr auf. **308** *Fuchs*: Goethes Hexameterepos „Reineke Fuchs", 1793/94. — *in versch. Perioden*: Seit Anf. 1791. **309** *in meinem letzten Aufsatz*: „Beschluß d. Abhandlg üb. naive u. sentim. Dichter"; vgl. Anm. zu S. 271. **310** *Ifflands Anwesenheit*: I. blieb e. Monat in Weim. u. spielte an 14 Abenden 13 versch. Rollen. **311** *Reichardt*: Vgl. S. 303. — *Stolberg*: Zu St.s Sch.-Krit. vgl. Anm. zu S. 134. — *Wieland*: Xenion 76 („Zeichen d. Jungfrau"): „Bücket euch, wie sich's geziemt, vor d. zierl. Jungfrau zu W e i m a r ;/ Schmollt sie auch oft – wer verzeiht Launen der Grazie nicht?" — *Dialog mit Shakespeare*: Die Xen. 390–412, die später u. d. T. „Sh.s Schatten" zus.gefaßt wurden. Xen. 403: „Er [d. i. Sh.]: Was? Es dürfte kein Cäsar auf euren Bühnen sich zeigen,/ Kein Anton, kein Orest, keine Andromacha mehr?" Xen. 404: „Ich [d. i. Sch.]: Nichts! Man siehet bei uns nur Pfarrer, Kommerzienräte,/ Fähndriche, Sekretärs od. Husarenmajors." Sch. setzte statt ‚Förster' (Anspielg auf Ifflands Drama „Die Jäger") ‚Pfarrer'. — *Spiritus*: Goethes Sekretär J. J. L. Geist. — *Cellini*: Goethes Übers. d. ‚Vita' d. Benv. C. f. d. ‚Horen'. — *meine Familie*: Sch.s Eltern u. s. Schwestern Christophine u. Luise. (Chr., v. Meiningen zur Pflege d. todkranken Vaters herbeigerufen, hatte am 20. Juli d. Bruder berichtet, wie sie u. Luise aus Angst vor frz. Freischärlern sich e. Tag lang in e. Höhle im Wald versteckt hätten.) — *die Komödie*: Ein gepl. Gastsp. d. Weim. Bühne in Jena; kam nicht zust. — *Iffland ... in Weimar*: I. wurde noch 1796 Theaterdir. in Berlin. **312** *der Kleine*: Sch.s Sohn Ernst, geb. 11. Juli 1796. — *die philosophischen und rein poetischen*: Im „Musenalm. f. d. J. 1797" haupts. u. d. T. „Tabulae votivae". *Epigramme*: Vgl. Anm. zu S. 279. — *Hiebe auf Reichardt*: Nur e. Viertel (7) d. Xen. gegen R. wurde zerstr. **313** *den Meister*: „W. M.s Lehrj." — *Deinem Urteil*: Sch. nahm Körners U. u. d. T. „Üb. W. Meisters Lehrj. (aus e. Br. an d. Hrsg. d. Horen)" in d. ‚Horen' (1796,12) auf. — *neues poetisches Werk*: „Hermann u. Dorothea" ersch. zuerst im „Taschenb. f. 1798" b. Vieweg in Berlin. **314** *Arbeit von wenigen Monaten*: Die Fertigstellg dauerte schließl. doch noch bis März 1799 (d. Druck bis Ende Juni 1800). **315** *Zwei Figuren*: Max Piccolom. u. vermutl. Thekla. **316** *wie des Karlos*: Sch. hatte Anf. 1787 in Dresden „Don Carlos" vollendet. Die f. Sommer 1797 beabs. Reise kam nicht zust. — *Vertrag*: Sch. hielt sich nicht daran. Nur Humboldt las „Wallenst." erst im Sommer 1800. — *irgendein Werk*: Von dem wenigen, das Körner hierauf riet u. wovon Sch. wohl d. meiste kannte, sei d. „Gesch. d. 30j. Kriegs u. d. Westfäl. Friedens" v. Galletti genannt, die eben 1797 ersch. u. d. Sch. sich anschaffte. — *Wallenstein in Prosa*: Körner antw., er würde d. Jamben „ungern entbehren". Erst e. Jahr später begann Sch., sein Drama in Jamben umzuschr. **317** *neue Hore ...*: Die ‚H.' (1796,10) enth. d. Anf. e. anon. Romans („Agnes v. Lilien"), üb. dessen Verf. (Karol. v. Wolzogen) tats. viel geräts. wurde. — *Schreibpapier ... Druckpapier*: Hauptmerkmale guten Schreibpap. waren: stärkere Leimg als beim Druckpap. (damit d. Tinte nicht zerfloß) u. im ganzen sorgfältige Oberflächenbearb. (ohne Noppen u. Runzeln, glattes Korn, weiße Farbe). — *Median*: Mittelgr. Bogenformat (ca. 45 × 58 cm). — *Kurant*: Münzen in Landeswährg (frz. ‚courant': ‚gängig'). — *Velin*: Erst um d. Mitte d. 18 Jh. in Engl. erfund. ungeripptes Papier, auf feinstem Kupferdrahtgewebe hergest., m. völlig gleichmäß. Durchsicht; wegen d. pergamentähnl. Aussehens nach d. frz. vélin (Pergament) benannt; in Dtld seit 1783 hergest. Vielfach auch als Post (= Brief)-pap. verwendet. — *Reichsgegenden*: Vor allem Franken u. Schwaben. — *dritthalb Tausend*: Obw. d. 1. Aufl. schließl. sogar 4000 Ex. zählte, machte d. rasche Absatz schon nach 3 Mtn e. 2. Aufl. notw. **318** *15 Bogen*: Der Umfang dehnte sich aufs Dopp. aus. — *Hohenheimer Kupfer*: Cotta hatte an Sch.s Frau „als Kunstkennerin" d. 10 Abb.n d. H. Gartenanlage (gestochen v. Christian Duttenhofer) aus C.s Gartenkal. f. 1797 gesandt. — *Cardo rei*: Angel-, Hauptpunkt (e.r Sache). **319** *Philoktet ... Trachinierinnen*: Trag.n v. Sophokles — *Dejanira*: Weibl. Hauptgest. in d. ‚Trachin.'. — *Ajax*: Trag. v. Soph. — *Kreon im Ödip*: Da Kreon in beiden Ödipus-Trag. v. Soph. auftr., kann hier sowohl „König Ö." als auch „Ö. auf Kolonos" gemeint sein. — *Antigone*: Trag. v. Soph. — *pour la bonne bouche*: als Leckerei. — *Fragment aus dem Aristophanes*: Übers. d. ersten 251 Verse d.

Komödie „Lysistrata". **320** *neuen Epopée*: (frz. für ‚Epopöe'). Meint d. später nicht ausgef. Plan Goethes zu e. ep. Ged. „Die Jagd". Der Stoff ging in d. 1827 vollend., 1828 veröff. „Novelle" ein. — *kleiner Patient*: Sch.s Sohn Ernst, gegen Pocken geimpft. **321** *Hermann*: Goethes Epos „H. u. Dor.". **322** *Regensburger Friedensnachricht*: Warum Sch. v. R. spricht, bleibt unklar. Die Nachr. d. Vorfriedens v. Leoben (Steiermark) zw. Österr. u. Frankr. (18. Apr.) war am 24. Apr. nach Weimar gekommen. — *Zwillingen des Shakespeare*: Wieland hatte in s. Übers. v. 1764 d. „Comedy of Errors" m. „Die Irrgn od. Die dopp. Zw." betit. — *Oedipus rex*: Trag. v. Sophokles. — *Macbeth*: Shakespeares Trag. — *Kausalität ... Substantialität*: 2 Kateg. aus Kants „Krit. d. reinen Vern.". — *Duisburger Unternehmen*: Joh. Böninger (1756–1810), ein Kaufmannssohn aus D., u. Joh. Peter Langer (1756—1824), um 1800 der bedeutendste Düsseld. Maler, hatten e. sog. mechanograph. Betrieb eröff., wo Gemälde in Tapetenform hergest. wurden. Beide hatten Sch. ihr Angebot gemacht, u. Sch. war durch Goethe (Br. v. 22. Apr.) üb d. techn. Vorgang unterr. worden. — *Humboldt*: W. v. H. wollte urspr. n. Ital. reisen, ging aber schließl. (üb. Wien) n. Paris. Sch. sah ihn erst im Aug. 1801 wieder. **323** *Gitarre*: Sch. hatte i. A. Körners b. Instrum.bauer Otto in Jena e. G. anfert. lassen. — *Goethe*: G. reiste nicht n. Ital., sd. nur bis in d. Schweiz, u. kehrte Ende Nov. n. Weim. zurück. — *Almanach*: „Musenalm. f. d. J. 1798." — *Werke des Witzes*: ‚Witz' im Sinne v. ‚geistr. Einfall' **324** *Er ... affektiert*: Er ... ziert sich. — *über seinen Meister*: Üb. „W. M.s Lehrj." heißt es in e. undat. Br. an d. Gräfin Baudissin u. a.: „Ich kann es weder in d. Kunst noch im Leben ertragen, daß dem, was man Talent nennt, wirkl.e, insonderheit moral. Exist. aufgeopf. werde u. jenes alles sein soll. Die Mariannen u. Philinen, diese ganze Wirtschaft ist mir verhaßt ..." — *wagt sich nicht recht heraus*: 1799 aber offens. doch, indem Herder auf üb. 900 Seiten „Eine Metakritik zur Kritik der reinen Vernunft" (m. d. Haupttiteln „Verstand u. Erfahrg" u. „Vernunft u. Sprache") hrsg. — *Schlosser*: Schl. hatte sich außer s. krit. Haltg gegen Kant auch noch d. Stolberg. Kreis genähert. — *Aristoteles*: Durch Goethe angeregt, hatte Sch. d. ‚Poetik' d. A. in d. Übers. v. M. K. Curtius (1753) gelesen. **325** *Repräsentation*: Hier ‚Darstellg, Aufführg'. **326** *Détresse*: Not. — *Karte zum Moses*: Goethe hatte sich, angeregt durch Fr. A. Wolfs „Proleg. ad Hom.", m. Fragen z. Entstehgsgesch. d. Bücher Moses beschäft., u. a. auch m. d. „Zug d. Kinder Israel durch d. Wüsten" (an Sch., 12. Apr.). Der entspr. Aufs. „Israel in d. Wüste" ersch. erst in d. „Noten u. Abh.n zu bess. Verständn. des West-östl. Divans" (1819). — *Lenzischen Aufsatz*: Das Romanfragm. „Der Waldbruder" v. J. M. R. Lenz, das Goethe noch aus L.ens Weim. Zeit (1776) besaß u. f. d. ‚Horen' (1797,4–5) zur Verfügg stellte. Da L. tot war, mußte kein Honorar bez. werden. — *Don Juan*: da Pontes Libretto zu Mozarts Oper „Don Giovanni", die seit 1792 mehrm. im Weimar aufgef. worden war. Von d. Ballade exist. nur Fragm.e. **327** *Humboldts*: Karol. v. H. m. d. Kindern sowie A. v. H. — *Schlegels*: Sch. wollte A. W. Schl. wegen versch. Angriffe F. Schl.s auf d. ‚Horen' u. ihren Hrsg. v. d. weiteren Mitarb. an d. ‚Horen' ausschl. Durch Vermittlg Goethes aber kamen doch noch weitere Arb.n A. W. Schl.s sowohl in d. ‚Horen' als auch in d. ‚Musenalm.'. **328** *mittlere und neue Welt*: Mittelalter u. Neuzeit. — *Faust*: „F. Ein Fragm.", 1790. **329** *meine Ballade*: „Der Ring d. Polykr." — *Ihren Kranichen*: Urspr. wollte Goethe d. Stoff

d. ,K. d. Ibykus' in e. Ballade gestalten, überließ ihn aber dann Sch. — *griechischen Kunstwerke*: Anregg f. d. folg. Abschn. war A. L. Hirts „Versuch üb. d. Kunstschöne" (Horen 1797,7). **330** *Vatikanischen Apoll*: Sog. A. vom Belvedere, der f. Winckelmann als „d. höchste Ideal d. Kunst unter allen Werken d. Altertums" galt. — *Laokoon*: Die in Lessings gleichnam. Schr. behand., ebenf. im Vatikan bef. antike Skulptur. — *ignobeln*: unedlen, schlechten. — *Hirtischen Aufsatz*: Vermutl. H.s Aufs. „Laokoon" (Horen 1797,10). — *Untersuchgn üb. das griech. Trauersp*: Vgl. Anm. zu S. 248. — *Ihren Aufsatz*: Goethes Arb. „Üb. Laokoon" (Propyläen, 1,1; 1798). — *Glockengießerlied*: „Das Lied v. d. Glocke" wurde erst 1799 fertiggest. (Musenalm. f. 1800). — *Krünitz' Enzyklopädie*: „Ökonom. E. od. allg. System d. Staats-, Stadt-, Haus- u. Landwirtschaft" v. J. G. K., Bd 19 (1780), Stichw. „Glocke". — *4 oder 5 Nadowessische Lieder*: Die „N. Totenklage" (Musenalm. f. 1798) blieb d. einz. Lied dieser Art. — *Prolog*: Eine Abschr. v. „Wallenst.s Lager" war an Körner verborgt. **331** *auf deutschem Boden*: Meyer hielt sich nach s. Ital.aufenth. (1795–97) in d. Schweiz auf u. traf dort im Sept. 1797 m. Goethe zus. — *episches Gedicht*: „Herm. u. Dor." — *Praktik*: svw. Praxis **332** *Schülerin*: A. v. Imhoff war Meyers Schül. im Zeichnen gew. — *Gedicht*: „Prometheus" (Musenalm. f. 1798). — *Silbenmaß*: Alternierende Elf- bzw. Zehnsilbler (in Terzinenform verbunden). **333** *geistischen*: svw. geistigen. — *das andere*: „Zueigng d. Trauersp.s Romeo u. Julia" in Stanzen (Musenalm. f. 1798). — *Vorstellung ... von Frankfurt ...*: Goethe hatte am 9. Aug. aus F. geschr.: „Sehr merkw. ist mir aufgef., wie es eigentl. m. d. Publiko e. großen Stadt beschaffen ist. Es lebt in e. beständ. Taumel v. Erwerben u. Verzehren, u. das, was wir Stimmg nennen, läßt sich weder hervorbringen noch mitteilen; alle Vergnüggn, selbst das Theater, sollen nur zerstreuen, u. d. große Neigg d. lesenden Publikums zu Journalen u. Romanen entsteht daher, weil jene immer u. diese meist Zerstreuung in d. Zerstr. bringen." **334** *Schmidt*: Siegfr. Schm. hatte Sch. Ged.e f. d. ,Musenalm.' eingesandt (deren 4 auch gedr. wurden) u. v. Sch. d. Mitteilg erh., daß sich Goethe in Frankf. aufhalte u. Schmidt ihn dort besuchen könne. — *Richter*: Jean Paul. **335** *gewissen Stande*: Goethe nennt d. „Kaufmannsstamm". — *Schwägerin*: K. v. Wolzogen, vgl. Anm. zu S. 317. — *Kosegarten*: Der Br. ist unbek. — *Gott ... geschmiedet*: Sch. greift hier e. Zitat aus Goethes ,Iphigenie' auf (Zle 330f.: „doch es schmiedete / Der Gott um ihre Stirn e. ehern Band"). **336** *Ibykus*: Sch.s Ballade „Die Kraniche d. I." (Musenalm. f. 1798). — *Aushängebogen*: Vgl. Anm. zu S. 124. — *an Cotta*: Goethe besucht C. — *Oper*: „Die Geisterinsel. Ein Singsp. in 3 Akten" (Horen 1797,8); urspr. v. F. H. v. Einsiedel; v. Gotter üb.arb. **337** *sich konfondiere*: sich ... vermische. **338** *neue poetische Genre*: Goethe hatte am 31. Aug. „Gespräche in Liedern" angekünd. Als Probe sandte er hierauf d. Ged. „Der Edelknabe u. d. Müllerin" (Musenalm. f. 1799). **339** *malum domesticum*: Hausübel. — *Böttiger*: B. hatte schon im Juli Quellenmat. zum Ibykus-Stoff gelief. — *konsulierte*: svw. konsultierte. — I- und K-Bogen: D. i. d. 9. u. 10. B. (vgl. Anm. zu S. 183). — *das Blatt*: Unbek. **340** *Geschenk:* 2 Ex. v. Goethes „Herm. u. Dor.". — *Messer und Schere*: Man nimmt allg. an, daß e. Tl d. Aufl., da „Herm. u. Dor." als „Taschenb. auf 1798" ersch., m. M. u. Schere versehen war. — *für die Horen*: Der Beitr. kam nicht zust. — *Kellern und Selmarn*: Von Heinr. K. waren im Musenalm. f. 1798 4 „Elegien" (gez.: K.) ersch., u. Böttiger hatte am 11.Okt. d. Chiffre richtig gelöst.

Ebenf. richtig war Bött.s Vermutg v. 17. Okt., daß sich hinter der Chiffre „R." d. Schwede Brinckmann verberge, der schon 1789 „Ged.e v. Selmar" veröff. hatte. — *Abänderung im Handschuh*: Sch. hatte in s. Ballade „Der H." Zle 65 („Und er wirft ihr d. H. ins Gesicht") für den Musenalm. abgeänd. („Und d. Ritter, sich tief verbeugend, spricht"). — *Saint-Foix*: Sch.s Quelle waren die „Essais historiques sur Paris" v. S.-F. — **342** *schöpfen kann.*: Der Schluß d. Br.s ist nicht überlief. — *diesen Aufsatz*: Hirts „Laokoon" ersch. erst im 10. Stk d. ‚Horen' — *noch ein Jahr*: Die Horen wurden m. Ende d. Jgs 1797 geschl. — *Damenkalender*: „Taschenb. auf d. J. 1798 f. Damen". Cotta ging darauf nicht ein. — *vier Herausgebern*: L. F. Huber, Aug. Lafontaine, Pfeffel u. J. Rud. Sulzer. — *neuesten Ausgabe*: Kam nicht zust. — *neuen Zeitung*: „Die neueste Weltkunde", hrsg. v. Posselt, 1798 (ab Sept. 1798 u. d. T. „Allg. Ztg", hrsg. v. L. F. Huber). — *Europäischen Annalen*: Diese Monatsschr. gab ebenf. Posselt heraus (1795 ff.). **343** *Nathan*: Lessings ‚Nathan'. — *Steg*: ‚Stege' heißen in d. Druckersprache d. unbedr. Ränder d. Buchseite. Neben ‚Rand' bez. ‚Steg' offensichtl. den Rand zur Mitte d. Buches hin, wo es gebunden ist, den sog. ‚Bundsteg'. — *Friedens*: Friede v. Campo-Formio (17./18. Okt.) zw. Frankr. u. Österr. (Ende d. 1. Koalitionskriegs). **344** *Herzogin*: Luise Auguste. — *ästhetischen Sätzen*: Goethes Andeutg am 22. Nov., er wolle üb. d. „neuesten Spekulationen ... Thesen aufsetzen, um alsdann darüb. konferieren u. e. glückl. Ganze ausbilden zu können", bezog sich auf d. Plan, den ‚Horen', deren Erscheinen Sch. einzustellen beabs., unter Mitarb. v. J. H. Meyer u. Sch. e. Zs. m. kunsttheoret. Inh. folgen zu lassen, u. zw. u. d. T.: „Propyläen. Eine period. Schrift." **345** *Contrepoids*: Gegengewicht. **346** *pathologisches Interesse*: ‚Patholog.' steht hier nicht im Sinne v. ‚krankhaft', sd. bed. „die sich auch körperl. auswirk. psych. Erregg" sowohl d. Dichters als auch d. Rezipienten. ‚P. I.' kann „ein gattungskonstit. Moment d. Trag. sein". (N. Oellers u. F. Stock, NA 29, 504.) — *beiden Gattungen*: Die ep. u. d. dramat. **347** *Meyers Aufsatz*: „Üb. d. Gegenst.e d. bild. Kunst" (Propyläen 1,1–2; 1798/99). **348** *Konsolation*: Beruhigg, Trost. — *zweite Auflage*: Kam nicht zust.; d. Anzeige f. d. „Allg. Lit.ztg" wurde zurückbeh. — *Wallenstein ... anzeigen*: Die Anz. unterbl. — *Lustspiel*: Offenb. nie gedr., obw. Cotta zusagte. **349** *Petersen*: P. hatte die im Br. 154 erbet. 1. Ausg. d. ‚Räuber' besorgt. — *übrigen Inhalt*: Der Br. v. 10. Okt. 1792 enth. d. Gesetzestext v. 26. Aug. 1792 m. d. Unterschr.n v. Danton u. Clavière, wonach d. frz. Nationalversammlg an ausländ. Schriftst. d. frz. Bürgerrecht verliehen hatte, u. d. Ausfertigg d. Bürgerdiploms f. Sch. (m. d. Unterschr. v. J.-M. Roland). — *Wahlspruch*: Liberté, Égalité, Franternité (Freiheit, Gleichheit, Brüderlichkeit). — *keiner ... mehr zu finden*: Alle 3 hatten d. Revol. nicht überlebt. — *Kanal*: General Custine (vgl. Anm. zu S. 193) hatte d. Bürgerdiplome f. Sch., Klopstock, Campe u. a. n. Straßburg gebracht. Nachdem sie dort 5 Jahre gelegen hatten, veranlaßte d. ehem. Adjut. C.s d. Weiterleitg an d. Adressaten. **350** *Mounier*: Auch M. habe „Kantens Ruhm untergraben" u. gedenke „ihn nächstens in d. Luft zu sprengen". „Dieser moral. Franzose hat es äußerst übel gen., daß Kant d. Lüge unter allen Bedinggn f. unsittl. erkl." (Goethe, 28. Feb.) — *Garven*: Anspielg auf Garves „Vers.e üb. versch. Gegenstände aus d. Moral, d. Lit. u. d. gesellsch. Leben" (Tl 1, 1792), worin sich dieser gegen Kants Pflichtethik wandte. — *Name falsch geschrieben*: Die Adr. lautete: „M. Gille Publiciste allemand." — *κατ' ἐξοχήν [katexo-*

chen]: schlechthin, im eigentl. Sinn. **351** *Kritik des Almanach*: Körner lieferte in Br.n an Sch. (25. Dez. 1797–26. März 1798) e. Kritik d. Musenalm. f. 1798. — *Ibykus und Polykrates*: Sch.s Balladen („Die Kran. d. I." u. „Der Ring d. P."), aus d. gen. Alm. hatte Körner schon im Herbst etwas ‚trocken' gefunden, was Sch. (2. Okt. 1797) damit erklärt, daß „d. Pers.n darin nur um d. Idee willen da sind u. sich als Individuen derselben subordinieren". — *Dehors*: Äußeres, Außenseite. — *Schröder*: Kam weder n. Weimar noch spielte er d. Wallenst. — *Lebensbestimmung verdorben*: Ansp. auf Hubers überstürztes Ausscheiden als kursächs. Legationssekr. in Mainz. Vgl. Anm. zu S. 212. **352** *Goethischen Werks*: Plan d. „Propyläen". — *ganz Neues*: Von Sch. verlegte Göschen nichts Neues mehr. — *Almanach*: „Musenalm. f. d. J. 1799." — *vervorteilen*: svw. ‚übervorteilen'. — *Theaterkalender*: Kam nicht zust. — *Meliszucker*: Hutzucker v. gering. Qual., aus Sirupen d. Raffinerie. **353** *Achilleis*: Das auf 8 Gesänge gepl. Epos blieb Fragm. Der einz. ausgef. (1.) Ges. wurde erst 1808 (Werke, Bd 10) veröff. **354** *mit Cotta*: Sch. hatte m. C. d. Vlg v. Goethes „Propyläen" bespr. — *Hermanns und Dorotheas*: Nach d. Ausg. im „Tb. auf 1798" ersch. bis 1799 3 rechtmäß. Aufl. u. 1 Nachdr. — *schlechte*: svw. ‚schlichte'. **357** *über Epopée und Tragödie*: Vgl. Br. 141 f. Das Ergebnis haben Sch. u. Goethe in dem gemeinsam verf. Aufs. „Üb. ep. u. dramat. Dichtg" (1797) niedergel. (veröff. erst in Goethes Zs. "Üb. Kunst u. Altertum" 6,1; 1827). — *pathologisches Interesse*: Vgl. Anm. zu S. 346. **358** *neuen Kunstmetaphysiker*: Meint offenb. d. Brüd. Schlegel. — *Hiatus*: Öffng, Kluft. **359** *Brinckmann*: B. lieferte in diesem Jahr keinen Beitr. — *anaglyphischer Versuch*: anaglyphisch = in halb erhab. Arbeit; bez. sich auf d. Einbanddecke zu Goethes „Propyläen". — *Poetengedicht*: Meint d. Ged. „Dtr Parnaß", e. Satire auf Gleims empfindl. Reaktion auf d. Xenien-Dichter. **360** *symbolische Bücher*: Schr.n, m. denen e. Kirche d. Glauben, durch dessen Bekenntn. ihre Mitgl. sich v. anderen Rel.gemeinsch.n untersch.n, urkundl. bezeugt. — *Gemeinheit*: svw. Gemeinschaft, Gemeinde. — *Ritters Schrift*: „Beweis, daß e. beständ. Galvanismus d. Lebensprozeß in d. Tierreich begleite", 1798. — *Athenäum*: „A. Eine Zs." v. A. W. u. F. Schlegel. Das 2. Stück d. 1. Bds (1798) enth. „Fragm.e" v. d. Brüdern Schlegel, v. Novalis u. Schleiermacher. **361** *pathologischen Wege*: Vgl. Anm. zu S. 346. — *Aristoteles*: ‚Poetik', Kap. 19. **362** *Gries*: Der Musenalm. (f. 1799) enth. d. Ged.e: „Das Plätzchen im Walde", „Die Gelegenh.", „Der Bach", „Der Arzt". — *theatralisches Bauwesen*: Das Weim. Theater erh. zur Erweiterg d. Zuschauerraums e. Balkon. **363** *Wallensteins Abfall und Tod*: Später „W.s Tod". — *bis ich jedes ... habe spielen sehen*: Die Auff.n verzög. sich bis Ende Jan. bzw. Mitte Apr. Dessen ungeachtet lieferte Sch. bereits ab Nov. 1798 in mehreren Sendgn „Wallenst."-Manuskr. an Iffland. — *Goethes Puppenspiel*: G.s „Neueröffn. moral.-polit. P." (1774) enth. außer e. Prolog 3 kleinere Stücke in Knittelversen. — *Faust*: Meint d. Knittelv.e d. 1. F.-Monol. — *Rat Schlegel*: A. W. Schl. hatte im Auftrag Ifflands bereits am 18. Juli b. Goethe angefr., ob „Wallenst." so früh fertig werden würde, daß d. Drama im Nov. zu spielen sei, u. unter welchen Bedinggn Sch. es d. Berl. Theater überließe. **364** *Ihre ... Zuschrift*: Kotzebue war zu jener Zeit Dir. d. Wiener Hoftheaters u. hatte Sch. f. e. „Wallenst."-Manuskr. z. Aufführg in Wien 50 Dukaten geboten u. ‚gewissenhafteste Bewahrg d. Manuskr.s' verspr. — *Zensur*: Kotzebue hatte versichert, „gewiß alles Mögl. anwenden" zu wollen, um d.

Stück „unversehrt aus d. Feuerofen" d. Z. zurückzuerh. (3. Nov.), doch mußte er am 1. Jan. 1799 melden, daß d. Z.behörde d. Stück nach wochenlangem Hin u. Her endgültig abgelehnt habe. — *plein pouvoir*: Vollmacht, freie Hand. **365** *speculum astrologicum*: astrolog.r Spiegel; „e. Art, aus d. Aspekten d. Planeten gewisse zukünft. Dinge zu prophez." (J. H. Zedler: Gr. vollst. Universal-Lex., Bd 38 [1743], 1593). Vgl. „Wallenst.s Tod" I,1. — *Beilage*: Die astrolog. Szene (Wallenst. – Seni) in d. älteren Fassg. Vgl. NA 8, 466–69. — *Die Szene*: In d. Druckfassg beginnt „Wallenst.s Tod" m. d. astrol. Sz. **366** *Schematibus*: Meint d. Schemata zu d. Untersuchgn üb. d. Farbenlehre. — *Geldverlust*: Solange e. Stück nicht gedr. war, mußten d. Bühnen f. e. Manuskr. zahlen. — *Allgemeine Zeitung*: Cottas „Allg. Ztg" (vgl. Anm. zu S. 342) brachte am 28. Dez. 1798 d. Inserat, daß „Wallenst." noch e. Jahr lang ungedr. bleiben wird, obw. d. Drama ebda noch 6 Tage zuvor f. Ostern 1799 verspr. worden war. **367** *verinteressiere*: verzinse. — *Faust*: Cotta hatte am 6. Dez. geschr.: „Hat Goethe s. F. nicht geendet? Gedenken Sie doch meiner stets b. ihm." — *neuen Beitrag*: „Grübels Ged.e in Nürnberger Mundart" (Allg. Ztg, Dez.). — *Ihre Schrift*: „Appellation an d. Publikum üb. die durch e. Kurf. Sächs. Konfiskationsreskript ihm beigemessenen atheist. Äußergn", 1799. Anlaß f. d. sog. Atheismusstreit, der schließl. Fichtes Entlassg v. d. Jenaer Univ. z. Folge hatte, war d. Schr. v. Friedr. Karl Forberg (1770–1848), „Entwikkelg d. Begriffs der Religion", in Niethammers u. Fichtes ‚Philos. Journal einer Gesellsch. Teutscher Gelehrter' (1798,1). Da mildernde Bemerkgn Fichtes v. Forberg abgelehnt worden waren, hatte Fichte der Forbergischen Abh. e. eigene vorangest.: „Üb. d. Grund unsers Glaubens an e. göttl. Weltregierg." **368** *befahren*: svw. befürchten (schon im 18. Jh. als veraltet empfunden). — *Bemerkungen*: Böttigers Rez. „Üb. d. erste Aufführg d. Piccolomini auf d. Weimarischen Hoftheater" (Journal d. Luxus u. d. Moden, Feb. 1799). **370** *Ihre Idee*: Goethe not. im Tgb., 8. Mai: „... m. Hofr. Sch. ... Die I. v. d. Naturged.e durchgespr." — *Achilleis*: Vgl. Anm. zu S. 353. — *Brief von Ubique*: ubique (lat.) = ‚überall'; Spottname f. Böttiger. — *Salbaderei ...*: Vgl. auch Br. 173. — *Schröders Mütlein*: Schr. lag m. s. Kollegen am Hamburger Theater im Streit, u. Böttiger hatte angedeutet, es wäre wohl e. Genugtuung f. Schr., wenn d. Hamb. Theater d. „Wallenst." zw. spielen müßte, weil ihn d. Publikum forderte, aber ohne Schr., der sich gewiß entzöge u. den man daher f. d. Titelrolle n. Weimar holen könnte. **371** *Eindruck des Wallensteins*: Sch. hatte am 25. März d. „Opus" an Körner gesandt. **372** *diesen Gegenstand*: „Wallenst." — *Anzeige des III. Stücks*: Körner lieferte sie zw. am 30. Mai, doch ihr Abdr. unterblieb, da sie Sch.s u. Goethes Vorstellgn nicht entspr. (vgl. Br. 179). — *neues Trauerspiel*: „Maria Stuart" (abgeschl. im Juni 1800). **373** *angefangenen Geschäft*: Studien zu „M. Stuart". — *Aufsatz über den Dilettantismus*: Üb. d. gemeins. Vorarb. kam man nicht hinaus. — *Aurora und Hesperus*: Anspielg einers. auf Herders „Ankündigg e. neuen Zs.: Aurora ..." (Mai 1799) u. anderers. auf d. Roman „Hesperus od. 45 Hundsposttage. Eine Lebensbeschr." (1795) v. Jean Paul, der sich seit Herbst 1798 in Weimar aufh. — ... *Christian Thomasius*: Enthalten in Joh. Matthias Schröckhs ‚Allg. Biogr.' (Bd 5; 1778), die Sch. bald danach z. Versteigerg gab. — *Monatliche Gespräche*: „Freimütige ... Monatsgespr." (ab 1688). — *ihrem Werke*: „Die Schwestern v. Lesbos", Hexameterged. in 6 Gesäng. v. Anna Amalia Imhoff (Musenalm. f. 1800).

374 *Das Gedicht*: Goethe hat A. Imhoffs ‚Schwestern v. Lesbos' durchgearb. — *sectionem cadaveris*: sectio c. = Leichensektion. — *gegenwärtigen theoretischen Arbeit*: Vgl. Anm. zu S. 373. — *repondieren*: bürgen. **375** *Voltaires Tragödie*: Offenb. Ansp. auf Goethes Absicht, V.s „Mahomet" (1742) zu übers. — *Kritiken über Corneille*: Wahrsch. hat Sch. d. Ausg. „Théatre de P. C., avec les commentaires de Voltaire" (Bd 5–6; 1797) benutzt. — *eigenes Pensum*: „M. Stuart." — *Kotzebue*: Er lebte seit s. Abgang v. Wiener Hoftheater (Ende 1798) abwechs. in Weimar u. Jena, bis er sich 1801 n. Rußland wandte. — *Boettger*: Vgl. Sch. an Cotta (13. Apr.) bezügl. d. Kupferstiche f. d. „Musenalm. f. d. J. 1800": „... Meyer macht d. Zeichngn u. hat bereits b. d. Kupferstecher B. angefragt. ..." — *Körners Aufsatz*: Vgl. Anm. zu S. 372. **376** *Schwestern zu Lesbos*: Vgl. Anm. zu S. 374. — *Schwägerin*: Bei ihr hatte e. Bespr. zw. Goethe u. A. v. Imhoff wegen deren Dichtg stattgef. — *Königin von Preußen*: Vgl. Br. 181. — *Oßmannstedt*: Wieland besaß in O. b. Weimar e. Gut. — *Auktion*: Sch. beteiligte sich an d. Dublettenaukt. d. Weim. Bibl. (vgl. Anm. zu S. 373). — *Schlegels Lucinde*: „L. Ein Roman. 1. [einziger] Tl" v. F. Schl., 1799. **377** *Rodomontaden*: Prahlereien, Aufschneidereien, Großsprechereien. (Ital. ‚rodamonte': ‚Bergfortwälzer'.) — *Woldemar*: Von F. H. Jacobi (1777 bzw. 1779). — *Sternbald*: „Franz St.s Wandergn" v. L. Tieck, 1798. — *Aufsatz über den Dilettantism*: Vgl. Anm. zu S. 373. — *Unglück aus Lobeda*: Anläßl. d. bevorst. Besuchs v. Sophie v. La Roche b. Wieland in Oßmannstedt hatte Goethe überlegt, ob man sie nicht zus. m. d. dichtenden Bürgermeistersfrau v. L. b. Jena, J. S. Bohl, einladen sollte: „Viell. verzieht sich d. Gewitter, ohne daß wir nötig haben, zu d. Lobedaischen Ableitern unsere Zuflucht zu nehmen." (An Sch., 5. Juni.) — *betagten Freundin*: S. v. La Roche kam v. Oßmannst. aus nicht n. Jena. — *August*: A. v. Goethe. — *neuen Arbeit*: „M. Stuart." **378** *königlichen Paar*: Friedr. Wilh. III. u. Luise v. Preußen. — *faux frais*: Neben-, Unkosten. — *Londner Buchhändler*: L. Miller. — *Almanach*: Der „Musenalm. f. d. J. 1800" war d. letzte. — *Sekkaden*: svw. ‚Sekkaturen' (Belästigungen). — *Zuwachs*: Am 11. Okt. wurde Karoline Sch. geb. **379** *Evenement*: Begebenh., Ereignis. Meint d. bevorst. Niederk. v. Sch.s Frau. — *Charlotte*: Ch. v. Kalb hatte Sch. ihre freiwerd. Wohng angeb. — *Wertherischen Hauses*: Dies H. schlug Goethe vor. — *Komödie*: svw. ‚Theater'. **380** *Hexameter des ... Gedichts*: Vgl. Anm. zu S. 373. — *die Glocke*: „Das Lied v. d. Glocke" (Musenalm. f. 1800). — *Ihrer Zeitschrift*: Hölderlin plante e. ‚humanist. Journal', um nach u. nach s. eig. „literar. u. poet. Versuche" darin zu veröff., u. bat Sch. um Beiträge (an Sch., 5. Juli). — *gegenwärtiges Geschäft*: Arb. an „M. Stuart". **382** *einige Gedichte*: „Spruch d. Konfuzius" (2.), „Die Ewartg" u. „Das Lied v. d. Glocke". — *Stoffe für dramatische Arbeiten*: Vgl. Anm. zu S. 388. **383** *Reden über die Religion*: Schleiermachers anon. ersch. Schr. „Üb. d. Religion. Reden an d. Gebildeten unter ihren Verächtern", 1799. — *Tiecks Romantische Dichtungen*: Bd 1 der ‚Romant. D.' (1799) enth. „Prinz Zerbino" u. „Der getreue Eckart u. d. Tannenhäuser". — *prätensioniert*: svw. ‚prätentiös'. — *gestiefelten Kater*: „Der gestief. K. Ein Kindermärchen in 3 Akten" ersch. 1797 unter d. Pseud. Peter Leberecht. — *fürstlichen Kinder*: Günther u. Thekla v. Schwarzburg-Rudolst. — *Mahomet*: Goethes Übers. **384** *Couplet*: Hier svw. frz. ‚couple' (Paar). — *Aufhebung des alexandrin. Reims*: Goethe verwendete d. Blankvers. — *Almanachs*: Der „Musenalm. f. d. J.

1800" wurde in Weimar gedr. **385** *Weimar*: Sch. war am 13. Dez. 1799 n. W. übersied. — *an Fräulein Imhoff*: Für deren Ged. „Die Schwestern v. Lesbos" im Musenalm. — *Meyern*: Seine 5 Zeichngn waren Illustr.n zu d. ‚Schwestern v. L.'. — *Zeichnung zum Wallenstein*: Cotta hatte d. Historienmaler Eberh. Wächter in Wien beauftr. wollen. Zwar wurde dann e. Stich d. Meyerschen Zeichng (die Cotta übrigens nicht sonderl. gefiel) in Auftrag gegeben, aber d. 1. „Wallenst."-Ausg. ersch. dennoch ohne Bild. — *Erzählungen*: Von Charl. Sch. u. Karol. v. Wolzogen f. d. v. L. F. Huber hrsg. Zs. „Flora". — *Skribaxe*: svw. ‚Skribifaxe' (Schreiberlinge). — *Stuttgart und Frankfurt*: Beide Theater nahmen d. Bearb. an. **386** *bisherigen Übersetzungen*: Von Wieland (vgl. Anm. zu S. 264) u. Eschenburg; vgl. aber auch Sch.s Urteil üb. d. Bearb. v. H. L. Wagner (S. 40) u. Bürger (S. 307). — *Anstalt [zu einer neuen Arbeit]*: „Die Jungfrau v. Orleans." **387** *sechsten Szene des fünften Akts*: Meint d. Abendmahlszene (in d. Buchfassg: V,7); im Berliner, Leipz. u. Hamburger Theatermanuskr. geänd. — *Maria*: Die Rolle d. M. war aber schon der Schausp. Unzelmann verspr. **388** *siebente Szene des fünften Akts*: s. o. — *Enunziationen*: Aussagen, Sätze, Erklärgn. — *Lauchstädt*: Den Sommer über pflegte d. Weimar. Hof u. s. Schauspielerges. sich in L. (nordwestl. v. Merseburg) aufzuhalten, der alten Sommerresid. d. Sachsen-Merseburger Hzge. — *spanische Literatur*: Auf Sch.s Bitte, ihm „Stoffe f. dramat. Arb.n" zuzuführen (S. 382), wollte sich Körner (26. Juni) in d. span. Lit. danach umsehen. — *Tieck*: „Romant. Dichtgn" (vgl. Anm. zu S. 383). Bd. 2 (1800) enth. „Leben u. Tod d. hl. Genoveva. Ein Trauersp.", „Sehr wunderbare Historie v. d. Melusina" u. „Leben u. Tod d. kleinen Rotkäppchens. Eine Trag.". — *Schlegels*: Üb. Tiecks „Don Quixote"-Übers. (1799ff.) hatte sowohl F. Schl. (Athenäum 3,2) als auch A. W. Schl. (Allg. Lit.ztg, Juli 1799) gehandelt. **389** *Schrift*: „Üb. Sch.s Wallenst. in Hinsicht auf griech. Tragödie", 1800. — *jetzigen Geschäft*: Arb. an d. ‚Jungfrau v. Orleans'. **390** *zwei nächsten Stücke*: „Die Jungfrau v. Orleans" u. (wahrsch.) „Die Malteser". — *Hexenwesen ...*: Körner hatte Sch. 2 Dtzd Titel z. Hexenlit. mitget. **391** *virtualiter*: der Kraft (Bedeutg, Möglichkeit) nach. — *versprochene Erzählung*: „Der Prozeß", aus d. Frz. übers. v. Charl. Sch. (Journal d. Romane 4; 1801). — *chinesischer Roman*: „Haoh Kiöh Tschuen" (‚Haoh Kiöhs angenehme Vereinigg'). Die engl. Übers. v. 1761 („Hau Kiou Choan or the pleasing history) hatte d. Titel mißverst., u. Murr war b. s. Übertragg ins Dte hierin gefolgt: „Haoh Kjöh Tschwen, d. i. die angenehme Gesch. des Haoh Kjöh." Von Sch.s Bearb., die nicht weit gedieh, sind nur 5 S. erh. **392** *Damenkalender*: Cottas „Taschenb. f. Damen auf d. J. 1801", hrsg. v. Huber, Aug. Lafontaine, Pfeffel u. a. — *Assignation*: Sch. hatte dem Damenkal. s. Ged. „Die Worte des Wahns" beigesteuert. — *Kupfer*: „Hauptepochen d. weibl. Lebens in Kontrasten zw. frivoler u. lobenswerter Erziehg u. Belehrg" darstellend. — *radotieren*: faseln, schwätzen. — *Vieweg*: „Taschenb. f. 1801", hrsg. v. F. Gentz, Jean Paul u. J. H. Voß. — *ein neues Stück*: „Die Jungfrau v. Orleans." **393** *Hüttner*: Cotta hatte dem seit 1793 in London lebenden Schriftst. d. Angelegenh.n d. engl. Drucks d. „M. Stuart" übertr. — *zur Zahlung angehalten*: Bell hatte sich geweigert, d. „Wallenst."-Manuskr.e zu bezahlen, da e. engl. Übers. v. Samuel Taylor Coleridge ersch. sei. — *das andere ... Manuskript*: Es handelte sich um dasselbe Manuskr., das Bell erh., aber an d. Londoner Vlger Longman u. Rees weiterverkauft hatte, u. v. diesen war

Coleridge m. d. Übers. beauftr. worden. — *meine Gedichte*: „Ged.e", Tl 1, 1800. — *historisches Trauerspiel*: „Die Jungfrau v. Orleans" ersch. b. Unger im „Kal. auf d. J. 1802". **394** *Sammlung meiner Tragödien*: „Die Jungfrau v. O." ist im 1. Bd v. Sch.s „Theater" (1805) enth. — *sehr großen Duodez (-format)*: Dieses Buchformat (12 Bl. pro Druckbgn) enstpr. ungef. kleinem Oktav (8 Bl. pro Druckb.). Der Kal. aber ersch. noch kleiner. — *pränumerando*: vor d. Leistg im voraus. — *Ankauf eines Hauses*: Der Plan wurde erst 1802 ausgef. Vgl. Anm. zu S. 418. **395** *einige Äußerungen*: Gräfin Schimmelmanns Br. v. 23. Sept. (an Charl. Sch.) enth. u. a. d. Fragen: „Wie benimmt sich Goethe b. d. Vergötterg, die er m. Shakespeare, Dante teilen muß? Wann werden wir ihn wieder in Lebensgröße auftreten sehen?" **396** *Partisans*: Parteigänger. **397** *Ehescheue*: Goethe heirat. Christiane Vulpius erst am 19. Okt. 1806. — *Titelkupfer*: Die Ausg. erh. nur dieses e. Kupfer. Wie vorgeschlagen, zeichn. J. H. Meyer d. Kopf d. Minerva nach e. antiken Kamee aus Goethes Sammlg, u. J. F. Bolt hat d. Bild gestochen. **398** *Kunstverwandter*: Unger betätigte sich selbst in versch. graph. Sparten. — *Makler*: hier svw. ‚Nörgler'. — *Engländer*: Das Werk v. J. H. Lawrence, „Das Paradies d. Liebe", ersch. 1801 in Ungers „Journal der Romane", Bd 6–9. **399** *Deine Umstände*: Körner war z. Geheim-Referendar aufgerückt. — *Dein Urteil*: „Die gewohnte Weitschweifigk. abgerechnet, sind manche Sachen darin, die man m. Vergnügen liest. Der Ton ist auch besser in d. Kostüm gehalten als beim Agathon u. hat zuweilen e. Lebhaftigk., die man in Wielands späteren Jahren nicht erwartet hätte." (Körner, 29. Dez. 1800.) Lais ist e. Figur d. Romans. — *Fichtes Werk*: „Der geschloss. Handelsstaat", 1800. Körner (29. Dez. 1800) hatte sich üb. d. Werk lustig gemacht. — *Goethes neuestes Produkt*: „Paläophron u. Neoterpe. Ein Festsp. z. Feier des 24. Okt.s 1800" (Geb.tag d. Hzgin Anna Amalia) war in „Seckendorffs Neujahrs-Taschenb. v. Weimar auf d. J. 1801" ersch. **400** *Jena*: Sch. hatte sich z. Vollendg d. ‚Jungfrau v. Orleans' ab 5. März 4 Wochen in s. Jenaer Gartenhaus zurückgez. — *Transzendentalphilosophie*: „System d. transzendentalen Idealismus", 1800. **401** *portugiesische Reisebeschreibung*: „Bemerkgn auf e. Reise durch Frankr., Spanien u. vorzügl. Portugal" v. H. F. Link, 1801–04. **402** *Goethe ... wieder ... hergestellt*: G. war zu Beginn d. Jahres an e. Gesichtsrose lebensgef. erkrankt. — *Hartmann*: H. schloß sich später in Dresden d. Romantikern an u. wirkte publizist. gegen d. Kunstanschauungen Goethes u. dessen Kreises. — *Macbeth*: „Macbeth, e. Trauerspiel v. Shakespeare z. Vorstellg auf d. Hoftheater zu Weimar, eingerichtet v. Sch.", 1801. — *Maria*: „M. Stuart, e. Trauersp.", 1801. — *Karlos*: Die 1801 ersch. Kleinoktav-Ausg. („Don Karlos Infant v. Spanien"; b. Göschen in Leipzig) ist gegenüb. d. Ausg. v. 1787 gekürzt. — *Niederländischen Geschichte*: Die 2. (gekürzte) Buchausg. d. „Gesch. d. Abfalls d. vereinigten Niederl." ersch. im Juli b. Crusius in Leipzig. — *... bei Unger.*: Laut K. Goedeke (Sch.s Briefw. m. Körner. 2. Aufl. 1874) folgt hier noch: „Dein Sch." **403** *Übersendung meines Stücks*: Am 30. Apr. hatte Sch. d. Manuskr. d. ‚Jungfrau v. Orleans' übersandt. — *punctum saliens*: ‚der springende Punkt'; Hauptpunkt, auf den alles ankommt, „d. h. die das trag. Geschehen auslösende Situation" (Hahn II,427). — *anderes Sujet*: „Die Braut v. Messina." **404** *Idee zu einer Komödie*: „Die Polizei" (?) — *Ensemble*: Hier ‚Zusammenspiel, Gesamtheit, Ganzes'. — *prosaische Schriften ...*: „Kleinere pros. Schr. ... Aus mehrern Zs.n v. Verf. selbst gesammelt u. verb.", Tl 2–3, 1800–01.

— *Broschüre von Fichten*: „F. Nicolais Leben u. sonderbare Meingn", 1801. — *Lauchstädt*: Vgl. Anm. zu S. 388. **405** *Pyrmont*: Goethe hielt sich v. Anf. Juni bis Ende Aug. in P. auf. — *Ballade*: „Hero u. Leander" (Taschenb. f. Damen 1802). — *Das Schauspiel*: „Die Braut v. Messina." — *Seebad*: Die geplante Badereise n. Doberan b. Rostock mußte aus gesundheitl. Rücks.n aufgeg. werden; statt dessen besuchte Sch. Körner in Dresden (Anf. Sept.). **406** *badischen Herrschaften*: Die Erbprinzessin Amalie v. Baden war b. ihrer Schwester, der Hzgin Luise, zu Besuch gewesen. — *Preisstücke*: Die „Propyläen" hatten f. d. beste Intrigenstück, das bis Sept. eingesandt würde, e. Preis v. 30 Dukaten angekünd. — *Lustspiels*: „Liebhabereien od. Die neue Zauberflöte", 1804. **407** *die Idee*: Goethe ging nicht darauf ein. — *Beiträge zum Damenkalender*: Sch. hatte f. Cottas „Taschenb. f. Damen auf d. J. 1802" s. Ged.e „Hero u. Leander", „An ***" (später „Der Antritt d. neuen Jhdts") u. „Voltaires Pucelle u. d. Jungfrau v. Orleans" (später „Das Mädchen v. Orleans") geliefert. — *ihr Beitrag*: Die Erz. „Die Zigeuner" v. K. v. Wolzogen. — *englischen Mary Stuart*: „Mary Stuart, a Tragedy. ... Translated into English by J. C. M[ellish]", London 1801, ersch. in Cottas Vlg u. in Komm. v. Escher u. Geisweiler in London. Mellish hatte m. versproch. Verbessergn 5 Monate gezögert, bis es zu spät u. d. Übers. ersch. war. Cotta hatte hierauf am 9. Juni geraten, „d. ärgsten Fehler durch d. gelesensten Journaux bekannt zu machen". **408** *Benckendorfischen Sache*: Der Kavalleriegeneral L. E. v. B., e. Verwandter v. Sch.s Schwiegermutter, war in Dresden gest. Infolge e. Fehlers in d. Erbeinsetzg kam es z. Prozeß, der aber f. Luise v. Lengefeld als Intestaterbin (d. i. Erbin aufgr. natürl. Erbfolge u. nicht kraft e. Testaments) ungünst. ausging. **409** *Plan zu dreien*: Noch am 4. Juli heißt es in Sch.s Kal.: „Plan zur Gräfin v. Flandern vorgenommen." — *Unzelmann*: Die Berliner Schausp. U. hatte am 21. Sept. in Weimar d. M. Stuart gesp. Sch. an Körner, 23. Sept.: „Die U. spielt diese Rolle m. Zartheit u. gr. Verstand; ihre Deklamation ist schön u. sinnvoll, aber man möchte ihr noch etwas mehr Schwung u. e. mehr tragischen Stil wünschen." — *gegenwärtigen Stücke*: „Warbeck." — *Wallensteins Lager ...*: Körner hatte üb. d. Leipz. Auff. berichtet; ebenso üb. die der „M. Stuart". **410** *wegen der Glocke*: „Das Lied v. d. Glocke", v. Zelter nicht komp. — *Reichardt*: Er hatte Gotters Singsp. (vgl. S. 336 u. Anm.) zur Kröng Friedr. Wilh. III. (1797) kompon. — *Die Memoires, die Floras ...*: Sch.s „Allg. Sammlg histor. Memoires ..." (vgl. Anm. zu S. 139) sowie d. b. Cotta ersch. Zs. „Flora" (vgl. Anm. zu S. 260) hatte Körner f. Frau u. Schwägerin bestellt. **411** *300 Dukaten*: Cotta ging auf diese Forderg bereitwillig ein. **412** *das Gegenteil*: F. Unzelmann hatte am 25. Okt angefragt, ob sie einmal in Weimar d. Rolle d. Jungfr. v. Orleans übernehmen dürfe. — *Privatverhältnisse*: Der Herzog hatte sich gegen e. Auff. d. Stücks geäußert, da sein bekanntes Verhältnis zu Friederike Jagemann, der d. Titelrolle zugefallen wäre, b. ihrem Auftreten als Jungfrau Anlaß zu spöttischen Äußergn d. Publikums gegeben hätte. **413** *Turandot*: Die Bearb. war Ende Dez. abgeschl. u. wurde am 30. Jan. 1802 z. Geb.tag d. Hzgin Luise Auguste uraufgef. (Druck b. Cotta: „T., Prinzessin v. China. Ein tragikom. Märchen nach Gozzi v. Sch.", 1802.) — *merkantilische Angelegenheit*: Vgl. Br. 207 u. Anm. — *Sammlung meiner Schauspiele*: Kam erst ab 1805 zust. — *der Karlos*: An d. Bogenzahl (27) läßt sich erkennen, daß Sch. hier schon d. Großoktav-Ausg. v. 1802 meint, die er später (S. 450) als d. „schöne" bezeichnet.

— *Krankheit*: Vgl. Anm. zu S. 402. — *Böttiger*: Vgl. dazu Br. 213.— *Mary Stuart*: Vgl. Anm. zu S. 407. — *in einer andern Offizin*: Tatsächl. scheint d. Druck v. Bulwer begonnen u. v. B. Auld fertiggest. worden zu sein. — *Tressan*: Louis-Elisabeth de Lavergne Comte de T. hatte Auszüge alter Ritterromane f. d. „Bibliothèque universelle des Romans" bearb. **414** *Iphigenia* ...: Sch. bearb. Goethes ‚Iphigenie' f. d. Bühne. Goethe hatte ihm am Vortag d. „Abschr. d. gräzisierenden Schausp.s" gesandt m. d. Bemerkg: „... es ist ganz verteufelt human." — *Rezension*: Sie ersch. in d. ‚Allg. Lit.ztg' (Jan.) u. stammte v. J. A. Apel. — *die der Maria*: Ebda. — *produktiven Zimmer*: Goethe hatte geschr. (19. Jan. 1802): „In Jena, in Knebels alter Stube, bin ich immer e. glückl. Mensch, weil ich keinem Raum auf dieser Erde so viel produktive Momente verdanke. Es ist lustig, daß ich an e. weißen Festerpfosten alles aufgeschr. habe, was ich seit dem 21. Nov. 1798 in diesem Z. v. einiger Bedeutung arbeitete." **415** *Eurem Theater*: Sch. hatte am 3. Jan. „Turandot" f. d. Dresd. Auff. an Körner gesandt. — *Iphigenia*: Vgl. Br. 210. Die Erstauff. d. Sch.schen Bearb. fand erst am 15. Mai statt. **416** *rasenden Roland*: „Orlando furioso", Versepos v. L. Ariosto, 1516. — *Manuskript*: M. der „Iphigenie"; vgl. Br. 210. **417** *Kasuistik*: Urspr. Beschäft. m. d. Grundsätzen, nach welchen schwere Gewissensfälle, bes. wo e. Kollision d. Pflichten eintritt, zur Beruhigg des Gewissens entschieden werden sollten; übertr. ‚Haarspalterei'. **418** *Ankauf eines Hauses*: Sch. hatte sich entschlossen, das wenige Jahre vorher erbaute Haus d. Engländers Mellish an d. Esplanade zu kaufen. Cotta gewährte d. nötige Darlehen (Kaufvertrag v. 18. März; Einzug am 29. Apr.). Vgl. auch Anm. zu S. 101. — *Prinzen*: Karl Friedr. **419** *Auftrags an meine Mutter*: Sch. hatte Cotta am 2. Jan. gebeten, der kränkelnden Mutter e. beigelegten Br. u. 25 Gulden zu übersenden; sie starb am 29. Apr. — *Böttigern*: Cotta stellt in seiner Rechtfertigg vom 15. Feb. d. Begegng mit B. so dar: B. fragte, ob C. die „Propyläen" forts. werde, worauf C. erwid., dies hänge v. Goethe ab. Hierauf B.: „Aber sie haben doch keinen gr. Gewinn davon?" C.: „Ich habe d. Unternehmg nicht des Gewinns, sd. der Sache wegen gemacht." — *Fortsetzung*: Die 2. Aufl. d. „Gesch. d. Dreißigj. Krieges" ersch. 1802. — *Jungfrau von Orleans*: Cotta hatte am 13. Jan. u. a. geschr.: „Kein Produkt d. Geistes hat mich mehr ergriffen, mich inniger gerührt." — *Großfürstin*: Maria Paulowna. — *Conseil*: Staatsrat. **420** *Honorar*: Göschen zahlte pünktl. 60 Karolin. — *Hohenstädt*: Göschen besaß in H. b. Grimma e. Gut. — *Melodien*: Körner hatte zu den v. Sch. f. Goethes Mittwochs-kränzchen verfaßten Geselligen Liedern, „Die vier Weltalter" u. „An d. Freunde", d. Melodien geschr. — *Kränzchen*: Das sog. „Mittw.kr.", Ende 1801 v. Goethe begründet (Zus.künfte alle 14 Tage bei Goethe). Mitgl. waren u. a.: Sch. m. Frau, W. v. Wolzogen m. Frau, J. H. Meyer, Frl. v. Göchhausen, Amalie v. Imhoff. — *Ausfälle gegen die christl. Religion*: Die Stelle im Ged. „Die vier Weltalter" ist ausgemerzt. **421** *Kurfürsten*: Friedr. Aug. III. v. Sachsen soll üb. „Die Jungfrau v. Orleans" geäuß. haben, „es hätte noch kein Stück eine ‚sensation aussi profonde' [einen ‚ebenso tiefen Eindruck'] auf ihn gemacht" (Körner, 10. Feb.). — *Advokaten*: Brannaschk. Vgl. d. Erbangelegenh. in Br. 205. — *Legatarien*: durch e. Legat Bedachte; Miterben. — *Intestat-Erbinnen*: Luise v. Lengefeld u. ihre beiden Töchter. — *einige Gedichte*: „An d. Freunde" u. „Die vier Weltalter" (Damenkal. 1803). — *noch etwas*: „Thekla. Eine Geisterstimme" u. „Kassandra". — *eine*

Erzählung: „Die Brüder", Übers. v. Charl. Sch. (Flora 1802,3). — *bewußte Geschäft*: Vgl. Br. 213. — *Waldstättensee*: Vierwaldstättersee; Schauplatz im „Wilhelm Tell". **422** *Tschudi*: „Chronicon Helveticum od. ... Beschreibg d. ... merkwürdigst. Begegnussen", hg. v. Joh. Rud. Iselin, 1734–36. — *kleineres Schauspiel*: „Die Braut v. Messina od. Die feindl. Brüder, e. Trauersp. m. Chören" (abgeschl. erst Anf. Feb., gedr. Mitte Juni 1803). — *Aufsatz*: „Üb. G. u. E."; erst 1808 gedr. in Körners ‚Ästh. Ansichten'. **423** *anderes Sujet*: „W. Tell." — *Becker*: W. G. B. gab 1796–1810 die Zs. „Erholgn" heraus. Die übersandten Ged. sind jedoch im (ebenf. v. B. redig.) „Taschenb. z. geselligen Vergnügen f. d. J. 1803" ersch.: „Die Gunst d. Augenblicks", „Die Antiken zu Paris", „Sehnsucht" u. „Dem Erbprinzen v. Weimar". **424** *Almanach von Liedern*: Der Plan wurde erst 1803 realis.: „Taschenb. auf d. J. 1804. Hrsg. v. Wieland u. Goethe." — *eine Geschichte der Kunst*: H. Meyers „Entwurf e. Kunstgesch. d. 18. Jhdts" ersch. erst 1805 in d. Sammelbd „Winckelmann u. s. Jh. In Br.n u. Aufs.n hrsg. v. Goethe". — *sämtlichen Werke*: „Goethes W." (12 u. 1 Bd) ersch. b. Cotta 1806–10. **425** *Cellini*: Vgl. Anm. zu S. 306. Dennoch verlegte Cotta d. Werk bereits 1803: „Leben des Benvenuto C. Florentin.n Goldschmieds u. Bildhauers v. ihm selbst geschr. Übers. u. m. e. Anh. hrsg. v. Goethe." — *1 Alphabet*: Vgl. Anm. zu S. 183. **426** *de longue haleine*: eig. ‚von langem Atem'; zeitraubend. — *Ende Januars*: Vgl. Anm. zu S. 422. **427** *Kunzens Übelbefinden*: K. starb im Apr. 1803. — *Buchhändler*: Körner hatte am 6. Sept. geschr., Kunze würde es freuen, „wenn sein Schwager Feind, der Buchhändler, der sich gern etwas emporheben möchte", v. Sch. „etwas in Vlg bekommen könnte". — *Kritisches*: Körner hatte „eine Sammlg ästh.r u. krit.r Aufs.e ... gegen einige Geschmacksverderber in der jetzigen Lit." vorgeschlagen (6. Sept. 1802). — *Geschäft*: Cotta hatte nach d. Tod v. Sch.s Mutter d. Regelg d. Erbschaftsangelegenh. übernommen. **428** *Summe*: ca. 880 Gulden. — *neuen Tragödie*: „Die Braut v. Messina." — *sein Drama*: „Was wir bringen, Vorsp. b. Eröffng d. neuen Schausp.hauses zu Lauchstädt", 1802. — *Hubers Erzählung*: „Das Urteil d. Welt. Eine Herrnhutische Erz." (Taschenb. f. Damen auf d. J. 1803). **429** *über meine Stücke ... Zeichnung zur Maria*: Der ‚Damenkal.' enth. u. a. 2 Kupferstiche v. Lips nach Zeichngn v. Eberh. Wächter zu „Maria Stuart" IV,4 u. V,6 (Mortimers Verhaftg u. Marias Abschied) sowie e. Erläuterg v. Huber: „Maria St. u. d. Jungfrau v. Orleans". — *Ausgabe meines Thaters*: Vgl. Anm. zu S. 413. — *Postpapier ... Schreibpapier*: Bei ‚Postp.' scheint Sch. an Velin zu denken (vgl. Anm. zu S. 317). — *Median*: Vgl. ebda. — *mein Bild*: Das Bild nach Danneckers Büste ist erst im 5. Bd. „Theater v. Sch." (1807) enth. **430** *Teilungszettel*: Die Erbschaftsangelegenh. betreffend; vgl. Anm. zu S. 427. — *Schwester*: Luise Dor. Kath. Sch., verh. Frankh. — *Adel*: Das Diplom aus Wien dat. v. 7. Sept. Sch. erhielt es am 16. Nov. Das Wappenschild zeigt üb. e. Querbalken e. aufsteig. Einhorn. **431** *Braut v. Messina*: Vgl. Anm. zu S. 422. — *Privilegium*: Da in Wien schon mehrere Bücher Cottas unrechtmäßig nachgedr. worden waren (obwohl er „e. ebenso wohlfeile Aufl. v. einigen Hundert" hatte machen u. n. Wien schicken lassen), versuchte Cotta m. d. Fa. Geistiger in Wien e. P. zu erlangen, das d. Nachdr. verbietet. Für d. P. mußte e. sog. Pflichtstück b. d. erteilenden Institution hinterlegt werden. — *meines Theaters*: Vgl. Anm. zu S. 413. — *Steg*: Vgl. Anm. zu S. 343. — *Adelsdiplom*: Vgl. Anm zu S. 430. **432** *Äschylus*: Sch. hatte

Körner am 15. Nov. verspr., d. „Vier Trag.n des Ä." (1802) zu senden, „welche F. Stolberg noch in s. guten Zeit übers." habe. — *Memoires ... Flora*: Vgl. S. 410. — *Kurfürsten von der Pfalz*: Maximilian IV. Josef Kurf. v. Bayern war seit 1799 auch Kurf. v. d. Pf., da seit 1777 beide Länder vereinigt waren; doch hatte er durch d. Frieden zu Luneville (1801) d. linksrhein. Gebiete d. Pfalz an Frankr. abtreten müssen u. verlor 1803 durch den Reichsdeputationshauptschluß auch d. rechtsrhein. Gebiete (m. Heidelb. u. Mannh.) an Baden. — *Nobilitationsrecht*: Recht, jem. zu adeln. **433** *Reise*: Kam nicht zust. — *Fine*: Kurzform f. Christophine (Reinwald). — *wäre mir nicht leid*: (‚leid' prädikativ) schwäb. mundartl. svw. ‚würde ich es schon fertigbringen', ‚wäre ich imstande'. **434** *Vorlesung*: V. d. ‚Braut v. Messina' auf Wunsch d. Hzgs Georg v. Meiningen zu dessen Geb.tag. — *Beckern*: Schausp. H. Becker. **436** *nach Rom*: Seit Nov. 1802 war Humboldt preuß. Gesandter am Vatikan. — *expiieren*: versöhnen, sühnen. — *modernsten ... Dichter*: Humboldt, 6. Nov. 1795. — *Äschylus*: Sch. wußte v. Humboldts Übers. d. „Agamemnon" (1797; ersch. erst 1816). Im Juni 1799 hatte er Goethe um e. Äsch.-Ausg. gebeten. — *Jacobs*: J. lieferte nur d. Übers.n d. ‚Gefesselten Prometheus' (Wielands Attisches Museum 3,3; 1800) u. der ‚Perser' (ebda 4,1; 1802). **438** *Madame Meyer*: Johanne Henr. Ros. M. — *Gedichte*: „Ged.e v. F. Sch. 2., v. neuem durchges. Aufl.", Tl 1, 1804. **439** *Unger*: Vgl. Br. 195. — *Prachtausgabe*: Vgl. Anm. zu S. 451.. — *Don Karlos*: Vgl. Anm. zu S. 413. **440** *Karl... Emma*: Beide Kinder waren, wie man erst später diagnostizierte, an Scharlach erkrankt gewesen. — *mein Werk*: Körner war ausführl. auf Sch.s Behandlg d. Chors in d. ‚Braut v. Messina' eingeg. — *Vorschlag*: Körner hatte am 28. Feb. vorgeschl., v. Chor „immer nur e. Person auf einmal" sprechen zu lassen, „außer b. einzelnen Worten u. kurzen Sätzen, wodurch d. Gedanke d. Menge auf einmal laut wird". **441** *Opitz*: Vgl. S. 435. **442** *abenteuerlichen Geschichte*: „Mémoires historiques de Stéphanie-Louise de Bourbon-Conti", 1797. — *Delphine*: Autobiogr. Briefroman v. Madame de Staël, 1802. — *französische Lustspiele*: Auf Wunsch d. Hzgs übers. Sch. Louis-Benoît Picards Lustsp.e „Encore des Ménechmes" (u. d. T. „Der Neffe als Onkel"; gedr. 1807) u. „Médiocre et rampant, ou le moyen de parvenir" (u. d. T. „Der Parasit od. Die Kunst s. Glück zu machen"; gedr. 1806). **443** *im vorigen Jahr*: Sch. hatte auf Ifflands Br. v. 16. Apr. 1802, worin sich dieser m. „Turandot" nicht zufrieden gezeigt hatte u. Sch. zu e. eig. Lustsp. anregen wollte, unmutig geschwiegen. **444** *vortreffliches Stück*: „Die natürl. Tochter." **445** *Prinz von Württemberg*: Eugen Friedr. Heinr. — *Graff*: J. J. G. — *dicken August*: A. v. Wolzogen. — *Die Fremde aus Andros*: „Andria" (‚Das Mädchen aus Andros'), Komödie v. Terenz. Die v. Goethe veranlaßte Neubearb. u. d. T. „D. F. a. A." stammte v. A. H. Niemeyer. **446** *kleines Lustspiel*: „Scherz u. Ernst. Ein Spiel in Versen", gedr. 1804. (Freie Nachbildg des Lustsp. „Défiance et Malice" v. Dieulafoy.) **447** *Auftrags*: Es sollte f. Humboldts Kinder e. neuer Hauslehrer gefunden werden, da Friedr. Wilh. Riemer im Sept. 1803 H. v. Aug. v. Goethe wurde. **448** *Akademie in Jena*: Vgl. auch Br. 237 u. Anm. — *Griesbach*: er überlebte Sch. um 7 Jahre. — *Hufeland*: Gottlieb H. — *Schütz*: Er ging m. d. ‚Allg. Lit.ztg' n. Halle. — *ein Lied*: „Das Siegesfest." **449** *Universität in Jena*: Vgl. auch Br. 236 u. Anm. — *Paulus und Hufeland*: Beide gingen dennoch n. Würzburg. — *Allgemeine Literaturzeitung*: Da Schütz die ‚Allg. Lit.ztg' n. Halle mitgenommen hatte, gründete

Goethe d. (neue) „Jenaische Allg. Lit.ztg“ (1804–48). **450** *unser Reich* ...: Anspielg auf d. Christuswort nach Joh. 18,36. — *regierende Kaiserin*: Elisab. Alexejewna. — *Don Karlos*: Großoktav-Ausg. v. 1802. — *Großfürstin*: Maria Paulowna. — *Adolf*: A. v. Wolzogen. **451** *1. Teil meiner Gedichte*: Betr. d. Druck der 2., ‚von neuem durchges.‘ Aufl., 1804. Das Titelkupfer v. A. W. Böhm (nach e. Zeichng. v. Schnorr v. Carolsfeld) stellt e. Allegorie dar. — *Prachtausgabe*: Obwohl d. Manuskr. fast druckfertig vorlag, kam sie zu Sch.s Lebzeiten nicht mehr zust. **452** *jetzt den Wallenstein*: Iffland meldete hierauf am 14. Jan. 1804: „Ich habe Wallenst. m. Erfolg gespielt.“ (Bei d. Berliner Erstauff. 1799 hatte Joh. Friedr. Ferd. Fleck als Wallenst. agiert.) — *Zeichnungen*: W. v. Wolzogen hatte in e. Br. an Charl. v. Sch. (Pertersb., 27. Sept.) um „Originale ... f. d. Zeichen-Institute ... f. Fräulein“ gebeten, weil ihn d. russ. Kaiserin Mutter (Maria Feodorowna) darum ersucht hatte. **453** *Karoline*: K. v. Wolzogen. — *Prinzen*: Karl Friedr. — *Ihre Wünsche*: Iffland hatte angefragt, wann m. „Wilh. Tell“ zu rechnen sei, u. um Mitteilgn üb. erforderl. Dekorationen gebeten. **454** *Face machen*: d. Stirn bieten, standhalten. — *nach der Schweiz zu gehen*: Die Reise kam nicht zust. — *Götz von Berlichingen*: An d. Neubearb. f. d. Weim. Theater hatte auch Sch. Anteil (Auff. am 22. Sept. 1804). — *Donauweibchens*: „Das Donauweibchen. Ein romantisches kom. Volksmärchen m. Gesang nach e. Sage d. Vorzeit“ v. K. F. Hensler (Musik v. F. Kauer), 1. Tl (1792). Der 2. Tl (1798) wurde in Weimar u. d. T. „Die Saalnixe“ gegeben. — *Julius Cäsar*: Shakesp.s Trag., aufgef. in d. Übers. v. A. W. Schlegel. **455** *Kurtinen*: frz. ‚courtine‘ = der zwei Bastionen verbindende u. d. Platz einschließende ‚Mittelwall‘ einer Festg (Heyse). **457** *jenaisches Geschäft*: Goethe hielt sich in Jena auf, um d. Vorbereitgn f. d. (neue) „Jenaische Allg. Lit.ztg“ zu leiten. — *traurigen Ereignisse*: Z. B. Herders Tod am 18. Dez. **458** *Allgemeinen Zeitung*: Vgl. S. 453. — *Herzogs von Meiningen*: Georg Friedr. Karl v. M. war am 24. Dez. 1803 gest. **459** *Wilhelm Tell*: Abschluß d. Arbeit am 18. Feb.; Urauff. in Weimar am 17. März; d. Druck ersch. im Okt. — *schwermütige Stimmung*: W. v. Wolzogen, der sich als Begleiter d. Erbprinzen Karl Friedr. am Hofe des Zaren aufhielt, hatte in e. Br. v. 24. Feb. s. Besorgnis um d. Gesundh. s. in Dtld zurückgebl. Frau geäuß. — *Aussichten n. d. südl. Dtld*: Nach d. Tod d. Kurf. v. Mainz (Frh. v. Erthal) war Sch.s alter Gönner, Koadj. K. v. Dalberg, z. Nachf. gewählt worden (Residenz in Aschaffenburg) u. somit in d. Lage, wie er schon 1789 verspr. hatte (vgl. S. 158 u. Anm.), Sch. zu unterstützen. Eine Professur in Mainz kam f. Sch. nun freilich nicht mehr in Frage; aber in d. Folge beschenkte Dalberg d. Dichter m. 3 gr. Geldbetr.n. **460** *zu dem Gebrauche*: Wolzogen beabs., d. Manuskr. am russ. Kaiserhof vorlesen zu lassen. Die Parricida-Szene („W. Tell“ V,2) ist aber e. zu deutl. Anspielg auf des Zaren Paul I. Ermordg (1801), an der s. Sohn u. Nachfolger, Zar Alexander I., nicht unbeteil. war. **462** *veränderte Lesart*: Vgl. NA 10,442–44. **463** *in Berlin*: Anf. bis Mitte Mai. — *Umstände meiner Frau*: Am 25. Juli wurde Sch.s jüngere Tochter Emilie Henr. Luise geb. — *bietet man mir*: Kabinettsrat Beyme hatte Sch. jährl. 3000 Reichstaler Gehalt in Aussicht gest., falls Sch. sich in Berlin niederließe. Vgl. auch Br. 250 u. 253. **464** *Kronprinzen*: Friedr. Wilh.; Sch. hatte erwogen, falls er n. Berlin zöge, den Geschichtsunterr. d. Prinzen zu übernehmen. — *Ganz unerwartet und ungesucht*: Sch. trafen d. Anträge Beymes viell. wirkl. unerw., aber nicht ganz unges., denn in e. v. Iffland verfaßten Memoire an Beyme heißt es, daß Sch. im Gespräch m. Theatersekr. Pauly d. Wunsch geäuß. habe, in Berlin zu bleiben, wenigst. einige Jahre. Gleichzeitig bat Iffl. zu erwägen, ob nicht viell. e. Anstellg. Sch.s an der Akad. od. fürs Theater zu bewirken wäre. **465** *43 Jahre*: Sch. war 44 Jahre u. 7 Mon. alt. — *gnädigen Gesinnungen*: Der Hzg hatte sofort 400 Reichstaler bewilligt u. weitere 200 in Aussicht gest. **466** *Mannheim und Darmstadt*: Vgl. Anm. zu S. 77. — BRIEF 252: Blieb unbeantw. — *des Königs*: Friedr. Wilh. III. **467** *treffliche Mann*: K. F. Beyme. **468** *Meine Frau*: Vgl. Anm. zu S. 463. — *Tell in Berlin*: Hufeland hatte Garlieb Merkels Rez. d. Berliner ‚Tell'-Auff. aus d. Zs. „Der Freimütige" geschickt. — *Gesundheit*: Sch. hatte seit Ende Juli wochenlang an d. Nachwirkgn e. Erkältg zu leiden gehabt. Der erste Anfall war v. so heftigen Krämpfen im Unterleib begleitet, daß d. Hausarzt, Dr. Stark, glaubte, er könnte Sch. nicht länger als noch e. halbe St. am Leben erhalten. — *Gedicht auf unsre Erbprinzessin*: Cotta hatte am 6. Okt. d. Gerücht gemeldet, Sch. sei „m. e. lyr. Bewillkommngsged., ‚Der Zug des Bacchus aus Indien', f. d. erbprinzl. Eheleute beschäft.", u. gleichz. s. Interesse bekundet, d. Ged. in Vlg zu nehmen. — *Befreiung unsres Freundes*: Friedrich II. v. Württemb. hatte in rechts- u. verfassungswidr. Willkür d. ehem. Lehrer s. Söhne, Prof. K. H. v. Gros, verhaften u. auf d. Hohenasperg einkerkern lassen. Nur d. Umstand, daß Gros wieder in preuß. Dienste treten wollte, konnte ihn befreien. — *sämtlichen Schriften*: Vgl. Anm. zu S. 424. **469** *verakkordieren*: verdingen. — *ungedruckte Sachen*: Z.B. „Die Laune des Verliebten" (entst. 1767/68). — *Herderischen Schriften*: Cotta verlegte auch Herders „Sämtl. Werke", 1805–20. — *Großfürstin*: Maria Paulowna. **470** *kleines Drama*: „Die Huldigg d. Künste. Ein lyr. Spiel ... Ihrer Kaiserl. Hoheit der Frau Erbprinzessin v. Weimar Maria Paulowna ... gewidmet u. vorgestellt auf d. Hoftheater in Weimar am 12. Nov. 1804", 1805. — *neuen Damenkalender*: Cottas ‚Damenkal.' f. 1806, da derjen. f. 1805 eben erst ersch. war. — *kleinen Kalender*: Kam nicht zust. — *Reinhartischen Landschaften*: Der Maler R. war im Juni um Landschaftsbilder f. d. „W. Tell"-Ausg. gebeten worden u. hatte im Sept. 6 entspr. Stiche an Cotta geliefert, die aber in d. ‚Tell' nicht aufgen. worden sind. — *Kupferstiche ... Ordres*: Cotta riet in s. Antw. v. 4. Dez. v. e. Ausg. m. Kupfern ab, legte aber für e. etwaigen Druck b. Frommann „d. nötige Instruktion" bei. Sch. änderte s. Plan aber nochmals (vgl. Br. 259). — *Kraus*: Auch K. hatte Ill.n zum ‚Tell' verfert. — *Paulus*: Cotta hatte auf Sch.s Rechng an Prof. P. in Würzburg 30 Karolin bez. — *französische Lustspiel*: „Der Parasit." (Vgl. Anm. zu S. 442.) — *m. jenem kleinen Festspiel*: Auch diese Form d. Ausg. kam nicht zust. **471** *regierenden Kaiserin*: Elisab. Alexejewna. **472** *Kaisermords*: Vgl. Anm. zu S. 460 (Maria Paulowna war d. Tochter d. ermord. Zaren). — *Richters Ästhetik*: Jean Pauls „Vorschule d. Ästh. nebst einigen Vorlesgn in Leipzig üb. d. Parteien d. Zeit", 1804. **473** *Zeitschrift für die schöne Welt*: „Journal f. dte Frauen v. dtn Frauen geschr. Besorgt v. Wieland, Sch., Rochlitz u. Seume", Jg. 1 (1805). **474** *Vorspiel nebst dem übersetzten Lustspiel*: Vgl. S. 470 u. Anm. **475** *I. Band ...*: Die hier getroff. Anordng wurde auch in d. postum ersch. Bdn (2 u. 3: 1806; 4 u. 5: 1807) weitestgehend eingehalten. Nur der Inhalt v. Bd 5 weicht vom urspr. Plan ab; er enth. „W. Tell", „Phädra", „Der Neffe als Onkel" u. „Semele, e. lyr. Operette v. zwo Szenen" (urspr. enth. in Sch.s „Anthol. auf d. J. 1782"). **476** *Postpapier ... Schreibpapier*: Vgl. Anm. zu S. 429. — **477** *Miszellen*: Seit 1800 ersch. b. Cotta

„Engl. Miszellen“ (hrsg. v. J. Chr. Hüttner), seit 1803 „Französ. M.“ (hrsg. v. Helmina v. Chézy) u. seit 1804 „Italien. M.“, die alle aus d. kulturellen Leben des Auslands berichteten. Das Unternehmen wurde m. Erscheinen d. ‚Morgenblatts f. gebild. Stände‘ (1807) eingestellt. **478** *Phèdre*: „Phädra. Trauersp. v. Racine. Übers. v. Sch.“, 1805. — *Hubers Tod*: 24. Dez. 1804 in Ulm. — *Neffen des Rameau*: „Rameaus Neffe. Ein Dialog v. Diderot. Aus d. Manuskr. übers. u. m. Anm. begleitet“, 1805. **479** *Ihres Journals*: Vgl. Anm. zu S. 473. — *Prinzen Bernhard*: Karl Bernh. — *Sammlung meiner Theaterstücke*: Vgl. Br. 259. **480** *Aushängebogen*: A. zu Bd 1 v. Sch.s „Theater“. — *Kupfer zum zweiten Band*: Bd 2 (1806) ersch. m. d. Porträt d. Fiesko. — *Quart*: Format der zweimal gefalt. Druckbgn. — *Prinzen von Württemberg*: Eugen Friedr. Karl Paul Ludw. **481** *Othello*: Seit Ende Feb. war Sch. m. Durchsicht u. Bearb. d. „O.“-Übers. v. J. H. Voß d. J. beschäft. gewesen. — *Phädra*: Sch. hatte am 23. Feb. Iffland e. Abschr. gesandt. **482** *Rezensionen*: In der (neuen) ‚Jenaischen Allg. Lit.ztg‘ waren bis Apr. 1805 u. a. folg. Rez. Goethes ersch.: üb. d. 2. Aufl. v. J. P. Hebels ‚Alemannischen Gedichten‘ (1804), üb. Bd 2 v. Joh. Konrad Grübels ‚Gedichten in Nürnberger Mundart‘ (1800) sowie üb. Heinr. Jos. v. Collins Trag. „Regulus“ (1802) u. Kasimir Ulr. Boehlendorffs Trauersp. „Ugolino Gherardesca“ (1801). — *Briefe von Winckelmann*: „W. u. s. Jh.“ (vgl. Anm. zu S. 424) enth. die bis dahin ungedr. Br.e W.s an s. „Landsmann, Schulfreund u. Hausgenossen“ Hieron. Dieterich Berendis. — *meinem Stücke*: „Demetrius.“ — *Hubers Witwe*: Körner hatte am 17. Apr. berichtet, es sei Therese H.s Absicht, H.s Br.e an Körner, „wovon sie e. Tl in s.e Biogr. drucken lassen will“, gegen d. Br.e Körners einzutauschen. Es wäre ihm lieb, s. Br.e „auf diese Art wiederzubekommen“. Im übrigen waren d. Freunde auf H.s Witwe nicht gut zu sprechen, da doch ihretwegen d. Verlöbnis m. Dora Stock gelöst worden war. — *Neckersche Nachlaß*: Madame de Staël hatte nach d. Tod ihres Vaters J. Necker (1804) e. Studie u. d. T. „Vie privée de Mr. Necker“ (Privatleben v. Herrn N.; 1804) hrsg., die auch einige unveröff. Schr. N.s enth.

Sachregister

Personenregister

Personenregister und Anmerkungen ergänzen einander. Zahlen in Fettdruck bezeichnen die Nummern der Briefe; Zahlen in Normaldruck die Seitenzahlen. Abkürzungen sind auf S. 495f. erklärt.

C

D

E

H

I

J

K

M

N

S

W

Register der Werke Schillers

Adolf Glaßbrenner

Welt im Guckkasten

Ausgewählte Werke in zwei Bänden
Mit zeitgenössischen Illustrationen

Herausgegeben und mit einer Einleitung versehen von Gert Ueding

Band 1
Ullstein Buch 37037

Band 2
Ullstein Buch 37038

Ullstein Werkausgaben

Adolf Glaßbrenner (1810–1876) war kritischer Publizist des Vormärz, ein Parteigänger Heines und Börnes, ein urbaner und gleichzeitig volkstümlicher Schriftsteller, der politische Lieder und Kinderbücher, Reisebeschreibungen und satirische Vers-Epen, Volkskalender und Komödien, burleske Novellen und Dialogerzählungen schrieb. Und der – dies alles übertreffend – im niederen Gewande des Groschenheftes ein literarisches Hauptwerk der Epoche schuf: den ersten modernen Großstadtroman der deutschen Literatur, den Roman Berlins. Ein Schriftsteller von hohem literarischem Rang ist mit dieser bisher umfangreichsten Ausgabe seiner Werke wiederzuentdecken.